집단정서의 재발견

COLLECTIVE EMOTIONS

COLLECTIVE EMOTIONS was originally published in English in 2014. This translation is published by arrangement with Oxford University Press. KYUNG HEE UNIVERSITY PRESS is solely responsible for this translation from the original work and Oxford University Press shall have no liability for any errors, omissions or inaccuracies or ambiguities in such translation or for any losses caused by reliance thereon.

| 사회과학, 철학, 심리학, 신경과학까지 사회적 감정의 메타연구 |

집단정서의 재발견

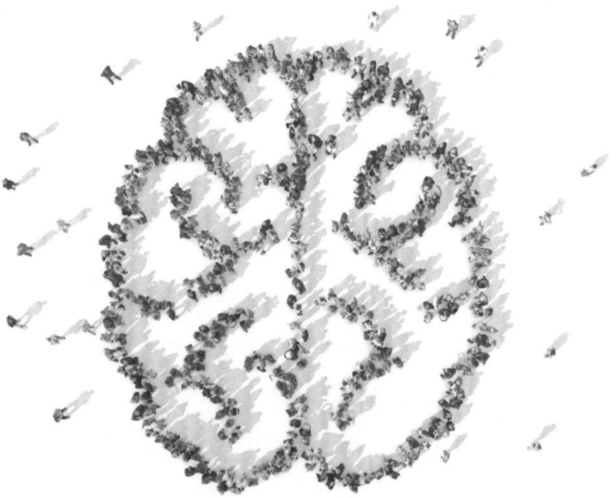

크리스티안 폰 셰브, 미코 살멜라 엮음 | 강준호 옮김

COLLECTIVE EMOTIONS

기업정서, 마녀사냥, 팬덤정치, 지역감정, 젠더갈등, 한일관계, 이스라엘과 팔레스타인, SNS 소통, 정서적 공동체, 사회적 상호작용, 정서모방, 정서전염, 사회통합, 확장된 마음이론, 정치, 종교, 민족주의… 사회적 관계를 떠난 감정은 없다.

경희대학교 출판문화원

서론

크리스티안 폰 셰브[1] | 미코 살멜라[2]

2011년 수천의 이집트인이 카이로의 중심인 타흐리르 광장에 모여, 집단적으로 호스니 무바라크(Hosni Mubarak) 정권에 대한 자신들의 분노와 불만과 경멸을 표현했다. 그들의 함성과 노래와 몸짓은 시위대가 공유하는 이집트 사회 미래에 대한 관심을 능가한 일체감과 투지를 공급했다. 집단정서는 이러한 보통의 집회와 의례적 활동에서 중요한 부분이다. 시위하는 시민들의 얼굴표정과 몸짓과 문자 구호에서 분명하게 나타났다. 그것은 방송매체를 통해 기록되었고, 물리적으로 타흐리르 광장에 있지 않은 수백만 동료 이집트인과 해외 시청자들에게 전파되었다. 그리고 소셜미디어 채널들을 통해 문자와 생생한 영상으로 빠르게 울려 퍼졌다.

2006년 독일에서 피파 월드컵이 열리는 동안, 수십만 축구팬들이 거대한 비디오월로 토너먼트 경기를 보기 위해 브란덴부르크 문 근처에 있는 수도 베를린의 최대 공공 방송시청 장소인 '팬마일(Fanmeile)'에 모였다. 무려 칠십오만 명의 참가자들이 그들

1 Christian von Scheve, 베를린 자유대학교 사회학과 교수.

2 Mikko Salmela, 코펜하겐 대학교 커뮤니케이션학과 교수.

이 응원하는 팀이 득점을 올렸을 때는 집단적으로 환호하고 기뻐하고, 경기가 극적인 전환점에 있을 때는 집단적으로 말할 수 없는 긴장감에 사로잡히고, 그들의 팀이 시합에서 졌을 때는 집단적으로 거북한 실망감과 슬픔에 빠졌다. 공공 방송시청 행사에 모인 관중 너머에서는, 국내외 해설가들이 월드컵 주최를 통한 독일 사회의 변화를 진단했다. 예컨대 그 경기 내내 독일 국기의 대규모 전시를 통해 표현된 것처럼, 독일은 자신감과 애국심과 국민적 자부심을 되찾은 것으로 전해졌다. 찬반양론이 격돌했지만, 이러한 전개는 일반적으로 세계에서 독일에 대한 '긍정적' 이미지를—독일의 역사 때문에 지금까지 생각할 수 없었던 것을—증진한 것으로 보였다.

2011년 7월, 안드레스 브레이비크(Andres Breivik)가 노르웨이 우퇴위아(Utøya)섬의 여름 캠프에서 77명의 사람—그들 중 대다수는 10대—을 죽였다. 브레이비크는 몇 달은 아니더라도 몇 주 동안 노르웨이를 비탄과 슬픔과 절망의 상태에 빠트렸다. 노르웨이 인구의 극소수만이—생존자와 경찰만이—그 섬에서 브레이비크의 살인을 목격했지만, 방송과 소셜미디어를 통해 그 사건이 일어난 지 몇 시간 안에 거의 모든 노르웨이 사람과 전 세계 사람들에게 알려졌다. 우퇴위아에서 친구와 가족을 잃은 사람만이 아니라 희생자들을 개인적으로 모르는 사람도 슬픔과 절망을 경험했다. 한편으로 브레이비크의 살인 행각은 노르웨이와 노르웨이의 가치와 정치제도에 대한 공격으로 해석되었다. 그래서 그것은 노르웨이와 노르웨이 문화에 충성심을 가진 모든 사람에게 영향을 미쳤다. 다른 한편으로 그것은 인류에 대한 공격, 전 세계적으로 공유하는 확고한 믿음과 신념에 대한 침해로 간주되었다.

이 사례들은 현대 사회생활에서 집단정서를 가장 강렬하고 생생하게 보여주는 사건들일 뿐이다. 그것들은 정서가 집단적으로 일어나고, 동시에 수많은 사람이 그것을 공유하는 여러 방식을 묘사한다. 이 사례들이 보여주는 것처럼, 군중과 집회는 가장 일반적으로 집단정서와 관련되지만, 정서의 집단적 속성들을 확인할 수 있는 하나의 장소(site)일 뿐이다. 똑같이 중요한 것들로서, 사회적으로 공유하는 믿음과 가치, 다양한 종류와 규모의 집단에 대한 충성, 미디어와 통신, 정치적 전략과 담론, 사회적/문화적 관행은 모두 정서를 집단적으로 이해하는 것에 이바지한다.

수 세기 동안, 인문학뿐만 아니라 사회과학과 행동과학 분야의 여러 연구자와 이론가는 집단정서에 깊은 관심을 가져왔다. 특히 군중과 대중에 대한 심리학과 사회학은 군중 행동의 이해에서 정서에 중요한 역할을 부여했다(예컨대 Reicher, 2001 참조). 귀스타브 르 봉(Gustave Le Bon, 1895)과 후일 윌리엄 맥두걸(William McDougall, 1920)은 군중 속 정서의 빠르고 무의식적인 전파는 개인의 합리적 사고를 약화시키고 군중 속에 모인 여러 개인의 행동을 일치시킬 것이라고 주장했다. 르 봉은 군중의 정서와 행동은—대체로는 개인의 사회적 혹은 심리적 특성과 무관하게, 마치 질병처럼—**전염되며**, 어떤 집단에서 나오는 선천적으로 비합리적인 집단정신(group mind)으로 구성된다고 생각했다. 조금 다른 방식이지만, 가브리엘 타르드(Gabriel Tarde, 1890)는 집단에서 집단적 정서가 발생하는 과정의 핵심에는 **모방**(imitation)이 있다는 이론을 제시했다. 또한 흥미롭게도 그는 '군중(the crowd)'과 '공중(the public)'을 구분하면서, 후자는 현대 기술에 의해 (타르드의 시대에는, 즉 신문에 의해) 전파되는 집단적 경험의 정서적 핵심으로서 어떤 "공유된 관념(shared ideas)"을 가진 것으로 생각했다.

마찬가지로 여러 다른 사상가—다른 누구보다도 에밀 뒤르켐(Émile Durkheim, 1912/1995)—도 집단정서와 행동의 출현에서 어떤 믿음과 태도의 사회적 공유의 중요성을 지적했다. 타르드와 대조적으로, 사회 현상에 대한 훨씬 더 '전체론적인(holistic)' 이해를 옹호한 뒤르켐은 집단정서가 자발적 군중과 익명의 대중으로부터 일어난다는 견해에서 집단과 사회, 그것들의 규범적/상징적 질서 안에서 출현한다는 견해로 옮겨가는 데에 이바지했다. 그는 집단의식에서 **집단열광**(collective effervescence)을 관찰했는데, 이 용어는 "참여자 간의 친밀함에 의해 발생하며 그들을 비범한 경지로 고양하는 일종의 흥분(electricity)을 가리킨다. 모든 표현된 정서는 외부적 인상에 활짝 개방된 의식들 속에서 간섭받지 않고 공명한다. 각자는 다른 사람들을 반향한다"(Durkheim, 1912/1995, p. 217f). 중요한 것은, 뒤르켐은 또한 의례에서 특히 분명하게 나타나는 정서의 긍정적인 사회적 기능을 강조한 최초의 학자 중 하나였다는 점이다. 그의 견해에 따르면, 집단정서는 한 공동체가 사회적으로 공유하는 믿음과 가치에 정동적 의미(affective meanings)를 불어넣고, 그래서 이러한 가치를 당면한 의례 환경을 넘어서 일상의 세속적 상호작용에서도 두드러지게 한다.

따라서 뒤르켐의 저술은 비판적인 문화적 쟁점을 무시하고 집단정서를 절대적으로 불길하고 사회질서에 유해한 것으로 묘사한 르 봉의 군중에 대한 비맥락적 견해에 대해 제기된 비판을 정당화한다(McPhail, 1991 참조). 비록 르 봉은 자신의 분석에서 권력과 전략에 관한 쟁점을 다루었지만, 이 주제는 독일 나치 정권의 집단정서의 전략적 연출에 대한 노벨상 수상자 엘리아스 카네티(Elias Canetti, 1960)의 생생한 묘사로 아주 적절하게 설명되었다. 르 봉과 마찬가지로, 카네티는 비록 일시적일지라도 여러 개인의 행동을 어떤 바라는 방향으로 조종함에서 집단정서의 '조작(manipulative)' 가능성을 가리켰다. 그러나 카네티는 군중을 개인 사이의 거리를 극복하고 참여자 사이의 평등을 증진할 수단으로 본 점에서 이전의 군중 이론에서 벗어났다(McClelland, 1989 참조).

이 사상가들이 제공하는 개념, 이론, 기술적 설명은 그것들만으로도 이미 방금 묘사한 사례들에서 명백하게 나타나는 집단정서의 서로 다른 양상 중 여럿을 이미 포괄하고 있다. 집단정서의 많은 사례는 물리적 근접성에서—군중과 집회에서—도출되지만, 공유하는 믿음/규범/가치와 더불어 집단 정체성과 소속감도 마찬가지로 중요한 역할을 한다. 다른 종류의 정서와 마찬가지로, 집단정서는 여러 집단과 개인에게 영향을 미친다. 그것은 사람들이 집단행동을 하도록 강요할 수도 있고, 구별과 배제뿐만 아니라 연대와 단결을 증진할 수도 있고, 사람들이 믿고 바라고 평가하는 것에 영향을 미칠 수도 있다. 마지막으로 기술, 특히 미디어 기술은 물리적으로 함께 있지 않은 여러 개인을 가로지른 집단정서의 발생에 중대한 기여를 할 수 있다.

비록 이 중요한 작업들은—물론 다른 작업들도—분명하고 가시적으로 집단정서를 인문학뿐만 아니라 사회과학과 행동과학 분야의 여러 연구 의제의 지도 위에 올려놓았지만, 집단정서는 그것들의 중심 무대로 갈 수 없었다. 그러나 그것들은 소위 '정서적 전환(emotional turn)'이 일어나 개인의 정서가 과학적 노력에서 중요성을 되찾기 오래 전에 다양한 분야의 여러 전문 영역에서 지속적으로 중요한 역할을 했다. 예를 들어 갈등이나(예컨대 혐오[hatred]와 분개[resentment]에 대해서는, Petersen, 2002; Scheler, 1912/2004 참조), 화해나(예컨대 수치심[shame]과 죄책감[guilt]에 대해서는, Branscombe & Doosje, 2004; Gilbert, 2002; Scheff & Retzinger, 1991 참조), 사회 운동과 집단행동에 대한(예컨대 분노[anger]와 자부심[pride]에 대해서는, Gamson, 1992; Gould, 2009; 또한 goodwin, Jasper & Polletta, 2001 참조) 연구에서는 거의 전통적으로 정서를 개별 행위자가 아니라 사회적 집단에 속하는 것으로 보아왔다. 그러나 놀랍게도 집단정서가 정확히 무엇인지, 그것이 개인의 정서에 어떻게 연결되는지, 어떻게 끌어내지는지, 그것의 주관적인 경험적 성질은 무엇인지에 대한 상세한 개념적 분석은 여전히 드물다. (이러한 쟁점 중 몇몇에 대한 논의를 찾으려면 이 책의 여러 기고자의 이전 출판물을 참조할 수 있다.) 마찬가지로 집단정서의 개인적/사회적 기능에서 그것의 밑바탕에 있는 심리학적/신경학적 메커니즘, 그것이 미디어와 담론을 통해 어떻게 형성되고 표현되는지를 살피는 경험적 연구는 문헌상으로 거의 없다. 여하튼 집단정서는 개인정서와 관련된 탐구의 발전을 따라가지 못했다.

더 최근에는 집단정서 및 관련 현상, 예컨대 정서 분위기, 정서 환경, 정서 공동체, (그룹 간) 그룹정서, 순환적 정동(circulating affects)에 관한 관심이 특히 사회학, 철학, 사회심리학, 조직심리학, 정치학, 사회인류학 등의 여러 학문 분야와 담론에 걸쳐 증가해 온 듯하다. 필시 이러한 관심은 한편으로는 정서의 사회적/문화적/대인적 측면에 관한 연구의 전반적 급증(예컨대 Ahmed, 2004; Parkinson, Fischer & Manstead, 2005; Tiedens & Leach, 2004 참조), 다른 한편으로는 더 직접적으로 집단적 존재(collective entities)에 대한 치밀한 개념적 분석(예컨대 Searle, 1995; Tuomela, 2007 참조)과 정신과 인지의 사회적/집단적 속성(예컨대 Clark & Chalmers, 1998; Gallagher & Crisafi, 2009 참조)을 향한 철학과 인지과학의 동향에 의해 늘어난다.

이 책은 집단정서에 관한 오래된 여러 개념적/이론적 물음을 다룸으로써, 집단정서를 개인정서에 관한 방대한 연구, 특히 개인정서의 사회적/문화적 측면에 관한 접근과 연결한다. 그리고 집단정서에 대한 매우 다양한 분야의 관점을 모음으로써, 인문학 및 사회과학과 행동과학에서의 집단정서 연구의 유산을 되살리고 계승하려는 것이다. 우리는 이 책의 28개 장을 기초적인 개념적 쟁점에 관한 연구로부터 대면 상황에서 집단정서의 기저를 이루는 미시사회적(micro-social)/심리적 메커니즘에 관한 연구로, 그리고 집단정서의 사회 관계적 맥락, 그것의 사회적 결과, 그룹정서와 그룹 간 정서에 관한 쟁점, 집단정서에서 사회 조직의 역할, 마지막으로 집단정서의 이해를 위해 온라인 사회시스템, 특히 소셜미디어의 중요성에 관한 연구로 나아간다는 논리에 따라서 구성하기로 했다.

I 개념적 관점

개념적 관점에 대한 첫 번째 섹션은 집단정서에 관한 연구에서 기초적인 개념적 쟁점에 초점을 둔다. 이 절의 여러 기고문은 집단정서를 이해함에서 서로 다른 이론적 관점, 예컨대 현상학, 집단 지향성(collective intentionality), 확장된 정신(extended mind), 대인관계에서 반응적 태도(reactive attitudes)의 합리적 양식 등을 기술하고 논의한다. 이 관점의 대다수는 아직 집단정서에 관한 연구에 적용되지 않았다. 더욱이 이러한 철학적 기고문은 개인정서에 관한 이론적/경험적 연구를 집단정서에 관한 탐구와 연결하는 토대를 마련한다.

한스 베른하르트 슈미트는 그룹과 기업(corporations)은 예컨대 믿음과 의도라는 다른 지향적 태도를 가지기에 정서를 가질 수 있다고 주장한다. 적절한 지향적 태도를 가진 덕에, 그룹은 의식을 가지며, 그래서 정서를 가질 중요 전제조건을 만족시킨다. 슈미트는 기업정서(corporate emotions)는 공유하는 정동적 관심사에 대한 다수의 선반성적 자기인식(pre-reflective self-awareness)에 기초하고 있으며, 그것은 시간상으로 빠르기보다는 느리다고 제안한다.

다음으로 마거릿 길버트는 집단정서를 우리가 그것에 대해 생각하고 이야기하는 일상적 방법에 기초해 분석한다. 길버트는 어떤 특별한 유형의 관여(commitment)—공동관여(joint commitment)—가 집단정서의 밑바닥에 있다고 논한다. 이것은 집단정서의 발생과 기능을 비롯해 당사자들의 실천적 추론과 그들의 행동을 예측함에서 집단정서 역할의 여러 중심적 측면을 설명한다.

얀 슬라비는, 설령 정동과 여타 질적 상태가 지금까지 확장된 정신 이론 안에서 분석되지 않았더라도, 집단정서가 "확장된 정서(extended emotions)"의 유망한 후보라고 제안한다. 이러한 틀에 대한 슬라비의 수정사항은 정서를 세계와의 정동적이고 체화된 참여로 보는 행화주의적(enactivist) 이해로부터 나오며, "현상적 결합(phenomenal coupling)"이라는 개념으로 보완된다. 그것은 우리의 환경, 특히 대면 사회적 상호작용의 과정이나 구조에 의해 정동적으로 '사로잡히는' 역동적인 체화된 경험을 가리킨다.

마지막으로 베넷 헬름은 집단정서에 대해 존중의 정서적 공동체라는 새로운 이해를 도입한다. 이러한 정서는 감사, 분노, 승인, 의분, 죄책감 같은 반응적 정서의 대인적인 이성적 패턴들로 구성된다. 이 패턴들은 한 사람이 반응적 정서를 느낄 때 다른 사람에게도 상응하는 정서를 느끼도록 요구하기 때문에 대인적이며, 그렇게 하지 못한다는 것은 다른 조건이 같다면 이성적 실패이다. 반응적 정서들은 공동체 구성원의 존엄성에 대한 반응인 동시에 관여이고, 존엄성에 대한 적절한 반응은 존중이다. 반응적 정서의 역량은 오직 이러한 존중의 공동체 구성원일 때만 획득될 수 있다.

II 대면 상호작용에서 집단정서

이 책의 두 번째 섹션에서는 집단정서의 유발에 기여하는 기본적인 생리적/심리적 메커니즘과 과정을 탐구한다. 여기에는 신경 미러링(neural mirroring), 공유된 주의(shared attention), 얼굴 모방(facial mimicry), 정서 전염(emotional contagion) 등이 포함되며, 이것들은 모두 대면 사회적 상호작용과 가까운 신체적 근접성에서 나타나는 정서적 행동과 관련이 있다. 그것들은 주로 양자 상호작용에 관한 것이지만, 그룹 및 군중에서 일어나는 더 큰 규모의 정동 현상(affective phenomena)을 이해하는 데도 중요한 의미를 지닌다.

클라우스 람과 조지아 실라니는 집단정서의 가능한 기반인 공감에 기여하는 다양한 구성요소를 확인한다. 여기에는 다른 사람들의 정동을 자동으로 경험적으로 공유하는 감각 중심적 요소, 관점 수용(perspective taking)과 같은 메커니즘으로 공감을 의도적으로 유발할 뿐만 아니라 조절할 수 있는 인지적 요소, 그리고 공감적 관찰자가 대리 정서적 반응과 자기와 관련된 정서적 반응을 구분하게 하는 자기 인식 및 자아-타자 구별이 포함된다. 람과 실라니는 신경과학적 관점에서 이러한 구성요소들의 근본이 되는 메커니즘을 검토하고, 이것이 집단정서에 대한 더 나은 이해에 어떻게 기여할 수 있는지를 논의한다.

토비아스 브로쉬는 사회적 맥락에서 정서적 주의를 탐구한다. 그는 사회적 정보의 빠른 선택과 우선순위 결정이 사회적 환경에서 살아가는 인간들에게 매우 중요하다고 지적한다. 따라서 다른 사람들의 정서적 상태, 의도, 관심에 대한 신호는 사회적 상호작용에서 우리의 주의와 지각을 조절한다. 여기서 브로쉬는 두 가지 보완적 메커니즘—사회-정동적 정보에 의한 주의 포획(attention capture)과 공동 주의(joint attention)—에 초점을 두고, 집단정서를 끌어냄에 있어 그것들의 가능한 시사점을 논의한다.

우르줄라 헤스, 스테파니 하우드, 아그네타 피셔는 얼굴 모방이 어느 정도까지 자동운동 반응인지 사회적 맥락에 의해 조절되는 반응인지, 그리고 모방이 어떻게 집단정서를 끌어내는 데 기여할 수 있는지에 대해 묻는다. 그들은 사회적 맥락 정보가 모방의 발생에 결정적이며, 모방은 주로 개인들 사이 혹은 그룹 구성원들 사이의 친화를 나타내는 데 기여한다고 주장한다. 그러므로 그들의 설명에 따르면 얼굴 모방은 관찰자가 보는 것이 아니라 다른 사람들의 정서적 상태에 대한 상대방의 지식을 반영하며, 이러한 지식은 집단정서의 출현에 결정적일 수도 있다.

모방은 또한 일레인 해트필드, 메건 카펜터, 리처드 랩슨이 조사한 원시적 정서 전염의 중요한 측면이다. 그들은 알레르기, 비만, 화학물질 유출에 대한 반응, 환경 위험과 같은 다양한 정신적/신체적 질병과 문제의 사회적 전염에서뿐만 아니라 집단정서의 전조로서 모방의 역할을 강조한다. 그래서 해트필드와 동료들은 집단정서를 부분적으로 다양한 전염 과정에 의해 발생하는 것으로 보는 보다 더 일반적인 사례를 제시한다.

Ⅲ 집단정서의 사회관계적 차원

세 번째 섹션은 집단정서의 사회 관계적 토대에 관한 기고문을 포함한다. 이 장은 사회적 평가와 같은 사회적/사회적 환경에서의 전염이 집단정서의 유발과 경험을 형성하는 다양한 방법을 논의하고, 그리하여 사회적 관계 및 네트워크에 대한 개인의 착근성(embeddedness)을 반영한다. 이 기고문들은 인지와 사회적 환경 사이의 연결이 정동 수렴과 집단정서의 유발에 어떻게 기여할 수 있는지를 보여준다.

일모 반 데르 뢰베와 브라이언 파킨슨은 정서의 주요 기능 중 하나가 대인관계를 정렬하는 것이라고 주장한다. 그러므로 소셜 네트워크는 다양한 수준의 사회성에서 정서를 이해하기 위한 유용한 틀을 제공한다. 이 접근법은 그룹을 다른 사람들과의 대인

관계가 다양한 수준의 착근성에서 나오는 경험적으로 관찰된 개인들의 집합인 것으로 취급한다. 저자들은 사회적 그룹에 대한 소셜 네트워크 접근법은 이론적/실천적 측면에서 전통적인 사회적 정체성 및 자기 범주화(self-categorization) 관점과 다르다고 주장한다.

마틴 브루더, 아그네타 피셔, 안토니 맨스테드는 집단정서의 원인으로서 정서 전염과 사회적 평가에 대한 증거를 검토한다. 그들은 사회적 평가를 다른 사람들의 정서적 표현을 통한 정보를 어떤 상황에 대한 자신의 평가에 통합하는 과정으로 생각한다. 개인들은 특히 어떤 상황에 대해 불확실할 때 사회적 평가에 참여할 것이고, 다른 사람들의 표현을 상황에 대한 신뢰할 만한 정보로 평가한다. 그렇더라도 집단정서의 생성은 대인관계의 상향적 과정과 그룹 규범과 관련된 하향적 과정 간의 상호작용 문제이다.

조엘 크루거는 사회적 틈새(social niches)를 구축하는 분산 과정들(distributed processes)로서, 즉 관계를 수립하고 협상하며 의도를 전달하고 다른 사람의 생각과 감정에 동조하기 위해 자신의 사회적 환경을 형성하려는 참여 형태들로서 정서를 탐구한다. 크루거는 장단기적으로 정서의 출현을 뒷받침하는 사회적 틈새의 물질적/관념적 요인을 확인한다. 그의 주장은 분산 인지 이론들과 발달 심리학과 같은 여러 가지 경험적 연구로부터 나온다.

Ⅳ 집단정서의 사회적 결과

네 번째 섹션은 집단정서의 사회적 결과에 대해 논의한다. 이 섹션의 장들은 사회적 그룹과 공동체의 출현/통합/유지에서 집단정서의 역할을 조명한다. 또한 여러 장은 사회적 정체성의 형성과 강화에서 집단정서의 중요성을 강조한다. 한 가지 특수한 과제는 현대의 다민족/다문화 사회에서 정서적으로 느껴지는 집단 정체성을 어떻게 기를 수 있는가이다.

재니스 켈리, 니콜 이아노네, 메건 매카시는 소규모 그룹과 팀에서 공유된 정동의 기능에 초점을 맞췄다. 그들은 그룹의 공유된 정동이 정서 전염, 사회적 동조화, 정서 조절, 인상 관리 등을 포함하는 여러 메커니즘을 통해 성취된다는 것을 관찰한다. 그들은 한편으로 공유된 정동이 그룹 내 의사소통을 향상하고 그룹 유대감을 조장함으로써 그룹 활동을 촉진한다고 주장한다. 그러나 다른 한편으로 그들은 공유된 정동이 그룹을 분열시킬 수도 있다고 제시한다. 그래서 켈리와 동료들은 그룹의 공유된 정동의 긍정적/부정적 결과를 모두 확인하기 위한 향후 연구의 필요성을 강조한다.

에드워드 롤러, 셰인 티에, 윤정구는 집단정서가 사회적 교환으로부터 언제 어떻게 나타나는지, 그것이 응집력 있는 관계와 그룹에 대한 정동적 유대의 형성에서 어떤 역할을 하는지에 대한 이론을 제시한다. 그들은 사회적 교환 관계에서 특히 사람들이 그들이 공유하는 교환 경험에 대해 서로 유사한 정서적 반응을 보인다고 추론할 때 집단정서가 나타난다고 주장한다. 이것은 행위자들이 교환의 결과에 대해 상호 책임이 있다고 인식할 때, 그리고 행위자들이 그들의 개별 정서를 교환의 단위로 귀속시킬 때 일어날 가능성이 가장 높다. 롤러와 동료들은 이러한 과정이 물리적 공존과 정서 전염이 없는 상태에서도 작동할 수 있다고 제안한다.

다리오 파에즈와 베르나르 리메는 시위나 의식 같은 집단정서적 모임이 정체성 융합, 공유 신념, 사회 통합에 미치는 영향을 조사한다. 그들은 집단적 모임이 특히 높은 정서적 교감 및 그룹과의 정체성 융합을 경험한 참가자들 사이에서 개인 정동, 사회 통합, 사회 신념을 강화한다는 점을 지적한다. 파에즈와 리메는 이러한 경험이 지각된 집단정서나 정서적 분위기를 높일 뿐만 아니라 공유된 긍정적 사회 신념에 대한 동의를 증가시킨다고 주장한다.

다음으로 조셉 드 리베라는 사회적 정체성 형성에서 집단정서의 역할에 대해 논의한다. 그는 사회의 통일감이 뒤르켐이 구상한 것처럼 대체로 집단정서를 통해 성취된다고 주장한다. 다시 이것은 현대 국민국가와 같이 복잡한 사회에서 다양한 그룹을 통합하기 위해 다양한 유형의 정서적 문화를 요구할 것이다. 또한 드 리베라는 자율성에 대한 필요와 그룹 소속에 대한 필요 사이의 충돌을 확인한다. 그는 현대 사회에서 두 가지 필요의 만족은 더 포괄적인 공동체를 위한 사회적 정체성을 제공할 수 있는 개인 정체성의 새로운 개념화를 요구한다고 제안한다.

V 그룹 기반 정서와 그룹 간 정서

다섯 번째 섹션은 특정한 종류의 집단정서, 특히 그룹 기반 혹은 그룹 간 정서를 경험하는 데 있어 사회적 그룹과 사회적 정체성의 역할을 조명한다. 이 정서들은 그룹들의 편에서 혹은 그룹들을 향해서 경험되고, 그것들은 개인들이 사회적 그룹에 속하거나 동일시할 때 나타난다. 여기서 핵심 쟁점은 그룹과 그룹 간 역학관계, 특히 협력과 갈등에서 개인정서와 그룹 기반 정서의 상호작용이다. 두 가지 뚜렷한 집단정서, 자부심과 죄책감이 별개의 장들에서 분석된다.

데빈 레이, 다이앤 맥키, 엘리엇 스미스는 그룹 간 정서를 자아에 대한 사람들의 개인적 정의가 아니라 사회적 그룹의 구성원이라는 자기 범주화에서 파생된 정서로 이해할 것을 제안한다. 그들은 그룹 간 정서와 그룹 간 갈등 및 그 표현의 당혹스러운 다양함과 명백한 무의미함을 이해하기 위한 틀로서 그룹 간 정서 이론을 논의한다. 레이와 동료들은 이러한 이론적 틀을 집단정서, 집단행동, 그룹 간 관계를 이해하기 위한 유용한 관점으로 제안한다.

마크 퍼거슨과 닐라 브랜스콤은 자신의 사회적 그룹이 피해에 대한 보상을 요구하는 부도덕한 행위를 저질렀다는 것을 인식했을 때 개인들이 경험하는 집단 죄책감에 초점을 맞춘다. 이 장은 사회심리학에서 집단 죄책감에 관한 10년 이상의 연구를 검토한다. 저자들은 우선 집단 죄책감의 경험과 사회적 정체성 및 그룹 간 정서에 관한 연구에서 집단 죄책감의 기원을 설명하고, 집단 죄책감의 주요 전제조건과 결과를 확인한다. 마지막으로 퍼거슨과 브랜스콤은 기존 연구의 주요 한계를 확인하고 향후 연구의 잠재적 방향을 강조한다.

개빈 브랜트 설리번은 조직, 공동체, 국가와 같은 그룹에서 집단 자부심에 대해 논의한다. 그는 우선 이 정서의 배경 특징, 촉발 맥락, 표현 형태, 문화적 중요성을 강조함으로써 별개의 정서로서 집단 자부심의 존재에 대한 회의론을 제기한다. 그런 다음 설리번은 대규모 스포츠 경기, 사회운동, 그룹 갈등에서 생성되는 긍정적 그룹정서의 사례들을 살펴봄으로써 집단정서의 집합적/네트워크적/문화적 모형들에 대해 논의한다. 이 장은 개념적/현상학적 근거를 바탕으로 축하하는 집단 자부심과 부정적 형태의 반항적이고 자애적인 집단 자만심 사이의 구분을 옹호하는 것으로 마무리된다.

마지막으로 에란 할페린은 다루기 힘든 그룹 갈등을 생성하고 보존하고 해결하는 데 있어 집단정서의 역할을 조사한다. 그는 집단정서가 갈등하는 사건들에 대한 개인과 사회의 반응을 형성하는 데 중추적 역할을 한다고 주장한다. 그에 따르면 집단정서는 그것이 이전에 발생시킨 정서적 기후와 집단정서적 지향을 유지하는 사회적 맥락의 진화에도 기여한다. 또한 할페린은 장기적인 집단정서적 현상과 갈등 관련 사건들에 대한 개인 수준 반응 사이의 상호 관계를 논의하고, 갈등 해결을 위한 가능한 경로로서 집단정서 조절의 전략들을 소개한다.

VI 의식, 운동, 사회 조직

여섯 번째 섹션은 사회 조직과 사회운동에서 집단정서의 역할에 초점을 맞춘다. 이 섹션의 여러 장은 다양한 수준의 행동에서의 동조화를 포함하는 의식주의적(ritualistic) 틀과 관행 안에서 집단정서를 분석한다. 그 장들의 공통 주제는 한편으로 사회 변화의 지지자로서 집단정서와 다른 한편으로 집단정서의 전조로서 사회 구조와 조직의 안정적 패턴의 역할 사이의 역동적 상호작용이다. 특히 집단정서가 정치적 행동에 관련되는 다양한 방식과 종교적 삶에서 정서적 지식의 관련성에 주목한다.

랜들 콜린스는 자신의 상호작용 의식 이론의 설명으로 이 섹션을 시작한다. 그는 상호작용 의식(interaction ritual: IR)을 상호 주의집중과 율동적 동조가 공유된 분위기를 집단적 열광으로 바꾸고, 이것이 다시 연대감과 그룹 상징에 대한 존중을 초래하는 인과적 메커니즘으로 정의한다. 성공적 IR은 참가자들에게 정서적 에너지를 생성하는 반면, 실패한 IR은 이 에너지를 감소시킨다고 한다. 개인들은 높은 수준의 정서적 에너지를 불러일으키는 상호작용을 반복하고 이 수준을 낮추는 상호작용을 피하려 한다. 콜린스는 IR 메커니즘이 정치적/사회적 운동에서의 행동뿐만 아니라 성격 차이도 설명할 수 있다고 제안한다.

데이비드 노트너러스는 종교적/비종교적 의식들이 개인의 집단적 공유 정서와 그룹으로의 통합에 미치는 영향을 강조하는 자신의 구조적 의식화 이론에 대한 개요를 통해 의식주의적 틀을 유지한다. 공유된 주의, 상호작용 보조(interactional pace), 행위자의 상호연관성, 자원은 공유된 정서 상태와 그룹에 대한 헌신의 발전에 기여하는 의식들의 핵심 요인으로 식별된다. 노트너러스는 의식과 집단정서가 서로 다른 수준의 사회질서에서 작동할 수 있고 한 수준에서 다른 수준으로 확산될 수 있다고 주장한다.

존 프로테비는 먼저 정치적 정서와 연관된 세 가지 개념적 쟁점들, 집단정서의 본성에 관한 개인주의와 창발주의 사이의 논쟁, 대인 정서를 그룹 수준으로 올리는 방법의 문제, 그리고 동조화에 관해 소개한다. 그런 다음 그는 정치철학의 역사에서, 현대 페미니즘적/ "유럽 대륙풍의"/ 문화적 연구들에서, 그리고 정치적 정서 및 그것과 선거 정치의 관계에 관한 연구들에서 이 쟁점들을 다룬 연구를 검토한다. 마지막으로 프로테비는 자신의 주장을 설명하기 위해 정치적 정서에 대한 사례 연구, 정치적 목적을 위해 폭력적 행동을 수행할 수 있는 정서적 능력을 발달시키는 군사 훈련에 대해 논의한다.

제임스 재스퍼는 문화적 기대, 위계질서, 조직 명령, 공식적/비공식적 의식에 의해 형성되는 대인 상호작용에서 정서의 위치를 찾는다. 그는 이러한 요인들이 어떤 그룹 심리나 자동 전염을 가정할 필요 없이 많은 개인에 걸친 유사한 정서의 동시적 생성을 설명할 수 있다고 제안한다. 결론적으로 재스퍼는 정서 조정 과정이 작동하는 메커니즘을 밝혀주는 사례로서 시위 정서(emotion of protest)에 대해 논의한다.

마지막으로 후베르트 크노브라우흐와 레기너 헤르비르크는 종교와 종교성을 행화하고 축하함에서 일어나는 정서에 대해 논의한다. 그들은 정서적 경험을 통해 얻는 지식과 정서에 대한 지식 모두를 가리키는 "정서적 지식(emotional knowledge)"이라는 개념을 소개한다. 그들은 양자의 개념을 느낌 규칙과 정서적 체제 개념에 연결하고, 정서적 지식의 명백하고 행화된 측면을 더 잘 이해하기 위해 "정서적 스타일(emotional style)"이라는 개념을 제안한다. 크노브라우흐와 헤르비르크는 서로 다른 종교적 정서 문화를 비교하는 경험적 사례 연구를 이용하여 이러한 이론적 논변들을 전개한다.

VII 온라인 사회시스템에서 집단정서

일곱 번째 섹션은 집단정서의 유발과 표현에서 온라인 소셜 네트워크와 전자공동체의—더 일반적으로 소셜 웹의—역할에 대해 논의한다. 최근의 정치적 상황은 사회 운동과 사회 변화를 견인함에서 온라인 소셜 네트워크의 관련성을 분명하게 보여주었다. 동시에 이러한 시스템들은 수많은 사람이 자신의 일상적 느낌과 정서를 표현하는 수단이다. 이 섹션은 소셜 웹에서 정서의 측정, 모형화, 대규모 효과를 다루는 장들을 모았다.

마이크 텔월과 아비드 카파스는 다대다 의사소통 네트워크에서의 정서 표현이 어떻게 복잡한 역동적 교환 패턴들에 의해 증가하거나 감소하는 집단정서를 유발하는 방아쇠 역할을 할 수 있는지를 보여준다. 이 장은 소셜 웹 문자에서 자동으로 정서를 감지하는 정량적 방법들에 대한 개요를 제공하고, 어떻게 이 방법들이 소셜 웹에 관한 대규모 연구에 적용될 수 있는지를 보여준다. 또한 이 장은 트위터, 유튜브 및 기타 소셜 네트워크 사이트의 감정 분석의 사례 연구를 통해 온라인 토론에서 동종 선호(homophily) 및 감정의 역할을 탐구한다.

데이비드 가르시아, 안토니오스 가라즈, 프랭크 슈바이처는 채팅방, 포럼, 상품평 공동체에서 개별 인터넷 사용자들의 메시지를 분석함으로써 집단정서적 역학을 공식적으로 모형화하는 접근법을 제시한다. 그들은 사용자들의 온라인 활동과 정서 표현의 패턴을 밝히기 위해 다양한 통계적 방법과 감정 감지 절차를 소개한다. 그들의 연구 결과는 행위자의 정서적 상태가 특정한 확률적 역학에 따라 변화하는 그것의 원자가와 각성으로 특징지어지는 행위자 기반 모형에 의해 재현된다. 가르시아와 동료들은 행위자 기반 모형이 인터넷에서 경험적으로 관찰된 집단정서적 역학을 복제할 수 있음을 입증한다.

마르친 스코브론과 스테판 랑크는 온라인 공동체를 모니터링하고 참여할 수 있는 상호작용적 컴퓨터 프로그램을 이용하여 전자공동체에서 집단정서의 생성과 영향을 탐구할 것을 제안한다. 그런 다음 그들은 질적으로, 즉 사용자들을 직접 참여시킴으로써, 그리고 양적으로, 즉 온라인 맥락에서 보통은 목소리를 내지 않는 사용자들에게 다가감으로써, 집단정서에 대한 탐구 영역을 확장시킬 수 있는 “상호작용적인 정동적 시스템"을 위한 적용 시나리오에 대해 논의한다. 또한 저자들은 정동 감지로부터 사용자 모형화에 이르기까지 정동적 대화 관리의 영역에서 집단정서의 계산적 인식의 구현에 대한 개요를 제공하며, 관련 실험적 연구에 대해 논의한다.

마지막으로 푼다 키브란-스웨니와 모르 나먼은 페이스북과 트위터 같은 대규모 사회적 인식 스트림(social awareness streams: SAS)에서 정서의 사회적 공유를 탐구한다. SAS에서 상호작용하는 동안 사용자들이 정서의 사회적 공유에 자주 참여한다는 관찰을 바탕으로, 저자들은 젠더가 사용자들이 온라인에서 정서를 표현하는 방식에 영향을 미치는 관련 범주인지, 이것이 의사소통에서 말을 듣는 대상에 의해 영향을 받는지에 관해 논의한다. 저자들은 자신들의 주장을 트위터에서 정서를 표현하는 언어의 사용에 대한 대규모 분석 결과를 통해 뒷받침한다.

***

이 책에 수록된 장들은 집단정서의 이해와 관련된 매우 다양한 쟁점을 다루고 있다. 서로 다른 다양한 맥락에서, 원인과 결과의 관점에서, 신경생리학적 메커니즘에서 담론과 사회질서에 이르기까지. 그리고 당연하게도 서로 매우 다른 학문적 관점에서 다루고 있다. 이 책을 엮으면서 그 반대의 방법, 즉 집단정서에 대한 어떤 특정한 이해의 지지나 학문적 지향성을 바탕으로 기고문을 선별하는 방법을 선택할 수도 있었다. 이러한 방법은 분명 엄밀성과 일관성 측면에서 장점이 있겠지만, 우리는 그렇게 하지 않기로 선택했고—부분적으로 집단정서에 대해 널리 수용된 설명들은 별개의 학문 분야에서 이제 막 형성되기 시작했기 때문이다—대신에 기존의 다양한 개념과 접근법을 환영하고 통합하기로 선택했다. 이것은 많은 학문 분야에서 관심을 지니고 있고 오랜 전통과 광범위한 사회적 연관성을 지닌 분야에서 거의 필수적인 과정이라고 생각한다.

이 책이 과학과 인문학 분야에서 향후 이론화와 연구에 도움이 될 뿐만 아니라 다양한 분야에서 정동과 정서를 연구하는 학생들에게도 환영받기를 바란다. 그리고 이 책에 기고해달라는 초대를 수락하고 열정과 철저한 전문성을 가지고 이 작업에 동참해

준 모든 저자에게 감사한다. 그들의 헌신이 없었다면, 이 책은 제때 완성되지 못했을 것이다. 또한 옥스퍼드 대학교 출판부의 편집팀, 특히 마틴 바움(Martin Baum)과 샬럿 그린(Charlotte Green)의 지속적이고 아낌없는 지원에 감사한다. 편집을 도와주고 항상 프로젝트를 살펴봐준 베를린 자유대학교의 보리스 클라인(Boris Klein)에게도 고마움을 표한다. 마지막으로 이 프로젝트를 추진하여 옥스퍼드 대학교 출판부 정동 과학 시리즈에 출판할 수 있도록 격려해 준 클라우스 쉐러(Klaus Scherer)에게 감사를 전한다.

- 목차 -

III 집단정서의 사회관계적 차원

IV 집단정서의 사회적 결과

V 그룹 기반 정서와 그룹 간 정서

VI 의식, 운동, 사회 조직

VII 온라인 사회시스템에서 집단정서

I

개념적 관점

Chapter 1

그룹에 속한 느낌: 기업정서와 집단의식

한스 베른하르트 슈미트[1]

2011년 10월 5일 스티브 잡스(Steve Jobs)가 죽었을 때, 애플사는 빠르게 홈페이지에서 최신 제품 사진을 지우고 애플 공동창업자의 크고 평범한 흑백 초상화로 대체했다. 거기에는 "스티브 잡스 1955-2011"이라는 자막밖에 없었다. 초상화는 한 주 내내 걸려 있었다. 힌두스탄 타임스(Hindustan Times)는 다음과 같은 표제를 달았다. "애플은 위대한 인물의 죽음을 애도한다."

2010년 11월 26일, 록히드 마틴사가 새로 개발한 F-22 랩터 전투기 중 하나가 추락해 조종사가 사망했다. 기자회견에서 대변인은 록히드 마틴사는 제품에 "터무니없는 결함이 있었다"는 모든 혐의를 부인하지만, "회사는 [조종사] 가족의 상실에 위로를 전한다"라고 말했다.

2012년 5월, 페이스북의 성공적이지 못한 주식시장 기업 공개 후에 열린 기자회견에서, 페이스북 대변인은 당사가 이 문제에 대한 나스닥(NASDAQ)의 처분에 못마땅해하는지 질문을 받았다. 그녀는 사실 그렇다는 점을 부인하지 않았다.

무수히 많은 기자회견, 강령(mission statements), 연차 보고서, 광고 등에서, 회사들은 그들의 희망, 불안, 걱정, 공감, 후회를—물론 그들의 매우 성숙하고 강렬하게 느끼는 우려와 책임감도—표현한다. 이러한 회사들은 **감정**을 가진 기업들로 보인다.

1 Hans Bernhard Schmid, 빈 대학교 정치사회철학 교수.

원칙적으로 어떤 기업이 정서를 **가진다**는 것이 가능한가? 혹은 여기서 나열된 것과 같은 사례들은 비유적이거나 허구적인가? 일반적으로 받아들여진 철학에 따르면, 그룹은 정서를 가질 수 없다. 왜냐면 정서는 의식을 수반하는데, 그룹은 의식을 가지지 않기 때문이다. 설령 어떤 그룹은 지향적 상태를 가질 수 있더라도 말이다. 이 장에서는 그룹이 그것이 수반하는 모든 집단의식과 함께 고유한 정서를 가진다는 견해를 옹호한다. 나는 첫 번째 절에서, 그룹이 복잡한 지향적 상태를 가질 경우, 그것은 필시 의식을 가진다고 주장할 것이다. 두 번째 절에서는 일부 비판자에 맞서 내가 옹호하는 공유된 감정 개념을 논의할 것이다. 세 번째 절에서는, 어떤 공유된 감정은 기업정서라고 주장할 것이다.

그룹이 된다는 것에는 아무것도 없는가?

'기업정서(corporate emotion)'라는 말이 일반적으로 받아들여진 문헌에서 사용될 경우, 그것은 기업의 규범체계에 의해 통제되는 개별 고용인들의 정서를 가리킨다(Flam, 2002). 누구도 진지하게 기업 **자체**가 실제로 정서를 가질 수 있다고 생각하지는 않는다. 이것은 통속심리학(folk psychology)과 일치하는 듯하다. 한 중요 연구에서(2008), 노브(J. Knobe)와 프린츠(J. Prinz)는 기업(상사[商社] 회사가 예로 사용된다)에 (기쁨, 후회, 못마땅함, 우울함과 같은) **정서 혹은 정동적 상태**를 귀속시키는 것을 사람들이 '자연스럽게 들리는' 것으로 받아들일지를 탐구했다. 연구 결과에 따르면, 사람들은 이러한 귀속을 이상하게 들린다고 느낀다. 비록 그들은 (결정, 믿음, 욕망, 의도와 같은) 다른 정신 상태들의 귀속을 받아들이려는 경향이 있더라도 말이다. 예컨대 "애크미(Acme)사는 이러이러한 것을 의도한다"나 "애크미사는 이러이러한 것을 원한다"라는 진술은 괜찮지만, "애크미사는 …을 후회한다"나 "애크미사는 …에 죄책감을 느낀다"나 "애크미사는 …에 우울함을 느낀다"와 같은 진술은 그렇지 않다. 사람들은 기업이 생각이나 의도를 가질 수는 있다고 생각하는 듯하나, 정서를 가질 수 있다고는 생각하지 않는 것처럼 보인다.

그들의 연구에서 노브와 프린츠는 **가상의 기업**에 **가상적으로** 정서를 귀속시키는

것에 관한 사람들의 직관을 실험했다. 애크미사는 실존하지 않는 것으로 알려져 있다(미국 대중문화에서 그것은 가상의 탁월한 기업을 가리킨다). 사람들은 노브와 프린츠의 실험 참가자들이 앞서 언급한 **실제 회사들**이 **실제로** 정서를 **표현한 것**에 관해서는 어떻게 반응했을지를 궁금해한다. 기업이 실제로 정서를 가지는 것은 아니라고 믿는다면, 기업이 발표하는 수많은 정서적 염려, 슬픔, 걱정, 희망 등의 표현은 어떠한가? 기업정서 표현의 많은 사례가 그 회사를 아주 긍정적으로 (매우 신뢰할 수 있는, 자신의 고객을 사랑하는, 자신의 고객과 고용인과 환경에 관심을 가진 것처럼) 보이게 한다. 이 사실을 고려할 때, 마음에 떠오르는 해석은 그러한 어떤 이야기도 프랑크푸르트학파적 의미에서 그저 **개소리**(bullshit)로 간주될 수 있다는 것이다. 프랑크푸르트의 유력한 분석(2005)에 따르면, 개소리하는 사람은 인식적이지 않은 목적을 추구한다(그는 진실을 말하려고 하지도 않고 거짓말하려고 의도하지도 않는다). 그는 무엇이든 자신의 비인식적(non-epistemic) 목적에 도움이 되는 것을 발화한다. 상사 회사들은 보통 이윤극대화라는 목적을 추구하고, 그 목표에 전념하는 것으로 가정된다. 따라서 그것들의 정서 표현은 (더 공감하는 것처럼, 더 친근한 것처럼, 더 '인간적인' 것처럼, 더 신뢰할 만한 것처럼, 고객과 주주와 당국에 더 우리처럼 보임으로써) 그저 이 목표를 위한 더 효과적인 도구처럼 보일 수 있다.

그러나 한 유력한 견해에 따르면, 어떠한 정서 표현에 대해서도 이와 같은 주장을 할 수 있다. 솔로몬(Solomon, 1912-1916/1973)은 정서가 일반적으로 어떤 행위자의 비인식적 목적의 관점에서 내린 **선택**으로 보일 수 있다고 주장한다. 이러한 주장이 참이라면, 개소리는 바로 정서 표현의 진정한 의미일지 모른다. 설령 솔로몬의 견해가 너무 과격할지라도, 여러 사례에서 그는 확실히 옳다. 그래서 이러한 점과 관련해 개인정서와 기업정서를 다르게 취급할 이유는 없다.

그들의 연구에서 노브와 프린츠의 최대 관심은 통속심리학이 기능주의적(functionalist) 노선을 따르는지를 알아내는 것이다. 물음은 다음과 같다. 사람들은 직관적으로 정신 상태를 행동 성향(behavioral dispositions)의 관점에서 생각하는가? 이 물음은 노브와 프린츠가 무언가에 대한 후회나 못마땅함과 같은 태도를 회사들에 귀속시키지 않으려는 이유에 대해 더 깊이 연구할 지침을 제공한다. 사람들은 회사들이 실제로 **그렇게 행동할** 수 있다고 믿지 않는 것인가, 아니면 후회와 못마땅함이 어떤 **질적 경**

험(qualitative experience), 즉 의식을 결여하기에 회사들은 가질 수 없는 어떤 현상적 느낌(phenomenal feel)을 수반한다고 생각하는가?

그들의 실험을 세밀화하면서, 노브와 프린츠는 사람들에게 다음 진술들을 얼마만큼 '자연스러운' 혹은 '기이한' 것으로 느끼는지를 물었다. (1) "애크미사는 못마땅하게 느낀다" "애크미사는 후회를 느낀다", (2) "애크미사는 최근 법원 판결에 못마땅해한다" "애크미사는 그것의 최근 결정을 후회한다" 두 가지 유형의 진술들은 모두 못마땅함이나 후회라는 상태들을 한 기업에 귀속시키지만, 다른 방식으로 그렇게 한다. 전자의 진술은 이 상태들을 분명 **현상적 의식**('느낌')의 관점에서 표현하는 반면, 후자의 진술은 이 상태들의 **지향성**(그 태도가 무엇에 '대한' 것인지)을 강조한다. 실험 결과는 다소 분명하다. 실험 참가자의 상당 비율은 못마땅함/후회 귀속의 지향주의적 형태, 즉 진술 (2)를 '자연스러운' 것으로 들린다고 생각했지만, 압도적 다수의 참가자가 현상적 혹은 의식-관계적 주장, 즉 진술 (1)이 '기이한' 것으로 들린다고 생각한다.

노브와 프린츠가 도달한 결론에 따르면, 대중이 특정한 종류의 정신 상태를 기업들에 부여하는 것을 꺼리는 이유는 이러한 상태가 **현상적 의식**, 감수성(sentience), 특정한 형태의 경험을 수반하는데, 단순히 기업들이 이러한 상태에 '있을 수가' 없다고 믿기 때문이다. 사람들은 기업들에 **지향성**을 귀속시키려 하지만, **의식**을 귀속시키려 하지는 않는다. 그리고 인지주의자들은 의식적 "느낌들"을 단지 정서의 "우연적 부속물"로 보이게 하려 하고(Solomon, 1912-1916/1973) 정서의 지향성에 초점을 맞추려고 온갖 노력을 기울이지만, 통속심리학에서는 현상적 차원이 정서에 본질적인 것은 분명한 듯하다. **느껴진다**는 점이 정서에 본질적이다. 그리고 이것은 기업들이 아니라 개인들에게만 가능하다—혹은 그러한 듯하다.

통속심리학에 대한 노브와 프린츠의 견해는 그룹 행위능력(group agency)에 관한 오늘날 철학의 지배적 견해와 일치한다. 여러 철학자는 그룹이나 기업이나 여타 집단이 정신 상태를 가질 수도 있다고 믿지만, 그것들이 의식 상태를 가질 수 있다는 생각은 부인한다. 그들에 따르면, 그룹은 진짜로 의도와 믿음을 가진 자이지만 **경험하는 자**는 아니며, 그룹은 그것의 태도에 수반되는 현상적 인식(phenomenal awareness)을 전혀 가지지 않는다. 다음은 그룹 행위능력에 관한 세 가지 중요한 설명들이다. 그들 사이의 온갖 차이에도 불구하고, 그들이 동의하는 주장은 이러하다.

> **마거릿 길버트**(1989)는 참여하는 개인들의 것이 아니라 '복수형 주체들(plural subjects)'의 것인 지향적 상태들이 있다고 강력히 주장한다. 이 정신 상태들은 참여하는 개인들이 '한 몸으로' 공동으로 수용하는 상태들이다. 복수형 주체들은 의도와 믿음을 가지지만, 길버트에 따르면, 그것들은 의식적 경험을 가지지 않는다.

> **캐럴 로반**(Carol Rovane, 1998, 2004)은 집단지성(collective minds)을 지닌 초개인적(supra-individual) 인격의 가능성을 주장한다. 그러나 그녀는 거기에 있는 모든 의식은 엄밀히 말해 개인들의 수준에 머무른다고 주장한다. 초개인적 인격은 믿음과 의도('합리적 관점')를 가질 수 있지만, 오직 개인들만이 의식을 가진다.

> **필립 페티트**(Philip Pettit, 2004; List & Pettit, 2001)는 그룹이 '그것 자신의 마음'을 가질 수 있지만, 오직 일부 태도들만이 '집단화될' 수 있다고 주장한다. 믿음과 의도는 집단화될 수 있지만, 지각과 기억은 집단화될 수 없다. 그리고 그룹은 "감수성의 … 중심이 아니며"(Pettit, 2004, p. 188), 의식을 가지지 않는다.

그래서 설령 어떤 그룹들이 문자 그대로 마음을 가지더라도, 그 그룹들이 문제의 지향적 상태들을 가진다거나 그러한 상태들에는 아무것도 '있을 수' 없다는 것이 일반적 견해인 듯하다. 그것들이 가진 지향적 상태들은 그룹에게 '일어나는' 것이 아니며, 그룹에게는 그 지향적 상태들에 대한 '느낌'의 '인식'이 없다. 비인간 집단과 관련해, 데넷(Dennett)은 이러한 요지를 다음과 같이 서술한다. "한 개미 집단이 된다는 것은 어떤 것인가? 내 의견으로는, 아무것도 아니다. … 한 쌍의 황소가 된다는 것은 어떤 것인가? 아무것도 아니다 (그것이 한 마리의 황소가 되는 것과 같을지라도). … 어떤 조직화된 **주체**도 즐기거나 고통받는 자일 수 없고 **경험**의 **소유자**일 수 없다 … [이러한 자의] 후보 주체로서의 … 통일성(unity)이 없다"(Dennett, 2005). 요점은 단순히 어떤 조직화의 부족이 아니다. 인간의 경우, 많은 그룹이 당연히 다소 세련된 방식으로 조직화된다. 오히려 요점은 한 그룹에 어떤 통일성이 있든지 간에, 그 통일성은 그 그룹이 된다는 것에 무언가가 '있을 수' 있는 그러한 종류의 통일성이 아니라는 것이다(Sosa, 2009 참조).

의식이 없는 마음이 있다는 것은 얼마만큼 그럴듯한 가정인가? 때로는 기계에도 정신 상태들이 부여되고, 어떤 사람이 당장은 인식하지 못하는 믿음이나 의도의 경우처럼 이미 무의식적인 지향적 상태들이 개인 마음의 다소 일반적인 특징으로 받아들여진다. 이러한 사실을 고려한다면, 이 주장은 문제가 없는 것처럼 들릴 수 있다. 그러나 더 면밀하게 검토해 보면, 이러한 비유가 불확실하다는 것이 빠르게 분명해진다. 그저 개인들이 어떤 무의식적인 지향적 상태를 가진다는 이유로, **모든 마음**이 의식을 결여할 수 있다는 것이 그럴듯한 주장이 되는 것은 아니다. 개인들은 그들이 당장 인식하지 못하는 많은 것을 믿고 의도한다고 가정하더라도, 이것들은 말하자면 의존적 사례들임이 다소 분명한 듯하다. 만약 우리가 이러한 상태들을 개인에게 귀속시킨다면, 우리는 분명 **문제의 개인이 의식이 있는지 없는지와 무관하게** 그렇게 하는 것은 아니다. 오히려 무의식적인 지향적 상태들이 귀속된다면 그것이 의식을 가지고 있기 때문이다. 명백히 그럴듯한 직관에 따르면, 사자는 중력의 영향을 받는다거나 5536은 짝수라는 한 사람의 믿음은 이러한 문제가 나왔을 때 이에 따라서 **실제로 일어나는** (의식적) 믿음을 만들어내는 그 사람의 성향 때문에 그에게 귀속된다. 이것이 참인 한에서, 그룹의 마음과 개인의 무의식적인 부분 사이의 비유는 분명히 실패한다. 왜냐면 그룹의 마음은 부분적으로 무의식적인 것이 아니라 전체적으로 **의식과 무관한**(a-conscious) 것으로 가정되기 때문이다. 그것은 앞서 기술한 생각에 따라서 의식을 수반하지 않는 정신 상태들을 개인들에게 귀속시킬 수 있는 바로 그 속성을 결여한다. 그러나 문제는 다음과 같다. 만약 누군가에게 전혀 아무 일도 일어나지 않는다면, 그 사람이 과연 어떤 '마음'을 가질 수 있는가?

마음은 단순히 의식과 지향성의 우연적 중첩이 아니다. 차라리 의식은 마음에 대해 **구성적 역할**을 한다. 질적 특성과 함께 오는 의식의 **주관적 특성**에 주목한다면, 이것은 특히 분명해진다. 질적 특성이란 의식에 포함된 '느낌', '경험적 차원', '그것이 어떤 것인지(what it is like)'이다. 주관적 특성은 의식이 모종의 기본적 자기 인식을 수반하게 되는 특성이다(예컨대, Kriegel, 2009 참조). 여기서 중요한 것은 자기 인식을 어떤 사람이 자신의 주의를 자기 자신에게 향하게 할 때 일어나는 자기반성(self-reflection)과 혼동해서는 안 된다는 것이다. 오히려 자기 인식은 **선반성적**이다(자기 인식에 대한 현상학과 하이델베르크학파의 설명에 기초하는 Zahavi, 2005 참조). 의식이 있다면, **나에게는**(for me) "그와 같은 무언가"가 있을 것이고, 이러한 "나임(for me-ness)"은 의식의 주관적 특성으로서, 이 덕분에 의식은 자기 인식일 수 있다(발달 초기 단계에서 '나[me]'는 의식 상태 자체일 뿐일 수 있다).

의식은 (자기 인식의 관점에서) 여러 측면에서 마음의 구성에 가장 중요한 역할을 한다. 우선 그것은 주관성, 자아(selfhood), 혹은 마음의 '소유(ownership)'를 구성한다. 정신 태도들이 한 행위자의 태도들일 수 있는 방법은 결정적으로 자기 인식에 달려 있다. 한 행위자의 태도를 다른 행위자의 태도와 구별하는 것은 반드시 그것이 한 행위자의 행동에 반영되는 방식에 있는 것은 아니다. 결국 사람들은 흔히 다른 사람들의 욕망에 따른다. 어떤 행위자의 태도를 자기 것으로 만드는 것은 어떤 행위자가 이 태도에 대해 **자기** 인식할 수 있다는 것이다.

게다가 자기 인식은 마음을 구성하는 종류의 통일성에 본질적이다. 마음은 그저 지향적 상태들의 임의적 모음이 아니다. 그 상태들은 오직 마음의 틀 안에서만 존재한다. 의심의 여지 없이 마음은 온갖 종류의 방식으로 모순에 빠질 수 있지만, 그것들이 마음을 마음으로 존재하지 못하도록 방해하지는 않는다. 사람들은 양립할 수 없는 목표들과 상충하는 믿음들을 가질 수 있다. 골디(Goldie, 2012)가 마음을 "내부의 난장판(mess inside)"이라고 부른 것은 확실히 옳았다. 그러나 모순들에도 한계는 있다. 적어도 어떤 영역에서는 어떤 질서가 있어야 한다. 그렇지 않으면 마음은 그저 허물어지고, 더 이상 믿음과 의도의 체계라는 관점에서의 '마음'일 수 없다. 의식은 일관성을 보장하고 유지하는 특성으로서 매우 중요하다. 말하자면 그것은 마음의 살림살이를 돕는다.

만약 어떤 행위자가 p라고 생각하지만, 그녀가 p가 아니라고 믿게 할 수 있는 증거와 마주친다면, 그 행위자가 자신의 문제로서 그 모순을 보지 않을 수 없는 것은 그녀의 **자기 인식** 덕분이다. "p는 틀린 것이지만, 나는 그것을 믿는다" 혹은 "p는 나쁜 것이지만, 나는 그것을 원한다"라는 진술들은 논리적으로 아무런 문제가 없다. 그러나 그것은 **의식적** 존재에게는 실행 가능한 입장이 아니다. 의식적 존재는 자신의 인지적/의욕적(conative) 태도 중 일부를—말하자면 그 혹은 그녀가 자신의 마음에서 '자신의 의지에 반하는' 것이라고 생각하는 태도들을—**끊을** 수 있다. 그러나 오직 그 혹은 그녀 마음의 소유자만이 태도들을 끊을 수 있는데, 여기에는 의식적 마음의 자기 인식이 수반되고, 그것 덕분에 어떤 마음의 태도는 한 행위자의 **관여**(commitment)가 된다. 마지막이지만 앞서 언급한 것들 못지않게 중요한 것으로서, 의식 덕분에 마음은 어떤 주제에 **집중**하게 되고, **관련성**에 대한, 즉 중요한 것과 그렇지 않은 것에 대한 감각을 가지게 된다.

마음의 구성에서 의식의 근본 역할(소유, 통일성, 관련성, 관여)을 고려하는 것은 의식 없는 마음이라는 개념이 말이 되는 소리인지에 심각한 의혹을 제기한다. 이러한 태도들은 누구의 '마음'일지도 불분명할 것이고, 통일되지도 집중되지도 못할 것이다. 그리고 어떻게 '그 마음의' 태도들에 의해 누군가가 관여될 수 있을지도 불분명할 것이다.

공유된 느낌

정서들은 의식의 패러다임이 된다. 왜냐하면 그것들은 보통 소유, 통일성, 관련성 감각, 관여로 향하는 **빠른 길**로서 기능하기 때문이다. 정서들은 너무 오랜 시간이 걸릴 일을 순식간에 달성한다. 당신이 생각하는 것을 아는 것, 중요한 것에 대해 모호하지 않고 분명한 감각을 가지는 것, 그리고 당신의 태도를 관여의 자세로 바꾸는 데 공포감보다 더 빠른 길은 없다. 데넷(1984)은 이러한 점을 10분 안에 격납고에서 폭탄이 터질 것이라는 정보를 받은 인공지능 로봇의 예로 설명한다. 로봇은 이러한 정보를 자신의 데이터베이스에 통합하고 처리하기 시작한다. 자신이 격납고를 떠나는 것이 중국의 차(茶) 가격에 어떠한 영향을 미칠지를 로봇이 막 계산해 낸 순간, 폭탄이 터진다.

이와 유사한 예가 빨간 모자 소녀이다. 소녀는 숲속에 홀로 사는 자기 할머니를 방문해서 속단하지 않고 차분하게 왜 그렇게 굵은 목소리, 털 많은 피부, 붉게 번뜩이는 눈, 발톱 달린 발, 입에 길고 누런 송곳니를 가졌는지를 묻는다. 공포감을 경험해 본 행위자는 신중한 추론가보다 결정적 장점을 가진다. 공포 속에서는 마음의 **초점**이 위험에 집중되고, 시각은 이 초점 위주로 모이고—늑대 머리에 있는 할머니 모자나 중국의 차 가격은 아무 생각 없이 무시된다—즉각 행동할 자세가 세워진다.

그러나 기업이나 다른 그룹 행위자는 보통 개별 인간보다는 데넷의 로봇과 빨간 모자 소녀와 훨씬 더 비슷한 것처럼 보일 것이다. 승무원들이 로봇 같은 방식으로 일을 처리하면서 함께 행동할 수 없는 바람에, 얼마나 많은 배와 비행기가 침몰하고 추락했는가? 사업이나 정책이나 전략에 닥친 선명하게 가시적이고 촉박한 위험에 직면하고도 아주 당연한 조치를 취하지 않음으로써, 얼마나 많은 회사나 단체나 국가가 소멸했는가? 실로 문제는 집단 사례에서 더 심각해 보인다. 로봇은 그 슬픈 이야기의 끝에서도 완전체로 남는다. 어떤 그룹 행위자들은 위험에 직면해, 마치 각각 제 갈 길로 흩어지는 성서의 양 떼처럼, 흩어지는 듯하다(〈이사야서〉 53장 6절). 만약 그런 일이 생긴다면, 기업의 사고는 '빠른 사고(fast thinking)'가 아니라 '느린 사고(slow thinking)'이다(Kahnemann, 2011). 그리고 이러한 점이 기업정서를 반박하는 사례를 뒷받침하는 듯하다. 사람들은 충격을 받거나 놀라거나, 혹은 기업은 느낄 수 없는 갑작스러운 기쁨의 느낌으로 채워질 수 있다. 기업의 마음은 그렇게 되기에는 단순히 너무 느리고, 그것에게는 필수적 지각기관이 없다.

이것이 사실이지만, 정서 **일반**을 '빠른 사고'로 간주하는 것은 잘못일 것이다. 실제로 어떤 정서는 소유, 정신적 통일성, 관련성, 관여로 가는 빠른 길이지만, 다른 정서는 그렇지 않다. 분노가 항상 갑작스러운 격노의 형태로 오는 것은 아니다. 신중하고 느린 평가에서 나와서 오랜 시간 원한(grudge)으로 지속되는 종류의 분노도 있다. 슬픔은 보통 격한 고통이나 여타 갑작스러운 경험으로 오지 않는 정서이다. 못마땅함이나 죄책감이나 자신감도 마찬가지이다. 다음에서 내가 초점을 둘 것은 이러한 '느린' 정서들이다.

길버트(1997, 2002)는 '느린' 그룹정서에 대한 설명을 전개했다. 전형적 사례는 집단 죄책감이다. 길버트의 분석에서 배울 것이 많다. 그러나 거기에는 문제점이 하나 있고, 다음에서 주목할 것은 분석의 여러 장점이 아니라 바로 이 문제점이다. 길버트는 정서가 (그녀의 경우에는 죄책감) '느낌-감각(feeling-sensations)'이라기보다는 지향적 상태 혹은 판단이라는 인지주의적 견해에 깊이 의지한다. 그러나 그녀는 이 요점을 (그녀가 마사 누스바움[Martha Nussbaum]의 견해라고 생각하는 요점을) 다소 조심스럽게 서술한다. "자기가 행한 일에 대해 죄책감을 느끼는 사람은 자기가 행한 일을 어느 정도 그릇된 것으로 생각해야 한다. 그렇다면 아마도 그러한 인지가 정서의 핵심에 놓여 있을 것이다. 아마도 구체적 '느낌-감각들'은 본질적인 것이 아니라 그저 빈번하게 일어나는 부수 현상일 뿐일 것이다"(Gilbert, 2002, p. 119). 다음으로 그녀는 집단정서를 공동 의도와 공유된 믿음의 분석에 대해 제안된 것과 같은 노선을 따라서 **공동 관여**라는 관점에서 생각해 보자고 제안한다. 이전 논문에서 길버트(1997)는 집단 죄책감을 그룹의 악행에 참여한 것에 대한 구성원들의 인식이라는 ('소속 죄책감[membership guilt]'이라는) 견지에서, 그 그룹이 행한 일에 대한 정동적 평가로 생각했다. 나중 논문에서 길버트(Gilbert, 2002)는 한발 더 나아가 개인이 아니라 그룹의 것인, 진정한 "집단적 죄책감"이 있다고 논한다. 그러나 길버트는 하나의 그룹이라는 종류의 통일성을 "의식의 중심"이라는 관점에서 이해하지 않기에, 이 '느낌'은 그 그룹이 느끼는 '격렬한 고통'이나 '쑤시는 듯한 아픔'이나 여타 현상적 상태를 수반하지 않는다. 그 그룹의 태도에는 질적 차원, 즉 '느낌-감각'이라는 것이 없다. 차라리 집단적 죄책감은 어떤 그룹이 한 몸으로 공동으로 죄책감을 느끼는 상태지만, 이러한 상태에 어떤 '격렬한 고통'과 '쑤시는 듯한 아픔'이 수반된다면, 이것들은 그 그룹이 아니라 개인들의 것이다. 그 죄책감이 실제로 집단적인 것이라면, 그것은 절대 느낌이 아니다. 길버트의 설명에 따르면, 집단정서는 실제로는 공동의 평가적 태도와 개인적 느낌들의 결합이다.

길버트의 설명에 반해, 나는 **공유된 느낌**들에 대한 설명을 제안했다(Schmid, 2009). 핵심 주장은 어떤 사람들의 그룹이 정서를 가진다면, 거기에는 하나의 느낌 사건, 즉 많은 행위자가 참여하는 현상적 경험이 있다는 것이 말 그대로 참이라는 것이다. 그룹 정서는 공유된 느낌이다. 공유된 느낌은 "현상학적 융합(phenomenological fusion)"을 수반한다. 그들은 많은 개인이 참여하는 어떤 개별적인 정동적 상태가 있다는, 매우 직설적인 의미로 '공유된' 것이다.

이러한 설명은 의식적 경험이나 '영혼의 상태'는 개인 '내적'이라는 관념, 아우구스티누스(Augustine)가 서양적 사고에 아주 강력하게 끌어들인 관념에 반한다는 점에서 도발적 설명처럼 보인다. 이러한 견해는 다른 개인이 어떻게 느끼는가를 우리는 과연 어떻게 알 수 있는가 하는 물음으로 인도한다(『삼위일체론(*De Trinitate*)』, 8권, 6장, 9절). 그러나 아우구스티누스의 관념은—혹은 발명품은—성공적이었지만, 개인들은 말 그대로 그들의 영혼이 실제로 통합되는 방식으로 상호 연관될 수 있음을 그 자신도 주목할 수밖에 없었다는 점을 언급할 수 있다. 『고백록(*Confessions*)』에서 아우구스티누스는 어떻게 개인들의 영혼 사이에서 융합이 일어날 수 있는가에 대한 아주 감동적인 묘사를 (『고백록』, 4권, 6절, 11절)—그가 짧은 교류만이 아니라 깊은 우정에도 적용했던 생각을—제공한다(『고백록』, 2권, 5장, 10절).

나는 내재주의(internalism)에서는 아우구스티누스를 따르면서 강한 공유성(sharedness)에 대한 그의 생각을 무시하는 것은 잘못이라고 생각한다. 공유된 느낌들의—공유하는 슬픔, 걱정, 기쁨—경우에, "나는 정말 당신이 어떻게 느끼는지 알 수 없다"라는 것은 단순히 사실이 아니다. 왜냐면 내 느낌이 당신의 느낌**이기** 때문이다. 아니 오히려 내 느낌은 실제로는 내 것이 아니고 당신의 느낌도 당신 것이 아니라 **우리 것**이기 때문이다. 공유된 느낌들은 그것들의 주체적 양상이 단수의 ('나의') 것이 아니라 복수의 ('우리의') 것인 의식적 경험들이다. 그것은 하나의 공유된 정동적 관심에 대한 복수의 자기 인식이다(복수의 자기 인식에 대한 조금 더 자세한 설명으로는 Schmid, 2013 참조).

나의 설명은 셸러(Scheler, 1912/1954)의 "즉각적 함께 느낌(immediate feeling-with)"이라는 개념에서 영감을 받은 것이다. 또한 나의 설명은 정서란 여러 개인을 포괄할 수 있는 '분위기(atmospheres)'라고 주장한 독일 현상학자 헤르만 슈미츠(Hermann Schmitz)가 전개한 정서 이론의 몇몇 측면을 공유한다. 나는 (하나의 느낌-정서, 여러 참여자라는) 강한 통일성 관념에 대한 슈미츠의 의견에 동의한다. 그러나 정서의 공간적 성질에 관한 슈미츠의 견해에는 동의하지 않으며, '분위기'에 대한 그의 이야기는 잘못된 비유라고 생각한다.

참여자들을 하나의 공유된 정서로 통합하는 것은 느낌이라는 주장은 최근 문헌에서 반복적으로 비판되었다. 다음에서 몇몇 반대의견(1-4)을 언급하고, 나의 대답을 간략히 기술할 것이다.

(1) 콘젤만 지프(Konzelmann Ziv, 2007, 2009)의 주장에 따르면, 느낌들은 개념적으로 육체와 연관되어 있고, 자아는 (인간) 육체와 같은 방식으로 개별화되고, 그리고 정서에 적용되는 '공유'라는 개념은 전체-부분-존재론(whole-part-ontology)을 포함하지 않는다. 나의 대답은 '정신적 느낌들(psychic feelings)'이라는 것도 있고(Stocker, 2003), 그것들은 육체에 위치하지

않는다는 것이다. 자아의 개별화에 관한 주장은 전혀 분명하지 않고, 문자 그대로의 의미에서 모든 공유는 부분–전체–구조를 함축한다. 그룹정서를 개인들이 참여하는 하나의 전체로 상정하는 것은 '병렬적' 개별 정서들이 아니라 진정으로 공유된 정서들의 차별적 특징을 설명하는 데 필수적이다.

(2) 크렙스(Krebs, 2010)는 현상적 융합이란 공유된 정서에 참여하는 사람들이 어떻게든 자신들이 별개의 사람들임을 잊어버리고 자기 경험을 다른 사람의 경험으로 오인하는 것을 함축한다고 주장한다. 나의 대답은, 설령 현상적 융합이 하나의 복수형 자아의 경험일지라도, 그 복수형 자아는 복수이기 때문에 하나 이상의 참여자를 가진 자아이다(복수형 '우리'는 단수형 집단 '나'가 아니다). 현상적 융합에서 대인적 차이들을 인식할 여지가 충분히 있다. 다만 문제의 차이들은 단자들(monads) 사이의 메울 수 없는 심연 같은 차이가 아니라, 통합된 전체의 서로 다른 부분들 사이에서 작용하는 차이이다.

(3) 산체스 게레로(Sánchez Guerrero, 2011, 2016)는 정서가 느낌을 수반한다는 주장에 우호적이지만, "느낌들이 집단의 정동적 지향성의 중심에 있다고 생각할 여지를 주기 위해 우리가 공유된 느낌의 문제를 해결할 필요는 없다"고 주장한다(Slaby, 2012, p. 89 참조). 그러나 나는 산체스 게레로의 '서로 배려하기(caring–with)'라는 제안이 어떻게 공유된 느낌의 문제를 회피할 수 있는지 알 수 없다(왜 산체스 게레로가 애초에 그것을 회피해야 한다고 생각하는지 이해할 수 없다. 나는 공유된 느낌에 반대하는 일련의 잠재적 우려를 논의했다. Schmid, 2009 참조). '서로 배려하기'는 어떤 공유된 정동적 관심을 포함하는데, '공동–배려자들(co–carers)'은 그들의 관심을 공유하기 위해 선반성적이고 정동적으로 이러한 관심을 자기 것으로 인식할 필요가 있다. 이것이 바로 현상적 융합이 의미하는 바다. 만약 느껴지지 않는다면, 정동적 관심은 정동적이지 않다. 그리고 그것이 공유된 것으로 함께 느껴지지 않는다면, 엄밀한 의미에서 공유된 것이 아니다. 의식의 가장 근본적인 단계에서도, 관심을 가진다는 것이 '어떤 것인지'는 그것이 '나에 대한' 것이 아니라 '우리에 대한' 것일 때에만 공유된다.

(4) 살멜라(2012)는 공유된 정서에 대해 특히 정통하고 신중한 분석을 제공한다. 나는 그가 나

> 의 견해에 대해 제기한 두 가지 반론에 초점을 둘 것이다. 살멜라는 현상적 융합의 가능성을 거부하지 않는다. 그러나 그는 이러한 경험이 공유된 정서의 필요조건이 아니며, 발생하더라도 '인지하기 어려운(elusive)' 것이며, 참여자들의 반성적 태도와 양립할 수 없다고 논한다. "사람들이 **선반성적으로** 자신의 느낌들을 당신 것이나 우리 것으로 해석하고 경험할 수 있다는 것은 충분히 사실이지만, 이러한 경험은 존재론적 개인이 **반성적으로** 그 느낌들을 **그녀의 것** 혹은 **그의 것**으로 인식하게 되자마자 사라진다. 이것은 융합된 경험 동안 언제든 일어날 수 있다. 왜냐면 애초에 그것의 주체에 대해 어찌 해석했든지 간에, 나는 항상 내 경험으로부터 물러나 그것을 **내 것**으로 인식할 수 있기 때문이다. 이러한 종류의 **진실한 반성적 자기 인식**은 현상학적인 집단적 주체를 내쫓는다. 왜냐면 어떤 집합체의 의미에서가 아니라면, **우리의** 느낌을 경험하는 자기 자신을 인식한다는 것은 불가능해 보이기 때문이다"(Salmela, 2012, p. 38).

살멜라는 (선반성적) 자기 인식과 반성적 자기의식 사이 차이의 중요성에 대한 강조에서 정곡을 찌르고 있다. 자기 자신에 대한 반성적 사고는 자기 자신에 '대한(of)' 것이지만, 이와 같은 방식으로 자기 인식이 자아에 '대한' 것은 아니다. 자기 인식은 독단적으로 말하는 것도 아니고 객관화하는 것도 아니다. 자기반성(self-reflection)에서, 한 사람은 자기 자신을 자기 사고의 주제로 삼는다. 대조적으로 자기 인식은 어떤 의식이 자기 자신에 대해서든 다른 어떤 것에 대해서든 반성적 의식이 되려면 그것에 포함되는 '주체적 양상'이다. 많은 경우에 자기반성은 내가 생각하고 믿고 느끼는 것에 대한 것이고, 특히 우리가 무오류성에 대한 데카르트적 관심을 공유한다면, 복수형의 정신 상태들이 있다는 것을 쉽게 잊는다. 우리는 자신의 걱정거리나 공포를 자기 그룹과 공유한다고 생각하면서("우리는 …을 두려워한다"), 동료라고 생각되는 사람들이 오랫동안 우리 그룹에 불만을 품고 있었고 우리의 걱정거리에 관여하지 않는다는 사실을 모를 수도 있다. 혹은 우리는 다른 누군가가 **있다**는 가정에서 단순히 잘못 판단한 것일 수도 있다. 이것은 그들 의식의 '실제' 주체적 양상은 복수형이 아니라 단수형임을, 즉 사람들이 하는 경험의 현상적 성격은 오직 그들 개개인에 대한 것임을, 그리고 어떤 경험의 복수형 주체적 양상이란 살멜라가 시사하는 것처럼 규정하기 힘든 환각임을 증명하지 않는가?

만약 당신이 반성적으로 당신의 정신 상태들을 (특히 당신의 정서적 느낌들을) 자신의 (단수형의) 것으로 받아들인다면, 반성적으로 당신의 정신 상태들을 공유된 (복수형의) 것으로 받아들일 때는 하지 않을 방식으로 일을 처리할 것이라는 견해는 설득력이 없는 듯하다. 어떤 정서적 관심을 우리 것으로 보는 나의 선반성적인 복수형 자기 인식은 잘못된 판단일 수 있다. 어쩌면 우리의 관심은 실제로는 **우리 것**이 아니라 오직 나 자신의 것으로 밝혀질 수 있다(예컨대 나와 공동 관심사를 공유한다고 생각한 사람이 실제로는 꼭두각시임을 깨달은 경우처럼). 이러한 경우에 그 관심이 복수형이므로 다른 사람들에게도 영향을 미친다는 나의 암묵적 가정은 잘못된 것이다. 그러나 다른 개인들과의 이러한 관계는 '느린' 개인적 정서의 경우에 내포된 자기관계(self-relation)와 구조적으로 다르지 않다. 정서의 술어(그것은 어떤 유형의 정서인가?)에 관한 오류와 정서의 신원(그것은 누구의 정서인가?)에 관한 오류 사이에는 명백한 차이가 없다. 어떤 사람이 자신이 사랑에 깊이 빠져 있다고 생각했지만, 이틀 후 그 사랑의 느낌이 실제로는 그저 일시적 열병이지 사랑이 아님을 깨닫게 된 경우를 예로 들어보자. 비통함, 죄책감, 슬픔에 대해서도 이와 유사한 이야기를 할 수 있다. 반성적으로 '깊은 슬픔'이라고 해석된 것이 그저 순간적 기분으로 드러날 수 있다. '느린 정서'의 경우에 당신은 실제로는 당신이 느끼는 것을 알지 못한다. 왜냐면 당신이 당신의 느낌을 사랑이나 비통함이나 슬픔의 느낌으로 감정할 경우, 당신은 당신의 미래 성향에 관한 가정들을 세우는데 그것들은 쉬이 틀린 것으로 밝혀질 수 있기 때문이다. 공유된 느낌들에서 다른 사람들이 잠재적 오판의 원천이라는 의미는 개인의 느낌들에서 미래 자아들이 잠재적 오판의 원천이라는 의미와 구조적으로 다르지 않다. 이것이 우리가 느낌들을 공유된 것들로 경험하고 해석하는 일을 방해해서는 안 된다. 단지 우리가 오판할 수 있다는 사실이 우리가 실제로 느낌들을 공유하는 게임을 하고 있지 않음을 의미하지는 않는다.

나는 공유된 정동적 관심에 대한 복수형의 선반성적 자기 인식이 일시적이라는 관점에서 그것을 붙잡기 힘들다고, 순간적이고 빠르게 지나가는 경험이라고 생각하지 않는다. 그것은 상당히 흔하며, 공유된 느낌이 없는 삶은 오직 심한 자폐증이나 정신병의 경우에만 가능하다.

살멜라가 제기하는 또 다른 반론은 다음과 같다. 공유된 정서적 사건들에서, 사람들의 '기여'는 그들의 입장, 성격, 그 상황에서의 역할에 따라 서로 매우 다르다. 내 이전 논문에서의 사례를 예로 들자면, 어떤 교향곡의 성공적 연주에서 기쁨의 공동 경험은 지휘자에 관한 한에서는 강렬한 의기양양한 느낌을 수반한다. 연주 과정에서 자기 트라이앵글을 한 번 두드린 것밖에 한 일이 없는 사람은 아마 [지휘자가 느끼는 것과 같은] 그러한 종류의 느낌을 전혀 받지는 못하겠지만 약간의 만족감을 느낄 것이다. 기여라고는 연주를 주의 깊게 들은 것뿐인 각각의 청중도 그러할 것이다. 느낌들은 공유된 프로젝트 안에서 참여하는 개인의 특수한 관심에 따라 다르다. 지휘자의 특수한 관심은 다양한 개인들의 기여를 한데 모으는 것이고, 트라이앵글을 연주하는 사람의 관심은 주로 자신이 맡은 작은 부분에 있을 것이다. 그래서 명백히 집단적 사례에는 실제로 서로 다른 정서들이 있는 듯하다. 이것은 분명하게 공유된 정서적 사건에서 느낌들이 연결되거나 '융합된' 것이 아니라 분리된 것임을 증명하지 않는가? 공유된 정서적 사건에서 참여자들이 경험하는 느낌들은 어떤 점에서는 전체의 부분들이다. 그러나 그 부분들은 여러 가지 사정에 따라 서로 질적으로 다르다.

개인들이 경험하는 것은 실제로는 '그들이 맡은 부분'일 뿐이지 그들이 맡은 부분으로 구성되는 전체로 확장되지는 않는다는 말은, 다른 사람들과 아파트를 공유하는 학생은 실제로는 자기 방과 때로는 부엌과 욕실 부분에서만 사는 것일 뿐이지 그 공유된 아파트에 사는 것이 아니라는 말과 대략 같은 의미를 지닌다. 분명 공유된 전체를 조각들로 나눔으로써 그 부분들로 구성되는 전체를 분해하는 방식의 공유가 있다. 만약 사람들이 한 조각의 케이크를 공유한다면, 각 참여자는 자신의 조각만을 즐길 뿐이고, 그것을 나눔으로써 전체는 파괴된다. 참여자의 관심은 대상으로서 그들의 부분이지 전체의 일부로서 그들의 부분이 아니다. 이러한 공유는 본질적으로 분배적이다. 그러나 여기서 중요한 공유는 분명 이러한 종류의 공유가 아니다. 오케스트라 연주에서 각 참여자가 자기가 맡은 부분에만 관심을 가지고 그것으로 구성되는 전체에는 관심을 가지지 않는다면, 그 연주는 분명 나쁜 연주가 될 것이다. 여기서 중요한 종류의 공유는 분배적인 것이 아니다. 참여적인 종류, 즉 참여가 그 부분들로 구성되는 전체를 분해하는 것이 아니라 강화하는 종류의 공유이다. 부분들은 그것들이 속하는 전체의 부분들로서 경험

되고 향유된다.[2]

당신이 교향곡 연주의 관객석에 앉아 있고, 공유된 열광을 경험한다고 상상해 보자. 갑자기 당신은 실제로는 방에 홀로 있음을 깨닫게 된다. 눈에 보이는 오케스트라 구성원은 실제로는 로봇들이고, 소리는 녹음된 것이다. 당신이 그저 그 경험의 현상적 성질을 변화시키지 않고 몇몇 배경 가정을 수정할 뿐이라는 것은 사실이 아니다. '어떤 것인지'에서는 동일한 것이 있을지라도, 수반된 의식의 주체적 양상은 근본적으로 변한다. 그 경험의 주체적 양상은 복수형에서 단수형으로 변한다.

개인정서의 경우에서 우리는 정서적 사건이 질적으로 다른 부분들을 가진다는 생각에 익숙하다(한 극단적 사례는 "슬픔의 5단계"에 대한 퀴블러-로스의 분석[Kübler-Ross & Kessler, 2005]이다). 이러한 정서를 가진 개인들이 실제로 질적으로 매우 다른 단계들을 거치기 때문에 하나의 정서만 있는 것이 아니라고 생각할 이유는 없다. 공유된 정서에 대해서도 같은 주장을 할 수 있다. 공유된 기쁨의 느낌에서 지휘자의 부분은 격한 흥분이지만 관객 구성원의 부분은 잔잔한 만족감이라는 점이 전체적으로 공유된 기쁨의 느낌이 없음을 의미하지는 않는다. 이 느낌들 사이의 차이는 근본적인 특수한 관심의 차이를 반영할 수 있다. 그러나 그 관심이 부분-전체-구조를 가지는 것처럼(각 참여자의 관심은 자기가 맡은 부분 자체와 연관되고, 그리하여 어떤 공유된 관심의 견지에서 전체와 연관된다), 느낌도 이러한 구조를 가진다.

기업정서

공유된 느낌은 **개인**들이 가지는 느낌이지 어떤 **그룹**이 가지는 느낌은 아니다. 그래서

2 살멜라는 (개인적 의견교환에서) 정동적 관심에 대해 제안된 부분–전체–구조에는 동의하지만, 이것이 반드시 경험이나 느낌으로까지 이어지지는 않는다고 주장한다. 나의 견해는 관심은 본질적으로 의식을 포함한다는 것이다. 관심은 앞서 간략히 설명한 것과 같은 의식에 귀속되는 종류의 관련성 감각을 함축한다. 대다수의 경우에 관심과 관련된 의식은 의식적 관심이고, 그래서 그 중요한 관심의 구조를 포함해 그 관심에 대한 (독단적으로 말하지 않고, 객관화하지 않는) 의식이다.

공유된 느낌에 대한 모든 설명은 기업정서의 가정을 뒷받침하기에 적합하지 않은 것처럼 보일 수 있다. 공유된 느낌과 실제 기업의 느낌 사이의 관계는 실제 그룹의 의도와 공동 의도 사이의 관계와 같아 보인다. 공동 의도는 개인들 사이에서 공유되고, 그래서 그룹의 수준이 아니라 개인의 수준에 있다.

리스트와 페티트(List & Pettit, 2001)는 공유된 태도와 그룹 태도 사이의 관계에 관해 이렇게 주장했다. 공유된 태도는 실제로는 그것에 참여하는 각 개인에 대한 **분배적** 사실인 데 반해, 그룹 태도는 참여하는 개인들의 태도와 집계함수(aggregation function)에 수반되는 것이지만 어떤 의미에서 개인들의 태도로부터 자율적이라는 (그리고 단절적이라는) 점에서 진정으로 집단적이다. 리스트와 페티트는 의도와 믿음은 그룹의 것일 수 있지만 정동적 태도는 그럴 수 없다고 생각하는 듯하다. 그러나 추론적 딜레마에 빠지지 않고도 이것이 가능하다고 받아들여지는 그룹에서는 어떠한가. 다수 구성원의 태도가 그 그룹의 태도로 간주되고, 문제의 태도가 정동적 태도라면 그 그룹은 다수의 정동적 태도를 가진다고 생각할 수는 없는가? 이에 대한 대답은, 그룹은 어떤 가정과 목표 위에서 작동하도록 조직될 수 있지만, 그룹이 어떤 일정한 방식으로 '느끼게' 만들 수는 없다는 듯하다. 리스트와 페티트가 생각하는 그룹 행위자의 '자율성'의 의미에는 참여하는 개인들의 머리 위에 있는 '자율적' 의식의 중심이 없다. 그러나 리스트와 페티트가 자신들의 책 5장과 9장에서 보여준 것처럼, 자율적 그룹 마음은 대다수 경험적 상황에서 참여하는 개인들과 그룹 마음의 **동일시**를 상정한다. 행위자들이 어떻게든 그들의 숙고에서 그룹의 태도를 자신의 태도로 **통합하려는** 경우에만 그룹의 행위능력이 안정적이다. 리스트와 페티트는 이 맥락에서 동일시가 정확히 무엇을 의미하는지에 대해 다소 모호하다. 나는 복수형의 선반성적 자기 인식이 그 물음에 대한 대답이 될 수 있다고 제안한다.

집단의식은 어떤 그룹의 의도와 판단이 그러한 것과 마찬가지로 참여하는 개인들의 의식으로부터 자율적인 의식이 아니다. 그러나 복수형의 자기 인식을 분배적인 것으로 상상하는 것은 잘못이다. 오히려 그것은 참여자를 정신적 전체에 참여시킨다. 공유된 정동적 관심에 대한 복수형의 자기 인식은 각 개인이 자신을 위해 분배적으로 가지는 무언가가 아니다. 그것은 그들이 **함께 집단으로** 가지는 무언가이고, 그들을 단수형이 아니라 복수형 자아에 합체시키는 무언가이다. 복수형 자아라는 의미에서, 기업들은 정서를 가질 수 있다. 그리고 그것들은 현상적 상태들이라는 관점에서의 정서 혹은 느낌을 가질 수 있다.

철학적 우려들이 없어지더라도, 하나의 문제는 남는다. 실험철학에서 나오는 증거는 어떠한가? 느낌들을 그룹에 귀속시키는 것은 평범한 직관의 뒷받침을 받지 못한다는 노브와 프린츠의 결과를 상기해 보자. 이것이 그 자체로는 철학적 논증이 아니라는 것은 사실이다. 상식이 항상 옳을 수는 없고, 그룹 의식에 대한 새로운 형이상학이 철학적 근거로 필요할 수 있다. 그러나 기업의 본성에 대한 평범한 직관과 근본적으로 불일치하는 입장을 주장하는 것은 확실히 불편하다. 그러나 이 점에 있어서, 내가 생각하기로는, 이 문제에 대한 더 최근의 저작에서는 적어도 기업에 관한 통속심리학의 물음에 관한 판단은 여전히 열려 있음을 확실히 보여준다. 다음은 단지 이 점을 확인하려는 몇몇 논증과 결과다. 아리코(Arico, 2010)는 노브와 프린츠의 연구에서 중요한 문제점을 지적한다. 노브와 프린츠는 대다수의 사람이 예컨대 "애크미사는 못마땅하다고 느낀다"나 "애크미사는 후회를 느낀다"라는 진술은 '기이하게' 들린다고 생각하지만, "애크미사는 최근 법원의 판결에 못마땅하다"나 "애크미사는 그것의 최근 결정을 후회한다"라는 진술은 '자연스럽다'라고 판단한다는 것을 보여주고, 사람들은 실제로 기업에 '느낌'이라는 요소를 귀속시키지 않으려 한다는 결론을 내린다. 그러나 두 종류의 진술들 사이에서 실제 중요한 차이는 아마 주어지는 맥락적 정보의 양일 것이다. 아마도 '느낌' 형태의 진술들은, 만약 그 귀속된 느낌이 어떤 것이었는지에 대해 정보가 주어졌다면, 훨씬 더 '자연스럽게' 들렸을 것이다. 통속심리학은 결국 집단의식이라는 관념에 대해 그다지 반대하지 않는다(Arico, Fiala, Goldberg & Nichols, 2011 참조).

더 중요한 것으로서, 휘브너, 브루노, 사키시안(Huebner, Bruno & Sarkissian, 2010)은 "하나의 집단이라는 것에는 아무것도 없다는 직관은 보편적 주장이 아니라 문화적으로 특수한 것이며," 그것은 사실상 "서양의 문화적 유산의 산물"이라는 강력한 증거를 제공하는 철학적 실험을 수행했다. 휘브너와 동료들(Huebner 외, 2010)은 미국에서의 실험 결과를 홍콩에서의 결과와 비교했다. 비록 홍콩은 상당히 서구화된 것으로 간주할 수 있지만, 두드러진 결과는 현상적 상태를 개인에게 귀속시키려는 성향과 집단에게 귀속시키려는 성향 사이의 차이가 미국에서보다 홍콩에서 훨씬 더 낮았다는 것이다. 노브와 프린츠가 발견한 것처럼, '애크미사'에게 현상적 상태를 귀속시키지 않으려는 강한 성향은 그저 하나의 명백한 사실을 반영할 것이다. '우리'가 우리의 삶에서 상사 회사들의 역할에 대해 생각하는 방식에서, 우리는 사람들이 정동적인 사업적 관심을 복수적으로 자기 인식하는 방식으로 자신들을 기업들과 동일시하리라고 가정하지 않는다. 혹은 조금 더 구어체로 말하면, 우리는 우리가 일하는 회사가 아니다. 우리의 삶에서 기업들의 사회적 역할에 대한 이러한 사실이 참이라면, 기업정서에 관한 이야기는 그저 기업의 개소리일 것이다. 그러나 이것은 문화에 대한 물음이지, 마음의 형이상학에 대한 물음이 아니다. **우리의** 기업들은 정서를 가질 수 있는 종류의 그룹이 아닐 수도 있다. 그러나 이것이 실제 기업정서의 가능성을 반증하지는 않는다.

감사의 말

이 글은 원래 2012년 8월 영국 맨체스터에서 열린 「집단 지향성 콘퍼런스」에서 발표되었다. 제안과 비판을 제공해 준 얀 슬라비와 이 책의 편집자들에게 감사를 표한다.

Chapter 2

우리는 어떻게 느끼는가: 일상적 집단정서 귀속

마거릿 길버트[1]

일상생활에서 사람들은 종종 다양한 종류의 정서를 '우리' 혹은 '그들'에게 귀속시킨다. 여기 내가 생각하는 몇 가지 종류의 진술 사례가 있다.

> 우리는 매우 흥분된다!
>
> 우리는 일어난 일에 대해 끔찍함을 느낀다.
>
> 우리는 최악의 사태를 두려워했다.
>
> 우리는 상황이 나아지기를 계속 희망했다.
>
> 우리는 정말로 분노한다.

이러한 말을 하는 사람들은 때로는 "우리는 둘 다 매우 흥분해 있다"나 "우리는 모두 매우 흥분해 있다" 등을 줄여 말하려 한 것일 수 있다. 그러나 나는 대부분의 순간 화자가 의도한 것을 그가 의도한 것처럼 보이는 바로 그것으로 이해한다. 어떤 정서를 "한편으로 나, 다른 한편으로 그" 혹은 이와 유사한 것으로가 아니라 **우리**에게 귀속시키는 것이다.[2] 분류를 위해서 나는 이러한 진술들을 후자의 해석에 따라서 **집단정서 귀속**이

---

1 Margaret Gilbert, 캘리포니아 대학교 도덕철학 교수.

2 이것이 기본 해석이라고 생각하지만, 현재의 목적을 위해서 그 점을 논할 필요는 없다.

라고 부를 것이다.

집단정서 귀속은 추정된 세계의 상태들을 가리키려는 것인가? 손쉬운 대답은 "우리는 매우 흥분했다"라는 말은 우리가 매우 흥분됨을 가리킨다는 것이다. 이 글의 질문은 다음과 같다. 이렇게 나무랄 데 없지만 도움은 되지 않는 설명에서 더 나아갈 수 있는가? 달리 말해서, 집단정서에 대해 일상적 사고와 대화에서 생각하는 것보다 더 많은 것을 이야기할 수 있는가?[3] 그 질문을 더 명확하게 하고 정당화하는 예비 단계 다음에 하나의 긍정적 대답이 제공될 것이고, 그 대답에 따라서 집단정서의 존재에 대한 몇몇 결론을 고찰할 것이다.[4]

예비 단계

집단정서와 집합체들

다음 진술들을 살펴보자.

그 풋볼팀은 매우 흥분해 있다!

우리 가족은 일어난 일에 대해 끔찍함을 느낀다.

그 부서는 최악의 상황을 두려워했다.

그 커플은 상황이 나아지기를 계속 희망했다.

그 조합은 매우 분노했다.

이 진술들은 이전의 목록과 어떻게 연관되는가? "우리는 흥분해 있다"라고 말하는 사람은, 만약 '우리'가 누구냐는 질문을 받는다면, 예컨대 '그 풋볼팀'이라고 말할 것

---

3 이후로 "집단정서"와 다른 유사한 문구의 사용은 "일상적 집단정서 귀속의 지시 대상" 줄임말이다.

4 나는 이전에 집단적 양심의 가책(remorse)에 초점을 둔 논문(2000)과 집단적 죄책감에 초점을 둔 논문(2002)을 비롯해 여러 곳에서 집단정서를 논했다. 이 글에서는 더 일반적인 데 초점을 맞춘다. 지면상의 제약으로, 나는 내 견해에 대한 설명에만 집중할 것이다. 다른 관점에 대해서는, Salmela, 2012 참조.

이다. 더 일반적으로 말해서, 그는 (혹은 그녀는) 친숙한 **집합체**(collectivity) **개념**을 불러들일 것이다. 그럼에도 그 질문에 대한 대답에서 친숙한 집합체 개념을 불러들이지 않고도, 그 자신과 한 사람 이상의 다른 사람들에 대해 "우리는 흥분해 있다"라고 말할 수 있다. 그래서 "우리"가 누구냐는 질문을 받았을 때, 그가 할 수 있는 최선의 대답은 "그녀와 나," 혹은 "이 사람들과 나"일 것이다. 아니면 그는 "이 방에 있는 사람들"이나 "이 지역에 사는 사람들" 등과 같이 말할 수도 있다. 여기서 그는 문제의 사람들을 그들이 공유하는 어떤 성질을 참조해 구체화한다. 이러한 이유로 첫 목록에 있는 항목들은 가장 기본적인 유형의 집단정서 귀속의 사례이다.

방금 말한 요점은 집단정서가 항상 어떤 집합체의 정서인가, 그 집합체는 이미 인정된 종류의 집합인가 하는 물음에 관해서는 이야기하지 않는다. 실로 우리가 어떤 정서를 우리에게 귀속시킬 수 있다면, 하나의 집합체 '우리'라는 집단을 구성하는 것처럼 보일 수 있다. 적절한 순간에 이 점을 다시 이야기할 것이다.

집단정서와 기술적 사회과학

이 글의 질문에 대한 해답을 찾는 것이 사회과학의 목적에 얼마만큼 유용할지 궁금할 수 있다. 이러한 관심을 부연하기 위해, 나는 사회과학의 기술적(descriptive) 측면과 해석적(interpretive) 측면을 구분한다.[5] 대략적으로 말해서, 기술적 사회과학은 사회 세계(social world)가 어떻게 돌아가는지를 기술하려고 시도한다. 해석적 사회과학은 그 세계의 참여자들이 그것에 대해 어떻게 생각하는지를 기술하려고 시도한다. 이러한 목적으로 해석적 사회과학은 그 참여자들의 개념들을 이해할 필요가 있다.

사회 세계가 어떻게 돌아가는지는 사람들이 가진 생각과 개념을 포함하기에, 기술적 사회과학은 해석적 사회과학보다 범위가 넓다. 그러나 기술적 사회과학 안에서 우리는 항상 다음과 같이 물을 수 있다. 이러한 생각들이 **참인가**? 이러한 개념들이 그 세계의 어느 것에든 **적용되는가**?

만약 사람들이 사용하는 개념들이 그 세계의 어느 것에도 적용되지 못한다면, 여전

5 여기에서와 이후에 나는 더 폭이 넓은 동물계보다는 인간에게 초점을 둔 사회과학을 염두에 두고 있다.

히 매우 흥미로울 수 있다. 실로 그 개념들의 존재는 설명을 요구할 것이다. 그러나 해석적 사회과학의 목적을 넘어선 기술적 목적을 위해 그것들의 존재를 받아들일 수는 없을 것이다(Weber, 1964 참조). 우리는 특히 기술적 사회과학의 목적에서 집단정서 귀속의 효용에 대해 의문을 가질 수 있다. 만약 우리가 인간과 그들이 구성하는 집단들을 고찰할 때 오직 개별 인간만이 정서를 가질 수 있다고 생각한다면 그럴 것이다. 이제 나는 이러한 생각을 촉발하는 것이 무엇인지를 간략히 살펴볼 것이다.

집단정서, 의식에 관한 개인주의, 그리고 정서 명제

내가 **의식에 관한 개인주의**(individualism about consciousness)라고 부를 명제를 우리가 받아들인다고 가정해 보자. 이 명제는 대략 이렇다. 개별 인간들과 그들이 구성하는 집단들을 고찰해 볼 때, 전자만이 의식적이거나 그들 자신의 의식 상태들 혹은 현상학적 상태들을 가지고 있고, 여기서 그룹의 의식 상태는 개별 구성원들의 의식 상태들로부터 독립적일 것이다. 이것은 오직 개별 인간들만이 정서를 가질 수 있음을 의미한다는 주장일 수도 있다.

정서에 관한 요점이 의식에 관한 개인주의로부터 나오는지는 정서가 무엇인지에 달려 있다. 많은 사람은 다음과 같은 **정서 명제**(emotion thesis)를 매력적이라고 느낄 것이다. 어떤 특정한 정서를 가진다는 것은 적어도 부분적으로는 어떤 특수한 의식 상태에 있다는 것이다. 즉 어떤 특수한 존재가 어떤 특정한 정서를 가짐은 **바로 그 존재**가 어떤 특수한 의식 상태에 있다는 뜻이다. 정서 명제를 가정한다면, 한 집단이 정서를 가진다는 것은 그 자체의 어떤 연합된 의식 상태가 있다는 말로 들릴 것이다.

정서 명제와 의식에 관한 개인주의를 가정한다면, 집단정서는 불가능해 보인다. 이러한 노선의 추론이 크리스토퍼 쿠츠(Christopher Kutz, 2001)와 같은 철학자들이 "집단적인 정동적 상태(collective affective states; p. 196)"의 가능성을 일축하게 했을 수도 있다.

정서 명제의 평가

정서 명제는 참인가? 우리는 이것을 본질적으로 '정서'라는 낱말의 정의에 관한 문제로 볼 수 있다. 정의들은 **보고적**(reportive)이거나—예컨대 현재의 일상적 용법과 일치하는 것이거나—**규정적**(stipulative)일 수 있다. 후자의 경우, 그 정의는 어떤 특정한 목적에 맞춰진 것일 수 있다.

일상적 용법에 민감하게 반응하는 '정서'의 보고적 정의를 찾는다고 가정해 보자. 더 나아가 우리가 의식에 관한 개인주의를 받아들인다고 가정해 보자. 그렇다면 집단정서 귀속들이—정서를 한편으로 나, 다른 한편으로 당신에게가 아니라 우리에게 귀속시키는 진술들이—널리 퍼져있음에 비추어 볼 때, 정서 명제는 지지하기가 어렵다.

집단정서 귀속을 말하는 사람들은 일반적으로 자신이 공상적이거나 해학적 방식으로 말한다고 생각하지 않는다. "우리는 최악의 상황을 **두려워했다**"나 그 문제에 대해 "**우리**는 최악의 상황을 두려워했다"에서처럼 암시적 주의 환기용 인용부호(scare quotes)는 없다. 그러므로 그들은 이러한 근거로 무시될 수 없다.

의식에 관한 개인주의가 옳다면, 그리고 당신과 내가 한편으로 내 것이고 다른 한편으로 당신 것이 아니라 우리 것인 정서를 가질 수 있다면, 한 사람이 정서를 가지기 위해 그 자신이 특수한 의식 상태에 있어야 한다는 말은 사실이 아니다. 말하자면, 정서 명제는 거짓이다.

이것은 정서 명제가 참임을 허용하는 '정서'에 대한 **규정적** 정의가 어떤 목적에서는 적절하다는 것을 배제하지 않는다. 우리의 초점이 특히 개별 인간들의 정서에 있다면, 그 소유자가 어떤 특수한 정서적 상태를 소유하는 것과 관련되어 있다는 '정서'에 대한 규정적 정의가 합당할 수 있다. 여기서 나는 조심스럽게 말하려 한다. 왜냐면 한 개인의 정서가 필연적으로 얼마만큼 그 혹은 그녀의 의식 상태들을 포함하는지는 논란의 여지가 있기 때문이다.

사람들은 개인의 정서를 핵심적으로 감각과 같은 의식적 경험들이나 내가 **느낌-감각**(feeling-sensations)이라고 부르는 것의 문제로 가정하려는 경향이 있다. 그래서 우리가 말하는 것처럼 "양심의 가책을 느낀다"라고 말하는 사람은 양심의 가책으로 인한 '격렬한 고통'을 경험하고 있다고 상정될 수 있다. "나는 질투했다"라고 말하는 사람은 질투심의 '찌르는 듯한 아픔(sting)'을 경험했다고 가정될 수 있다. 두려워하는 사람은 공포로 '차가워진 손'을 느꼈다고 추정될 수 있다. 기타 등등.

감각과 같은 것이 핵심적이라고 가정하고 싶지 않더라도, 우리는 각각의 정서에 어떤 특정한 현상학적 상태가 대응하며, 그래서 예컨대 두려워하는 것은 어떤 특수한 종류의 경험 혹은 내가 여기서 말할 것처럼 어떤 특수한 **느낌**에 사로잡혀 있는 것으로 가정할 수 있다.

그러나 개인의 경우와 관련된 정서에 초점을 두었던 철학자들 가운데서 여러 사람은 특수한 느낌-감각들 혹은 더 일반적으로 말해서 느낌들은 어떤 특정한 정서의 구성에 핵심적이지 않다고 논했다. 심지어 그것들은 중요한 것으로 고려되지 않을 수도 있다.

일상생활의 담화에 초점을 두면서, 존 듀이(John Dewey, 1985, pp. 16-17)는 다음과 같이 적는다.

> 존 스미스는 그가 받은 대우에 매우 분개하고 있다, 혹은 사업 성공에 대한 희망을 품고 있다, 혹은 공직 후보자 지명을 받아들인 것을 후회한다고 말할 때, 우리가 단순히 혹은 주로 의미하는 바는 그가 자신의 의식을 지배하는 어떤 '느낌'을 받고 있다는 것이 아니다. 그가 어떤 실천적 태도를 취하고 있다는 것, 즉 어떤 방식으로든 행동할 준비가 되어 있다는 것을 의미한다.

내가 인용한 논의에서 "우리가 의미하는 바"가 무엇인지에 대한 듀이의 다양한 진술 중 여럿은 어떠한 방식으로든 행동할 성향들만을 가리킨다. 더 최근에 글을 쓴 이론가들도 개인의 정서에서 느낌-감각과 느낌 모두의 중심성에 의문을 제기했다.[6]

현재의 목적으로는 이 쟁점에 대해 태도를 정할 필요가 없다. 내가 그것을 언급한 이유는 단지 개인의 경우에조차 정서 구성에서 특정한 의식적 상태들의 역할에 대해서는 논란의 여지가 있음을 보여주려는 것이다.

---

6 예컨대 쉐퍼(Shaffer, 1983, p. 171)는—비록 그는 결국 지지하지 않지만—순전히 믿음과 욕망의 견지에서의 정서 분석을 관찰한다. 누스바움(Nussbaum, 2001)의 경우, 정서들은 평가적 판단(evaluative judgement)의 형태들이다.

독립적 관심을 요구하는 시급한 문제

분명 개별 사례에서 정서의 본성은 오랫동안 논의됐고, 때로는 개인에 대한 일상적 정서 귀속의 지시 대상을 추적하려는 시도도 있었다. 개별 인간들에 대한 정서 귀속과 집단정서 귀속을 **모두** 포괄하는 정서에 대한 일반적인 보고적 정의를 구하려는 기획은 그다지 주목받지 못했다. 다음과 같은 물음도 주목받지 못했다. 일상적 **집단**정서 귀속은 '현장에서' 어떤 사태들을 가리키는가?

마지막 물음은 독립적 관심사이다. 우리가 방금 언급한 종류의 일반적인 보고적 정의를 개발하는 데 관심이 없을 수도 있다. 그저 일상적 집단정서 귀속을 더 잘 이해하고 싶을 뿐일 수도 있다. 다른 것은 차치하고, 이 물음은 어쩌면 그 존재가 간과될 수도 있는 중요한 현상에 대해 알려줄 수 있다. 앞서 논한 관심사로 돌아가, 그것은 기술적 사회과학이 한사코 무시할 현상으로 인도할 수도 있다.

총괄적 설명: 주의

집단정서 귀속의 지시 대상 혹은 더 간단히 집단정서의 본성에 대한 물음으로 들어가기 전에, 나는 다음과 같은 것을 강조해야 한다.

일상적 집단정서 귀속들이 암묵적으로 의식에 관한 개인주의를 부정하지 않는다고 가정하면 어떠한가. **이것은 집단정서에 대한 어떤 특수한 설명도 함축하지 않는다.** 일상적 집단정서 귀속의 지시 대상에 대한 어떤 설명도 완전히 사소한 것을 넘어서는 당연한 것으로 받아들일 수 없다.

특히 어떤 사람이 "우리는 이 소식에 매우 흥분하고 있다!"라고 말할 때, 이 말이 "우리 각자가 이 소식에 매우 흥분하고 있다"의 줄임말이 아니라면, 우리는 그런데도 그가 방금 언급한 상황이 문제의 소식에 각자가 매우 흥분하고 있음이라고, 혹은 심지어 그 말이 그러한 상황을 포함한다고 가정할 수는 없다. 내가 다른 곳에서 사용한 전문용어로, 우리는 집단정서에 대한 총괄적(summative) 설명이 옳은지를 논쟁의 여지 없이 가정할 수 없다. (Gilbert, 1989, 5장에 나오는 "총괄적"이란 용어는 Quinton, 1975에서 가져온 것이다.)

하나 이상 유형의 총괄적 설명이 제공될 수 있다. 한 가지는 단순한 설명이다. 이에 따르면, 그룹은 구성원 각자가 정서 E를 가질 때만 오직 그럴 때만 정서 E를 가진다. 또 다른 유형은 그룹의 각 구성원이 정서 E를 가지고 있고 이것이 그룹에서 공통의 지식일 때만 오직 그럴 때만 그룹은 정서 E를 가진다는 것이다. 더 복잡한 총괄적 설명이 주어질 수 있다. (Gilbert, 1989, 5장에서 집단 믿음에 대한 여러 잠재적인 총괄적 설명을 고찰한다.)

집단정서에 어떤 유형의 총괄적 설명이 주어질 수 있다는 것은 자연스러운 가정일 수 있다(예컨대 Quinton, 1975에서 나온다). 그것이 옳은 설명이 총괄적 설명임을 뜻하지는 않는다.[7] 집단정서에 대한 어떤 설명이든 정당화될 필요가 있다. 더 정확히 말하자면, 일상적 집단정서 귀속의 지시 대상에 대한 우리의 설명을 정당화하려면, 이러한 귀속이 일반적으로 이루어지는 종류의 맥락과 이러한 귀속을 하는 사람들이 그것에 부여하는 함의에 호소해야 한다.[8] 이것이 다음에서 내가 따를 절차이다.

집단정서에 대한 설명을 향해

집단정서 귀속을 위한 몇 가지 토대

다음의 상상적 토론을 살펴보자.

앨리스(벤과 크리스에게 흥분해서 말하고 있다): "스텔라가 상을 탔대!"

벤(역시 흥분된 말투로): "우와!"

크리스: "정말 잘됐다!"

이것은 다음과 같이 확장될 수 있다.

---

7 집단 믿음과 관련된 총괄주의에 대한 장황한 반박으로는 다음을 참조. Gilbert, 1989, 5장. 보다 짧은 형태로는 다음을 참조. Gilbert, 1987.

8 사람들에게 그들이 만든 집단정서 귀속들로 그들의 의미하는 바에 대해 즉석 판단을 요구하는 것은 증거로서의 가치가 거의 없는 것일 수 있다. 분명 그들은 자신이 하는 말에서 "무엇을 의미하는지 알고 있다"는 느낌을 갖지만, 그들이 여기서 찾는 유형의 정확한 설명을 빠르게 내놓을 수 있을 것 같지는 않다.

벤: "그녀는 이걸 위해서 정말 열심히 일했어!"

앨리스: "그녀는 정말 상을 받을 만해."

크리스: "그것은 확실히 축하해 줄 일이야!"

또한 다음과 같은 추가적인 비언어적 행동이 관련될 수 있다.

앨리스는 크게 미소를 짓는다.

벤과 크리스는 '하이파이브'를 주고받는다.

이 점점 더 복잡해지는 맥락 중 어디에든, 앨리스/벤/크리스는 집단정서를 귀속시키는 진술을 말하는 데 편안함을 느낄 것이다. "우리는 스텔라에 관한 소식에 흥분하고 있다." 적어도 표현상으로는, 실제로 그들 중 누구라도 이렇게 말하는 것이 옳을 것이다.

누구도 실제로 "우리는 흥분된다"라고 말할 필요는 없다. 왜냐면 그것이 사실이기 때문이다. 또한 최초 발표내용이나 같은 목적에 이바지하는 어떤 다른 사건을 고려할 때, 집단정서 귀속을 정당화하기 위해 단어들의 개입이 필요하지 않을 것이다. 예컨대 스텔라가 상을 가지고 방으로 들어온다. 적절한 비언어적 행동의 발생으로 충분할 것이다.

특정한 집단정서의 수립에 충분한 이와 같은 맥락들에 대해, 우리는 어떤 일반적 기술을 제공할 수 있는가? 몇 가지 추가 정보를 염두에 두면, 더 쉽게 말할 수 있다. 내가 여기서 초점을 두는 정보는 문제의 사람 중 둘 이상이 그들의 집단정서를 형성한 후 서로 대화하는 방식과 관련된다. 나는 이 사람들을 집단정서의 **당사자들**이라고 부른다.

집단정서 맥락에서의 행동

방금 상상한 것과 같은 언어적/비언어적 교환에 기초해 앨리스/벤/크리스가 자신들이 스텔라의 수상에 대해 집단으로 흥분해 있다고 생각하는 경우를 가정해 보자. 앨리스/벤/크리스는 함께 남아 다른 무언가에 관해 이야기한다. 앨리스는 갑자기 우울한 얼굴을 하더니 화를 내면서 "왜 스텔라가 또 상을 받아야 하지!"라고 소리친다.

이러한 격정의 폭발은 분명 스텔라의 수상에 대한 흥분을 표현하는 것이 아니다. 그러므로 그것은 문제의 집단정서 정신을 따르는 것이 아니다. 그것은 다른 사람들을 놀라게 할 것이다. 그러나 그들은 마치 예측 실패 이상의 문제가 있는 것처럼 행동할 가능성이 높다.

그들은 아마 앨리스가 뭔가 그릇된 행동을 한다고 느낄 것이다. 앨리스가 이렇게 **말해서는 안 된다**. 실제로 그들은 그녀가 그들에게 이렇게 행동하지 않을 **의무가 있다**고 느낄 것이다. 달리 말해서, 그들은 **불쾌함**을 느낄 수도 있다. 그래서 벤/크리스는 당연히 질책하는 말투로 "네가 어떻게 그렇게 말할 수 있냐?" 혹은 단순히 "**뭐라고**?"라고 말할 것이다. 그들은 당연하게 자신들이 스텔라의 수상에 대해 흥분을 표현하는 방식으로 행동하지 않는 것에 대해 앨리스를 질책할 자격이 있다고 여길 것이다.

여기에는 중요한 개념들의 집합이 포함되어 있다. 앞의 논의에서는 아직 작동하지 않은 몇 가지 요소를 소개하자면, 만약 우리가 x를 행하지 않음에 대해 누군가를 질책할 자격이 있다면, 우리가 요구할 자격이 있는 어떤 다른 행동, 우리가 x를 행함에 의해 배제되는 행동이 있다.[9] 만약 우리가 어떤 행동을 요구할 자격이 있다면, 우리는 그 행동에 대한 **권리**를 가진다. 그리고 그 요구의 수신인은 그것을 수행할 책무, 자기 자신에게 **지시된 책무**(directed obligation)를 가진다. 앞서 언급한 용어로, 이 사람은 우리에게 그 행동을 할 **의무가 있다**(권리의 강조에 관한 추가적 논의로는 다음을 참조. Gilbert, 2012).

집단정서에 대한 만족스러운 설명은 당사자들이 집단정서의 정신에 따르지 않는 행동에 대해 서로를 질책할 자격과 방금 언급한 모든 동반된 자격/권리/책무를 가진다는 사실을 설명할 것이다. 요점을 더 간단히 서술하면, 집단정서에 대한 충분한 설명은 일반적으로 **책무 기준**(obligation criterion)을 만족시킬 것이다.

이것은 집단정서에 대한 단순한 총괄적 설명과 공통 지식을 포함한 총괄적 설명이 불충분하다는 것을 즉각 보여준다. 왜냐면 그것들이 상정하는 조건들은 책무 기준을 만족하기에 충분하지 않기 때문이다.

---

9 몇몇 예외들이 있지만, 여기서는 상관없다.

또한 그것은 집단정서의 형성은 합의(agreement) 같은 것을 포함한다고 시사한다. (곧 출간될 글에서 나는 집단적 혹은 '공유된' 의도[우리가 의도하는 것]와 합의 사이의 연결을 논의한다). 합의 자체의 본성과 관련해, 완료된 합의나 약속의 핵심에는 특정한 유형의 관여가—공동 관여(joint commitment)—있다고 생각할 근거가 있다(예컨대 다음을 참조. Gilbert, 2006, 10장; Gilbert, 2013b, 13장).

합의와 약속 이외의 여러 중요한 사회현상들도 마찬가지다. 이것들은 집단 목표/신념/가치를 포함한다. (집단 목표에 대해서는 예컨대 Gilbert, 2006, 6-7장 참조; 집단 신념에 대해서는 Gilbert, 1989, 5장과 Gilbert, 2013b, 6-7장 참조; 집단 가치에 대해서는 Gilbert, 2013b, 8장 참조). 모두가 집단정서의 경우에 쟁점이 되는 자격/권리/책무를 포함한다. 이러한 점들을 고려해 볼 때, 공동 관여라는 관점에서 집단정서를 설명한다는 발상이 나온다.

집단정서에 대한 공동 관여론

다음에서 나는 우선 염두에 두고 있는 설명을 제시하고, 관련 전문용어들을 설명한다. 집단정서에 대한 공동 관여론의 핵심은 다음과 같은 형태를 가진다. 여기서 'E'는 문제의 정서를 나타낸다.

> 사람들 X, Y 등은 (혹은 개체군 P의 구성원들은), 그들이 한 몸처럼 E에 공동으로 관여하는 때만 오직 그럴 때만, 집단으로 E를 가진다.

그래서 예컨대 집단정서에 대한 공동 관여론은 다음과 같을 것이다.

> 사람들 X, Y 등은, 그들이 공동으로 관여하여 한 몸처럼 흥분하는 때만 오직 그럴 때만, 집단으로 흥분하는 것이다.

여기에는 설명할 여러 전문용어가 있다. 첫 번째는 내가 "공동 관여"라는 말로 의미하는 바다. 나는 그것을 예컨대 내 2006년 저서의 7장과 2013년 저서의 특히 2장에서 방대하게 논의했다. 다음에 나올 것은 현재의 목적에 충분할 것이다.

나는 쟁점이 되는 책임의 일반적 개념에 대해 말하는 것으로 시작한다. 적용할 수 있는 가장 넓은 의미에서, 어떤 것 A를 행함에 관여한다는 것은 A를 행할 **충분한 이유가 있다**는 말이다. 여기서 이것은 다른 모든 사정이 같다면 우리가 A를 행하지 않음은 그른 것임을 의미한다.[10] 달리 말해서, 우리가 A를 행하지 않는다면, 우리는 잘못 행동하는 것이다. 그래서 의무가 있음은 심리학적 문제가 아니라 규범적 문제이다.

A를 행하지 않는다면 우리가 그르다거나 잘못 행동하는 것이라고 말할 때, 내가 우리의 행동이 반드시 **도덕적으로** 그르다는 것을 의미하지 않음을 강조하는 것은 중요하다. 도덕적 그름에 대한 몇몇 그럴듯한 관념들에 따르면, 이 행동은 그렇지 않을 수도 있다.

적절한 혹은 잘못된 행동의 사례는, 예컨대 오늘 저녁에 조에게 전화하려는 디나의 결정처럼, 개인적 결정으로 가능해지는 것이다. 만약 디나가 이러한 결정을 내리고 나중에도 마음을 바꾸지 않는다면, 방금 기술한 의미에서 그녀는 오늘 저녁 조에게 전화하는 것에 관여하는 것으로 이해한다. (개인적 결정의 규범성에 대한 추가 논의로는, Gilbert, 2013a 참조.)

내가 말하는 의미에서 공동 관여는 개인적 결정들과 중요한 관련성을 가진다. 핵심적으로 자신의 결정을 내리는 과정에서 디나는 오늘 저녁 조에게 전화하는 것에 **관여했다**. 그렇게 하면서 그녀는 내가 **의지의** 관여라고 부르는 것을 창출했다. 이러한 경우에 그 관여는 사적인 것이다. 이러한 경우에—내가 정의한 것처럼—관여한 사람은 일방적으로 그 관여를 낳은 것이고, 자기 마음을 바꿈으로써 그것을 일방적으로 철회할 수 있다.

그들 모두가 **공동으로** 관여하기 위해서는, 관련자들 각자가 적절하게 개인적으로 관여하는 것으로 충분하지 않다. 그것은 실로 그들의 의지를 모두 포함한다. 그러나 공동 관여를 위해서는, 그들의 의지는 다른 방식으로 포함되어야 한다.

여기서 초점을 두는 공동 관여의 **기본** 사례에서, **관련자들 모두가** 공통 지식의 조건에서 어떤 특수한 방식으로 **함께 관여하려는** 자세를 표현해야 한다. 모두가 이해하듯

---

10 나는 "충분한 이유가 있다"를 전문적 의미로 사용한다. 다른 사람들은 그 문구를 다른 의미로 사용했다. 내가 염두에 두고 있는 것과 다른 대조적 관념들에 대한 추가 논의로는 다음을 참조. Gilbert, 2006, 2장.

이, **공통 지식의 조건에서 이러한 자세의 표현은 그들 모두를 관여시키기에 충분하다.** 그들은 이제 **공동으로 관여하는** 것이다. 일단 그들이 공동으로 관여하고 나면, 그 공동 관여가 철회되기 위해서는 각자의 동의가 필요하다. 어느 한 당사자도 그것을 일방적으로 철회할 위치에 있지 않다.[11]

그러나 각자가 모종의 개인적 관여를 한 경우에는 사정이 다를 수 있다. 예컨대 각자가 주말에 다른 사람과 산책하기로 결심했다고 가정해 보자. 이러한 사적인 결정들에 대한 공통 지식을 고려하더라도, 각자는 자신이 스스로 부과한 관여로부터 일방적으로 벗어날 수 있는 위치에 있을 것이다. 그에게는 다른 사람들의 동의가 필요하지 않을 것이다.

앞서 언급한 것처럼, 나는 다른 곳에서 완료된 합의의 핵심이 공동 관여라고 주장했다. 더 구체적으로 말해서, 특정한 행동 계획을 한 몸으로 지지하는 것의 핵심은 공동 관여이다(Gilbert, 2006, 10장 참조). 흔히 이러한 경우에는 "우리 회의하러 갈까요?" "예, 그럽시다"에서처럼 어떤 행동 계획을 제안하는가를 분명히 밝히는 언어적 서두가 있다. 중요한 것으로서, 공동 관여에 필요한 자세의 표현은 비언어적으로도 전달될 수 있다. 그리고 그 표현의 교환은 엄밀히 말해서 합의를 구성하지 않을 수도 있다. 여러 영역에서 '무언의' 혹은 '암묵적' 합의에 관한 언급은 합의에 완전히 이르지 못한 공동 관여 현상에 대한 반응일 수 있다.

둘 이상의 사람들이 모종의 방식으로 공동으로 관여하는 경우, 당사자들은 어떤 하나의 대의에 하나로 관여하는 것이다. 따라서 각 당사자는 공동 관여를 이행하는 데 적합한 방식으로 행동하는 데 개별적으로 관여한다.

모든 공동 관여의 내용은 앞서 보여준 형태를 가진다. 당사자들은 **한 몸으로** 어떤 일을—'하다(do)'의 넓은 의미로—하는 것에 공동으로 관여한다. 이러한 공식화는 어떤 특수한 방식으로 이해될 수 있다. 집단정서의 경우에 초점을 두면, 그것은 대략 다음과 같은 것을 의미한다. 당사자들은 관련 상황에서 그들의 여러 행동과 발언으로 문제가

11 **기본적이지 않은** 사례들에서는 어떤 이면의 기본적 공동 관여가 있어서, 특정한 사람이나 무리가 그들 모두에게 추가적 공동 관여를 부과할 수 있는 위치에 있다. 이에 대한 논의로는 다음을 참조. Gilbert, 2006, 8장.

되는 정서의 단일한 주체를 모방하는 것에 공동으로 관여한다.

모방 방식과 관련해 쟁점이 되는 것은 각 당사자의 명시적 행동들이다—각 당사자의 **공적 실행**이다. '실행(performance)'이라는 용어의 용도는 행동 방식과 어조라는 측면의 중요성을 강조하는 데 도움이 될 것이다. 수식어인 '공적(public)'은 **각자의 마음과 가슴에서 일어나는 일**은 그 당사자들이 관여하는 것과 관련해 중요한 것이 아니라는 점을 나타낸다. 어떤 사건에 대한 집단 흥분의 사례에서, 당사자들은 그들의 공적 실행을 결합함으로써 그 사건에 대한 흥분의 단일한 주체를 모방할 수 있다.

만약 공동 관여의 당사자들이 그것을 이행하기 위해서는 그들이 특정한 방식으로 행동해야 한다는 것이 그것의 **내용으로부터** 명백하다면, 그 공동 관여는 당사자들이 그러한 방식으로 행동할 것을 **지시한다**고 말할 수 있다. 그렇다면 집단 흥분의 사례를 구성하는 공동 관여는 당사자들이 그 사건에 대해 개인적으로 흥분할 것을 지시하지 않는다는 것은 분명하다. 달리 말해서, 당사자 중 누구도 문제의 사건과 관련해 진심으로 "나는 …에 대해 흥분해 있다"라고 말할 필요는 없다.

다시 말해서—이것이 다른 주장이라고 가정한다면—어떤 사건에 대한 집단 흥분의 사례를 구성하는 공동 관여는 당사자들이 개인적으로 흥분의 '전율' 혹은 특정한 느낌-감각이나 느낌을 경험할 것을 지시하지 않는다.

인간들이 개인적 정서나 느낌-감각이나 느낌을 마음대로 불러낼 수 없는 한, 문제의 공동 관여의 이러한 측면들도 마찬가지일 것이다. 우리는 흔히 다양한 수단들로 이러한 것들을 유발할 수 있음을 지적할 수 있다. 그럼에도 불구하고, 우리의 공적 실행과 그것의 '표현적' 성질이 충분한 한에는, 그 상상한 공동 관여는 우리가 이러한 수단을 쓰도록 지시하지 않는다.

예컨대 앨리스/벤/크리스가 한 몸으로 스텔라의 수상에 대한 흥분에 공동으로 관여한다면, 바로 그 사실 때문에 벤/크리스는 앨리스가 "왜 스텔라가 또 상을 받아야 하지?"라고 화내면서 소리친 것에 대해, 또한 그녀의 분노 표출이 관련된 공동 관여와 일치하지 않는다면, 그녀를 질책할 자격을 가진다는 것은 직관적이라고 생각한다. 다시 말해서, 각자는 다른 사람의 일치된 행동을 요구할 자격을 가진다. 그렇다면 집단정서에 대한 공동 관여론은 책무 기준을 만족시킨다. 이것이 이러한 설명을 위한 중요한 논

증이다.[12]

또한 공동 관여론은, 자신의 규범적 상황에 대한 당사자들의 대응을 고려할 때, 그리고 예컨대 집단 흥분의 사례를 고려할 때, 다른 모든 사정이 같다면 당사자들이 적절한 상황에서 마치 그들이 하나의—흥분된—마음을 가진 것처럼 행동하고 말하리라고 예측한다. 일단 문제의 당사자들이 집단으로 흥분한 것이 입증되고 나면, 이것이 바로 우리가 예상하는 바이다.

또한 집단정서에 대한 공동 관여론은, 앞서 상상한 시나리오들에 대한 어떤 특수한 해석을 받아들이면서, 특정한 집단정서가 수립될 수 있는 방식에 대한 이전의 고찰들과 일치한다. 특히 이 고찰들은 각 당사자가 최소한 관련된 공동 관여에 공동으로 참여하려는 자세를 표현할 것이라고 제안한다.

집단정서에 대한 공동 관여론의 **핵심**은 지정된 내용을 가진 공동 관여라고 말한 것은 이러한 핵심에 추가 조건들을 더하는, 집단정서에 대한 복잡한 공동 관여론을 허용한다는 의미이다. 그렇기는 하지만, 오직 명시된 핵심만을 가진 설명이 더 유력하다. 나는 다음에서 그것에 초점을 둘 것이고, 현재의 목적을 위해 그것을 단순히 집단정서에 대한 **공동 관여론**이라고 부를 것이다.

방금 주목한 덕목과 더불어, 이 이론은 앞서 제기된 직관적 관념과 일치하고, 실제로 그 관념을 설명하는 데 도움을 준다. 우리가 올바르게 어떤 정서를 우리에게 귀속시킬 수 있다면, 우리는 집단을 구성한다. 왜냐면 공동으로 관여하는 사람들의 집합은 그 용어의 중심적 의미로 집합 혹은 사회적 그룹을 구성한다고 주장할 수 있기 때문이다. (예컨대 Gilbert, 2006, 8장 참조). 그래서 집단정서를 구성하는 공동 관여는, 당사자들이 이러한 공동 관여의 성립 이전에 집단을 구성했든 안 했든, 그들의 집단을 만든다.

여기서 공동 관여론에 대한 충분한 설명을 제공하는 것은 불가능하다. 그러나 공동 관여에 따른 집단정서와 당사자들 개인적 정서 사이의 관계에 대한 고찰을 가능하게 할 만큼은 이야기되었다. 이것이 이 장 나머지 부분에서 나의 초점이다.

---

12 비록 나는 여기서 관련 논의에 들어갈 수 없지만, 다른 종류의 설명이 이러한 조건을 만족시킬 수 없다는 말은 가능하다. 이 주장, 그리고 공동 관여와 적절한 요구와 질책을 할 수 있는 자격 사이의 관계에 대한 추가적 논의로는 다음을 참조. Gilbert, 2012.

집단정서와 당사자들의 개인적 정서

만약 어떤 특수한 집단정서가 있다면, 그것은 과연 관련된 사람들의 개인적 정서에 대해 무엇을 말해주는가? 현재의 목적으로는, 개인적 정서는 특정한 인간의 정서이다. 조의 분노, 필리스의 슬픔 등등.[13]

나는 조금 더 한정된 문제에 초점을 둘 것이다. 만약 특수한 집단정서가 있다면, 우리는 당사자 중 모두나 일부나 적어도 한 사람은 **상응하는 개인적 정서**를 가진다거나, 그 집단정서가 창출될 때 이러한 개인적 정서를 가졌다고 추론할 수 있는가? 나의 정의에 의하면, 만약 집단 C가 정서 E를 가진다면, 정서 E*를 가진 집단 C의 특정한 구성원은 **상응하는 개인적 정서**를 가진다. E와 E*에 대한 정확한 기술이 적절한 수준의 세부 사항까지 같다는 조건에서 말이다.

예시를 들자면, 우리가 특정한 침략전쟁을 벌인 것에 대해 집단으로 죄책감을 느낀다고 가정해 보자. 만약 내가 우리 중 한 사람이라면, 나에게 상응하는 개인적 정서란 무엇이겠는가? 내가 정의하는 것처럼, 상응하는 정서는 **우리가 그 특정한 전쟁을 벌인 것에 대한** 나의 죄책감일 것이다. 두 가지 다른 가능성을 들자면, 설령 내가 전쟁을 벌임에 참여했더라도, 그것은 전쟁에 참여한 것에 대한 나의 죄책감이나 이 특정한 그룹의 구성원임에 대한 나의 죄책감이 아닐 것이다. 이 차이를 이해하기 쉽게 만드는 하나의 방법은 이 다른 정서들이 집단정서와는 다른 **대상**을 가진다고 말하는 것이다.

우리가 전쟁을 벌인 것에 대해 **내가** 죄책감을 느끼는 것이 말이 되는가에 대한 논의가 있었다(야스퍼스[Jaspers, 1947, pp. 80-81]는 이 점에 대해 날카롭게 의혹을 표현한다). 결국 나 자신이 전쟁을 벌인 것이 아니었다—내가, 나 자신이, 혼자서 벌인 일이 아니었다. 나는 그것에 적극적으로 참여할 필요도 없었다. 어쩌면 나는 당시에 전쟁이 일어났는지도 몰랐다. 나는 다른 글에서 우리 중 한 사람이기 때문에 우리가 전쟁을 벌인 것에 대해 내가 죄책감을 느끼는 것이 말이 된다고 주장했다(Gilbert, 1996, 16장; 1997, 2013b, 3장). 중요한 문제로서, 우리가 전쟁을 벌인 것에 대한 나의 죄책감은 내가 그 전쟁에 대해 **개인적** 죄책

13 여기에 내가 다른 곳에서 어떤 개별적 인간의 "구성원 죄책감"이라 부른 것을 포함한다. 예컨대 다음을 참조. Gilbert, 1997.

감을 품는다는 것을 전제하지 **않는다**. 양심의 가책이나 자부심의 경우도 마찬가지이다.

만약 그것에 대응하는 이해할 수 있는 개인적 정서가 없는 집단정서가 있다면—또한 이해할 수 없는 [개인적] 정서는 불가능한 정서라고 가정하면—집단정서가 항상 상응하는 개인적 정서와 결부되는 것은 아니다. 이러한 [이해할 수 없는 개인적] 정서를 가지고 있다고 주장하는 사람은 필시 틀렸을 것이다.[14]

나는 상응하는 개인적 정서가 가능한 사례들을 고찰할 것이다. 나는 집단정서의 존재 이전의 상황에서 시작한다.

현실적으로 적어도 한 당사자의 상응하는 개인적 정서가 집단정서의 생성에서 중요한 역할을 하는 것이 종종 사실일 수도 있다. 그래서 앞서 고려한 첫 번째 시나리오에서, 아마도 화자 중 하나 이상의 사람들은 스텔라의 수상에 대해 흥분할 것이다. 그런데도 함께 특정한 집단정서를 창출해 낸 사람들이 그들이 그렇게 하기 전이나 그렇게 하는 동안에 상응하는 개인적 정서를 가져야 할 논리적 필연성은 없다.

비록 당사자 각자가 우선 문제의 정서를 개인적으로 가지지 않고도 어떤 집단정서가 일어날 수 있다는 것은 논리적으로 가능하지만, 우리는 이것이 현실적으로 가능한지를 궁금해할 수 있다. 특히 어떤 사람이 자신은 이러한 정서를 가지지 않았음에도 어째서 기꺼이 다른 사람들과 공동으로 특정한 정서를 가진 사람을 모방하는 것에 관여할지를 궁금해할 수 있다.

하나의 중요한 가능성은 한 사람이 특정한 집단정서의 생성을 돕는 것이 현실적으로 현명한 행동이라는 것이다. 예컨대 특정한 집단정서를 생성하는 것은 당사자들이 성공을 거둘 집단적 노력에서 그들이 진전을 이루는 데 도움을 줄 수 있다. 그래서 만약 우리가 곧 벌어질 경기에서 우리의 전망에 대해 집단으로 흥분한다면—우리의 개인적 느낌과 무관하게—우리가 이길 가능성이 더 높아질 수 있다. 왜냐면 집단정서를 표현하는 방식으로 행동하는 것, 예컨대 우리의 성공을 방해할 수 있는 사건과 이전 활동에 대비해 계속 훈련하는 것이 우리 각자에게 의무로 지워질 것이기 때문이다. 누구도 자기 행

---

14 이해할 수 없는 정서의 일례로는, 어떤 사람이 자기가 전혀 관여하지 않은 어떤 다른 사람의 행동에 대해 자부심을 느끼는 것이다. 우리는 아마 "어떻게 그가 그것에 대해 **자랑스러워할** 수 있나?"라고 생각할 것이다.

동이 "우리는 이기지 못할 거야, 그런데 왜 귀찮게…?"라는 식의 태도를 표현하게 해서는 안 된다.

다시 말해서, 우리의 사회에는 집단정서의 형성을 요구하는 사회규범이 있을 수 있다. 당면한 문제에 관한 우리의 개인적 정서와 무관하게 우리는 그것에 반응하고 있다. 예컨대 어떤 사람의 성공에 대해 듣고 나서 집단으로 흥분하는 것은 친구들에게 의무로 지워질 수 있다. 이러한 규범은 개인들에게 그들의 성공에 대해 보상하고, 이러한 성공과 결부된 몇몇 더 고통스러운 인간 정서들을 억제할 수 있다는 점에서 실천적 효용성을 가진 듯하다.

마지막으로—이 특수한 목록에서—이 특정한 그룹에 지배적이거나 위협적인 외부인은 이 사람이 지시하는 정서 이외의 집단정서를 용납하지 않을 것임을 분명하게 드러낼 수 있다. 예컨대 다른 사람들은 그를 두려운 마음을 가지고 집단으로 존경해야 한다. 나는 이러한 강제적 행동을 지지한다는 것이 아니라, 어떤 사람은 상응하는 개인적 정서가 없음에도 불구하고, 기꺼이 다른 사람들과 함께 관련된 집단정서에 굴복하거나 그것의 형성을 도울 수 있다고 말하는 것이다. (강제와 공동 관여 가능성 사이의 관계 및 관련 문제에 대해서는 다음을 참조. Gilbert, 2006, 10장.)

특정한 사례에서 집단정서의 성립에 필요한 자세는 상관된 개인적 정서가 없음에도 표현된다고 가정해 보자. 이것은 이러한 표현이 무언가 '가짜(fake)'라는 뜻이 아니다. 누구도 문제의 개인적 정서를 느끼는 척하지 않는다. 오히려 각자는 자신이 어떤 집단정서를 형성할 준비가 되었는지를 다른 사람에게 알려줄 것이다. 그렇다고 해서 그 결과로 나오는 집단정서 자체가 '가짜'라는 뜻도 아니다.[15]

이제 특정한 집단정서가 형성되고 적절하게 기능하는 상황으로 간다면, 그 집단정서와 더불어 반드시 상응하는 개인적 정서들이 존재해야 하는가? 표면적으로는 그것

---

15 사람들은 함께 어떤 집단정서를 꾸며낼 수 있다. 어떤 새로운 시나리오에서 스텔라가 다가올 때 앨리스가 벤과 크리스에게 "나는 우리 각자가 생각하는 바를 알고 있지만, 그녀가 상을 탄 것에 대해 우리가 아주 기뻐하는 척하자!"라고 말하는 때처럼. 여기서 그녀는 그들에게 **집단 위장**(collective pretense)에 참여하라고 제안한다. 이것의 또 다른 유형에서, 앨리스는 무슨 일이 일어나고 있는지를 그리 명시적으로 표현하지 않는다. 그녀는 스텔라의 수상에 대해 흥분을 나타내기 전에 벤과 크리스에게 눈을 깜박거리고, 다른 사람들은 알겠다는 듯이 거기에 동참한다.

들이 존재할 필요가 없다. 그러나 특수한 사례를 조금 더 자세히 살펴보는 것이 좋을 것이다.

크리스는 애초에 스텔라의 수상에 대해 실망했는데, 단지 앨리스와 벤의 비위를 맞추기 위해 "그것참 잘된 일이군!" 하고 말했을 뿐이라고 가정해 보자. 일단 흥분의 집단정서가 형성되고 나서, 그는 그것에 맞춰 당사자들에게 의무로 지워진 스텔라에게 미소와 축하를 보내는 일에 동참했다. 그 자신은 스텔라의 수상에 흥분하지 않고 이렇게 할 수 있었던 듯하다. 이것이 의심스럽다면, 상황을 더 자세히 살펴보자.

그의 공적 실행과 관련해, 그는 거의 정확히 자신이 스텔라의 수상에 대해 흥분했을 때 했을 행동을 하고 있다. 여기서 우리는 그가 다른 사람들에게 전달하거나 그들로부터 받았을지 모를 타당한 요구와 질책에 관한 고려는 제쳐둔다. 이러한 행동에 기초해, 관찰자는 아마도 크리스가 스텔라의 수상에 흥분해 있다고 판단할 것이다. 그러나 그의 행동 기저에 깔린 것은 우리가 이 판단이 옳다고 말하기에는 올바른 종류가 아닌 것 같다.

올바른 토대가 정확히 무엇이든 간에, 그것은 여러 행동과 발언을 통해 가능한 한 흥분한 사람을 모방하려는 특정한 다른 사람들과의 공동 관여는 아닌 것 같다. 달리 말해서, 만약 공동 관여만이 크리스의 흥분된 행동을 끌어낸 것이라면, 그는 "나는, 개인적으로, 스텔라의 수상에 흥분해 있다"라고 진심으로 말할 수 없을 것이다.

이것은 그가 개인적으로 그렇게 흥분할 수 없다고 말하는 것이 아니다. 단지 관련된 공동 관여와 이것에 대한 그의 반응 행동으로 구성되는 복합체의 존재는 그가 개인적으로 스텔라의 수상에 흥분함을 수반하지 않는다는 것이다. 그렇다면 얼마만큼 잘 기능하든지 간에 특정한 집단정서의 맥락에서 사람들이 상응하는 개인적 정서를 발현하려는 경향이 있는지는 경험적 문제인 듯하다.

특정한 집단정서가 있을 때, 상응하는 개인적 정서가 촉발되든 안 되든, 다른 사례에서처럼 어쩌면 다른 개인적 정서가 촉발될 수도 있다. 많은 사람이 지역 정치가 로즈 스미스의 말을 듣기 위해 모였다. 그녀가 연설할 때 지지자들은 조금 더 많은 사람의 열광을 끌어내기를 바라면서 흥분해 환호성을 지른다. 적절한 시기에 군중 구성원은 스미스가 연설하는 것을 들으면서 흥분하는 단일한 주체를 모방하는 것에 거기 있는 모든 사람과 기꺼이 공동으로 관여하려는 자세를 서로 표현했고, 그리고 이것이 공통의 지식이 되는 한에서 지지자들은 성공을 거둔 것이다. 이제 군중 구성원은 집단으로 흥분해 있다. 이에 따라 그들은 손뼉을 치고 환호하고 스미스의 이름을 열광적으로 외친다. 지금쯤에서 군중의 일부 구성원은 스미스의 입후보에 대해 개인적으로 흥분해 있다. 많은 사람은 환호하는 군중에 속해 있음에 대해 개인적으로 흥분해 있다.

스미스의 입후보에 대한 흥분의 집단적 발생에서 자기 역할을 할 때, 제이크의 느낌-감각이나 여타 의식 상태는 흥분한 사람에게 전형적인 감각이나 상태일지 모른다. 그러나 그 자신이 스미스의 입후보나 환호하는 군중에 속해 있다는 것이나 어떤 다른 것에 흥분하고 있다고 말하는 것은 옳지 않다. 그에게 흥분의 느낌-감각을 촉발한 것은 구성적 공동 관여에 따라 행동하면서 집단 흥분에서 자신의 역할을 행한 것이다. 우리가 이러한 느낌을 정확히 어떻게 분류해야 할지 여기서는 제쳐두려는 물음이다. 만약 이러한 종류의 느낌-감각이 있다면, 그것의 원인을 이해하고 결과를 탐구할 가치가 있다고 말하는 것으로 충분하다. (추가 논의로는 Gilbert, 2000, 2002 참조.)

맺음말

앞서 내가 정서 명제라고 부른 것은 다음과 같다. 특정한 정서를 가진 사람은 특수한 의식 상태, 괜찮다면 그 정서에 대해 기준이 되는 상태에 있는 것이다. 만약 집단정서가 기본적으로 특정한 유형의 내용을 가진 공동 관여에 불과하다면, 그것은 정서 명제에 대한 공격일 것이다—만약 우리가 개인정서와 집단정서에 모두 적용되는 정서에 대한 설명을 찾고 있다면 말이다.

우리는 이러한 포괄적 설명을 찾아야 할지를 선택할 필요가 없다. 우리는 개인 정서와 집단정서를 별개의 탐구 영역들로 다룰 수 있다(Gilbert & Pilchman, 2014). 이러한 점에서 우리가 무엇을 선호하든, 우리가 우리의 목표를 얼마만큼 추구하려 하든, 우리의 일상적 집단정서 귀속을 이해하는 것은 중요하다.

나는 이러한 귀속의 지시 대상과 관련해 적절한 공동 관여를 핵심에 두는 이론을 옹호하는 주장을 했다. 그런 다음 선택된 상황은 그들의 개인적 정서와 관계없이 모든 당사자에게 중대한 상황이다. 특히 각자는 적절한 방식으로 행동하는 데 관여한 것이고 다른 사람들에게 그렇게 행동할 의무를 지닐 것이다. 참여자든 관찰자든, 모든 사람은 당사자들 각각이 어떻게 행동할 가능성이 높은가를 예측할 새로운 기반을 얻을 것이다. 어떤 공동 관여론에서든 집단정서는 매우 중대한 사회현상이다.

감사의 말

유익한 논평을 해준 린다 레빈(Linda Levine), 모라 프리스트(Maura Priest), 필립 월쉬(Philip Walsh), 이 책의 편집자들에게 진심으로 감사드린다.

Chapter 3

정서와 확장된 마음

얀 슬라비[1]

확장된 마음 이론(extended mind theory, 이후로 EM)은 인지 과학철학에서 현재 많이 논의되는 접근방식으로서 우리의 정신 과정 중 일부는 부분적으로 우리 환경의 구조나 과정에 의해 물리적으로 실현된다는 주장을 중심으로 한다(Clark, 2008, Clark & Chalmers, 1998, Menary, 2010). 예컨대 컴퓨터나 노트북 같은 도구들은 행위자가 인지 작업을 수행하면서 그것들에 확실하게 '결합된다'는 조건으로 말 그대로 마음을 확장한다고 이야기된다. 결합(coupling)은 확실하게 향상된 인지 수행에—행위자 혼자서는 실행할 수 없을 것에—이르게 하는 외부 아이템과의 인과적 상호작용의 한 형태로 이해된다. 마음 확장의 또 다른 후보로는—예컨대 자신의 인식 환경, 확실히 언어, 심지어 법체제와 같은 사회제도를 적응적으로 재구성하는 행동 같은—체화(embodiment)의 다양한 모습들, 즉 행위 능력의 다양한 형태들이 있다(Gallagher & Crisafi, 2009 참조).

지금까지 EM 이론은 정서와 정동적 상태에 관해서는 침묵해 왔다. EM 지지자들 대다수는 인지 상태와 질적 경험의 상태를 선명하게 구분하는 것을 당연시한다. 이 이론가들은 개인의 인지에 속하는 전부 혹은 대부분은 기술적/사회적 환경 안에서 널리 분산될 수 있다고 주장하는 동시에, **의식적 경험**을 뇌에서 일어나는 과정들로만 생각한다(Clark, 2009). 평범한 상황에서 일어나는 여러 전형적 인간 정서와 정동을 더 자세히 검

1 Jan Slaby, 베를린 자유대학교 심리철학/감정철학 교수.

토해 보면, 이러한 가정은 섣부른 것으로 보인다. 사실 정서적 경험의 **발판**으로 기능할 수 있는 여러 환경적 구조가 있다(Griffiths & Scarantino, 2009; Krueger, 2011; Wilutzky, Stephen & Walter, 2011). 그리고 내가 보여줄 것처럼, 이러한 환경적 구조가 없다면 실현될 수 없었을 **질적인** 정서적 경험이 가능하게 되는 지경에 이르렀다. 우리의 정서적 경험의 대다수는—대면 상호작용에서나, 그룹에 대한 어떤 사람의 몰입에서나, 예술작품에 대한 깊은 감상에서—약간의 현상적 융합이나 결합을 포함한다. 특히 집단정서는 확장된 정서의 유력한 후보인 듯하다. 그룹과 관련된 정동적 역학은 개별 그룹 구성원의 정서적 경험을 깊이 변형시킨다. 이러한 과정이 완전히 **새로운** 정서적 과정을 구성하는 지점에 도달할 수 있을까? 이것은 그룹 수준에서 일어나는 일들이 개인정서의 현상적 확장으로 기능하는 때에는 사실일 것이다.[2] 이러한 종류의 경험이 확장된 마음의 수정된 틀에 수용될 수 있을지가 이 장을 지배하는 물음이다.

EM 정설에 대해, 확장된 정서라는 관념 자체가 기본 가정의 위반인 것처럼 보일 것이다. 다른 한편으로, 현상학자/정서철학자/행화주의자(enactivists)의 눈에는, EM은 그 토대적 관념의 (즉 인간의 마음은 개인의 머리에 갇혀 있기보다는 기술적/사회적으로 분산된다는 관념의) 매력에도 불구하고 결정적 측면에서 불충분하다. EM은 의식적 경험에—우리 것과 같은 마음들로 구성되는 차원에—대해서는 거의 아무것도 말할 것이 없다. 이 점에 비추어 볼 때, EM 학설이 정서 및 여타 현상적 경험을 포함할 수 있는 수정 가능성은 탐구할 가치가 있다.

이 장은 현상학적/신실존주의적 용어로 인간 정서의 '핵심(gist)'을 특징짓는 것에서 시작한다. 다음으로 나는 확장된 마음으로 상정된 개념의 배후에 있는 몇몇 가정과 동기를 밝히면서 그것에 대한 간략한 설명을 제공할 것이다. 다음 절은 EM과 행화주의를 더 가깝게 정렬하는 작업에 할애된다. 이 절은 **현상적 결합**이라는 관점에서 행화적 정서로부터 특히 확장된 마음으로 나아가려는 최초 시도에서 끝난다. 마지막 부분에서 현상적 결합을 추가로 설명하기 전에, 신체 간(intercorporeal) 상호작용과 정동적 분위기에 초점을 두고 정서의 사회 규범적(socio-normative) 발판에 대한 간략한 설명을 제공할

2 또한 슈미트(Schmid, 이 책의 I-1장)와 크루거(Krueger, 이 책의 III-1장) 참조.

것이다.

정서의 핵심

말 그대로 정서를 (그것에 대한 능력을) 결여한 가상적 존재를 생각해 보자. 이 존재가 결여한 것은 본질적으로 무엇인가? 로봇이나 미스터 스팍과 우리를 구분하는 것은 무엇인가? 내가 생각하기에, 존 호지랜드(John Haugeland, 1998)는 컴퓨터를 다음과 같이 특징지으면서 이 질문들에 대한 적절한 대답으로 가는 길을 말해 주고 있다. "인공지능의 문제점은 컴퓨터들은 신경도 쓰지 않는다는 것이다!"(p. 47) 무엇 혹은 누군가에게 **신경을 쓰는 것**, 관심을 갖는 것, 진짜로 좋아하는 것은 정서 혹은—별개의 정서적 상태들이나 과정들을 경험하는 일반적 능력으로서—**정서성**(emotionality)의 '본질'을 아주 분명하게 포착하려는 훌륭한 시도이다. 호지랜드의 대답은 이러한 것이다. 근본적 방식으로 정서들은 우리의 삶에 **실존적 가치**를 부여한다—그것들은 실존적 중요성의 궁극적 원천이자 상황적 발현, 즉 인간의 삶과 불가분한 바로 그 의미의 차원이다.[3] 정서를 (그것에 대한 능력을) 가진다는 것은 이렇게 매우 기본적이고 가치 구성적 의미에서 자신에게 중요한 무언가를 갖는다는 것이다.[4]

호지랜드의 대답은 다음과 같이 설명될 수 있다. 우리가 보통 **무언가에 대해** 정서적인 만큼, 정서들은 명백히 **지향적**이다. 동시에 그것들의 대상이 우리에게 무관심하지 않은 문제들인 만큼, 근본적 의미에서 **평가적**이다. 그리고 중요한 점으로서 그것들은 긴밀하게 **자신**을 관여시키고 **자신**에게 소유되는 것이다. 정서 능력은 그저 아무 의미가 아니라 실존적 의미를—특별히 **우리에게** 중요한 것들, 우리가 연루되어 **있는** 쟁점들,

---

3 간결함을 위해, 나는—베넷 헴(Bennett Helm, 2001)이 유익하게 그러한 것처럼—정서성 일반의 가치구성(value-constitutive) 능력과 개별 정서의 가치추적(value-tracking) 능력을 구별하지 않는다. 솔로몬(Solomon, 1976)도 정서에 대해 그것의 가치구성 능력을 강조하는 설명을 지지한다.

4 Slaby, 2008a에서, 나는 호지랜드의 슬로건을 자세히 분석하고, 그것을 정서에 대한 포괄적인 "신실존주의적" 설명의 요점으로 사용한다. 나의 정서 이론적 입장에 대한 추가적 일부 표현은 Slaby, 2008b와 Slaby & Stephan, 2008에 있다.

우리에게 최대 관심사인 것들을 단념하지 않고는 우리가 떨어질 수 없는 문제들을—나타내고 추적한다. 이것이 또한 정서들이 그저 우연적이 아니라 구성적으로 **행위능력**과 관련되는 이유이다. 상황을 진짜로 중요하게 여기는 행위자가, 불리한 상황이 없다면, 결과적으로 그것들에 따라서 행동할 동기가 부여되는 한에서 그렇다는 말이다. 정서들은 직접적으로 행동으로 옮겨지든지, 아니면 당면한 상황에 대한 그것들의 평가 내용과 일치되게 행동하려는 강한 경향성과 함께 온다.

이 모든 것으로 인해, 정서들은 "자아의 근본 원천들" 가운데 있다—그것들은 우리가 상황에 관심을 가질 **수 있게** 되고 그것이 우리에게 쟁점이 **되는** 바로 그 차원을 구성한다. 한 사람의 정서성을 제거해 보라. 그러면 '자아'라고 불릴 만한 것은 아무것도 남지 않는다—가치평가도 없고 동기부여도 없고 행위능력도 없이, 단지 무색 무지(無地)의 상태만 남는다. 정서성은 평가, 지향성, 행위능력, 자기몰입(self-involvement)의 근본적이고 불가분한 통일성에 있다. 이것이 정서에 대한 인지주의도 느낌이론도 옳을 수 없는 이유이고, 구성요소를 분리 가능한 요소로 보는 다중성분 이론이 피상적으로 설명하는 방법 이상으로 적합할 수 없는 이유이다. 대신에 정서의 중심에는 한 사람이 세계와 관계하는 독특한 방식, 즉 **정동적 지향성**(affective intentionality)이 있다(예컨대 Döring, 2007; Goldie, 2000, Helm, 2001; Slaby & Stephan, 2008 참조).

내용과 성질 차원들의 불가분함과 더불어, 정서들은 오늘날 심리철학 대부분의 기본 가정, 지향적인 것과 현상적인 것의 깔끔한 분리라는 가정을 어지럽힌다. 정서들은 지향적-현상적 혼합물들이다. 신경을 쓰는 것은—상황에 관심을 갖는 것은—세계와 관계하는 본질적으로 '뜨겁고', 현상적이고, 쾌락적이고, 행동지향적인 방식이다.

그러나 어떻게 **이것이** 과연 확장될 수 있겠는가? 어떻게 무언가에 대한 나의 자기몰입적 관심이 세상 '저 바깥에' 있는 과정이나 구조에 의해 부분적으로 구성될 수 있는가? 이러한 기본적인 정동적 차원이 바로 어떤 상태에 나 자신의 것이라는 자격을 부여하는 것인 듯하고, 그래서 '저 바깥에' 있는 무언가가 아니라 '내 안에' 있는 무언가인 듯하다. 호지랜드는 (내 견해로는, 옳게) **신경을 쓰는 것**, 또는 그가 실존적 관여(existential commitment)라고 부른 것은 정신적인 것의 표식이며, 그것이 **근본적** 혹은 **본질적** 지향성을 구성하는 것이라고 생각한다(Haugeland, 1998, pp. 291-304 참조). 오직 나의 실존적 관여의 범위 안에 있고, 그래서 나 자신의 존재와 그것과 연관된 모든 것에 대한 나의 근심 어린 관심에 참여하는 것만이 진짜로 소유된 것이고, 그때야 그것은 진짜로 주체로서의 나에게 속하고, 따라서 근본적 의미에서 정신적인 것으로 간주될 수 있다.

그러나 이러한 주체 구성적 능력으로부터 우리의 정신성에 속하는 모든 것이 공간적 의미로 필시 '내부적(internal)'이라고 결론짓는 것은 말하자면 진짜로 주체적인 것은 물리적으로 개별 유기체 안에 **있어야 한다**는 선입견에 굴복하는 것이다. 이것은 전혀 명백하지 않다. 한 유기체의—구성적으로 환경과의 광대역 교환에 의존하는 신체의—있는 그대로 위치상의 내재성과 외재성이 현상적 주체성의 물리적 실현에 관한 문제들을 해결하는 척도는 분명 아니다(이것은 지금까지는 활짝 열려 있는 것처럼 보이는 경험적 문제이다. Hurley, 2010 참조).

정서의 확장—동기부여와 기본 발상

많은 사람에게 확장된 정서는 여전히 기이한 발상처럼 보일 것이다. 확장된 **인지**는 충분히 논란의 여지가 있고, 그래서 정서의 확장을 이야기하는 것은 훨씬 더 반직관적인 것처럼 보일지도 모른다.[5]

이러한 가능성을 탐구하는 것은 두 가지 이유에서 적절하다. 우선 오늘날 대다수 EM의 전제, 즉 인지적인 것과 정서적인 것을 엄격히 분리하는 것은 지탱될 수 없다. 우리가 본 것처럼, 정서성은 우리의 것과 같은 마음에 필수적인 것이며, 그것은 지각이나 인지 같은 다른 종류의 정신 상태들로부터 분리될 수 없다. 정동성에 대해 침묵하는 마음 이론은 이처럼 정신적인 것에 본질적인 것을 생략하고 있고, 그래서 근본적으로 오도될 위험이 있다. 인지적 지향성과 정동적 경험을 엄격히 분리하는 것은, 정동과학(affective science) 연구가 보여주는 것에 비추어 볼 때, 문제가 있는 듯하다(Barrett & Bar,

5 EM 체계에 대한 철저한 비판에 대해서는 다음을 참조. Adams & Aizawa, 2001, Rupert, 2004. 진행 중인 논란의 많은 부분은 다음에 기록되어 있다. Menary, 2010.

2009; Damasio, 1999; Davidson, 2000).

두 번째 이유는 이것이다. EM에 대한 현재 논의는 흔히 인간의 정신적 삶에 대한 현상학과 현저하게 유리되어 있다. 대체로 그 논의는 우리의 정신적 삶이 자연적이고 선이론적으로 어떻게 펼쳐지는지 대한 분석과 상관이 없는 개념적 구별들로부터 시작하는, 순전히 이론적인 고찰에서 출발한다. 현상학적 결손은 이론적 제안들을—그것들을 반직관적이고 추상적인 것으로 보이게 하면서—괴롭힐 것이다. 예컨대—인지적인 것과 정서적인 것 사이의 구분처럼—어떤 단순한 개념적 **구분**으로 시작하는 것은 필시 존재론적 **분리**로 취급될 수 있고, 그래서 어떤 지점에서 순수하게 '차가운' 무정서의 인지라는 관념이 자연스러운 것처럼 보이는데, 이것은 명백한 잘못이다. 반드시 주된 방법으로서 현상학적 접근과 연관되지 않더라도, 적어도 마음에 대한 타당한 이론화는 우리의 현실적 실생활이 어떻게 펼쳐지는지에 대해 현상학적 관찰을 노골적으로 **무시**해서는 안 된다. 현상학이 마음 과학에서 개념적 구분을 제공하게 하고 심지어 실험적 설계를 제안하게 하면서, 처음부터 현상학을 채용하는 접근법이 더 낫다 (Gallagher, 2003; Ratcliffe, 2008; Thompson, 2007).

현상학적 자세를 취하는 것은 확장된 정서라는 것이 실제로 자주 일어난다는 명백한 지표들을 보여줄 수 있다. 우리의 정서적 경험 중 일부는 그것의 질/강도/역동성이 상당 부분 외부에서 오는 것처럼 느껴지는 경험이다. 이러한 경우에 **세계의 일부**가 우리의 정서적 경험을 수립하고 조종하고 격려한다. 숨 막히는 오페라 공연을 보는 것은 우리를 감동시켜 눈물 흘리게 하고, 일정 시간 동안 역동적으로 우리의 경험적 공간 전체를 만든다. 활기찬 파티에서 열광적으로 춤추는 사람들의 역동적 움직임과 넘치는 흥분은 우리의 살아있는 몸을 조종하고, 그들 가운데서 희열에 빠지는 것은 우리가 그 무리의 율동에 따라 움직이게 하고 그들에게 몰입되고 연결된 것처럼 느끼게 한다. 격분한 시위자 무리 가운데서 강력한 분노에 휩싸이는 것은 공격적 외침이나 움직임에 말려들게 하고, 기꺼이 적과 다투거나 교전할 자세를 취하게 한다. 이러한 경우에서 사회환경은 그저 '내적 상태'의 자극물이나 유도물 이상을 제공한다. 오히려 상황과 느낌은 불가분하다. 환경과 우리의 체화된 경험의 형태(gestalt) 특징들은 서로 융합한다. 그리고 이것은 능력과 힘과 통제력에 대한 우리의 감각을 비롯해, 기꺼이 행동하려는 우리의 자세 및 마음과 불가분하다. 그래서 이것은 다른 상황에서라면 그렇게 큰 관심을 가지거나 많이 생각해 보지 않았을 것들을 우리가 행하거나 시도하게 할 수 있다.

우리가 점점 커지는 분노를 더 선명한 형태로 만들기 위해 우리를 화나게 하는 사람을 대적하거나 공격할 때처럼, 애초의 불완전한 느낌을 확정적 유형의 정서로 바뀌게 해주는 단호한 행동을 통해 우리가 어떤 정서적 사건에 대해 외부적 강화를 스스로 제공하는 경우가 또 다른 유형의 사례이다. 노벨상 수상자 로베르트 무질(Robert Musil, 1978)은 이러한 종류의 행동을—우리의 정동적 삶에 확정성을 가져오는 역할을 할 수 있는—"정서적 행동(Gefühlshandlungen)"이라고 불렀다. 이러한 정서적 행동은 EM 이론가들이 "인식적 행동"으로 논한 것과 완전히 다른 것 같지는 않다(Clark, 2008, pp. 70-81; Kirsh & Maglio, 1994 참조). 정서적 행동은 처음에는 불투명할 수 있는 유발적 상황과 그 상황에 대해 애초에는 불확정적일 수 있는 우리 자신의 평가적 입장을 모두 명확하게 해줄 수 있다. 그러나 덧붙여서 정서적 행동은 종종—예컨대 격분한 경우에 대결하기, 수치스러운 경우에 도피하거나 숨기, 두려운 경우에 도망가기, 슬퍼하는 경우의 우울해하면서 연락 피하기 등등—특정한 유형의 정서의 잠재적으로 왜곡된 '논리'에 의해 지배된다.

적어도 일부 이러한 경우들에서, 우리는 이러한 정서를 공고히 하는 데 도움이 되는 환경적 구조가 없거나 그러한 행동이 없이는 전혀 경험할 수 없었을 정서를 경험하게 된다. 그래서 EM 이론에서 "생각을 위한 도구들"이 있는 것과 마찬가지로—정서적 행위들과 전략들을 비롯해—"느낌을 위한 도구들"이 있는 듯하다(Clark, 2002, Dennett, 2000; 또한 Slaby 외, 2006 참조). 행위자는 정서적 경험에서 외부 구조들에 매달림으로써 그것들과 일시적으로 **결합된 체계**를 형성하는가?

현상학적으로, 마치 어떤 환경적 구조가 우리에게 슬금슬금 다가와 우리의 경험적 지평을 채우고, 우리 몸의 균형, 우리의 자세, 우리의 행동 준비성과 잠재력, 심지어 우리 행위능력의 실행과 스타일에 영향을 끼치는 것처럼 보일 수 있다. 우리는 시위자 무리나 무도장의 파티 참가자들 속으로 일시적으로 '녹아 들어가는' 느낌을 느낄 수 있다. 이때 우리의 정상적 정신 상태와 평정과 기본 행위 능력이 급격히 변형되고, 때로는 무아지경의 몰입 상태에 근접한다.

보통 의식적 경험을 가능하게 하는 수단들에 대한 내재주의가 기본 입장이므로, 이것이 그렇지 않다는 것을 입증할 책임은 외재주의와 EM에 있는 것으로 가정된다. 그러나 왜 내재주의가 기본 입장인가? 이 가정에는 의문이 제기될 수도 있고, 의심의 여지가 없는 사전 약속에서 검증 가능한 설명적 가설로 그 지위가 바뀔 수도 있다(Hurley, 2010). 이리하여 증명의 부담은 미리 할당되지 않을 것이다. 외재주의자와 내재주의자가 만나는 경기장은 평탄화될 것이고, 정서적 (그리고 다른) 경험을 가능하게 하는 장치가 모두 머릿속에 있는지 아닌지를 **열린 물음**으로 다룬다.

외재주의적 설명을 반대하는 탄탄한 증거가 없다면, 내재주의에 헌신하는 것은 우리의 몸과 세계로부터 우리의 머리뼈 속에 있는 것을 분리하고 특권을 부여하는 "마법의 막"에 대한 가정에 해당할 것이다(Hurley, 2010, pp. 103-105). 유기체와 환경 사이의 지속적인 고밀도 광대역 상호작용과 현재 의식적 경험이 어떻게 발생하는지에 관해 실제로 도움이 되는 설명조차 없음을 고려할 때, 생리학적 내재성의 특권은 논쟁의 여지가 많은 듯하다.

저편에 다른 형태의 EM이 있다. 그래서 나는 확장된 마음에 대한 어떤 종류의 접근법을 지지하는지를 분명하게 밝혀야 할 것이다. 나는—후보 확장이 어떤 외부 항목이지만, 잠재적인 내적 정신 과정과 동일한 기능적 역할을 하며, 이 때문에 그 자체로 정신적인 것으로 간주될 수 있다는—소위 동등성 원칙(parity principle)을 고수하지는 않는다(Clark, 2008, p. 77; Clark & Chalmers, 1998). 동등성 원칙은 많은 혼란을 일으켰고, 악명 높은 논쟁거리이다. 더욱이 정서에게 그것의 모든 관련 양상을 포착하는 맹백한 기능적 역할을 부여하는 것은 불가능하다. 그러므로 EM에 대한 '통합주의적(integrationist)' 접근법을 채택하는 것이 더 낫다(Menary, 2006). 이 접근법은 유기체와 환경 사이의 확장된 역학관계를 혼성 체계를 형성하는 것으로 묘사한다—그것은 적절한 환경적 구조와 분리되어 유기체가 '홀로' 구현할 수 없는 정신 과정을 일으키는 체계이다. 우리의 많은 실생활 정서는 왈츠를 추는 것과 같다—당신은 그것을 혼자서 할 수 없다. 정서를 드러내는 행위자는—예컨대 오페라 공연이나 어떤 훌륭한 연설가가 연설하는 것이나 한 무리 시위대가 리듬에 맞춰 구호를 외치는 것과 같은—표현적 환경 구조와의 밀도 높은 지속적 상호작용을 한다. 이러한 환경 구조는 많은 경로를 통해 다양한 신체/신경 과정에 영향을 미치고, 그리하여 강렬한 정서적 경험이 발생한다. 이 경험은 공연/연설/시위의 외부적인 역동적/표현적 구조를 언급하지 않는다면 잘못 묘사될 수 있는 경험이다.

상호작용적 결합이라는 개념은 이러한 형태의 확장된 마음을 행화주의에 근접하게 한다. 정서들은 행화주의자들에게 특징적인 역동적/체화적/수행적 '센스메이킹(sense-making)' 과정의 훌륭한 사례들이다. 따라서 이곳이 EM의 부분적 수정을 끌어낼 수 있는 고려 사항을 찾아봐야 하는 부분이다.

행화는 확장을 지배한다

행화주의—기본 원리

행화주의는 정신적인 것은 자기-조직적 시스템(self-organizing system)과 환경 사이의 상호작용과 교환 과정의 부분집합이라고 주장한다—이 과정을 통해 생체와 환경은 모두 모양을 갖추고 (비록 분리될 수는 없지만) 구별할 수 있는 존재자들이 된다. 이것은 신체와 환경이 모두 그것들의 역동적 상호관계에서 적절히 명시될 수 있음을 의미한다. 마음은 삶(그것의 연속)이다. 적절한 환경과의 교환에서 어떤 시스템의 자기조직화 대사(metabolic) 과정의—그래서 몇몇 측면에서 그 과정과 유사한 구조를 가진—연속이다(Thompson, 2007). 그래서 정신 과정들은 본질적으로 유기체/환경 상호작용의 활동적/수행적 연쇄들이다. 따라서 그것들은 그것들이 관련되는 것을 제거하고는 이해될 수 없다. 정신적인 것은 뇌/몸/세계에서 일어나는 일들의 상호작용과 혼합이다. 그것은 엄밀히 관계적(relational)이므로, 그것에 확정된 위치를 부여하는 것은 말이 되지 않는다(Di Paolo, 2009). **행화가 확장을 지배한다**. 위치에 관한 쟁점은—정신 과정이 물리적으로 '안에' 있는지 '밖에' 있는지에 대한 물음은—의미가 없어진다. 교환과 상호작용과 밀도 높은 결합이—연속적 과정이—있지만 확정된 위치는 없다. 신경적/신체적/환경적 과정의 지속적/반복적 상호작용이 정신성을 예시한다(Thompson & Stapleton, 2009). 그렇다면 문제는 차라리 상대적 강도나 일시적 지배에 관한 물음이 된다. 주어진 시간에 주어진 정신적 사건에서 **무엇이 주도하는가**?—그것은 유기체/행위자와 그녀의 내재적 주도권인가, 아니면 특정한 역학관계를 일으키고 춤을 주도하는 환경의 어떤 구조인가?

행화적 정서

정서는 행화적 정신 과정의 전형적 사례이다(Columbetti & Thompson, 2008). 정서는 목표에 도움이 되는 '센스메이킹'이라는 관념의 전형이다. 행화적 행위자는 자기보존과 더불어 기본적이든 기본적이 아니든 다른 목표들의 달성을 위해 노력하고, 그래서 이러한 목표와 관련해 의미와 가치를 지닌 것에 반응하고 반응할 필요가 있다. 당연히 어떤 행위자가 그저 가치 특징을 기록하거나 표현하고 여기서 멈춘다는 것은 말이 되지 않는다. 행위자는 그것에 맞춰 행동해야 하고, 그것이 필요로 하는 것을 추구하고 그것에 해를 끼치는 것을 피해야 한다. 그것이 바로 가장 기본적인 수준에서 개인의 정서가 하는 일이다—직접적으로 적절한 반응과 행동을 개시하고, 환경적 제약을 탐색하면서 가능하다면 그것을 끝까지 해내는 방식으로 의미와 가치를 추적한다.[6]

행화주의자에게 정서적 사건은 능동적/수행적 과정이다—우리가 무언가를 그저 수동적으로 겪는 만큼 우리가 무언가를 행한다. 그래서 정서는 **능동적 노력**(active striving)의 문제이다—혹은 더 정확히 말해서, 그것은 한 행위자의 능동적 추구 과정의 변형이다. 그것을 그저 수동적 정신 상태로 간주하는 것은 잘못된 일이다(Slaby, Paskaleva & Stephan, 2013).

이러한 능동적 과정으로서 정서는 메를로 퐁티의 의미에서 **살아 있는 몸**(lived body)이다. 세계 참여와 세계 경험의 매개로 이해되는 몸이다. 몸과 세계는 밀도 높게 조율되어 있다. 살아 있는 몸과 몰입의 기회를 제공하면서 중요한 무대로 드러나는 세계 사이에는 역동적 상호작용과 균형이 있다. 살아 있는 몸의 핵심 특징은 그것이 행위자의 특정한 잠재력을 드러내 준다는 것이다. 그것은 "난 할 수 있다" 내지는 "난 할 수 없다"라는 방식으로 실천적 세계적응(world-orientation)을 체화하고, 동시에 우리의 활동이 어떻게 되어가는지에 대해 즉각적인 운동 감각적/평가적 피드백을 제공한다. 이렇게 느껴진 신체적 잠재력은 환경이 파악되는 역학적 도식을 제공한다. 여기서 환경은 그것이 행위자에게 부여하는 행동 유도와 권유라는 면에서 시야에 들어온다(Scarantino, 2003). 그리하여 능동적인 살아 있는 몸은 또한 **느끼는 몸**이다—우리의 능동적 추구의 성공이나

---

6 이것은 앞서 주어진 '정서의 본질'에 대한 설명에서 군살을 빼고 생물학적으로 최소화한 형태이다.

실패뿐만 아니라 성공할 가망과 장애물이 긍정적 혹은 부정적 느낌의 형태로 즉각적으로 등록되는 공명의 장이다—그리하여 정동적 경험은 안으로부터 체화된 활동을 변형하고, 그것이 계속 그것의 목표를 향하게 한다(Slaby, 2008b 참조). 우리 삶의 근본적 성격을 의미의 영역과 그것을 향한 지향으로 고정시키는 것이 바로 이러한 느껴진 신체적 차원이다. 그래서 행화주의를 경유하는 우회로는 우리를 처음 시작했던 곳으로 돌려보낸다. 우리가 무언가에 관심을 갖게 하는 능력으로서의 정서성으로 돌려보낸다.

확장된 정서와 관련해 우리는 어디에 있는가? 한편으로 행화주의는 정신 과정의 확장성을 덜 놀랄 만한 것으로 만든다. 그 용어의 한 가지 의미로, 정신 과정들을 '확장된' 것으로 말하는 것은 그저 그것들이 지속적 '광대역' 결합에서 뇌/몸/세계를 포괄하는 과정이라는 사실을 분명하게 말하는 것일 뿐이다. 행화주의가 옳다면, 일종의 기본 확장성은 모든 정신 과정과 연관된다(Di Paolo, 2009).

다른 한편으로 정서에 대한 과정적/수행적 이해는 확장된 마음 이론의 또 다른 토대적 사고에 대한 현상학적 대응을 제공한다. 그들의 중요한 1998년 논문에서, 클라크(Clark)와 차머스(Chalmers)는 능동적 외재주의를 오래된 의미론적 외재주의로부터 구분했다. 후자는 언어적 표현과 정신적 내용의 지시에 대한 외재주의로, 환경과의 인과적으로 능동적이고 공시적인 관계에 의존하지 않는다. 클라크와 차머스가 말하는 '능동적'이란 그저 **인과적으로** 능동적인 것을 의미하지만, 그들의 능동적 외재주의를 더 풍부한 **과정의 외재주의**로 전환시키는 것은 그다지 어려운 일이 아니다. 그것은 그저 행위자와 환경 사이에서 진행 중인 아무 인과적 상호작용만도 아니고, 인지 수행이라는 견지에서 해석될 수 있는 상호작용만도 아니다. 또한 그것은 의식적으로 분명하게 드러나는 역동적인 구조적 결합을 포괄한다. 정서의 과정 역학의 일부는 정서를 드러내는 사람의 환경 속 과정들에 의해 창출될 수 있고, 또한 그것에 의해 유지되고 진행될 수 있다. 그것은 우리가 슬픈 영화를 보고 감동해 눈물을 흘리거나, 사나운 군중 속에 있음으로써 분노와 심지어 능동적 공격성에 휩싸이는 경우와 같다. 실천적이고 쾌락적으로 원기 왕성한 살아있는 몸으로서—우리의 체화된 경험의 기저에 있는 근원적 "나는 할 수 있다"로서—최소한의 정동적/행위적(agentive) 자아는 바로 이렇게 역동적으로 열려 있는, 본질적으로 주변의 역동적 사건들에 몰입되고 끌려 들어갈 수 있는 구조이다.

결정적으로 우리는 맹인의 지팡이에 대한 메를로 퐁티의 묘사처럼, 정동성과 거의 관련이 없는 평범한 사례의 관점에서만 이것을 생각해서는 안 된다(Froese & Fuchs, 2012; Gallagher, 2005; Merleau-Ponty, 1945/1962, p. 139). 대신에 신체도식을 확장하는(body-schema-expanding) 몰입이 시작부터 강렬한 정서적 관여로 이루어지는 여러 사례가 있다. 여기서 세계와의 체화된 몰입은 이제 자신이 관여하는 것에 의해 강력한 **영향을 받게 되는** 문제이므로, **느끼는** 몸은 뚜렷한 방식으로 행위에 말려든다—이러한 경우들의 체화된 몰입은 강렬한 정서적 경험과 불가분하고, 그 경험들의 역동성, 속도, 강도, 쾌락적 성격, 행동 경향은 외부로부터 지시를 받는다. 예컨대 우리가 보는 연극의 표현적 역동성에 의해, 우리가 빠져든 무리의 행동에 의해, 혹은 대면 상황에서 우리의 대화 상대나 적수가 표시하는 정동적 역동성에 의해 영향을 받는다. 이것들은 정동적-현상적 결합의 경우들이며, 확장된 마음의 완전히 전개된 사례들이다.

정서의 확장, 하나의 이론을 향한 단계들

사회규범적 상호작용과 참여적 센스메이킹

그리피스와 스카란티노(Griffths & Scarantino, 2009)는 정서의 "통시적 발판(diachronic scaffolding)"과—문화적 틀, 규약, 견본에 의한 정서의 장기적 성형과 (그리고 우리는 낭만적 사랑이나 '치료의 문화' 등과 같은 정서의 관례들을 덧붙일 수 있다. 예컨대 다음을 참조. Illouz, 2007)—"공시적 발판(synchronic scaffolding)"을 구별한다. 환경과의 직접적 결합과 지속적 상호작용을 통해 현재 일어나고 있는 정서적 경험의 '온라인' 성형. 그리피스와 스카란티노는 그저 지나가는 말로 공시적 발판의 현상적 차원을 암시하지만, 그들은 정서의 위치구속성(situatedness)의 다른 차원들에 대한 유용한 설명을 제공한다. 현상적 결합에 들어가기 전에, 어떻게 정서 일반이 사회적 상호작용에서 성형되는가를 빠르게 살펴보는 것이 적절한 배경을 제공할 수 있을 것이다.

사회적 상호작용은 (그것이 대면이든 개인-대-그룹이든) 개인정서의 형성과 발달에 엄청난 중요성을 지닌다. 상호작용을 하는 것들 사이의—언어로, 흉내나 제스처나 자세나 여타 형태의 신체적 공동 작용을 통해—조율된 반응들의 연쇄는 흔히 불완전한 느낌이나 정동의 사건을 안정된 형태로, 즉 이름을 붙일 수 있는 정서로 결정화한다. 그 상호작용이 없다면 많은 정동적 사건은 빈약한 상태로 남을 것이다—불안정하고 불분명한 상태로 남을 것이고, 그래서 하나의 적절한 정서의 모양을 취하지 못하고 단순한 정동의 수준에 머무를 것이다(Campbell, 1997, 2장 참조).[7] 아주 흔한 사회적 상호작용의 관행은 여기서 기술된 정서적 행동들이 상호작용적 교환이나 행화주의자들이 "참여적 센스메이킹"이라로 부르는 것의 형태로 일어나는 자연적 환경이다(De Jaegher & Di Paolo, 2007).

중요한 점으로서, 이러한 상호작용들은 실천적/현상학적 함축을 가질 뿐만 아니라 중요한 규범적 차원을 가지고 있다. 정서들은 단지 사실로서 형성될 뿐만 아니라, 규범적 실재로서—적절함에 대한 평가를 받는 문제들로서—구성된다. 헬은 로버트 브랜덤(Robert Brandom)의 추론주의(inferentialism) 방식으로 정서적 '관여'와 '특권의식(entitlement)'에 대해 이야기한다(Helm, 2001). 일단 정서를 표현한 다음에 관련된 다른 사람들이 이를 반영하고 인정하면, 나는 특정한 유형의 정서와 합리적으로 적절한 후속 정서들에 **관여하는** 것이고, 다른 사람들은 규범적 제재를 통해 내가 나의 관여를 유지하게 할 것으로 예상된다. 예컨대 우리에게 공포를 일으킨 위험을 모면한 다음에 행복이나 안심을 느끼지 **않는** 것은 규범적으로 부적절하다. 우리의 정서적 삶은 이러한 식으로 규범적인 사회적 관행에 놓여 있고, 그 관행은 우리의 개별적인 정서적 사건에 대해 포괄적인 사회 규범적 발판을 제공한다.[8] 나의 정서에 대해 다른 사람들의 상응하는 반응이 없다면, 다른 사람들의 기대와 요구가 없다면, 공동으로 수립한 적절함의 규칙이 없다면, 이렇게 춤추기 같은 역동적이고 체화된 상호작용이 없다면, 한 사람의 정서적 삶은 어떤 다른 확실히 빈약하고 불안정한 방향으로 진행될 것이다. 온갖 방식으로 개인의 정서들은 부분적으로 그것들의 성형에 영향을 미치는, 더 크고 역동적이고 상호작용하는 규범적 체계에 **신세를 지고** 있다.

---

7 **정동**과—요컨대 인식할 수 있고 통제할 수 있고 상호주관적으로 받아들여진 유형의 정서로 조직되지 않은, 그리고 아주 분명하지 않은 느낌들과—**정서**의 구분에 대해서는 다음을 참조. Massumi, 1995.

8 이 방향으로 가는 것이 올바르게 이해된 인간의 마음은 흥미 없게도 거의 명백하게 확장된 것으로 생각하지 않을 수 없다는 것을 보여주는 또 다른 방법이다.

그러나 이것이 정서의 위치구속성에 관한 모든 사항은 아니다. 지금까지 이 절에서 기술된 것은 주로 정신 상태들을 **촉발**하거나 **추진**하는 요인들이 아니라 그것들을 **구성**하는 요소들에 관한 것이었다.[9] 우리의 정신 상태들은 널리 퍼져 있는 규범/습관/제도/관례 구조에 깊숙이 박혀 있다—언어가 인간사의 궁극적 뼈대라는 점도 잊어서는 안 된다. 그러나 이러한 종류의 발판들은 그저 우리의 정신적 삶의 필요불가결한 배경이다. 이제 본격적인 정서적 확장에 대한 논의를 홀로 정당화하는 결정적 차원, 즉 즉각적인 현상적 풍부함 속에서 정서적 경험을 직접형성하는 것에 대해 더 자세히 다룰 때이다.

현상적 결합

현상적 결합은 그 자체로 정동과 유사한 표현적 성질을 드러내는 환경적 구조나 과정에 행위자의 정동성이 직접적이고 온라인으로 몰입하는 것이다—그 구조나 과정이 **정동적 분위기**의 형태이든(Anderson, 2009; Schmitz 외, 2001) 한 편의 음악의 **표현적 성질**처럼 어떤 다른 종류의 역동적 형태 특징이든(Levinson, 2009) 상관없다. 가장 관련 있는 범위의 사례들은 사회적 상호작용의 영역에 있다. 동료 인간들의 표현성만큼 정서적으로 몰입하는 것은 없다. 개인들뿐만 아니라 그룹들도 우리가 홀로는 경험할 수 없을 정서적 경험으로 우리를 끌어들일 수 있다. 또 다른 주요 범위의 사례들은 예술적 지각의 맥락에서 발견된다. 음악, 영화, 연극, 춤과 같은 역동적 예술 형태들에 반응하여 우리가 경험하는 여러 정서는 예술작품들 자체의 표현성에 의지하지 않고는 그 특징을 묘사할 수 없다. 대다수 대인적 사례에서처럼, 여기서 우리의 환경에서 일어나는 일은 그 자체로 능동적이고 표현적이며, 표현된 정서와 동료 인간들의 드러난 행위능력에 우리가 반응하는 방식과 유사하게, 우리는 분명히 어떤 표현적 형태 특징들에 긴밀하게 조율되어 있다.

"행화적 정서" 절에서 보여준 것처럼, 경험의 상존 배경을 형성하는 행위적/경험

---

9 이 구분은 의도적으로 행동을 구성하는 원인과 촉발하는 원인에 대한 드레츠케(Dretske)의 구분을 떠올리게 한다(Dretske, 1988 참조).

적 신체도식은 도구적 행동에 맥락에서든 정서적 경험의 맥락에서든 환경의 구조들을 포함할 정도로 확장할 수 있다. 느끼는 몸은 평가적으로 '착색되어' 있지만 정서적 경험의 투명한 매개이고, 그것은 구성적으로 상호작용에 정동적으로 몰입할 수 있다. 프로제와 훅스(Froese & Fuchs, 2012)는 어떻게 이러한 일이 대인 상호작용에서 표현과 인상의 대화적 상호작용의 형태로 일어날 수 있는지에 관해 "정서를 느끼는 공명판(resonance-board)"으로서 살아 있는 몸을 가지고 간단명료한 설명을 제공한다(Froese & Fuchs, 2012, p. 212). 상호 정동적 교환에서, 한 상호작용자가 (얼굴, 제스처, 자세, 움직임 등에서) 드러낸 정서적 표현은 정동적인 신체적 공명의 형태로 다른 사람에 의해 파악된다. 이것은 다시 두 번째 사람의 표현성을 변형시키고, 그것은 다시 다른 사람에 의해 경험된다. 그래서 상호 신체적 조율의 대화적 연속이 펼쳐진다.[10]

확장된 정서가 완전히 진행된 경우는, 한 행위자가 자신의 통상적인 정서적 레퍼토리의 범위 바깥에 있는 정서를 경험하게 될 정도로, 그가 다른 사람에 의해 '흥분되는(worked up)' 경우이다—예컨대 어떤 전염력 있는 정치선동가가 다른 사람들에게 자신의 아주 공격적인 분노를 감염시키고, 그들을 더 강렬하고 표현적인 방식으로 느끼게 하고, 그들을 아마도 나중에 후회하게 될 방식으로 행동하도록 이끄는 경우이다. 혹은 어떤 즐겁고 유쾌하고 친절한 사람이 약간 우울한 사람의—힘이 없고 풀려 있는 신체적 행동을 비롯해—암울한 성향을 변형시키고, 격려하고 활기 있게 만들어 그가 지금까지는 불가능했던 방식으로 느끼고 행동하게 되는 경우를 생각해 보자. 일부 경우에서 체화된 정서적 상호작용은 거의 고무줄놀이처럼 기능한다. 이것은 상호작용에서 한 동료의 강력한 표현성이 다른 사람의 표현성에 관여하고, 신체 간의 춤을 시작하고 주도하여 다른 사람의 정서에 발판을 만드는 경우와 같다.

이 체화된 상호작용에서, 현상적으로 확장된 정서의 결정적 수단은 풍부한 정서적 상태를 느끼게 된 사람의 신체적 표현성이다—이러한 상호작용에서 먼저 움직이는 것은 얼굴표정, 제스처, 몸자세, 전반적인 신체적 행동거지이다. 이렇게 향상된 표현들이

---

10 조엘 크루거(Joel Krueger)도 정동적인 체화된 상호작용에 대한 상세한 기술을 제공한다. 그는 유익하게 이러한 대화적인 체화된 교환에서 창출되고 결정되는 구체적인 대인적 영역을 "우리-공간(we-space)"이라는 개념으로 부른다(Krueger, 2010 참조).

이번에는 더 풍부한 현상적 경험을 일으킨다는 것은 자연스러운 가정이다. 뫼비우스 증후군으로—느껴지는 정동성의 상당한 감소와 함께 오는 얼굴표정의 마비로—고통받는 부모에 대한 크루거(2009)의 묘사는 이러한 방향을 가리킨다. 내가 체화된 정동성의 자연적 통로를 통해 표현할 수 있는 능력이 떨어질수록, 정서의 상황에서 느낄 수 있는 나의 능력도 떨어질 것이다. 그러나 이 지점에서 멈출 위험이 있다. 그래서 정서적 느낌이 경험되는 방식이 그저 유사-제임스주의의(quasi-Jamesian) 신체적 감각, 즉 신체적 변화에 대한 느껴진 피드백의 문제인 것처럼 보일 수 있다(Printz, 2004). 확실히 중요한 구성요소이기는 하지만, 이러한 정동적인 신체적 피드백은 정서적 경험의 현상적 특징 전부를 제공하지 않는다. 대신 정서적 경험은—심지어 그것의 즉각적으로 느껴지는 성격에서도—세계와의 정동적 몰입이다. 자신의 정서 안에서, 그리고 그것을 통해서, 정서를 드러내는 사람은 자신이 처해 있는 상황을 파악하고 현상적으로 경험한다. 그리고 이것이 정서를 확장하는 체화된 상호작용에서 일어나는 일이다. 내 주변에서 일어나는 일에 대한 나의 정서적 '시야(vision)'는 상호작용에서 변형되고, 문제의 정서적 느낌은 피터 골디(Peter-Goldie)가 말한 의미로 무언가를 **향한 느낌**(feeling-towards)이고(Goldie, 2000), 정동적 세계개시(world-disclosure)다.

이러한 세계개시의 느낌이 가능한 확장의 상황에서 어떻게 펼쳐지는지를 좀 더 자세히 살펴보기 위해, 나는 느끼는 몸과 정동적으로 파악된 환경을 연결해 주는 하나의 중요한 매개적 현상에 주목할 것이다. 어떤 분위기에 사로잡히는 것은 그 자체로 역동적인 현상적 특징을 가진 환경의 구조에 대한 현상적 결합의 사례이다. 현재 논의에서, 정동적 분위기에 관한 이야기는 현상적 결합의 대상인 것을 특징지음으로써 그 결합을 설명한다. 예컨대 이것이 격분한 사람도 상호작용에서 이해되는 방식이다. 예컨대 강렬한 공격성의 분위기를 퍼트리는 사람—부근에 있는 사람들에게는 견디기 어려운 역장(力場)으로 경험되는 분위기이다.[11]

정서적 분위기는 퍼진다. 사람들, 사물들, 장소들은 종종 분위기에 둘러싸이거나

11 정서적 분위기라는 현상은 흔히 '카리스마'라고 부르는 것과 무관하지는 않다. 카리스마는 어떤 사람과 관련된 정동적 차원인 반면에, 분위기는 흔히 더 현저하고 더 상황적이고 반드시 어떤 사람이나 사람들의 그룹에 고정되어 있지 않다는 점에서, 서로 다르다.

분위기를 '가진다'. 큰 강의가 시작되기 바로 전에 강의실의 예상되는 분위기, 힘든 회의의 긴장된 분위기, 어떤 빌딩이나 도시의 분위기, 한 개인을 둘러싼 분위기, 혹은 친구들이나 다정한 커플 사이를 지배하는 분위기가 있다. 분위기들은 종종 우리에게 깊은 인상을 주고, 그것들은 우리를 권위로 사로잡을 수 있다—마치 스트레스가 쌓인 사람들의 그룹에서 우리가 긴장감을 느끼지 않을 수 없는 때처럼 말이다.[12]

정서적 분위기는 **공적 공간의 정동적 성질**이다—어떤 풍경을 가로질러 퍼져 있는 여러 요소에 의해 광범위하게 실현되는 성질로서, 역동적인 상황적 형태(gestalts)를 만들어낸다. 그것은 경험적으로 전체로서 나타난다. 그것의 개별적 요소들은, 만약 구별될 수 있다면, 전체론적 인상을 받은 다음에야 설명될 수도 있다. 흔히 목적을 가지고 배열된 대인적 공간의 질적 형상처럼, 분위기는 클라크가 자주 언급한 "인지적 받침대와 보조물"에 대응하는 현상적 경험의 측면에 있는 상대역이다—그것은 사고를 위한 도구가 아니라 **느낌을 위한 도구**이다.

우리가 분위기를 중립적으로 볼 수 있다는 사실은 그것이 완전히 경험-의존적인 것은 아님을 말해 준다. 우리는 자신이 슬프거나 무심하면서도 냉정하게 어떤 파티의 기쁨에 넘치는 분위기를 알아챌 수 있다. 아니면 우리는 행복하거나 기쁨에 넘치면서도 참석할 장례식에서 그룹의 사람들을 감싼 슬픔이나 짜증이나 긴장감을 파악할 수 있다(Schumitz 외, 2011 참조). 분위기는 개인의 경험에서 분리될 수 있고, 그것에 서로 다르게 조율된 사람들 사이에서도 우리는 흔히 상호주관적으로 동의할 수 있다. 이러한 부분적 분리 가능성은 분위기를 '마음의 도구(mind tools)'로 사용될 수 있는 것으로 보기 위한 전제조건이다. 그것은 충분히 외부적이어서, 디자인, 건축, 장식 등을 통해 의도적으로 떠올려질 수 있다(Anderson, 2009 참조).

어떤 상황의 분위기상의 특징은 느끼는 몸에 다양하게 영향을 미친다—예컨대 우

---

12 분위기에 대한 나의 성찰은 독일 현상학자 헤르만 슈미츠(Hermann Schmitz)에게 의존하고 있다. 그는 살아 있는 몸에 대한 포괄적 현상학을 발전시켰고, 여기서 분위기라는 개념이 두드러지게 나타난다(예컨대 Schumitz 외, 2011 참조). 사회학에서는 데 리베라(de Rivera, 1992)가 중요한 기초작업을 수행했다. 그는 정서적 **기후**(climate)와—장기적인 사회정치적 상태를 반영하는, 어떤 사회에서 경험되는 안정적인 집단정서와—한 그룹의 구성원들 사이에서 공유되는 상대적으로 단기적이고 상황과 연관된 정동적 경험인 정서적 **분위기**를 유익하게 구별했다.

리를 긴장하게 하거나, 우리 몸의 골격에 느껴질 만한 짐을 올려놓거나, 혹은 긴장을 덜어주어 우리를 편안하게 하고 주변 환경에 열릴 수 있게 한다. 이러한 식으로 분위기는 어떤 주어진 상황에서 정서적 성질과 역학의 일부 혹은 대부분을 제공하는 동시에 행위자의 특이한 기여의 여지를 남긴다. 따라서 분위기가 어떤 사람의 경험 행로나 성질이나 깊이를 완전히 결정짓는 것은 아니지만, 예컨대 육체적 경험의 차원과 우리가 활동에 참여하는 난이도를 바꿈으로써, 분위기는 우리 경험의 모양을 미리 나타내고 그것을 일시적으로 지배하고 인도한다. 이것은 또한 우리가 그다지 의도적으로 통제할 수 없는 상태에서 때로는 말 그대로 어떤 상황에 '사로잡히는(in the grip)' 경험을 포착한다. 주변에서 벌어지는 사건들은 원하든 원하지 않든 우리를 끌어들이고 열중하게 하고 우리를 그것들의 역동성의 일부로 만든다.

분위기의 힘은 예컨대 보통 살아 있는 몸과 관련된 특징적 무게를 바꾸어 한 사람의 신체적 역동성에 영향을 미치는 능력에 있다—예컨대 기쁨이 넘치는 분위기는 갑자기 우리가 자발적으로 주변을 뛰어다니게 만드는 (힘들이지 않고 그렇게 할 수 있는), 말 그대로 감정의 고조로 경험된다. 혹은 반대의 경우를—슬픈 분위기가 우리를 무겁게 짓누르고 움직이지 못하게 하는, 느껴질 만한 부담을 우리에게 주는 비극적 상실의 맥락을—예로 들어보자. 이 모든 경우에 느끼는 몸은 애초부터 세계에서 분리된 것으로 경험되지 않고, 오히려 환경에서 일어나는 일들과 지속적인 역동적 상호작용에 있는 것처럼 경험된다. 그것은 일종의 **체내화**(in-corporation)이다—신체적 공명의 장은 고정된 경계가 없고, 정동-집약적 현상들이 현재 우리 주변에 펼쳐놓을 것에 따라 역동적으로 확장될 수 있는 끊임없이 변하는 모양을 가진다.

맺음말

살아 있는 몸을 이렇게 이해한다면, 체화된 상호작용의 풍부한 표현적 역동성에 관한 설명과 더불어, 정동적 분위기를 공적 공간의 역동적이고 강력한 질적/표현적 형태 특성으로 이해함으로써, 확장된 정서는 현상학적으로 그럴듯한 것처럼 보이기 시작한다.

이 모두를 가정한다면, 집단에 대한 한 개인의 몰입을 통해 경험되는 정서는 그녀의 정서성을 근본적으로 변형시키는, 말하자면 그녀가 이전에 경험할 수 있었던 것과는 다른 종류의 정서를 일으키는 것이라고 가정할 만한 이유를 가지게 된다. 물론 이 장에서 간략히 설명한 접근법은 표준 EM의 개념적 체계와 다르다. 그러나 그것은 이 체계에 절실히 필요한 설명적 차원을 부여하고, 이 체계가 정서적 특징과 정동적 상호교환의 현상적 특징을 포괄할 수 있게 해준다. 여기서 탐구된 견해는 EM과 몇 가지 중요한 생각들을 공유한다. 즉 EM의 '사고의 도구들'과 유사한 '느낌의 도구들', 인식적 환경만이 아니라 정동적 환경의 구성에서 행위자 활동의 중요한 역할, 그리고 우리가 다른 경우에 경험할 수 있었을 것보다 더 많고 질적으로 다른 정서들을 경험하기 위해 의도적 환경 설계의—일종의 **정서적** 틈새(niche) 구성의—중요성을 인정하는 것 등이다.

감사의 말

이 글의 초고에 대해 자세히 논평해 준 크리스토프 데머링(Christoph Demmerling), 장 모리츠 뮐러(Jean Moritz Müller), 필립 위슈너(Philipp Wüschner)에게 감사한다.

Chapter 4

존중의 정서적 공동체

베넷 헴[1]

'집단정서'라는 용어는 여러 가지의 정서적 현상을 포괄한다. 철학적 문헌에서는 이러한 현상 일부를 이해하기 위해 두 가지 모형이 사용되었다. 나는 그것들을 공유된 정서(shared emotion) 모형과 복수형 주체(plural subject) 모형이라고 부를 것이다. **공유된 정서 모형**에 따르면, 우리는 다음과 같은 의미로 정서를 공유한다. 비록 우리 각자는 자기의 정서를 가지지만, 이 정서는 어떤 의미에서 다른 사람들의 정서와 같다—우리는 모두 분노를, 어쩌면 같은 대상에 대한 분노를 경험한다. 그리고 이러한 같음은 우연이 아니라, 우리를 함께 연결하는 어떤 과정의 결과이다. 이 과정은 정서 전염(emotional contagion)처럼 비이성적인 인과적 과정이다. 이 과정을 통해 당신이 우리 모두 무엇에 화가 났는지 모르면서도 군중의 화난 기분을 받아들이는 자신을 발견하는 경우처럼, 각자는 나머지 사람들의 정서적 반응에 휩쓸린다. 혹은 이 과정은, (예컨대 충성심을 통해) 우리의 상호 동일시에서 혹은 프로젝트 완료의 기쁨을 공유할 때처럼 어떤 관여를 공유함에서, 이성적이고 근거가 있는 것일 수 있다(Tuomela, 2007). 대조적으로 **복수형 주체 모형**에 따르면, 집단정서는 어떤 의미에서 개별 그룹 구성원이 아니라 그룹 자체에 부여되는 단일한 정서이고, 그래서 근본적으로 (개인이 아니라) 그룹이 정서의 주체이다. 이 생각은 그룹 자체가 개인과 똑같은 방식으로 마음과 정신 상태를 가진다는 것이 아니다.

1 Bennett W. Helm, 프랭클린앤마샬 대학교 철학 교수.

차라리 그것은 정서적 현상이라고 이해될 수 있고 개별 그룹 구성원의 정신 상태로 환원될 수 없는, 그룹 수준에서의 현상이 있다는 말이다. 이것을 가능하게 하는 것은 개별 그룹 구성원이 어떤 가치에 대한 (조율된 개별 노력과는 별개로) 공동 노력을 수행하여, 그룹 구성원으로서 그 가치에 유리하거나 불리하게 영향을 미치는 사건에 대응하는 방식이다. 결과적으로 나는 **한 그룹 구성원으로서** 우리가 성취한 무언가에 대해 기쁨을 느낄 수 있다. 설령 내가 **한 개인으로서** 우리가 애초에 이것을 시도하지 않았어야 한다고 생각하고, 그래서 우리의 집단 노력과 자원의 낭비에 실망하더라도 말이다(Gilbert, 2000; Helm 2008).[2]

이 장에서 나는 '집단정서'라고 하는 것에 관한 세 번째 모형, 즉 반응적 정서(reactive emotions, 분노, 감사, 의분, 승인, 죄책감 같은 정서)를 포함하는 모형을 살펴보고자 한다.[3] 반응적 정서는 그것이 보통은 한 공동체의 우리나 다른 구성원들이 서로를 대우하는 방식에 대한 반응인 한에서 일종의 사회적 차원을 포함한다. 올바르게 이해한다면, 이러한 사회적 차원은 비록 개인의 반응적 정서의 수준은 아니지만 근본적으로 집단적 현상이라는 것이 나의 주장이다. 내가 당신 발을 밟았을 때 나에 대한 당신의 분노는 공유된 정서 모형에 따른 것과 같이 당신이 나 혹은 누구와도 공유하는 정서가 아니다. 실제로 당신, 즉 분노하는 당사자 외에 누구도 나에게 분노할 위치에 있지 않다. 마찬가지로 당신의 분노는 일반적으로 복수형 주체 모형에서처럼 분노의 적절한 주체인 어떤 집단의 구성원으로서가 아니라 당신이 홀로 느끼는 정서이다. 그렇더라도 나는 반응적 정서가 특히 인간 공동체의 구성에서 근본적 역할을 한다고 논할 것이다. 그 이유는 부분적으로, 내가 우리의 한 사람으로서 당신을 존중하고 공동체를 존경하는 것처럼, 이 정서

---

2 방금 말한 유사점들에도 불구하고, 길버트의 견해와 나의 견해 사이에는 근본적 차이점들이 있다. 길버트에 따르면, 개인들의 그룹은 어떤 단일한 정서를 느끼는 것에 공동으로 관여할 수 있고, 그리하여 그 정서에 대한 복수형 주체를 세울 수 있다. 대조적으로 "복수형 행위자(plural agent)"에 대한 나의 설명은 어떤 복수형 주체의 구성원들이 어떤 것에 관한 관심에 공동으로 관여할 것을 요구한다. 여기서 관심 자체는 광범위한 이성적 유형의 정서와 욕망과 평가적 판단의 관점에서 분석된다. (개인들에게 적용되는 관심에 대한 이러한 설명에 대해서는, "정서와 관심[Emotions and caring]" 참조)

3 스트로슨(Strawson)의 1962년 글의 영향을 받은 문헌에서, 이것은 일반적으로 "반응적 태도"라고 알려져 있다. 내가 나중에 "평가적 태도"라고 부를 것과의 혼동을 피하고자, 대신에 "반응적 정서"로 이야기할 것이다.

는 서로에 대한 **우리의** 존중과 공동체 자체에 대한 **우리의** 존경심(reverence)을 구성하기 때문이다. 그래서 반응적 정서 일반은 우리가 개인으로서 느끼는 정서임에도 불구하고, 우리가 오직 어떤 공동체, 내가 존중의 공동체(communities of respect)라고 부른 것의 구성원으로서 느끼는 정서이다.

나는 오랫동안 (예컨대 Helm, 2001) 관심을 가지는 것, 가치를 두는 것, 사랑하는 것과 같은 다양한 종류의 평가적 태도가 어떤 독특한 이성적 패턴의 정서라는 관점에서 이해되어야 한다고 주장해 왔다. 존중과 존경을 집단 현상으로 이해하면서, 내가 우선 의미하는 바는 관련된 패턴의 합리성이 다수의 사람을 가로질러 확장하는 합리성이고, 그래서 내가 느껴야 할 이성적인 반응적 정서는 다른 사람들이 느껴야 할 정서와 엮여 있다는 것이다. 내가 두 번째로 의미하는 바는 이러한 패턴이 구성하는 평가적 태도는—존중과 존경 자체는—공동으로 우리의 태도라는 점이다. 실로 나의 주장은 이러한 이성적 패턴은 사람들을 함께 존중의 공동체로 묶는 것이고, 여기서 이러한 공동체는 이성적 패턴의 반응적 정서에 의해 구성된다는 것이다. 이러한 공동체는 좁거나 넓을 수 있고, 특정 가족의 구성원으로부터 테니스 선수의 공동체, 그리고 모든 사람의 공동체에 이르기까지 일체를 포괄한다. 모든 사람으로 구성된 공동체의 경우, 나는 이러한 이성적 패턴의 반응적 정서가 사람이라는 것이 무엇이며 어떻게 우리가 도덕적 규범에 구속되는가를 이해하는 데 중요하다고 제안할 것이다.

나는 다음과 같이 진행할 것이다. 우선 "정서와 관심"에서 이성적 패턴의 정서라는 관점에서 관심(caring)에 대한 배경 설명을 논증 없이 진술할 것이다. 그런 다음 "반응적 정서와 이성적 패턴"에서, 이것을 반응적 정서에 관한 생각으로 확장하면서, 반응적 정서에 의해 형성된 이성적 패턴은 특징적으로 대인관계적(interpersonal)이라고 주장할 것이다. 다음으로 "존엄성, 존중, 그리고 반응적 정서"에서 이러한 반응적 정서가 동시에 특정한 종류의 공동체 구성원의 존엄성과 구성원으로서 서로에 대한 우리의 존중을 구성한다고 논할 것이다. 이에 따라서 "존엄성과 존중의 공동체"에서 나는 존엄성과 존중이 도덕성을 위해서는 불충분하다는 반론에도 불구하고 존엄성과 존중에 대한 이러한 설명을 변호할 것이다. 마지막으로 나는 어떤 의미에서 반응적 정서가 집단정서인지에 대한 간략한 의견으로 끝맺을 것이다.

정서와 관심

일반적으로 무언가에 **관심을 가지는 것**, 즉 무언가가 우리에게 **중요**하다는 것은 그것의 복리(well-being)에 관한 관심이다. 즉 우리가 그것에 우리의 주의와 행동을 받을 가치가 있다고 여기게 하는 관심을 가지는 것이다. 어떻게 이러한 관심이 이성적 패턴의 정서로 구성될 수 있는지를 이해하려면, 우선 정서와 그것의 대상에 관해 이야기해야 한다.

정서 일반은 우리에게 중요한 것에 대한 반응이다. 그것은 우리가 관심을 가지는 것에 대한 평가적 반응이다. 각 정서 유형은 그 자체의 특징적 평가를—그 자체의 **형식적 대상**(formal object)을—가진다. 특정한 정서를 가질 때 우리가 평가하는 대상은 그 정서의 **표적**(target)이다. 예컨대 내 토마토를 먹은 다람쥐에게 내가 화가 났을 때, 그 때문에 나는 다람쥐를 불쾌한 것으로 평가한다. 만약 내가 그것을 두려워했다면, 나는 그것을 위험한 것으로 평가했을 것이다. 여기서 다람쥐는 나의 공포나 분노의 표적이고, 불쾌함과 위험함은 각각 분노와 공포의 형식적 대상이다. 이러한 평가가 제기하는 한 가지 물음은 왜 그것이 적절한가이다. 여기서 대답은 단순히 그 다람쥐가 내 토마토를 먹었다거나 먹을 위험이 있다는 것일 수 없다. 왜냐면 그것은 내 참나무의 도토리도 먹거나 먹을 위험이 있지만, 이는 보통 나에게 공포를 불어넣지는 않기 때문이다. 차이는 내가 그저 도토리에는 관심이 없지만 내 토마토에는 관심이 있다는 것이다. 다람쥐를 불쾌하거나 위험한 것으로 보는 나의 정서적 평가가 이해되는 것은 오직 그것과 내가 관심을 가진 것 사이의 관계 때문이다. 정서를 표적 및 형식적 대상과 더불어 세 번째 대상을 가진 것으로 이해함으로써, 우리는 이러한 생각을 공식화할 수 있다. 정서의 **초점**은 주체가 관심을 가지는 배경적 대상이며, 이 대상과 표적의 관계는 형식적 대상의 관점에서 표적에 대한 평가를 이해할 수 있는 것으로 만든다. 주체가 정서의 초점에 관심을 가진다는 것은—즉 그 초점이 주체에게 **중요**하다는 것은—정서의 정당화에 필요조건이고, 그래서 정서는 중요성에 반응하는 것으로 이해될 수 있다.

정서의 초점에 대한 이러한 개념은 정서가 이성적으로 서로 연결되는 방식을 이해함에서 중요하다. 왜냐면 각 정서가 평가를 '포함한다'라는 말의 의미는 정서의 초점과 그것의 표적의 중요성에 대한 몰입이라는 관점에서 이해되어야 하기 때문이다. 이것은 한 가지 정서를 가짐에서 우리는 다른 상황에서는 적절한 다른 정서를 가지고 그 정서의 중요성에 반응하는 데 관여한다는 의미이다. 그러므로 다른 조건이 같다면 우리는 이성적으로 적절한 상황에서 이러한 추가적 정서를 가져야 한다. 예컨대 내가 다람쥐를 두려워하지만, 그것이 내 토마토를 먹지 않는데도 안도하지 못하거나 그것이 내 토마토를 먹는데도 화를 내거나 실망하지 않는다는 것은 이성적으로 이상하다. 이것은 특정한 정서를 느낄 때 우리는 (희망과 공포 같은) 전향적(forward-looking) 정서에서 이에 대응하는 (안도와 실망 같은) 회고적(backward-looking) 정서로 나아가는, 내가 **이행적 관여**(transitional commitments)라고 부르는 것을 시작한다는 것을 가리킨다. 이와 유사하게, 만약 내 토마토가 먹힌 것과 (혹은 우박이나 건부병으로 파괴된) 관련된 반사실적 상황에서도 내가 실망을 느끼지 않는다면, 내가 토마토가 무사하다고 안도하는 것에도 이성적으로 이상한 점이 있다. 이것은 특정한 정서를 느낄 때 우리는 (안도와 만족 같은) 긍정적 정서와 (실망과 분노 같은) 부정적 정서 사이의 **탄력적 관여**(tonal commitments)에 착수한다는 것을 가리킨다. 이러한 예들이 가리키는 것처럼, 정서들 사이의 이러한 이성적 연결은 그 정서들이 공통의 표적을 공유하지 않는 때에도 적용된다. 중요한 것은 그것들이 공통의 초점을 가진다는 것이다. (곧 닥칠 우박이 북쪽으로 내린다면, 혹은 내 이웃이 내 토마토를 몰래 가로채는 것을 발견한다면, 나는 어떻게 느껴야 하는가?) 그러므로 정서들은 보통 공통의 초점을 가지고 이성적 패턴으로 들어온다.

이러한 이성적 연결로 규정된 패턴은 정서만이 아니라 욕망과 평가적 판단도 포함한다. 다람쥐에 대한 나의 공포를 고려해 볼 때, 나는 필시 그것이 내 정원에 들어오지 않기를 바라야 하고, 그것을 골칫거리라고 판단해야 한다. 일반적으로 이러한 패턴의 정서/욕망/판단은 그것들의 공통적 초점이 유리하거나 불리한 영향을 받을 때 주의와 행동으로 그 초점에 반응하는 성향이다. 게다가 이러한 패턴의 합리성을 고려해 볼 때, 초점에 주목하고 그것을 위해 행동하는 것은 다른 조건이 같다면 내가 해야 하는 일이고, 그래서 그 초점은 주의와 행동을 받을 가치가 있다. 결과적으로 이러한 패턴의 정서와 욕망과 평가적 판단의 초점이 된다는 것은 주체에게 **중요**하다는 것이고, 주체가 그 초점에 **관심**을 가진다는 것이다. 그렇다면 특정한 정서는 부분적으로 그것이 어떤 공통의 초점을 가진 이러한 패턴에 들어맞느냐에—우리에게 중요한 것에 적절히 반응하는

가에—따라 그 근거를 평가할 수 있다. 실로 우리가 반응하는 대상의 평가적 속성인 중요성과 주체의 평가적 태도인 관심은 객관적 혹은 주관적 관점에서 바라본, 다른 하나와 떨어져서는 어느 것도 이해될 수 없는 동전의 양면이다.

물론 특정한 상황에서 어떤 것은 우리에게 중요하고 우리는 그것에 관심을 가진다. 그래서 나는 단지 맛있는 음식으로서 내 토마토에 관심이 있고, 그것의 모양에는 상대적으로 관심이 없을 수 있다. 맛에 영향을 미치지 않는다면, 그것을 쪼개고 갈라지게 하는 폭우는 나를 신경 쓰이게 하지 않을 것이다. 그러나 토마토를 내다 팔려고 관심을 가진다면, 모양이 중요할 것이고, 나는 그것이 쪼개진 데 속상해할 것이다(그래서 이러한 일이 일어나지 않도록 애를 쓸 것이다). 각 경우에 정서와 욕망과 평가적 판단의 패턴은 그것들의 공통 초점이 얼마만큼 주목하거나 행동할 가치가 있는지를 한정하고, 그리하여 그 초점이 우리에게 중요해지는 상황을 규정한다.

반응적 정서와 이성적 패턴

스트로슨에 따르면(Strawson, 1962, p.195), "참여자의 반응적 태도는 사람들이 서로에게 그들의 태도나 행동에서 보여주는 선의나 악의나 무관심에 대한 자연스러운 인간의 반응이다". 이미 보여준 것처럼, 반응적 정서 가운데는 분노, 감사, 의분, 승인, 죄책감 같은 정서가 있다. 스트로슨은 이러한 정서를 세 가지 유형으로 분류한다. **개인 반응적 정서**는 주체가 자신에게 선의나 악의를 보이는 사람에게 느끼는 분노/감사와 같은 정서적 반응이다. **대리**(vicarious) **반응적 정서**는 주체가 제삼자에게 선의나 악의를 드러내는 사람에게 느끼는 의분/승인과 같은 정서이다. 그리고 **자기 반응적**(self-reactive) **정서**는 예컨대 죄책감이나 (베넷[Bennett, 2008]이 다소 어색하게 그렇게 부르는) "자축(self-congratulation)"처럼 우리가 다른 사람에게 보이는 선의나 악의에 반응하여 우리가 느끼는 정서이다.[4]

---

4 정확히 어떤 정서들이 반응적 정서들인지에 대해서는 약간의 논란이 있다. 예컨대 월리스(Wallace, 1994)는 세 가지 전형적인 반응적 정서가 있다고 주장한다. 분노, 의분, 죄책감. 내가 다른 곳에서 주장했던 것처럼(Helm, 2011, 2012), 우리는 어떤 정서들이 반응적 정서들일지에 대해 그것들이 형성하는 이성적 유형들, 내가 나중에 논할 것처럼 서로에 대

반응적 정서가 사람들에게 자기 행동에 대한 책임을 지게 하는 방식이라는 점은 널리 인정되고 있다. 부분적으로 그 이유는 반응적 정서를 보임에서 우리는 다른 사람에게 반응을 요구하기 때문이다. 예컨대 내가 내 자리로 가는 길에 당신을 한쪽으로 밀어 넣었다면, 당신의 분노는 나에게 내 나쁜 행위를 인정하고 사과하고 보상할 것을—사실상 내 행동에 책임을 질 것을—요구한다. 다월(Darwall, 2006, p.8)이 주목한 것처럼, 이러한 분노를 보일 때, 당신은 나에게 2인칭적(second-personal) 이유를 말하는 것이다. "그 타당성이 사람들 사이의 전제된 권한과 책임 관계에, 따라서 그 이유가 개인 대 개인으로 전달될 가능성에 의존하는" 이유를 말하는 것이다. 말하자면 당신의 분노는 내게 이러한 방식으로 책임을 짐으로써 반응할 이유를 제공한다. 이렇게 되는 것은 분노를 보임으로써 당신은 권위 있는 위치에서 내가 인식하고 반응해야 한다고 요구할 수 있는 지위를 가지고 내게 말하고 있기 때문이다. 다월이 주장하기를, 이러한 식으로 반응적 정서는 존중/존엄성과 같은 언뜻 보기에 도덕적 개념과 밀접한 관련이 있다. 다월이 말하기를, 다른 사람에게 주장할 수 있는 당신의 지위와 권한은 한 사람으로서 당신이 가지는 존엄성에서 도출되며, 내게 당신의 분노를 말함으로써 당신은 존엄성을 인식하고 제대로 인정할 것을—당신을 존중할 것을—요구하는 것이다.[5]

다른 유형의 정서와 마찬가지로, 반응적 정서들은 그것들 사이에 이성적 상호연결을 보인다. 부분적으로 이러한 이성적 상호연결은 개인 **내적인**(intrapersonal) 것이다. 당신은 특정한 방식으로 당신에게 나쁜 짓을 한 것에 대해 나에게는 분노하면서 같은 방식으로 당신에게 나쁜 짓을 한 다른 사람들에게는 분노하지 않는 것은 이성적으로 이상하다. 우리는 또한 탄력적 관여에서 나오는 이성적 연결을 발견한다. 당신은 내가 당신에게 해를 끼친 상황에서는 나에게 분노하면서 내가 명백히 당신에게 이득을 준 다른 상황에서 나에게 고마움을 느끼지 않는 것은 이성적으로 이상하다. 심지어 이행적 관여

한 우리의 존중을 구성하는 유형들의 관점에서 이해해야 한다. 그럼에도 나는 대체로 여기서 이러한 논란을 회피할 것이다.

5 다월은 조심스럽게 두 종류의 존중을 구분한다. 인식(recognition) 존중과 평가(appraisal) 존중. 인식 존중은 내가 방금 묘사한 것이다. 다른 사람의 존엄성에 대한 인식이다. 평가 존중은 한 사람의 행위나 성품에 대해 좋게 생각하는 문제다(Darwall, 2006, pp.122-123). 이 장에서 나의 관심사는 인정 존중이다.

에서 나오는 이성적 연결도 있다. 당신을 신뢰할 때 나는 단순히 (희망과 마찬가지로) 어떤 사건이 일어날 것에 대해서가 아니라, 책임 있는 행위자로서 어떤 다른 사람이 나에게 선의를 가지고 (특정한 방식으로) 반응할 것이라는 일종의 낙관적 태도를 취하는 것이다 (Holton, 1994; Jones, 1996; McGeer, 2008). 다른 조건이 같다면, 나는 그녀가 나의 신뢰를 배신할 때 분노를 느껴야 하고, 그녀가 나의 신뢰를 유지할 때 감사를 느껴야 한다.

그러나 반응적 정서는 개인 **간의**(interpersonal) 이성적 연결도 보인다. 나를 향해 반응적 정서를 느끼고 나에게 반응을 요구할 때, 나에게 요구될 수 있는 반응 중에는 반응적 정서가 있다. 그래서 당신이 당신에게 해를 끼친 것에 대해 나에게 분노한다면, 다른 조건이 같다면, 나는 죄책감을 느껴야 한다. 실제로 다른 사람은 불승인과 분노를 느껴야 한다.[6] 이와 유사하게 당신이 당신에게 이득을 준 것에 대해 나에게 고마움을 느낀다면, 다른 조건이 같다면, 나는 자축을 느낄 이유가 있고 다른 사람은 승인을 느낄 이유가 있다. 일반적으로 이러한 이성적 연결은 한 사람의 (우리는 그를 '희생자'라고 부를 수 있다) 개인 반응적 정서, 어떤 다른 사람의 ('가해자'의) 자기 반응적 정서, 또 다른 사람의 ('목격자'의) 대리 반응적 정서 사이에 있다. 그래서 다른 조건이 같다면, 피해자/가해자/목격자가 이러한 식으로 그들의 반응적 정서를 조정하지 못하는 것은 이성적으로 이상하다. 반응적 정서에 대한 설명이 제공해야 하는 것은 이러한 개인 내적/개인 간 이성적 상호 연결에 대한 설명이다.

반응적 정서에 대한 다월의 이해와 그 정서가 일종의 언명을 포함하고 있다는 점을 이해하면, 이러한 이성적 연결이 이해되기 시작할 수 있다. 분개를 느낄 때 당신이 나에게 어떤 요구를 할 수 있고 나에게 2인칭적 이유를 제공할 수 있는 권위의 위치에서 말하고 있다면, 실제로 나는 당신의 요구뿐만 아니라 이러한 요구를 할 수 있는 당신의

---

6 이 주장은 어느 정도 앨런 기바드(Allan Gibbard)의 주장(1990, p.47)을 반영한다. 그의 주장은 우리가 수용하는 규범들 가운데 죄책감을 이성적이라고 생각하는 기초가 되는 규범들은, 분개를 (혹은 다른 형태의 도덕적 분노를) 이성적이라고 생각하는 기초가 되는 바로 그 규범들이라는 것이다. 그러나 나의 주장은 (내가 믿기로는 스트로슨의 주장은) 더 약하기도 하고 더 강하기도 하다. 쟁점이 되는 종류의 규범들은 딱히 기바드가 상정하는 도덕적 규범일 필요가 없다는 점에서 더 약하다. 그리고 반응적 정서들의 사이의 이러한 이성적 연결들이 단순히 죄책감과 도덕적 분노 사이에만 있는 것이 아니라, 인간 공동체의 본성을 이해할 수 있는 기초가 되는 모든 긍정적/부정적인 반응적 정서들 가운데에도 있다는 점에서는 더 강하다. 이러한 요점들은 본문에서 나중에 자세히 설명될 것이다.

권위를 인정하는 방식으로 반응해야 한다. 그리고 나의 죄책감은 정확히 당신의 분노와 이성적으로 연결된 반응이다. 물론 이것만으로 당신의 분노와 목격자의 의분 사이의 이성적 연결을 설명하지 못할 것이다. 왜냐면 당신의 분노는 그들이 아니라 내게 말해진 것이기 때문이다. 게다가 모든 반응적 정서가 당신이 나에게 신뢰나 감사를 느낄 때처럼 누군가에 대한 요구를 수반하지는 않는다. 다월도 이 점을 인정한다(Darwall, 2006, p.73). 그리고 그는 감사는 가해자에 대한 존중을—책임 있는 행위자라는 지위에 대한 인정을—포함하고, 그것은 "정당한 요구에 기생하는" 것이라고 옳게 지적한다. 그런데도 이것이 당신의 감사와 나의 자축 사이의 이성적 연결을 설명하는 데는 도움이 되지 않는다. 신뢰와 분노 혹은 감사 사이 이행적 관여의 경우에도 마찬가지이다.

"정서와 관심"에서 앞서 제시한 정서에 대한 일반적 설명을 고려해 볼 때, 반응적 정서들 사이의 이성적 상호연결을 설명하는 것은 공통적 초점의 중요성에 대한 관여라는 점을 예상할 것이다. 공통적 초점은 무엇인가? 다월의 설명을 고려해 볼 때, 그 초점이 다른 사람들일 것이라고 예상할 수도 있다. 왜냐면 우리가 반응적 정서를 가지고 반응하는 것은 그들의 존엄성—이러한 종류의 중요성—이기 때문이다. 그러나 이것은 다월의 설명에 대한 두 가지 추가적 걱정거리로 이어진다. 우선 다월에게 존엄성은 **사람으로서** 우리가 가지는 중요성, 즉 우리가 2인칭적 이유를 가지고 다른 사람에게 말할 권위가 도출되는 가치이다. 결과적으로 존엄성에 대한 올바른 반응인 존중은 다른 사람이 **한 사람으로서** 가지는 지위와 권위를 인정하는 문제이고, 다월은 존엄성이 존중보다 존재론적으로 앞선다고 상정한다. 그러나 존엄성의 원천은 무엇인가? 우리는 일종의 중요성으로서 그것의 기원을 어떻게 이해해야 하는가? 다월은 명확한 대답을 제공하지 않는다.

둘째로, 한 사람으로서 어떤 사람의 존엄성이 반응적 정서와 관련된 것이라는 점이 분명하지 않다. 스트로슨이 옳게 지적한 것처럼, 반응적 정서들 사이의 개인 간 연결, 즉 그가 "인간적 연결(human connection)"이라 부른 것은 개인/대리/자기 반응적 정서가 "우리의 인간 본성과 인간 공동체의 구성원임에 공통의 뿌리를 두고 있다"는 사실에 기초하고 있다(Strawson, 1962, p.201). 스트로슨이—복수의—'공동체들'을 언급한다는 점은 중요하다. 우리가 속할 수 있고, 그 안에서 공동체 구성원으로서 우리가 가지는 중요성에 대한 반응으로서, 우리가 존중을 기대하거나 요구하는 다수의 공동체가 있다. 다월은 여기서 존엄성과 존중의 모든 사례를 사람들의 존엄성과 한 사람으로서 어떤 사람에 대한 존중으로 동화시킴으로써 문제를 일으킨다. 사실 이것은 한 이등병에게 내린 하사관의 명령에 대한 그의 논의에서 특히 선명하다. 다월이 말하기를, 이러한 명령은 2인칭 언명이다.

> 하사관은 한 사람으로서, 즉 그들 모두가 자유롭고 이성적으로 공유하는 (2인칭) 관점에서, 그녀(하사관)가 주장하는 권위를 이등병이 받아들일 수 있다고 전제해야 한다. 또한 그 이등병은 한 사람으로서, 자신이 이등병 역할을 맡은 가상적 사례에서 하사관이 자신에게 내리려는 특정한 규범적 요구를 받아들일 수 있다고 전제해야 한다. (Darwall, 2006, p.260)

그러나 그녀가 주장하는 권위는 한 사람으로서가 아니라, (물론 그녀는 자신이 한 사람이라는 이유만으로 그 권위를 가질 수 있지만) 하사관으로서 주장하는 것이다. 왜냐면 그것은 오직 그녀와 그 이등병이 같은 군—같은 인간 공동체—에 소속되어 있어서 그는 그 권위를 인정할 이유가 있고, 그녀를 한 사람으로서가—그녀의 존엄성에 반응하는 것이—아니라 지휘관으로서 존중해야 할 이유가 있기 때문일 뿐이다.

이 두 가지 쟁점은 연결되어 있다. 우리가 단지 사람으로서만이 아니라 (모든 사람의 공동체를 비롯해) 특정한 공동체의 구성원으로서 존엄성을 가진다면, 그 존엄성의 존재론적 기원에 대한 물음이 더욱 절박한 것처럼 보일지도 모른다. 결국 아무 그룹의 사람이나 그 구성원이 구원성의 지위나 권위를 가지는 것은 아니며, 그래서 우리는 다른 그룹으부터 적절한 종류의 공동체를 구별하는 것은 무엇인지, 어떻게 이러한 공동체의 구성원이 구성원으로서 존엄성을 가질 수 있고 다른 사람에게 존중을 요구할 (그리고 주장할) 수 있는지를 설명하는 방식으로, 어떻게 이러한 공동체가 형성될 수 있는지에 대한 설명을 제공할 필요가 있다. 내가 다음 두 절에서 ("존엄성, 존경, 그리고 반응적 정서"와 "존엄성과 존중의 공동체"에서) 논할 것처럼, 우리는 이것을 이성적 패턴의 반응적 정서의 관점에서 수행할 수 있다.

존엄성, 존경, 그리고 반응적 정서

반응적 정서는 정서이다. 정서에 대한 나의 일반적 설명을 고려해 볼 때, 정서는 그것의 중요성에 대한 관여이다. 그래서 이러한 정서의 이성적 패턴은 그 중요성을 구성한다. 우리는 반응적 정서의 초점과 그것이 공동으로 구성하는 중요성을 정확히 어떻게 이해해야 하는가?

존엄성과 존중이 반응적 정서와 관련이 있다는 다월의 주장은 분명 옳다. 그래서 어떤 반응적 정서를 느낄 때 우리는 어떤 사람의 존엄성에 관여한다고 예상할 수도 있다. 그러나 누구의 존엄성에 관여하는가? 어떤 사람에게 분노를 느낄 때 당신은 부분적으로 그녀가 공동체 구성원으로서 당신(피해자)이 가진 존엄성을—지위와 권위를—인정하고 존중할 것을 요구하는 것이다. 그녀가 표적이지만 당신이 당신 분노의 초점인 것처럼 보일 수도 있다. 그러나 분노와 여타 반응적 정서는, 다른 사람에게 공동체 규범에 책임지게 하는 방법으로서, 동시에 그 규범에 책임이 있는 가해자의 지위에 대한 관여도 포함하고 있다는 점을 분명히 해야 한다. 게다가 그것들은 목격자에게 적절한 대리 반응적 정서로 반응할 것을 요구하는 한에서, 그 공동체의 구성원인 목격자의 존엄성에 대한 관여도 포함한다. 이러한 요구는 예컨대 목격자가 반응하지 않을 때 일어나는 분노나 그가 눈에 띄게 반응할 때 일어나는 감사와 같은 추가적인 반응적 정서와 이성적으로 연결된 요구이다. 요컨대 우리는 공동체 구성원으로서 당신 자신의 존엄성에 대한 당신의 관여와 다른 모든 공동체 구성원의 존엄성에 대한 당신의 관여를 분리할 수 없다.

이것은 우리가 반응적 정서를 느낄 때 관여하는 중요성이 공동체 구성원 일반의 존엄성이라는 점을 시사할 것이다. 이것은 정확하지만, 진실의 일부일 뿐이다. 왜냐면 공동체 구성원 일반의 존엄성에 대한 관여는 그들 자신과 다른 사람들이 공동체의 규범에 책임을 지게 하는 그들의 지위와 권위의 중요성에 대한 관여이다. 그러나 이러한 관여는 이러한 규범의 중요성에 대한 관여도 전제한다.[7] 왜냐면 이러한 규범은, 공동체 일

7 다시 이것과 기바드의 주장(Gibbard, 1990), 즉 (도덕화된) 분노와 죄책감은 어떤 반응의 규범들에 대한 관여를 전제

반이 구성원들에게 그 규범에 대해 책임지게 하는 관행을 가진 한에서만, 책임 있는 행위자로서 개별 공동체 구성원에게 구속력을 가지는 것으로 이해될 수 있기 때문이다.[8] 또한 이러한 규범의 중요성은 오직 그 규범이 규정하는 전반적 활동, 관행, 삶의 방식이라는 맥락에서만 이해될 수 있기 때문이다. 결과적으로 공동체 구성원의 존엄성에 대한, 그리고 규범의 중요성에 대한 관여는 공동체 자체와 그것이 규정하는 활동, 관행, 삶의 방식의 중요성에 대한 일반적 관여의 일부이자 그것에 부수적인 것이다. 이것은 우리가 목적에 대한 관심의 일부로 그 수단에 대해 관심을 가지는 경우, 혹은 어떤 사람에 대한 사랑의 일부로 우리도 그가 가치를 두는 것에 가치를 두는 경우와 유사하다. 이러한 경우에서는, 내가 논했던 것처럼(Helm, 2001, §4.4), 그 수단에 (혹은 가치를 두는 것에) "낮은 초점을 두는" 하위 패턴의 정서가 있을 것이다. 그것은 목적에 (혹은 사랑하는 사람에게) 초점을 두는 전반적 패턴 정서의 일부이다. 이와 유사하게 반응적 정서의 경우 그것의 초점은, 그것의 하위 초점으로서, 적절한 공동체적 규범과 더불어, 피해자/가해자/목격자를 가진 공동체 자체일 것이다.[9]

만약 이러한 이성적 패턴 반응적 정서의 초점이 그 공동체라면, 이 패턴은 그 공동체가 우리에게 가진 중요성—그것에 대한 우리의 특정한 방식의 관심—을 구성하고 하위 패턴은 하위 초점이 가진 중요성을 구성한다. 만약 개인의 반응적 정서가 공동체 구성원의 존엄성에 대한, 즉 다른 사람들에게 요구하고 각자가 책임을 지게 하는 그 공동체에서 그들의 지위와 권위에 대한 반응이자 관여라면, 공동체 구성원 일반에게 낮은 초점을 두는 하위 패턴의 반응적 정서는 공동체 구성원으로서 그들의 **존엄성**과 동시에 그 존엄성에 대한 적절한 반응으로서 **존중**이라는 평가적 태도를 구성한다. 그러나 공동체 구성원의 존엄성이 그 공동체 중요성의 일부라면—우리가 공동체에 대한 우리 관심

한다는 주장의 유사성에 주목하라. 그럼에도 나의 주장은 반응적 정서들이 바로 이러한 관여고, 중요성에 대한 이러한 관여는 그 규범들을 넘어서 다른 사람들과 그들이 속하는 공동체까지 포함할 정도로 확장된다는 것이다.

8 이것은 어떤 규범이 나에게 구속력을 가지려면 공동체가 나에게 그 규범에 대해 책임지게 해야 한다는 말은 아니다. 분명 우리는 어떤 규범들이 그 구성원들에게 구속력이 있는지에 대해 그 공동체가 잘못 판단할 수 있는 가능성을 열어둘 필요가 있다.

9 물론 가해자는 반응적 정서의 하위 초점 중 하나일 뿐만 아니라 그것의 표적일 것이다. 이것은 그 가해자가 반응적 정서의 형식적 대상의 관점에서 암묵적으로 평가되는 사람인 한에서다.

의 일부로서 다른 공동체 구성원을 존중한다면—공동체의 이러한 중요성, 즉 그에 대한 이러한 관심은 필시 독특한 것일 테다. 그것은 존경심(reverence)의 문제라고 할 수 있다. 그래서 우리는 공동체 자체와 그것을 규정하는 관행에 대한 존경의 일부로서 그 공동체 구성원을 존중한다. 나는 이러한 공동체를 '존중의 공동체'라고 부른다.[10]

존엄성과 존중의 공동체

이렇게 존엄성을 반응적 정서의 패턴에 의해 구성되는 것으로 이해하는 것은 불충분한 것으로 보일 수 있다. 왜냐하면 부분적으로 칸트주의 윤리학의 영향을 통해 우리는 대개 존엄성을 한 사람이 특정한 방식으로 대우받는 것을 정당화하는 중요성으로, 그래서 특징적으로 도덕적 형태의 존중을 요구하는 것으로 이해하는데, "존엄성, 존경, 그리고 반응적 정서"에서 제공한 존엄성과 존중에 대한 설명은 도덕성에 거의 적합하지 않은 것처럼 보이기 때문이다. 나는 각각 앞서 다월에게 제기된 비판과 ("반응적 정서와 이성적 유형" 참조) 연관된 두 가지 우려로 논의를 시작하려 한다. 첫 번째 우려는 중요성과 관심은 같은 동전의 양면이라는 나의 전반적 주장에서 ("정서와 관심"의 끝부분 참조) 나온다. 만약 존엄성과 존중에 적용될 때 이러한 주장이 옳다면, 어떤 사람은 그저 다른 사람이 그를 존중할 경우에 존엄성을 가지는 것처럼 보일 수 있는데, 그것은 거짓이기 때문이다. 한 사람의 존엄성은, 그들이 실제로는 그렇게 하든 안 하든, 사람들이 존중하면서 반응**해야 하는** 것이다. 결과적으로, 앞서 "반응적 정서와 이성적 유형"에서 존엄성의 원천에 대한 물음에, 존엄성을 존중보다 존재론적으로 앞선 것으로 보는 다월의 이해를 거부하는 대신 양자를 [존엄성과 존중을] 동시에 구성하는 것으로 반응적 정서에 의존해 답

---

10 이러한 설명은 반응적 정서들에서 존엄성의 역할에 대한 다월의 이해와 관련된 "반응적 정서와 이성적 유형"에서 제기된 우려들을 해소하기 위한 것이다. 왜냐면 우선 존엄성의 원천은 대인적 유형의 반응적 정서들 자체와 존중의 공동체의 중요성에 대한 그것들의 근본적 관여에 놓여 있기 때문이다. 둘째로, 우리는 존엄성을 모든 사람의 공동체를 비롯한 특수한 존중의 공동체들에 상대적인 것으로 이해해야 한다. 그럼에도 이러한 해결책 자체도 내가 나중에 "존엄성과 존중의 공동체"에서 다룰 물음들을 일으킨다.

하려는 나의 시도는 치명적 결함이 있는 것처럼 보일지도 모른다. 둘째로, 도덕성 안에서 존엄성이 가진 자리를 고려해 볼 때, 존엄성은 근본적으로 사람에게 적용되는 것이고, 그래서 우리는 오직 사람의 존엄성에서 도출되는 방식으로만 작은 공동체들 안에서 우리의 지위와 권위에 관해 이야기할 수 있는 것처럼 보일지도 모른다. 오직 사람만이 다른 사람에게 2인칭의 이유를 제공하는 지위와 권위를 가질 수 있다. 다시 한번, 존엄성이 특정한 인간 공동체에 관련된 것이라는 생각을 거부한 점에서 다월은 옳았고, 그는 그것을 사람에게 부여하는 것처럼 보일 수 있다. 나는 이 반론들을 차례로 살펴볼 것이다.

첫째로, 어떤 사람을 존중하지 못할 때 우리는 잘못을 범할 수 있다는 것은 분명 옳다. 이것이 어떻게 내 설명에서 수용될 수 있을지를 알려면, 누가 존중의 주체인가에 대해 더 조심스럽게 생각할 필요가 있다. 존엄성과 존중을 동시에 구성하는 반응적 정서의 패턴은 단순히 개인의 정서적 반응 안에 있는 패턴이 아니다. 그래서 이 패턴은, 내 토마토에 대한 나의 관심에서처럼, 구성원이 **나에게** 혹은 **당신에게** 가지는 존엄성을 구성한다. 차라리 어떤 반응적 정서를 느낄 때 당신은 다른 사람에게 상응하는 반응적 정서를 느낄 것을 요구하고 있다는 의미에서, 이 패턴은 대인적이다. 다른 조건이 같다면, 그들이 그렇게 하지 못하는 것은 우리 사이의 실질적 불일치를 나타내는 이성적 실패(rational failure)이다. 이것은 이러한 패턴이 작용 중일 때 구성원의 존엄성에 대한 관여는 단순히 나의 관여나 당신의 관여가 아님을 의미한다. 그것은 **우리의** 관여이다. 그러므로 반응적 정서의 이러한 대인적인 이성적 패턴은 구성원이 **공동체 안의 우리에게** 가지는 존엄성을 구성한다. 그래서 그것은 단순히 개별적으로 우리 각자가 아니라 서로 존중하는 **우리**이다. 물론 다른 공동체 구성원에게 반응하면서 나는 때로는 다른 사람에게 이러한 존중을 보여주지 못할 수 있거나, 공동체의 특정한 구성원에게 마치 그녀가 공동체 안에서 아무런 지위도 가지지 않은 것처럼 조직적으로—무슨 일이 있어도—존중을 보여주지 못할 수도 있다. 이러한 실패는, 그것이 우리가 보여주는 반응적 정서의 전반적인 이성적 패턴과 대립한다면, 이성적 실패이다. 그것은 이 사람이 하나의 공동체로서 우리에게 가지는 존엄성에 적절하게 반응하지 못한 실패이다. 그렇다면 이러한 의미에서 나는 그녀가 우리에게 가지는 존엄성을 존중하면서 반응해야 하고, 그래서 그녀를 존중하지 못할 때 잘못을 범할 수 있다.

그러나 이러한 반응은 어떤 사람이 공동체 구성원이 된다는 것, 그래서 한 구성원으로서 존엄성을 가진다는 것이 무엇인지에 대한—실제로 애초에 특정한 그룹을 하나의 공동체로 규정하는 것이 무엇인지에 대한—추가적 물음을 일으킨다. 결국 내가 어떤 사람을 공동체 구성원으로 존중하지 못한 것은 다른 사람들이 그녀를 공동체 구성원이라고 잘못 판단하고 있다는 나의 감각에 근거하고 있을 수도 있다. 그리고 여기서 우리는 누가 구성원이고 아닌지에 대해 공동체 전체가 잘못 판단할 가능성을 이해할 필요가 있다.

앞서 "정서와 관심"에서 나는 어떤 것에 관심을 가지는 것은 어떤 것**으로서** 그것에 관해 관심을 가지는 것이라고 언급했다. 우리는 그저 토마토에 관심을 가지는 것이 아니라, 예컨대 맛있는 채소로서 혹은 팔 물건으로서 그것에 관심을 가진다. 특정한 공동체에 대한 우리의 존경도 마찬가지인데, 이는 단순히 우리는 존중의 공동체로서 그것에 대해 관심을 가진다는 말이 아니라 (왜냐면 그것은 그저 우리가 그것을 존경한다는 말이기 때문이다), 오히려 그것을 예컨대 철학자의 공동체나 테니스 선수의 공동체나 내 가족 같은 특정한 공동체로서 존경한다는 말이다. 이것은 그 공동체를 규정하는 것에 대한 이해와 더불어, 특히 구성원들에게 구속력이 있고 그들이 서로 책임지게 하는 규범 및 기대와 그 공동체 소속에 대한—누가 이러한 규범에 구속되고 책임을 지는지에 대한—이해를 요구한다. 부분적으로 이러한 이해는 관심을 구성하는 정서의 패턴에 내포되어 있다. 따라서 토마토에 관한 관심의 사례에서, 내가 그것을 팔아야 할 물건으로 이해하는 것은 새로운 품종 토마토의 (맛은 있지만) 얼룩덜룩한 모양에 대한 실망이 나의 관심을 구성하는 정서의 전반적인 이성적 패턴에 부합하는 방식에 내포되어 있다. 이와 유사하게, 이러한 존중의 공동체를 존경할 때, 규범과 그 구성원 지위에 대한 이해는 우리가 보이는 반응적 정서의 전반적인 이성적 패턴에 내포되어 있다. 그래서 반응적 정서를 통해 우리가 일반적으로 당신을 공동체에서 지위와 권위를 가지며 그것의 규범에 책임이 있는 사람으로 인정한다면, 당신은 이 공동체의 사실상의 구성원이다. 공동체의 규범에도 같은 것이 적용된다. 만약 반응적 정서를 통해 우리가 일반적으로 특정한 규범에 서로 책임지게 하고, 그 규범을 지지하거나 위반하는 것에 대해 서로를 칭찬하거나 비난한다면, 이것은 그 공동체의 규범이며, 사실상 구성원에게 구속력을 가진다.

그 공동체의 구성원 지위와 규범에 대한 이해는 우리가 보이는, 그리고 한 사람의 공동체 구성원으로서 내가 보이는 반응적 정서의 패턴에 내포되어 있다. 그러므로, 만약 내가 계획적으로 우리 공동체가 보이는 반응적 정서의 전반적인 이성적 패턴과 갈등하는 방식으로 특정한 구성원과 규범에 낮은 초점을 두는 반응적 정서를 보인다면 (혹은 보이지 못한다면), 이러한 갈등은 중요성에 대한 나의 관여와 우리의 관여 사이의 갈등이며, 적어도 부분적으로는 공동체의 구성원 지위나 규범을 어떻게 이해해야 할지에 대한 실질적 의견 불일치를 포함한다. 물론 이러한 이해가 암시적 상태로 남아있을 필요는 없다. 그것은 적절한 이성적 패턴의 일부이며, 그래서 우리의 반응적 정서를 알아내야 하는 판단에서 명시적인 것이 될 수 있다("정서와 관심" 참조). 그래서 우리는 구성원 지위의 기준이나 공동체적 규범을 (또한 이러한 규범이 규정하는 전반적 관행이나 삶의 방식을) 분명하게 말할 수 있고, 그리하여 우리가 존경하는 공동체에 대한 이해를 명시적인 것으로 만든다. 그렇다면 이러한 명확한 표현은 공동체에 대한 우리의 공동 이해에서 논변과 토론, 그리고 잠재적인 해결책으로 (혹은 지속적 균열로) 이어질 수 있다.

여기서 나는 어떻게 이러한 논변이나 해결책이 발생할 수 있는지에 대한 자세한 논의에 들어갈 수 없다. 그래서 앞서 제기된 물음, 즉 단지 한 개인만이 아니라 더 일반적으로 우리 공동체에서 누가 공동체의 구성원인가에 대해 잘못 판단할 수 있는가 하는 물음에 대해 결정적 대답을 제공할 수 없다. 그러나 다음 두 가지 점은 지적할 가치가 있다. 첫째로, 정서/욕망/판단의 이성적 패턴은 중요성을 구성한다는 주장에서, 나는 (관심을 가지는 것, 가치는 두는 것, 사랑하는 것, 존중하는 것 등의) 평가적 태도가 그것의 공통된 초점에 존재론적으로 앞선다고 논하는 것이 아니다. 오히려 평가적 태도와 중요성은 존재론적으로 대등하여, 어느 것도 다른 것에 앞서지 않는다. 특히 이러한 존재론적 우선순위의 결여는 우리가 존중해야 하는 것이 그것이 실제로 가진 존엄성에 의존할 가능성과 그것이 실제로 가진 존엄성이 우리가 존중해야 하는 것에 의존할 가능성을 모두 열어놓는다. 바로 존재론적 우선순위의 결여 때문에 의존성의 이러한 순환이 악순환일 필요는 없다.

둘째로, 잠재적으로 특정한 존중의 공동체에 대한 새로운 이해로 인도하는 공동의 숙고와 논쟁 과정이 우리의 반응적 정서가 단순하게 따라야 하는 수준의 판단에서만 일어나야 한다고 생각해서는 안 된다. 일반적으로 우리의 평가적 판단은 단순히 이성적으로 우리의 정서에 앞서는 것이 아니며, 반응적 정서는 이 공동 숙고의 과정에서 제거할 수 없는 임무를 수행할 것이다. 왜냐면 내가 다른 곳에서 논한 것처럼(Helm, 2001), 특정한 판단은 바로 그것이 중요성을 구성하는 정서/욕망/판단의 전반적 패턴에 부합하지 못해 비이성적인 것으로 밝혀질 수 있기 때문이다. 실제로 이러한 실패는 한 사람의 숙고된 판단이 그 문제에 대한 그 자신의 이해를 분명하게 말해 주지 않는다는 것을 나타낸다. 그래서 허클베리 핀은 노예 짐을 존중하고, 그의 신뢰와 평가를 통해, 그에 대한 짐의 반감에 자책하는 반응 등을 통해 짐이 존엄성을 가진다고 느끼고, 그리하여 짐을 존중의 공동체 한 구성원으로서, 이러한 구성원으로서 존엄성을 가진다고 이해한다. 그러나 그는 동시에 짐은 소유물로서 이러한 존중을 받을 자격이 없고 공동체 구성원이 아니라고 판단한다(Twain, 1885, 특히 16장).[11] 왜냐면 허클베리의 경우에, 바로 그의 상충하는 정서와 동기 때문에, 우리는 그가 자신이 진심으로 내린 판단을 실제로 믿는다고 생각하기는 어렵기 때문이다. 그리고 우리는 허클베리가 공동체의 구성원 지위에 대한 이해에서 공동체의 다른 구성원과 실제로 의견이 다르다고 생각하게 된다.

이 두 가지 점은, 존중의 공동체가 (그리고 그것의 구성원 지위와 규범이) 어떻게 이해되어야 하는지에 대한, 그리고 누가 실제로 이러한 공동체의 구성원으로서 존엄성을 가지는지에 대한 설명을 제공할 때, 우리가 반응적 정서와 우리의 존경과 존중을 구성하는 평가적 판단 사이의 이성적 상호연결을 무시할 수 없다는 점을 시사한다.[12]

이것은 내가 주장한 것처럼 존엄성이 특정한 공동체에 명료하게 연관되는지에 관한 두 번째 반론으로 이어진다. 왜냐면 존엄성은 어떤 사람이 특정한 공동체에 속하기 때문이 아니라 그저 한 사람이기 때문에 가지는 것처럼 보이기 때문이다. 그러나 이러

11 『허클베리 핀의 모험』에서 트웨인은 허클베리를 정서적으로 충돌하고 있고, 자신이 짐의 자유를 위해 무엇을 하든지 간에 양심의 가책을 느끼는 것으로 나타낸다. 허클베리를 내가 한 것처럼 묘사하면서, 나는 그 책의 다른 구절들은 무시하고 일정한 구절들에 선택적으로 주의를 기울이고 있다. 그러한 선택적 해석은 철학적 논점에 영향을 미치지 않는다.

12 그러한 설명이 다른 맥락들에서는 어떻게 일어날 수 있을지에 대한 자세한 설명으로 다음을 참조. (개인적 가치들의 경우에는) Helm, 2001. (사랑하는 관계에서 대인적 가치들의 맥락에서는) Helm, 2010.

한 반론은 특정한 공동체에서 어떤 사람의 구성원 지위와 무관하게 그녀를 한 사람으로 만드는 것이 무엇인지를 알 수 있음을 전제한다. 내가 문제 삼고자 하는 것이 바로 이러한 전제이다. 내 설명에 따르면 관련된 종류의 공동체는 존중의 공동체이고, 이 공동체에 '속함'은 공동체의 규범을 고려해 다른 사람들에게 요구하고 (그래서 칭찬과 비난을 하고), 다른 사람들의 요구와 비판의 적절한 대상이 될 수 있는 지위나 권위를 가지는 문제이다. 요컨대 한 사람으로서 존엄성을 가지는 것은 그저 모든 사람의 공동체에 '속하는'것이다.

이것은 사소한 주장이 아니다. 왜냐면 그것은 한 사람이 된다는 것이 무엇인지에 대한 실질적 주장으로서, 메타윤리학적 설명으로 가는 유력한 노선을 제공한다. 한 사람이 된다는 것은 사람들 공동체의 한 구성원으로서 존엄성을 가지는 것이고, 이 공동체는—모든 사람에게 구속력을 가진 도덕적 규범을 비롯해—그것을 규정하는 구성원 지위와 규범이 이 공동체의 자기 이해에 매우 중요하다고 생각되는 공동체이다. 결과적으로 한 사람이 된다는 것이 무엇인지에 대한—그저 어떤 생물이 사람인지와 어떤 규범이 사람들에게 구속력을 가지는지에 대한—이해는 적어도 우리가 보이는 반응적 정서와 평가적 판단의 패턴에 내포되어 있을 것이다. 그 패턴은 우리가 공동으로 그 이해를 구체화하면서 실질적 의견 불일치와 논쟁과 해결의 가능성을 이해할 수 있게 해준다. 이것이 옳은지 옳지 않은지는 알아볼 일이다.

맺음말

나는 반응적 정서가 집단정서라고 주장한다. 우리가 공유된 정서 모형에서처럼 그것을 다른 사람들과 비우연적으로 공유하기 때문도 아니고, 복수형 주체 모형에서처럼 모종의 의미로 **우리**가 그것을 공동으로 느끼기 때문도 아니다. 차라리 반응적 정서가 집단정서인 이유는 부분적으로 그것이 본질적으로 대인적인 이성적 패턴을 형성하기 때문이다. 이 패턴은 (a) 공동체에 대한 존경과 서로에 대한 존중이라는 우리 공동의 평가적 태도를 규정하고 (b) 바로 그 공동체 자체를 존중의 공동체들로 규정한다. 그러나 반응적 정서는 더 강한 의미로 집단정서이다. 왜냐면 한 생명체는 (예컨대 관망하는 희망이나 분노나 기쁨처럼) 무반응적 유사체가 아니라 (예컨대 신뢰나 분개나 감사처럼) 반응적 정서 능력이 있는 걸로 이해된다. 그 이유는 오직 이 정서가 다른 사람들의 정서와 이성적으로 상호 연결되어 있어서, 존중의 공동체 안에서 서로 책임을 지게 하는 방편으로서 다른 사람들에게 그들 자신의 적절한 반응적 정서로 반응할 것을 요구하기 때문이다. 결과적으로 우리는 오직 존중의 공동체 안에서만 이러한 집단의 한 구성원으로서 반응적 정서 능력을 획득할 수 있다.

감사의 말

이 글은 존 템플턴 재단(John Templeton Foundation)의 보조금과 국립인문재단(National Endowment for the Humanities)의 연구비 지원을 통해 출판될 수 있었다. 이 출판물에서 표현된 의견은 저자의 의견이며, 존 템플턴 재단이나 국립인문재단의 견해를 반영하지는 않는다. 이 장의 초고에 유익한 논평에 제공해 준 미코 살멜라와 크리스티안 폰 셰브에게도 감사를 전한다.

II

대면 상호작용에서 집단정서

Chapter 1

집단정서에 대한 공감의 사회신경과학적 통찰

클라우스 람[1] | 조지아 실라니[2]

부정적 진술로 시작하는 것은 현명하지 않지만, 현실을 직시하자. 사회신경과학(social neuroscience)은 지금까지 집단정서에 대한 우리의 이해에 실질적 공헌을 하지 못했다. 이러한 통찰력 부족은 결코 이 매혹적 현상에 관한 관심 부족에서 비롯된 것이 아니다. 명칭에 '사회'라는 단어가 포함되어 있음에도 불구하고, 오히려 대인적 현상에 대한 개인 내적 기여를 밝히고 설명하는 데 초점을 맞춘 이 새로운 학문의 개념적/방법론적 제약이 주된 원인으로 의심된다. 이러한 접근법은 본질적으로 개인적 과정이 아닌 집단적 과정을 고려해야 할 현상을 규명하는 데 제한적일 수 있다. 그런데도—여기서 긍정적 진술이 나온다—이 장의 목표는 다른 사람의 정동적 상태를 표현하는 신경인지적/신경정동적 메커니즘에 대한 이해가 집단정서와 같은 현상에 대한 우리의 지식을 늘리는 데 어떻게 도움이 될 수 있는지에 대한 논의를 촉발하는 것이다. 더 구체적으로 말해서, 우리의 목표는 집단정서 연구의 전문 학자들에게 그들의 연구 분야와 우리의 연구 분야를 연결할 수 있는 출발점을 제공하는 것이다.

이 목표를 달성하기 위해 공감(empathy)과 정동 공유(affective sharing)의 신경적/생물적 토대에 관한 최근 연구 성과를 검토할 것이다. 공감은 우리와 같은 종의 정동적 상태

1 Claus Lamm, 빈 대학교 사회/인지/감정신경과학 교수.

2 Giorgia Silani, 빈 대학교 임상사회신경과학(CSN) 연구원.

를 공유하는 (그리고 궁극적으로 이해하는) 능력으로서 집단정서에 중요한 것으로 생각되고, 대인 의사소통과 상호작용을 촉진할 뿐만 아니라 상상적/실제적 상황 모두에서 다른 사람의 행동/의도/느낌을 예측할 수 있게 해준다. 이것은 궁극적으로 우리 주변 사람의 과거/현재/미래의 정동적 상태와 관련 행동에 대한 더 나은 이해를 제공하고, 그것은 이러한 상태와 행동의 집단적 조정을 용이하게 할 수도 있다.

사회신경과학은 때로는 엄청나게 복잡한 사회 세계를 성공적으로 탐색할 수 있게 해주는 과정과 메커니즘에 대한 이해를 높이려는 신경과학의 비교적 새로운 하위 분야이다. 이러한 목적으로 사회신경과학은 인지신경과학에서 전통적으로 사용해 온 방법을 (대개 기능적 자기공명영상[fMRI]/뇌전도[EEG]/경두개자기자극술[transcranial magnetic stimulation: TMS] 같은 신경영상법, 점점 정신약리학적/정신신경내분비학적/유전학적 방법도) 채택하여 전통적으로 사회심리학자뿐만 아니라 행동사회과학의 관련 분야에서 탐구되었던 현상을 탐구한다(Decety & Keenan, 2006).

이 장은 크게 네 부분으로 나누어졌다. 시작 부분에서 우리는 공감 및 관련 용어의 다양한 정의를 논하고, 이 장 내에서 공감을 이해하는 방식에 대한 우리 자신의 관점을 제공할 것이다. 두 번째와 세 번째 부분에서는 공감에 대한 사회신경과학 연구에서 나온 현재의 증거를 선택적으로 검토할 것이다. 이 장의 마지막 부분에서 사회신경과학이 설명하는 공감적 반응의 다양한 양상과 메커니즘이 어떻게 집단정서의 생성과 조절에 대한 이해와 연관될 수 있는지를 추측해 볼 것이다.

공감은 무엇인가?

공감의 어원은 고대 그리스어 '엠파테이아(empatheia, passion)'인데, '엔(en, in)'과 '파토스(pathos, feeling)'로 구성되어 있다. 기본적인 현상학적 수준에서, 공감은 다른 존재의 직접 지각되거나 상상되거나 추론된 정서적 상태에 대한 정동적 반응을 의미한다('공감'이 어떻게 정의되었고 개념화되었는지에 대한 탁월한 개요로 다음을 참조. Batson, 2008). 우리 자신이 이해하는 바로는, 공감은 두 가지 주요 구성요소의 참여를 요구한다. 첫 번째 구성요소는 다른 사람의 정동을 공유하는 것이다. 더 정확히 말해서, 공감적 반응은 다른 사람(표적)의 정동적 상태에 대한 (관찰자로 일컬어지는) 한 개인의 지각이나 상상이 관찰자 안에서 표적이 느끼는 것과 부분적으로 동일한 형태의 느낌을 촉발할 것을 요구한다. 동등한 중요성을 지닌 두 번째 구성요소로, 관찰자는 어느 시점에서든 자기 느낌의 원천이 그 표적임을 의식하고 있어야 한다. 이것은 자기와 연관된 정신적/육체적 표상과 다른 사람과 연관된 그것을 구분할 수 있는 능력, 즉 자타(self/other) 구별 능력의 핵심적 중요성을 강조한다(de Vegnemont & Singer, 2006; Decety & Lamm, 2006; Singer & Lamm, 2009). 그러므로 계산적(computational) 의미로 공감은 관찰자가 표적의 정서 상태를 (보통은 편견 없는) "복사(함께/처럼 느낌)"하게 해주는 것으로 볼 수 있고, 어느 부분이 "복사된" 부분이고 어느 부분이 관찰자 자신에게서 비롯된 것인지를 완전히 인식할 수 있다.

공감이란? "다른 사람이 느끼는 것을 느끼는 것"

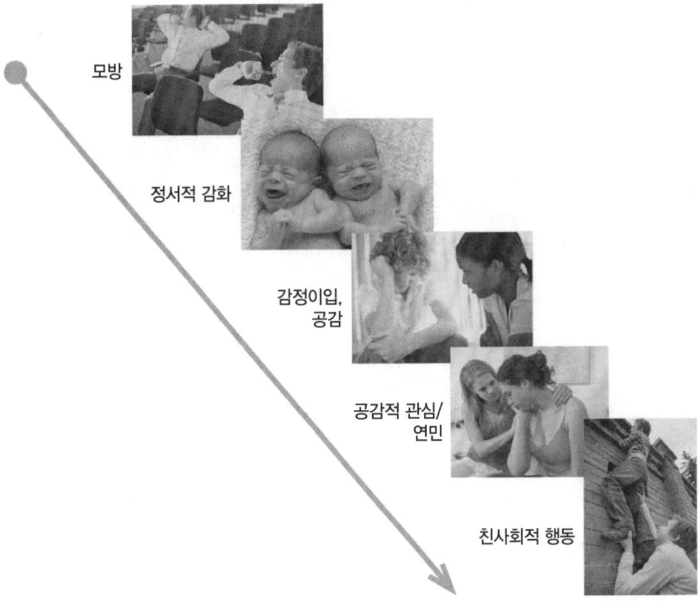

[그림 5.1] 모방에서 친사회적 행동에 이르는, 공감과 관련한 다섯 가지 주요 용어에 대한 삽화.

다른 용어와의 혼동을 피하려면, 어느 정도 개념적 명료화가 필요하다. [그림 5.1]은 운동 모방(motor mimicry)에서 비롯되는 일련의 사건에서 일어나 마침내 친사회적 행동(prosocial behavior)을 낳을 수 있는 공감과 관련된 다섯 개의 주요 개념을 묘사한다. 이 변수와 용어 각각은 어떤 다른 현상을 가리키지만, 그것들은 보통 함께 일어나며 순차적/확률적 방식으로 서로 연결된다. 많은 경우에, 특히 표적인 사람의 정서적 표현과 직접 마주친 경우에 모방과 정서 전염이 공감에 선행하는데, 공감은 공감적 관심과 연민(compassion)을 낳을 수 있고, 결국 친사회적 행동을 낳을 수 있다(관련 논의로 이 책의 Ⅱ-3장 Hess, Houde & Fischer의 글 참조). 예컨대 얼굴로 고통을 표현하는 사람을 목격하는 것은 이러한 표현을 모방하고 그 고통스러운 상태가 옮아와 부분적으로 공유하는 결과를 낳는다고 밝혀졌다(예컨대 Lamm, Porges, Cacioppo & Decety, 2008; Sonnby-Borgstrom, 2002). 관찰자가 자신의 정서적 반응과 그 원천이 다른 사람에게 있음을 자각하게 되면, 이 최초의 정서적 반응은 완전한 공감적 반응을 일으킨다. 그 맥락과 관찰자의 정서조절(emotion-regulation) 역량에 따라서, 이러한 공감적 공유는 공감적 관심(empathic concern)이나 연민처럼 다른 사람과 관련된 동기부여 상태를 자극할 수도 있다. 그것은 친사회적 행동에 도움이 되는 것으로 알려져 있다(예컨대 Batson, 1991; Lamm, Meltzoff & Decety, 2007).

운동 모방은 자동으로 우리의 움직임을 다른 사람의 움직임과 동기화하려는 경향을 말한다. 그리고 표적의 정동적 표정에 대한 지각이 관찰자한테 상응하는 얼굴 근육의 움직임을 일으킨다는 상당한 증거가 있다(이에 대한 보고로 Dimberg & Oehman, 1996 참조). 이러한 모방 반응의 세기와 공감의 특성 측정값(trait measures) 사이의 약한 상호연관성도 밝혀졌다(Sonnby-Borgstrom, 2002). 이것은 운동 공명이 자동적이고 감각 주도적 방식으로 공감을 증가시킬 수 있다는 증거로 생각되었던 반면, 더 비판적인 설명은 이러한 결론에 이의를 제기하면서 자신과 타자 사이의 친밀과 애호를 증가시키는 사회적 신호로서 모방의 역할을 강조한다(Chartrand & Bargh, 1999; van Baaren, Horgan, Chartrand & Dijkmans, 2004). 우리는 운동 모방이 두 가지 기능을 모두 보조할 수 있고, 원활한 사회적 상호작용을 지속시키는 선순환을 뒷받침할 수도 있다고 제안한다(Heyes, 2013). 여기서 다른 사람의 정서적 상태를 공유한다는 명시적 신호는 다시 그 다른 사람의 공명과 애호를 증가시킬 것이다.

정서 전염은 공감과 강한 연관성이 있지만 분명히 구별되는 다른 개념이다(이 책의 Ⅱ-3장 Hess 외의 글; 이 책의 Ⅱ-4장 Hatfield, Carpenter & Rapson의 글 참조). 그것은 다른 사람의 정서에 "감염되는" 경향을 의미하고, "원초적 공감(primitive empathy; 이 책의 Ⅱ-4장 Hatfield, Carpenter & Rapson의 글)" 혹은 "정동적 공감(de Waal, 2008)"이라고도 불린다. 후자의 용어는 특히 비교연구에서 자주 이용되었다. 이 연구에서 설치류, 개, 유인원 등의 비인간 동물의 대리 정서적 반응에 관한 탐구는 우리의 시조가 인간의 그것과 유사한 대리 반응을 보여준다는 증거를 산출했다. 그러나 비인간 동물의 자기 인식은 높이 발달하지 못했을 수 있다는 점을 고려할 때, 이러한 반응은 완전한 공감적 반응이라기보다 차라리 정서 전염이라고 불려야 할 것이다(예컨대 Ben-Ami Bartal, Decety & Mason, 2011; Preston & de Waal, 2002). 특히 인간 속에서도 아기는 타자와 분리된 자아에 대한 감각이 발달하기도 한참 전에도 다른 아기의 고통 신호에 반응하여 울기 시작한다. 이러한 감각은 대략 12개월쯤에야 나타나고, 이때 어린이는 자기와 관계된 것보다는 다른 사람과 관계된 대리 반응과 행동의 첫 징후를 보이기 시작한다(Hoffman, 2000). 함께 생각해 보면, 운동 모방과 정서 전염은 많은 사례에서 공감의 선행 사건일 수 있지만, 일반적으로 우리는 그것들을 공감의 경험을 위한 필요 과정이나 충분 과정으로 간주해서는 안 된다.

대리 정서적 반응의 결과와 관련해, 우리는 공감을 동감(sympathy), 공감적 관심, 연민과 구분할 필요가 있다. 네 가지 경우 모두에서, 다른 사람의 지각된 혹은 상상된 정동적 상태에 반응해 관찰자에게 정동적 변화가 유발된다. 그러나 오직 공감을 경험하는 동안에만 우리는 ("복사된 상태" 혹은 앞서 언급한 "함께/처럼 느낌"이라는 의미에서) 관찰자에게서 영향을 받지 않는 대리 반응을 볼 수 있다. 반면에 동감, 공감적 관심, 연민은 관찰자한테서 비롯된 '~에 대한 느낌(feeling for)'이라는 부가적 과정을 수반한다. 예컨대 공감의 경우, 슬픈 사람과의 상호작용은 표적의 상태와 비슷한 관찰자의 슬픔 상태와 연관될 것이다. 그러나 동감, 공감적 관심, 연민은 표적의 복지에 관한 관심이나 그 혹은 그녀의 고통 완화에 관한 강한 바람과 같은 부가적 감정에 의해 특징지어진다. 이러한 과정은 관찰자와 표적 사이의 상호작용 결과지만, 표적이 실제로 느끼는 것을 넘어선 것이다. 그러므로 동감, 공감적 관심, 연민 같은 용어와 공감 사이의 주된 차이는 관찰자의 정서가 본래 다른 사람을 지향하는(other-oriented) 것인지 ('~에 대한 느낌'; 연민, 동감, 공감적 관심)

혹은 그것이 다른 사람과 "함께/처럼 느낌(공감)"이라는 의미에서 정동적 공유를 반영하는지의 문제이다.

마지막으로 공감에 대한 여러 설명(Batson, 1991; de Waal, 2008)은 그것의 발생을 친사회적이고 다른 사람을 지향하는 동기(즉 다른 사람의 복리나 복지를 증가시키거나 다른 사람의 이득을 위해 이기적이고 자기와 관련된 이득을 포기시키려는 동기)와 연결한다. 우리가 공감을 다른 사람과 '함께 느낌'으로 이해할 때, 이것이 반드시 그리고 항상 사실인 것은 아니다. 왜냐면 가장 순수한 형태의 공감은, 다른 사람이 느끼는 것에 대한 아무런 가치평가도 없이, 단지 우리가 가능한 한 정확하게 이 느낌을 느끼게 해줄 뿐이기 때문이다. 그렇다면 이것이 친사회적 결과를 낳을지, 반사회적 결과를 낳을지, 중립적 결과를 낳을지는 (질투나 죄책감 같은) 다른 사회적 정서뿐만 아니라 획득된 행동 경향이나 도덕적 가치나 (만약 경쟁적 관계라면 역공감[counter-empathy]을 낳을 수도 있는) 관찰자와 표적 사이의 개인적 관계를 비롯한 다른 변수의 결과이다(예컨대 Lanzetta & Englis, 1989; Yamada, Lamm & Decety, 2011). 특히 '~에 대한 느낌(공감적 관심, 연민)'과 친사회적 행동 사이의 연결에 대한 일관된 증거가 존재하지만(예컨대 Batson, 1991; Eisenberg, 2000; Eisenberg 외, 1989), '함께 느낌'으로서의 공감과 친사회적 행동 사이의 연결에 대한 명백한 경험적 증명은 아직 없다.

끝으로 사회신경과학뿐만 아니라 사회심리학의 다른 학자들은 정동적 공유를 핵심 구성요소로 포함하지 않고 차라리 공감적 정확성이라는 것과—표적이 느끼는 정서를 정확히 분류하고 수량화하는 것과—관련된 메커니즘에 초점이 있는, 공감의 인지적 혹은 추론적 측면에 주력했다는 점을 주목하는 것이 중요하다(예컨대 Zaki & Ochsner, 2012). 공감의 이러한 측면은 현재의 검토 범위에 있지 않다.

공감의 신경적 토대—공유 정동의 핵심망

신경과학의 공감 연구에서, 우리는 다른 사람의 행동/감각/정서를 자신의 그 상태에 대응하는 신경 표상(neural representations)의 활성화를 통해 이해하게 된다는 주장이 처음부터 지배적이었다. 이 주장은 행동 이해 분야의 지각-행동(perception-action) 모형(Prinz,

2005)과 거울 신경세포(mirror neurons)의 발견에서 영감을 받은 것이었다. 이 신경세포는 짧은꼬리원숭이가 어떤 행동을 실행할 때와 그 원숭이가 다른 원숭이의 행동을 관찰할 때 모두 발화한다(Rizzolatti & Craighero, 2004). 아주 유력한 논문에서, 프레스턴과 드발(S. Preston & F. de Waal, 2002)은 특정한 정서적 상태에 있는 다른 사람을 관찰하거나 상상하는 것은 관찰자의 자율신경계와 신체의 반응과 함께 관찰자한테서 이러한 상태의 표상을 활성화한다고 말하는, 공감에 대한 신경과학적 모형을 제안했다. 특히 이 공유된 표상(shared representations) 이론은 더 정확히 말해서 "공유된 신경 활성화(shared neural activations)" 이론이라고 불러야 한다. 왜냐면 신경과학적 방법의 교환 단위인 신경 활성화를 심리학적 영역의 표상으로 전환하는 것은 우리가 바라는 만큼 그렇게 분명하지 않기 때문이다.

공유된 활성화가 정동적 영역에도 존재했는지를 경험적으로 시험하기 위해, 싱어와 동료들(Singer 외, 2004)은 연인들을 모집하고, 기능적 자기공명영상을 이용해 여성 동반자의 오른손에 붙인 전극을 통한 고통 자극으로 촉발된 신경 반응을 측정했다. 다른 시험에서는 동일한 고통 자극이 남성 동반자에게 적용되었다. 화면에 나타난 서로 다른 색깔의 신호는 그들 중 누가 고통스러운 자극을 받을지 혹은 고통스럽지 않은 조절 자극을 받을지를 표시했다. 이 절차는 스캔 대상(고통에 대한 직접적 경험) 혹은 동반자(고통에 대한 공감)에게 고통을 가했을 때 뇌 활성화 정도를 측정했다. 특히 (표정이나 다른 신체적 신호와 같은) 명시적 정서 표현 대신에 추상적 상징 신호를 사용함으로써, 연구자들은 모방 및 정서 전염과는 무관한 공감적 반응을 명확히 탐구할 수 있었다. 이러한 설정의 결과로, 참가자는 자기가 사랑하는 사람이 고통을 경험할 것임을 나타내는 신호를 보았을 때, 고통의 직접적 경험과 관련된 뇌 영역이 활성화된다는 것을 증명할 수 있었다. 이 영역은—특히 양측 전방 섬엽(anterior insula: AI), 내측 대상 피질(medial cingulate cortex: MCC), 뇌간, 소뇌—고통의 정동적-동기부여적 구성요소의 처리에 관련된다. 달리 말해, 그것은 주관적으로 느껴진 고통이 얼마만큼 불쾌하거나 혐오스러운지를 부호화한다.

자신과 타자 사이의 중첩된 신경 활성화에 관한 이 최초의 보고는 이후로 여러 차례 복제되었고, 다양한 사례와 방법을 이용한 수많은 다른 실험을 통해 연구 결과가 늘어났다. 최근 독립적으로 수행된 두 개의 메타분석은 (Fan, Duncan, De Greck & Northoff,

2011; Lamm, Decety & Singer, 2011) 다른 사람과 공감하는 것이 양측 (배측) 전방 섬엽 피질(AI)과 전방 내측 대상 피질(MCC)을 포함하는 신경망을 일관성 있게 활성화한다는 수렴된 증거를 제공한다. 특히 이 메타분석은 싱어와 동료들(Singer 외, 2004)이 사용한 것과 같은 실례뿐만 아니라, (고통스러운 상황에 있는 신체 부분의) 그림이나 (고통스러운 상황이나 얼굴의 정서 표현을 보여주는) 영상이나 이야기를 통해 참가자에게 표적의 정서적 상태를 전달하는 실례에서 나온 데이터를 분석했다. 더 나아가 공감과 관련된 핵심 신경망에 관한 연구 결과는 고통 영역에만 해당되는 것이 아니다. 이 메타분석에 동참한 일부 연구는 혐오/슬픔과 같은 정서에 대한 대리 반응도 평가했다(예컨대 Jabbi, Bastiaansen & Keyers, 2008; Wicker 외, 2003). 그러나 긍정적 정서에 대한 대리 반응을 평가한 실험은 (예컨대 Jabbi, Swart & Keyers, 2007) 부족하다는 점을 고려할 때, 공감의 핵심 신경망이 불쾌한 정동의 공유에만 국한되는지는 명확하지 않다. 실제로 긍정적 정동은 일반적으로 예컨대 복내측 전전두엽 피질(ventromedial prefrontal cortex)과 같은 다른 뇌 영역과 연관된다는 점을 고려할 때(예컨대 Rolls, 2004), 공유된 활성화 이론에 비추어서도 이것은 기대될 수조차 없다.

그럼에도 불구하고 전방 섬엽 피질/내측 대상 피질과 같은 공유된 활성화 영역에서 수용되거나 처리되는 것은 무엇인가? 이 영역은 인간의 내부감각수용(interoceptive) 피질의 가장 중요한 부분을 나타내고(Craig, 2003, 2009), 예컨대 체온, 정욕, 배고픔, 신체적 각성 상태에 대한 정보와 직감을 통한 정보 같은 내적 신체 상태에 대한 신경 표상을 보조한다(Craig, 2002, 2003; Critchley, 2005; Critchley, Wiens, Rotshtein, Ohman & Dolan, 2004; Damasio, 1994). 비인간 종의 해부 관찰뿐만 아니라 신경 영상에서 나온 축적된 증거에 근거해, 뇌섬엽피질의 주된 기능은 우리의 신체적 상태와 정동적 상태에 대한 순간순간의 표상을 산출하는 것으로 주장되었다. 우리 자신의 주관적 느낌 상태를 표현하는 데 중요한 역할을 하는 바로 그 구조(AI와 MCC)가 다른 사람의 느낌 처리에도 아주 중요하다고 말하는 공감 연구의 관찰과 더불어, 최근 (특히) 섬엽의 기능에 대한 전향적 모형이 제안되었다(Singer, Critchley & Preuschoff, 2009). 이 모형은 전방 섬엽(AI)에서 신체적 상태에 대한 피질의 재표상(re-representation)은 이중적 기능을 가진다고 제안한다. 첫째, AI에서 신경망은 우리 자신의 느낌을 주관적으로 표현하는 것에 관여한다. 그것은 우리 자신의 현재 느낌을 이해할 수 있게 해줄 뿐만 아니라, 예상된 정서적 자극이 우리 몸에 미치는 신체적 영향을 예측할 수 있게 해줄 것이다. 둘째, 그것은 다른 사람들이 무언가를 어떻게 느낄지에 대한 현재나 미래 시뮬레이션의 본능적 상관자의 역할을 할 수 있다. 그렇다면 이것은 특정한 자극과 그것에서 예상되는 결과의 정서적 의미를 이해하는 데 도움을 줄 수 있다(또한 Lamm & Singer, 2010 참조). 이 모형을 뒷받침하는 근거는 무엇보다 우리 자신의 정서를 이해하거나 처리하거나 표현하는 데 결함이 있음을 나타내는 감정표현불능증(alexithymia)이라는 무증상 현상에 관한 임상 연구에서 나온다. 흥미롭게도 이러한 결함을 가진 사람은 직접 정서를 경험할 때뿐만 아니라 다른 사람의 정서를 공감할 때도 AI에서 활동 감소를 보여준다(Bird 외, 2010; Silani 외, 2008).

다양한 감각과 정서에 (예컨대 혐오, 맛, 고통에) 대한 직접 경험과 대리 경험 동안 유사한 신경 활성화의 관찰은 이러한 활성화가 실제로 공유된 표상으로 해석될 수 있는가 하는 물음을 제기한다. 공유된 **활성화**는 분명 공유된 **표상**의 좋은 지표이다. 그러나 앞서 진술한 것처럼, 우리는 아직 특정한 수준(심리학적/표상주의적 수준)의 기술과 측정을 통한 관찰이 다른 수준(신경 수준)의 관찰과 연결되는 방식에 대해 원칙에 입각한 좋은 모형을 알지도 못하고 가지고 있지도 않다—기본적으로 이것이 인간 신경과학 연구를 위한 주요 동기이다. 더불어 현재 가용한 인간 신경 촬영법 중 어느 것도 단일 신경세포나 신경망을 직접 측정하지 못한다. 그러므로 서로 완전히 다른 신경망들의 활성화에서 여전히 중첩된 무리를 가진 두 개의 기능적 자기공명영상 활성화 지도가 나올 수 있다. 이러한 한계를 넘어서기 위한 시도에서, 코라디-델아쿠아, 호프스테터, 뷜류미에(Corradi-Dell'Acqua, Hofstetter & Vuilleumier, 2011)는 최근 매우 훌륭한 접근법을 제안했다. 기능적 자기공명영상 기법을 이용한 연구에서, 그들은 참가자가 직접 고통을 느끼는 자극을 받았을 때 분류된 활성화 패턴으로부터 고통에 공감하는 동안의 혈류역학적(hemodynamic) 활성화 패턴을 예측하기 위해 다변수 패턴 분류를 이용했다. 그들의 연구 결과는 자기와 관계된 고통을 겪는 동안의 신경 활성화 패턴이 실제로 고통을 공감하는 동안의 활성화 패턴을 예측할 수 있지만, 이것은 공감의 '핵심망'에서 확인된 것보다 전방 섬엽 피질의 더 후방에 있는 부분에 국한된다는 것을 나타내는 듯하다. 대조적으로 더 앞쪽에 있는 부분에서의 활성화는 딱히 고통의 경험이 아니라 혐오의 경험과 (아마도 그것의 돌출과) 관련된 일반적 목적의 과정에 연결될 수 있다(Valentini & Koch, 2012).

요컨대 상당한 경험적 증거가 공유된 신경 활성화가 다른 사람의 느낌/감각/행동 공유의 뿌리라고 말해 주지만(Bastiaansen, Thioux & Keyers, 2009 참조), 이러한 활성화가 어떤 수준의 특이성을 가지고 신경 단계에서 공유되는지, 또한 이러한 공유된 활성화의 기능적 중요성을 구성하는 것이 무엇인지를 명확히 밝히려면 추가 연구가 필요하다. 이 물음들에 관한 더 상세한 답을 얻으려면, 약리학적 조작을 비롯한 더 정교한 실험 설계뿐만 아니라 신경계와 정신계 사이의 간극을 메우는 데 도움을 줄 수 있는 심리철학자/인지과학자/사회신경과학자 사이의 더 밀접한 협업이 필요하다.

공감의 핵심망을 활성화하는 독특한 메커니즘

이전의 개념에 따르면 공감은 주로 의식적 인식 없이도 촉발될 수 있는 대리 반응의 자동적이고 '내장된' 유인으로 간주되었다. 예컨대 공감에 대한 여러 초기 연구에서 참가자는 연구 목표가 공감과 연관된 신경 반응의 탐구라는 것도 모른 채로 수동적으로 어떤 정서를 표현하거나 만져지는 사람을 묘사하는 장면이나 영화를 보았다(Blakemore, Bristow, Bird, Frith & Ward, 2005; Keysers 외, 2004; Singer 외, 2004; Wicker 외, 2003). 그런데 이러한 상황만으로도 정동이나 촉감의 직접 경험을 표상하는 뇌 신경망을 끌어내기에 충분했다. 그러므로 일부 학자는 우리는 자동으로 다른 사람의 느낌을 공유한다는, 앞서 언급한 행동과 모방에 대한 지각-행동 모형과 비슷한 가설을 제시했다(Gallese, 2003; Preston & de Waal, 2002). 이러한 사례에서 '자동성(automaticity)'은 의식적이고 노력이 필요한 처리를 요구하지는 않지만 억제되거나 조절될 수 있는 과정을 가리킨다(cf. Bargh, 1994).

오늘날 여러 연구는 공감이 결코 자동운동(automatism)이 아님을 증명한다. 예컨대 실험 참가자가 표적의 정서적 상황에 대한 그들의 주의를 딴 데로 돌리는 임무를 받은 경우, 공감의 핵심망에서 공감과 관련된 활성화가 줄어들고 심지어 없어지는 것으로 보였다(Gu & Han, 2007; Lamm, Meltzoff & Decety, 2010). 이러한 노선의 일부 연구는 명시적으로 우리는 일상생활에서 확실히 다른 사람의 정서와 항상 일치하지는 않으며, 많은 경우에 중립적 정서 상태에 있거나 심지어 반대의 정서 상태를 보인다는 점을 고려하려는 시도에서 비롯된 것이다. 이러한 노선의 추리와 그것의 경험적 조사는 궁극적으로 감각 주도적 혹은 상향적 구성요소와 마찬가지로 하향적 조절 과정과 메타인지 과정에 똑같이 중요한 역할을 부여하는 공감 모형을 낳았다(그림 5.2 참조). 공감에 대한 대다수 현대 신경과학 모형은 이러한 견해를 지지하며, 공감적 반응의 생성을 위해서든 앞서 언급한 상향적 과정에 의해 유발된 기존 반응을 조절하기 위해서든 하향적 통제와 맥락적 평가의 중요성을 강조한다(de Vignemont & Singer, 2006; Decety, 2005; Decety & Lamm, 2006; Hein & Singer, 2008; Singer, 2006).

예컨대 데세티와 람(Decety & Lamm, 2006)은 상향(즉 지각과 행동 사이의 직접 매칭)과 하향(즉 조절, 맥락적 평가, 통제) 정보처리 과정들이 공감의 생성과 조절에서 근본적으로 뒤얽히는 모형을 제안했다. 이 모형에서 상향 과정은 (억제되지 않는 한) 주목된 지각 입력에 의해 자동으로 활성화되는 직접적 정서 공유를 설명한다. 반면에 전전두엽 피질과 대상 피질에서 구현된 집행 기능은 선택적 주의와 자기조절을 통해 인지와 정서를 모두 조절하는 역할을 한다. 이러한 메타인지 수준은 상향 정보에 의해 계속 갱신되며, 이에 반응해 하향 피드백을 제공함으로써 하위 수준을 통제한다. 따라서 하향 조절은 집행 기능을 통해 하위 수준을 조절하고 유연성을 더해 주어 개인이 외부 신호에 덜 의존하게 만든다. 또한 메타인지 피드백 회로는 다른 사람의 정동적 상태에 반응하기 (반응하지 않기) 위한 우리 자신의 정신적 능력을 설명하는 데 아주 중요한 역할을 한다.

여러 최근 발견은 공감에 대한 하향적 영향력, 그리고 공감의 핵심망에서 정동적 공유와 관련된 반응을 촉발하는 별개의 여러 노선이 있다는 주장에 대한 강력한 뒷받침을 제공한다. 예컨대 람과 동료들의 메타분석(Lamm 외, 2011)은 고통에 대한 공감의 혈류역학적 상관관계를 조사하기 위해 문헌에서 다양한 실험 패러다임이 사용되었다는 사실을 활용했다. 한 부류의 (Singer 외, 2004에서 사용된 패러다임에서 비롯된) 연구는 '신호 기반의(cue-based)' 접근법을 사용했다. 이 접근법에서는 앞서 설명한 것처럼 참가자가 추상적인 상징적 신호로 표적의 정동적 상태에 대한 정보를 받았다. 그러므로 이러한 유형의 패러다임은 표적의 명시적인 정동적 반응을 직접 관찰할 수는 없지만 참가자가 표적에 대한 결과를 추론하기 위해 신호를 통해 전달된 정보를 사용할 것을 요구했다. 대조적으로 소위 '그림 기반의(picture-based)' 패러다임을 사용한 실험은 참가자를 손이나

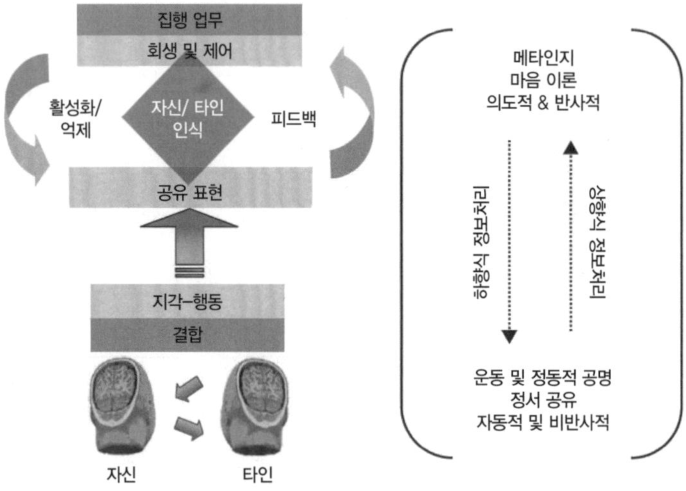

[그림 5.2] 공감적 경험들 및 그것들의 규제와 관련된 다양한 요소와 과정의 윤곽을 나타내는 발견적 모델.

발이 문에 끼이거나 손에 외과적 처치를 받는 것처럼 고통스러운 상황에서 표적이 받는 자극에 노출시켰다. 이러한 설정은 행동 이해와 지각-행동 결합에 의존하는 직접적이고 감각 주도적인 메커니즘을 통해 공감적 반응을 촉발하기 위한 것이었다. 패러다임들 사이의 이러한 차이는 실제로 서로 다른 신경 구조에 연결되었다. 신호 기반의 패러다임은 복내측 전전두엽 피질, 측두엽-두정엽 연접부(temporo-parietal junction), 측두엽극(temporal poles) 등의 뇌 영역을 활성화시켰다. 이 영역들은 마음 이론과 관련이 있으며, 다른 사람의 정신 상태를 더 강하게 추론한다. 반면에 그림 기반의 접근법을 사용한 연구는 하두정엽과 하전두엽 피질처럼 전통적으로 운동 공명 및 행동 이해와 연계되던 피질 영역에서 더 강한 반응을 밝혀냈다. 흥미롭게도 이러한 과정의 분리는 최근의 메타분석과 매우 잘 일치한다(Van Overwalle, 2011). 이 분석에 따르면, 다른 사람의 정신 상태를 이해하기 위해 마음 이론과 행동 이해를 사용할 때 뇌 구조들이 비슷한 정도로 뚜렷하게 관여하는 것으로 나타난다.

사회적인 인지적/정동적 현상의 기초를 이루는 신경 계산(neural computation)을 밝히는 것과 더불어, 이러한 현상을 (예컨대 협력, 경쟁, 혹은 친사회적/반사회적 행동 같은) 실제 사회적 행동에 연결하려는 사회신경과학에서의 시도가 늘어나고 있다. 이러한 연구 유형의 궁극적 목표는 우리가 다른 사람에게 어떻게 반응하는가와 우리의 마음에서 그들을 어떻게 표상하는가뿐만 아니라, 왜 그리고 어떻게 우리는 우리가 행한 방식으로 결정하고 행동하는가에 대해서 더 잘 이해하기 위해 뇌에 관한 정보를 이용하는 것이다. 공감 연구 분야와 관련된 가장 강렬한 물음은 어떻게 공감적 반응이 어려운 처지의 다른 사람을 돕는다든가 다른 사람의 복지를 위해 이기적 이득을 포기하는 것과 같은 친사회적 행동과 연결되는가이다. 한 연구에서 배측 전방 섬엽의 신경 반응은 다른 참가자의 고통 충격을 대신 받는 행동처럼 큰 대가를 치르는 남을 돕는 행동과 적극적으로 연결된다는 것이 밝혀졌다(Hein, Silani, Preuschoff, Batson & Singer, 2010). 이러한 발견은 나중에 정서적 각성의 척도인 피부 전기(electrodermal) 반응이 큰 대가를 치르는 도움 행동과 유사한 긍정적 관계를 맺는다는 것을 밝힘으로써 확인되었다(Hein, Lamm, Brodbeck & Singer, 2011). 또한 후자의 연구는 고통에 공감하는 동안의 대리 각성 반응이 도움 행동을 증가시킨다는 것뿐만 아니라, 이러한 반응이 고통 충격을 받을 때 우리 자신의 반응과 얼마나 밀접하게 닮아 있는가도 중요하다는 사실을 덧붙였다. 최근 연구 결과는, 다른 사람들의 관점을 채택하고 (예컨대 의도와 믿음 같은) 그들의 정신 상태를 이해하는 것처럼, 다른 사람에 관한 인지적 과정과 연계된 영역인 배내측 전전두엽 피질(dorso-medial prefrontal cortex)은 어려운 처지의 다른 사람을 돕기 위해 금전을 기부하거나 시간을 투자하는 친사회적 행동과도 연관되어 있다고 제안했다(Rameson, Morelli & Lieberman, 2012; Waytz, Zaki & Mitchell, 2012). 종합해 보면, 이 초기의 탐구는 공감과 친사회적 행동의 연결이 공감적 반응 자체와 비슷한 맥락에서 상향적인 정동적 메커니즘과 하향적인 인지적 메커니즘에 의해 증진될 수 있다고 제안한다. 그러나 앞으로의 작업은 다른 사람의 정동에 대한 대리 경험이라는 의미의 공감을—사회심리학의 광범위한 연구에 따르면 친사회적 행동과 적당한 연관성을 가진 것으로 알려진(예컨대 Batson, 1991)—공감적 관심으로 변형시키는 신경적/심리적 메커니즘뿐만 아니라 사회적/맥락적 조건, 그리고 공감과 친사회적 행동 사이에 직접적 연관성이 있는지를 확인할 필요가 있을 것이다.

공감의 사회신경과학에서 집단정서로

이 마지막 절에서 우리는 이미 살펴본 통찰을 집단정서 현상에 연결할 수 있는 연구와 과학적 추리의 몇몇 영역을 확인하려 한다. 이 영역은 사회적 상호작용에서 자아/타자 구분의 중요성, 그리고 자동적이고 통제된 과정에 의한 사회적/비사회적 정서 경험의 조절이다.

앞서 설명한 것처럼, 완전히 발달한 공감은 관찰자가 자신이 느낀 정서의 '원작자'를 추적하도록 요구한다. 이러한 추적이 끊어지면, 관찰자는 정서 전염의 상태에 빠질 수 있다. 여기서 그 혹은 그녀는 자신이 경험하고 있는 정서가 다른 사람에 의해 유발되었다는 사실을 인식하지 못한다. 이러한 자기 인식과 자아/타자 구분의 결여는, 음악 연주회나 정치적 시위와 같은 대중 현상 중에 일어나는 개인들 사이의 높은 동기화처럼, 집단적인 정동적 경험의 한 메커니즘으로 추정된다. 거기서 개인은 더 큰 군중의 일부가 되며, 자기 인식과 자아/타자 구분의 능력을 잃는다. 그러므로 자기 인식 능력을 기르는 것은 집단정서가 사회나 그룹의 복지에 해를 끼칠 때—예컨대 집단정서가 폭력 행위를 일으키거나 다른 그룹에게 해를 끼치려는 동기를 부여할 때—그것을 억제하는 메커니즘이 될 수도 있다. 역으로 자기 인식을 고의로 낮추는 것은 (예컨대 평화로운 정치적 운동이나 평범한 공동 축제나 축하 행사의 경우처럼) 집단정서가 유익한 것이거나 바랐던 것일 경우 그것을 증진하는 데 도움을 줄 수도 있다. 흥미롭게도 신경과학의 연구 결과는 자아/타자 구분이 지각적 요소와 행동 조절 요소를 모두 가진다는 것을 보여준다. 더 구체적으로 말해서, 우측 측두엽-두정엽 연접부의 영역은 자기와 관계된 지각적/정신적/정동적/인지적 표상과 다른 사람과 관계된 그것 사이의 부조화에 대한 감각적 감지와 연관된 것으로 보인다. 대조적으로 배내측과 전내측(anterior medial) 전전두엽 피질의 영역은 (특히 우리 자신의 행동 의도나 정동과 다른 사람의 의도나 정동이 불일치하는 사례에서) 관찰자가 다른 사람의 영향을 너무 강하게 받지 않을 수 있도록 행동 경향을 조절하는 것과 관련된 것으로 보인다(예컨대 Brass, Ruby & Spengler, 2009; Lamm, Nusbaum, Meltzoff & Decety, 2007; Lamm 외, 2010; Silani, Lamm, Ruff & Singer, 2013).

사회신경과학의 공감 연구는 다른 사람에 대한 반응에서 인간 정신의 유연성을 입증했고, 다른 사람에 대한 우리의 정서적 반응은 전부냐 전무냐의 현상이 아님을 보여주었다. 그러므로 집단정서의 이해를 위한 한 가지 주요 방향은 자동적 과정과 통제된 과정 사이의 유연한 상호작용일 수 있다. 이 상호작용은 또한 사회적 행동 일반을 뒷받침하는 인지적/정서적/사회적 과정의 이해에 사용되는 주요 개념 중 하나이다(Lieberman, 2007). 또한 우리의 정서를 조절하는 능력과 그에 따른 행동 반응은 심리학과 신경과학의 모든 정서 이론에서 인지가 모든 유형의 정동적 경험에 아주 중요한 역할을 하는 것으로 강조된다는 사실을 상기시킨다(예컨대 Rolls, 2007). 이 이론에서 정서는 많은 통속심리학적 개념과 일치하는 정서—느낌 상태(feeling state)—일 뿐만 아니라, 그 개념의 핵심에 인지적/행동적/신체생리적 구성요소도 포함한다. 인지 영역에서는 (예컨대 반응 억제나 집행 통제[executive control]와 같은) 소위 집행 기능뿐만 아니라 (상황과 맥락의 변수를 고려하면서 어떤 면에서 일어나는 신체 반응과 느낌 반응을 '평가하는') 평가 과정이 정서적 상태의 발생과 지속을 이해하는 데 중요하다.

그러므로 집단정서 현상을 이해하려면, 대체로 의도적/반성적 과정이 자동적이고 감각 주도적이고 선반성적으로 유발되는 느낌 및 생리적 반응과 어떻게 상호작용하는지를 이해하는 것이 중요하다. 그러나 이것은 후자의 과정이 무시되어야 한다는 말은 아니다. 결국 (ex와 motio에서 나온) 정서(emotion)라는 낱말의 기원은 정서의 중요한 기능이 행동 경향을 유발하고 생명체가 그 경향에 따라 행동할 자세를 취하게 하는 것임을 상기시켜 준다. 심지어 일부 학자는 정서가 우리의 추리/몸/행동을 활성화할 수 있는 일종의 '자연력(natural force)'이며, 이 힘은 특히 집단적 방식으로 활성화될 때 강력하고 지속될 수 있다고 주장했다는 점은 흥미롭다(Ciompi & Endert, 2011). 결론적으로 집단정서의 인지적/통제적 요소와 자동적/정동적 요소를 모두 고려하는 것은 집단정서의 가장 흥미로운 측면이자 효과 중 하나인 조직화된 대중 행동을 더 잘 이해할 수 있게 해줄 것이다.

감사의 말

클라우스 람은 이 장을 집필하는 동안에 오스트리아 과학기금(FWF, P22813), 빈 대학교("임상 신경과학에서 다중모드 신경영상" 연구 클러스터), 빈 과학기술 기금(WWTF; projects CS11-005 and CS11-016)의 지원을 받았으며 이에 대해 감사한다. 또한 우리는 이 장의 초기 원고에 대한 크리스토프 아이제네거(Christoph Eisenegger)의 비판적 논평에 감사한다.

Chapter 2

사회적 상호작용에서 주의 우선순위결정의 신경인지 메커니즘

토비아스 브로쉬[1]

우리의 환경은 계속해서 변하는 풍부한 정보의 흐름을 제공한다. 매초 약 1,100만 비트의 시각/청각/촉각/후각/미각 자극 입력이 우리의 감각으로 들어온다(Zimmermann, 1989). 우리 뇌의 용량은 한정되어 있기에 모든 정보가 세부적으로 처리되고 평가될 수는 없다(Marois & Ivanoff, 2005). 그러나 복잡한 세상에서 성공적으로 협상하고 도전에 적절히 대응하려면, 중요 정보를 신속하게 감지하고 적절한 반응을 준비하는 것이 중요하다. 이러한 기능은 들어오는 정보 스트림을 걸러내고 심층적으로 처리하기 위해 가장 관련성 높은 자극의 부분집합을 선택하는 다중 주의 시스템(multiple attention system)을 통해 이루어진다(Brosch, Pourtois, Sander & Vuilleumier, 2011; Driver, 2001). 주의 선택(attentional selection)은 (예컨대 고강도, 외인성 주의와 같은) 자극의 하층부 특징과 (예컨대 현재 목표나 기대, 내인성 주의와 같은) 관찰자와 관련된 요인 등 여러 가지 요인에 의해 주도될 수 있다. 더 나아가 개인에게 동기를 부여하는 관심사에 대한 어떤 자극의 정서적 관련성은 주의 선택(정서적 주의)에 중요한 요소이다(관련 고찰로는 Vuilleumier & Brosch, 2009 참조).

인간은 '사회적 동물'로서, 본질적으로 복잡하고 정동적으로 충전된 사회적 환경에서 생활하고 활동한다. 대규모 사회 그룹에서 생활하는 것에는 적으로부터의 보호와 다른 사람한테서 배울 기회와 같은 많은 이점이 있지만, 그룹 구성원의 잠재적 공격 및 경

---

1 Tobias Brosch, 제네바 대학교 심리학과 교수. 소비자 의사결정과 지속가능한 행동 연구소를 맡고 있다.

쟁과 같은 위험도 있다(Emery, 2000). 결과적으로 다른 사람과의 상호작용은 우리의 복리와 생존에 깊은 관련이 있다. 사회적 상호작용의 깊은 관련성을 고려할 때, 이러한 상호작용에서 더 잘 협상하는 데 도움이 될 수 있는 사회적 정보의 우선순위를 정하는 것이 적응에 유리하다. 사회적 정보의 중요한 원천 중 하나는 인간의 얼굴이다. 얼굴은 인종/나이/성별 같은 비교적 안정적인 특징뿐만 아니라 어떤 사람의 정서적 상태나 현재의 의도와 같은 다소 더 가변적인 특징에 이르기까지 사회적으로 관련된 아주 다양한 정보를 전달한다(Calder, Rhodes, Johnson & Haxby, 2011).

예컨대 짧은 찡그림이나 미소 등 어떤 사람의 표정 변화로 전달되는 신호는 적대적이거나 우호적인 행동을 예측할 수 있으므로 적절한 반응을 결정하고 준비하는 데 아주 중요하다. 따라서 이러한 신호에 대한 주의 우선순위의 신속한 결정은 적응에 매우 유리할 것이고, 실제로 많은 연구를 통해 얼굴(뿐만 아니라 목소리와 신체)의 사회정동적(socio-affective) 정보에 대해 우선순위가 매겨진 주의 선택이 입증되었다. 우리는 사회적 관계에 있는 타인에게 빠르게 주의를 집중할 수 있을 뿐만 아니라, 타인의 시선에서 나온 정보를 통해 타인의 주의 초점을 추론하고 우리의 주의를 같은 위치로 옮길 수 있다. 이러한 공동 주의(joint attention) 능력 덕분에 사회적 상호작용 동안 외부 자극의 관련성에 대한 정보를 자동으로 공유할 수 있다.

이 장에서 나는 사회적 상호작용 상대의 정서적 상태, 의도, 관심사에 대한 짧은 정동적 신호가 우리의 주의와 지각을 어떻게 조절하는지에 대해 간략히 설명하고, 이것이 집단정서에 어떻게 기여할 수 있는지에 대해 논의할 것이다. 먼저 나는 주의 선택 일반의 기초가 되는 메커니즘에 관한 연구를 요약할 것이다. 그런 다음, 주의와 지각에서 사회정동적 정보의 특별한 역할을 강조할 것이다. 사회적 상호작용과 관련된 두 가지 보완적 신경인지 메커니즘, (1) 사회정동적 정보에 의한 주의 포착(attentional capture)과 (2) 공동 주의, 즉 타인의 시선을 이용해 우리의 주의를 돌리는 것에 초점을 맞출 것이다.

주의 선택의 신경인지 메커니즘

환경에서 중요한 정보를 신속하고 효율적으로 분석하기 위해, 다중 주의 시스템은 들어오는 모든 자극의 부분집합을 선택하여 심층적으로 처리하고 인식 및 행동 통제에 우선적으로 접근하는 역할을 한다(Driver, 2001). 행동 수준에서의 주의 선택은 더 빠른 자극 감지나 대비감도(contrast sensitivity)의 증가와 같은 지각 향상으로 이어진다. 이러한 향상은 신경 수준에서 주목된 자극의 더 강한 신경 표상으로 인한 것이다. 인지심리학/인지신경과학 연구는 서로 다른 기능적 선택 기준과 연관되어 있고, 중첩되면서도 부분적으로 다른 신경 기질(基質)에 의해 구현되는 몇몇 별개의 하위프로세스를 구분해 냈다. 외인성 주의(exogenous attention)는 예컨대 자극의 강도/색상/크기와 같은 감각 입력의 내재적인 물리적 특징에 기초한 주의 우선순위 결정을 의미한다(Egeth & Yantis, 1997). 실험적으로 외인성 주의 선택은 외인성 신호의 패러다임을 이용해 증명될 수 있다(Posner, 1980, 그림 6.1(a)). 여기서 참가자는 이전 외인성 신호(예컨대 밝은 빛의 깜빡임)와 같은 위치나 반대 위치에서 나타나는 표적의 위치를 표시해야 한다.

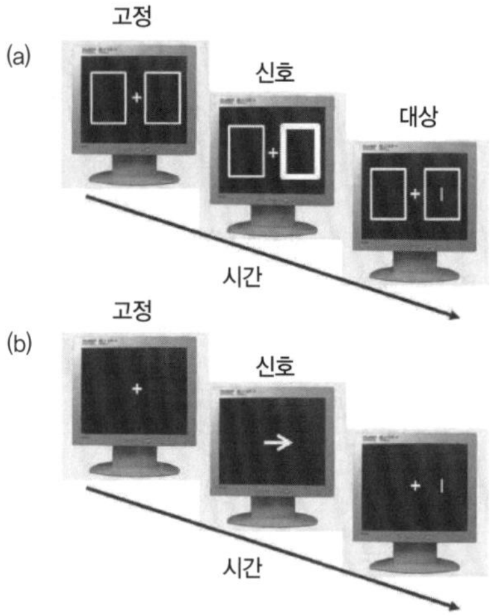

[그림 6.1] 인지적 주의력 연구의 주의력 신호 실례는 (a) 낮은 수준의 자극 강도에 의한 외인성 주의력 포착과 (b) 상징적 화살표 신호에 의한 내인성 주의력의 이동을 보여준다.

참가자는 이전 신호와 같은 위치에 표적이 나타날 때 안정적으로 더 빠른 반응을 보인다. 이러한 반응 속도의 증가는 표적의 위치에 대한 외인성 신호에 의한 주의 포착을 반영하고, 이를 통해 표적을 쉽게 감지할 수 있다. 중요한 것은 신호가 표적의 위치를 예측할 수 없으며, 시도의 50퍼센트에서는 표적이 신호를 대체하고, 50퍼센트에서는 신호가 반대 위치에 나타난다는 것이다. 이는 곧 참가자에게는 전반적 임무 수행에 도움이 되지 않기 때문에 자발적으로 신호에 주의를 기울일 동기가 없음을 뜻한다. 그래서 외인성 주의 포착은 반사적이고 부지불식간에 일어난다. 대조적으로 내인성 주의는 특정한 대상이나 장소에 대한 암시적 혹은 명시적 기대로 인해 일어나는 자발적 과정을 가리킨다(Desimone & Duncan, 1995). 이 과정은 생명체의 현재 행동 목표에 중요한 자극을 선택한다. 예컨대 당신이 자동차 키를 찾아야 한다고 가정해 보자. 그래서 당신은 평소 열쇠를 놓아두는 장소에 의도적으로 주의를 기울이거나 열쇠의 색상 및 크기와 일치하는 모든 사물에 주의를 기울이게 될 것이다. 통제된 실험 환경에서 이러한 형태의 주의 선택은 내인성 신호주기 과제를 이용해 입증될 수 있다(Posner, Snyder & Davidson, 1980; 그림 6.1(b) 참조). 이 과제는 이전에 제시한 외인성 과제와 유사하지만, 한 가지 중요한 차이점이 있다. 이 패러다임에서는 중앙에 제시된 화살표 신호가 다음 표적 자극이 나타날 위치를 가리킨다. 그래서 그 화살표는 참가자에게 공간적 위치에 대한 예상을 창출한다. 화살표로 표시된 위치에 나타나는 표적에 대한 빠른 반응은 자발적 주의 이동을 반영한다. 외인성 유형의 패러다임과 대조적으로, 신호 화살표는 위치를 직접 표시하지 않고 상징적인 것이므로 관찰자가 해석해야 한다는 점에 주목해야 한다. 내인성 주의는 표적 위치를 향할 뿐만 아니라, 모양이나 색상이나 운동 방향과 같은 잠재적 표적 대상의 다른 특징이나 심지어 완전한 대상을 향할 수도 있다(Yantis, 1992). 신경영상 연구에 따르면 내인성 주의와 외인성 주의 시스템은 모두 기본적으로 전두엽-두정엽 피질 신경망과 시상침(pulvinar) 및 상구(superior colliculus)와 같은 피질하 구조와 관련된 것으로 나타났다(Corbetta & Shulman, 2002). 내인성 주의 조절은 주로 두정엽내고랑(intraparietal sulcus: IPS)/전두안영역(frontal eye field: FEF)과 같은 배측 영역의 상호작용을 통해 발휘되고, 주의 초점의 외인성 재조정(reorientation)은 예컨대 우측 복측 전두엽(right ventral frontal) 피질과 측두엽-두정엽 연접부처럼 우반구의 더 많은 복측 영역에 의해 매개된다.

이러한 주의의 하위 구성요소들은 실험적으로나 신경해부학적으로는 구분될 수 있지만, 그것들이 상호배타적이거나 완전히 독립적인 것은 아니다(Yantis & Jonides, 1990). 주의 선택은 항상 하향적 목표와 상향적 하위 자극 속성의 영향을 동시에 받는다(바깥의 시끄러운 소리가 당신의 주의를 끄는 상황에서 당신은 열쇠를 찾고 있다고 상상해 보라). 실험적으로 시각적 탐색 과제는 이렇게 더 현실적인 상황을 모방한다. 여기서 참가자는 다양한 수의 방해 자극을 포함하는 탐색 격자 안에서 표적을 찾는다. 이 과제에서 반응 시간은 특정한 검색 맥락에서 표적이 탐지되는 효율성을 반영한다. 색깔 (예컨대 파란색 막대들 가운데의 빨간색 막대) 같은 단순한 상향적 특징에 의해 정의된 표적은 방해 요소의 수와 상대적으로 무관하게 손쉽게 찾을 수 있어 효율적 병렬 탐색을 나타낸다. 방해 요소를 공유하는 몇몇 특징의 결합으로 정의된 표적은 (예컨대 빨간색 가로 막대들과 파란색 세로 막대들 가운데의 빨간색 세로 막대) 하향적으로 통제된 직렬 탐색 과정을 반영해 더 긴 탐색 시간을 요구한다(Treisman & Gelade, 1980). 주의 깜빡임(attentional blink) 과제에서는 (Raymond, Shapiro & Arnell, 1992), 참가자가 매우 빠르게 주어지는 일련의 자극을 받은 다음, 이 표적 중 하나 이상을 찾아내야 한다. 보통 단일 표적은 정확하게 보고될 수 있지만, 두 표적이 짧은 간격(200-500밀리세컨즈)으로 표시될 때 두 번째 표적을 보고하는 데는 상당한 장애가 발생한다. 이렇게 저하된 성능은 인식에 대한 접근을 제한하는 주의 능력의 한계를 반영하는 것으로 생각된다.

사회정동적 정보에 의한 주의 포착의 메커니즘

이 패러다임들은 처음에는 고도로 통제되고 인공적인 자극을 (예컨대 문자나 화살표) 이용해 서로 다른 주의 시스템의 작동을 설명하기 위해 개발되었지만, 정서적/사회적으로 관련된 정보에 대한 주의 우선순위 결정을 조사하는 것에 빠르게 적용되었다. 예컨대 새로운 유형의 시각적 탐색 과제에서 참가자는 다양한 표정을 가진 얼굴을 탐색하라는 요구를 받았는데, 그들은 중립적 얼굴에 비해 정서적 얼굴을 더 효율적으로 찾아내는 것으로 나타났다(이에 대한 고찰로는 Frischen, Eastwood & Smilek, 2008 참조). 이와 유사하게, 두 번째 표적으로 나타났을 때 중립적 표정보다 더 정확하게 보고된 정서적 표정을 가진 얼굴의 경우, 주의 깜빡임 결핍이 크게 완화되는 것으로 나타났다(Fox, Russo & Georgiou, 2005). 이것은 중요한 사회적 신호가 지각의 시간적 흐름에서 우선적으로 선택되고 인식에 대한 접근을 촉진했다는 것을 나타낸다.

사회정동적 정보가 주의에 미치는 영향의 기초가 되는 심리적 원칙과 신경인지적 메커니즘의 규명에 특히 유용한 과제 중 하나는 점 탐지(dot probe) 과제이다(MacLeod, Mathews & Tata, 1986, 그림 6.2(a) 참조). 이 과제에서 참가자는 동시에 주어진 두 개의 신호 중 하나를 대체하는 표적을 감지해야 한다. 예컨대 이 신호 중 하나는 정서적 표정을 지닌 얼굴이고 다른 하나는 중립적 표정을 지닌 얼굴일 수 있다. 중요한 점은, 신호들이 밝기/대비/색깔과 같은 기본적인 물리적 속성들에서 동일하므로, 관찰된 모든 주의 효과는 낮은 수준의 자극 차이에 기반한 외인성 주의 포착이 아니라 신호들의 정동성에서 기인한 것일 수 있다는 것이다. 외인성 신호의 패러다임에서처럼, 신호는 표적 위치를 예측할 수 없다. 그래서 정서적 표정은 과제와 관련이 없다. 일반적으로 참가자는 중립적 신호보다 정서적 신호를 대체하는 표적에 더 빠른 반응을 보이는데, 이것은 시각적 양상(Brosch, Sander & Scherer, 2007)과 청각적 양상(Bertels, Kolinsky & Morais, 2010) 모두에서 입증되었다. 이러한 효과는 감각 양상 전반에 걸쳐서, 예컨대 청각적 신호에 이은 시각적 표적에 대해서도 작동할 수 있다(Brosch, Grandjean, Sander & Scherer, 2009). 이는 중요한 사회적 정보의 자동적 우선순위 결정은 여러 감각 통로에 걸쳐 초양상적으로 조직된다는 것을 시사한다.

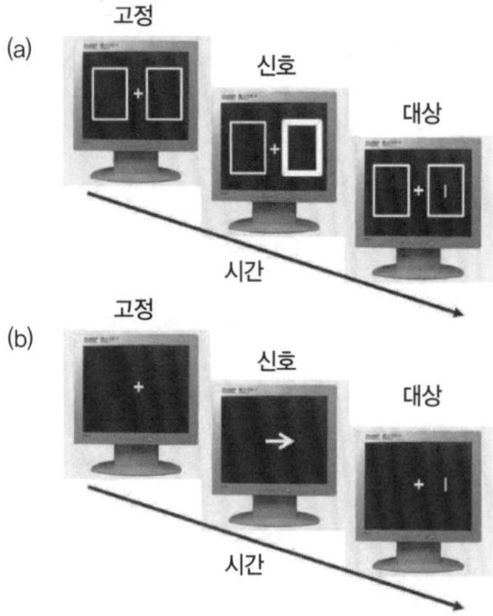

[그림 6.2] (a) 사회정동적 신호에 의한 주의력 포착, (b) 다른 사람의 시선에 기초한 주의력 이동을 보여주는 주의력 신호 패러다임.

정서 정보에 의한 주의 포착을 탐구한 초기 연구의 다수는 예컨대 화난 얼굴이나 뱀이나 거미와 같이 진화를 통해 마련된 잠재적으로 위협적인 ('공포와 관련된') 자극에 대한 주의 우선순위 결정을 돕는 진화된 모듈, 즉 공포 모듈(fear module)이라는 이론적 틀에서 수행되었다(Öhman & Mineka, 2001). 예컨대 점 탐지 과제를 이용한 일부 연구는, 공포와 연관된 (화나고 두려운) 표정과 행복한 표정이 주의 우선순위 결정과 후속 표적 처리에 미치는 영향을 비교한 결과로, 행복한 얼굴이 아니라 공포와 관련된 얼굴에 의한 주의 조절을 보고했다(Mogg & Bradley, 1999; Pourtois, Grandjean, Sander & Vuilleumier, 2004). 이러한 연구 결과 및 기타 연구 결과는 빠른 주의 조정이 공포와 관련된 자극에 국한된다는 이론적 주장을 뒷받침하는 데 이용되었다(Öhman & Mineka, 2001).

우리는 주의 선택의 가장 중요한 결정 요인은 필요/목표/가치에—요컨대 그 생명체의 복리에—대한 자극의 정서적-동기부여적 관련성의 신속한 평가이고, 위협적 자극은 단지 잠재적으로 관련성 있는 자극 집합 중 하나일 뿐이라고 주장하는 대안적 메커니즘을 제안했다(Brosch, Sander, Pourtois & Scherer, 2008). 주의에 대한 관련성 가설은 몇 가지 중요한 이론적 의미를 지닌다. (1) 진화적으로 공포와 관련된 자극의 모듈 특이성 대신, 정서적-동기부여적으로 관련된 수많은 자극의 주의 우선순위를 예측한다. (2) 특정한 종류의 자극을 두려워하는 생물학적 준비성에 기반한 고정된 시스템 대신, 변화하는 맥락과 동기부여를 반영하여 지각자의 필요와 목표가 자주 바뀔 수 있으므로 주의 우선순위 결정이 높은 유연성을 가질 것으로 예측한다.

일련의 연구를 통해 우리는 우리 모형의 두 가지 주요 주장에 대한 경험적 증거를 시험하고 제공했다(Brosch 외, 2007; Brosch 외, 2008; Brosch & Van Bavel, 2012). 우리는 먼저 공포와 관련된 자극뿐만 아니라 긍정적인 사회적 자극도 주의를 통해 우선순위가 결정되는지를 시험했다. 앞서 언급한 것처럼, 이전의 대다수 연구는 위협적 표정과 행복한 표정을 비교했다. 그러나 행복한 표정은 위협과 관련된 표정보다 관찰자와의 직접적 관련성이 더 낮다고 논할 수 있다. 실생활에서, 만약 누군가 당신을 화난 얼굴로 노려본다면, 당신은 다가올 공격을 걱정할 필요가 있다. 만약 누군가 당신을 두려운 얼굴로 쳐다본다면, 당신은 자신의 복리에 영향을 미칠 수 있는 결과를 평가하기 위해 그 공포의 원인을 파악할 필요가 있다. 두 경우 모두에서 당신은 적절한 반응을 준비하기 위해 신속하게 주의를 할당할 필요가 있다. 그러나 친근함에서든 개인적 행복감에서든 누군가 당신에게 미소를 지을 때는 긴급한 반응이 요구되지 않는다. 그 미소는 당신이 긴장을 풀어도 좋음을 의미하는 안전 신호일 수 있다. 그래서 위협적 표정의 반응-요구 특성은 행복한 표정의 특성과는 선험적으로 다르다. 공포 모듈 접근법의 지지자는 위협과 관련된 자극이 오랜 진화의 역사와 중요성 때문에 우선시된다고 제안했다(Öhman & Mineka, 2001). 따라서 그것은 유사한 계통학적 기반을 가진 긍정적인 사회적 자극과 비교되어야 한다. 그래서 우리는 유아 얼굴 사진의 주의 효과를 탐구했다. 유아는 긍정적이고 생물학적으로 관련성이 높은 사회적 자극 집합의 전형적 사례이다. 온기와 돌봄을 제공하는 것과 같은 신생아를 향한 적절한 행동은 종의 생존과 관련되므로, 그들은 (위협이 그러하듯이) 계통발생학에 기반한 반응 준비 자세를 끌어낼 것으로 기대될 수 있다. 실제로 우리의 가설과 일치하게 (그러나 공포 모듈의 이론적 설명과는 일치하지 않게), 유아의 얼굴과 위협적 표정 모두에서 빠른 주의 포착을 관찰했고(Brosch 외, 2007; Brosch 외, 2008), 신경영상 데이터는 동일한 (혹은 매우 유사한) 근원적 선택 메커니즘을 나타냈다.

두 번째 일련의 연구에서는(Brosch & Van Bavel, 2012), 주의 우선순위 결정 메커니즘의 유연성에 관해 탐구했다. 주의에 대한 관련성 가설은 높은 수준의 유연성을 예측한다. 왜냐면 어떤 자극의 관련성은 지각자의 변화하는 동기부여적 사태를 반영하여 자주 바뀔 수 있기 때문이다. 지각의 사회적 관련성을 실험적으로 조작하기 위해, 인간 인지에서 사회적 범주화(social categorization)가 중요한 역할을 한다는 점을 이용했다(예컨대 Brewer, 1988). 사람들을 특정한 사회적 그룹에 배정하는 것은 내집단(in-group) 구성원과 외집단(out-group) 구성원에 대한 평가와 행동의 변화로 이어질 수 있다. 달리 말해서, 표적이 사회적 내집단 구성원이나 외집단 구성원으로 범주화될 때, 그것은 빠르게 정서적 의미를 부여받게 된다. 그래서 우리는 학습 단계에서 개별 얼굴의 사진을 서로 다른 배경색으로 보여주어 내집단(참가자의 대학)이나 외집단(어떤 다른 대학)에 무작위로 배정했고, 그 얼굴을 (이 절의 앞에서 보았던) 점 탐지 과제의 신호로 이용했다. 모든 얼굴은 중립적 표정을 보여주었기에, 사회정동적 관련성은 정서적 표정이 아니라 사회적 그룹 소속의 최근 변화에서 도출되었다. 우리의 연구 결과, 외집단 구성원의 이미지가 빠른 주의 포착을 보여주었다(Brosch & Van Bavel, 2012, 실험 1). 이전 연구는 백인 참가자가 인종적 외집단인 흑인 남성의 사진을 빠르게 향하는 것을 보여주었다(Trawalter, Todd, Baird & Richeson, 2008). 이러한 효과는 공포 모듈의 관점에서 해석되었다. "젊은 흑인 남자는 위협적이고 위험하다는 고정관념이 미국인의 집단 무의식에 아주 강력하고 뿌리 깊게 자리 잡고 있기에, 이제 흑인 남자는 거미나 뱀과 같은 진화된 위협처럼 주의를 포착한다(Trawalter 외, 2008, p.1322). 그러나 우리는 1분간의 매우 짧은 그룹학습 과제로부터 개념적으로 유사한 패턴의 결과를 보여주었다. 그러므로 우리의 연구 결과는 환경의 사회정동적으로 관련된 측면의 선택과 우선순위 결정을 돕는 주의 메커니즘이 위협적 자극에 반응하도록 내장된 것이 아니라 즉각적 동기부여 맥락의 최근 변화에 빠르게 적응한다는 생각을 뒷받침한다.

이러한 연구 결과를 통해 우리는 잠재적인 기본 메커니즘을 제안했다. 사회정동적 정보의 주의 우선순위 결정은 이전 경험의 결과로 인해, 즉 이 경우 어떤 자극과 두드러진 사회적 그룹의 결합으로 인해 부호화된 정동적으로 강렬한 기억 표상의 재활성화에 의해 좌우될 수 있다. 그 자극을 다시 접했을 때, 이 기억 표상은 자극에 대한 빠른 평가를 가능하게 하고 ('평가 지름길[appraisal shortcuts]'; Brosch, Pourtois & Sander, 2010; Fazio, 1986 참조), 이후로도 신속한 주의 과정에 영향을 미칠 수 있다. 이 가설을 평가하기 위해, 두 번째 실험에서 우리는 자극의 사회정동적 관련성에 대한 접근성을 조작했다. 주의 과제에서 우리는 참가자들이 이전 학습 과제에서 부호화했던 사진(친숙한 내집단/외집단)뿐만 아니라, 동일한 배경색으로 표시된 낯선 개인의 사진(낯선 내집단/외집단)을 보여주었다. 우리는 친숙한 얼굴에 대해서는 신속한 주의 포착이 관찰되지만, 더 많은 시간이 걸리는 '온라인' 평가를 요구할 수 있는 낯선 외집단 얼굴에 대해서는 이러한 주의 포착이 관찰되지 않을 것이라는 가설을 세웠다. 실제로 신속하고 반사적인 주의 방향 설정은 친숙한 외집단 얼굴(즉, 학습 단계에서 외집단 구성원으로 부호화되었던 얼굴)에만 나타났다. 이러한 연구 결과는 사회정동적 자극의 신속한 주의 우선순위 결정은 정동적으로 강렬한 기억 흔적의—평가 지름길의—재활성화로 좌우될 수 있다는 우리의 제안과 일치한다(Brosch & Van Bavel, 2012, 실험 2).

종합해 보면, 정서적 표정, 얼굴의 윤곽, 사회적 그룹 정체성과 같이 사회적으로 관련된 수많은 신호에 대해 주의 우선순위 결정이 나타났다. 수렴된 증거에 따르면, 기본 메커니즘은 자극 관련성에 대한 신속한 자동 평가를 기반으로 하며, 잠재적으로 관련성 있는 여러 종류의 사회정동적 자극에 민감하고, 최근의 동기부여적인 우연적 변화에 매우 유연하게 반응한다. 이 매우 신속한 메커니즘은 개인의 수준에서 작동한다. 즉 그것은 한 사람의 주의 초점을 다른 사람에게로 재조정하는 역할을 한다. 그러나 그것은 집단정서를 일으킬 수 있는 대인 의사소통의 필수적 전조 내지는 첫 단계로 개념화될 수 있다. 그것은 자동적 방식으로 개인들 사이의 가장 기초적인 형태의 접촉을 수립한다. 이러한 접촉은 그들의 내적 상태에 대한 (예컨대 정서 전염이나 공감 메커니즘을 통한; 이 책의 Ⅱ-3장 Hess, Houde & Fischer의 글; 이 책의 Ⅱ-1장 Lamm & Silani의 글; 이 책의 Ⅱ-4장 Hatfield, Carpenter & Rapson의 글 참조) 정보뿐만 아니라, 환경 속의 관련 사건에 대한 (예컨대 공동 주의 메커니즘을 통한, "공동 주의: 시선 신호주기의 메커니즘" 참조) 정보의 개인 간 공유를 위해 필요하다.

지금까지 살펴본 행동 연구 결과와 일치하게, 뇌 영상 연구는 일차 시각 피질(primary visual cortex)과 같은 초기 감각 영역뿐만 아니라 대상 및 얼굴 인식과 관련된 상위 영역에서, 중립적 자극에 비해 다양한 사회정동적 자극에 대한 신경 반응이 증가한다는 사실을 일관되게 보여주었다. 방추상(fusiform) 얼굴 영역의 정서적 얼굴, 측두엽 음성 영역의 정서적 음성, 방추상 신체 영역의 정서적 몸동작에 대해 강화된 반응이 관찰되었고, 이것은 특정한 범주의 자극을 처리하는 뇌 영역의 선택적 조정을 시사한다(Vuilleumier & Brosch, 2009). 뇌파를 이용한 연구도 유사한 결과를 얻었다. 그것은 감각과 관련된 초기 과정(자극 시작 후 100밀리세컨즈 이내)과 이러한 자극과 이어지는 자동 각성 및/또는 기억 형성과 관련된 후기 과정을 비롯해 피질의 처리과정의 여러 단계에서 정서적 표현의 조절 효과를 보여주었다(관련 고찰로는 Olofsson, Nordin, Sequeira & Polich, 2008 참조). 그래서 뇌 영상 및 전기생리학적 데이터는 사회정동적으로 관련된 자극이 중립적 자극에 비해 더 강력한 신경 징후로 표상되고, 결과적으로 추가적 인지 처리, 행동 제어 및 인식에 대한 우선적 접근을 통해 이익을 얻을 수 있음을 보여준다.

정서 정보의 우선순위 결정은, 내인성/외인성 주의에 관여하는 전두엽-두정엽 신경망과는 별개로, 전용 신경회로에 의해 주도된다고 제안되었다(Brosch 외, 2011; Vuilleumier, 2005; Vuilleumier & Brosch, 2009). 이 모형에서 편도체(amygdala)는 정서적으로 관련된 정보를 얻기 위한 환경 모니터링에 관여하는 중요한 변연계(limbic) 영역인데(Cunningham & Brosch, 2012; Sander, Grafman & Zalla, 2003), 시각 피질로의 직접적 피드백 투사를 통해 들어오는 감각적 자극의 처리를 조절하고(Amaral, Behniea & Kelly, 2003), 신호를 전두엽-두정엽 주의 영역으로 기울게 하는 중대한 역할을 하는 것으로 생각된다(Pourtois, Thut, Grave de Peralta, Michel & Vuilleumier, 2005). 이러한 제안과 일치하는 몇몇 신경영상 연구는 피질 증가가 편도체 반응과 유의미한 상관관계가 있다고 보고했다. 즉 편도체가 자극에 더 민감할수록, 감각 영역에서 더 많은 조절이 관찰되었다. 편도체에 의한 증진은 감각 피질에 직접적 영향을 미칠 뿐만 아니라, 전두엽-두정엽 내인성 주의 신경망을 자극의 위치로 기울게 하므로, 정서적 신호와 같은 위치에서 발생하는 후속 정보는 향상된 처리 자원의 혜택을 받을 것이다. 정서적 점 탐지에서 기능적 자기공명영상 기록은, 중립적 얼굴보다 두려워하는 얼굴이 표적 앞에 있을 때 두정엽내고랑(IPS)의 더 큰 활성화를 보여주었고, 이것은 향상된 주의 지향과 일치했다(Pourtois, Schwartz, Seghier, Lazeyras & Vuilleumier, 2006). 종합해보면, 신경영상 연구는 사회정동적 자극이 어떻게 자극 자체의 처리를 촉진할 뿐만 아니라 공간에서 주의의 지향과 이동을 담당하는 메커니즘에 영향을 미쳐, 사회정동적 신호와 같은 위치에서 발생하는 후속 정보가 향상된 처리 자원의 혜택을 받게 되는 일련의 독특한 신경 사건을 유발할 수 있는지를 입증했다(또한 Pourtois, Schettino & Vuilleumier, 2013; Vuilleumier & Brosch, 2009 참조).

공동 주의: 시선 신호주기 메커니즘

앞서 살펴본 것처럼, 얼굴은 정체성, 사회적 그룹, 나이, 정서 상태와 같은 다양한 특징에 대한 사회적 정보를 제공하며, 이것은 특히 관련성 높은 사회적 상호작용 상대에게 주의를 집중하는 데 이용될 수 있다. 이와 더불어 시선(eye gaze)에 있는 정보는 다른 사람의 주의 초점을 추론하는 데 이용될 수 있다. 다른 사람이 주목하는 (따라서 관련성 있다고 간주되는) 정보는 우리에게도 관련성이 있을 경우가 흔하므로, 같은 표적에게 우리의 주의를 기울이는 것이 적응에 유리하다. 더 나아가 우리는 다른 사람이 주목 대상의 관련성에 대해 가지고 있을 수 있는 정보(예컨대 호감이나 혐오의 표정으로 나타나는 평가적 정보)를 이용할 수 있고, 이 정보를 이용해 우리 자신의 평가를 인도하고 주목 대상에 대해 더 많은 것을 알 수 있다.

인간은 시선을 통해 정보를 쉽게 전달할 수 있는 능력을 갖추고 있는 듯하다. 흰색 공막에 어두운 동공으로 구성된 인간 눈의 구조는 높은 명암대비를 제공하며, 시선 방향에 대한 정보의 빠른 해독에 용이하다(다른 영장류는 흰색이 아니라 더 어두운 공막을 가지고 있는데, 이것은 시선 방향의 빠른 판독에 훨씬 덜 도움이 된다, Kobayashi & Kohshima, 1997 참조). 그리고 실제로 인간은 시선 방향의 계산을 위해 명암대비 정보와 기하학적 정보를 이용하여 서로 다른 시선 방향을 구별하는 데 특히 정확하다(이에 대한 고찰로는 Frischen, Bayliss & Tipper, 2007 참조). 아주 어릴 때부터, 인간은 눈을 감지하여 제공된 정보를 주의를 집중하는 데 사용할 수 있고, 대상의 이름을 알고 자기 보호자의 마음을 통찰할 수 있다. 예컨대 첫해 동안 유아는 보호자의 머리 회전을 따라가기 시작하고(Scaife & Bruner, 1975), 컴퓨터 화면에 나온 눈의 방향으로 시선을 돌린다(Hood, Willen & Driver, 1998). 그러나 이러한 아주 초기의 시선 신호의 사례는 다른 사람의 의사소통 의도에 대한 실제적 이해가 아니라 눈 움직임의 지각에 대한 반응에 기초한 것으로 보이는 반면, '실제적' 공동 주의는 12~18개월 사이에 발달한다(Brooks & Meltzoff, 2005). 이 기술의 획득은 이후 다른 사회인지적 기능의 빠른 발달의 기초가 될 수 있다. 예컨대 세 살쯤의 아이는 시선 정보를 통해 욕망과 같은 내적 상태를 다른 사람에게 귀속시킬 수 있다(Baron-Cohen, Campbell, Karmiloff-Smith, Grant & Walker, 1995).

시선이 주의에 미치는 영향에 대한 경험적 연구의 대부분은 시선 신호주기 과제를 사용하여 수행되었다(그림 6.2(b) 참조). 이 과제에서 중앙에 제시된 사람은 왼쪽이나 오른쪽으로 바라보고, 그런 다음 표적은 그 사람의 왼쪽 또는 오른쪽에 나타난다. 참가자는 표적을 감지해야 한다. 표적이 시선과 반대 위치에 나타나는 시도에 비해 표적이 시선이 가리키는 위치에 나타나는 시도에서 참가자의 반응은 더 빠르다. 이러한 효과는 시선이 예측적이지 않은 때도, 즉 시선이 50퍼센트의 시도에서만 올바른 쪽을 가리킬 때도 관찰되며(Friesen & Kingstone, 1998), 이것은 시선에 의한 자동적 주의 신호주기와 일치한다. 안구 움직임의 기록에 따르면, 회피된 시선의 관찰은 표적이 나타나기 전에도 신호가 주어진 위치를 향한 안구 움직임을 유발할 수 있는 것으로 나타났다(Mansfield, Farroni & Johnson, 2003). 이것은 관찰된 시선이 관찰자의 유사한 운동 프로그램을 활성화할 수 있음을 나타낸다. 주의 이동의 강도에서 개인 간의 차이가 관찰되었다. 예컨대 자존감이 낮다고 말한 참가자는 높은 자존감을 가진 사람보다 더 큰 시선 신호주기 효과를 보여주는데, 이것은 자존감이 낮은 사람은 자신의 주의를 어떻게 할당해야 할지와 관련해 다른 개인의 시선을 기준으로 삼는 경향이 높음을 나타낸다(Wilkowski, Robinson & Friesen, 2009). 사회적 상호작용 상대는 공통의 관심 지점을 가리키기 위해서뿐만 아니라 관찰자의 주의를 잠재적으로 흥미로운 위치에서 멀어지게 하여 그를 속이기 위해서 자신의 시선을 이용할 수 있다. 시선 신호주기 패러다임의 변형으로, 중앙에 제시된 얼굴에 서로 다른 행동을 보이는 서로 다른 정체를 사용했다. 항상 표적이 나타날 위치를 바라보는 '신뢰할 만한' 얼굴, 표적 위치를 절대 바라보지 않는 '신뢰할 수 없는 얼굴', 그리고 50퍼센트의 시도에서 올바른 위치를 바라보는 '중립적' 얼굴이 사용되었다(Bayliss & Tipper, 2006). 참가자는 과제에 대해 얼마만큼 예측적인가와 상관없이 모든 얼굴의 시선을 따라갔으며, 이것은 시선 신호주기의 강력한 자동성과 일치한다. 그러나 실험 후 참가자는 잘못된 방향을 바라보는 얼굴보다 항상 옳은 방향을 바라보는 얼굴을 더 호감이 가고 신뢰할 만한 것으로 평가했다.

따라서 누군가의 시선을 관찰하는 것은 확실히 자동으로 상응하는 방향으로 주의의 이동을 촉발한다. 또한 시선은 정서적 표정과 상호작용할 수 있는데, 그것은 주목 대상의 관련성에 대한 추가 정보를 반영할 수 있으므로 관찰자의 평가와 행동을 알려주는 데 사용될 수 있다. 예컨대 특정한 위치를 바라보면서 두려워하는 얼굴은 그 위치에 어떤 위협이 있음을 나타낼 수 있다. 이러한 위협은 관찰자에게도 위험할 수 있으므로, 신호를 주는 위치를 향한 주의 이동은 중립적 얼굴로 신호를 주는 위치에 비해 더 높은 우선순위를 가져야 한다(또한 이 책의 Ⅲ-2장 Bruder, Fischer & Manstead의 글 참조). 이러한 상호작용 효과가 그것을 발견하기 위해 시작한 모든 연구에서 관찰되지는 않았지만(관련 고찰로는 Graham & Labar, 2012 참조), 역동적 자극을 이용한 연구는 중립적 얼굴과 비교해 두려워하는 얼굴이 시선 신호주기를 증가시킬 수 있음을 보여주었다(Tipples, 2006; 또한 Putman, Hermans & Van Honk, 2006 참조). 표정을 통해 전달된 정보는 관찰자의 명시적 평가를 알려줄 수도 있다. 참가자가 어떤 대상을 행복한 표정으로 바라보는 사람을 관찰했을 때, 그들은 혐오의 표정으로 바라보는 대상에 비해 그 대상에 더 높은 호감도를 보였다(Bayliss, Frischen, Fenske & Tipper, 2007). 유사한 효과는 사회적 평가에서도 관찰되었다. 여성 참가자는 여성이 웃는 얼굴로 바라보는 남성의 얼굴을 중립적 표정으로 바라보는 남성의 얼굴보다 더 매력적이라고 평가했다. 흥미로운 성별 차이를 드러내면서, 같은 실험에서 남성 참가자는 중립적 표정을 가진 여성의 얼굴이 바라보는 남성의 얼굴을 더 선호했다(Jones, DeBruine, Little, Burriss & Feinberg, 2007).

종합해 보면, 이 연구 결과는 다른 사람의 눈이 주의 시스템에 중요한 신호를 제공한다는 것을 입증한다. 인간은 다른 사람의 시선에서 나온 정보를 이용하여 상호작용 상대의 주의 초점을 추론하고 자동으로 자신의 주의 초점을 같은 위치로 이동한다. 더 나아가 상호작용 상대의 정서적 표현에 반영된, 주목 대상의 관련성에 대한 추가 정보는 환경에 대한 관찰자의 평가를 알아내기 위해 통합될 수 있다.

이 장의 첫 부분에서 설명한 주의 우선순위 결정의 메커니즘과 비교하면, 공동 주의 메커니즘은 훨씬 더 강력한 상호작용적 요소를 가지고 있다. 이 메커니즘을 사용하여 개인은 다른 사람의 주의와 환경에 대한 다른 사람의 지각을 유도할 (혹은 오도할) 수 있으며, 더 나아가 공동으로 주의를 기울이는 대상이나 사람에 대한 다른 사람의 정서적 평가를 알아내고 변경할 수 있다. 그리하여 공동 주의는 관련된 정보에 대한 자동적 공유 메커니즘으로 작용한다. 정서는 개인의 목표/필요/가치와 관련성 있다고 평가되는 사건에 대한 반응으로 정의된다(예컨대 Brosch 외, 2010 참조). 집단정서는 "여러 개인의 목표/필요/가치와 동시에 관련성 있다고 평가되는 사건에 대한 반응"으로 간주될 수 있다. 따라서 공동 주의는 집단정서를 끌어내는 데 필요한 여러 개인의 평가 동기화의 기반이 되는 핵심 메커니즘일 수 있다.

사람 얼굴의 처리를 전담하는 뇌 영역이 많다는 사실은 인간에 대한 이 정보의 중요성을 반영한다. 얼굴 지각은 시각, 변연계, 전전두엽 영역을 비롯한 대규모 분산 체계에 의해 매개된다(Ishai, 2008). 얼굴 처리에 특화된 핵심적 뇌 영역은 하측후두엽이랑(inferior occipital gyrus)과 방추형이랑(fusiform gyrus)에 위치한다. 이 영역에서는 들어오는 시각 정보가 구조적으로 부호화되고 얼굴에 대한 시각과 무관한 모형으로 변환된다(Rotshtein, Henson, Treves, Driver & Dolan, 2005). 상측측두엽고랑(superior temporal sulcus: STS)은 서로 다른 유형의 생물학적 운동의 처리에 관여하므로, 눈의 시선 방향을 해독하는 데 중요한 역할을 한다(Calder 외, 2007). 인간과 원숭이에 관한 연구는 STS가 얼굴 위치와 시선의 특정한 정적 조합뿐만 아니라 서로 다른 시선 방향에 민감한 신경세포를 포함하고 있다는 수렴된 증거를 제공한다(예컨대 시선을 피하는 얼굴의 정면 보기, 관련 고찰로는 Nummenmaa & Calder, 2009 참조).

이를 통해 관찰자는 다양한 시각적 조건에서 어떤 사람의 주의 방향을 추론할 수 있다. 더 나아가 STS는 편도체 및 배측 전두엽-두정엽 주의 시스템처럼 정동과 주의의 처리 과정에 관련된 다른 뇌 영역과도 여러 직접적 연결을 가지고 있다. 편도체는 눈과 시선을 비롯해 정서적/동기부여적으로 관련성 있는 정보의 감지에 관여한다. 편도체 손상이 있는 환자는 시선 방향을 구별하는 데 문제가 있다(Young 외, 1995). 더 나아가 그는 다른 사람의 정서를 인식하는 것에도 결함을 보이는데, 대체로 자신의 주의를 눈으로 향하게 하지 못하기 때문이다(Adolphs 외, 2005). 또한 STS는 배측 전두엽-두정엽 주의 신경망의 한 영역인 IPS와 연결되어 있고(Corbetta & Shulman, 2002), 이러한 연결을 통해 시선 방향에 관한 정보를 주의 시스템에 입력하여 그에 따라 주의가 편향될 수 있다. 시선 신호주기 과제에서 사건관련 전위(event-related potentials: ERP)의 기록은 이러한 변조 속도를 밝혀냈는데, 시선 시작 후 300밀리세컨즈 이내에 시선 신호에 대한 신속한 주의 이동을 보여주었다(Holmes, Mogg, Garcia & Bradley, 2010; Schuller & Rossion, 2001). 최근 신경영상 연구는 또한 시선 신호 처리에서 내측 전전두엽 영역의 관련을 보여준다(Nummenmaa & Calder, 2009). 이러한 영역은 많은 다양한 과제에 걸쳐 다른 사람에게 정신 상태를 귀속시키는 것과 관련이 있다(Van Overwalle, 2009). 다른 사람의 안구 운동의 관찰은 관찰된 움직임과 일치하는 전두엽 안구영역(FEF)에서의 운동 반응을 즉각 유발할 수 있다는 점에서, 거울 신경세포 시스템이 시선 신호주기에서 도움을 준다고 제안되었다—그러나 경험적 연구 결과가 서로 불일치하고, 공동 주의에서 거울 신경세포의 역할은 문헌에서 여전히 논쟁 중이다(관련 논의로는, Frischen 외, 2007 참조). 종합해 보면, 신경영상 연구 결과는 공동 주의가 정동 처리, 주의 선택, 높은 사회적 인지에 관여하는 영역을 비롯해 STS를 중심으로 한 분산 신경망에 의해 구현된다는 것을 시사한다. 초기의 얼굴 처리 과정에서 STS와 편도체의 상호작용은 다른 사람 눈의 신속한 감지와 그의 눈 움직임 및 시선 방향의 분석에 기초가 될 수 있다. 그런 다음 IPS와 같은 전두엽-두정엽 영역과 STS 영역 사이의 연결은 시선 방향에 대한 정보를 주의 시스템에 입력하여 해당 방향으로의 방향 설정을 시작하는 데 사용될 수 있다. 마지막으로, 내측 전전두엽 피질과 같은 정신화 영역의 활성화는 예컨대 관찰된 사람의 목표/의도/선호와 같은 고차원적인 사회적 추론의 관여를 반영할 수 있다.

맺음말

다른 사람의 정서 상태, 관심, 의도를 나타내는 신호는 '사회적 동물'에게 매우 중요하다. 그래서 들어오는 정보 스트림 중에서 사회적으로 관련성 있는 정보의 우선순위를 지정하는 것은 매우 적응력이 높은 것이다.

나는 정서 표현, 얼굴 윤곽, 사회적 그룹 정체성을 비롯한 사회적으로 관련성 있는 수많은 신호에 대한 빠른 주의 우선순위 결정을 입증하는 행동 및 신경연상 연구를 검토했다. 그 결과로 우선시되는 자극에 대한 신경 표상이 더 강력해진다는 것을, 그리고 더 빠른 자극감지나 대비감도의 증가와 같은 지각 기능의 향상을 확인했다. 수렴된 증거에 따르면, 기본 메커니즘은 자극 관련성에 대한 신속한 자동 평가에 기반하고 있으며, 여러 부류의 잠재적으로 관련성 있는 사회정동적 자극에 민감하며, 최근의 동기부여적인 우발적 변화에 매우 유연하게 반응한다. 사회적으로 관련성 있는 정보에 대한 이러한 신속한 주의 우선순위 결정은 개인 간 감각적 접촉을 형성하고, 이러한 접촉은 (예컨대 정서 전염이나 공감을 통한) 내적 정보의 개인 간 공유와 (공동 주의를 통한) 외적 정보의 개인 간 공유에 필수적이므로, 집단정서의 중요한 전조가 된다.

이 장의 두 번째 부분에서, 나는 개인이 다른 사람의 시선에서 나온 정보를 이용하여 그 사람의 주의 초점을 추론하고 같은 위치로 자신의 주의를 옮길 수 있게 해주는 공동 주의 메커니즘에 초점을 맞췄다. 이 메커니즘을 통해 개인은 환경에 대한 다른 사람의 지각을 유도하고 사물이나 사람에 대한 그의 정동적 평가를 수정할 수 있다. 공동 주의는 외부 사건의 관련성에 대한 정보 공유를 가능하게 하므로, 그것은 집단정서 유발의 기초가 될 수 있는 여러 개인의 평가 동기화를 위한 주요 메커니즘이 될 수 있다.

Chapter 3

우리는 우리가 보는 것을 모방하는가, 아니면 우리가 아는 것을 모방하는가?

우르줄라 헤스[1] | 스테파니 하우드[2] | 아그네타 피셔[3]

집단정서는 흔히 화난 얼굴, 당황한 몸짓, 웃음과 같은 공유된 정서적 표현을 통해 확인된다. 비슷한 정서의 표현은 집단정서의 특징으로 보일 수 있다. 하지만 사람들이 어떻게 동시에 같은 정서를 표현하게 되는지는 여전히 의문으로 남아 있다. 군중은 유사한 정서적 방식으로 반응한다. 왜냐면 그들은 예컨대 부당한 대우나 토네이도의 위협 같은 공유된 정서적 사건에 대해 같은 방식으로 반응하기 때문이다. 그러나 동시에 이러한 공유된 반응은 정서의 전염성 때문일 가능성이 높다(LeBon, 1896/1995). 그런데 개인이 유사한 정서를 보이게 하는 과정에 대한 학계의 관심에도 불구하고, 이러한 과정의 특성에 대해서, 그리고 모방/정서 전염/관점 수용(perspective taking)/공감 등의 관련 개념 사이의 차이에 대해서는 여전히 많은 혼란이 있다. 이 장에서 우리는 먼저 모방의 특성을 기술하고, 흔히 그것과 연계되는 관련 과정과 모방을 구분할 것이다. 그런 다음 우리는 모방의 기능을 설명할 것인데, 이는 집단정서의 발생에서 모방이 어떻게 실행되는지를 보여줄 것이다.

---

1 Ursula Hess, 베를린 훔볼트 대학교 심리학과 사회조직심리학 교수.

2 Stephanie Houde, 프로파일링 관측소(ODP) 연구원.

3 Agneta Fischer, 암스테르담 대학교 사회심리학과 교수.

정서 모방의 본질적 특성

모방은 보통 상호작용하는 개인의 표정이나 음성이나 자세를 모방하려는 경향으로 정의된다(Hess, Philippot & Blairy, 1999). 우리는 상호작용하는 개인(예컨대 Hess & Bourgeois, 2010)뿐만 아니라 사진(예컨대 Dimberg, 1982, 1990)이나 영화(예컨대 Hess & Blairy, 2001; van der Schalk 외, 2011)에서 보는 인물도 모방한다. 모방은 성숙한 나이의 사람에게만 국한되지 않고, 태어난 지 몇 시간밖에 안 된 신생아도 혀 내밀기 같은 얼굴표정의 양상을 모방하는 것을 관찰할 수 있다.(Meltzoff & Moore, 1977).

개인은 발 두드리기, 얼굴 만지기(Chartrand & Bargh, 1999), 일반적 신체 자세(Bavelas, Black, Lemery & Mullett, 1986; Bernieri & Rosenthal, 1991) 등과 같은 다양한 행동을 모방한다는 증거가 있다. 중요한 것은 정서적 표현도 모방한다는 점이다(Dimberg, 1982; Hess 외, 1999).

모방을 집단정서를 촉진하는 하나의 가능한 요소로 고려할 때, 다른 사람의 정서적 표현의 모방인 정서 모방(emotional mimicry)과 얼굴 만지기나 발 두드리기와 같은 비정서적 행동의 모방인 행동 모방(behavioral mimicry)을 구분하는 것이 유용하다. 정서적 행동에는 일반적으로 내재적 의미가 있기에 이러한 구분이 유용한 것이다. 정서는 정서를 유발하는 사건에 대한 평가에 기초하며(Scherer, 1987), 이 평가는 정서표현자(emoter)의 선호/가치/동기에 기초한다. 따라서 정서가 관찰될 때 사건에 대한 그 사람의 해석과 행동 의도에 대한 정보가 넌지시 나타난다. 또한 정서 표시는 지배(dominance) 및 친화(affiliation)와 같은 어떤 사람의 성향에 대한 정보도 제공할 수 있다(Hess, Blairy & Kleck, 2000; Knutson, 1996). 대조적으로 발 두드리기나 얼굴 만지기 같은 행동은 일반적으로 표현자의 평가나 의도나 성향에 대한 이러한 정보를 담고 있지 않다.

정서 모방의 첫 번째 본질적 특징은 두 사람이 금세 서로에게 동일한 비언어적 정서 표현을 보여주어, 한쪽의 표정이 다른 한쪽의 표정에 대한 반응이 되는 것이다. 두 사람이 같은 정서 표현을 보여주지만, 이것이 모방의 결과가 아닐 때도 있다. 첫째, 개인들은 동일한 정서가 그들 모두에게 동시에 유발되었기 때문에 동일한 표정을 보인 것일 수 있다. 예컨대 두 사람이 불공정한 사건을 목격하고 둘 다 의로운 분노로 반응할 수 있다. 이러한 형태의 병렬적 정서 유발에서는 그 개인들이 어떤 관점을 공유할 것이다—

그들은 모두 그 사건에 대해 동일한 방식으로 평가하지만, 그들의 정서적 반응은 연결되지 않고 서로를 의식할 필요도 없다.

둘째, 유사한 정서 표현은 사회적 참조(social referencing) 때문일 수도 있다. 이 경우에 관찰된 다른 사람의 정서는 모호한 상황에서 적절한 반응을 위한 신호(cue)로 사용된다(예컨대 Klinnert, Campos, Sorce, Emde & Svejda, 1983; 이 책의 Ⅲ-2장 Bruder, Fischer & Manstead의 글 참조). 결과적으로 정보를 찾는 사람은 '모형(model)'과 동일한 정서를 보일 테지만, 그 결과로 나타나는 정동은 기본적으로 사건에 기반한 것으로, 병렬적 정서 유발로 가장 잘 설명될 수 있다. 요컨대 정서 모방은 병렬적 정서 유발이나 사회적 참조와는 다르다. 왜냐면 후자의 과정들은 다른 사람의 표정에 대한 반응이라기보다는 정서적 사건에 대한 공유된 체험의 직접적 결과이기 때문이다.

마지막으로 얼굴표정은 다른 사람의 표정에 대한 정서적 반응일 수 있다—예컨대 화나 보이는 사람과 마주하는 것은 암시적 모욕으로 인해 짜증과 분노를 유발할 수 있지만, 그 화난 사람이 해를 끼칠 수 있는 위치에 있다면 공포를 유발할 수도 있다. 이러한 반응은 분노에 대한 **반응적**(reactive) 정서라고 부를 수도 있다(또한 Hess & Fischer, 2013 참조). 이 경우에 얼굴 반응은 (분노의 경우처럼) 일치하거나 (공포의 경우처럼) 일치하지 않을 수 있다. 얼굴 반응 사이의 단순한 일치가 모방에 대한 충분한 지표가 아님을 의미하므로, 그것은 모방 자체에 대한 이해에도 함축하는 바가 있다.

헤스와 피셔(Hess & Fischer, 2013)는 정서 모방에 대한 대다수 연구가 비맥락적이며, 반작용적 얼굴 반응과 모방 반응을 구분할 수 없다고 주장한다. 이것은 부분적으로 대다수 연구가 분노 표현과 행복 표현에 집중했기 때문이다. 그 두 정서 표현은 모두 동일한 눈살 찌푸림과 미소를 유발할 수 있는데, 이것은 반응적 정서일 수도 있고 모방 반응일 수도 있다. 아무런 정보 없이 오직 얼굴만 제시한 연구에 근거해서는, 화난 얼굴에 대한 반응으로 눈살을 찌푸리는 것이 모방인지 아니면 단순히 불쾌한 자극으로 유발된 부정적 반응인지, 혹은 미소에 대한 반응으로 미소를 짓는 것이 모방인지 아니면 단순히 유쾌한 자극에 대한 긍정적 반응인지에 대해 결론을 내릴 수 없다. 모방의 마지막 중요한 특징은 관찰자와 표적 사이에 최소한의 유사성이나 친화가 있을 때만 자발적으로 발생한다는 점이다(Bourgeois & Hess, 2008; Likowski, Mühlberger, Seibt, Pauli & Weyers, 2008).

사실 상호작용 상대들이 어떤 형태로든 부정적으로 지각하는 사회적 관계에서는, 모방이 제대로 기능하지 않을 것이다. 우리는 경쟁에서 이긴 경쟁자의 자부심을 모방하지 않으며, 우리의 적이 거미에게 느끼는 공포를 모방하지 않는다. 이것은 사회적 상호작용에서 자발적 모방이 일어나려면, 상호작용 상대들의 친화 목표나 추론된 의도가 최소한 중립적이어야 하며, 되도록 긍정적이어야 한다는 것을 의미한다. 따라서 모방은 주어진 정서 표현의 '맹목적' 모방이 아니라, 상호작용 맥락에 의존하는 사회적 과정이다(Hess & Fischer, 2013 참조).

정서 모방, 정서 전염, 그리고 공감

정서 전염은 아주 흔히 모방과 동일시되는 용어이다. 일부 학자는 모방을 "운동 전염(motor contagion)"이라고 부르기도 한다(예컨대 de Gelder, 2009; Spengler, Brass, Kühn & Schütz-Bosbach, 2010). 해트필드(E. Hatfield)와 동료들은 정서 전염을 다음과 같이 넓게 정의했다. "표정/발성/자세/움직임을 자동으로 모방하거나 다른 사람의 그것들과 동기화시켜, 결과적으로 정서적으로 수렴하는 경향"(Hatfield, Cacioppo & Rapson, 1992, p.153). 그들은 이 과정을 다른 사람의 정서를 '포착'하려는 경향이라고 부르기도 한다. 그래서 해트필드와 동료들은 모방을 그들의 정의에 포함하여 "원시적 정서 전염"이자 다른 사람의 정서를 '포착'하는 경로 중 하나라고 말하기도 한다. 그러나 우리는 전염과 모방을 구분할 것을 제안한다.

모방과 전염을 구분하는 한 가지 방법은 정서 전염은 오직 일치하는 주관적인 정서적 경험만을 가리키지만, 모방은 일치하는 비언어적 표시만을 가리킨다는 것이다. 정서 모방에 관한 많은 연구는 동일한 실험에서 일치하는 주관적 경험에 대한 증거를 발견하지만(예컨대 Hess & Blairy, 2001; Lundqvist, 1995), 이 두 가지가 반드시 함께 일어나는 것은 아니다. 우리는 정서 전염을 개인이 다른 사람의 정서를 포착하게 되는 (반드시 표현적 행동을 수반하지는 않는) 상호작용 과정의 결과를 가리키는 용어로 사용하지만, 정서 모방은 정서 전염으로 이어지는 과정 중 하나일 수 있는 표현적 행동의 모방을 가리킨다.

모방과 전염의 관계에 대한 또 다른 견해는 양자를 동일한 과정의 일부가 아니라 인과적으로 연관된 것으로 간주하여 모방이 전염을 유발한다고 말한다. 립스(T. Lipps, 1907)는 모방이 정서 전염을 통한 타인의 정서 이해에 도움이 된다는 것을 최초로 제안했다. 그는 관찰자가 지각된 행동을 자동으로 모방하고, 이러한 모방이—피드백 과정을 통해—상응하는 상태를 산출한다고 가정했다. 그러면 이 내적 상태는 다른 사람의 상태에 대한 정보를 제공하는 하나의 원천이 될 것이다. 그러므로 이러한 견해는 모방을 공감 정확성 및 정서 전염과 연관시키고, 얼굴에 기초한 정서 인식에 대한 오늘날의 모사주의(simulationist) 설명의 전조가 된다(예컨대 Gallese & Goldman, 1998; Goldman & Sripada, 2005).

정서 전염과 모방은 모두 공감의 형태로 간주되었다(Hoffman, 1984). 공감은 다른 사람들의 정서적 메시지를 이해하고 반응하는 능력으로 정의된다(Decety & Jackson, 2004). 일반적으로 공감은 두 가지 형태로 나뉜다. 인지적 공감(Ickes, 1997)과 정동적 공감(Decety & Jackson, 2004)이다. 인지적 공감은 다른 사람의 느낌을 정확하게 추론하는 능력을 강조한다.

공감의 두 번째 형태인 정동적 공감은 아주 흔히 모방 및 전염과 혼동된다. 정동적 공감은 다른 사람의 정서적 상태의 지각이 지각한 사람에게 일치하는 상태를 발생시키는 과정으로 정의된다(예컨대 de Waal, 2008 참조). 일치하는 상태는 일치하는 표현을 발생시킨다. 또한 거울 신경세포 연구에 의존하는 최근 연구는 모방을 공감 과정의 일부로 강조한다(Decety & Jackson, 2004; Goldman & Sripada, 2005). 실제로 공감에 대한 광범위한 견해에서, 프레스턴과 드 발(Preston & de Waal, 2003)은 정서 전염을 그저 넓은 범주의 공감에 포함되는 현상 중 하나로 간주한다.

공감 연구의 대부분은 공감적 고통(empathic distress)과 그것의 친사회적 행동에 대한 함의에 초점을 두었고, 그래서 공감은 일반적으로 개인적 고통으로 **작동된다**(그리고 개인적 고통을 정서 전염과 동의어로 생각한 사람으로 Preston & de Waal, 2003 참조). 이러한 설명을 통해, 비록 모방은 공감 과정에서 실행될 수 있지만, 그것이 그 자체로 공감의 한 형태는 아니고 일치하는 정서를 요구하지도 않는다는 점이 분명해진다. 예컨대 어떤 사람은 무력한 좌절감에서 울음을 터뜨릴 수 있지만, 공감적 관찰자는 이 사람에게 동정심을 보인다.

요컨대 정동적 공감과 정서 모방은 모두 다른 사람의 정서 포착으로 인도할 수 있는 과정(정서 전염)을 가리킨다. 두 경우 모두에서 한 사람은 다른 사람과 연결되고, 한 사람은 그 사건, 예컨대 어떤 상황의 불공정함이나 위협에 대한 정서적 평가를 공유한다. 더불어 정서적 유대가 더 친밀할수록 더 많은 정서적 공감과 모방으로 이어진다. 따라서 두 과정은 매우 유사하고, 정동적 공감은 흔히 고통받는 사람에게 초점을 두지만 일치하는 정서적 표현을 반드시 수반하지 않는다는 점에 주된 차이가 있다(요약은 표 7.1 참조). 또 하나의 유용한 차이점은 모방(Dimberg, Thunberg & Grunedal, 2002)과 정서 전염(Hatfield, Cacioppo & Rapson, 1992)은 보통 자동적/무의식적이어서, 개인이 자신의 반응을 인식하지 못하지만, 공감하는 개인은 보통 다른 사람을 자신이 경험하는 정서의 원천으로 인식한다는 점이다(Coplan, 2004).

결론적으로 우리는 정서 모방을 한 사람이 친화 관계를 맺은 다른 사람의 비언어적 정서 표현에 대한 의식적 혹은 자동적 모방으로 정의한다. 우리는 정서 전염을 둘 이상의 사람 사이의 일치하는 정서적 반응으로 정의한다.

	유사한 정서 표현	친화 관계	공유된 사건 평가	유사한 주관적 경험
모방	예	예	예	아니오
전염	예	예	예	예
정서적 공감	아니오	예	예	예
사회적 참조	예/아니오[a]	아니오	예	예
반응적 정서	예	예	아니오	예
비슷한 종류의 정서	예	아니오	예	예

a 최초의 반응은 아니오

[표 7.1] 연관된 현상들 사이의 유사점과 차이점.

모방의 기능

친화

라킨, 제프리스, 쳉, 차트랜드(Lakin, Jefferis, Cheng & Chartrand, 2003)는 행동 모방의 기능은 상호작용 상대들 사이의 친화를 통해 사회적 조정(social coordination)을 향상시키는 메커니즘으로 진화해 왔다고 상정한다. 이렇게 모방이 상호작용의 질을 개선한다는 생각은 잘 입증되어 있다(Chartrand & Bargh, 1999; Hess 외, 1999). 그러나 모든 상호작용이 모방을 허용하는 것은 아니다. 왜냐면 모방의 발생은 결정적으로 상황이 친화 의향을 제공하느냐에 달려있기 때문이다. 이것은 언뜻 보기에 모방이 엄밀히 자동적/무의식적 운동 반응이라는 관념(Bourgeois & Hess, 2008; Hess & Bourgeois, 2010)과 대조되는 것처럼 보인다. 이러한 의미에서 모방은 사회적 맥락에 따라 자동적 행동으로 이어지는 여러 사회적 신호와 다르지 않다. 특히 친화 목표의 해석과 관련된 서로 다른 정서적/사회적 신호는 어떤 특정한 맥락에서 모방이 나타날지에 영향을 미친다.

하나의 관련된 신호는 표시되는 정서의 유형이다. 왜냐면 앞서 언급했듯이 서로 다른 얼굴 정서 표현은 서로 다른 정도의 친화를 나타내기 때문이다. 그래서 행복은 더 쉽사리 모방된다. 왜냐면 웃는 사람은 예컨대 분노나 혐오감을 보이는 개인보다 더 친화적으로 보이기 때문이다(Hess, Blairy & Kleck, 2000; Knutson, 1996). 그러므로 행복 표현은 친화 의도를 나타낸다. 반면에 눈살 찌푸림처럼 분노를 나타내는 얼굴 표시는 자신이 다른 사람 분노의 표적이라는 신호로 이해될 가능성이 있으며, 이것은 보통 정서 모방으로 이루어지는 친화 목표를 달성하지 못할 것이다. 이는 쇼핑센터, 상점, 혹은 도서관에서 사람들을 관찰한 힌츠와 톰하브(Hinsz & Tomhave, 1991)의 연구에서 잘 드러나는데, 그들은 미소에는 53퍼센트가 일치하는 표현으로 반응하지만, 눈살 찌푸림에는 오직 7퍼센트만이 일치하는 표현으로 반응한다는 점을 발견했다.

모방에 영향을 줄 수 있는 더 명시적인 사회적 신호는, 예컨대 다른 사람과의 관계가 협력적인지 경쟁적인지(Lanzetta & Englis, 1989; Weyers, Mühlberger, Kund, Hess & Pauli, 2009), 또는 자신이 특정한 그룹 구성원으로서 표현자와 공명하는지(Bourgeois & Hess, 2008)와 같은 맥락적 목표이다. 예컨대 친구와 함께 웃긴 영화를 보고 있을 때, 우리는 같은 영화를 혼자 볼 때보다 더 많이 웃는다(Hess, Kappas & Banse, 1995). 그러나 분노가 공통의 적을 향한 것으로 인식될 때, 모방은 다시 공동의 이해와 친화를 나타낼 수 있다(Bourgeois & Hess, 2008, 연구 1). 대조적으로 경쟁적 혹은 적대적 상호작용에서 얼굴 반응은 다른 사람이 나타내는 정서**와 동조하는** 반응이 아니라 그 정서**에 대응하는** 반응일 가능성이 높다. 이러한 관계는 모방의 감소나 부재를 일으키거나(Lanzetta & Englis, 1989; Weyers 외, 2009), 경쟁자나 싫어하는 외집단 구성원의 고통이나 공포를 보고 미소를 짓는 것처럼, 심지어 관찰된 표정과 일치하지 않는 표정을 유발할 수 있다(Lanzetta & Englis, 1989).

더 일반적으로, 표적에 대한 부정적 태도는 정서 모방을 억제하고 정서적 신호를 적대적인 것으로 해석하는 경향을 증가시킬 수 있다(예컨대 Hutchings & Haddock, 2008). 흥미롭게도 리코프스키, 뮐베르거, 자이브트, 파울리, 와이어스(Likowski, Mühlberger, Seibt, Pauli & Weyers, 2008)는 특정한 인물에 대한 묘사로 태도가 새롭게 형성된 경우에도 이러한 현상이 일어남을 입증했다. 개인 수준에서의 유사점과 비슷하게, 그룹 수준에서의 유사점도 모방을 촉진할 수 있다. 그래서 우리는 개인이 외집단 구성원보다 내집단 구성원의 정서적 반응을 모방할 가능성이 더 높다고 예상한다(Bourgeois & Hess, 2008; van der Schalk 외, 2011). 모방에는 의미가 있고 그것이 친화를 증진할 때만 일어난다는 생각은 반 데르 샬크와 동료들(van der Schalk 외, 2011)이 다양한 얼굴 반응, 특히 외집단의 공포에 대한 반응에서 경멸을 발견했다는 사실로도 뒷받침된다.

결론적으로 모방은 정서적/사회적 맥락에 민감하며, 정서적 신호의 유형, 표적의 정체성, 관찰자의 정서적 상태나 성향, 그리고 관찰자와 표적 사이의 관계와 같은 다양한 맥락적 신호에 의존한다는 충분한 증거가 있다. 이러한 연구 결과로, 정서 모방은 일반적으로 그것이 사회적 유대나 관계를 강화할 때 발생하며, 그 관계가 부정적이거나 우리가 정서적 신호를 자신에게 부정적 결과를 가져올 것으로 평가할 때는 발생하지 않거나 오직 제한적으로만 발생한다는 것이 밝혀졌다. 결과적으로 모방은 인식된 유사성, 호감, 상호작용의 매끄러움, 그리고 친사회적 행동을 증진한다(Hess 외, 1999; Lakin & Chartrand, 2003을 참조). 이것은 특히 관계가 이미 긍정적이거나 적어도 중립적인 경우에 사실일 것으로 보인다(또한 Stel 외, 2010 참조). 따라서 이러한 연구 결과는 사회적 유대를 강화하는 정서 모방의 추정된 기능을 뒷받침하며, 이 기능은 정서 모방을 집단정서를 끌어낼 유망한 메커니즘으로 만든다.

정서 이해

정서 모방의 (전염을 통해 매개된 것이든 그 자체로든) 알려진 두 번째 기능은 정서 이해, 혹은 더 기본적으로는 다른 사람의 정서에 대한 정확한 인식이다. 이러한 발상은 여러 이론가에 의해 제시되었으며(예컨대 Goldman & Sripada, 2005; Lipps, 1907), 우리가 다른 사람의 정서 표현을 볼 때 이것은 어느 정도 자동으로 모방을 불러일으키고, 이 모방이 나중에 신체적 피드백 시스템을 통해 원래 표현을 하나의 정서로 인식하는 데 도움을 준다는 것을 시사한다.

따라서 모방이 금지된 참가자는 짧게 보여준 정서 표현이나 정서 표현의 변화를 인식하는 데 더 느렸다(Niedenthal, Brauer, Halberstadt & Innes-Ker, 2001; Stel & van Knippenberg, 2008). 또한 아바타(avatar)의 미소를 자유롭게 모방할 수 있는 응답자는 모방이 차단된 응답자보다 진짜 미소와 가짜 미소를 구별하는 데 더 뛰어났다(Maringer, Krumhuber, Fischer & Niedenthal, 2011). 반대로 응답자가 자유롭게 모방할 수 있을 때보다 모방이 차단되어 있을 때, 맥락적 신호(이 맥락에서 미소가 적절한가)는 그 미소가 가짜인지 아닌지에 대한 판단에서 더 중요했다.

그러나 모방이 정서 인식에 필수적인 것은 아닌 듯하다. 정서적 얼굴에 대한 얼굴 반응에 관한 연구에서, 블레어리와 동료들(Blairy, Herrera & Hess, 1999; Hess & Blairy, 2001)은 정서 모방과 해독 정확성(decoding accuracy) 사이의 관계에 대해 아무런 증거도 발견하지 못했다. 더 나아가 선천성 양측 안면 마비가 특징인 뫼비우스 증후군(Moebius Syndrome)을 가진 개인에 대한 보가트와 마츠모토의 연구(Bogart & Matsumoto, 2010)에서, 뫼비우스 증후군을 앓는 성인은 표정 인식 과제에서 대조군과 차이가 없는 것으로 나타났다.

이러한 연구들에 따르면, 모방이 정서 표현의 인식에 필요조건이 아닌 것으로 나타난다. 게다가 모방은 사회적 맥락에 따라 달라진다는 사실은 우리가 적의 정서를 모방하지 않는다는 것을 시사하지만—우리가 다른 사람의 적대적 정서를 인식하지 못하게 하는 시스템은 장기적으로 비생산적일 수 있다. 하지만 모방의 역할에 대한 이러한 제한이 모방이 인식 과정을 촉진하고, 그리하여 빠른 인식 과정이나(또한 Stel & van

Knippenberg, 2008 참조) 애매한 정서 신호의 인식에서 특히 유용할 가능성을 배제하지는 않는다. 더불어 얼굴에 대한 여러 유형의 판단을 비교하는 연구에서, 모방은 예컨대 참가자에게 정서적 얼굴에 대한 색상 판단이 아니라 특별히 정서적 판단을 하도록 요구할 때 자발적으로 발생한다(Cannon, Hayes & Tipper, 2009). 전반적으로 개인은 그가 다른 개인의 정서적 상태를 이해하려고 시도하는 맥락에서 모방을 한다는 결론을 내릴 수 있다. 그러나 모방에 장애가 있거나 실험적으로 방해를 받은 경우에도, 우리는 여전히 정서를 인식할 수 있다(연관된 발상으로는 Niedenthal, Mermillod, Maringer & Hess, 2010 참조).

모사의 서로 다른 형태로서 모방과 전염

모방과 전염이 모두 개인이 다른 사람을 이해하려는 동기가 있는 맥락에서 발생하는 경향이 있다는 발상은 우리가 정서 모사를 통해 정서의 의미와 이해를 구한다는 일부 모사주의 설명(Niedenthal, 2007)과 일치한다. 이 장의 앞부분에서 살펴본 연구에 따르면, 모방은 정서 인식에 필수적인 것은 아니지만 때로는 인식을 촉진하는 것으로 나타난다. 인용된 연구에 따르면, 정서 인식을 촉진하는 효과를 가진 것은 모방 자체가 아니라 정서 전염(흔히 모방에 동반되는 정서 전염, Hess & Blairy, 2001; Lundqvist, 1995 참조)일 수도 있는 듯하다. 그래서 다른 사람이 느끼는 바를 이해하려 할 때, 우리는 (암묵적으로) 그 정서적 경험을 재연하거나 모사할 수 있다. 이러한 가정을 뒷받침하는 한 연구에 따르면, 정서나 기분의 일치가 정서 인식을 촉진하는 것으로 밝혀졌다(예컨대 Terwot, Kremer & Stegge, 1991 참조).

정서적 경험을 인식하고 이해하려 할 때 모방과 전염이 독립적으로 작동할 수 있다는 발상은 명시적 운동 행동의 필요성을 배제하는 모사주의 설명과 일치한다(Goldman & Sripada, 2005 참조). 대신 이러한 설명이 주장하는 바에 따르면, 거울 신경세포의 역할은 관찰자가 관찰된 움직임을 '모방(as if)' 고리와 같은 방식으로 자신의 운동 목록과 일치할 수 있게 하며, 이러한 고리는 명시적 운동 행동으로 이어지지는 않고 오직 관련된 운동 신경세포로부터 원심성 사본(efferent copies)을 보내는 것에만 관여한다.

또한 정서 표시가 명확히 관찰될 수 없지만 관찰자가 (예컨대 구두 설명을 통해) 다른 사람이 경험한 바를 알고 있는 경우, 그 혹은 그녀는 이 사람이 느끼는 바를 상상하여 그 다른 사람의 정서 상태를 모사하려고 시도할 수도 있다. 또는 그 상황이나 사람에 대한 맥락적 지식은 다른 사람의 관점을 취하고 정서를 모사하는 데 사용될 수 있다(Kirouac & Hess, 1999).

마지막으로 정서 표시는 자발적으로 관점 수용으로 이어질 수 있다. 이 경로는 호크, 피셔, 반 클리프의 최근 연구(Hawk, Fischer & van Kleef, 2011)에서 잘 설명되어 있다. 이 연구는 당황한 사람을 바라보는 것이 관찰자에게 관점 수용을 유발할 수 있음을 보여주었다. 그러나 동시에 이러한 당황 표현은 모방을 불러일으킬 수도 있다. 이러한 노선의 추론에 따르면, 정서 모방/정서 전염/관점 수용은 모두 다른 사람의 정서 상태를 재연하는 모사의 서로 다른 형태일 수 있다. 이러한 재연은 다른 사람의 정서적 상태를 이해하는 데 도움이 될 수 있다.

의사소통 행위로서의 모방

요컨대 모방의 두 가지 서로 다른 기능이 제안되었다. 사회적 유대를 강화하는 것과 정서 이해를 향상시키는 것. 정서 모방이 실제로 다른 사람의 호감도를 높일 수 있음을 보여주는, 첫 번째 기능에 대한 아주 좋은 증거가 있다. 비록 우리는 정서 모방이 정서 인식을 위한 필수적 요건이 아니라는 것을 보여주었지만, 두 번째 기능에 대해서도 적격인 증거가 있다. 그럼에도 불구하고 정서 전염과 관점 수용뿐만 아니라 모방은 다른 정서적 상태를 모사하여 다른 사람을 더 잘 이해할 수 있게 해주는 과정 중 하나일 수 있다.

헤스와 피셔(Hess & Fischer, 2012)는 최근 모방이 우리와 다른 사람의 관계를 조절하는 기능을 한다고 제안했다. 그렇다면 흉내를 덜 내는 것은 거리를 두기 위한 수단이다. 이것은 예컨대 어떤 직업 환경에서는 때로는 의식적 결정일 수 있지만, 자동적 반응의 일부일 가능성이 더 높다. 그래서 정서 모방은 사회적 조절 장치로 기능한다. 다른 사람을 정서적으로 모방하는 것은 사회적 온기를 창출할 수도 있지만, 우리가 모방하지 않을 때는 사회적 냉기가 창출될 수도 있다. 그래서 정서 모방은 상호작용 목표와 그 상황의 사회적 행동 유도성(affordances)의 함수이다.

그러나 이것은 여전히 우리가 이러한 목표를 달성하기 위해 다른 사람을 모방하는 이유에 대한 물음을 제기한다. 우리는 모방이 실제로 모방이라기보다는 다른 사람의 느낌에 대해 우리가 아는 것을 모사하는 것에 더 가깝다고 제안한다. 즉 모방은 우리가 다른 사람에게 그가 어떻게 느끼는지를 알고 있다고 말해주는 의사소통 신호이다. 이러한 생각은 "내가 너에게 네가 어떻게 느끼는지를 보여주겠다: 의사소통 행위로서의 모방"이라는 적절한 제목을 가진 논문(1986)에서 바벨라스(A. Bavelas)와 동료들이 처음으로 제안한 것이다. 그러나 이러한 발상은 모방 연구에서 별로 반향을 일으키지 못했다.

실제로 정서 모방이 기본적으로 의사소통 신호로 이용된다면, 얼굴 반응은 어떤 얼굴표정이 실제로 관찰되는 상황에 국한될 필요가 없다. 필요한 것은 어떤 사람이 특정한 정서를 느낀다는 지식일 뿐이다. 얼굴 모방을 보여주기 위해 어떤 정서를 실제로 시각적으로 인식할 필요가 없다는 증거는 교차식(cross-modal) 모방에서 나온다. 여기서 얼굴표정은 음성 자극에 대한 반응으로 나타난다(Hawk, Fischer & Van Kleef, 2012; Verona, Patrick, Curtin, Bradley & Lang, 2004). 그러나 정서적 음향과 정서 단어는 (Velten, 1968) 모두 정서 상태에 의해 유발될 수 있다. 그래서 정서 유도(emotion induction)는 일치하는 얼굴표정을 유발할 수 있다. 그러므로 우리는 얼굴 모방이 정서 지식(emotion knowledge), 즉 어떤 사람이 정서적 상태를 경험한다는 언어적 정보에 의해 유발될 수 있는지, 그리고 이러한 모방이 어떤 정서가 유발되지 않은 상태에서도 발생하는지를 평가하는 연구를 수행했다.

우리는 다른 사람의 정서에 대해 우리가 아는 것을 모방하는가?

60명의 여성에게 남성과 여성의 중립적 표정을 보여주었고, 그들 각자에게 이 표적 사람이 어떤 정서(분노, 슬픔, 혹은 행복)를 경험했는지를 말해주었다. 참가자의 과제는 단지 보여준 이 정서의 강도를 표시하는 것이었다. 참가자의 정서 상태를 평가하기 위해, 그들에게 '웰빙' 설문지를 이용해 각 유형의 표정에 대해 그들의 현재 정서 상태를 보고하도록 한 번씩 요청했다. 대다수 척도는 실험 상황에서 일어날 수 있는 신체적 증상(즉 근육 긴장, 안구 건조)과 관련되어 있었다. 정서 상태를 눈에 띄지 않게 측정하기 위해 설계된 네 가지 항목은 다음과 같다. 좋은 느낌, 짜증 나는 느낌, 공격적 느낌, 우울한 느낌. 분류는 거기서 사용된 것과 같은 용어를 사용하지 않고 자극자의 정서를 설명하기 위해 사용된 분류의 정서적 내용에 일치시켰다. 참가자는 일반적으로 그 척도가 스트레스를 평가하는 데 도움이 된다고 보고했고, 정서 상태가 평가되고 있다는 것을 인식하지 못했다. 분석을 위해 기준치와의 차이 점수가 계산되었다.

참가자는 실험에서 기분 좋은 느낌이 기준치보다 전반적으로 약간 감소했다고 보고했을 뿐이다. 정서 라벨의 기능에 따라 어떤 정서에 대해서도 유의미한 차이가 나타나지 않았다. 즉 참가자가 본 사람이 행복하거나 화나거나 슬프다는 말을 들어도 그들에게는 상응하는 정서를 불러일으키지 못했다. 그런데도 그들은 모방을 나타냈을까?

얼굴 모방은 눈썹주름근(Corrugator Supercilii), 눈둘레근(Orbicularis Oculi), 큰광대근(Zygomaticus Major) 부위에 안면 근전도(electromyography: EMG)를 사용해 측정되었다. 전극 배치는 프리드룬드와 카시오포(Fridlund & Cacioppo, 1986)를 따라 선택되었다. 눈썹주름근은 얼굴을 찌푸릴 때 눈썹을 함께 당기고, 눈둘레근은 눈 주변에 꼬리 주름(crow-feet wrinkles)을 만들고, 큰광대근은 미소를 지을 때 입술을 위로 당기는 근육이다. 분노와 슬픔의 얼굴표정은 눈썹주름근의 활동 증가와 눈둘레근 및 큰광대근의 이완을 특징으로 하지만, 행복한 표정은 그 반대 패턴을 특징으로 한다. 그러므로 참가자가 분노나 슬픔이나 행복의 표현에 해당하는 근육 활성화 패턴을 보이는지를 평가하기 위해, 한편으로 눈썹주름근의 활성화와 다른 한편으로 눈둘레근 및 큰광대근의 활성화를 비교하는 대조실험이 실시되었다. 자극 제시 직전의 기준 기간과의 차이를 분석하기 위해 EMG 측정값을 피험자 내 z-변환한(z-transformed) 결과, 그 측정값은 정상적으로 분포되지 않았고, 앞서 설명한 대조실험에 기초한 모방 지수는 자극이 제시되는 4초마다 개별적으로 계산되었다(그림 7.1 참조).

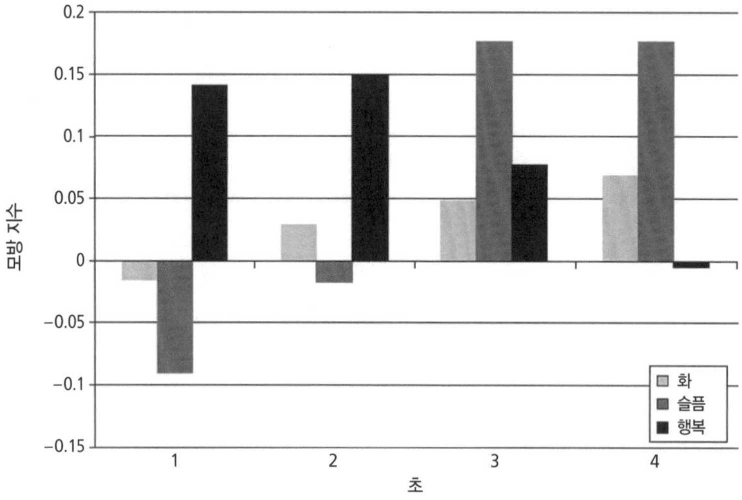

[그림 7.1] 정서 라벨과 시간의 함수로서의 평균 모방 지수

분노에 대해서는 유의미한 모방 패턴이 나타나지 않았다. 이러한 결과는, 만약 모방이 친화를 촉진하는 역할을 한다면, 우리가 반드시 적대적 표정의 모방을 기대할 필요는 없다는 생각과 일치한다. 행복과 슬픔의 경우, 모방 지수는 단일표본 t-테스트(t-test)에서 0과 유의미한 차이가 있었다. 행복의 경우 처음 2초 동안은 각각 $t(59)=2.22$, $p=0.030$과 $t(59)=3.10$, $p=0.003$으로, 슬픔의 경우 마지막 2초 동안은 각각 $t(59)=3.50$, $p=0.0001$과 $t(59)=3.35$, $p=0.001$로 나타났다. 따라서 어떤 사람이 행복하다는 정보에 대한 반응은 그 사람이 슬프다는 정보에 대한 반응보다 더 짧았다. 이 차이는 기본적 정서 표현의 표상이 정적 속성뿐만 아니라 동적 속성에 관한 정보를 부호화한다는 관찰과 관련될 수 있으며, 슬픔이 전반적으로 느린 동적 속성을 가진다는 것을 시사한다(Kamachi 외, 2001).

요컨대 이러한 데이터는 누군가 슬프거나 행복하다는 것을 아는 개인은, 얼굴 운동이 없는 경우에도, 그들이 받은 정보와 일치하는 얼굴 운동을 보인다는 것을 알려준다. 참가자는 일치하는 정서 상태를 경험했다고 보고하지도 않았고, 그들이 평가한 얼굴이 식별할 수 있는 표정을 나타내지도 않았다. 그래서 이러한 얼굴 반응은 라벨에 의해 유도된 정서 상태의 기능이 아니며, 지각된 표정에 대한 자동적 반응도 아니다.

그러나 대조군 조건에서 60명의 여성이 동일한 일반적 과제를 수행했고, 그들에게 사진 속 인물은 세 가지 특성(주저함, 성실함, 평온함) 중 하나를 가지고 있다고 말해 주고, 이러한 라벨이 자신과 얼마만큼 일치하는지를 평가하도록 요청했다. 표정 반응의 조짐은 전혀 나타나지 않았다. 즉 사람들은 일반적으로 어떤 사람의 성향을 평가할 때 얼굴로 반응하지 않는다. 그래서 이 데이터는 참가자가 다른 사람의 정서 상태를 이해한다는 신호를 보냈다는 설명에 가장 잘 부합하고, 모방은 이해를 향상시키는 역할을 한다는 생각을 뒷받침한다.

맺음말

우리는 검토된 증거를 바탕으로 모방이 기본적으로 사회적 친화를 조절하는 기능을 한다고 제안한다. 다른 사람을 정서적으로 모방하는 것은 사회적 온기를 낳을 수 있고, 그렇게 하지 않는 것은 사회적 냉기를 낳을 수 있다. 따라서 모방은 의사소통 행위이며, 그것은 그가 어떻게 느끼는지 우리가 안다는 것을 다른 사람에게 전달한다. 이러한 의미에서 모방은 더 넓은 맥락의 정동적 공감에서 어떤 기능을 수행한다고 말할 수 있다. 모방은 친화적 의도와 사회적 승인 모두의 신호를 보내는 만큼(Yabar & Hess, 2007), 그것은 상호작용 상대들 사이 애초의 친화적 관계 내지는 적어도 적대적 상태의 부재를 요구하는 과정이다. 모방은 사람들을 하나로 묶는 '사회적 접착제'의 한 형태일 수 있지만(Lakin 외, 2003) 초강력 접착제는 아니며, 정서 모방은 오직 관계 표면이 너무 거칠지 않은 경우에만 작용한다.

그러므로 우리는 모방이 집단정서 구성에 중요한 역할을 할 수 있다고 생각한다. 집단정서는 어떤 그룹의 사람들이 정서적 관점을 (예컨대 불에 대한 공포) 공유하거나 집단적인 정서적 목표를 (예컨대 저항하는 것) 가진 경우에 일어나므로, 모방에 필요한 모든 요건이 갖춰져 있다. 개인 간 친화 관계는 모방의 가능성을 높이고, 더 구체적으로 말해서, 내집단 구성원은 외집단 구성원보다 더 서로를 모방한다는 증거가 있다. 더 나아가 집단의 일부 개인이 아무런 구체적 정서를 보이지 않더라도, 상황 정보가 있는 경우 그들의 얼굴은 여전히 정서적인 것으로 해석될 수 있고, 그래서 정서의 집단성을 강화할 수 있다. 따라서 얼굴 모방은 집단정서를 일으키고 강화할 수 있는 과정 중 하나로 생각될 수 있다.

감사의 말

이 글은 네덜란드 국립과학재단(NWO)에서 받은 방문학자 연구지원금과 우르줄라 헤스가 호주 연구위원회에서 받은 연구지원금(LX0990031)의 도움을 받아 마련되었다.

Chapter

4

집단정서의 전조로서의 정서 전염

일레인 해트필드[1] | 메건 카펜터[2] | 리처드 랩슨[3]

관념, 감정, 정서, 믿음은 군중 속에서 세균만큼 강한 전염력을 가진다.
— 귀스타브 르 봉(Gustave Le Bon; 1896, p.127)

다양한 분야의—신경과학, 생물학, 사회심리학, 사회학, 전생애 심리학(life-span psychology)—학자가 원초적 정서 전염이 인간의 인지/정서/행동을 이해하는 데 매우 중요하다고 제안했다. 원초적 정서 전염은 인간 상호작용의 기본 구성요소로서, "마음 읽기(mind-reading)"를 돕고, 다른 사람의 정서 "속에 자신이 들어간 것처럼 느낌(feel themselves into)"으로써 사람들이 다른 사람의 느낌을 이해하고 공유할 수 있게 해준다(Ramachandran, 2011). 이 장에서 우리는 전염으로 인한 (좋은 결과든 나쁜 결과든) 많은 결과의 근간이 되는 이론적 토대를 제공한다고 생각되는 정서 전염 이론에 대해 논할 것이다. 우리는 무도광(dance mania)과 집단 히스테리 같은 집단정서에 대해 역사가가 발견한 바, 극지 히스테리(arctic hysteria)와 모방 전염에 대해 문화 심리학자와 인류학자가 알아낸 바, '신비한' 전염병에 대해 사회학자들이 알아낸바, 행복/불안/우울/고독 같은 정서의 확산에 대해 현대의 전염병학자가 알아낸바를 논할 것이다. 그들은 이러한 정서들이 가장 치명적인 전염병만큼 전염성이 강하다는 결론을 내렸다.

---

1 Elaine Hatfield, 하와이 대학교 심리학과 교수.

2 Megan Carpenter, 푸젯 사운드 대학교 심리학과 방문교수.

3 Richard L. Rapson, 하와이 대학교 미국학 명예교수.

이론적 개요

정서 전염은 사회적/심리생리적/행동적 현상들의 상호연관된 그룹화로 가장 잘 개념화된다. 정서를 구성하는 것이 무엇인가에 대해 이론가들의 의견은 서로 다르다. 그러나 대다수 이론가는 정서 '패키지(packages)'가 의식적 인식, 얼굴/음성/자세를 통한 표현, 신경생리학적 활동과 자율신경계 활동, 도구적 행동 등을 포함하는 다양한 구성요소로 이루어진다는 점에 동의할 것이다. 뇌의 여러 부분은 정서의 다양한 측면을 처리할 수 있다. 그러나 뇌는 그것이 받은 정서 정보를 통합하기에, 각 정서 구성요소는 다른 구성요소에 영향을 미치고 영향을 받는다(이 요점에 대한 논의로 Hatfield, Cacioppo & Rapson, 1994 참조).

이론가들은 정서 전염을 어떻게 정의했을까? 해트필드, 랩슨, 레(Hatfield, Rapson & Le, 2009, p.19-20)는 원초적 정서 전염을 다음과 같이 정의한다. "다른 사람의 표정, 발성, 자세, 동작을 자동으로 모방하고 그것들과 동기화시켜, 결과적으로 정서적으로 수렴하려는 경향이다." 학자들은 종종 정서 전염 척도를 통해, 혹은 사람들이 다른 사람의 얼굴/음성/자세 표현을 모방하거나 다른 사람의 정서를 공유하게 되는 정도를 평가함으로써, '정서 전염'을 측정해 왔다. 정서 전염 척도는 기쁨과 행복, 사랑, 공포와 불안, 분노, 슬픔과 우울 등의 기본 정서뿐만 아니라 정서 일반을 '포착하는' 사람들의 감수성을 평가하기 위해 고안되었다(Doherty, 1997; Hatfield 외, 1994 참조).

정서 전염의 가능한 메커니즘

이론적으로 정서는 여러 가지 방식으로 '포착될' 수 있다. 초기 연구자는 의식적 추론/분석/상상이 그 현상을 설명한다고 제안했다(Smith, 1759/1966). 그러나 원초적 정서 전염은 이러한 초기 이론가가 가정했던 것보다 훨씬 더 미묘하고 자동적이고 어디에나 있는 과정처럼 보인다. 다음의 명제를 뒷받침하는 상당한 증거가 있다(또한 Hatfield, Cacioppo & Rapson, 1994 참조).[4]

---

4 이 논문은 Hatfield, Walster & Berscheid, 1978과 Hatfield & Rapson, 2004의 초기 이론에 기초하고 있다. 최신의 증거를 제공하고 히스테리 전염에 대한 최근 연구 및 의료 문제의 전염과 전파의 증거와 연관시켜 논의를 발전시킨다.

명제 1: 모방

대화와 대면 상호작용에서, 사람들은 다른 사람의 표정, 음성, 자세, 움직임, 도구적 행동을 자동적이고 지속적으로 모방하고 그것들과 자신들의 움직임을 동기화한다.

얼굴 모방

사람들의 얼굴이 흔히 주변 사람들의 표정을 반영한다는 사실은 잘 알려져 있다(Hatfield 외, 1994; 이 책의 Ⅱ-3장 Hess, Houde & Fischer의 글). 예컨대 신경과학자와 사회심리생리학자는 사람들의 (기능적 자기공명영상 기술로 측정된; Rizzolatti & Craighero, 2004; Wild, Erb, Eyb, Bartels & Grodd, 2003) 인지 반응과 (근전도[EMG] 절차로 측정된) 얼굴표정은 그들이 관찰한 사람들의 정서 표현에서 미묘한 시시각각의 변화를 반영하는 경향이 있음을 발견했다.

이러한 운동 모방은 흔히 매우 빠르고 미묘하기에, 그것은 관찰 가능한 얼굴표정의 변화를 산출하지 않는다(이 연구에 대한 요약으로 Hatfield 외, 2009; Lundqvist, 1995 참조). 사토, 후지무라, 스즈키(Sato, Fujimura & Suzuki, 2008)는 일본 대학생을 대상으로 행복한 표정이나 화난 표정을 보이는 표적 인물의 영상이나 사진을 관찰했을 때의 얼굴 EMG 활동을 연구했다. 그들은 표적의 행복한 혹은 화난 얼굴이 매우 다른 EMG 반응 패턴을 일으킨다는 점을 발견했다. 행복한 표정을 관찰할 때는, 참가자의 큰광대(볼)근 부위의 근육 활동이 증가하는 것으로 나타났다. 화난 표정을 관찰할 때는, 그들의 눈썹주름근 부위의 근육 활동이 증가하는 것으로 나타났다. 이러한 효과는 학생이 정적 표정을 관찰할 때보다는 동적 표정을 관찰할 때 더 강했다. 많은 연구를 통해 유아(Meltzoff & Prinz, 2002), 어린이, 청소년, 성인은 자동으로 다른 사람의 정서적 표정을 모방한다는 사실이 입증되었다(이 연구에 대한 검토로는 Hatfield 외, 1994; Hurley & Chater, 2005; Lundqvist, 1995 참조). 사람들이 다른 사람의 정서 표현을 모방할 (혹은 모방하지 않을) 가능성을 형성하는 요인에 대한 검토로는 다음을 참조할 수 있다(Hess & Blair, 2001; Hess & Bourgeois, 2006; 이 책의 Ⅱ-3장 참조).

음성 모방

사람들은 또한 음성 발화를 모방하고 동기화하는 것으로 나타났다. 보통 사람마다 선호하는 상호작용 박자가 서로 다르다. 그러나 상호작용할 때 사람들의 말하기 주기는 서로 비슷해지는 경우가 종종 있다. 통제된 인터뷰 환경의 연구로부터, 발화 속도, 발화 지속시간, 그리고 응답 지연시간에서 화자 사이의 영향력을 뒷받침하는 많은 증거가 나와 있다(Cappella & Planalp, 1981; Chapple, 1982 참조).

자세 모방

개인들은 또한 그들의 자세와 움직임을 모방하고 동기화하는 것으로 밝혀졌다(Bernieri, Davis, Knee & Rosenthal, 1991). 우리는 아마 **의식적**으로는 다른 사람을 아주 효과적으로 모방할 수 없다. 그 과정이 너무 복잡하고 너무 빠르기 때문이다. 예컨대 무하마드 알리 같은 세계 챔피언 권투선수도 신호등을 감지하고 이에 반응해 펀치를 날리는 데 약 230밀리세컨즈가 걸린다. 하지만 콘돈과 오그스턴(Condon & Ogston, 1996)은 대학생들은 21밀리세컨즈 (1 픽쳐 프레임의 시간) 안에 그들의 움직임을 동기화할 수 있음을 발견했다. 데이비스(Davis, 1985)의 주장에 따르면, 미세동기화(microsynchrony)는 신경축의 여러 수준에서 뇌 구조에 의해 매개된다. 그것은 "당신이 가지고 있거나 그렇지 않은 것이지, 누구도 그것을 의도적으로 '할' 방법은 없다"(p.69)고 논한다. 그가 추측하기로는, 의식적으로 다른 사람을 모방하려는 사람은 가짜로 보일 수밖에 없다.

요컨대 사람들은 주변 사람의 얼굴/발성/자세/움직임을 자동으로 모방하거나 자신의 그것들을 주변 사람들과 동기화시킬 수 있다는 상당한 증거가 있다. 그들은 순식간에 수많은 정서적 특징을 자동으로 모방하고 동기화하면서 이것을 빠르게 수행한다(이 연구에 대한 논의로는 Hatfield 외, 1994; 이 책의 Ⅱ-3장 Hess 등의 글 참조).

명제 2: 피드백

사람들의 정서적 경험은 매 순간 얼굴, 음성, 자세, 움직임 모방의 활성화 및/또는 피드백에 의해 영향을 받는다.

해트필드와 그녀의 동료들에 따르면(Hatfield 외, 1994), 사람들의 정서적 경험은 다음과 같은 요인에 의해 영향을 받을 수 있다. (1) 애초에 모방/동기화를 지시하는 중추신경계, (2) 얼굴/언어/자세 모방의 구심성 피드백(afferent feedback), 혹은 (3) 개인이 자신의 표현 행동에 기초하여 자신의 정서 상태를 추론할 수 있는 의식적 자기지각(self-perception). 신경축의 여러 수준에 걸쳐 있는 기능적 중복성을 감안할 때, 이 세 가지 과정은 모두 정서 경험이 얼굴/음성/자세의 모방/동기화 및 표현을 통해 형성되도록 작동할 수 있다. 이 문헌에 대한 최근 논평은 정서가 어느 정도 얼굴/음성/자세 피드백을 통해 조절된다는 데 동의하는 경향을 보인다.

얼굴 피드백

다윈(Darwin, 1872/2005)은 사람들의 정서는 얼굴 근육의 피드백에 엄청난 영향을 받는다고 주장했다.

> 외적 신호를 통한 정서의 자유로운 표현은 그것을 강화한다. 반면에 가능한 한 모든 외적 신호를 억누르는 것은 우리의 정서를 약화한다. 폭력적 몸짓에 굴복하는 사람은 분노를 증가시킬 것이다. 공포 신호를 통제하지 않는 사람은 공포를 더 크게 경험할 것이다. 슬픔에 압도당했을 때 수동적 자세로 남아있는 사람은 마음의 탄력을 회복할 수 있는 최고의 기회를 잃게 된다.
> (Darwin, 1872/2005, p.365)

사회 심리학자는 참가자가 특정한 표정을 짓도록 유도하는 다양한 전략을 사용해 얼굴 피드백 가설을 시험했다. 이러한 전략의 예에는 단순히 참가자에게 그가 가질 수 있는 정서적 반응을 과장하거나 숨기려고 시도하도록 요구하는 것, 참가자가 주어진 표정을 취하도록 '속이는 것', 그리고 참가자가 다른 사람의 정서적 표현을 무의식적으로 모방할 상황을 조성하는 것이 포함된다. 세 가지 계획 모두에서, 정서적 경험은 다른 사람으로부터 취한 표현에 의해 영향을 받는 경향이 있다(Adelmann & Zajonc, 1989; Matsumoto, 1987). 얼굴 피드백 가설을 시험하기 위해 고안된 아주 흥미로운 실험 중 하나에서, 닐과 차트랜드(Neal & Chartrand, 2011)는 얼굴 피드백이 정서를 증폭하거나 약화하는 데 미치는 영향을 연구했다. 실험 1에서, 그들은 최근 (안면 근육을 마비시키는) 보톡스 주사를 맞은 사람들을 연구했다. 그들은 보톡스 환자가 자기 동료에 비해 정서를 식별하는 능력이 떨어진다는 것을 발견했다. 두 번째 실험에서 그들은 피부가 기저 근육 수축에 저항하게 만드는 젤을 사용했다. 이러한 상황에서 참가자는 자신의 반응을 과장하도록 요구받았고, 예상대로 정서 지각이 향상되었다.

에크먼과 동료들(Ekman 외, 1983)은 얼굴 피드백이 정서적 경험과 자율신경계(ANS) 활동 모두에 영향을 미친다고 주장했다. 한 실험에서 그들은 참가자에게 여섯 가지 감정(놀람, 혐오, 슬픔, 분노, 공포, 행복)을 경험했던 순간을 기억하거나 얼굴 근육을 적절한 형태로 조정하여 그 정서를 표현하도록 요구했다. 저자들은 정서적 경험을 재현하거나 특징적 표정을 짓도록 얼굴 근육을 수축하는 행위가 일반적으로 이러한 정서에 수반되는 ANS의 반응을 일으킨다는 것을 발견했다. 그래서 얼굴표정은 ANS 각성을 유발할 수 있는 것으로 보였다.

음성 피드백

또한 주관적인 정서적 경험은 음성 모방의 활성화 및/또는 피드백의 영향을 받는다는 주장을 뒷받침하는 증거가 있다. 해트필드와 동료들(Hatfield 외, 1995)은 음성 피드백 가설을 시험하기 위해 고안된 일련의 실험을 수행했다.

참가자는 아프리카, 중국, 유럽, 필리핀, 하와이, 히스패닉, 일본, 한국, 태평양 섬, 혹은 혼혈 혈통의 남녀였다. 저자들은 벨 전화 회사(Bell Telephone)가 인간 음성을 정확하게 재현하기 위해 다양한 종류의 전화 장비의 능력을 시험하고 있다고 주장함으로써 참가자의 정서에 관심이 있다는 사실을 숨기려고 온갖 노력을 기울였다. 그런 다음 참가자를 개인 방으로 안내하여 여섯 가지 소리 패턴 중 하나를 담아서 주었는데, 그중 하나는 중립적 대조군이고, 나머지는 기쁨, 사랑/다정함, 슬픔, 공포, 분노에 해당한다.[5] 다섯 가지 녹음은 각각의 정서에 맞는 소리 패턴을 나타내도록 설계되었다. 구체적으로 말

5 의사소통 연구자는 이러한 기본 정서가 억양/음질/리듬/정지의 특정 패턴과 관련이 있다는 것을 입증했다. 예컨대 행복할 때 사람들은 진폭 변동이 작고, 음정 변화가 크고, 박자가 빠르고, 소리 포락선(sound envelope)이 날카롭고, 고조파가 적은 소리를 낸다.

하면, 기쁨의 소리는 즐거운 웃음소리의 성질을 가지고 있었다. 슬픔의 소리는 울음소리의 성질을 가졌다. 동반자 사랑의 소리는 일련의 부드러운 '우우'와 '아아' 소리로 구성되었다. 분노의 소리는 목에서 으르렁거리는 낮은 소리로 구성되었다. 그리고 공포의 소리는 짧고 날카로운 비명과 헐떡거리는 소리를 포함한다. 마지막 중립의 소리는 끊임없이 길고 단조로운 톤의 윙윙대는 소리였다.

참가자는 전화에 대고 가능한 한 정확하게 그 소리를 내라는 요구를 받았다. 그 결과로 참가자의 정서는 그들이 내는 특정한 소리에 강한 영향을 받는다는 것이 밝혀졌고, 이것은 음성 피드백 가설에 대한 추가 근거를 제공한다(요약으로는, Hatfield 외, 2009 참조).

자세 피드백

마지막으로, 정서가 자세 및 움직임의 피드백에 의해 형성된다는 것을 시사하는 증거가 있다(이에 대한 고찰로는 Hatfield 외, 1994 참조). 흥미롭게도 배우이자 연극 연출가인 콘스탄틴 스타니슬라브스키(Konstantin Stanislavski)는 자세와 연기의 연관성에 주목했다(Moore, 1984). 그는 이렇게 주장했다. "정서적 기억은 우리의 과거 경험을 저장한다. 그것을 되살리기 위해, 배우는 주어진 상황에서 필수적이고 논리적인 신체적 행동을 실행해야 한다. 신체적 행동만큼 많은 뉘앙스의 정서가 있다"(Moore, 1984, pp.52-53). 스타니슬라브스키는 한때 그 정서와 연관되었던 다양한 행동에 참여할 때마다 우리가 그 정서를 되살릴 수 있다고 제안했다.

요컨대 다양한 연구에서 우리는 사람들이 그들이 취하는 얼굴/음성/자세 표현과 일치하는 정서를 느끼는 경향이 있다는 증거를 발견한다. 현재 이러한 연결고리의 구체성에 대해서는 심각한 논쟁이 있다. 많은 사회심리학자는 얼굴/음성/자세 표현 사이의 연관성이 매우 구체적이라고 주장한다. 즉 사람들이 공포/분노/슬픔/혐오를 표현할 때, 그들은 그저 불쾌한 정서가 아니라 그 구체적 표현과 연관된 정서를 느낄 가능성이 높다. 예컨대 슬픈 표정을 짓는 사람은 분노가 아니라 슬픔을 느낀다(Duclos 외, 1989 참조). 다른 저명한 이론가는 이것을 반박한다. 그는 그 연결고리가 이렇게 구체적이지 않다고 주장한다.

예컨대 어떤 사람은 그 연결고리가 개별 감정에 관한 것이 아니라 원자가(valence)와 각성에 관한 것이라고 주장한다(개요로는 Russell, Bachorowksi & Fernandez-Dols, 2003 참조). 놀랍지 않게도, 정서 전염 연구는 아직 초기 단계이고 대중적 관심을 받고 있기에, 전염 과정이 어떻게 작동하는지에 대한 세부 사항에 대해 의견이 분분하다. 예컨대 피드백이 얼마만큼 중요한지(피드백이 필요한지, 충분한지, 아니면 정서적 경험의 작은 일부에 불과한지), 그 연결고리가 얼마만큼 구체적인지, 정서의 신체적 표현이 정확히 어떻게 연결되는지는 불분명한 상태로 남아 있다(Adelman & Zajonc, 1989; 비판적 고찰로는 Manstead, 1988 참조). 오직 후속 연구를 통해서만 이 물음들에 대한 답을 찾을 수 있을 것이다.

명제 3: 전염

모방과 피드백의 결과로 사람들은 가끔 다른 사람의 정서를 '포착하는' 경향이 있다.

다양한 분야의 학자(임상 관찰자, 사회심리학자, 사회학자, 신경과학자, 영장류학자, 전생애 연구자, 역사학자)들은 사람들이 실제로 다른 사람의 정서를 빈번하고 보편적으로, 아마 아주 대규모로 포착한다는 증거를 제공한다(Hatfield 외, 2009). 최근 신경과학의 발견은 왜 사람들이 그렇게 손쉽게 다른 사람의 정서를 '포착하는지', 어떻게 그들은 다른 사람의 생각/정서/행동에 공감하게 되는지에 대한 통찰을 제공한다(Hatfield 외, 2009; 이 책의 5장 Lamm & Silani의 글 참조).

신경과학자는 특정한 (흔히 거울 신경세포라는) 신경세포는 특정한 유형의 행동이 수행될 때, 그리고 영장류가 같은 종류의 행동을 하는 다른 동물을 관찰할 때 발화한다고 주장한다. 파르마(Parma) 대학의 리졸라티와 동료들(Rizzolatti 외, 2005)은 짧은꼬리원숭이가 다른 원숭이의 (땅콩을 잡는 것과 같은) 활동을 관찰할 때 그것의 뇌를 관찰했다. 이 과정에서 그들은 대단히 흥미로운 사실을 발견했다. 그들은 거울 신경세포—원숭이가 (또는 인간이) 어떤 행동을 할 때와 동일한 행동을 하는 다른 원숭이를 (혹은 인간을) 목격했을 때 같은 방식으로 반응하는 일종의 뇌세포—를 발견했다! 연구자들은 이러한 뇌 구조가 '마음 읽기(다른 사람의 의도 이해하기)', 정서 전염, 그리고 인간을 포함한 영장류의 공감을 초래할 수도 있다고 제안했다(Blakemore & Frith, 2005; Glenberg, 2011; Iacoboni, 2005; Rizzolatti, 2005; Wild, Erb & Bartels, 2001; Wild 외, 2003 참조).

요약

이론상으로 정서 전염 과정은 세 단계로 구성된다. 모방, 피드백, 전염. 사람들은 (1) 자동으로 주변 사람의 얼굴표정, 음성 표현, 자세, 도구적 행동을 모방하며, 그렇게 함으로써 (2) 그러한 피드백의 결과로 다른 사람들 정서의 희미한 반영을 느끼는 경향이 있다. 그 결과로 (3) 사람들은 서로 정서를 포착하는 경향이 있다. 추정컨대 사람들이 자기 동료 정서의 순간적인 얼굴, 음성, 자세 표현을 자동으로 모방할 때, 그들은 흔히 그들 동료의 실제 정서의 어두운 반영을 느끼게 된다. 이러한 작은 시시각각 반응들의 흐름에 주의를 기울임으로써, 사람들은 다른 사람들의 정서적 삶 "속에 자신들이 들어간 것처럼 느낄" 수 있다. 그들은 다른 사람들의 의도와 느낌에 대한 정보에 명시적으로 주의를 기울이지 않을 때도 시시각각으로 그것들을 추적할 수 있다.[6]

정서 전염은 섬세한 과정이다. 우리는 지속적으로 다른 사람 정서의 희미한 반영을 느낀다. 그러나 강렬한 정서는 분명 이러한 섬세한 반응보다 우위에 설 수 있다는 점을 명심해야 한다. 그래서 무서운 강도에게 위협을 받았을 때, 한순간 우리는 그의 분노를 감지할 (그리고 반영할) 수 있다. 그러나 인지적/경험적 과정이 시작되면, 분노보다는 순수한 공포가 더 우선시될 것이다.

집단에서 전염과 정서

지금까지 우리는 한 사람이 자신의 정서를 자기 동료 중 한 사람에게 전달하는 정확한 과정을 발견하기 위해 노력해 온 사회심리학자의 작업에 집중했다. 그러나 다른 분야의

6 인지심리학자는 모방과 그것의 결과에 대한 이해에서 의도의 이해가 얼마만큼 중요한지에 대해 치열하고 생산적인 논쟁을 벌이고 있다. 이 논쟁은 물론 이 글의 범위를 넘어선다. 관심이 있는 사람은 이 논쟁과 그 주제에 대한 관련 연구에 대한 고찰로서 Hurley & Charter, 2005를 참고할 수도 있다.

학자는 정서가 사람과 사람 사이에 어떻게 전달되는지보다 많은 사람이 종종 어떻게 강력한 정서적 및/또는 행동적 동조상태에 빠지는지를 증명하는 데 더 많은 관심을 기울여왔다. 어떻게 이러한 일이 일어날까? 우리는 자연스럽게 개인들이 서로의 정서를 '포착'하게 하는 동일한 과정이 군중 속에서도 작동한다고 가정한다. 한 사람이 (힘든 시기에) 또 한 사람의 공포와 공황 상태를 불러일으키고, 그 두 사람은 다른 사람들에게 유사한 반응을 불러일으키는 식으로 공동체 전체가 혼란 상태에 빠질 때까지 반복된다. 그래서 집단은 종종 생각, 느낌, 히스테리적 행동을 공유하게 된다. 이것이 참인지 아닌지는 알 수 없다. 오직 더 많은 연구가 진행되어야만 알 수 있다. 어쨌든 다양한 연구자는 다양한 공동체에서 사람들의 정서/행동의 전염을 탐구했다. 다음 절들에서 우리는 이러한 연구를 검토할 것이다.

전염: 역사적 사례

다양한 정서가 전체 집단에—특히 사람들이 스트레스를 받고 있을 때—영향을 미칠 수 있다는 상당한 증거가 있다. 중세에는 흑사병의 여파로 무도광이 유럽 전역을 휩쓸었다. 클라완스(Klawans, 1990)는 사람들을 "히스테리 지경까지" 몰아간 "슬픔과 불안"을 다음과 같이 설명한다:

> 가래톳 페스트, 즉 악명 높은 흑사병은 12세기에 등장했다. … 그것은 … 큰 파도로 유럽을 휩쓸었다. 마을 전체가 몰살당했다. 들판은 방치되었다. 곧 기근이 그 역병을 악화시켰다. 그리고 전염병이 물러가고 인구와 경제가 회복되기 시작하자, 또 다른 파도가 닥쳤다. … 바로 그때부터 무도광이 시작되어 전염병처럼 번졌다. 오늘날 대다수 역사가는 이 현상을 대중 히스테리의 한 형태로 본다. (Klawans, 1990, pp.236-237)

한 익명의 작가는 (Hecker, 1837/1970에서 보고된 바에 따르면) 12세기의 광기를 이렇게 묘사했다.

흑사병의 영향은 아직 가라앉지 않았고 수백만 희생자 무덤이 아직 닫히지도 않았을 때, 독일에서는 이상한 망상이 일어나 인간의 마음을 사로잡았고, 우리 본성의 신성에도 불구하고 몸과 영혼을 몹쓸 미신의 마법 원으로 몰아넣었다. … 그것은 성 요한(St. John) 혹은 성 비투스(St. Vitus)의 춤이라고 불렸는데, 그것의 특징인 술에 취한 사람 같은 도약으로 인해 영향을 받은 사람들은 열광적인 춤을 추고 비명을 지르고 거품을 무는 것과 같이 귀신 들린 사람의 모습을 보였다. 그것은 특정 지역에만 국한된 것이 아니라, 악마의 전염병처럼 피해자에 대한 목격담에 의해 독일 전체와 북서쪽 인접 국가으로 퍼져나갔다. (Hecker, 1837/1970, I장, 1절)

여러 역사가는 다음과 같이 설명했다. 춤추는 사람들은 모든 이성을 버렸다. 그들은 마치 마음이 망령과 끔찍한 환상에 사로잡힌 것처럼 비명을 지르고 울부짖었다. 때로는 신에게 영광이 있으라, 하늘이 찢어지고 구세주와 성모 마리아가 천상의 음악의 물결을 타고 지상에 내려왔다. 그들은 때로는 폭포 같은 핏물에 휩쓸려가는 자신을 발견했다. 종종 광증은 간질 경련에서 시작하거나 그것으로 끝났다.

무도광은 마을에서 마을로 퍼져나갔다. 쾰른(Cologne)에서는 500명이 그 열광적 환락에 참여했고, 메츠(Metz)에서는 1,100명이 춤을 추었다. 사제들은 악마를 쫓아내려고 노력했다. 환자들은 치료받으려고 프랑스 남부에 있는 성 비투스의 무덤을 찾았다. 16세기 의사이자 연금술사였던 파라셀수스(Paracelsus)는 무도광을 위한 가혹하지만 효과적인 치료법을 고안했다. 그는 희생자를 찬물에 담그고 금식을 강요하고 독방에 가두었다. 히스테리적 발작은 줄어들기 시작했다.

역사적으로 종교적 황홀경(ecstasy)은 흔한 일이었다. 예컨대 19세기 중반에 여행하던 프레드릭 로 올름스테드(Frederick Law Olmsted)는 뉴올리언스에서 흑인 기독교 예배를 참관했고, "고함, 신음, 무서운 비명, 즐거움과 괴로움의 형언할 수 없는 황홀경의 표현"에 휩쓸려, 마치 자신이 "무의식적으로 감염된" 것처럼, 얼굴이 "빛나고" 발을 구르고 있는 자신을 발견할 정도였다(Ehrenreich, 2006, p.3 인용). 오늘날 종교 텐트 부흥회에 참석하는 모든 하객은 올름스테드의 경험을 공유할 수 있다.

'문명화된 사람들'은 흔히 이러한 황홀경의 집단적 표현을 경멸하면서, 이러한 열정을 "역겹고 사악한 잔치", "흉측하고 몹쓸 관행", "미친 홀림", "히스테리"라고 부른다.

그럼에도 불구하고 이러한 전염적 집단 환희는 모든 사회, 모든 시간, 모든 장소에 존재해 왔다. 역사학자 에렌라이히(Ehrenreich, 2006)는 『거리에서 춤추기: 집단 환희의 역사(*Dancing in the Streets: A History of Collective Joy*)』에서 종종 공동체를 휩쓸었던 전염적/집단적 황홀경의 힘에 대한 생생한 고찰을 제공한다.

역사학자는 집단적 환희와 광증(Ehrenreich, 2006), 정치적/혁명적 열정(Hatfield & Rapson, 2004; Rude, 2005), 종교적 광란(Ehrenreich, 2006), 분노/증오, 무의미한 폭동/폭력(Church, 1964; McCague, 1968), 공포/공황(Bernstein, 1990; Cook, 1974; Headley, 1971; Lefebvre, 1973)을 불러일으킨 정서 전염의 수많은 사례를 기록해 왔다. 이러한 역사적 서사는 흥미로운 읽을거리를 제공한다. 정서 전염의 위험을 감지하려면, 히틀러의 대규모 뉘른베르크 집회나 "이스라엘에 죽음을. 미국에 죽음을"이라고 외치는 흥분한 아랍 군중만 생각해 봐도 된다. 혹은 훨씬 더 가벼운 분위기로 월드시리즈에서 막 우승한 선수나 레이디 가가(Lady Gaga)나 저스틴 비버(Justin Bieber) 공연에 온 십 대 청소년의 황홀한 기쁨을 떠올릴 수도 있다. 이러한 예는 우리 주변에서 흔히 볼 수 있고 종종 역사적으로도 중요한 의미를 지닌다. 정서 전염을 연구하는 심리학자는 이러한 과정이 어떻게 일어나는지를 알아내는 데 거의 모든 노력을 집중해 왔다. 이러한 전염의 실제 함의를 논할 때, 그들은 "마음 읽기", "사회적 조정" 등을 언급한다. 한발 물러서서 역사적/문화적/인류학적/사회학적/의학적 관점을 취한다면, 이러한 전염이 어떻게 작동하는지, 그 전염을—히스테리성 전염이든 군중 광기든 집단 심인성질환(mass psychogenic illness)이든—무엇이라 부르는지와 상관없이, 우리는 그것이 집단적 과정이 얼마나 강력한지를 보여주는 증거임을 알게 된다.

정서 전염: 문화적/인류학적 사례

쳉과 쉬(Tseng & Hsu, 1980)는 집단 히스테리(mass hysteria)를 다음과 같이 정의했다. "사회적 전염을 통해 어떤 그룹의 사람들이 짧은 기간 내에 집단으로 심리적 장애를 나타내는 사회문화적-심리적 현상"(p.77). 인류학자는 (Czaplica, 1914) "극지 히스테리"나 북아시아의 "모방 광기(mimicry mania)"를 비롯해 이러한 전염에 대한 상세한 기록을 제공한다. 챠플리카(Czaplica, 1914)는 여러 보고서를 다음과 같이 요약한다.

> 미들 빌류이강 마을의 마악(Maak)은 많은 야쿠트 여성이 아주 흔한 질병을 앓고 있다는 것을 알고 있었는데, 이 질병은 그 의미가 무엇이든 구경꾼의 모든 몸짓과 말을 흉내 내는 환자에게 나타나며, 때로는 매우 외설적이었다. … 그는 또한 이 질병에 많은 관심을 가졌던 카신 박사를 통해 자신과 연관되었던 에피소드 하나를 인용한다. 한번은 원주민으로만 구성된 연대인 자바이칼(Trans-Baikal) 코사크인 제3대대의 행진 중에, 병사들이 명령어를 반복하기 시작했다. 대령은 점점 화가 나서 그들에게 욕을 퍼부었지만, 그가 욕을 하면 할수록 그 욕을 따라 하는 병사들의 합창은 더 강렬해졌다. (313쪽)

안도감도 똑같이 전염될 수 있다. 왓슨(Watson, 1976)은 한 달에 한두 번씩 미친 듯이 날뛰는 인도네시아인의 사례를 묘사한다. 그는 갑자기 환각에 사로잡혀 눈이 불룩해지고 머리카락이 곤두선 채로 온 마을을 뛰어다녔다. 사원에서 그는 번갈아 반항의 비명을 지르거나 공포에 질려 허공을 때리거나 웅크린 채로 고통에 신음했다. 마침내 그는 정서적으로 지쳐버렸다. 갑자기 조용해지더니, 그런 다음에…

> 나움은 일어서서 해변에 있는 군중을 바라보았다. 그는 망설이는 듯한 미소를 지었다. 사람들도 미소를 지었다. 나움이 킥킥 웃자, 군중 사이로 반응의 물결이 일었다. 나움이 활짝 웃었다. 사람들도 밝게 미소를 지었다. 나움이 웃음을 터뜨렸는데, 그것은 마치 그가 한 번도 시도해 본 적 없었던 것처럼 다소 높고 떨리는 웃음이었다. … 그런 다음 크게 웃음을 터뜨렸고 엄청난 소리가 밀물처럼 쏟아졌다. 그리고 갑자기 다른 모든 사람이 서로를 붙잡고 함께 웃었고 해변을 비틀거리며 무더기로 쓰러졌고 눈물이 뺨을 타고 흘러내릴 때까지 웃었다. (132쪽)

다문화 학자와 인류학자는 집단 내에서 정서와 이상한 행동이 전염된 많은 사례를 기록했다(이 방대한 연구에 대한 검토로는 Hatfield 외, 1994 참조).

히스테리 전염: 사회학적 사례

1962년, 케르크호프와 백(Kerckhoff & Back, 1968)은 한 편의 드라마가 펼쳐지는 것을 지켜보았다. 6시 뉴스의 첫 번째 보도는 몬태나주의 한 공장에서 신비한 전염병이 발생했다는 내용이었다.

> 몬태나 밀스(Montana Mill)사의 관계자는 원인 모를 질병 때문에 스트롱스빌 공장을 폐쇄했다. 스트롱스빌 종합병원에서 방금 들어온 보고에 따르면, 최소 10명의 여성과 1명의 남성이 치료받기 위해 입원했다. 보고에 따르면, 증상은 심한 메스꺼움과 전신 발진이다. 오늘 영국에서 공장에 배송되어 도착한 옷감에 모종의 곤충이 들어있었다고 한다. 그리고 현재로는 이 벌레가 질병 발생의 원인으로 지목되고 있다. (p.3)

이 원인 모를 질병은 이내 공장을 휩쓸었다. 몇 주 만에 965명이 근무하는 공장에서 59명 이상의 여성과 3명의 남성이 공황/불안/메스꺼움/쇠약감 등의 특징을 지닌 원인 모를 병에 걸렸다. 미국 공중 보건 서비스 전염병 센터의 전문가와 대학 곤충학자가 투입되었다. 표본 채집을 위해 광활한 섬유공장을 진공청소기로 청소했다. 총포획량은 검은 개미 한 마리, 집파리 한 마리, 모기 두 마리, 작은 딱정벌레 한 마리, 진드기 한 마리였다. 그런데도 공장은 훈증 소독되었다. 결국 과학자들은 히스테리 전염이 그 전염병을 촉발했다고 결론지었다.

어떤 근로자들이 히스테리 전염에 걸리기 쉬웠는지, 또 왜 그랬는지를 알아내기 위해, 케르크호프와 백(Kerckhoff & Back, 1968)은 일련의 인터뷰를 수행했다. 그들은 병에 걸린 사람, 걸리지 않은 사람, 그 전염병을 목격한 사람에게 말을 걸었다. 또한 그들은 의료기록을 연구했다. 그들의 결론은 다음과 같았다.

> (1) '전염병'이 닥쳤을 때 심한 스트레스를 받고 있었던 근로자가 그 '질병'에 걸릴 가능성이 가장 높았다. 여성은 결혼 생활에 문제가 있거나, 가족을 부양해야 하거나, 갇혀 있다고 느끼거나, 전염병이 닥쳤을 때 과로하거나 피로했던 경우에 가장 걸리기 쉬웠다. 대처 기술이 부족한 근로자들은 특히 취약했다. 병에 걸리는 '호사'를 누릴 여유가 없는 여성은 그 질병에 걸리지 않았다. 고용이 보장된 여성은 빠르게 굴복했다. 일자리가 절실히 필요하다고 보고한 여성, 자기 능력에 불안함을 느끼면서 성과물을 내려고 안간힘을 쓰는 여성, 어떤 대가를 치르더라도 일자리를 유지해야 한다고 느끼면서 해고를 걱정하는 여성은 병에 걸리지

않았다.

(2) 초기에는 대다수 피해자가 '신경과민'과 실신 병력이 있는 사회적 고립자들이었다. 그러나 공황이 퍼지기 시작하자, '감염된' 다른 근로자와 정서적으로 밀접한 관계에 있는 근로자들이 질병에 걸릴 확률이 가장 높았다. 다른 사회적 그룹의 구성원, 사회적 고립자, 외부인인 여성은 (그들이 흑인이거나 공장에 새로 왔거나 그들의 작업대가 피해자와 지리적으로 떨어져 있어서) 병에 걸리지 않았다. 사실 이러한 많은 여성은 흔히 전염병의 영향을 거의 받지 않아서 '전염병'이 존재했다는 것조차 의심했다.

이러한 '전염병'은 전 세계에 걸쳐 기록되어 있다. 예컨대 1973년 싱가포르에서는 거대한 텔레비전 공장 근로자들이 갑자기 히스테리를 일으켰다. 일부는 발작을 일으켰다. 그들은 트랜스 상태(trans state)에 빠져 비명을 지르며 울고 땀을 흘리며 (팔을 휘두르고 발로 차는 등) 격렬하게 몸부림쳤다. 더 많은 사람이 겁에 질렸다. 그들은 어지러움/무감각/실신 등의 증상을 호소했다. 의사들은 근로자들에게 발륨과 클로르프로마진을 투여하고 집으로 돌려보냈다. 그들은 진정되었지만, 히스테리는 다른 공장으로 빠르게 퍼졌다(Chew, Phoon & Mae-Lim, 1976). 이러한 집단 히스테리는 오늘날 흔한 일이다(Dominus, 2012). 가장 정교한 의료기술로도 일반적으로 아무런 문제를 발견할 수 없다.

정서 전염: 임상 사례

최근 여러 대학의 연구자는 다양한 전염병 확산을 예견하기 위해 개발된 수학적 모형이—예컨대 행복, 불안, 우울, 외로움 같은—정서의 확산에도 적용될 수 있는지를 고찰했다. 그들은 이러한 정서가 가장 치명적인 전염병만큼 전염성이 강하다는 결론을 내렸다.

기쁨/행복/열광: 1948년부터 현재까지 프레이밍햄(Framingham) 심장 연구에 참여한 약 5,000명을 대상으로 한 연구에서, 행복과 열광(enthusiasm)은 다른 전염병과 아주 비슷하게 가족, 이웃, 더 넓은 공동체의 소셜 네트워크를 통해 확산하는 것으로 나타났다(Cristakis & Fowler, 2011; Hill, Rand, Nowak & Christakis, 2010).

불안/우울/외로움: 임상의들은 불안과 우울이 전염성이 있음을 오래전부터 알고 있었다. 예컨대 코인(Coyne, 1976)은 펜실베이니아 대학교 학생들을 초대해 사람들이 친해지는 과정을 조사하는 연구에 참여하게 했다. 그들에게 오하이오주 어딘가에 있는 여성에게 전화를 걸어 20분 동안 전화로 대화를 나누라는 지시를 내렸다. 그들과 대화를 나눈 여성은, 그들은 모르지만, 우울증이 있거나 그렇지 않은 것으로 알려져 있다. 누군가의 우울증을 다루는 것은 큰 타격을 주었다. 우울한 여성과 대화를 나눈 학생들은 그녀가 슬프고 기운이 없고 수동적이고 기분이 울적하다는 것을 알게 되었다. 그들은 전보다 더 우울하고 불안하고 적대적인 기분을 느끼면서 만남을 끝냈고 그 여성과 다시는 대화하고 싶지 않다고 생각했다. 우울하지 않은 여성과 대화한 참가자는 자연히 이러한 불쾌한 반응을 보이지 않았다. 하우스, 호캔슨, 로웬스타인(Howes, Hokanson & Lowenstein, 1985)도 비슷한 결과를 발견했다. 의학 연구자들도 전염이 외로움과 같은 집단정서를 촉발한다는 사실을 발견했다(Cacioppo, Fowler & Christakis, 2009; Cristakis & Fowler, 2011).

원래 정서 전염 이론은 개인(발신자)이 다른 사람(수신자)에게 자신의 정서를 일대일로 전달하는 방식을 예측하기 위해 고안되었다. 역사학자와 사회학자는 일반적으로 이 과정에서 개인적 단계와 개인 간(interindividual) 단계를 도표로 만들기보다는 단순히 그것의 존재를 기록하는 것에—즉 정서 전염이 실제로 존재한다는 것을 기록하는 것에—초점을 두어왔다. 덧붙여 그들은 한 사람이 (혹은 그룹의 사람들이) 자신의 정서를 전체 공동체에 전달하는 방법에 관심을 기울여왔다.

정서 전염: 의료 사례

지난 몇 년 동안 역학자들은 (증상이 사회적 전염을 통해 사람들의 집단에서 빠르게 나타나는) 집단 심인성 질환 및 다양한 질병의 전염을 통한 전파에 관해 연구하기 시작했다. 이러한 학자 중 일부는 지적 혹은 정서적 전염이 이러한 전파의 기저에 있다고 가정한다. 다른 학자는 이러한 전파의 근간이 되는 과정을 구체적으로 명시하지 않는다—단지 전염에 관한 방대한 문헌으로 유추할 뿐이다. 다음에서 우리는 이러한 견해를 살펴볼 것이다.

비만 전염

크리스타키스와 파울러(Christakis & Fowler, 2011)는 사람들이 자신의 지각과 습관을 다른 사람에게 '감염'시키기 때문에 마치 바이러스가 퍼지는 것처럼 비만이 소셜 네트워크를 통해 확산될 수 있다는 사회적 전염설을 제안하여 큰 주목을 받았다. 그들은 앞서 설명한 프레이밍햄 심장 연구 데이터를 조사했다. 참가자 가운데서, 비만은 1970년대에 14퍼센트에서 2000년에 30퍼센트로 증가했다. 그들의 데이터에 기초하여, 그들은 비만율의 급격한 증가는 주로 소셜 네트워크의 영향 때문임을 발견했다. 물론 건강에 해로운 음식에 대한 접근성과 주로 앉아서 지내는 생활양식 등의 다른 요인도 비만에 영향을 미친다. 그런데도 체중을 결정하는 가장 강력한 요인은 전염이었다. 이 저자들은 예컨대 당신이 비만하다면 당신이 밀접하게 접촉하는 사람도 비만해질 가능성이 높다는 것을 발견했다. 특히 일반 미국인이 한 해에 비만해질 확률은 2퍼센트이다. 비만인 사회적 접촉이 늘어날 때마다 그 확률은 각각 0.4퍼센트씩 증가한다. 따라서 한 사람이 5명의 비만 친구를 가진다면, 그가 비만해질 위험성은 두 배가 된다. 이 저자들의 대담한 진술은 다음과 같다. "당신 동료 남편의 여동생은 설령 당신이 그녀를 모르더라도 당신을 뚱뚱하게 만들 수 있다." 이 진술은 자연히 전 세계 언론의 주목을 받았다. 그 여파로 여러 통계적 비판이 나왔다(Kolata, 2011 참조). 또한 연구자들은 흡연, 수면장애, 불법 약물 사용, 우울증, 이혼 등도 전염성이 있음을 발견했다(Christakis & Fowler, 2011). 무슨 소용이 있든 간에, 이 저자들의 연구는 다양한 질병의 역학을 추적하기 위해 고안된 많은 의학 연구를 불러일으켰다.

맺음말

이 장에서 우리는 집단정서의 확산을 설명함에 있어 정서 전염의 역할을 추적했다. 귀스타브 르 봉(Gustav Le Bon, 1896)과 같은 초기 사회학자들은 '그룹 정신(group mind)'과 '군중 광기'에 대한 관심을 촉발했다. 그들은 다양한 사회와 자연환경에서 히스테리 전염 과정을 탐구했다. 그러나 1970년대에 사회심리학자들은 군중보다는 개인에 초점을 둔 정서 전염 이론을 제안했다. 그들은 한 개인이 자신의 정서를 다른 사람이나 소규모 그룹에 전달하는 과정을 정확히 밝히려고 시도했다. 그러나 오늘날 임상의, 심리학자, 의사, 전염병학자는 르 봉의 이론을 반영하여 정서 전염 이론을 집단정서와 다양한 정신적/신체적 질병의 사회적 전염에 적용하기 시작했다. 우리는 다양한 조건에서 동료들과 심지어 전체 공동체가 자기 동료의 기분과 정서에 전염될 수 있다는 새롭고 설득력 있는 연구 결과를 전하면서 이 장을 마무리했다. 전염될 수 있는 정서와 행동의 목록은 길다. 기쁨과 행복, 우울, 외로움; 알레르기, 비판, 화학물질 유출 및 환경적 위험 요소에 대한 반응 등의 신체적 문제; 흡연, 수면장애, 불법 약물 사용, 우울증, 이혼 등의 사회 및 건강과 관련된 문제가 그 목록에 포함된다. 전염 이론은 인간 행동을 더 잘 이해할 수 있는 여러 개의 문을 열어주고 있는 듯하다.

III

집단정서의 사회관계적 차원

Chapter 1

관계적 정서와 소셜 네트워크

일모 반 데르 뢰베[1] | 브라이언 파킨슨[2]

정서는 분명히 사회적 활동이다. 대다수 정서는 사회적 맥락에서 일어나고, 사회적 입력에 따라 작동하고, 다양한 사회적 기능을 수행한다(Parkinson, 1996; Parkinson, Fischer & Manstead, 2005). 사람은 자신이 누구인지, 어떻게 대우받기를 바라는지, 상황에 대해 어떻게 느끼는지에 대한 중요한 정보를 전달하기 위해 정서를 이용한다(Hareli & Hess, 2010; Keltner & Kring, 1998). 마찬가지로 사람은 적절한 사회적 행동을 결정하기 위해 다른 사람의 정서를 읽는다(van Kleef, De Dreu & Manstead, 2004). 이 장에서 우리는 정서의 중요한 사회적 기능은 사람들 사이의 관계를 관리하는 것이라고 가정한다. 이러한 것으로서 정서는 이 관계를 이해하는 방법이자 그것을 형성하는 도구이다. 요컨대 정서는 (사람들의 그룹을 비롯해) 사람들과 대상들 사이의 관계를 조정할 수 있다(Parkinson, 2009).

집단정서의 정확한 의미는 해석의 여지가 있는데, 대체로 정서 자체가 정의하기 어려운 것으로 악명이 높기 때문이다(예컨대 Russell, 2003; Scherer, 2005). 한 그룹이 어떤 정서를 경험할 때, 그것은 개인 수준에서 최상위로 끓어오른 정서의 결과일 수도 있고, 최상위 수준의 "하이브 마인드(hive mind)"가 아래 계층으로 전달한 것일 수도 있다. 우리는 하나의 인과적 방향을 전제하는 대신, 이질적인 사회적 과정들이 동시에 작동할 가능성

1 Ilmo van der Löwe, 옥스퍼드 대학교 실험심리학과 연구원.

2 Brian Parkinson, 옥스퍼드 대학교 사회심리학 교수.

을 열어두고, 경험적 진보를 이룰 수 있는 유망한 방법은 정서가 작동할 수 있는 다양한 수준(예컨대 개인, 쌍, 그룹, 문화)을 인정하는 맥락에서 정서를 연구하는 것이라고 주장한다(Averill, 1992; Keltner & Haidt, 1999). 우리는 정서의 관계 정렬(relation-alignment) 기능을 이러한 분석의 수준들을 관통하여 연결된 역동적 과정이라는 개념으로 해석한다.

이 장은 네트워크 용어와 개념을 이용해 관계적 정서의 틀을 만든다. 네트워크 과학(network science)은 모든 종류의 네트워크가 어떻게 작동하는지를 연구하는 새로운 분야이다(Strogatz, 2001). 자연과학과 사회과학 모두의 광범위한 현상은 네트워크로 (예컨대 유전자 공동 조절(co-regulation), 신경 활동, 국가 간 무역, 통신 등등) 개념화될 수 있다. 네트워크 과학은 네트워크의 행동을 지배하는 공통의 원칙/알고리즘/도구를 발견하려 한다. 요컨대 그것은 네트워크 구조를 가진 문제를 공식화하고 해결하는 것이다. 이러한 접근 방식은 사회과학과 매우 호환성이 높다. 왜냐면 인간의 사회적 행동의 근간이 되는 일상적 관계는 네트워크 용어로 쉽게 개념화될 수 있기 때문이다(모범적 개요로는, Marin & Wellman, 2011 참조).

네트워크 과학이 모든 네트워크에 관한 연구라면, 소셜 네트워크 분석(social network analysis: SNA)은 네트워크 과학을 사람들의 네트워크에 적용하는 것으로, 역동적 사회구조에 관한 연구이다. 개인의 행동/인지/정서를 개별적으로 분석하는 대신, 소셜 네트워크 분석은 사람들이 상호작용하는 방식과 이러한 상호작용을 그 자체로 연구할 수 있는 역동적 구조를 창출하는 방법에 초점을 둔다. 네트워크를 설명적 도구로 사용함으로써, 어떻게 네트워크 시스템의 한 수준의 과정이 미시적 수준에서 거시적 수준에 이르기까지 다른 수준에 영향을 미치는지를 이해할 수 있다(Marin & Wellman, 2011; Wasserman & Faust, 1994).

소셜 네트워크 분석

SNA는 근본적으로 관계적이기 때문에, 그것은 사람들 사이의 상호의존성을 보지 못하는 도구보다 대인관계 현상을 더 잘 기술하고 분석할 수 있다(Wasserman & Faust, 1994).

SNA는 사람들 자체보다는 사람들을 연결하는 관계에 초점을 둔다. 인과관계의 장소가 개인 안에만 있는 것은 아니다. 사람을 독립적이고 고립된 개인으로만 연구할 필요 없이, 소셜 네트워크 분석을 통해 연구자는 큰 그림을 보는 동시에 작은 세부 사항에 초점을 맞출 수 있다.

개인 내 메커니즘이 양자 관계(dyadic) 수준에서 대인관계 과정을 일으키는 것처럼, 양자 관계 수준의 대인관계는 더 포괄적인 소셜 네트워크의 필수 구성요소이다. 의사소통 관계(예컨대 누가 누구에게 말하는지 혹은 누가 누구에게 조언하는지), 역할 기반 관계(예컨대 누가 누구의 상사인지), 정동적 관계(누가 누구를 좋아하는지 혹은 누가 누구를 신뢰하는지), 교환적 관계(예컨대 누가 누구에게 물질적 지원을 제공하는지), 공간적 관계(누가 누구와 함께 있는지) 등을 포함하는 다양한 유형의 관계가 하나의 네트워크를 정의하는 데 사용될 수 있다(Wasserman & Faust, 1994). 자연스러운 맥락에서 많은 소셜 네트워크는 복합상영관이다. 즉 행위자들이 한 가지 이상 유형의 관계를 공유한다. 예컨대 직장동료는 한 사람이 다른 사람에게 보고하는 역할 기반 관계에 있을 수도 있고, 친구가 되는 정동적 관계에 있을 수도 있다. 관계들은 방향성이 없거나 (예컨대 조와 알은 같은 행사에 참여했다) 방향성이 있을 수 있다(예컨대 아이반은 조에게 돈을 빚지고 있다). 관계들은 긍정적인 것(예컨대 조는 던을 좋아한다)에서 부정적인 것(린다는 세라를 싫어한다)에 이르기까지 빈도와 원자가에서 다를 수 있다.

정서 연구에 대해 SNA는 정서의 관계적 핵심을 중요시하는 통합적 관점을 제공한다. 네트워크 접근법을 요약하는 다섯 가지 원칙이 있다(Wellman, 1988). 첫째, 행동은 태도나 인구 통계적 특성과 같은 그것의 내재적 성질보다는 사람들의 관계를 통해 가장 잘 예측된다. 왜냐면 관계 네트워크는 개인이 느끼고 행동할 기회를 제공하고 제약을 가하기 때문이다. 그러므로 두 사람이 유사하게 행동할 경우, 그것은 (그들이 예컨대 인종이나 성별 등과 같은 동일한 범주에 속한다는 것이 아니라) 그들의 소셜 네트워크가 유사하다는 것을 시사한다. 둘째, 고립된 사람들 혹은 그들의 개인차에 대한 분석은 그들 사이의 관계를 고려하지 않으면 오해를 일으킬 수 있다. 셋째, 모든 네트워크 데이터는 기본적으로 관계적이기 때문에, 통계적 독립성에 대한 기존 가정을 버려야 하며 사람들 사이의 상호의존성을 가정해야 한다. 넷째, 한 네트워크의 전반적 모양이 각 양자 관계에 맥락을 제공하므로, 양자 유대관계를 집계함으로써 그 네트워크를 이해할 수 없다. 예컨대 세익 스피어의 『로미오와 줄리엣』에서 중요한 점은 그 연인들이 양자 관계에 있다는 점이 아니라 각 연인이 서로 다른 무리의 사람들에 속해 있고, 이 무리가 서로 소통하지 않는다는 점이다. 다섯째, 사회생활은 엄격히 잘 정의된 그룹들이 아니라 중첩된 네트워크들로 구성되어 있고, 개인은 여러 그룹과 관계를 맺을 수 있다.

네트워크를 바라보는 두 가지 주요 방식이 있다. **자아중심적** (혹은 개인적) 네트워크와 **사회중심적** 전체 네트워크이다. 가튼, 헤이손스웨이트, 웰먼(Garton, Haythornthwaite & Wellman, 1997)은 개인적 네트워크를 태양계에 대한 지구 중심적 모형과 비교하는데, 여기서 중심인물(즉 자아)은 사회적 우주의 중심에 위치하며 네트워크의 구성원들은 그 혹은 그녀와의 특정한 관계를 통해 정의된다. 이러한 접근법은 관련 개체군의 경계를 정의하기 어려운 경우에 특히 유용하다. 이러한 유형의 네트워크의 현대적 사례는 사용자들이 자신의 개인적 네트워크의 지도를 만들고 그것과 상호작용할 수 있지만 다른 사람의 네트워크를 볼 수는 없는 소셜미디어 사이트인 페이스북(Facebook)에서 발견할 수 있다. 자아중심적 네트워크를 분석해 보면, 그 중심에 있는 개인이 맺고 있는 연결의 폭과 깊이의 패턴이 보일 수 있다.

SNA는 네트워크의 개별 행위자들, 그들의 관계, 네트워크 자체의 전체 구조와 관련된 다양한 종류의 측정을 포함한다(자세한 고찰로는 Wasserman & Faust, 1994 참조). 개별 행위자 수준에서, 이러한 측정은 행위자가 얼마나 많은 사람에게 직접 도달할 수 있는지(정도), 행위자가 네트워크의 두 사람 사이의 가장 직접적인 경로상에 있을 가능성이 얼마나 되는지(사이), 행위자가 네트워크의 모든 사람에게 얼마나 빠르게 도달할 수 있는지(근접성), 행위자가 잘 연결된 다른 사람들과 얼마나 잘 연결되어 있는지(고유 벡터 중심성)를 정량화할 수 있다. 양자 관계 분석은 무엇보다 관계의 상호성과 강도에 관한 정보를 제공한다. 삼자 관계 수준에서 연구자들은 관계의 균형과 전이성(예컨대 친구의 친구가 친구가 되는 것)을 정량화할 수 있다. 삼자 관계보다 더 큰 구조를 고려할 경우, SNA는 행위자들 사이의 네트워크 거리, 관계의 밀도, 하위 그룹 내의 응집력뿐만 아니라 전체 네트워크의 다른 특징에 관한 측정치를 얻을 수 있다.

네트워크는 시간이 지남에 따라 진화하는 존재처럼 진정으로 살아 움직인다. 많은 실세계 네트워크는 끊임없이 변화하고, 어떤 네트워크에 대한 단일한 관찰은 제한된 범위를 가진다. 한 네트워크의 역동성과 그것의 행위자는 시간적 차원을 고려하지 않고는 설명될 수 없다(Burk, Steglich & Snijders, 2007). 네트워크를 형성하는 과정과 그 안에 있는 행위자들을 완전히 이해하려면, 시간에 따른 (다수의) 네트워크를 모형화할 능력이 필요하다. 확률적 행위자 중심 모형(Stochastic actor-oriented model: SAOM; Snijders, 2005)은 현재 가용한 가장 정교한 분석 도구 중 하나이다. 이것을 통해 연구자는 진화하는 네트워크에서 영향력(즉 행위자가 자신이 사귀는 동료와 비슷해지는 것) 효과와 선택(즉 행위자가 비슷한 다른 사람과 사귀기로 선택하는 것) 효과를 구별할 수 있다(for software to do this, 이것을 수행할 수 있는 소프트웨어로는 RSiena: Ripley, Snijders & Preciado, 2012; and R statistical environment: R Development Core Team, 2012 참조). 예컨대 SAOM은 집단정서의 기원을 추적할 수도 있다. 그것은 산불처럼 퍼지는 것인가, 아니면 전구처럼 동시에 켜지는 것인가? 강한 정서의 집단은 같은 마음을 가진 개인들이 서로를 발견했을 때 만들어지는가, 아니면 사람들이 광신자들에 의해 개조되는 것인가?

SAOM은 행위자들이 서로의 관계를 창출하고 유지하고 해체하는 방식에 영향을 미치는 요인을 정량화하는 통계 시뮬레이션의 기초로서 관찰된 네트워크 데이터를 사용한다. 예컨대 무작위로 사람들과 관계를 시작하는 대신 네트워크의 행위자들은 친구의 친구를 선호할 수 있다(즉 관계의 전이성). 네트워크 작용에 대한 복수의 시뮬레이션을 실행해 이러한 전이성 효과에 대한 어떤 매개변숫값(parameter value)이 관찰된 실제 세계의 네트워크에 가장 가까운 네트워크를 생성하는지를 결정함으로써, 행위자들 사이의 이 효과의 강도를 측정할 수 있다.

사회적 행위자로서의 개인

네트워크들은 서로 다른 수준의 분석을 아주 매끄럽게 연결할 수 있다. 왜냐면 그것들은 서로 계층적으로 포함되어 있기 때문이다. 한 소셜 네트워크의 수준들은 켈트너와 하이트(Keltner & Haidt, 1999)가 제시한 개인 내적, 대인적, 사회적, 문화적 수준의 분석과 아주 잘 일치한다. 첫 번째 개인 내적 수준의 분석은 개인으로서의 사람들에 초점을 맞춘다. SNA 관점에서 각 사람은 다른 행위자와의 관계를 만들고 유지하고 해체할 수 있는 사회적 행위자로 개념화된다. 이러한 존재로서 행위자들은 모든 네트워크의 기본 구성요소가 된다.

개인 내적 수준에서, 정서는 관계에 영향을 미치는 두 가지 광범위한 기능을 수행한다. 첫째, 정서는 사람들에게 사회적 사건이나 상황에 대한 정보를 제공한다(Clore & Storbeck, 2006). 예컨대 경험한 사랑의 깊이는 개인의 낭만적 헌신의 수준을 측정한다(Frank, 1988). 둘째, 정서는 인지(예컨대 Clore, Schwarz & Conway, 1994)와 생리(예컨대 Levenson, 1999; Susskind 외, 2008)를 변화시켜 개인이 문제나 기회에 대응할 수 있도록 준비시킨다(Darwin, 1872/2005). 만약 공포가 적대적 상대방의 손에서 빠르게 물러나도록 유도한다면, 공포는 또한 다리의 대근육에 혈액을 보내 우리 다리가 임무를 수행하도록 준비시킨다(정서로 유발되는 자동적 변화에 대한 고찰로는, Kreibig, 2010 참조).

최근까지 정서 연구는 거의 정서의 개인 내적 측면에만 초점을 맞춘 연구들에 의해 주도되었다. 이러한 연구 프로그램은 매우 생산적이었지만, 그것은 큰 그림을 놓칠 위험이 있었다. 왜냐면 정서는 근본적으로 사회적 현상이기 때문에(Parkinson, 1996; 이 책의 Ⅳ-3장 Páez & Rimé의 글; Rimé, 2009; 이 책의 Ⅳ-4장 de Rivera의 글; 이 책의 Ⅲ-3장 Krueger의 글), 그것을 고립된 개인의 수준에서만 연구하는 것은 근시안적이다. 관계 정렬(relation-alignment) 관점에서, 개인 내적 수준에서 정서의 기능과 효과는 어떤 목적을 위한 수단에 불과하다. 정서의 개인 내적 효과의 주된 목적 중 하나는 그가 사회적 관계를 탐색할 수 있도록 준비시키는 것이다.

비록 정서의 관계 정렬 기능은 개인 내적 메커니즘에 의해 활성화되고 개인에 의해 일어나지만, 여기서 관심 대상인 관계는 다음 절에서 논의될 것처럼 개인들 사이에서 펼쳐지는 개인 간 주고받기(give-and-take)에 뿌리를 두고 있다. SNA의 강점은 개인 수준의 결과와 효과가 더 높은 수준의 분석에 사용될 수 있고, 반대의 경우도 마찬가지라는 점이다. 예컨대 셀프하우트와 동료들(Selfhout 외, 2010)은 외향성(즉 개인 내적 특성)에서 높은 점수를 받은 개인은 외향성이 낮은 사람보다 더 많은 친구를 선택하고(개인행동), 자신과 비슷한 수준의 외향성을 가진 다른 사람을 선택하는 경향이 있음(대인관계)을 발견했다.

대인관계

두 번째 수준의 분석에서, 정서는 개인들 사이의 특정한 대인—흔히 대면—상호작용에서 나타나며, 이러한 상호작용은 정서를 본질적으로 관계적인 것으로 만든다. 이러한 직접적 개인 간 접촉은 표정/발성/시선/자세와 기타 미묘한—혹은 그리 미묘하지 않은—정서 신호가 작용하는 영역이다. 일대일 상호작용에서, 정서는 복수 채널을 통해 동시에 수행되는 상호 반응적 대화처럼 펼쳐진다. 어떤 경우에는 이러한 신호가 전략적이다. 또 어떤 경우에는 그것이 비자발적일 수도 있다. 대면 비언어적 의사소통의 장점 중 하나는 사람들이 전달되는 정보의 명확한 의미를 이해하기 위해 멈출 필요 없이 서로 역동적으로 조정한다는 점이다.

흔히 이러한 정서적 만남은 한 쌍의 행위자들 사이에서 (즉 양자 관계에서) 일어나고, 이는 그것의 관계적 성질을 강조한다. 정서는 분명 개인 내면의 내적 상태와 관련되지만, 그것을 사람들 사이의 관계로 이해하는 것이 더 유익할 수 있다(예컨대 de Rivera, 1977; de Rivera & Grinkis, 1986; Parkinson, 1996; Parkinson 외, 2005). 이러한 관점에서, 정서는 외부 상황에 대한 단순한 주관적 반응이 아니다. 대신 정서는 사람과 상황 사이의 교류이다. 정서는 공유된 환경에서 관계를 재구성하는 역동적이고 체화된 관여 방식으로, 자신과 타인에게 이러한 관계에 대한 정보를 전달하는 동시에 그 관계를 형성한다.

개인 간 분노와 경멸

관계 정렬 관점에 따르면, 정서는 항상 사회적으로 관련된 어떤 대상에 관한 것이며, 그 대상은 다음과 같을 수 있다. (1) 직접적 상호작용을 하는 개인, (2) 그 개인의 행동이나 경험, 혹은 (3) 상호작용하는 개인 중 한 사람 또는 둘 모두에게 영향을 미친 별개의 사건. 대인관계 수준에서 정서는 사람들이 그들 사이의 관계를 결정하려고 노력하는 적극적 협상 과정이다. 정서는 다른 사람의 실제 혹은 예상 결과에 맞춰진다. 분노와 경멸은 근본적으로 전달되는 것이고 관계를 지향하므로 사회적 정서의 좋은 보기들이다.

분노는 특히 자신이 그렇게 할 수 있는 수단이 있다고 느낄 때 다른 사람의 행동을 강제로 변화시켜 무언가를 얻는 것을 목표로 한다. 반면에 경멸은 그 다른 사람을 사회적 접촉에서 배제하는 것을 목표로 한다(Fischer & Roseman, 2007; Roseman, Wiest & Swartz, 1994). 관계 정렬 관점에서 보면, 누군가를 겨냥한 분노는 그 사람과의 관계가 여전히 살아 있고 그들의 행동이 변화할 수 있다는 신호를 보낸다. 반면에 경멸은 그 다른 사람을 무가치하거나 열등하다고 평가하고 그 관계를 화해할 수 없는 것으로 간주한다는 것을 나타낸다. 그래서 분노는 관계가 위험에 처해 있다는 신호이고, 경멸은 관계가 더 이상 존재하지 않는다는 신호이다.

파킨슨(Parkinson, 2001)은 분노가 대면 상호작용에서 다른 사람의 행위를 규제하기 위한 전략으로 발전했다고 주장했다. 자세, 몸짓, 얼굴 움직임에 대한 실시간 반응을 통해 사람은 자신의 태도를 조정하여 흔히 본격적 분노를 피할 수 있다. 불만의 초기 증상에는 회유하는 신호나 물러서는 움직임으로 대응할 수 있다. 예컨대 화가 나서 찌푸린 얼굴에 분노의 원인을 개선하는 사과의 죄책감으로 대응한다면, 잠깐의 정서 교환으로도 값비싼 충돌을 피하고 관계를 회복할 수 있다. 개인 간 상호작용에는 두 명의 행위자가 있기에, 한 사람의 정서는 서로 강화하는 피드백 고리를 통해 다른 사람의 정서에 상호 영향을 미칠 수 있다. 예컨대 어떤 사람은 다른 사람의 분노 대상이 된 것에 대해 화를 낼 수 있는데, 이는 분노를 고조시키는 악순환으로 이어질 수 있다. 한 사람이 분노의 본래 원인에 대해 죄책감을 보이기 시작하면, 더 큰 선순환이 시작될 수도 있다. 네트워크 용어로 상호 분노 관계(reciprocated anger relation)는 시간이 지남에 따라 관계를 해체할 수 있는 반면에, 죄책감을 동반한 단방향 분노는 관계를 유지할 가능성이 높다.

양자 상호작용을 넘어선 정서

비록 관계적 정서는 양자 관계의 과정에 기반을 두고 있지만, 그것은 여러 가지 이유로 배타적인 한 쌍의 개인들을 넘어서 유기적으로 확장된다. 일례로 사람들은 키스하고 이야기하는 경향이 있다. 애초에 고립된 상태나 양자 관계 안에서 경험한 정서도 관련된 개인들을 넘어서 전파될 수 있다. 사람들이 강한 정서를 경험할 때, 그들은 거의 변함없이 나중에 그것을 다른 사람과 공유한다(사회적 공유, 이 책의 Ⅳ-3장 Páez & Rimé의 글; Rimé, Mesquita, B., Boca, S. & Philippot, 1991; Rimé, 2009). 한 상호작용에서 펼쳐진 정서는 나중에 다른 상호작용에서 공유될 가능성이 매우 높고, 개별 양자 관계를 더 큰 네트워크 구조에 연결한다. 마찬가지로 사람들은 그들이 현재 상호작용하는 사람에 대해서만 정서를 경험하는 것이 아니다. 많은 개인 간 만남은 두 명 이상의 사람이 있는 상황에서 일어나며, 복수의 양자 관계를 동시에 만들고, 많은 사회적 상황에서의 긴장은 각 관계의 경쟁적 요구로 인해 발생한다(Fleming, 1994). 관계적 정서는 흔히 복수의 상호작용하는 개인들의 역동적인 사회적 맥락에서 작동하며, 다른 사람의 정서나 평가에 대한 지각은 사람들이 상황과 그 안에 있는 행위자들에 대해 어떻게 생각하고 느끼는지를 변화시키고 조정할 수 있다(Manstead & Fischer, 2001).

네트워크가 정서의 진정한 근거지가 되는 이유는 사람들이 다른 사람과의 직접적인 개인적 관계가 없더라도 여러 다른 사람과의 관계에서 정서를 느낄 수 있기 때문이다(Yzerbyt, Dumont, Wigboldus & Gordijn, 2003). 가장 작은 소셜 네트워크에서도, 기본 전제는 하나의 관계가 다른 관계에 영향을 미칠 수 있다는 것이다. 하이더(Heider, 1958)의 균형이론(balance theory)은 두 사람이 친구라면 어떤 대상에 대한 그들의 평가는 필시 수렴할 것이라고 상정했다. 나중에 그 대상은 네트워크의 제삼자일 수 있다고 주장되었다(Holland & Leinhardt, 1976). 그래서 어떤 표적을 향한 정서는 그 표적과 다른 사람들의 관계를 설정할 수 있고, 그 표적을 향한 그들의 행동을 조정할 수 있다(Peters & Kashima, 2007; Repacholi & Meltzoff, 2007; Sorce, Emde, Campos & Klinnert, 1985). 결과적으로 정서 및 관계 정렬 과정은 네트워크의 많은 행위자와 그들의 관계에 분산될 수 있다. 우리는 정서가 직접적 대인관계를 형성함과 더불어 복수의 행위자와 대상 사이의 더 큰 관계 유형을 재설정하는 방향으로 나아갈 수 있다고 가정한다. 이것은 두 개인 사이의 정서가 다른 사람들과 공유하는 관계에 영향을 미칠 수 있다는 것이다.

일례로 질투는 본질적으로 양자 관계를 넘어선 관계에 초점을 둔다. 하나의 정서로서 그것은 진화적으로 적응한 짝 지킴(mate-guarding) 행동에 뿌리를 두지만(Buss, Larsen, Westen & Semmelroth, 1992), 일반적 패턴은 다른 사람들의 관계 발전으로 인해 친밀한 관계가 위험에 처했다고 인식되는 다른 상황에도 적용된다. 네트워크 관점에서 볼 때, 낭만적 질투는 한 사람의 친밀한 양자 관계가 사랑의 삼각관계(즉 3자 관계)가 되거나, 혹은 그것이 완전히 해체될 가능성에 기반한다. [그림 9.1]은 질투 상황에 적용될 수 있는 3자

관계의 도식을 제시한다. 그림에서 행위자 A는 행위자 B와 C 사이의 가능한 새로운 관계로 인해 자신과 B의 특별한 관계가 위협받는다고 느낄 수 있다. 그 질투가 3자 관계가 되기 위해 행위자 C가 물리적으로 존재할 필요는 없고, 그저 상징적으로만 존재해도 된다. 그래서 행위자 A와 B 사이에 일어나는 정서적 만남은 A-B 관계뿐만 아니라 B-C 관계에도 작용하는 것을 목표로 할 수 있다.

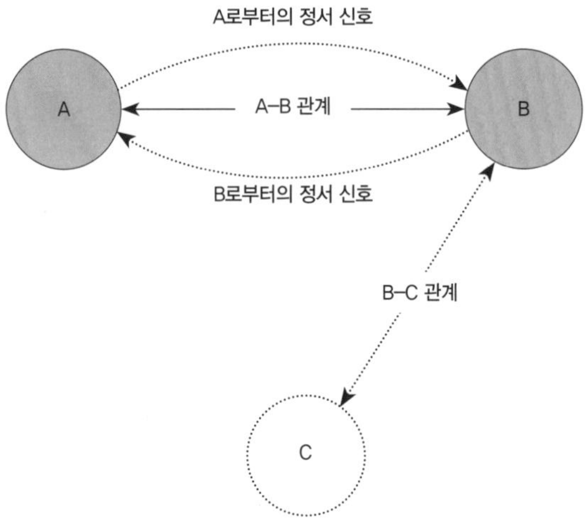

[그림 9.1] 질투에서 3자 관계

따라서 이러한 3자 관계 분석은 관계가 발견되는 모든 장소에서 정서 관계 역학이 작동한다고 가정함으로써 세 명 이상의 그룹을 포함하도록 확장될 수 있다. 현실 세계의 많은 정서는 복수의 개인을 포함하는 맥락에서 (예컨대 학교, 가족, 직장) 일어나므로, 비교적 단순한 정서라도 관련된 모든 사람 사이의 복잡한 상호의존성을 반영할 수 있다는 점에서 주목할 가치가 있다.

그룹과 네트워크 클러스터

세 번째 수준의 분석은 수많은 개인 내와 개인 간 연동 관계를 포함한다. 그러나 그룹의 정의는 사회적 정체성과 네트워크 접근방식에 따라 다르다. 명확성을 위해 우리는 이 장의 나머지 부분에서 두 가지 단어를 사용해 이 두 가지 정의의 차이를 분명히 보여줄 것이다. '그룹'이라는 낱말의 일반적인 그룹 간 의미를 유지하기 위해, 우리는 이 용어를 사람들을 분류하는 주로 인지적 방식을 뜻하는 용어로 사용할 것이다. 이러한 의미에서 그룹은 예컨대 민족, 종교, 또는 기타 외인적으로 결정되거나 부과된 요소와 같이 사회적으로 관련된 속성을 중심으로 구성된다.

반면에 소셜 네트워크 연구자에게 "세계는 그룹들이 아니라 네트워크들로 구성된다"(Wellman, 1988, 37쪽). 네트워크 접근법은 개인의 자기 범주화와 사회적 정체성에 초점을 두기보다는 다른 사람과의 관계에 기초해 사람들의 클러스터(cluster)를 찾는다. 그래서 응집력 있는 공동체들은 전체 네트워크에서 알고리즘을 통해 신생 구조로 발견된다(Wasserman & Faust, 1994). 만약 어떤 네트워크의 행위자들이 서로는 많은 관계를 맺고 있지만 자기 그룹 외부와의 연결은 희박한 집합들로 나누어질 수 있다면, 그 네트워크는 공동체 구조를 가진다(Girvan & Newman, 2002). 데이터에서 이러한 클러스터들이 확인된 후에야, '그룹'이라는 라벨은 예측력을 가진 유의미한 구성체가 된다. 그래서 개인들과 그들의 관계에 맥락을 부여하는 것은 네트워크 내의 더 광범위한 관계 패턴이다(Borgatti, Mehra, Brass & Labianca, 2009).

우리는 **클러스터**라는 용어를 사용해 상호연관된 관계들로 서로 연결된 특정한 개인들의 집합을 가리킬 것이다. 이러한 용어를 사용한다면, **그룹**으로서 공화당원은 사람들이 다른 사람들과 자신을 분류하기 위해 사용하는 정치적 기반의 인지적 분류를 나타낸다. 반면에 **클러스터**로서 공화당원은 네트워크의 전반적 관계 패턴에서 나오는 보수적 개인들의 응집력 있는 공동체를 나타낼 것이다. 이러한 클러스터링의 현실 세계 사례로서, 어대믹과 글랜스(Adamic & Glance, 2005)는 미국의 정치 블로거(bloggers)가 누가 누구와 연결되는지에 따라 두 개의 서로 다른 공동체를 형성하는 방식을 보여주었다. 블로그의 연결 습관에서 나온 공동체는 대체로 그 블로거의 정치적 지향과 일치했지만,

다른 영역에서 그룹과 클러스터 사이의 일치는 경험적 문제로 남아 있다.

그룹정서

그룹정서는 보통 사회적 정체성 접근법을 사용해 연구되었는데, 이 접근법은 서로 다르면서도 밀접하게 연관된 두 가지 사회심리학 이론에 기초한다. 사회적 정체성 이론(Tajfel & Turner, 1979)과 자기 범주화 이론(Turner, Hogg, Oakes, Reicher & Wetherell, 1987; 또한 이 책의 16장 Ray, Mackie & Smith의 글 참조)이다. 이러한 관점에서, 정서의 주요 결정요인은 자신과 타인의 그룹 소속 인식이다. 사회적 행위자는 자신을 개인적 정체성의 관점에서 범주화하는 것이 아니라, 사회적 맥락에 따라 (어떤 두드러진 그룹의 구성원이라는) 관련된 사회적 정체성의 관점에서 범주화하도록 유도될 수 있다. 그룹 구성원이라는 자기 범주화는 행동을 지배하는 규범을 변화시키고, 내집단과 외집단 구성원에 대한 지각에 영향을 미치고 (내집단 동질성의 증가, 외집단과의 차별성 증가), 더 일반적으로 활성화된 사회적 정체성의 행화로 이어진다(Turner 외, 1987).

자기 범주화도 정서에 영향을 미친다. 왜냐면 어떤 사람의 그룹과 관련된 사건은 그가 자신을 그 그룹 구성원으로 볼 때 개인적으로 관련되기 때문이다. 예컨대 도시에, 브랜스콤, 스피어스, 맨스테드(Doosje, Branscombe, Spears & Manstead, 1998)는 사람들이 그룹과의 동일시 수준에 따라 자신이 아니라 자기 그룹이 저지른 죄에 대해 죄책감을 느낄 수 있음을 보여주었다(또한 이 책의 Ⅴ-2장 Ferguson & Branscombe의 글 참조). 집단정서로부터 집단 간 정서로 넘어가면, 사람들이 사회적 정체성의 관점에서 자신을 범주화할 때, 외집단행동도 특수한 정서적 중요성을 갖는다(예컨대 Yzerbyt, Dumont, Gordijn & Wigboldus, 2002).

뒤르켐(Durkheim, 1912/1915) 이후의 그룹 간 정서에 관한 문헌은 일반적으로 사회적 정체성이 어떻게 그룹 간 정서를 일으키는지에 초점을 두었다. 그러나 리빙스턴, 스피어스, 맨스테드, 브루더, 셰퍼드(Livingstone, Spears, Manstead, Bruder & Shepherd, 2011)는 정서가 사회적 정체성을 형성할 수도 있음을 입증했다. 예컨대 한 개인이 어떤 일에 대해 정서를 느끼고 다른 사람이 그 정서적 경험을 공유할 때, 그 경험의 "정서적 적합성(emotional fit)"은 비슷한 정념을 가진 그룹을 드러내 보인다. 정서적 경험의 공유는 한 사람의 사회적 정체성을 형성하는 데 도움이 되지만, 공유된 정서의 내용은 집단행동의 길을 제시한다. 따라서 정서는 내집단과 외집단의 경계를 표시하는 데 도움이 될 수 있다.

리빙스턴과 동료들(Livingstone 외, 2011)이 제안한 것처럼, 만약 경험하는 정서가 사람들에게 '우리'와 '그들'에 대한 새로운 감각을 제공한다면, 그것은 일상적 상호작용을 지도하고 일상적 관계를 재설정할 수도 있다. 예컨대 어떤 그룹에 대해 연민을 느끼고 다른 그룹에 대해서는 경멸을 느끼는 사람은 그들을 다르게 대할 가능성이 높을 것이다. 어떤 개인은 따뜻한 동정을 받을 수도 있고, 다른 개인은 적대적 거부를 당할 수도 있다. 사람들이 선택적으로 서로를 끌어당기거나 밀어내게 함으로써, 정서는 그들을 같은 마음을 가진 클러스터들로 분류할 수 있다.

네트워크 정서

소셜 네트워크 접근법의 강점은 사람들이 그들의 인식된 그룹 소속과 더불어 대인관계를 통해 다양한 수준의 내포성을 지닌 그룹과 연결될 수 있다는 점이다(Granovetter, 1985). [그림 9.2]는 자신을 '흑색'과 '회색'으로 분류하는 개인들의 네트워크를 나타낸다고 가정하자. 그래프에서 원들은 개인들을, 선들은 그들 사이의 우정 관계를 나타낸다. 큰 점선 원들은 행위자들의 밀도 높은 상호관계로 수학적으로 식별될 수 있는 네트워크 클러스터와 그들과 클러스터 외부 행위자들 사이의 낮은 밀도의 관계를 나타낸다. (A에서 C로 이어지는 점선은 잠재적 관계를 나타내며 나중에 논의될 것이다.)

네트워크에 대한 간단한 시각적 고찰로도 많은 정보가 전달된다. 예컨대 단일한 구분점이 있다. 행위자 B를 제거하는 것은 네트워크를 세 개의 단절된 구성요소로 분리할 것이다. 그래서 행위자 B는 네트워크에서 중요한 역할을 담당하고, 클러스터들 사이의 정보와 기회를 중개할 수 있다(Burt, 1992). 소셜 네트워크 분석에서는 네트워크가 얼마나 쉽게 별개의 클러스터로 분할될 수 있는지, 그리고 그 결과로 나오는 분할이 얼마나 모호하지 않은지를 정량화할 수 있는 수단이 있다. 달리 말해, 한 네트워크에 속한 사람들이 맺는 관계의 수를 분석하면, 클러스터 내부 및 클러스터들 사이의 통합 수준을 정확하게 수치화할 수 있다(Porter, Onnela & Mucha, 2009).

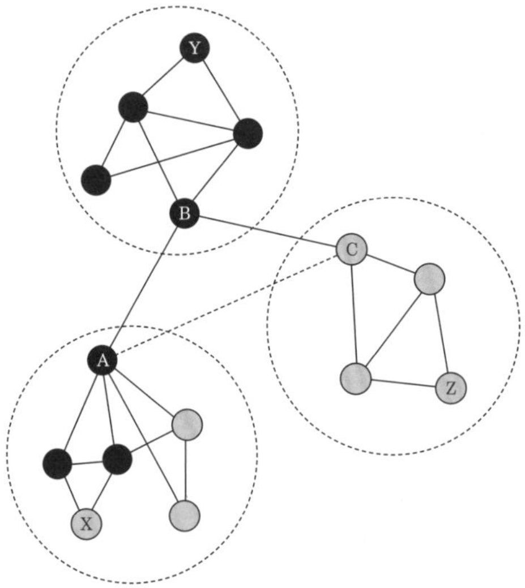

[그림 9.2] 공동체 구조 대 그룹과의 동일시.

[그림 9.2]에서 네트워크의 또 다른 특징은 클러스터들은 행위자가 자신을 흑색으로 식별하는지 회색으로 식별하는지에 따라 완전히 결정되지는 않는다는 것이다. 두 개의 클러스터는 구성원의 그룹 동일시라는 측면에서 동질적이지만, 세 번째 무리에는 흑색 구성원과 회색 구성원이 모두 포함되어 있다. 네트워크 분석가는 서로 다른 수준의 동일시에 대한 정보를 사용하는 대신에 관찰된 관계 구조를 사용해 행위자 A에 대한 행위자 C의 정서를 예측할 수 있다. 예컨대 C는 B와 친구이고, B는 다시 A와 친구이므로, C는 A와도 친구가 될 가능성이 높다는 결론이 나온다(즉 관계의 전이성). 이러한 예측은 행위자 C 혹은 A의 그룹 동일시와 같은 개인적 특성을 참조하지 않고도 관계의 패턴만으로도 이루어질 수 있다.

정서가 사회적 정체성에 영향을 미칠 수 있다고 진술하는 정서적 적합성 원칙(Livingstone 외, 2011)과 유사하게, 우리는 한 사람의 네트워크 위치의 '구조적 적합성'이 사회적 정체성, 자기 범주화, 정서에 추가로 영향을 미칠 수 있다고 제안한다. 시다니우스, 반 라르, 레빈, 싱클레어(Sidanius, Van Laar, Levin & Sinclair, 2004)는 인종적으로 분리된 그룹에 속한 학생들이 더 많이 희생당한 것으로 느낀다는 사실을 발견했다. 우리의 관점에서 볼 때, 캠퍼스 위의 실제 소셜 네트워크에서 참가자의 위치 지도를 그리는 것은 개인의 인종적 정체성과 그룹 간 태도에 대한 데이터를 보완할 수 있는 정보를 제공할 수 있다. 예컨대 [그림 9.2]에서—둘 다 그룹 간 접촉 기회에서 멀리 떨어져 있는—행위자 Y와 Z는 그 간격을 메우는 행위자보다는 그들 각자의 외집단에 대해 더 부정적 정서를 품을 수도 있다. 사회적 정체성과 같은 순전히 개인적 수준의 변수를 기반으로도 유사한 예측을 내릴 수 있지만, 관계 기반의 네트워크 접근법은 자신의 자연적/사회적 거주지에서 정서에 대한 전체론적 관점에 관심을 지닌 연구자에게 추가적 연구 견인력을 제공할 수 있다.

다행히도 네트워크 중심의 정서 연구는 발판을 마련하고 있다. 이론적 측면에서 정서는 이미 네트워크 전반에 걸친 효과를 지닌 양자 관계의 교환에 뿌리를 두고 있으며(예컨대 Lawler, 2001; 이 책의 13장 Lawler, Thye & Yoon의 글), 관계라는 도관을 통해 전염되는 사회적 감염병으로 이해되고 있다(Hill, Rand, Nowak & Christakis, 2010). 네트워크 정서를 지지하는 경험적 증거도 축적되고 있다. 예컨대 많은 행복한 사람과 연결된 사람들과 네트워크의 중심에 있는 사람들은 미래에 행복해질 가능성이 더 높다(Fowler & Christakis, 2008). 역으로 셰퍼, 코르니엔코, 폭스(Schaefer, Kornienko & Fox, 2011)는 우울한 청소년은 시간이 지남에 따라 친구 관계에서 멀어져 새로운 친구 관계를 맺는 데 도움이 되지 않는 네트워크 위치에 놓인다는 사실을 발견했다. 이러한 소외된 네트워크 위치는 우울하지 않은 또래와 어울릴 기회를 감소시켰기 때문에, 이 배치는 우울한 청소년이 대신에 서로를 찾는 데 도움이 되었다.

향후 연구를 위한 과제는 정서를 개인 내적 영역에서 더 멀리 벗어나, 그것이 어떻게 더 넓은 네트워크에서 관계의 기능으로 작동하는지를 고찰하는 것이다. 이러한 목표를 향한 기초 단계 중 하나는 행위자들이 서로에게 느끼는 별개의 타인 지향적 정서에 대한 데이터를 수집하는 것이다. 예컨대 한 연구자는 두 가지 종적인 네트워크를 구축할 수 있다. 하나는 행위자들 사이에 느껴지는 분노에 기반한 관계로 구성된 네트워크이고, 다른 하나는 우정 관계에 기반한 관계로 구성된 네트워크이다. RSiena 소프트웨어(Ripley 외, 2012)로 어떻게 한 네트워크의 관계가 다른 네트워크의 관계에 영향을 미치는지를 분석할 수 있다. RSiena 프로그램을 사용하면, 예컨대 "나의 적의 적은 나의 친구이다"라는 격언의 진위를 (즉 분노의 대상이 일치하는 행위자들은 결과적으로 우정을 쌓을 가능성이 더 높은지를) 경험적으로 입증할 수 있다.

사람들의 네트워크와 그룹

우리의 용어법에서 사회적 정체성이라는 의미에서의 그룹은 동일시할 수 있는 인지적 범주인 반면, 클러스터는 한 사람이 자신의 관계 때문에 속하는 특정한 행위자 집합을 의미한다. 앞서 잠깐 언급한 것처럼, 관계 정렬 관점에서의 정서는 항상 사회적으로 관련된 대상에 관한 것이다. 지금까지 논한 네트워크의 관점에서, 이 대상은 현실 세계의 사람이었다.

파킨슨과 동료들(Parkinson 외, 2005)은 정서의 주체(즉 정서를 경험하는 사람)와 대상(즉 그 정서가 향하는 사람 혹은 물건) 사이의 구분을 사회적 맥락에서 일어나는 정서에 적용해, 그룹정서와 개인 간 정서를 비롯한 적어도 다섯 가지 유형의 정서를 도출했다(Iyer & Leach, 2008). 그룹 간 정서는 자신을 어떤 내집단의 구성원으로 범주화하고 어떤 외집단을 자기 정서의 대상으로 삼는 개인이 경험하는 정서이다. 외집단을 향한 개인적 정서는 개인이 자신을 내집단에 포함시키지 않고도 다른 사람을 외집단 구성원으로 인식하는 상황을 다룬다. 이와 같은 것이 내집단을 향한 개인적 정서에도 적용되지만, 이 경우에 개인은 자신을 내집단과 동일시하지 않고도 내집단에 대한 정서를 경험한다. 정서의 주체가 내집단과 동일시된다는 점을 제외하면, 내집단을 향한 그룹 기반 정서들은 유사하다. 마지막으로 개인을 향한 그룹 기반의 정서는, 다이애나비의 죽음을 애도하는 영국 시민과 같이, 그룹과 동일시하는 한 개인이 어떤 개인에 대한 정서를 경험하는 상황을 고려한다.

2부(two-mode) 네트워크는 사람들이 어떻게 직접적인 사회적 환경에서 다른 사람들, 그리고 그들이 지지하거나 동일시하는 생각(그룹, 관념, 사건, 혹은 다른 유형의 대상)과 관계를 맺는지를 분석할 수 있는 단일한 틀을 제공할 잠재력을 가지고 있다. 2부 네트워크가 그룹과 구성원을 나타낼 때(즉 각 관계가 그룹에 대한 행위자의 친화를 나타낼 때), 그것을 친화 네트워크(affiliation network)라고 한다(그림 9.3 참조). 2부 네트워크를 구성하기 위해, 사

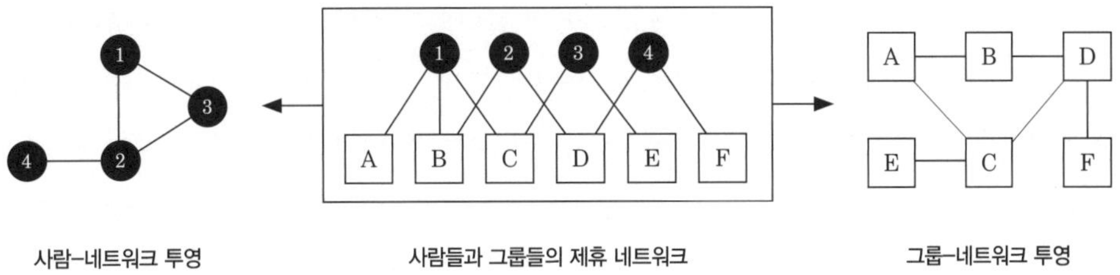

[그림 9.3] 2부(two-mode) 제휴 네트워크의 투영 두 가지.

람들은 그들이 속한 그룹에 보고한다(그림 9.3의 가운데 패널). 이러한 데이터로부터 공유된 그룹 승인에 기반한 사람들의 네트워크를 재구성할 수 있다. 마찬가지로 2부 데이터는 또한 그룹이 공유된 구성원을 통해 연결되는 1부(one-mode) 그룹 네트워크에도 투영될 수 있다. 친화 네트워크는 개인과 그룹이 어떻게 서로 침투하는가를 탐구하는 새로운 방법론은 아니지만(Breiger, 1974), 2부 네트워크를 위한 더 진보된 방법론은 여전히 개발 중이며(Latapy, Magnien & Vecchio, 2008) 집단정서에 대한 적용을 기다리고 있다. 예컨대 사람들의 실제 대인관계, 그들의 다양한 그룹과의 동일시, 그들이 사람들과 그룹들에 대해 느끼는 정서에 대한 자료를 수집하면, 하나의 분석 체계 내에서 동일시와 관계 패턴에 기반한 정서를 경험적으로 비교할 수 있다.

맺음말

이 장에서 우리는 정서의 개인 간 기능이 사람들이 서로 맺는 관계에 중심을 두고 있다고 주장했다. 서로 맞물려 있는 대인관계에서 출현하는 속성으로서 정서의 자연적 서식지는 소셜 네트워크이다. 이론적 틀이자 방법론적 도구로서 소셜 네트워크 접근법은 관계에 초점을 두며, 이는 그것을 관계 정서를 연구하는 유망한 방법으로 만든다. 우리는 정서가 대인관계에 미치는 효과를 지향하며, 상향식 암묵적 과정 혹은 하향식 명시적 과정을 통해 관계를 조정하는 기능을 한다고 가정한다. 분노와 경멸을 살펴봄으로써 우리는 이러한 사회적 정서들과 그것들의 관계적 함의와 관련된 상호 조율을 설명했다.

세 가지 수준의 분석에서 정서에 관여하는 과정을 추적함으로써, 우리는 정서가 개인 간 양자 관계의 만남을 넘어 구조들에서 관계 패턴을 설정할 수 있음을 보여주었다. 그룹 수준에서의 정서는 보통 사회적 정체성 혹은 자기 범주화 관점에서 접근해 왔기 때문에, 우리는 인지적 범주로서의 그룹과 특정한 사회적 행위자들 사이의 경험적으로 관찰된 관계로서 소셜 네트워크 사이의 이론적/실천적 차이를 지적한다.

사회적 정체성 접근법과 소셜 네트워크 접근법은 언뜻 매우 다르게 보일 수 있지만, 그것들이 서로 충돌할 필요는 없다. 대신에 그것들은 둘 중 하나를 근본적으로 개편할 필요 없이 서로를 보완할 수 있다. 사회적 정체성/자기 범주화 이론가들은 자기 범주화를 본질적으로 가변적이고 맥락 의존적인 것으로 간주하고 그들의 연구는 정체성을 규정하고 촉발하고 정의하는 데에서 네트워크의 역할을 강조해 왔기 때문에(Deaux & Martin, 2003), 역동적으로 진화하는 소셜 네트워크는 이렇게 변화하는 자기 범주화의 배후에 있는 다양한 사회적 맥락으로 작용할 수 있다. 특히 2부 네트워크는 그룹정서에 관한 통합적 연구를 위한 새로운 기회를 제공할 것이다.

우리는 SNA가 새로운 네트워크 구조로서 사람들의 클러스터와 인지적 범주로서 사람들의 그룹을 비교할 수 있는 이론적/방법론적 도움을 제공함으로써 사회적 정체성 접근법을 보완할 수 있다고 제안한다. 더 나아가 "구조적 적합성"(즉 경험적으로 정의된 클러스터와 정체성 기반의 그룹과 관련된 네트워크 내 행위자들의 위치)은 네트워크 내 행위자들이 어떻게 정서를 경험하고 자신을 범주화하는가에 영향을 미칠 수도 있다. 끝으로 우리는 그룹/정서/관계에 관심이 있는 연구자들이 소셜 네트워크 분석에서 나온 발상과 도구를 자신의 연구에 도입해 보길 권한다.

감사의 말

저자들은 경제사회연구회(ESRC)에서 받은 지원(RES-060-25-0044)과 공동연구 네트워크인 타인과 자신의 정서 조절(Emotion Regulation of Others and Self: EROS)에 감사를 표한다.

Chapter 2

집단정서의 원인으로서의 사회적 평가

마틴 브루더[1] | 아그네타 피셔[2] | 안토니 맨스테드[3]

> 버진 애틀랜틱은 비행기가 난기류에 휩쓸렸을 때 승무원이 "우리는 추락할 것"이라고 반복해서 외쳤다는 주장을 조사하고 있다. 런던에서 라스베이거스로 가는 비행기가 갑자기 "흔들리기" 시작했을 때, 승객들은 외침이 울려 퍼지자 당황하며 울기 시작한 것으로 보고되었다. 버밍엄 출신 33세의 BBC 기자 … 더글러스 마셜(Douglas Marshall)도 비행기에 탑승해서 비명을 들었지만, 누구의 비명인지는 알지 못했다. 그러나 그는 비행기에 문제가 생겼을 때 승무원들이 "매우 겁에 질려" 있었다고 확신했다. "만약 비행기 승무원이 겁에 질려 있다면, 당신은 무언가 심각하게 잘못되었다는 것을 알 수 있다. … 정말 정말 무서웠다. 그 비행기에 탑승한 대다수 사람은 자신들이 죽을 것으로 생각했다." (BBC News, 2006a)

비행 중 난기류는 매우 불쾌할 수 있지만, 일반적으로 뉴스로 보도될 만한 일은 아니다. 위의 글에 나온 사례는 다르다. 왜냐면 한 사람의 정서 표현이 상황을 악화시킬 수 있음을 보여주기 때문이다. 그것은 한 그룹 사람들의 정서적 경험에 영향을 미쳐 상황에 대

---

1 Martin Bruder, 독일 개발 평가 연구소(DEVAL) 부서장.

2 Agneta Fischer, 암스테르담 대학교 심리학과, 사회심리학 그룹의 감정 및 감정과정 교수, 사회과학부 학장.

3 Antony S. R. Manstead, 카디프 대학교 심리학과 명예교수.

응하는 집단정서로 이어질 수 있다.[4]

여기서 우리는 개인정서와 집단정서 사이 관계의 근간이 되는 개인 내와 개인 간 과정에 관심을 두고 있다(Parkinson, 2011). 우리는 구체적 상황 안에서 즉각적 상호작용에 초점을 맞춘다. 즉 우리는 직접적인 개인적 만남에서 발생하고 관련된 사람들이 처한 구체적 상황에 관한 정서를 수반하는 과정을 설명한다. 그러나 우리가 설명하는 과정은 집단정서를 끌어낼 수 있는 다른 의사소통 방식(특히 대중매체 의사소통)과도 잠재적으로 관련이 있다.

우리는 개인정서를 집단정서에 연결하는 과정을 자세히 설명하는 두 가지 이론적 틀을 설명할 것이다. 원초적 정서 전염 이론(Hatfield, Cacioppo & Rapson, 1992, 1994; 이 책의 II-4장 Hatfield, Carpenter & Rapson의 글)과 사회적 평가 이론(Manstead & Fischer, 2001)이다. 우리는 사람들이 원초적 정서 전염에 노출되는 조건은 그들이 사회적 평가 과정에 참여하는 조건과 다르다고 주장할 것이다. 우리는 두 가지 과정의 작동에 중요하다고 생각되는 조건들의 윤곽을 설명할 것이고, 이 두 가지 관점을 통합하고자 한다.

원초적 정서 전염과 사회적 평가 이론

[그림 10.1]은 원초적 정서 전염과 사회적 평가와 관련된 개인 간 과정과 개인 내 과정을 보여준다. 설명의 목적으로, 이 장의 시작 부분에 있는 인용문에서 기술한 사건으로 돌아가 보자. 여기서 '상황'은 비행기가 다소 격하게 흔들리기 시작한다는 사실이다. '발신자(sender)'는 (아마도) 당황했던 승무원이다. '수신자(perceiver)'는 승객 중 누군가이다. 이

4 이 용어들은 때로는 서로 대체할 수 있는 것처럼 사용되지만, 우리는 '집단적' 혹은 '공유된' 정서와 '그룹 기반' 정서를 구분하려 한다. 집단정서는 그룹에서 표현된 정서이므로 적어도 어느 정도는 항상 공유된다. 그룹 기반 정서가 반드시 집단적인 것은 아니다. 왜냐면 한 사람이 좋아하는 축구팀이 예컨대 중요한 시합에서 졌을 때처럼, 그룹 기반 성질의 정서는 한 사람의 그룹 기반 자아에 관한 관심이 정서적 반응을 일으켰다는 사실을 가리키기 때문이다. 이러한 그룹 기반 정서는 한 사람이 텔레비전 경기를 혼자서 볼 때처럼 혼자서 경험하거나 표현할 수 있다. 달리 말해, '그룹 기반 정서'는 정서의 기반을 구체적으로 지시하는 반면에, '집단정서'는 정서 경험과 표현의 공유된 성질을 나타낸다.

그림은 원초적 정서 전염과 사회적 평가가 수신자의 정서에 발신자의 정서가 미치는 영향을 다음과 관련해 어떻게 개념화하는지를 보여준다. (1) 그들은 상황을 어떻게 평가하는지(예컨대 그들은 비행기의 흔들림을 위협적인 것으로 인식하는지), (2) 그들은 상황에 대해 어떻게 느끼는지(예컨대 그들은 공포를 경험하는지), (3) 상황에 대한 반응으로 그들은 어떤 정서를 표현하는지(예컨대 그들은 비명을 지르는지). 양쪽의 관점은 모두 정서 증후군의 세 가지 구성요소(즉 인지적 평가, 느낌, 정서 표현) 모두에 영향을 미칠 수 있다. 그것들이 달라지는 지점은 어떤 구성요소가 **개인 간** 과정의 직접적 영향을 받는지, 이후의 **개인 내** 과정에서 어떤 다른 구성요소가 영향을 받는지에 관한 것이다.

원초적 정서 전염 이론은 한 사람의 정서 표현과 다른 사람이 느끼는 정서 사이에 **기능 중심**(feature-driven) 연결이라는 것을 제안한다. 하나의 표현이 나타나는 맥락은 이러한 설명에서 즉각적 역할을 하지 않는다. 제안된 수렴 과정은 다음과 같이 작동한다. 발신자가 어떤 정서를 표현할 때, 수신자는 자동으로 발신자가 보여준 표현을 모방한다(그림 10.1의 2번 경로; Chartrand & Bargh, 1999; Dimberg, Thunberg & Elmehed, 2000). 그래서 개인 간 영향을 직접적으로 받는 정서적 구성요소는 운동 표현이다(Scherer, 2005). 둘째, 개인 내 자동 피드백 메커니즘(관련 고찰로는 Manstead, 1988; Matsumoto, 1987 참조)을 통해, 수신자의 표현은 자기 느낌에 동일한 영향을 미친다(그림 10.1의 3번 경로). 예컨대 난기류 중에 비명을 지르는 승객은 더 강렬한 공포를 경험할 수 있다. 왜냐면 얼굴과 음성의 공포 표현은 내적 피드백 과정을 통해 자기 느낌에 영향을 미칠 것이기 때문이다. 발신자와 수신자 사이의 단기적이든(Hess & Blairy, 2001; Lundqvist & Dimberg, 1995) 장기적이든(Anderson, Keltner & John, 2003) 결과적인 정서적 수렴에 대해서는 충분한 증거가 있지만, 즐거움의 표현과 느낌에 관한 매개(mediation) 모형에서 두 중간 단계를 보여주는 연구는 단 하나뿐이다(Bruder, Dosmukhambetova, Nerb & Manstead, 2012b). 완전한 매개 연쇄를 관찰하려는 다른 시도는 모두 실패했다(Blairy, Herrera & Hess, 1999; Hess & Blairy, 2001; Lishner, Cooter & Zald, 2008; van der Schalk 외, 2011). 그래서 (1) 사람들은 자동으로 다른 사람의 정서 표현을 모방한다는 증거가 있고(그러나 Hess & Fischer, 2012 참조), (2) 사람들은 그들의 느낌에서 수렴한다는 증거가 있지만, 전자가 후자의 필요조건인지, 심지어 충분조건인지는 불분명하다.

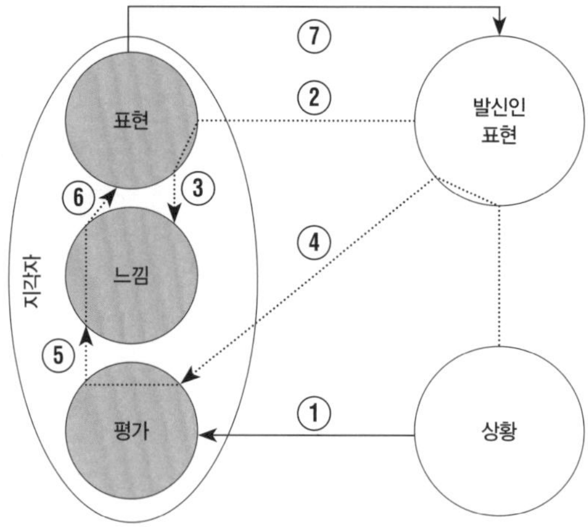

[그림 10.1] 두 개인(발신자와 수신자)은 동시에 잠재적으로 정서를 유발하는 상황에 직면한다. 수신자는 상황에 대한 개별적인 인지적 평가에 착수한다(경로 ①). 더불어 발신자의 표현은 두 가지 경로로 수신자에게 영향을 미친다. (a) 모방으로 구성된 원초적 정서 전염 경로(경로 ②)와 이후 경험된 느낌의 수렴(경로 ③), (b) 발신자 평가와 수신자 평가의 통합(경로 ④)과 더불어 이후 느낌(경로 ⑤)과 표현(경로 ⑥)에 미치는 영향으로 이루어지는 사회적 평가 경로. 수신자의 표현을 통해 반복적/양방향적 과정이 나타날 수 있다. 단순화를 위해 발신자의 평가와 느낌은 그리지 않는다.

수신자의 명시적 표현에 기반하지 않은 체화된 시뮬레이션 과정은 발신자의 표현과 수신자의 느낌을 더 직접적으로 연결할 수 있게 해준다(예컨대 Neumann & Strack, 2000; Niedenthal, Barsalou, Winkielman, Krauth-Gruber & Ric, 2005). 여기서 체화된 시뮬레이션은 명시적 모방을 대신한다(Niedenthal, Mermillod, Maringer & Hess, 2010). 이러한 설명에 따르면, 운동 표현에 관여하는 피질 영역은 다른 사람의 정서 표현을 표상하는 데 중요한 역할을 한다.

개인 간 영향을 주고받는 과정이 모방을 통해 수신자의 정서 표현에 직접 영향을 미치는지, 아니면 이 과정이 피질에서 체화된 표상에 영향을 미치는 것으로 더 잘 개념화되는지와 관계없이, 두 가지 설명 모두 발신자가 애초에 정서를 표현하게 된 상황에 대한 정보를 포함하지 않고 있다. 체화된 시뮬레이션에 대한 어떤 설명은 개념적 지식과 기대의 통합을 허용하지만(Niedenthal 외, 2010), 이러한 영향은 인지적 평가에 의존하는 것으로 보인다. 경험적 지식과 기대를 통합하려면, 우리는 적어도 기본적 수준에서 다른 사람의 표현이 생성되는 상황의 성질과 이 상황이 자신에게 미치는 영향을 이해할 필요가 있다.

사회적 평가 이론은 다른 사람의 정서와 그것이 표현되는 맥락의 통합이 중심적 역할을 하는 개인 간 정서적 영향에 대한 설명을 제공한다. 정서 표현은 환경에 대한 중요한 정보를 제공하는 유의미한 신호로 생각된다. 그러므로 사회적 평가 이론은 정서 표현의 효과에 대한 의미 중심(meaning-driven) 설명을 제안한다. 사회적 평가는 다른 사람의 정서 표현에서 얻은 정보를 어떤 상황에 대한 우리 자신의 평가에 통합하는 과정이다. 이 때문에 "정서적 상황에서 한 사람 이상의 다른 사람의 행동, 생각, 느낌은 사건 자체에 대한 평가와 더불어 평가된다(Manstead & Fischer, 2001, p.222)."[5] 이러한 접근법의 논리는 다음과 같다.

첫째, 정서는 자신의 환경에 대한 개인의 평가에 기초해 나타난다. 이것은 정서에 대한 인지적 평가 이론의 중심 명제이다(관련 고찰로는 Clore & Ortony, 2008; Ellsworth & Scherer, 2003 참조). 난기류 예를 들어보자. 비행기가 난기류를 쉽게 견딜 수 있다고 믿는 사람은 비행기가 난기류를 견딜 능력을 의심하는 사람보다 공포를 덜 느낄 것이다. 그래서 개인이 자신의 상황을 어떻게 해석하느냐에 따라 같은 상황이 하나의 정서를 (또는 공포보다는 전율이나 흥분 같은 서로 다른 정서도) 서로 다른 정도로 끌어낼 수 있다. [그림 10.1]의 경로 1은 상황을 개별적으로 평가하는 수신자를 나타낸다.

둘째, 많은 경우에 발신자는 개별적 평가 과정을 병행한다. 이것이 사회적 평가가 작동하는 지점이다. [그림 10.1]의 경로 4는 수신자가 발신자의 평가를 확인하고 그 평가를 상황에 대한 자신의 평가와 통합하는 과정을 보여준다. 이 과정 수준에서 다른 사람의 평가를 알게 되는 데에는 이론적으로 그럴듯한 두 가지 방법이 있다. 첫째, 정서 표

---

5 이러한 형태의 사회적 평가(우리는 이것을 상황-중심[situation-oriented] 사회적 평가라고 부른다)와 더불어, 맨스테드와 피셔(Manstead & Fischer, 2001)는 또 하나의 사회적 평가 과정(우리는 이것을 관계-중심[relationship-oriented] 사회적 평가라고 부른다)을 설명했다. 후자의 과정에서, 어떤 정서를 경험하는 사람은 다른 사람이 그 정서에 대한 자신의 표현에 어떻게 영향을 받고 어떻게 반응할지를 예상할 수 있다. 이것은 예컨대 다른 사람에게 주는 인상을 관리하거나 사회적 규범을 준수하기 위해 표현을 수정하는 것으로 이어질 수 있다(Evers, Fischer, Rodriguez Mosquera & Manstead, 2005 참조).

현이 느껴진 정서와 관련되는 만큼(Buck, 1994), 이러한 표현을 통해 수신자는 발신자의 정서 상태를 추론할 수 있다. 그런 다음, 정서가 어떻게 평가와 관련되는지에 대한 직관적 이해를 통해 수신자는 특정한 평가를 발신자의 것이라 생각할 수 있다. 둘째, 수신자는 표현적 특징에서 평가를 직접 추론할 수 있다. 이 두 가지 경로 중 첫 번째 경로와 일치되게, 사람들은 실제로 다른 사람의 표현에서 정서 상태를 확인할 수 있으며(Elfenbein & Ambady, 2002), 그들은 평가와 느껴진 정서 사이의 연관성을 어느 정도 이해하고 있다(Ellsworth & Scherer, 2003). 제안된 두 번째 경로와 일치되게, 쉐러와 그랑장(Scherer & Grandjean, 2008)은 평가 라벨과 정서 라벨이 정서적 얼굴을 판단하는 데 유사하게 사용된다는 사실을 발견했다. 라쇼테(Rashotte, 2002)/카이저와 베를레(Kaiser & Wehrle, 2001)는 기본적 (비정서적) 얼굴 움직임이 평가 정보를 전달할 수 있음을 입증했다. 더 나아가 브루더와 동료들(Bruder 외, 2012b)은 사람들이 즐거운 얼굴과 혐오스러운 얼굴에 특정한 평가를 부여할 수 있으며, 이렇게 부여된 평가의 변화는—매개의 틀 안에서—다른 사람의 표현이 자신의 평가에 미치는 영향을 설명할 수 있음을 보여주었다. 현재까지 이 두 가지 경로에 대한 연구 중 어느 것도 다른 설명을 완전한 배제할 수 없다. 그래서 현재로서는 두 가지 모두가 수신자가 발신자의 평가를 이해하는 방식에 대한 합리적 가설을 제공한다.

다른 사람의 평가에 대한 정보를 (그것이 어떤 방식으로 얻어지든) 통해, 수신자는 상황에 대한 자신의 애초의 평가를 재평가하거나 상황을 스스로 평가하는 수고로운 과정을 거치지 않고 발신자의 평가를 채택할 수 있다. 키타야마와 마스다(Kitayama & Masuda, 1995, p.218)가 말한 것처럼, "개인은 자신이 능동적 정보처리를 통해 특정한 평가 구성에 도달했기 때문이 아니라 다른 사람과의 의사소통을 통해 특정한 평가가 '조명'되기 때문에 어떤 정서를 경험할 수 있다." 일단 수신자의 평가가 변하면, 정서에 대한 인지적 평가 이론은 이것이 또한 상황에 대한 다른 느낌과 다른 정서 표현을 초래할 것이라고 예측한다(경로 6).

마지막으로, 다른 사람 표현의 수신자가 자신의 정서 표현을 통해 사회적 영향을 받은 자신의 평가를 전달할 때(그림 10.1의 경로 7 참조), 이것은 상황을 해석하는 방법에 대한 '합의된 틀'의 출현과 집단정서의 생성으로 이어질 수 있다(Fogel, 1993; Lewis, 1996). 이것은 반복적/양방향적 과정에서 같은 상황에 직면한 두 개인이 자신의 정서 표현의 발신자인 동시에 서로의 정서 표현 수신자일 수 있기 때문이다. 난기류 사례에서 승무원은 자신의 정서를 표현했을 뿐만 아니라, 그녀 자신의 반응을 더 강화했을 수 있는 승객의 공포 반응을 지각했을 수 있다.

그래서 정서 수렴에는 두 가지 가능한 경로가 있다. 첫 번째 기능 중심 설명은 원초적 정서 전염 이론에 기초하고 있으며, 수신자는 자동으로 발신자의 표현을 모방하고 이렇게 모방된 표현이 수신자의 느낌에 동일한 영향을 미친다고 주장한다. 두 번째 의미 중심 설명은 사회적 평가 이론에 기초하고 있다. 발신자의 표현은 상황을 평가하는 방식에 대한 정보를 포함하고 있으며 이것은 이 표현의 수신자가 사건을 평가하고 그것에 대해 느끼는 방식에 영향을 미친다고 주장한다.

우리의 견해로는 이 두 가지 경로는 일반적으로 병렬로 작동한다. 그러나 그것들은 한 가지 중요한 측면, 즉 자동성에서 차이가 있다. 정서 전염 연쇄는 일반적으로 자동으로 일어나는 것으로 가정된다. 이것은 정서 전염과 관련된 두 단계에 관한 연구 결과로 뒷받침된다. 다른 사람 얼굴표정의 모방은 자극 얼굴이 최적이 아닌 상태로(즉 그 표정에 의식적으로 접근할 수 없을 정도로 짧은 시간 동안만; Bailey & Henry, 2009; Dimberg 외, 2000; Rotteveel, De Groot, Geutskens & Phaf, 2001) 제시된 경우에도 발생할 수 있다. 이러한 연구는 또한 모방이 수백 밀리세컨즈 이내에 일어남을 보여주었다. 더 나아가 사람들은 다른 사람의 얼굴을 모방하지 말라는 지시를 받아도 그렇게 하는 것을 완전히 피할 수 없다(Dimberg, Thunberg & Grunedal, 2002). 그래서 모방은 의도나 목표와 무관하고 통제하기 어려운 빠르고 효율적 과정이라는 증거가 있다. 원초적 정서 전염의 두 번째 단계인 피드백 과정의 자동성을 입증하는 가장 잘 알려진 연구는 스트랙, 마틴, 스테퍼(Strack, Martin & Stepper, 1988)의 실험이다. 그들은 눈에 띄지 않는 (입술이나 치아 사이에 펜을 무는 등의) 방식으로 얼굴표정을 조작하더라도 미소와 관련된 근육의 활성화는 만화에 나오는 더 높은 수준의 우스움으로 이어진다는 것을 보여주었다.

사회적 평가 과정은 자동성과 관련해 더 다양할 가능성이 있다. 특정한 정서에 대한 지각은 효율적으로 그리고 인식을 초월해 발생할 수 있고(Rohr, Degner & Wentura, 2011), 평가에 특정한 영향을 미칠 수 있다(Yang & Tong, 2010). 그러나 사회적 평가는 또한 덜 자동적이고 더 의도적/의식적인 처리 수준에서 일어날 수 있다. 비행기 난기류 상황의 승객들은 다른 사람(특히 승무원)으로부터 관련된 정서 정보를 적극적으로 찾아냈다고 보고했다.

정서 전염 틀은 다른 곳에서 (이 책의 Ⅱ-4장 Hatfield 외의 글 참조) 자세히 설명했으므로, 이 장의 나머지 부분에서는 사회적 평가 이론을 전개하는 데 초점을 둘 것이다. 특히 우리는 사람들이 다른 사람의 정서를 평가할 가능성이 가장 높은 상황, 그들이 누구의 정서 표현을 평가할 가능성이 있는지, 그리고 언제 이것이 수렴하거나 갈라지는 정서 반응을 일으킬 수 있는지를 살펴볼 것이다.

사회적 평가 이론

사회적 평가 이론은 정서가 사회적 기능을 수행한다는 가정에 기초한다(Fischer & Manstead, 2008; Keltner & Haidt, 1999). 정서 표현은 다른 사람에게 평가 정보를 전달하여, 예컨대 환경의 위협과 기회에 대해 알려준다. 정서 표시의 정보로서의 가치는 아마 정서 표시의 진보에 중요한 역할을 했을 것이다. 투비와 코스미데스(Tooby & Cosmides, 1990, 105쪽)는 "많은 정서 표현은 정보를 제공하도록 설계된 것으로 보이며", 전달되는 것은 "신호 전달자가 판단하기에 진화적으로 반복되는 당면한 상황의 정체(예컨대 지역 세계에 위험이 있다)"라고 주장한다. 그러므로 표현은 "동료들에게 상황의 근본적 의미에 대한 해설을 지속적으로" 제공한다(Tooby & Cosmides, 1990, p.105). 마찬가지로 스푸어와 켈리(Spoor & Kelly, 2004, 401쪽)는 정서 표현이 "포식자의 존재와 같은 환경에 대한 중요한 정보"를 그룹의 다른 구성원에게 전달한다고 제안한다. 상황에 대한 자신의 평가에서 이러한 "지속적 해설"을 활용하는 것이 바로 사회적 평가의 의미이다. 최근 연구는 이러한 주장에 대해 추가 근거를 제공했다. 예컨대 화난 표정은 수신자가 행복하거나 슬픈 표정보다 상황을 덜 협조적인 것으로 인식하게 만든다(Van Doorn, Heerdink & Van Kleef, 2012). 공포 표정은 수신자가 위험을 덜 감수하게 만든다(Parkinson, Phiri & Simons, 2012). 행복한 표정은 혐오 표정보다 수신자가 다른 사람을 더 매력적으로(Jones, Debruine, Little, Burriss

& Feinberg, 2007), 대상을 더 마음에 드는 것으로(Bayliss, Frischen, Fenske & Tipper, 2007), 그리고 영화를 도덕적으로 덜 비난할 만한 것으로 보게 한다(Bruder 외, 2012b). 듣자 하니 원숭이도 다른 원숭이의 표정을 이용해 미지의 대상을 평가하는 능력을 공유하고 있다(Morimoto & Fujita, 2012).

어떤 상황에서 우리는 다른 사람의 정서를 평가하는가? 불확실성 가설

우리는 다른 사람의 정서 표현을 처리할 수 있는 능력과 동기가 모두 언제 사람들이 사회적 평가에 참여하는지를 예측하는 데 중요한 역할을 한다고 제안한다. 비록 사회적 평가는 다른 사람의 표현에 대한 노출이 미미한 경우에도 일어날 수 있지만, 다른 사람의 표현과 그것이 일어나는 맥락을 완전히 처리할 수 있는 조건에서는, 더 강력한 영향력을 가진 사회적 평가 과정이 일어나리라고 생각할 만한 근거가 있다.

사회적 정서 정보를 처리할 동기부여도 매우 중요하다. 정기 항공편에서 다른 승객들은 기내 오락거리나 기내식 등의 주제와 관련해 다양한 정서를 표현한다. 난기류 사례에서 눈에 띄는 점은 승객들이 무슨 일이 일어나고 있는지를 이해하려는 동기가 강하다는 것이다. 그러므로 우리는 불확실성 가설을 제안한다. 사람들은 어떤 사건의 정서적 중요성에 대해 불확실할 때 특히 다른 사람의 정서에 주의를 기울이려는 동기를 가질 것이다. 만약 사람들이 (예컨대 정보 부족으로 인해) 주어진 상황에 대해 완전한 평가 패턴에 도달할 수 없거나, 자신의 평가에 대해 신뢰도가 낮다면, 그들은 다른 사람의 표현에서 관련 정보를 얻으려 하거나, 다른 사람의 표현을 참조해 자신의 최초 평가를 입증하려 할 것이다.

사람들이 자기 자신과 자신의 환경을 이해하기 위해 사회적 정보를 이용하려는 동기가 있다는 것은 오래된 생각이다. 사회 비교(social comparison) 이론에서, 페스팅거(Fastinger, 1954, 117쪽)는 "[자신의] 의견과 … 능력을 평가하려는 충동"을 제안했다. 이것은 명백히 당면한 상황에 대한 인지적 평가를 포함한다. 사회 비교 이론을 기반으로, 샤흐터(Schachter, 1959, 25쪽)는 자신의 2요인 이론(two-factor theory)에서 모호한 상황에 있는 개인은 자신의 정서 상태에 대한 '인지적 명확성'을 얻기 위해 사회적 정보를 능동적으로 찾는다고 제시했다. 실제로 수많은 연구에서, 위협에 마주친 사람들은 인지적 명확성을 제공하여 불확실성을 줄여줄 수 있는 다른 사람과 제휴한다고 밝혀졌다(Gump & Kulik, 1997; Kulik, Mahler & Earnest, 1994; Kulik, Mahler & Moore, 1996). 그러나 샤흐터(Schachter, 1959)는 생리적 각성을 명확하게 해줌에서 맥락적 정보의 중요성을 강조했던 반면, 우리는 다른 사람의 표현으로 전달되는 평가 정보가 상황 자체를 명확하게 해줌으로써 더 근본적인 영향을 미친다고 제안한다.

유아기의 사회적 참조(social referencing)에 관한 연구는 사회적 평가 과정이 불확실성을 초래하는 상황에서 일어난다는 생각에 추가 근거를 제공한다. 유아가 시각적 절벽을 건너는 것과 같은 모호한 상황에 직면하거나(Sorce, Emde, Campos & Klinnert, 1985) 친숙하지 않은 장난감을 가지고 놀 때(예컨대 Klinnert, Emde, Butterfield & Campos, 1986; Zarbatany & Lamb, 1985), 그들은 "그 환경에서 중요한 다른 사람으로부터 정서적 정보를 찾기 위해, 그리고 그 정보를 사용하여 모호하거나 자신의 내재적 평가 역량을 넘어선 사건을 이해하기 위해" 보호자에게 의지한다(Klinnert, Campos, Sorce, Emde & Svejda, 1983, p.64).

마지막으로 반 클리프, 드 드뢰, 맨스테드(van Kleef, De Dreu & Manstead, 2004)의 일련의 연구에 따르면, 사람들의 인식적 동기, 즉 상황을 정확하게 이해하려는 (그리하여 불확실성을 극복하고 인지적 명확성을 확보하려는) 동기는 진행 중인 협상에 대한 그들의 평가와 그들의 입찰 행동이 다른 사람의 정서 표현에 의해 영향을 받는 정도를 예측하는 것으로 나타났다.

요컨대 모호하거나 불확실한 상황은 개인이 다른 사람의 표현에 더 많은 주의를 기울이고 그것의 의미를 더 철저하게 처리하려는 동기를 부여할 수 있다(관련 설명으로는 Van Kleef, De Dreu & Manstead, 2010 참조). 그러므로 이러한 상황과 직면했을 때 사람들은 더욱 다른 사람의 평가를 받아들이게 될 수 있다. 또한 불확실성을 줄이려는 사람들의 동기에는 개인차가 있다(Webster & Kruglanski, 1994).

그래서 정서 전염 과정과 사회적 평가 과정은 불확실성이 (그러므로 다른 사람의 표현에 주의를 기울이고 그것을 처리하려는 동기가) 낮거나 높은 상황에서 어떻게 작용하는가? 불확실성이 낮은 조건에서는 우리는 두 과정이 개인 간 정서 수렴의 방향으로 자동적 영향을 미칠 것이라고 제안한다. 불확실성의 증가는 정서 전염 과정이 담당하는 역할에 상대적으로 적은 영향을 미칠 것이다. 대조적으로 사회적 평가 과정은 불확실성이 높을 때는 훨씬 더 큰 영향을 미칠 가능성이 있고, 사회적 맥락에 따라서 다른 사람과의 강한 수렴으로부터 갈라짐에 이르기까지 다양할 결과를 초래할 수 있다. 다음으로는 수렴과 분기가 일어날 것으로 예상되는 조건에 대해 자세히 설명한다.

우리는 누구의 정서 표현을 평가하는가? 신뢰도 가설

어떤 상황에 대해 (더 많은) 정보를 얻으려는 동기가 있을 때, 우리는 누구에게 주의를 기울이는가? 그리고 우리는 언제 다른 사람의 감정과 수렴하거나 갈라지는가? 난기류 사례는 사회적 평가에서 발신자의 특성이 중요하다는 일화적 증거를 제공한다. 그 비행기에 탑승했던 또 다른 승객인 폴 깁슨은 "비행기가 흔들리면서 누군가 울거나 고함을 지르는 소리를 들었습니다. 내 첫인상은 승객이 울고 있다는 것이었기 때문에, 그것에 대해 별다른 생각을 하지 않았습니다"라고 말한 것으로 전해진다(BBC News, 2006b).

발신자의 두 가지 특징은 계통발생과 개체발생 과정에서 다른 사람의 정서 표현을 평가하는 데에 가장 중요했을 수 있다. 첫 번째는 그 사람의 정서 표현이 신뢰할 만한 것인지이다. 두 번째는 정서 표현이 상황에 대한 유능한 평가에 기초하고 있는지이다. 이 두 가지 요인은 함께 지각된 평가 정보의 신뢰도를 결정한다. 신뢰도 가설(reliability hypothesis)을 제안하면서, 우리는 신뢰할 만하다고 평가된 정서 표현이 신뢰도가 의심스러운 것으로 생각되는 표현과는 다른 영향을 수신자에게 미칠 것이라고 주장한다.

신뢰할 만하다고 생각되는 사람이 누구인지는 사람 지각의 영역에서 연구되어 왔다(Cuddy, Fiske & Glick, 2008; Fiske, Cuddy & Glick, 2007). 이 연구에 따르면, 따뜻함/신뢰성과 유능함이라는 두 가지 차원이 다른 사람에 대한 우리의 지각에 중심적이며, 여러 문화에 걸쳐 안정적이라는 사실이 밝혀졌다(Abele, Uchronski, Suitner & Wojciszke, 2008; Trapnell & Paulhus, 2012). 이 차원들은 또한 설득 분야에서도 중요한 역할을 해왔다. 특히 출처 신뢰도는 일반적으로 신뢰성과 전문성(어떤 사람이 문제의 쟁점을 판단하는 데 유능하다고 인식되는지; Pornpitakpan, 2004)에 의해 형성된다고 생각된다.

따뜻함과 유능함에 대한 지각은 어떻게 결합하여 표현의 지각된 신뢰도를 결정하는가? 사람의 지각에 관한 연구에 따르면 따뜻함/신뢰성에 관한 판단이 일차적인 것으로 나타났다(Wojciszke, Bazinska & Jaworski, 1998). 이러한 판단은 인지적으로 더 접근하기 쉽고 개인 간 판단의 원자가를 결정하는 반면, 능력 평가는 한 사람이 긍정적으로나 부정적으로 판단되는 정도를 예언한다(Fiske 외, 2007, p.78 참조). 정서 의사소통의 맥락에서 이것은 따뜻함/신뢰성 평가가 개인 간 영향의 방향을 예언할 수 있다는 가설로 이어진다. 따뜻함/신뢰성이 높다고 지각된 발신자는 평가의 수렴을 유도할 수 있는 반면, 따뜻함/신뢰성이 낮다고 지각된 발신자는 평가의 분기를 유도할 수 있다. 이 주장을 뒷받침하는 증거로, 친구들은 그들의 평가/느낌/정서 표현에서 낯선 사람보다 더 강하게 수렴하고(Anderson 외, 2003; Bruder, Dosmukhambetova, Nerb & Manstead, 2012a), 신뢰할 수 없는 사람보다 신뢰할 만한 사람이 바라보는 대상을 더 좋아한다(King, Rowe & Leonards, 2011).

공유된 그룹 소속도 따뜻함/신뢰성의 평가에 영향을 미칠 수 있고, 외집단 구성원과 비교해 내집단 구성원과 더 높은 수준의 정서적 수렴으로 이어진다. 이것은 바이스부흐와 암바디(Weisbuch & Ambady, 2008)의 연구 결과와 일치하는데, 그들은 한 연구에서 보스턴 레드삭스나 뉴욕 양키스 응원자들에게 레드삭스나 양키스 팬의 행복이나 공포 경험을 묘사하는 시나리오를 큰 소리로 읽게 했다. 참가자 목소리의 정동적 톤의 평점에 따르면, 내집단 구성원의 경험에 대해 읽은 사람들은 시나리오에서 묘사된 정서와 수렴하는 반면, 외집단 구성원에 대해 읽은 사람들은 시나리오에서 묘사된 정서로부터 갈라지는 것으로 밝혀졌다. 또한 정서 표현의 수렴에 대한 연구에 따르면, 비호감을 표시한 발신자보다 호감을 표시한 발신자를 더 많이 모방하고(Likowski, Mühlberger, Seibt, Pauli & Weyers, 2008), 외집단 구성원보다 내집단 구성원을 더 많이 모방한다는 사실이 밝혀졌다(Bourgeois & Hess, 2008; Mondillon, Niedenthal, Gil & Drolt-Volet, 2007; van der Schalk 외, 2011).

발신자의 능력에 대한 지각은 수렴과 분기의 규모를 예측할 수 있다. 그래서 수신자들이 발신자를 더 유능하다고 생각할수록, 그들은 발신자의 정서 표현에서 추론된 발신자의 평가를 공유할 가능성이 더 높다. 그룹 관련 변수는 다른 사람의 능력에 대한 지각에 영향을 미칠 수 있다. 예컨대 높은 내집단 지위를 가진 개인이 높은 수준의 능력을 가진 것으로 생각된다(Fiske 외, 2007). 더 나아가 높은 지위와 낮은 지위의 그룹 구성원은 서로 다른 정서를 경험하고 표현하는 것으로 생각된다(Conway, Di Fazio & Mayman, 1999; Tiedens, Ellsworth & Mesquita, 2000). 낮은 지위의 그룹 구성원은 일반적으로 덜 유능한 것으로 간주되기 때문에, 그들의 정서도 덜 신뢰할 만한 것으로, 그래서 정보를 제공할 가능성이 낮다고 보일 수 있다. 또한 낮은 지위의 개인은 높은 지위의 개인보다 다른 사람의 정서에 수렴할 가능성이 더 높을 수 있다(Anderson 외, 2003; Sy, Côté & Saavedra, 2005; Spoor & Kelly, 2009).

개인 간 수렴으로부터 집단정서로

아직 답해야 할 문제가 있다. 정서 전염 및 사회적 평가 과정의 결과로 두 개인 사이에 공유되는 정서와 (개인이 자신을 그룹 구성원으로 범주화하는 경우; Turner, Hogg, Oakes, Reicher & Wetherell, 1987) 한 그룹의 사람들이 집단으로 경험하는 정서 사이의 관계를 가장 잘 이해하는 방법이다. 이 쟁점을 고려하면서, 사회적 영향력이 개인 간 수렴을 낳고 이러한 개인 간 수렴이 다른 사람에게 퍼져 공유 혹은 집단정서를 낳는 '상향적' 과정과 그룹 구성원의 정서적 경험과 표현에 영향을 주어 정서적 수렴을 초래하는 그룹 규범으로 예시되는 '하향적' 과정을 구분할 가치가 있다. 이러한 측면에서 정서 전염과 사회적 평가 과정은 '하향적'이라기보다는 분명 '상향적'이다.

도입부 사례가 보여주듯이, 어떤 상황에서는 개인 간 수렴의 상향적 과정이 집단정서를 창출하는 데 충분할 수 있다. 승객들은 난기류가 발생하기 전에는 자신들을 하나의 집단으로 인식하지 않았을 가능성이 있음에도 불구하고, 그들이 어떤 정서적 사건의 경험을 공유한다는 사실이 공통된 그룹에 속해 있다는 감각을 만들어냈을 가능성이 있다. 실제로 최근 연구에 따르면, 다른 사람들이 어떤 사건에 대한 우리의 정서적 반응을 공유할 경우, 우리는 자신을 그들과 그룹 소속을 공유한다고 볼 가능성이 높다(Livingstone, Spears, Manstead, Bruder & Shepherd, 2011). 적어도 일부 상황에서는 그룹의 존재가 공유된 정서적 경험에 선행할 수 없다. 대신에 공유된 정서적 경험은 개인들의 집합을 하나의 사회적 그룹으로 바꿀 수 있다.

그러나 하향적 영향력이 집단정서의 생성에서 중심적으로 관여하는 상황도 있을 수 있다. 규범과 가치를 공유하는 기존 그룹에서 이러한 현상이 두드러질 가능성이 높다. 이러한 그룹에서는 정서적 수렴이 일어난다는 충분한 증거가 있다. 예컨대 팀 스포츠의 맥락에서, 선수들의 개인적 기분은 그들 팀 동료의 평균적 기분에 의해 상당히 예측되고(Totterdell, 2000), 작업 그룹은 그들의 정서에서 수렴한다(예컨대 Barsade, 2002; Totterdell, Kellett, Teuchmann & Briner, 1998). 그러나 이러한 집단정서를 만들어내는 하향적 영향은 아직 잘 알려지지 않았다. 자신을 그룹 구성원으로 분류하는 것은 사람들이 정서적 경험 및 표현과 관련된 그룹 규범을 채택하게 하여, 이 그룹 안에서 "더 큰 정서의 통일성을 창출"할 수도 있다(Parkinson, Fischer & Manstead, 2005, 90쪽). 그러나 이것은 정서 전염과 사회적 평가 과정이 기존 그룹에서 중요하지 않다는 말은 아니다. 앞서 보았듯이, 공유된 그룹 소속은 모방을 강화하고 개인 간 신뢰를 증진할 가능성이 높아서, 기존 그룹 안에서는 상향적 과정이 특히 강할 수 있다.

맺음말

우리는 어떻게 개인의 정서 경험이 다른 사람들이 공유하는 집단정서로 변할 수 있는지를 설명하는 데 도움이 되는 두 가지 유형의 개인 간 과정을 요약했다. 특히 우리는 개인 간 정서 영향에 대한 사회적 평가 이론에 초점을 두었고, 이 이론이 정서 전염 이론과 통합될 수 있는 몇 가지 방식을 제안했다. 우리는 이 이론들을 단일한 이론적 틀로 통합하는 것이 가능하고 유익하며, 이러한 틀은 집단정서의 발생에 대해 각각의 설명보다 더 나은 설명을 제공할 것이라고 생각한다. 동시에 우리는 인간의 사회적 상호작용의 복잡성으로 인해 집단정서의 출현에는 우리가 여기서 다룰 수 있는 것보다 더 많은 과정이 수반된다는 것을 알고 있다. 예컨대 정서 표현은 그것이 기만적일 수 있다는 점에서(Andrade & Ho, 2009) 항상 액면 그대로 받아들여져서는 안 되며, 수신자는 자신의 정서적 상태를 발신자에게 투사할 수 있기에(Niedenthal 외, 2000; Schmid & Mast, 2010) 정서적 표현은 항상 있는 그대로 드러나지는 않는다는 것이 분명하다. 난기류 사례는 이 후자의 요점을 보여준다. 난기류가 일어나는 동안 승무원의 행동에 대한 조사를 통해, 비행기가 난기류에 부딪혔을 때 그녀가 "비명을 지르고 공포에 질렸다"는 "증거는 없다"는 결론이 나왔다(BBC News, 2006b). 그렇다면 어떤 경우에 집단정서는 문자 그대로 "난데없이 (thin air)" 튀어나올 수도 있다.

Chapter 3

정서와 사회적 틈새

조엘 크루거[1]

철학과 인지과학에서 최근 영향력 있는 정서 이론은 (예컨대 평가 이론, 신제임스주의[neo-Jamesian] 이론 등) 공통된 가정을 공유하는 경향이 있다. 정서는 행위자의 생물학적 경계에 국한된 내적 상태나 과정으로 구성된다. 그 존재론이 무엇이든 (예컨대 평가적 판단, 신체적 각성의 생리적 상태 등), 정서는 신경생물학, 인지적 내용, 행동적 표현, 현상적 특성에 의해 개별화되는 사적인 상태이다(예컨대 Damasio, 1999; Laird, 2007; Nussbaum, 2001; Prinz, 2004; Russell, 2009; Schwarz & Clore, 1988).[2]

이러한 개인주의적 접근법은 정서의 일부 측면을 특징짓는 데는 도움이 되지만, 흔히 정서가 행위자의 **사회적 틈새**(social niche)에 의해 매개되는 정도, 즉 정서가 행위자의 내부에서 발생하는 정도, 그리고 진화하는 사회적 맥락과 행위자의 지속적 상호작용의 역동성에 의해 부분적으로 구성되는 영역을 제대로 설명하지 못한다. 이 장에서는 정서를 사적 존재자가 아니라 사회적 현상으로 간주한다. 나는 정서를 사회적 틈새 구축의 분산 과정, 즉 행위자가 관계를 수립하거나 수정하거나 협상하고, 의도를 전달하고, 다

---

1 Joel Krueger, 엑서터 대학교 철학과 교수.

2 물론 정서의 사회-관계적 특성을 강조하는 애버릴(Averill, 1985), 파킨슨(Parkinson, 1996), 파킨슨, 피셔, 맨스테드(Parkinson, Fischer, Manstead, 2005)와 같은 몇몇 주목할 만한 예외가 있다. 그러나 심리철학과 인지과학에서 분산된 인지(distributed cognition)에 관한 연구—또한 발달 심리학의 경험적 연구에 대한 집중적 고려—에 의지함으로써, 나는 이 저자들의 연구에서 분명하게 다루어지지 않은 추가 자료를 이 논의에 가져올 수 있기를 바란다.

른 사람의 정신적 삶과 조율하기 위해 자신의 사회적 맥락을 조작하는 참여 형태라고 생각하는 것이 생산적일 수 있다고 주장할 것이다. 나는 주로 대면 참여의 역학관계 안에서 나타나는 정서에 초점을 맞추고 우리 사회적 틈새의 물질적/관념적 요소들이 어떻게 단기적/장기적 규모에서 정서의 출현을 뒷받침하는지를 살펴볼 것이다. 이를 위해 나는 인지에 대한 분산 접근법의 이론적 자원과 발달 심리학 연구를 비롯한 여러 다른 가닥의 경험적 연구를 이용할 것이다.

(인지적) **틈새 개념**

틈새 건설은 한 유기체의 선택, 활동, 대사 과정이 그것의 환경을 생성 및/또는 수정할 때 발생한다(Laland, Odling-Smee & Feldman, 2000). 시간이 지남에 따라 이러한 선택과 수정은 새로운 선택의 압력을 가져오고, 더 많은 시간이 지남에 따라 새로운 진화적 반응의 개발을 촉진한다. 예컨대 여러 세대에 걸친 거미줄의 존재는 거미줄에 기반한 향상된 형태의 은폐를 가능하게 하여 거미의 선택적 틈새를 수정했다(Laland 외, 2000, p. 133). 해부학적 구조와 근육 구조가 허용하는 것보다 더 빠르게 헤엄치는 참다랑어는 지역 해류를 이용함으로써 해류와 어우러지고, 지느러미로 추가 소용돌이를 만들어 전진할 수 있다(Triantafyllou & Triantafyllou, 1995). 비버는 계절과 포식자의 도전에 대응하기 위해 정교한 방식으로 자신의 환경을 설계하는 것으로 유명하다. 이러한 수정들은 선택적 환경을 바꾸고 자손의 생물학적 진화의 발판이 된다. 오늘날 유기체의 여러 기술과 감수성은 틈새를 건설한 조상들의 '문화적 작업(cultural work)'에서 진화한 것이다.

인간의 틈새 건설에서도 비슷한 효과를 관찰할 수 있다. 우리는 소품/인공물/기술로 우리의 틈새를 채우고, 이 틈새는 장단기적으로 개인적/문화적 학습 과정을 변화시키고 이 과정의 발판을 마련해 주는 식으로 우리에게 되돌아온다. 이러한 인공물(artifacts)은 우리의 문화적 생태계의 물질적 구성물을 포함한다. 언어, 상징, 의식, 문화적 규범/관행, 도구, 무기, 주거지, 의복 등등. 인지적 틈새 건설이라는 관점에서 볼 때, 이러한 인공물은 우리의 사고와 추론을 심오하게 보조하는 방식으로 다양한 표적 영역의 문제 공간(problem space)을 변화시키는 사고 도구이다(Clark, 2005; 또는 다음을 참조. Dennett, 1996; Gregory, 1981).

인지적 틈새 건설이라는 개념은 인지에 대한 최근의 분산적 접근법 및 확장된 마음 이론과 관련된 논의의 핵심이다(Clark, 2008; Clark & Chalmers, 1998; Hutchins, 1995; Menary, 2010; Rowlands, 2010). 이러한 접근법들은 인지적 행위자의 틈새의 특징이 인지 과정의 특징을 제약하는—더 근본적으로, 때로는 그 특징을 **구성하는**—방식을 강조한다. 이 후자의 주장은 인지의 능동적 성질에 대한 강한 강조로부터 나온다. 인지는 부분적으로 지역 환경의 정보 구조의 능동적 조작으로 (즉 틈새 건설의 지속적 순환으로) 구성되며, 이것은 뇌-신체-세계의 경계를 가로지르는 역동적 피드백과 피드-포워드(feed-forward) 과정을 생성한다.

세 자리 숫자 두 개를 곱하는 경우를 생각해 보자(Wilson & Clark, 2009). 전통적 계산주의 관점에 따르면, 곱셈은 순전히 머릿속에서 일어나는 3단계 과정으로 이루어진다. 첫째, 외부로부터 들어온 시각적 혹은 청각적 입력(보거나 들은 숫자)이 내적 기호들로 부호화된다. 둘째, 이 기호들은 수학적 규칙에 따라 내적으로 조작된다. 셋째, 이 조작은 앞선 두 단계에서 나온 출력에 기초하여 설명될 수 있는 행동으로 이어진다. 개인의 내적 자원은 이러한 과제를 수행하는 데 충분하다.

하지만 이 인지주의 모형과 틈새 건설 접근법을 대조해 보자. 후자에 따르면, 곱셈은 뇌-신체-세계 전체 체계에 걸친 분산적 과정이다. 이것은 우리가 어떻게 곱셈이 내적/외적 기호들의 능동적 조작을 포함하는지를 고려할 때 분명해진다. 한 조각의 종이나 칠판에 써진 표시나 컴퓨터 화면에 나온 기호와 같은 것들 말이다. 게다가 곱셈 문제를 해결하는 것은 계산 과정을 주도하는 역동적 지각-행동 순환으로 구성된다. 종이나 칠판에 글씨를 쓰는 물리적 행위, 칠판에서 종이로, 다시 종이에서 칠판으로 앞뒤로 훑어보는 행위, 컴퓨터나 계산기에 데이터를 입력하기 위해 키보드를 두드리는 행위, 동료 문제해결사에게 도움을 요청하는 행위 등등. 그래서 조작 행동과 이러한 행동에서 이용되는 도구와 환경적 자원은 더 큰 (분산적) 계산 체계의 일부이다.

이러한 식으로 인지에 대한 분산적 접근법은 우리 인지적 틈새의 물질적 구조가 우리의 사고와 추론을 주도하고 향상시키는 정도를 강조한다. 그러나 인간은 생각하고 추론하는 것 이상의 일을 한다. 우리는 느끼고 경험한다. 그리고 우리는 맥락 안에서—즉 우리가 물려받고 창조한 사회적 틈새 안에서—그렇게 한다. 사회 세계는—공유되고 정서적으로 충전된 개인 간 관여의 맥락은—지속적 틈새 건설의 비옥한 무대이다. 그러나 인간의 인지에 관한 틈새 건설 접근법의 옹호자들은 이러한 사실을 제대로 다루지 않았다. 우리가 듣는 이야기는 주로 인간이 아닌 소품이나 인공물과 상호작용하는 인간 문제해결자와 관련되어 있다. 다른 사람들이 이 이야기의 일부가 되는 일은 드물다.[3] 정서나 느낌이 언급되는 경우는 훨씬 더 드물다. 그러나 다른 사람들과 그들이 표현하거나 끌어내는 정서는 우리의 사회적 틈새의 영속적인 부분이다. 틈새 건설 개념을 도입하면서 나는 이제 이 개념을 정서와 사회적 상호작용의 맥락에서 고찰할 것이다.

(정서적) 틈새 개념

심리철학/인지과학에서 정서에 대한 지배적 관점은 개인 내적 관점이었다(Miller & Leary, 1992). 정서 연구는 대체로 물리적 위협에 대한 정서적 반응과 같은 비사회적 상황에 초점을 두었다(개요로는 Boiger & Mesquita, 2012 참조). 그래서 환경은 정서의 본성과 발달을 이해하는 데 부차적 중요성을 지닌다. 환경은 뇌에서 정동으로 식별되는 여러 상태의 신체적 각성을 유발하는 자극을 제공하거나(Damasio, Everitt & Bishop, 1996; Panksepp, 2004; Prinz, 2004), 어떤 특수한 상황에 대한 두드러진 측면을 평가하는 데 유용한 정보를 제공할 수 있는데(Arnold, 1970; Scherer, 1999; Solomon, 1976), 주된 노력은 정서를 생성하는 내부 메커니즘을 확인하기 위한 것이었다.

정서에 대한 이러한 개인주의적 접근법은 잠재적으로 문제가 될 수 있다. 정서의 정신 내적(intrapsychic) 혹은 생리학적 특징에만 초점을 맞춤—정서의 무의식적/자동적/비자발적 측면을 강조함—으로써 개인주의적 지향은 정서가 장단기적으로 사회적으로 매개되는 정도를 간과할 수 있다. 그리하여 우리에게는 정서적 경험의 더 큰 '구체적

3 허친스(Hutchins, 2010)는 예외이다.

전체(concrete whole)'의 추상화된 일부만 남게 된다(Dewey, 1895). 그러나 정서를 내면에서 발생하고 사회적 틈새 건설의 집단적 활동으로 유지되는 과정으로 모형화함으로써, 사회적/정서적 과정이 동시에 뒤얽히는 방법을 더 분명하게 알 수 있게 된다.

이러한 생각을 염두에 두고 다음에 나오는 논의는 두 가지 주요 목표를 가진다. 첫째, 인지적 틈새 건설에 대한 논의를 바탕으로, 나는 정서가 인생의 시작부터 본질적으로 주변 사회환경의 특징에 의해 (동시적/통시적으로) 발판이 마련된다고 주장하려 한다. 둘째, 그 과정에서 나는—모든 세부 사항을 설명하지는 않겠지만—정서가 사회적 틈새 건설의 과정으로서 환경의 물질적/문화적 특징에 의해 어떻게 형성되는지를 나타내고자 한다. 이러한 의미에서 정서들은 철저히 **상황적**이고, 그것들이 펼쳐지는 틈새의 특정한 특징에 의존하고, 부분적으로 틈새의 구성을 돕는다(Griffiths & Scarantino, 2009 참조).

유아기 초기의 동시적 발판과 정서적 수행

파킨슨, 피셔, 맨스테드(Parkinson, Fischer & Manstead, 2005)는 정서 경험과 표현을 직접 형성하는 사회적 틈새의 두 가지 특징을 구분한다. 그들은 이 특징들을 각각 '관념적' 요인과 '물질적' 요인이라고 부른다(Parkinson 외, 2005, pp.220-234; 또한 Markus & Kitayama, 1994를 부른다). 전자는 표현 규칙과 정서 각본("남자는 울지 않아!", 우리가 결혼식에서 기쁨을, 장례식에서 슬픔을 표현해야 한다는 기대 등)을 알려주는 가치/규범/규칙과 같은 정신적 구조물이다. 후자는 정서가 일어나는 맥락을 구성하는 물리적 구조—자원/환경/도구—와 그 구조의 출현을 뒷받침하는 다양한 기술이다. 그러나 이러한 구분이 절대적인 것은 아니다. 관념적 요인은 우리의 문화적 생태계의 물질적 구조 안에서 체화된다. 예컨대 가톨릭교회의 고해성사실은 관념적인 것과 물질적인 것이 혼합되는 정서적 기술이다. 이 공간의 물리적 구조, 즉 내밀한 환경은 그 안에서의 정서적 행위에 실천적 제약을 가한다. 그것은 당혹감을 최소화하고 고해성사를 부추기고 죄를 자유롭게 털어놓을 수 있는 친밀한 공간을 만들어낸다. 이 공간은 정서적 차원을 비롯해 가톨릭 신앙의 경험과 표현에 중심적인 여러 제도적 관행과 가치를 체화한다.

물론 고해성사실이 (우리가 그곳에 거주하더라도) 우리가 성숙할 때까지 거주하는 곳은 아니다. 그러나 사회적 틈새의 관념적/물질적 요인은 우리가 태어나는 순간부터 접할 수 있는 또 한 종류의 정서적 기술, 즉 다른 사람들로 수렴된다. 우리와 다른 사람들의 대면 상호작용의 협력적 역학관계는 사회적 틈새 건설의 사례라고 할 수 있다. 이러한 상호작용은 삶의 시작부터 여러 기본 정서의 출현과 발현을 뒷받침하는 실시간 발판을 제공한다.

유아들은 상호주관적 세계에 대한 인식이 거의 없는 상태로 태어난다고 오랫동안 가정해 왔다(Mahler 외, 1975; Piaget, 1954 참조). 그러나 발달 심리학의 다양한 경험적 연구의 흐름에 비추어볼 때, 이러한 가정은 이제 대체로 폐기되었다. 유아들은 다른 사람의 표정/몸짓/냄새/소리에 지각적/정동적 감수성을 가지고 태어나는 것으로 보인다. 이러한 "일차적 상호주관성(primary intersubjectivity)" (Trevarthen, 1979)은 마음 능력 이론이 발달하기 전에—다른 사람 정서와의 조율을 비롯해—초보적 형태의 사회적 상호작용을 가능하게 하는 다양한 신체적/지각적 기술로 구성된다.

예컨대 신생아들은 정서적으로 관련된 얼굴표정을 비롯해(Haviland & Lelwica, 1987; Kugiumutzakis, 1999) 다른 사람들의 얼굴표정을 모방할 수 있다(Meltzoff & Moore, 1977).[4] 또한 영유아들은 자신의 활동과 얼굴의 움직임이 시간적으로 일치하도록 지각적으로 조율되어 있다. 그들은 이전에 표현력이 풍부했던 상대가 대면 상호작용 중에 갑자기 '무표정한 얼굴(still face)'을 취하거나 교류의 리듬이 현격히 깨질 때 매우 괴로워한다(Murray & Trevarthen, 1985; Tronick 외, 1978). 유아들은 또한 다른 방식으로 다른 사람들에게 지각적으로 민감하다. 신생아들은 낯선 사람의 양수보다 모체의 양수에 대한 후각적 선호를 보인다(Marlier, Schaal & Soussignan, 1998). 그들은 인간 음성의 멜로디 매개변수에 고도로 조율되어 있고 즉각 반응한다(Krueger, 2013; Papousek, 1992). 태어나자마자 유아들은 성인 주파수의 억양을 추적하고(Lieberman, 1967), 생후 3일만 되어도 그들이 보호자와 함께 발성하는 비율은 우연보다 훨씬 더 높아진다(Rosenthal, 1982). 태어나는 순간부터 신생아들은 자신들이 다른 사람의 발성과 몸짓에 민감하게 조율되어 있음을 암시하는 방식

4 모방 관련 문헌에 대한 회의적 해석으로는 레이와 헤이즈(Ray & Heyes, 2011) 참조.

으로 발성하고 몸짓한다(Gopnik & Meltzoff, 1997, 131쪽).

물론 사회적 상호작용은 관계적 현상이다(이 책의 Ⅲ-1장 van der Löwe & Parkinson의 글). 그리고 영유아들은 사회 세계에 참여하는 데 필요한 기본적 기술을 가지고 있지만, 그들의 정서와 초보적인 사회적 인지 능력의 출현을 뒷받침하는 발판을 제공하는 것은 보호자들이다. 어째서 그러한지를 알려면, 보호자들이 유아들에게 처음에는 부족한 두 가지인 아주 중요한 사회적 인지 능력을 어떻게 제공하는지를 살펴보아야 한다. 그 능력은 주의력 조절(attentional control)과 정서적 자기조절(emotional self-regulation)이다. 보호자와 유아 사이 상호작용의 유기적 성질은 이러한 능력이 길러지고 발달하는 사회적 틈새의 역할을 한다.

먼저 주의력 조절을 살펴보자(이 책의 Ⅱ-2장 Brosch의 글 참조). 태어날 때부터 유아들은 (물론 제한된 범위 안에서) 환경의 특징을 스캔하여 얼굴—적어도 얼굴의 몇몇 측면—을 보고 모방할 수 있다. 심지어 그들은 정서적 중요성도 인식한다(Kugiumutzakis 외, 2005). 그래서 유아들은 보호자가 보내는 청각-시각-촉각적 '패키지'를 알아차리고 반응하는 데 필요한 기본적 주의 기술을 가지고 태어난다(Beebe & Gerstaman, 1984). 그러나 성인의 주의력과 달리, 영유아들의 주의력은 기본적으로 외인성(즉 상향적/비자발적)이다(Gopnik, 2009, 106-123쪽; Posner & Rothbart, 1998). 그들은 자신의 주의력에 대한 내적 조절력이 거의 없다. 차라리 그것은 대체로 유아의 직접적 환경 속에 있는 사물과 사건에 의해 결정된다. 그래서 유아 주의력의 질은—상호주관적 질을 비롯해—놀라울 정도로 풍부한 반면, 그것의 억제 요소는 상대적으로 덜 발달되어 있다.[5]

이러한 내적 주의력 조절 부족은 유아들이 보고 경험한 것을 통제할 능력이 부족하다는 것뿐만 아니라, 정서적 자기조절을 위한 기본 메커니즘도 부족하다는 것을 의미한다(Posner & Rothbart, 1998). 정동과 정서를 비롯한 유아들의 내생적 상태는 외생적으로—많은 경우에 보호자의 물리적 간섭으로—결정된다. 몸짓/표정/접촉/말을 통해 보

---

5 이러한 발달의 궤도는 신경화학적 수준에서 반영되어 있는 것처럼 보인다. 주의력을 높이는 콜린성 전달물질은 태어날 때부터 풍부하고, 주의력을 억제하는 억제성 전달물질은 나중에 발달한다. 외인성 주의에 관여하는 두정엽 및 감각 체계는 발달적으로 말해서 일찍 온라인 상태에 있으며, 동시에 내인성 주의력을 조절하는 하향적 전두엽 영역은 나중에야 성숙한다(Gopnik, 2008).

호자는 유아의 사회적 인지 발달에 필수적인 상호작용의 특성을 형성한다(Tronick, 2005; Rochat 외, 1999). 더 정확하게 말해, 보호자의 풍부한 신체적 표현은 특수한 상호작용 틈새를 형성하는 물질적 발판이다.

이것이 어떻게 발생하는지는 유아기 초기에 긍정적 정동의 출현을 고려할 때 더욱 분명해진다. 아기들은 부정적 정동을 표현하는 데 능숙하다. 그러나 그들이 긍정적 정동을 경험하고 표현하기 위해서는 도움이 필요하다. 내면의 주의력 조절과 정서적 자기조절 능력이 부족하므로, 그들의 긍정적 정동 경험과 표현은 "시시각각의 과정에서 긍정적 정서를 구성하고 상호조절할 수 있는 능숙한 성인의 관여를 요구한다"(Feldman, 2007, 609쪽). 달리 말해, 유아기 초기의 경험에서 긍정적 정동의 기원은 본질적으로 양자 관계이다. 상호작용 연쇄에 특수한 정동적 특성을 부여하는 "활력 등고선(vitality contours)"(Stern, 1999)을 변화시키고 조절하는 것은 보호자이다. 보호자는 유아가 과잉 자극과 저각성(under-arousal) 사이의 "최적의 놀이 공간"에 있도록 의도적으로 제작된 청각-시각-촉각 패키지의 자극 값을 끊임없이 최적화한다(Stern, 2010, 108쪽). 요컨대 유아의 사회적 틈새의 지속적인 물질적 특징으로서 보호자는 유아의 주의력 및 정서의 출현과 발달에 외부 제약으로 작용한다.

예컨대 까다로운 아이를 생각해 보자. 아이의 어머니는 아이를 기분 좋게 만들고 싶어 한다. 수많은 전략을 사용할 수 있고, 각 전략은 다양한 신체적 표현 기술에 뿌리를 두고 있다. 아이가 조용해지도록, 보채는 유아를 단순히 안고 부드럽게 흔들어주는 것은 외적 정동 조절의 한 단순한 형태이다. 그러나 조금 더 복잡한 방식으로도 같은 효과를 얻을 수 있다. 유아의 부정적 정동에 맞추는 대신, 부모는 더 가까이 다가가 동정적 정서를 음성으로 표현할 수 있다(예컨대 얼굴을 찡그리며 과장되게 노래하듯 가락을 넣어 "오, 누가 기분이 안 좋을까?"라고 말하기). 그러나 보호자는 활짝 미소를 짓고 더 즐거운 표현 방식을 채택하고(예컨대, "자 이제! 그만 뚝 그치기"라고 상승 억양으로 표현하기), 미소, 눈썹 올리기, 만지기, 긍정적 표현을 연속으로 사용하여 공유된 감정을 빠르게 끌어올릴 것이다(Stern, 1995, 421-422쪽 참조). 보호자는 까다로운 유아로부터 긍정적 정동을 끌어내기 위해 주의를 조작하는 다양한 신체적 기술을 사용한다.

어머니들이 사용하는 기술의 종류에는 문화적 차이가 있다. 물질적/관념적 요인들은 서로 다른 조절 전략 내에서 동시에 체화된다. 예컨대 줄루(Zulu) 문화권에서는 유럽이나 북미 문화권보다 아이들이 사회적으로 덜 주목받는다. 까다로운 유아의 부정적 정동을 조절하기 위해, 줄루족 어머니는 "툴라!(thula; 조용히 해)" 혹은 "녜가!(njega; 안 돼)"라고 날카롭게 말하는 동시에 앞으로 몸을 숙여 얼굴과 손바닥으로 유아의 시야를 가리고 유아의 저항을 차단하기 위해 계속 퉁명스럽게 발성한다(Spurrett & Cowley, 2010, 306쪽). 유아의 신체 공간에 이렇게 바싹 다가가는 것은 지각적 집중 방해를 제거함으로써 유아의 주의를 집중시킨다. 그리고 어머니와 유아의 표현 조율은—유아가 조용해질 때까지 미소나 달래는 목소리와 같은 승인 신호를 제한하는 것은—유아가 더 차분한 정동 상태로 전환하는 발판이 된다. 따라서 유아와 보호자 사이의 공유된 공간은 아이의 주의력과 정서를 조절하는 사회적 틈새로 양쪽 모두에게 활용된다.[6]

가장 두드러진 점은 보호자의 표현적 신체는—유아-보호자 상호작용의 역동성과 더불어—유아의 주의력과 긍정적 정서 경험을 비롯해 유아의 사회적 경험의 발판이 되는 동시에 그것을 제약한다는 점이다. 보호자의 몸짓/행동/냄새/말투는 유아의 사회적 틈새의 물질적 측면들이다. 줄루족 어머니의 사례가 보여주듯이, 그것들은 문화적으로 구체적인 관념적 요인도 체화한다. 이러한 물질적 측면들은 유아가 느끼는 것뿐만 아니라 유아가 그것을 느끼는 방식을 형성한다. 보호자의 물리적 간섭을 통해 유아는 일련의 경험(긍정적 영향)에 접근할 수 있고, 현재 발달 수준을 뛰어넘는 인지 능력(내생적 주의력 조절)을 실현할 수 있다. 이것은 마치 우리의 인지적 틈새 내의 어떤 기술들이 다른 도움 없이 두뇌만으로는 불가능한 계산 능력을 가능하게 하는 것과 마찬가지다.

인지적 틈새에서 우리의 상호작용과 마찬가지로, 사회적 틈새 내에서 이렇게 발판을 마련하는 과정은 보호자로부터 유아로 이어지는 단방향의 선형 과정이 아니다. 오히려 그 둘 사이의 상호작용은 순환적/역동적/상호반응적이다. 이러한 상호작용은 유아와 보호자를 연결하는 "우리 공간(we-space)"(Krueger, 2011), 메를로 퐁티가 암시적으로

---

6 자장가 노래뿐만 아니라 유아를 향한 말(즉 엄마가 아이에게 쓰는 말투)을 비롯한 음악은 주의력과 정서를 조절하고 초보적인 사회적 인지 능력을 주입함에서 유사한 발판 기능을 수행한다. 문화적 변이들은 또한 물질적/관념적 요인들의 추가적 혼합을 반영한다(예컨대 DeNora, 2000; Krueger, 2013; Malloch & Trevarthen, 2009; Trehub & Trainor, 1998 참조).

"상호신체성(intercorporeality)"(Merleau-Ponty, 1968, 143)이라고 부른 공유된 공간 안에서 펼쳐진다. 이 공유된 신체적 공간 안에서 유아는 교류의 정동적 등고선을 형성하는 데 능동적 역할을 한다. 어머니는 유아의 지속적 표현에 대한 자신의 반응을 조정하고 개선한다. 그래서 상호신체성은 신생아와 보호자 모두가 이용할 수 있는 신체적 기술을 통해 구성된다. "사회적 행위자의 의도, 느낌, 일반적인 주관적 '상태'를 나타내는" 다양한 "행동, 몸짓, 행동 양식 등등"(Crossley, 1995, 146쪽). 이러한 기술들의 공적 성격을 고려한다면, 상호신체성은 유아의 정서와 초보적 사회 이해가 처음으로 살아나고 길러지는 사회적-물질적 틈새에 기반한 것으로 볼 수 있다(Hobson, 2002). 유아기 초기의 정서 출현에 대한 역동적인 협력적 관점은 확고한 개인 내적 접근법으로는 얻을 수 없다.

그러나 우리가 주목해야 할 사회적 틈새에는 또 다른 차원이 있다. 메를로 퐁티가 다른 곳에서 언급한 것처럼, 상호신체성은 더 기본적인 '익명성', 즉 우리의 체화된 상호작용의 맥락과 내용을 모두 이해할 수 있게 해주는 의미/규범/관습/관행의 암묵적 배경을 전제한다(Merleau-Ponty, 2002, 404-405쪽). 보호자의 표현적인 신체적 기술은 사회적 틈새의 즉각적인 물질적 측면이지만, 우리가 본 것처럼, 또한 이러한 기술의 형식과 역동성을 제약하는 관념적 요인을 체화한다. 보호자와 반복적으로 신체적 상호작용함으로써 유아는 우리의 공동 사회생활의 기반을 형성하는 규범적 (즉 관념적) 관행에 점진적으로 유입된다. 그래서 다른 사람들의 표현적 물질성은 순간순간의 (공시적인) 정서적 수행의 발판이 될 뿐만 아니라, 장기적인 (통시적인) 사회문화적 정서 발달의 발판이 된다. 이것이 다음에 살펴볼 발상이다.

정서 발달의 통시성과 관념적 요인

이전 절("유아기 초기의 동시적 발판과 정서적 수행")에서 나는 사회적 틈새와의 지속적 상호작용이—특히 보호자의 물리적 간섭이—동시적으로 유아기 초기의 주의력과 정서의 발판이 된다고 주장하기 위해 발달 심리학의 증거에 의지했다. 이러한 특성화는 태어날 때부터 정서가 오로지 내적 상태인 것은 아니라는 생각을 뒷받침한다. 오히려 정서는 자아와 다른 사람들 사이의 교류이며, 이러한 교류가 펼쳐지는 특수한 사회적 틈새에 의해 순간순간 뒷받침되고 형성되는 것이다.

곧 볼 것처럼, 교류적 성격을 강조하는 정서의 특성화를 통해 우리는 관념적 요인이 어떻게 지속적 정서 경험, 특히 성인에게 특징적인 복잡한 정서 경험에 개입하고 그것을 형성하는지를 더 선명하게 볼 수 있다. 그러나 교류적 접근법은 오해의 소지가 있을 수 있는, 정서가 내적 정신 상태라는 생각을 바로잡는 데에 도움을 줄 수도 있다. 왜냐면 이러한 종류의 정신 상태 이야기는 잠재적으로 정서들을 (즉 그것들의 느껴지는 신체적 특성을 덜 중요한 것으로 보이게 만들 뿐만 아니라 그것들이 머릿속에서만 있는 과정들로 구성되는 정도를 지나치게 강조함으로써) 지나치게 지성적으로 분석하기 때문이다. 더불어 그것은 정서에 대한 정적 '스냅사진(snapshot)' 개념으로 이어질 수 있다. 이 개념에 따르면, 정서는 환경 자극과 행동 반응 사이에 개입하는 개별적인 생리적 에피소드들(즉 내적 상태들)의 연속적 사슬로 분해된다. 이것은 정서에 대한 잘못된 사고방식이다. 대부분 경우에, 정서는—특히 성인기에는—구성적으로 복잡해지고, 시간이 지남에 따라 진화하고, 선형 인과적 사슬이 아니라 상호 인과적 고리에서 발생하고, 흔히 서로 긴밀하게 얽혀있는 경향이 있다.[7]

내가 분노로 부글부글 끓고 있다고 상상해 보자. 나는 아내가 바람을 피우고 있다고 의심한다. 이러한 배신이 어떻게 전개되었는지에 대한 영상으로 내 상상력은 부풀어 오른다. 새로운 영상이 떠오를 때마다 분노는 더욱 강해진다. 그러나 상황은 이렇게 단순하지 않다. 왜냐면 분노는 독립적 상태로 존재하는 경우가 드물기 때문이다. 분노와 더불어 나는 실제로 상호 연관된 다양한 정서들의 무리를 경험한다. 그녀의 배신에 대한 **질투**, 나의 순진한 신뢰에 대한 **수치심**, 다른 사람들이 알게 될지 모른다는 생각에 대한 **굴욕감**, 오랜 관계가 깨진 것에 대한 **슬픔**, 그녀가 다른 사람과 육체적으로 깊은 관계에 있다는 생각에 대한 **혐오감** 등등. 이 에피소드의 고통 속에서, 이러한 정서 중 어느 한 가지가 다른 정서들보다 우선할 수 있지만, 그렇다고 해서 그것들의 현상적 현존이

---

7 정서 처리의 반복적이고 순환적 성질은 루이스(Lewis, 2005), 로빈슨(Robinson, 2005), 쉐러(Scherer, 2001)를 비롯한 정서에 대한 과정 이론의 옹호자들에 의해 잘 설명되었다. 나는 이러한 견해에 대체로 동의한다. 그런데도 여기서 나는 이들보다 현상학적인 접근에 더 관심이 있다.

상쇄되지는 않는다. 그래서 이러한 맥락에서 내 분노에 대한 특수한 현상학은 동시에 분출되는 한바탕의 다른 정서들에 의해 영향을 받는다. 그러나 나중에 어느 정도 성찰하고 차분해진 후에는, 이전에 강렬하게 타오르던 분노가 완전히 사라지지 않은 채, 지치게 하는 슬픔이 현상학적으로 두드러지게 나타날 수 있다. 그리고 훨씬 더 나중에 친구들과 그 상황을 이야기할 때 수치심과 굴욕감이 전면에 나와, 분노는 그대로지만 강도는 줄어들고 수치심 차원이 더 두드러지게 들어와, 느껴지는 분노의 질감이 바뀐다.

유아기 초기의 정서와 달리, 성인기의 정서는 이러한 식으로 구조적으로 복잡하며 아주 흔히 장기적 과정으로, "수년 혹은 평생 지속되며 여러 수준 혹은 차원의 의식을 차지한다"(Solomon, 2006, 303쪽).[8] 그러나 위의 사례가 확인시켜 주듯이, 정서들은—앞서 논의한 발달적 증거와 함께—우리가 다양한 사회적 맥락에서 협상할 때, 나타나고 변동한다. 더 효과적으로 말해, 그것들은 흔히 우리가 협상하는 이러한 사회적 맥락에 의해 조절된다. 다시 말해, 많은 정서는 우리의 사회적 틈새를 구성하는 것들과 깊이 얽혀 있다는 의미에서 상호작용적으로 구성된다.

여기에는 몇 가지 교훈이 있다. 첫째, 이 사례는 정서 경험의 역동적이고 교류적 성격을—정서는 **구조적으로 복잡하다**는 (다른 정서와 얽혀 있고 생리적 각성, 인지적 판단, 의도성, 느껴진 정동 등과 같은 다양한 차원으로 구성되어 있다는) 생각과 더불어 **본질적으로 시간적**이라는 (즉 시간이 지남에 따라 진화하고 발전한다는) 생각을—재확인시켜 준다.[9] 아내의 외도에 대한 분노를 친구들과 공유할 때, 내 분노는 친구들로부터 분노 반응을 불러일으킨다. 다시 이러한 반응은 내 자신의 분노를 고조시키고 내 분노는 다시 친구들의 분노 반응을 더욱 고무시킨다. 성인기에도 이러한 역동적 과정은 우리의 정서적 교류를 제한하는 시

---

8 정서들이 비교적 장기적 과정일 수 있다고 생각하지만, 솔로몬(Solomon)이 제안하는 것처럼 그것들이 수년 혹은 심지어 평생 지속될 수 있다는 것은 분명하지 않다. 우려되는 점은 이러한 그림이 기분(우울증이나 행복감처럼 만연하고 오래 지속되는, 대상 없는 정동적 경험)과 정서(부분적으로 대상과의 관계와 시간적 지속성에 의해 정의되는 특정한 정동적 경험)를 혼합하고 있다는 것이다. 이러한 혼합이 우리의 정동적 삶의 경험적 복잡성을 흐릿하게 만든다면, 나는 좀 더 미묘한 차이를 나타내는 분류법에 가치가 있다고 생각하고 싶다. 그러나 이것은 복잡한 문제이므로, 간결함을 위해 나는 이 문제를 고려하지 않을 것이다. 이 문제를 제기해 준 편집자들에게 감사드린다.

9 따라서 이러한 견해는 정서는 "짧은 순간의 … 반응"이라는 캐롤 이자드(Carroll Izard)의 정의(Izard, 1974), 그리고 정서는 일반적으로 뒤따르는 대뇌 활동과는 다른 신속한 신경학적 (편도체) 반응이라는 조셉 르두(Joseph LeDoux)의 정의(LeDoux, 1996; 또한 Damasio, 1999; Panksepp, 1992 참조)와는 대조된다.

간적 구조와 개인 간 맥락—사회적 틈새의 물질적 요인—에서 성립한다. 그래서 많은 정서는 거의 문자 그대로 행동/정서/의도의 이러한 지속적 상호조정 속에서 상호작용자들 **사이에서** 출현한다(Fogel & Garvey, 2007). 그러나 관념적 요인은 어떻게 이러한 과정에 개입하는가?

이것은 앞의 사례에서 얻은 두 번째 교훈으로 이어진다. 사회적 틈새와의 교류로서 정서들은 관여의 형태들 혹은 "세상에 속함의 변형들"이다(Merleau-Ponty, 2002, p.415). 우리는 정서들을 이용해 다른 사람 및 주변 맥락과의 다양한 관계를 구성하고 수정하고 협상한다(Hinde, 1985; Maclaren, 2011). 이것이 그것들의 사회적 틈새를 구성하는 기능이다. 그러나 이러한 과정에는 다른 사람이 관련되고—게다가 이러한 상호작용은 항상 특수한 시간과 장소에 위치하기 때문에—맥락의 시간적/사회문화적 특수성을 반영하는 관념적 요인들이 이러한 교류 과정에 중요한 방식으로 개입한다.

운동 경기는—그리고 그 안에서 관람 효과(audience effects)의 영향은—정서적 교류에서 물질적/관념적 요인의 혼합을 관찰하기에 좋은 장소이다. 예컨대 10핀 볼링 선수들은 (예컨대 스트라이크나 스페어 처리와 같은) 긍정적 성과를 낸 후에 친구들을 향해 고개를 돌렸을 때 핀을 바로 보고 있을 때보다 훨씬 더 크게 미소를 짓는다(Kraut & Johnston, 1979). 다른 사람들의 물리적 현존은 미소가 단순히 내면의 정동을 표현하는 것 이상의 기능을 하는 사회적 틈새를 제공한다. 오히려 미소는 강력한 사회적 동기를 표현한다. 자기 행복을 공유하고 다른 사람들의 친화적 표현으로 매개되는 이러한 경험의 추가적 전개를 즐기려는 의도를 표현한다. 서로 마주 보고 있을 때만 골에 대한 반응으로 진정한 (즉 '뒤센'[Duchenne]의) 미소를 짓는 스페인 축구팬들에게서 유사한 효과가 관찰된다(Fernández-Dols & Ruiz-Belda, 1997). 자기 분야의 정점에 도달한 기쁨을 간신히 억누를 수 있을 것 같았던 올림픽 운동선수들도 메달 시상식에서 실제로 금메달을 받을 때만—즉 관계자 및 대중과 상호작용할 때만—미소를 짓고, 시상식 전이나 (즉 터널 안에서 TV 카메라를 피해 있을 때나) 국가가 연주되는 동안 자국 국기를 바라볼 때와 같은 비상호작용적 맥락에서는 거의 미소를 보이지 않는다(Fernández-Dols & Ruiz-Belda, 1995).

이러한 경우에 행복의 표현들은 단순히 강렬하게 느껴지는 내면의 정서나 생리적 반응의 표현적 측면을 넘어서는 것들이다. 차라리 그것들은 상호작용에 동기를 부여하고 다른 사람들과 특수한 종류의 관계를 수립하기 위해 제공된다. 정서 경험에 대한 관람 효과의 연구에 따르면, 정서의 안면 표현과 기타 신체적 표현은 이러한 식으로 개인이 사회적 상황에서 완전히 상호작용할 수 있는 정도에 따라 매개된다(Chovil, 1991).[10] 성인이 되어서도 우리한테서 정서를 끌어내고 그것을 완성하는 데에는 다른 사람들의 현존을 요구하고—앞서 논의한 유아의 정서 조절에 관한 연구를 상기해 보라—이것은 특정한 인지적 과정은 (세 자리 숫자를 곱하거나 복잡한 운항 방향을 기억하는 것) 우리가 우리의 인지적 틈새 안에 있는 적절한 도구(펜과 종이, 지도, 혹은 GPS 장치)와 함께할 때만 가능한 것과 마찬가지이다.

그러나 이러한 정서적 교류의 문화적 내재성은 관념적 요인이 이러한 맥락에 고유한 유형의 정서 경험과 표현 형태를 열어준다는 것을 의미한다. 이러한 요인은 우리가 경험하는 것과 그것을 표현하는 방식을 제약한다. 그리고 이러한 제약은 정서 발달에 장기적 영향을 미친다. 같은 스포츠팀을 응원하는 것이 팬들 사이에 생성하는 강력한 유대관계와 이러한 유대관계가 생성하는 엄청난 열정의 표현을—스포츠 경기장 영역 안에서만 허용되는 정서적 교류를—생각해 보라. 이러한 맥락 밖에서는 사회문화적 제약들로 인해 이러한 표현을 수상하게 여기거나 짜증스럽게 바라본다. 그러나 아주 어린 나이부터 이러한 행사에 참석한 어린이들은 운동 경기가 대다수 형태의 자기 규제를 풀어주고 다양하고 엄청나게 자유로운 방식으로 정서를 집단으로 표출할 수 있는 (좋든 나쁘든) 틈새임을 알게 된다. 그래서 어린이 정서 발달의 아주 중요한 부분은—그들의 정서적 습관이나 "세상에 속하는" 다양한 방식을 길러주는 것은—다양한 사회적 틈새의 물질적 범위 내에서 관념적 요인들이 정서적 적절성의 기준을 설정하는 방식에 적응하게 하는 것이다.[11]

물론 운동 경기의 맥락만 볼 필요는 없다. 결혼식을 생각해 보자. 결혼식은 거의 모

10 이것은 예컨대 우리가 혼자 있을 때는 전혀 미소를 짓지 않거나 행복감을 느끼지 않는다는 사실을 부정하는 것은 아니다. 그러나 암묵적 사회성에 의해 형성되는 고립된 상황에서도 관람 효과는 존재한다(Fridlund, 1991). 혼자 있을 때조차 우리는 종종 상상이나 기억, 예상이나 예측을 통해 다른 사람들과 상호작용한다. 혹은 우리는 우리 자신을 상호작용자로 간주할 수도 있다(예컨대 숨죽여 중얼거리며 반응하거나, 자신을 꾸짖거나 비난하는 것 등등).

11 앞서 논의한 줄루족 어머니의 사례가 나타내는 것처럼, 이러한 문화적 동조의 패턴들은 아주 어린 나이에 시작된다.

든 문화에서 중요한 부분이다. 우리 대부분은 아주 어린 나이부터 결혼식에 참석한다. 우리는 일찍부터 결혼은 중요하고 기억할 만한 행사임을 배운다. 그리고 우리는 그것이 관련된 모든 사람에게 강렬한 정서의 의식이 되는 경향이 있음을 알게 된다. 여기서 운동 경기의 사례와 마찬가지로 이러한 틈새의 물질적 특징은 다양한 정서 수행의 발판을 마련하는 데 실시간으로 중요한 역할을 한다. 결혼식 맥락에는 적절한 정서를 촉진하도록 설계된 정서적 기술이 가득하다. 특별한 음악과 노래, 복장과 행동 규범, 예식 및 축하의 의식화된 양상, 장식, 음식, 건물 혹은 위치(예컨대 교회, 사원, 또는 특정한 자연적 장소) 등과 같은 환경적 특징. 우리의 인지적 교류의 시간 제약적 특징과 마찬가지로, 이러한 물질적 요인들은 참가자가 적절한 시간에 적절한 정서를 표현하는 데 도움을 준다. 예컨대 "화려하지만 어두침침한 교회 환경, 오르간곡 연주, 장면들의 연쇄, 회중의 전통적 반응이 합쳐져 더 암묵적인 수준에서 정서적 반응을 조율하는 역할을 한다"(Parkinson 외, 2005, p.227).

이러한 요인들은 주의력을 조직화하고 정서적 경험과 표현을 조절한다. 그러나 다시 말해 그것들의 조직화는 관념적 요인들도 체화한다. 가톨릭교회의 결혼식을 구성하는 특정한 기술들은 예컨대 힌두교나 세속적 결혼식을 구성하는 기술들과는 현저하게 다를 것이다. 그것들은 정서 각본과 표현 규칙을 지배하는 고유한 가치/규범/관행을 체화한다(Markus & Kitayama, 1994 참조). 다시 한번 말하지만, 단순한 요점은 사회적 틈새의 관념적 요인들이 장기적 정서 발달에 물질적 영향을 미친다는 것이다. 이러한 틈새들의 복잡한 정서적 역학관계와 교섭하는 법을 배우는 것은—즉 우리가 물려받고 거주하고 창조하는 틈새들의 물질적/관념적 제약에 순응하는 동시에 저항하는 법을 배우는 것은—우리의 장기적 정서 발달의 가장 중요한 측면이다.

맺음말

나는 정서를 사회적 틈새 건설의 분산적 과정으로 생각하는 것이 생산적일 수 있다고 주장했다. 내가 제안하기를, 이러한 관점은 정서들이 어느 정도까지—단기적/장기적인 시간적 척도에서—진화하는 사회적 맥락과 행위자의 지속적 상호작용의 역학관계 내부에서, 그리고 때로는 부분적으로 이러한 역학관계에 의해 구성되는 영역 내부에서 나타나는지를 파악하는 데 도움을 준다. 나는 정서의 분산적 특성화를 옹호하고 어떻게 우리의 틈새들 내의 물질적/관념적 요인들이 정서 수행과 경험을 제약하는지를 강조하기 위해 여러 경험적 연구자료를 소환했다.

이러한 성찰의 요점은 정서에 대한 개인주의적 관점이 절대 적절하지 않다는 것을 암시하려는 것이 아님을 분명히 말해두겠다. 정서들은 복잡하고 다차원적이다. 따라서 그것들에는 여러 수준의 설명이 필요하다. 내가 말한 어떤 것도 정서들은 부분적으로 개인 내적 상태나 과정에 있다는 생각과 양립할 수 없는 것은 아니다. 제대로 기능하는 뇌와 중추신경계가 없이는, 우리의 정서적 삶은 실로 매우 열악할 것이다. 이 점을 다시 말하자면, 어떤 정서는 표상적 측면(예컨대 평가적 판단이나 평가)을 가지고 있고, 신체적 각성의 특정한 생리적 상태에 해당하고, 환경에 반응하는 행동 경향을 생성할 가능성이 아주 높다. 나는 정서의 복잡한 실재를 부정하는 대신, 이 복잡한 실재를 어떤 하나의 구성요소나 메커니즘으로 환원하는 개인 중심적 접근법을 경계해야 할 이유를 제공하려고 시도했다. 지나치게 좁은 관점은 정서들이 항상 위치하는 더 거대한 신체적/사회적/상호작용적 맥락을 정서들로부터 제거한다. 이러한 단순화는 정서에 대한 개인주의적 관점에 동기를 부여하는 데는 도움이 될 수 있다. 그러나 정서들은 한 가지 이상의 것들이다. 그리고 그것들은 항상 상황적이며, 그래서 사회적 얼굴을 가지고 있다. 피터 홉슨(Peter Hobson)은 "사회적 참여의 영역에서는 정서들을 경험의 자아-타자 극점들을 결합하는 관계적 상태들로 간주하는 것이 더 적절할 수 있다"라는 말로 이 점을 잘 설명한다(Hobson, 2012, 174쪽). 정서들을 세상과의 지속적 교류로—사회적 틈새 건설과 유지의 집단적 사례로—생각하는 것은, 내가 제안하기를, 정서들의 다차원적 복잡성을 보존할 뿐만 아니라 그 본질의 일부인 협력적인 사회적 관행을 존중하는 데 도움을 준다.

IV

집단정서의 사회적 결과

Chapter 1

그룹에서 공유된 정서의 기능

재니스 켈리[1] | 니콜 이아노네[2] | 메건 매카시[3]

점점 더 많은 연구가 그룹을 통한 정서의 빈번한 자동적 확산에 대한 증거를 제공하고 있다(Barsade & Gibson, 1998; George, 2002; Kelly & Spoor, 2012). 그룹 구성원들이 비슷한 원자가를 지닌 정동적 상태를 느끼게 되는 공유된 정동은 의사소통과 그룹 내 유대관계를 촉진하는 것을 비롯한 여러 가지 기능을 하는 것으로 보인다. 공유된 정동의 기반이 되는 정서 모방은 대인 관계와 호감도에 영향을 미치는 대인 행동을 모방하는 더 광범위한 자동적 경향의 일부로 생각된다(Chartrand & van Baaren, 2009; 이 책의 Ⅱ-3장 Hess, Houde & Fischer의 글). 스푸어와 켈리(Spoor & Kelly, 2004)는 정서 전염(Hatfield, Cacioppo & Rapson, 1994)과 사회적 동조(McGrath & Kelly, 1986)를 비롯해 정동적 전이의 근간이 되는 가능한 메커니즘을 설명했고, 이러한 메커니즘은 정동이 그룹에서 중요한 기능을 하기 때문에 발생했다고 주장한다. 특히 그룹에서의 정동은 그룹 구성원을 행동하게 하려는 목적을 가진 중요한 의사소통 기능을 수행할 뿐만 아니라 구성원들을 그룹에 구속시키는 역할을 한다. 이 장에서 우리는 그룹에서 정동의 이러한 두 가지 기능을 뒷받침하는 연구 증거와 그룹 구성원들 사이의 정동 전이의 기초를 이루고 향상시키는 맥락적 요인을 논의

---

1 Janice R. Kelly, 퍼듀 대학교 심리과학과 명예교수.

2 Nicole E. Iannone, 잭슨빌 대학교 심리학과 교수.

3 Megan K. McCarthy, 시몬스 대학교 심리학과 교수.

한다. 또한 우리는 앞서 설명한 그룹 정동의 유익한 효과에 대한 반대급부로서 집단 히스테리와 그룹 공황처럼 그룹에서의 여러 가지 유형의 파괴적인 정서적 경험뿐만 아니라 공유된 정동의 경계 조건에 대해 살펴본다.

그룹에서의 공유된 정동을 뒷받침하는 메커니즘

정동적 경험의 유형

정동은 지속성/강도/구체성/인과성에서 다른 경험을 설명하는 데 사용되는 포괄적 용어이다. 성향적 정동(dispositional affect)은 사람들이 전형적으로 느끼는 방식의 근간이 되고 사람들이 일반적으로 주변 세계를 해석하는 방식에 영향을 미치는 개인적 차이이다(Goldsmith & Campos, 1986). 정서는 알려진 원인으로 일어나고 지속 시간이 짧고 더 높은 강도를 지니는 경향이 있다(Frijda, 1994). 또한 정서는 더 확실한 경향이 있어, 사람들은 분노나 행복이나 슬픔을 따로따로 느낄 수 있다. 기분은 덜 구체적이고 일반적으로 단순한 긍정이나 부정의 원자가를 가진다. 기분은 덜 강렬하고 확산적이며, 그 원인은 일반적으로 알 수 없다(Forgas, 1992; Tellegen, 1985). 이 장 전체에 걸쳐서, 우리는 연구 전통에 따라 (예컨대 정서 전염, 정서조절 같은) 더 구체적인 용어를 사용해야 하는 경우를 제외하고는, 정서나 기분 같은 구체적 용어보다 '정동'이라는 더 포괄적인 용어를 사용한다.

구성원들의 정동적 경험은 개별 그룹 구성원의 정동적 상태들의 결합에서 발생하는 상향적 과정을 통해 흔히 그룹 전체로 확산한다(Kelly & Barsade, 2001). 정서 전염과 행동 동조를 비롯해 이러한 정동 전이를 뒷받침하는 수많은 메커니즘이 제안되었다. 또한 공유된 정서적 경험은 특수한 정동적 경험이나 표현을 규정하는 정동적 규범과 같은 하향적 과정의 영향을 받을 수 있다. 이러한 과정들의 결과로 그룹 구성원들은 유사한 원자가를 가진 공유된 정동을 경험하게 된다.

정서 전염

정서 전염은 "다른 사람의 표정, 발성, 자세, 동작을 자동으로 모방하고 그것들에 동기화하여 결과적으로 정서적으로 수렴하려는 경향"을 말한다(Hatfield 외, 1994, 151쪽; 또한 이 장의 8장 Hatfield, Carpenter & Rapson의 글 참조). 정서 전염은 개인이 다른 사람의 얼굴표정을 모방하고 얼굴 피드백을 통해 이러한 얼굴표정과 일치하는 정서를 느끼게 되는 무의식적 과정으로 생각된다. 얼굴 피드백 가설에 따르면, 단순히 전형적 정서 표현과 유사한 얼굴 자세를 취하는 것만으로 이러한 정서나 정동적으로 유사한 정서를 경험할 수 있다. 이러한 피드백 과정이 일어나기 위해 개인이 자신의 얼굴 자세(facial pose)와 정서 표현 사이의 유사성을 인식할 필요는 없다(Strack, Martin & Stepper, 1988). 그래서 정서 전염은 정동 조절의 수동적 과정이다(Kelly & Spoor, 2012).

얼굴 피드백은 정서 전염이 일어나기 위한 필수적 요소가 아닐 수 있다. 실제로 모방은 비교적 자동으로 일어날 수 있다는 연구 결과가 점점 더 많아지고 있다(Chartrand & Bargh, 1999). 이것은 언어와 행동 모방뿐만 아니라 정서 전염과 관련된 얼굴과 정서 모방에도 해당된다. 자신이 어떤 행동을 행화할 때와 다른 사람이 행화한 행동을 지각할 때 발화하는 신경세포인 거울 신경세포에 대한 신경심리학적 연구는 정서 전염과 더 일반적으로 모방에 대한 잠재적인 생물학적 근거를 제공할 수 있다(예컨대 Bastiaansen, Thioux & Keysers, 2009; Rizzolatti & Craighero, 2004; 이 책의 Ⅱ-1장 Lamm & Silani의 글).

정서 전염에 관한 초기 연구는 개인에 초점을 두었지만, 최근의 연구는 집단적 현상을 탐구했다(Barsade, 2002; Spoor & Kelly, 2009). 예컨대 바텔과 사베드라(Bartel & Saavedra, 2000)는 다양한 작업팀에서 기분 수렴을 입증함으로써 정서 전염 과정에 대한 증거를 제공했다. 이와 유사하게 토트델, 켈렛, 테우흐만, 브리너(Totterdell, Kellett, Teuchmann & Briner, 1998)는 간호사와 회계사로 구성된 공동체 사례에서 사람들의 기분은 팀원들의 집단적 기분과 연관된다는 것을 발견했다. 실험실 연구에서도 즉석 그룹의 정서 전염이 입증되었다(예컨대 Ramanathan & McGill, 2007). 예컨대 바르사드(Barsade, 2000)/검프와 쿨릭(Gump & Kulik, 1997)은 각각 선입견이 없는 참가자 그룹과 특수한 정서를 표현하도록 훈련받은 그룹 모두에서 정서 전염에 대한 증거를 제공했다.

사회적 동조화와 상호작용 동기화

그룹을 통한 정동 전이는 정서 전염과는 다른 메커니즘에 의해 일어날 수 있다. 예컨대 맥그래스와 켈리(McGrath & Kelly, 1986)는 그들의 사회적 동조화 모형에서 인간의 사회적 행동의 대부분은 상호작용하는 둘 이상 개인의 표현적 행동을 포함해 시간적 리듬으로 특징지어질 수 있다고 제안한다. 시간이 지남에 따라 그들의 표현적 행동의 주기는 서로 동조해, 예컨대 그것들이 동시에 발생해, 표현적 유사성으로 이어질 수 있다. 행동의 동조화는 정서 전염의 정동 모방을 일으키거나 강화할 수 있다(Kelly, 2001).

이와 유사하게 상호작용 동기화도 정서 전염을 강화할 수 있다. 상호작용 동기화는 사람들이 함께 상호작용할 때 자동으로 발생하는 경향을 보이는 개인들 사이의 움직임의 조율이다(Richardson, Marsh & Schmidt, 2005). 상호작용 동기화는 그룹 친밀감(Tickle-Degnan & Rosenthal, 1987)과 상호작용 만족감(Bernieri, Reznick & Rosenthal, 1988)으로 이어지는 것으로 나타났고, 그룹 내에서 긍정적 정동을 증가시키는 메커니즘일 수 있다.

정서 조절

집단에서 공유된 정동을 뒷받침하는 또 다른 메커니즘은 정서 조절이다. 정서 조절은 "개인들이 어떤 정서를 느낄지, 언제 그것을 느낄지, 그리고 이러한 정서를 어떻게 경험하고 표현할지에 영향을 미치는 과정"을 포괄한다(Gross, 1998, 275쪽). 정서 조절은 내적 느낌 상태, 정서와 관련된 인지, 정서와 관련된 생리적 결과, 그리고 정서와 관련된 행동을 조절하는 것을 포함한다.

정서 조절에 관여하는 이유 중 하나는 특정한 상황에 적절한 정서를 느끼거나 표시하기 위한 것일 수 있다. 즉 그룹 구성원은 그룹 상황에서 두드러진 정동에 순응할 수도 있다. 그러나 정서 조절은 수행에 부정적 결과를 초래할 수 있다. 정서 억압과 정서 과장은 수행 결손으로 이어질 수 있다(Richards & Gross, 2000).

정서 조절에 관여하는 두 번째 이유는 다른 사람의 정서를 조절하기 위한 것일 수 있다(Kelly & Barsade, 2001). 예컨대 그룹을 행동하도록 자극하려는 지도자를 생각해 보자. 이 지도자는 화난 어조로 말하고, 화난 표정을 짓고, 그룹 구성원에게 화를 내야 한다고 말할 수 있다. 그래서 그룹은 이 지도자의 조장에 따라 화를 내게 될 수 있다.

정동적 인상 관리

정동 조절은 정동적 인상 관리의 형태를 취할 수도 있고, 자신이 특수한 정동적 상태에 있음을 다른 사람에게 암시하려는 시도이기도 하다(Kelly & Barsade, 2001; Kelly & Spoor, 2012). 그래서 정동적 인상 관리에는 자신이 주어진 맥락에 적합한 정동적 상태를 경험하고 있음을 적극적으로 전달하려는 노력이 포함된다. 정동적 인상 관리의 동기는 다양한 요인에 의해 주어질 수 있다.

정동적 인상 관리는 특정한 맥락에서 어떤 정동적 상태를 표현해야 하는지, 그리고 관련된 표현 규칙이나 규범의 존재로 인해 발생할 수 있다. 개인은 이러한 표현 규칙과 일치하는 정서를 표현할 동기를 가질 수 있다. 임금을 대가로 정동적 인상 관리에 종사하는 것을 정서 노동이라고 한다(Hochschild, 1983). 서비스 부문의 직업(예컨대 비행기 승무원, 부동산 중개인)은 정서 노동을 수반할 가능성이 특히 높다(Ashforth & Humphrey, 1995).

또한 정동적 인상 관리는 당면한 과제에 가장 효과적인 정동적 상태가 무엇인지에 대한 개인의 단순한 이론(Kelly & Spoor, 2007)이나 설득 시도에 참여하려는 욕구(Kelly & Barsade, 2001; Van Kleef, Van Doorn, Heerdink & Koning, 2011)에 의해 동기가 부여될 수 있다. 더불어 정동적 인상 관리는 기본적인 사회적 비교 과정으로 인해 발생할 수 있다(Gump & Kulik, 1997; Sullins, 1991). 개인은 적절한 정동적 반응과 관련된 정보를 얻으려고 그룹 구성원을 관찰하고, 그룹에 잘 어울리려고 자신의 정동적 표현을 이에 맞게 조절할 수 있다.

그래서 다양한 요인이 정동적 인상 관리에 동기를 부여할 수 있다. 정동적 인상 관리는 타인 지향적이기 때문에, 그것은 정동적 상태의 표면적 수준의 표현만 수반하면 된다. 그러나 정동적 인상 관리는 얼굴 피드백을 비롯한 다양한 메커니즘을 통해 실제 정동적 상태에 영향을 미칠 수 있다(Strack 외, 1988).

그룹에서 공유된 정동의 기능

스푸어와 켈리(Spoor & Kelly, 2004)는 그룹을 통해 정동이 확산되는 이러한 메커니즘 중 적어도 일부는 그룹에서 공유된 정동이 중요한 그룹 기능을 수행하기 때문에 발전했다고 주장한다. 특히 정동은 정동적 상태의 소통과 공유를 통해 그룹 활동을 조율하는 데 도움을 줌으로써 그룹을 위해 기능하는 것으로 생각된다. 우리는 정동이 그룹 내 의사소통을 향상시키고 그룹 유대관계를 고무함으로써 그룹 활동을 촉진할 수 있다고 주장한다.

의사소통

그룹에서 공유된 정동의 주된 기능 중 하나는 의사소통이다(George, 2002; Spoor & Kelly, 2004). 공유된 정동은 그룹 구성원들에게 중요한 정보가 전파될 수 있는 매개체이다. 이러한 정보는 다양한 형태를 띨 수 있다.

정동은 그룹 외부의 요인에 관한 정보를 전달할 수 있다. 예컨대 단일한 그룹 구성원의 공포 표현은 그룹 전체에 위험을 빠르게 전하여, 그룹이 위협에 적절히 대응할 수 있는 시간을 줄 수 있다. 또는 긍정적인 정동적 표현은 외부 환경이 안전하다는 신호일 수 있다. 그래서 그룹의 정동적 표현은 그룹이 그 환경에 적절히 반응할 수 있게 함으로써 진화적으로 적응할 수 있다(Spoor & Kelly, 2004). 이러한 진화적 설명에 따르면, 그룹이 외부 위협에 대한 신호일 수 있는 부정적 정동을 공유하는 것은 특히 적응에 유리할 수 있다. 이러한 추론과 일치하게, 부정적인 정동적 상태는 긍정적인 정동적 상태보다 정서적으로 더 전염적일 수 있다는 증거가 있다(Joiner, 1994).

정서는 또한 그룹 다른 구성원의 정신 상태 및 행동 의도와 같은 그룹 내부 요인에 대한 정보를 전달한다. 공포와 같은 정서는 도움의 필요를 전달할 수 있고, 죄책감은 용서에 대한 바람을 전달할 수 있다(Parkinson, 1996). 정동적 표현은 행동 의도에 대한 중요한 정보도 전달할 수 있다. 예컨대 연구에 따르면 긍정적 정동의 표현은 죄수의 딜레마 게임에서 협조적 의도와 관련이 있는 반면에, 경멸의 표현은 비협조적 의도와 관련이 있다(Reed, Zeglen & Schmidt, 2012).

그룹에서 지도자의 정동적 표현은 특히 중요할 수 있다. 왜냐면 그것은 현재의 과제 수행에 대한 지도자의 인식과 관련된 정신 상태나 행동 의도를 전달할 수 있기 때문이다(Humphrey, 2002). 씨, 코테, 사베드라(Sy, Cote & Saavedra, 2005)에 따르면, 지도자의 긍정적 기분은 그룹의 과제 수행이 그런대로 괜찮다는 것을 의미할 수 있지만, 지도자의 부정적 기분은 그룹의 과제 수행이 부족하다는 것을 의미할 수 있다.

그룹 구성원의 정신 상태와 행동 의도에 관한 이러한 정보를 전달함으로써, 그룹의 정동적 표현은 수신자로부터 특수한 반응을 끌어내어 그룹 구성원의 행동을 조율할 수 있다(Van Kleef, De Dreu & Manstead, 2004). 예컨대 우벤, 드 크레머, 다이크(Wubben, De Cremer & van Dijk, 2001)에 따르면, 실망의 표현은 분노의 표현보다 다른 사람한테 협력적 반응을 끌어내는 데 더 성공적일 수 있다.

공유된 정동은 공유된 인지와 마찬가지로 특수한 과제 구조를 전달해 그룹 구성원들이 자신들의 활동을 더 잘 조율할 수 있게 도울 수 있다. 그래서 정동은 특정한 행동 방침을 채택하는 데 도움을 주어 조정력을 향상시킬 수 있다(Spoor & Kelly, 2004). 공유된 정동은 유사한 생리적/심리적/행동적 반응을 통해 그룹 구성원이 동기화를 경험하게 한다(Rime, 2007). 실제로 연구에 따르면 정동적 수렴은 긍정적 그룹 역학관계와 관련이 있다. 바르사드(Barsade, 2002)는 공유된 긍정적 정동은 협력의 증가 및 그룹 갈등의 감소와 연관이 있다는 것을 발견했다. 더불어 부정적 정동은 그룹이 과제에 대해 더 노력하고 비판하는 접근방식을 취하도록 유도할 수 있다(Clore, Gasper & Garvin, 2001).

정동은 또한 그룹 구조, 특히 그룹 구성원들의 상대적 지위에 관한 중요한 정보를 전달할 수 있다(Hess, Blairy & Kleck, 2000; Keltner & Haidt, 1999). 이론적/경험적 연구에 따르면, 한 그룹 안에서 높은 지위는 긍정적 정동의 경험과 연결되지만, 한 그룹 내에서 낮은 지위는 부정적 정동의 경험과 연관된다(Lovaglia & Houser, 1996). 지위는 특정한 정동적 상태와 연관될 수 있다. 그래서 높은 지위는 자부심/분노와 연관되고, 낮은 지위는 감사/슬픔/죄책감과 연관될 수 있다(Tiedens, 2001). 이러한 정동적 지위의 차이는 앞서 언급한 다양한 메커니즘을 통해 지속될 수 있으며, 궁극적으로 그룹 구조와 역할을 강화한다(Galinsky, Gruenfeld & Magee, 2003). 또한 높은 지위의 그룹 구성원은 더 많은 수의 정동적 상태를 표현할 수 있다(Galinsky, Gruenfeld & Magee, 2003). 그래서 우리는 그룹에서 공유된 정동의 기능에 초점을 두었지만, 그룹의 정동적 다양성은 중요한 의사소통과 조율의 기능도 수행할 수 있다.

요컨대 그룹 정동은 환경에 대한 정보, 그룹 구성원들의 정신 상태 및 행동 의도에 대한 정보, 과제 구조에 대한 정보, 그룹 구조에 대한 정보를 전달함으로써 의사소통 기능을 수행한다. 이러한 의사소통은 수신자에게 원했던 반응을 끌어내어 그룹 조율을 높인다. 그래서 그룹 목표의 달성을 촉진하고 그룹을 행동에 동원하는 데 도움이 될 수 있기에, 그룹 정동은 기능적이다.

유대 기능

긍정적이든 부정적이든 그룹에서 공유된 정동의 두 번째 주요 기능은 그룹 유대를 촉진하는 것이다(Spoor & Kelly, 2004). 자기 그룹 구성원을 향한 공유된 긍정적 정동(Forsyth, 2006)과 다른 그룹 구성원을 향한 공유된 부정적 정동은 모두 그룹 유대를 강화할 수 있다(Frijda & Mesquita, 1994; Heise & O'Brien, 1993).

그룹 안에서 공유된 긍정적 정동은 직장 환경에서의 행동에 영향을 미칠 수 있다. 연구에 따르면, 그룹의 긍정적인 정동적 분위기는 잦은 결근과 부정적 관련이 있는 것으로 나타났다(Mason & Griffin, 2003). 긍정적인 정동적 분위기는 또한 그룹의 실적에 영향을 미칠 수 있다. 지도자가 긍정적 정동을 표현하는 대만 보험회사 영업팀은 긍정적 그룹 정동의 분위기를 통해 더 나은 팀 실적을 산출했다(Chi, Chung & Tsai, 2011). 작업 그룹을 대상으로 한 다른 연구에 따르면, 구성원 정동의 수렴은 안정적 그룹 소속감과 긍정적 관련이 있는 것으로 나타났는데(Bartel & Saavedra, 2000), 이것은 작업 그룹 구성원들의 공유된 정동이 헌신으로 이어진다는 것을 시사한다.

공유된 사건에서 비롯된 공유된 정동도 유대감을 높일 수 있다. 예컨대 그룹 구성원들이 자신들의 긍정적 혹은 부정적인 정동적 경험을 함께 토론했을 때, 그들은 '우리' 및 기타 사기를 북돋는 발언을 더 자주 사용하는 것과 같이 소속감을 나타내는 지표를 더 많이 나타냈다(Klep, Wisse & Van Der Flier, 2011). 더불어 상호작용적인 부정적 정동을 공유하는 상태에 있는 사람들은 긍정적 분위기에 있는 사람들보다 더 높은 소속감을 보고했는데, 이것은 부정적 정동을 공유하는 행위가 그룹 경계를 더 강하게 만들 수 있음을 시사한다.

다른 연구도 그룹 유대에서 공유된 부정적 분위기의 중요성을 뒷받침했다. 창조적 제작 과제를 수행할 때, 부정적 정동을 경험한 그룹 구성원들은 더 강한 관계 집중(relationship focus)을 보여주었다(Grawitch, Munz & Kramer, 2003). 부정적 정동을 경험한 그룹 구성원들은 기분이 나아지기 위해 그들의 사회적 관계를 이용해 그들의 관계 집중을 높이는 동시에 그들의 개인 간 유대를 강화한다.

탕헤, 위스, 반 데르 플리에르(Tanghe, Wiss & Van Der Flier, 2010)의 연구에 따르면, 그룹의 정동적 상태는 (긍정적/부정적 정동 모두에 대해) 동질적일수록, 그룹과의 동일시는 더 높은 것으로 나타났다. 더불어 그룹 동일시가 높고 그룹이 긍정적인 정동적 분위기를 가지고 있을 때, 그룹에 대한 헌신을 보여주는 방법으로써 조직적 시민 행동에 참여하려는 집단적 의지가 더 높았다. 공유된 긍정적 그룹 내 정동은 집단 정체성을 제공하는 것으로 생각되지만, 외부인에 대한 공유된 부정적 정동도 그룹의 유대를 강화할 수 있다(Frijda & Mesquita, 1994; Heise & O'Brien, 1993). 코스타렐리와 칼라(Costarelli & Calla, 2004)에 따르면, 자신의 내집단과 높은 동일시를 보이는 사람들은 내집단 긍정적 정동의 일종인 내집단 편애와 외집단 부정적 정동의 일종인 외집단 폄하를 더 많이 보여주었다.

그룹 유대감의 마지막 중요한 형태는 그룹 응집력(group cohesion)이며, 아마도 이것이 가장 많이 연구된 그룹의 정동적 구성일 것이다(Kelly, 2001). 그룹 응집력의 큰 구성요소는 그룹을 향한 공유된 긍정적 정동(사회적 매력)과 그룹 구성원에 대한 공유된 긍정적 정동(개인적 매력)이다(Hogg, 1987). 응집력 있는 그룹은 흔히 더 좋은 성과를 내는데(Mullen & Copper, 1994), 부분적으로 그것이 더 나은 실적으로 이어지는 노력들을 조율했기 때문이고(Zaccaro & McCoy, 1988), 응집력이 그룹 규범에 대한 순응을 증가시키기 때문이다(Festinger, Schachter & Back, 1950; O'Reilly & Caldwell, 1985). 그래서 그룹과 그 구성원들을 향한 공유된 긍정적 정동은 조정력 향상과 그룹 규범에 대한 순응도 증가로 이어지는 응집력 상향으로 이어질 수 있다.

공유된 정동은 그룹 유대감에 중요하다. 그룹을 향한 공유된 긍정적 정동은 응집력과 그룹에 대한 헌신을 높이는 데 도움이 된다. 때로는 이러한 유대감 형성 과정이 그룹 실적도 향상시킨다(Mullen & Copper, 1994). 다른 한편으로 다른 그룹을 향한 공유된 부정적 정동도 그룹 유대를 강화하는 데 도움을 줄 수 있다. 그래서 공유된 정동은 그룹 유대감의 중요한 구성요소이다.

그룹 효과에 대한 경계 조건

맥락적 요인

공유된 정동은 그룹에서 중요한 의사소통과 유대감 형성의 기능을 수행하지만, 정동의 공유에는 필수적 경계 조건이 있다. 공유된 정동을 억제되지 않은 채로 퍼지도록 내버려두면, 그룹 분위기의 더 극단적인 부정적/긍정적 소용돌이가 생겨 실행할 수 없고 유지할 수 없는 정동적 경험을 만들 수 있다. 비록 그룹은 극단적인 정동적 상태를 경험할 수 있지만, 대부분의 경우 정동적 경험은 온건한 경험이다.

정동적 소용돌이를 억제하기 위해 어떤 과정이 준비되어 있는가? 지금까지 우리는 상향식/하향식 과정이 그룹을 통한 정동의 확산에 어떻게 영향을 미칠 수 있는지를 설명했다. 그러나 하향식 과정은 정동을 제한하는 데 특히 중요할 수 있다(Kelly & Barsade, 2001). 예컨대 그룹은 적절한 정서 표현에 대한 강력한 메시지를 포함할 수 있는 맥락에서 작동한다(Rafaeli & Sutton, 1989). 그 규범은 정동의 확산을 제한하거나 정동적 경험의 극단을 제한하는 역할을 할 수 있다.

켈리와 바르사드(Kelly & Barsade, 2001)는 각 그룹에 고유한 로컬 그룹 규범과 그룹이 속해 있는 시스템 안에서 발생하는 조직 정서 규범을 구분한다. 로컬 그룹 규범은 그룹의 상호작용 역사를 기반으로 발전할 수 있다. 그것은 그룹의 상호작용을 특징짓는 것으로 보이는, 나중에 규범으로 성문화할 수 있는 반복적인 정동적 상태로 인해, 혹은 성공이나 실패라는 반복된 그룹 성과로 인해 발전할 수 있다. 반면에 조직 규범은 조직의 특수한 맥락에서 어떤 정서를 표현하는 것이 적합한지를 좌우한다(Kelly & Barsade, 2001; Rafaeli & Sutton, 1989). 조직 규범은 더 맥락에 따라 제한될 수 있다.

정동적 다양성

비록 이 장은 공유된 정동에 초점을 두었지만, 정동의 다양성도 그룹 기능에 중요한 기여를 할 수 있다. 바르사드와 깁슨(Barsade & Gibson, 1999)은 그룹 효과는 평균 수준 측면에서만이 아니라 가변성 측면에서 개념화되어야 한다고 주장한다. 현재로는 정동적 다양성을 성과와 연관시킨 문헌은 없지만, 그것이 특수한 맥락에서 그룹에 유익할 수 있다는 추측은 있다(George & King, 2007). 정동은 그룹 구성원들을 가로질러 확산하는 경향이 있지만, 티덴스, 서턴, 퐁(Tiedens, Sutton & Fong, 2004)은 다른 그룹 과정이 구성원들을 정동적 다양성으로 나아가게 한다고 주장한다. 예컨대 정동적 성향이나 사회적 계층에서의 개인차는 정동적 이질성을 조장할 수 있다.

조지와 동료들(Geoge, 2002; George & King, 2007)은 정동적 동질성이 실제로 특수한 상황에서 그룹에 역기능을 일으킬 수 있다고 주장한다. 그들은 그룹의 정동적 경향이 형성될 때 관련된 정동을 공유하는 것이 인위적으로 자신감을 부풀리는 하나의 공유된 현실로 이어질 수 있다고 주장한다. 특히 직장 내 많은 팀을 특징짓는 것과 같이 복잡하고 애매하고 역동적으로 변화하는 과제에 직면했을 때, 그룹은 정동적 다양성과 이에 따른 복수의 관점들을 통해 더 많은 이득을 얻을 수 있다.

개인차

정동의 원천과 표적의 측면 모두에서 정동 공유에 대한 민감성의 개인차도 그룹 안에서 정동 공유의 정도에 영향을 미칠 수 있다. 어떤 사람은 정서 전염에 더 민감할 수 있다는 것은 정서 전염 척도(Emotional Contagion Scale)의 개발로 인식되었다(Doherty, 1997). 그것은 긍정적/부정적 정동의 전염에 대한 취약성을 평가하는 척도이다. 도허티, 오리모토, 싱겔리스, 해트필드, 헤브(Doherty, Orimoto, Singelis, Hatfield & Hebb, 1995)는 모든 인종 집단에서 여성이 남성보다 긍정적/부정적 정동의 전염에 훨씬 더 취약하다는 것을 발견했다. 문화도 표적의 전염성에 영향을 미칠 수 있다. 문화에 대한 연구를 검토한 마커스와 기타야마(Markus & Kitayama, 1991)에 따르면, 상호의존적 자기개념(self-construal)을 가진 개인은 독립적 자기개념을 가진 개인보다 정서 전염에 더 민감하다.

정서 전염의 원천도 그것의 정서 전달 강도라는 측면에서 서로 다를 수 있다. 예컨대 프리드먼과 리지오(Friedman and Riggio, 1981)는 비언어적 표현력이 높은 개인은 다른 사람들에게 정동을 더 쉽게 전달할 수 있다는 것을 발견했다. 여성은 남성보다 더 많은 정동적 표현을 하는 경향이 있기에(Hall, 1984), 남성에 비해 정동의 더 강한 발신자일 수 있다.

그룹의 정서 공유 정도에 영향을 미칠 수 있는 또 하나의 중요한 개인차는 특성 정동(trait affect)이다. 바르사드, 워드, 터너, 소넨펠트(Barsade, Ward, Turner & Sonnenfeld, 2000)

는 최고 경영진 팀의 특성 긍정적 정동의 구성을 조사했다. 특성 긍정적 정동이 높으면서 이 정동의 수준이 비슷하거나 서로 다른 팀들은 높은 협력과 낮은 정동적/업무적 갈등을 보였다. 더불어 특성 긍정적 정동이 낮지만 이 정동의 수준이 비슷한 팀들도 높은 협력과 낮은 정동적/업무적 갈등을 보였다. 하지만 특성 긍정적 정동이 낮지만 이 정동의 수준이 서로 다른 팀들은 낮은 협력과 높은 갈등을 보였다. 이것은 정동적 유사성과 특성 긍정적 정동의 높음이 팀 내의 협력과 갈등 감소에 핵심 구성요소임을 시사한다.

그룹에서 분열적인 정서적 과정

지금까지 우리는 그룹을 행동으로 동원하거나 그룹 유대 형성의 측면에서 정동의 긍정적 기능을 강조해 왔다. 그러나 그룹의 정동은 때로는 매우 파국적인 방식으로 역기능을 하거나 분열적일 수도 있다. 이 절에서는 역기능적 혹은 분열적인 정서가 그룹에 확산할 때 일어날 수 있는 잠재적으로 유해한 효과에 초점을 둔다. 우리는 집단 히스테리와 그룹 공황에 초점을 맞출 것이다.

집단 히스테리

역기능적 정서가 여러 사람의 그룹에 전염되는 상태에는 여러 가지가 있다. 집단 심인성 질환(또는 소위 집단 사회원성 질환)은 바이러스나 박테리아 감염이 없는 상태에서 질환 증상이 그룹 전체에 퍼지는 상태를 가리킨다(Bartholomew, 2001; 이 책의 Ⅱ-4장, Hatfield 외의 글). 집단 히스테리는 다소 오래된 용어로 전염성 웃음(Provine, 1996)이나 신체적 불안 증상(David & Wesseley, 1995)처럼 정동적 증상이 그룹 전체에 퍼지는 상태를 가리킨다. 우리는 후자의 정서 전염에 초점을 맞출 것이다.

웨슬리(Wessley, 1987)는 두 일반적 유형의 집단 히스테리를 구분한다. 불안 히스테리와 운동 히스테리이다. 불안 히스테리는 전형적으로 발병이 빠르고 지속 시간이 짧고, 보통은 어떤 위협적 요인의 갑작스러운 지각에 대한 반응으로 일어난다. 그것은 본질적으로 불안 증상이 신체적 증상으로 전환한 것이다(예컨대 숨참, 메스꺼움, 두통). 운동 히스테리는 더 점진적으로 성장하고 더 천천히 사라진다. 그것은 심한 스트레스와 경직된 프로토콜의 상황에서 발생하는 경향이 있다. 이 증상은 경련이나 틱(tic)의 형태로 방출되는 억눌린 불안의 표현으로 생각된다.

집단 히스테리에 대해 몇 가지 사회심리학적 설명이 제안되었다(예컨대 Pennebaker, 1981; Singer, Baum, Baum & Thew, 1981). 바솔로뮤와 빅터(Bartholomew & Victor, 2005)는 집단 히스테리가 널리 공유된 위협 소문에 의해 집단적 불안이 유발될 때 발생한다고 제안한다. 공유된 믿음이 공포를 강화하고 심리적 스트레스로 이어져, 그룹은 본질적으로 집단적 불안 발작을 경험한다.

그룹 공황

그룹 공황은 불안이나 공포와 같은 두려운 정서가 군중 사이로 빠르게 퍼질 때 일어난다. 포사이스(Forsyth, 2006)는 그룹이 혐오스러운 상황에서 벗어나려는 도피성 공황(escape panic)과 그룹이 고갈을 두려워하는 한정된 자원을 찾는 획득성 공황을 구분한다. 어떤 그룹은 이러한 상황에서 공황을 피할 수 있지만, 공포나 불안이 군중의 질서 있는 행동을 압도할 때, 때로는 비참한 결과와 함께 초래될 수 있다. 특히 두드러진 예로는 더 후(The Who)의 공연에서 밀려드는 군중을 피해 탈출하려는 사람들 사이에서 발생한 도피성 공황이 있다. 콘서트 관람객이 사람들 위로 밀려들면서 그들이 짓밟혀 죽은 사건이었다(Johnson, 1987).

그룹 공황에 대한 실험적 탐구는 제한적으로 이루어졌다. 예컨대 체르트코프, 쿠시지언, 맥쿨(Chertkoff, Kushigian & McCool, 1996)은 차례대로 퇴장하는 행동에 그룹 규모와 시간 제약이 미치는 영향을 조사했다. 그들은 그룹 규모가 클수록, 시간 제약이 짧은 그룹일수록, 그 그룹의 더 적은 비율이 출구를 통과한다는 것을 발견했다. 이것은 이러한 조건이 그룹 공황과 특히 관련이 있을 수 있음을 시사한다.

맺음말

이 장에서 우리는 공유된 정동이 의사소통을 촉진하고 그룹 유대를 강화한다는 측면에서 그룹에 긍정적 기능을 수행한다고 주장한다. 공유된 정동은 정서 전염, 사회적 동조,

상호작용 동기화, 정서 조절, 정동적 인상 관리 등의 메커니즘에 의해 일어날 수 있다. 이러한 메커니즘은 그룹 구성원들이 비슷한 분위기를 경험할 수 있게 만드는 과정이다. 그룹 구성원과 긍정적 정동을 공유하는 것은 의사소통과 유대 형성이라는 형태의 긍정적 그룹 성과와 과정으로 이어질 수 있지만, 다른 그룹을 향한 공유된 부정적 정동도 유대감을 증가시킬 수 있다. 이러한 과정은 그룹이 행동을 조율하고 원활한 상호작용을 하고 통일된 규범을 적용하고 최적의 수준으로 성과를 내는 데 도움이 된다. 그러나 우리는 특히 정서 표현을 제한하는 맥락적 규범에 직면했을 때 정서 공유 과정에는 어떤 한계가 있음을 인정한다. 공유된 정동은 극단적 수준의 정동 공유가 발생할 때 부정적 결과로 이어질 수도 있다. 비록 공유된 정동은 그룹에 긍정적 결과를 산출하는 것으로 나타났지만, 정동 공유의 경계 조건을 탐구하기 위해서는 더 많은 연구가 필요하다.

비록 우리는 이 장에서 그룹 내 맥락에서 발생하는 공유된 정동에 초점을 두었지만, 향후 연구는 그룹 기반 정서와 정서적 기후와 같은 본질적으로 그룹 간 정서에 가까운 다른 정동적 요소를 포함할 수도 있다. 그룹 기반 정서는 작은 그룹이 아니라 국적과 같은 더 큰 사회적 범주를 다룬다. 이러한 사회적 범주의 구성원들이 다른 사람을 향해 유사한 정서를 경험할 때, 그들의 그룹 간 태도와 행동이 영향을 받을 수 있다(Mackie, Devos & Smith, 2000; 이 책의 16장 Ray, Mackie & Smith의 글 참조). 이것들은 "정서적 관습과 연결된 특정한 범주의 정서의 점화(priming)로 인한 정서 접근성(emotion accessibility)"인 정서적 기후와는 크게 다르다(Fernandez-Dols, Carrera, Mendoza & Oceja, 2007). 예컨대 명절은 '행복하다', '즐겁다' 등의 용어와 기타 긍정적인 정서적 관습과 연관되어 있기 때문에 행복한 시기로 여겨진다(Fernandez-Dols 외, 2007). 그래서 공유된 정동은 그룹 내 과정과 그룹 간 과정을 모두 포함하는 것으로 개념화될 수 있다.

마지막으로, 이 장은 공유된 정동에 초점을 두었지만, 정동적 다양성은 더 자세히 탐구할 가치가 있다. 정동적 다양성이 때로는 그룹에 이득을 주고 때로는 그룹에 해를 끼칠 수 있다. 이렇게 서로 다른 결과가 나오는 조건에 대해서는 추가적인 개념적/경험적 규명이 필요하다. 여러 분야에서 정동에 관한 관심이 늘어나고 그룹에 대한 학제 간 관심이 성장함에 따라, 그룹에서의 정동적 과정은 계속 활발한 탐구의 영역이어야 한다.

Chapter 2

사회적 교환에서 집단정서의 출현

에드워드 롤러[1] | 셰인 티에[2] | 윤정구[3]

이 글은 개인의 자기 이익에 의해 주도되는 상호작용의 한 형태인 사회적 교환(social exchange)이 개인에게 중요한 정서적 영향을 미친다는 이론을 제시한다. 어떤 조건에서는 이러한 개인적 정서가 집단정서로 변환된다. 만약 행위자들이 공통적 느낌을 가지고 이 느낌을 그러한 것으로 지각하거나 정의한다면, 그 정서는 '집단적'이다. 집단정서는 관계 혹은 그룹 유대의 응집력과 결속력을 강화하여, 행위자들이 상호작용에 포함된 관계적 대상을 구별하고 소중히 여길 가능성을 높인다. 이러한 관계적 대상은 작은 그룹, 조직, 공동체, 혹은 심지어 국가일 수 있다. 이 글에서는 사회적 교환 관계에서 긍정적인 일상적 감정의 역할을 다루는 오래 계속된 이론 및 연구 프로그램을 이용하여 집단정서가 어떻게 나타날 수 있는지를 살펴본다(예컨대 Lawler, 2001; Lawler, Thye & Yoon, 2000, 2009; Lawler & Yoon 1996; Thye, Lawler & Yoon, 2011).

사회적 교환은 둘 이상의 행위자가 서로에게 가치 있는 무언가를 제공하는 것을 수반한다. 가치 있는 무언가를 주는 것은 암묵적으로나 명시적으로 가치 있는 무언가를 받는 것에 달려 있다. 교환에는 최소 두 사람이 필요하며, 이것은 아마도 양 당사자가 무

1 Edward J. Lawler, 코넬 대학교 사회학과 명예교수.

2 Shane R. Thye, 사우스캐롤라이나 대학교 사회학 교수.

3 Jeongkoo Yoon, 이화여자대학교 인사조직전략 교수.

언가 얻을 것이 있을 때만 일어난다. 정확히 무엇을 얻는지는 결과물이나 재화에 부여된 가치, 이러한 결과물이나 재화를 다른 원천에서 얼마만큼 구할 수 있는지에 (혹은 희소한지에) 달려 있다(Blau, 1964; Emerson, 1972; Thibaut & Kelley, 1959). 리처드 에머슨(Richard Emerson, 1972)은 자신의 고전적 진술에서 사회적 교환을 시간이 지남에 따라 동일한 행위자들 사이에서 반복적으로 이루어지는 교환으로 정의한다. 그러므로 사회적 교환에서 사회적이란 행위자들 사이의 지속적 관계, 네트워크, 혹은 그룹 유대를 의미하고, 개인들이 서로 교환하도록 동기를 부여하는 개인적 유인도 의미한다. 이것이 우리의 분석을 위한 범위 조건이다. 현물 시장과 여러 다른 형태의 경제적 교환은 이러한 정의에 맞지 않는다. 사회적 교환은 본질적으로 지속적인 관계적 현상이라는 것이 에머슨의 근본 통찰이다.

관계적 속성은 또한 사회적 교환이 집단적 현상임을 암시한다. 그러나 사회적 교환 이론에서 교환의 관계적/집단적 차원은 확실히 개인주의적 용어로 해석된다(예외로는 Ekeh, 1974 참조). 교환 관계는 표면상 개인들이 높이 평가하는 보상이나 결과를 추구할 수단을 제공하는 한에서만 형성되고 유지된다. 실제로 교환 이론에서 관계는 자기 이익에 기반하며, 순전히 도구적 측면에서 이해된다. 사회적 교환의 집단적 결과는 (예컨대 합의, 공동 생산한 재화, 공통적 느낌은) 일반적으로 개인적 수준에서의 보상을 제공하는 구조적 유인으로 설명된다. 그러나 긍정적 또는 부정적 보상을 행위자에게 제공함으로써, 사회적 교환은 또한 쾌락이나 불쾌, 좋은 느낌이나 나쁜 느낌, 분노나 수치심 등과 같은 개인적 정서를 생성하는 것으로 알려져 있다(Lawler & Thye, 1999; Lawler & Yoon, 1996). 이러한 개인적 수준의 정서는 교환을 통한 개인적 이익을 추구하는 과정에서 의도하지 않은 부산물이다. 더욱이 그것은 사람들이—관계, 그룹, 조직, 공동체, 국가 등의—다양한 수준의 사회적 단위로 형성하는 유대관계에 영향을 미친다(Lawler 외, 2009).

교환 이론에는 개인정서에서 집단정서로 넘어가는 식별 가능한 방법이 없다. 또한 고전적인 사회적 교환 체계의 맥락에서는 그렇게 해야 할 이론적 이유도 없다(Emerson, 1972; Thibaut & Kelley, 1959; Willer, 1999). 사회적 교환 이론에서 정서는 내적 보상(비용)이거나 강화(처벌)이며, 표준적인 보상-비용 체계에 포함될 수 있다. 정서는 근본적으로 상호작용에서 출현하는 또 다른 유형 혹은 부류의 보상이나 비용으로 이해된다. 이러한 의미에서 정서는 사회적 교환 이론에서 부수적 현상이다.

사회적 교류에 관한 최근 연구에 따르면, 만약 개인이 반복적인 사회적 교환에 대한 반응으로 긍정적 느낌을 경험하면 서로에 대한 더 긍정적인 관심과 자신의 그룹에 대한 더 긍정적인 감정을 가지게 된다(예컨대 Lawler, Thye & Yoon, 2008; Lawler & Yoon, 1996; Lawler 외, 2000; Molm, Collett & Schaefer, 2007). 정서적/정동적 과정은 동일한 행위자들 사이의 반복적인 사회적 교환에서 안정적인 미시적 질서가 출현하게 하는 그럴듯한 메커니즘이다(Lawler 외, 2008). **미시적 사회질서**는 행위자들이 관계적 단위를 지향하고, 긍정적 정서를 경험하고, 그 사회적 단위를 대상으로 인식하고, 시간이 지남에 따라 그 대상을 향한 정동적 감정을 발전시키는 반복적인 사회적 교환을 포함한다(Lawler 외, 2008). 사회적 교환에 대한 공통적인 정서적 반응은 미시적 사회질서의 출현에 중심적이다. 그러나 정서가 공통적이거나 유사하다는 사실은 그것을 '집단정서'라고 특징짓기에 충분하지 않다.

이 장에서 우리가 다루는 물음은 다음과 같다. 사회적 교환에서 나오는 개인정서는 언제 집단정서로 변환되는가? 우리는 이 물음에 대한 답을 공식화하기 위해 정서에 대한 최근의 교환 이론들을 확장한다(Lawler, 2001; Lawler & Yoon, 1996; Lawler 외, 2000, 2008, 2009). 정서는 생리적/인지적 구성요소를 가진 (긍정적이거나 부정적인) 일시적인 평가적 상태라고 정의된다(Clore 외, 1987; Izard, 1991). 정서는 신체를 통해 단계적으로 전달되는 인간 유기체의 내부 신경학적 반응을 포함한다(Damasio, 1999). 본질적으로 "기분이 좋다"는 것은 '전체적으로' 기분이 좋다는 뜻이다.

집단정서는 지난 10여 년 동안 다양한 방식으로 정의되었다(Bar-Tal 외, 2007; Emirbayer & Goldberg, 2005; Kanyangara 외, 2007). 공통적 요소는 이러한 정서가 어떤 의미에서 **공유된** 것이고 구성원들은 그것을 **인식하고** 있다는 것이다. 바르 탈과 동료들(Bar-Tal 외, 2007)은 집단정서와 그룹 기반 정서를 구별한다. 집단정서는 "한 사회의 많은 사람들에" 의해 공유되며 "집단적 또는 사회적 경험"에 대한 반응이다(Bar-Tal 외, 2007, 442쪽). 9/11 테러 이후 미국인들이 느꼈던 공포와 분노는 좋은 사례이다. 대조적으로 그룹 기반 정서는 그룹 소속 자체의 결과로 느껴지고, 집단적 경험 자체를 요구하지 않는다. 집단정서에 대해 우리가 실제로 사용한 정의는 이러한 핵심적 요소들을 다음과 같이 혼합한다. **집단정서는 공유된 경험의 결과로서 한 사회적 단위의 구성원들이 가지는 공통적**

느낌이다.

바르 탈과 동료들(Bar-Tal 외, 2007)의 정의에서 나타나듯이, 공유된 경험은 매우 중요하다. 우리는 이러한 강조점은 유지하지만 그룹 규모 제한은 완화한다. 이러한 정의의 맥락에서 사회적 단위는 데이트 관계나 3인의 오락 그룹처럼 작을 수 있다. 역으로 사회적 단위는 공동체나 사회나 국가처럼 더 크고 더 비인격적인 단위일 수 있다. 집단정서를 일으키는 경험은 그것이 사회적 상호작용에서 생성된다는 의미에서 공유된다. 우리는 집단정서가 암묵적이거나 명시적일 수 있다고 제안한다. 암묵적 집단정서는 일반적으로 보유되고 작용되지만, 공공연하게 공유되거나 표현되지는 않는다. 행위자들은 공통 작업, 활동, 정체성, 네트워크 관계, 혹은 그룹 소속을 수반할 수 있는, 그들이 다른 사람들과 공유하는 인식된 공통점들에서 이러한 정서를 추론한다. 우리는 사회적 교환 과정이 사람들이 따라서 행동하고 자신들의 상호작용에서 확인하는 집단정서를 생성하고, 이 과정은 명시적 표현이나 물리적 공존(co-presence)이 없이도 그렇게 한다고 주장한다.

다음에서 우리는 두 가지 주요 과제를 수행한다. 첫 번째는 사회적 교환 관계에서 정서의 역할을 분석하는 다음 두 가지 이론의 몇몇 중요한 함의를 검토하고 통합하는 것이다. 그것은 **관계 응집 이론**(relational cohesion theory; Lawler & Yoon, 1996, 1998; Lawler 외, 2000; Thye, Yoon & Lawler, 2002; Thye 외, 2011)과 **사회적 교환의 정동 이론**(Lawler, 2001; Lawler 외, 2008, 2009)이다. 각 이론은 교환 과정이 어떻게 혹은 언제 집단정서를 생성할 수 있는가에 대해 암시적이고 명시되지 않은 관념을 가진다. 두 번째 과제는 집단정서가 사회적 교환에서 출현하고 이후에 관계 혹은 그룹 유대를 형성할 가능성이 있는 조건을 설명하는, 일련의 검증할 수 있는 원칙들을 개발하여 이 이론들을 확장하는 것이다.

이론적 논증

사회적 교환 이론의 개인주의적 토대는 어떻게 집단정서라는 개념과 조화될 수 있는가? 만약 사회적 교환에서 행위자들이 편협한 개인주의적 지향성을 가지고 있고, 그들의 관계가 그들이 개인적으로 받은 이득 이상의 의미를 갖지 않는다면, 왜 그들이 집단 느낌이나 정서를 추론하거나 고려하겠는가? 1990년대 이후로 우리는 사회적 교환에서 정서의 역할에 관한 연구를 수행해 왔다. 우리의 연구에서 하나의 중요 발견은, 의도했든 아니든 정서와 느낌은 사회적 교환 과정의 부산물이고, 이러한 느낌은 행위자들이 자신들의 관계나 그룹을 지각하고 그것을 위해 행동하는 경향에 영향을 미친다는 것이다(예컨대 Lawler & Yoon, 1996, 1998; Lawler 외, 2000, 2009). 엄격한 사회적 교환 원칙을 적용하면, 관계나 그룹의 응집력이 개인적 성과와 관련된 것을 넘어선 효과를 가진다고 기대하지는 않을 것이다. 그러나 우리의 연구에 따르면, 이러한 효과가 있는 것으로 나타난다(관련 고찰로는 Lawler & Thye, 2006; Thye 외, 2002 참조). 다음 두 절에서 우리는 우리의 연구가 집단정서에 대해 가지는 함의를 추론한다.

주요 논지는 사회적 교환 맥락에서 집단정서는 행위자들이 서로의 이익과 필요를 고려하는 정도에서 나온다는 것이다. 이러한 현상은 협력과 협업의 패턴을 유지하는 데 도움이 된다. 우리는 사람들이 공동 과제에 참여하고 있지만 구조적(접근) 혹은 규범적(정서 규범) 이유로 그들의 느낌을 서로에게 명시적으로 표현하지 않거나 전달하지 않는 환경에서 집단정서가 특히 중요하다고 주장한다. 직장이나 교육 환경을 비롯한 사회적 교환의 많은 맥락은 이러한 패턴에 부합한다. 행위자들이 심각하고 중요한 목표를 추구할 때는, 중립적이고 절제된 어조가 규범적이지는 않더라도 일반적이다. 우리가 주장하는 바는, 사람들이 다른 사람들과 일을 할 때마다 그들은 (긍정적이거나 부정적인 차원의) 느낌을 경험하고, 특히 미래에도 지속적 상호작용을 예상할 때는 서로의 느낌에 대해 추론한다고 상정하는 것이 논리적이라는 것이다. 그래서 행동과 상호작용을 형성하고 조직하기 위해 집단정서가 공적이거나 표현될 필요는 없다.

관계 응집 이론과 정동 이론에 공통되는 몇 가지 일반적 주제들이 있는데, 이것들은 집단정서와 관련이 있다. 첫 번째는 사람들이 다른 사람들과 일을 할 때 그들은 긍정적 혹은 부정적 느낌을 경험한다는 단순한 생각이다. 에밀 뒤르켐(Émile Durkheim, 1915)은 집단열광(collective effervescence)과 더 높은 힘(사회 혹은 종교)에 대한 감각을 일으키는 공동의 혹은 공유된 활동에 대해 고전적 진술을 제공했다. 더 나아가 사람들이 교환에서 정서를 느낀다면, 그들은 특정한 조건에서는 이것을 자신과 타인보다 더 큰 무엇, 예컨대 그들의 관계 혹은 그룹 소속에서 기인하는 것으로 간주할 수도 있다. 이러한 의미에서 정서들은 가장 도구적/금전적/개인주의적 상호작용의 비의도적/비자발적 결과일 수 있다. 그것들은 행위자들의 보상/비용 계산의 또 다른 구성요소가 아니다(이 책의 Ⅵ-1장 Collins의 글; 이 책의 Ⅵ-2장 Knottnerus의 글; 이 책의 Ⅲ-1장 van der Löwe & Parkinson의 글 참조).

두 번째 주제는 사회적 교환의 정서적 부산물은 개인주의적 보상/비용 계산이 예상하는 것보다 더 큰 협력과 친사회적 행동을 증진하는 개인-사회 단위의 정동적 유대를 발전시키도록 사람들을 유도할 수 있다. 이러한 개인-사회 단위의 유대관계들은 개인-개인의 유대관계나 상호작용과는 분석적/경험적으로 구별되고(Tajfel & Turner, 1986), 질서와 연대에 중요한 함의를 가진다(Lawler 외, 2009). 사회적 정체성 전통에 관한 연구는 개인-개인 (개인 간) 유대와 개인-그룹 유대가 구별되며, 그룹 지향적 행동에 차별적 영향을 미친다는 개념을 뒷받침한다(Hogg, 2004).

셋째, 정서와 느낌은 도구적(거래적) 유대와 표현적(관계적) 유대를 연결하여 전자를 후자로 변환시킬 수 있는 잠재력을 가지고 있다. 이러한 변환에서 관계적 단위는 하나의 대상이 되고, 사람들은 그것을 **자체로** 그들의 행동에 방향을 제시하는 실체로 평가하게 된다(Parsons, 1951). 관계적 실체들은 환경의 비교적 안정적인 부분이므로, 행위자들은 그것들을 공통적 혹은 공유된 정서의 원천으로 인식할 수도 있다. 그래서 우리가 제안하는 바는 사회적 단위(관계, 그룹, 조직)의 '대상화(objectification)'는 어떻게 개인 정서가 집단정서가 되는지를 이해하는 데 아주 중요하다는 것이다. 사회적 교환은 관계적 유대의 맥락에서 발생한다고 가정하면(Emerson, 1972), 대상화의 잠재성은 어느 사회적 관계 맥락에서든 존재한다. 버거와 루크만(Berger & Luckmann, 1966)의 사회적 구성주의 이론(social constructionist theory)에 따르면, 미시적 수준에서 대상화가 나타나기 위한 두 가지 주요 조건이 있다. (1) 사회적 상호작용이 습관화(반복적)되고, (2) 행위자들이 합의된 자아-타자 정의를 개발한다. 그래서 사회적 교환의 관계적 단위는 시간이 지남에 따라 행위자들에게 외부 대상 혹은 실재가 되는 경향이 있다고 예측하는 것이 매우 합당하다(Yzerbyt, Muller & Judd, 2004 참조).

이러한 통합적 주제들 가운데 도구적인 거래적 유대에서 표현적인 관계적 유대로의 변환은 가장 근본적인 변환이다. 만약 사회적 상호작용(교환)이 긍정적 느낌을 조성하고 이 개인적 느낌이 사회적 단위에 부여되거나 연관되어 있다면, 행위자들은 공유된 관계적 혹은 그룹 유대에 대해 더 강력한 표현적 관여를 형성한다. 대상화가 중요한 이유는 그것이 관계 자체를 사회적 교환 과정에 의해 생성되는 개인적 느낌의 확실하고 두드러진 표적으로 만들고 사람들이 그 관계적 단위에 대한 정동적 감정을 발달시킬 무대를 마련해 주기 때문이다. 다음 이론들은 관계나 그룹이 그 자체로 목적이 되고 표현적 가치를 띠게 되는 보완적 과정을 상세히 설명한다.

관계 응집 이론

관계 응집 이론은 의존(권력) 또는 상호의존 구조가 사회적 교환에 의해 만들어진 정서를 통해 어떻게 관계적 유대(응집/관여)를 생성하는지를 설명하기 위해 고안되었다. B에 대한 A의 의존도는 B가 A에게 다른 곳에서는 구할 수 없는 귀중한 성과를 제공할 수 있는 정도에 의해 결정된다. 상호의존도(총 권력)는 A와 B의 서로에 대한 의존도의 총합으로 정의된다(Emerson, 1972; Lawler, 1992). 정서는 쾌락/만족과 흥미/흥분의 측면에서 개념화되고, 응집은 통합된 관계의 지각이다. 그리고 관여는 행동 결과(예컨대 관계를 유지하기, 형식적인 일방적 선물 제공하기, 사회적 딜레마에서 협력하기)를 통해 측정된다. 이 이론은 그림 13.1의 도표처럼 나타난다.

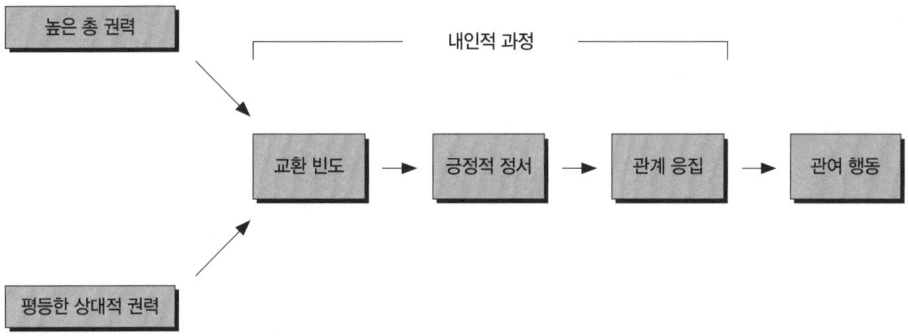

[그림 13.1] 관계 응집 이론.

이 이론은 구조적 조건들(평등한 권력 대 불평등한 권력 의존성, 더 높은 상호의존성)이 관계적 유대를 강화하고 관여 행동을 증가시킨다는 것을 나타낸다. 이 이론의 핵심은 구조적 조건(의존성 혹은 상호의존성)을 행동 결과(관여)에 연결하는 내인적 과정이다. 이 과정은 구조적 조건이 결과를 생성하기 위해 반드시 일어나야 하는 고정된 절차로 생각된다. 그래서 반복된 교환은 다시 응집력 있는 관계의 지각을 낳는 긍정적 정서를 생성한다. 평등한 권력은 더 많은 관여를 산출한다. 왜냐면 그것은 이러한 과정이 더 빈번한 교환, 즉 내인적 인과 사슬의 첫 단계를 생성하도록 촉발하기 때문이다(그림 13.1 참조). 그리고 동일한 논리가 서로의 (총) 의존성 혹은 상호의존성의 효과에도 적용된다. 만약 구조적 조건이 교환 빈도를 증가시키지 않는다면, 이 과정은 전개되지 않을 것이고 관여에 대한 효과도 일어나지 않을 것이다. 그러므로 의존/상호의존 관계가 관여 형성에 미치는 효과는 내인적 과정의 '세 가지 계기'에 의해 매개될 것으로 예측된다. 이러한 정서적/정동적 설명은 반복적 교환이 행위자들에게 불확실성을 감소시킬 뿐만 아니라(예컨대 Kollock, 1994), 관계 응집력을 높이는 긍정적 정서를 산출한다는 것을 나타낸다.

이 이론은 사람들이 개인주의적 지향성을 가지고 있고 그들의 목적이 개인적 보상을 극대화하는 것인 사회적 맥락을 가정한다. 이 이론을 시험하기 위한 실험은 서로 다른 조직을 대표하는 둘 이상의 개인들이 12~20회(수년간)에 걸쳐 계약을 협상할 기회를 가지는 맥락에서 수행되었다. 행위자들은 서로에게 의존적이다. 왜냐면 그들의 가장 큰 보상은 서로의 교환을 통해 나오기 때문이다. 그들은 대안이 있지만 그 대안적 교환의 기대 가치는 서로의 성공적 교환의 기대 가치보다 낮다. 중요한 것은 행위자들은 컴퓨터를 통해 오퍼를 교환하고 절대 서로를 만나지 않는다는 점이다. 그들은 각 계약에서 자신의 보상에 대한 정보는 있지만 상대방의 보상에 대한 정보는 없으므로, 보상의 분배에 대한 정보가 불완전하다. 이것들은 협상과 교환 네트워크에 대한 사회심리학적 실험의 표준 조건이다(Cook 외, 1983; Willer, 1999). 내인적 과정을 시험하기 위해, 실험 동안 다양한 간격으로 설문을 실시한다. 이것에는 수년에 걸쳐 개선된 정서와 응집에 대한 표준화된 측정이 포함된다.

실험이 이 이론이 명시하는 내인적 과정을 방해하는 조건들을 만들었다는 점은 주목할 만하다(그림 13.1 참조). (1) 익명이고, (2) 분리되어 컴퓨터를 통해서만 소통하고, (3)

미래에는 서로 엮이지 않는다는 조건이 주어질 경우, 개인의 정서가 왜 영향을 미칠까? 이러한 불리한 조건에도 불구하고, 지난 20년에 걸쳐 수행된 상당수의 실험은 이 이론의 주요 예측을 일관되게 뒷받침한다(관련 고찰로는 Lawler & Thye, 2006; Thye 외, 2002 참조).[4]

수많은 연구의 경험적 결과는 내인적 과정이 언제 강해지거나 약해질 수 있는지를 상세히 말한다.

1) **교환-정서-응집**으로 이어지는 내인적 과정은 다음과 같은 구조적 조건에서 더 강해진다. (i) 행위자들이 불평등하게 의존하지 않고 평등하게 서로 의존한다. (ii) 그들은 매우 상호의존적이다. 이러한 구조적 (의존) 조건에서 사람들은 성공적으로 교환을 협상할 가능성이 더 높고, 그래서 더 강한 관계적 유대로 이어지는 내인적 과정을 시작한다. 더 나아가 내인적 과정에서 각 연결고리는 상당한 경험적 뒷받침을 받았으며, 이 단계들이 관여에 대한 구조적 효과가 발생하는 데 필수적 절차라는 증거가 있다. 만약 구조적 조건이 높은 교환 빈도를 낳지만, 교환이 긍정적 정서를 생성하지 않는다면, 이 과정은 작동하지 않는다. 이것은 —하나는 권력에서 평등하고 하나는 권력에서 불평등한—두 개의 양자 관계로 분리된 4-행위자 네트워크에 관한 연구에서 밝혀졌다(Lawler & Yoon, 1998). 교환 빈도들은 높았다. 왜냐면 일단 이 네트워크가 분리되자, 행위자들은 서로에 대한 대안이 없었기 때문이다. 그러나 평등한 권력(의존성)만이 긍정적 정서를 생성했다(Lawler & Yoon, 1998 참조).

2) 내인적 과정은 교환 관계가 자발적일 때, 즉 사람들이 자신들의 협력자를 자유롭게 선택할 수 있을 때 더 강하다. 두 가지 관계가 형성될 수 있는 4-사람의 상자 모양의 네트워크에 관한 연구에서, 우리는 두 협력자가 서로를 자발적으로 선택한 관계와 다른 누군가를 선호했지만 본질적으로 서로에게 '붙들려 있는' 관계를 비교했다. 양 관계는 평등한 권력을 가졌다. 내인적 과정은 비자발적 관계보다는 자발적 관계에서 더 강했다(Lawler, Thye & Yoon, 2006).

---

4 이 연구는 양자 관계, 소그룹, 소규모 네트워크에서 이론들을 검토하고 시험했다. 그러나 그 이론적 발상은 더 큰 그룹이나 조직적 관계들에도 적용될 수 있다. 만약 사람들이 더 큰 조직이나 단위 내에서 가치 있는 물건을 교환한다면, 그 더 큰 단위가 정동적 애착의 대상이 될 수 있다. 저자들은 최근 저서인 『비인격화된 세계에서 사회적 관여(*Social Commitments in Depersonalized World*)』(Lawler 외, 2009, 6장)에서 이러한 일반적 함의들을 도출했다.

3) 내인적 과정은 밀접하게 연결된 평등한 권력관계로 구성된 소규모 네트워크에서 더 강하다. 최근 연구는 권력의 평등/불평등과 네트워크 밀도에서 서로 다른 다섯 개의 소규모 네트워크를 비교했다. 밀접하게 연결된 평등한 권력 네트워크에서 더 많은 긍정적 정서, 인지적 '그룹 형성', 이익 공유가 발견되었다. 이러한 연구는 관계 응집 이론을 네트워크 수준으로 확장하고, 내인적 과정에 대한 증거도 발견한다(Thye 외, 2011).

요컨대 내인적 과정은 가변적 조건에서 일관되게 발생한다. 그것은 사회적 교환에서 나타나는 확고한 현상이다.

이러한 관계 응집 과정에서 집단정서는 어떤 역할을 할 수 있을까? 우리가 제안하는 바는 집단정서 개념이 어떻게 응집의 지각이 관여 행동으로 이어지는지를 더 정교하고 구체적으로 설명할 수 있다는 것이다. 여기에는 두 가지 이유가 있다. 첫째, 관여 행동의 직전 단계, 즉 관계 응집의 지각은 이 관계가 행위자들에게 하나의 대상이라는 것, 즉 이 관계의 대상화가 일어났다는 것을 전제한다. 이 관계는 행위자들의 정서와 느낌에 있어 두드러지고 확실한 표적이다. 둘째, 관여 행동은 행위자들이 서로의 행동을 예측하려고 시도하면서 '다른 사람의 역할을 맡는 것'을 의미한다. 연구에서 관여 효과를 실험하기 위해 사용된 세 가지 형태의 관여 행동을 살펴보자. (1) 각자가 동등한 혹은 더 나은 대안이 있음에도 그 관계에 머무르기, (2) 다른 사람이 보답할지 모르면서도 그 다른 사람에게 일방적인 상징적 선물을 주기, (3) 위험한 상황에서 다른 사람과의 새로운 모험에 참여할지를 결정하기(즉 사회적 딜레마에서 협력하기로 결정). 이 모든 행동은 하나 혹은 그 이상의 다른 사람과 동시에 내리는 선택을 수반한다. 행위자들은 다른 사람이 어떤 선택을 할 가능성이 있는지를 추론하고, 이에 따라 자신의 선택을 조정할 유인을 가진다.

여러 실험에 걸친 결과에 따르면, 관여에 대한 응집의 효과는 [그림 13.1]에 나온 모든 변수가 모형에 포함될 때 가장 크고, 흔히 이러한 관여 행동에 유일하게 유의미한 효과를 미치는 것으로 나타났다. 관계 응집은 관계적 관여에 가장 가까운 원인이다. 아마도 그것이 사람들이 다른 사람들이 무엇을 생각하고 느끼는지를 추론할 수 있다는 신호이기 때문일 것이다. 이러한 논리는 집단정서가 응집-관여 효과에 대한 그럴듯한 설명 메커니즘임을 의미하며, 우리의 이론적 확장의 첫 번째 원칙으로 이어진다.

원칙 ①: 만약 사회적 단위 내에서 구성원들이 동일한 업무에 종사하고, 그 단위가 응집력으로 두드러진다면, 구성원들은 그 상황에 있는 다른 사람들도 같은 느낌을 경험할 것이라고 추론할 가능성이 높다.

이 원칙의 기저에는 '증명 책임(burden of proof)' 가정이 있다. 우리는 다른 사람들이 그들의 느낌에 대한 명시적 정보를 제공하지 않는다면 서로의 정서 상태를 추론한다고 가정한다. 대면 환경에서는 사람들이 다른 사람들의 느낌을 추론할 수 있는 정서적 상태에 대한 더 명확한 신호가 있지만, 우리는 집단정서가 대면 신호가 없이도 가능하다고 주장한다.

두 가지 검증할 수 있는 함의가 원칙 ①의 의미를 구체화하는 데 도움이 된다. 하나는 내인적 과정이 일어난다면 사람들은 그들의 공통적 경험의 결과로 동료들이 경험한 느낌을 더 정확하게 예측한다는 것이다. 공통적 경험만으로는 불충분하지만, 내인적 과정의 세 가지 계기와 결합한다면, 사람들은 (1) 서로의 느낌을 추론할 동기를 가질 수 있고, (2) 더 정확하게 추론할 수 있다. 두 번째 함의는 집단정서가 나타나고 사회적 교환에 영향을 미치는 데에는 대면이 필요하지 않다는 것이다. 관계 응집 과정은 대면 교환뿐만 아니라 가상 교환 맥락에서도 일어날 수 있다. 대면의 경우 행위자들은 서로로부터 더 많은 정서적 신호에 접근할 수도 있지만, 관계적 혹은 그룹 단위의 표현적 유대는 사회적 단위의 구성원들(혹은 그들의 부분집합)이 대면으로 상호작용하지 않더라도 발전할 수 있다.

그러므로 관계 응집 이론은 집단정서가 응집-관여 효과를 위한 실행 가능한 메커니즘을 나타낸다고 제안한다. 그러나 이 이론은 응집과 집단정서 사이의 연결고리와 개인 정서가 현저한 사회적 대상(관계나 더 큰 그룹)에 부착되는 조건에 대해 구체성이 부족하다. 어떤 사회적 단위를 하나의 대상이나 실체로 지각하는 것과 다른 사람들의 행동을 예측하려는 동기는 행위자들이 집단 지향성을 채택하도록 이끌 수 있다. 그러나 이것만으로는 개인정서가 집단정서로 진화하는 이유, 즉 왜 그리고 어떻게 그것이 '집단화'되는지를 설명하지 못한다. 사회적 교환의 정동 이론은 이러한 이론적 퍼즐을 맞추는 데 도움이 되는 정서 귀속 메커니즘을 제안한다(Lawler, 2001; Lawler 외, 2008, 2009, 5장).

사회적 교환의 정동 이론

이 이론은 두 가지 중요한 점에서 관계 응집 이론을 넘어선다. 첫째, 그것은 "사회적 단위 귀속(social unit attributions)"이라는 개념을 도입하고, 이것이 개인적으로 느껴진 정서와 개인-그룹 정동적 유대 사이의 연결을 구축한다고 주장한다. 사회적 단위 귀속은 자아의 내적 상태를 사회적 실체(관계/그룹/조직)에 귀속시키는 것으로 정의된다. 사회적 단위 귀속은 공통성에 대한 감각을 강화하고 공유된 사회적 단위를 그 자체로 가치를 지닌 공유된 경험의 일부로 만들어 집단정서를 증진할 수 있다. 둘째, 정동 이론은 개인의 정서적 상태에 대해 사회적 단위 귀속이 이루어질 가능성이 가장 높은 구조적/인지적 조건을 명시한다. 주요 가설은 둘 이상 사람들이 그들 사이의 공유된 책임감을 키울 수 있는 공동 과제에 참여할 때 이러한 현상이 일어난다는 것이다. 공동성이 더 높은 과제는 행위자가 사회적 단위 귀속에 따라 과제에 참여한 다른 사람들이 그들의 느낌을 공유한다고 추론할 가능성을 높인다. 이러한 조건(사회적 단위 귀속과 과제 공동성) 각각은 다음과 같이 설명된다.

정서의 **사회적 단위 귀속**은 개인정서나 느낌이 어떤 사회적 단위와 연관되거나 부착되는 과정을 가리킨다(Lawler, 2001). 심리학의 귀속 이론은 다른 것에—말하자면 우리가 다른 사람들의 행동 원인을 무엇에 귀속시키는지에—중점을 둔다(예컨대 Kelly, 1967 참조). 최근의 변형은 '그룹 귀속'을 통합하지만, 이것도 마찬가지로 개인이 다른 사람들을 그들의 그룹 친화에 따라 귀속시키는 것과 관련된다. 사회적 단위 귀속과 그룹 귀속은 모두 상황의 사회적 요소를 선택하지만, 사회적 단위 귀속은 어떤 사람이 자신의 내적 상태를 관계적 실체나 사회적 단위에 귀속시키는 것과 관련되기 때문에 구별된다.[5] 사회적 단위 귀속은 사람들이 자신들의 정서적 경험을 이해하게 되는 메커니즘이며, 우리는

5 사회적 단위 귀속은 자아의 순간적 느낌이 왜 긍정적(좋은, 고양된)인지 혹은 부정적(나쁜, 낙담한)인지에 대한 해석이다. 정서는 내적 보상과 처벌을 구성하기 때문에, 사람들은 그것이 어디에서 오는지를 이해하여 긍정적 정서를 다시 경험하고 부정적 정서를 피하려는 동기를 가지게 된다고 가정한다(Lawler, 2001 참조).

이것이 그룹에 대한 정동적 감정에 영향을 미치고, 간접적으로는 이러한 감정이 공유된다는 지각에 영향을 미친다고 주장한다. 사회적 단위 귀속은 그룹 환경에서 성공이나 실패에 대한 이기적 귀속을 감소시키거나 완화시키는 잠재력을 가지고 있다.

와이너(Weiner, 1986)에 따르면, 우리의 이론은 전역적(global; '원초적') 정서와 특정한 정서를 구별한다. 전역적 정서는 사회적 교환 사건에 대한 반응으로 일어나는 즉각적/내적/비자발적 느낌(예컨대 기분 좋음, 기분 나쁨; 기분이 좋아짐, 기분이 나빠짐)이다. 와이너(Weiner, 1986)의 용어로, 그 느낌은 결과에는 의존적이지만 귀속에는 독립적이다. 이러한 전역적 반응은 행위자들이 이러한 전역적 느낌의 원천을 이해하게 되는 귀속 과정을 활성화한다. 자아나 타인이나 사회적 단위와 같은 대상을 가진 '특정한' 정서로 이끄는 것은 이러한 귀속 과정이다. 자부심, 감사, 분노, 수치심, 그리고 그룹 애착/분리는 사회적 교환에서 비롯된 전역적/즉각적 느낌에 대한 행위자들의 설명에서 나오는 더 구체적인 정서의 예시이다. 서로 다른 표적(설명)들은 서로 다른 특정한 정서를 생성한다. 만약 긍정적인 전역적 느낌이 그룹에 귀속된다면, 그것은 그 단위에 대한 정동적 애착을 강화하고 구성원자격 혹은 소속을 그 자체로 가치 있는 것으로 만든다. 만약 전역적 느낌이 부정적이라면, 그것은 그룹에 대한 정동적 애착을 약화시킨다.[6] 긍정적 정서의 경우, 그룹 유대는 의미심장한 것이 되고 집단정서를 동원하고 지속시킬 수 있다. 따라서 집단적 혹은 공유된 경험에서 비롯된 정서는 그룹에 기반할 수 있다(Bar-Tal 외, 2007; 이 책의 V-1장 Ray, Mackie & Smith의 글 참조). 이러한 추론은 다음과 같은 원칙을 제시한다.

원칙 ②: 개인정서가 사회적 단위에 귀속될 때, 이러한 정서는 가치 있는 관계적 혹은 그룹 소속에 대한 지각을 강화하고, 이러한 지각은 다시 다른 사람들이 같은 느낌을 경험하고 있다는 추론을 강화한다

---

6 이 이론에서 그룹이나 단위를 향한 특정한 정서는 정동적 애착/분리이다. 그룹 애착/분리는 자부심/감사/분노/비난의 그룹에 더 집중된 변형들처럼 무수히 많은 방식으로 나타날 수 있다. 이 이론은 그룹 애착이 이러한 구체적 그룹에 초점을 맞춘 정서를 전제하거나 증진하는 조건을 예측하려 시도하지 않는다. 그러나 이 쟁점은 향후 이론화와 연구에서 주목할 만한 가치가 있다.

개인정서가 그룹의 정동적 유대를 생성하는 메커니즘을 개념화했다면, 다음 질문은 이러한 것이다. 어떤 조건에서 이 메커니즘이 작동하여 이러한 유대를 산출할 것인가?

과제 공동성은 사회적 교류의 정동 이론에 의해 제공되는 해답이다(Lawler, 2001). 공동 과제는 혼자서는 할 수도 없고 개인의 성과와 기여를 합산하거나 평균하여 성취될 수도 없는 과제이다. 사회적 교환에서 행위자들은 상호의존성을 가지고 있지만, 상호의존성이 공동 과제의 의미를 완전한 포착하지는 못한다. 공동 과제에는 구성원들이 아이디어/정보/호의 등을 교환함으로써 길러내는 집단적 산물이 있다. 이 집단적 산물은 행위자들에게 알려지지만, 그들이 정확히 어떻게 그들 각자가 그것에 기여했는지를 반드시 아는 것은 아니다. 공동성의 정도는 중요하다. 왜냐면 그것은 산물에 대한 공유된 혹은 집단적 책임감을 생성하는 경향이 있기 때문이다. 귀속 이론과 연구에 따르면, 과제에 참여한 사람들은 책임을 할당하거나 그것에 대해 추론한다. 그러나 그들은 실패에 대해서는 다른 사람들을 비난하고 자신에 대해서는 성공을 주장하는 경향이 있고, 사회적 단위 귀속에 대한 명확한 역할이나 자리가 없다. 지속적 관계나 그룹에서 이러한 이기적 귀속은 미래의 공동 과제에 대한 협업 의지에 부정적 영향을 미치고, 과제를 효과적으로 해결할 수 있는 그룹 역량을 약화시키는 경향이 있다. 정동 이론에 따르면, 공동 과제가 집단적 산물에 대한 행위자들의 공유된 책임감을 높이도록 구조화될 경우, 이러한 분열적 효과가 감소한다(또한 이 책의 I-2장 Gilbert의 글; 이 책의 I-1장 Schmid의 글 참조).

과제 공동성은 객관적 차원과 주관적 차원을 가진다(Lawler, 2001; Lawler 외, 2009, 5장). 과제의 객관적 구조와 그것의 주관적 구성은 행위자들이 결과적인 집단적 산물에 대해 책임감을 공유하는지에 아주 중요하다. 그룹 지도자는 과제를 구성하는 개별화된 구성요소의 관점에서 이 과제를 객관적으로 구조화하거나 주관적으로 정의할 수 있고, 이것을 바탕으로 책임을 할당할 수 있다. 대조적으로 지도자는 과제를 더 집단적 관점에서 구조화하거나 정의하여, 구성요소들 사이의 상호연결을 강조하고 집단적 책임에 관심을 집중시킬 수 있다. 이 이론에서는 사회적 단위 귀속의 근간이 되는 하나의 구조적 조건과 하나의 인지적 조건이 있다.

공동 과제의 구조적 차원은 그룹의 과제 성공(혹은 실패)에 대한 각 사람의 기여도가 구별될 수 있는 (분리될 수 있는) 혹은 구별될 수 없는 (분리될 수 없는) 정도에 의해 파악된다. 인지적 차원은 사람들이 과제 자체와 그것을 수행할 책임을 어떻게 정의하거나 구성하는지를 나타낸다. 어떤 과제는 개인이 집단적 산물에 각자 얼마만큼 기여했는지를 말할 수 없는 방식으로 구조화되거나 정의되는 반면, 다른 작업은 그룹 과제의 성공에 각 사람의 개별적 기여를 구별하기 쉽게 만든다. 공동 과제의 범위는 넓다. 작업팀에 할당된 프로젝트, 지역협회의 집단 활동, 입법부의 정치 연합들의 활성화, 두 부모 가정의 자녀 양육 방식 등이 사례에 포함된다.

우리는 개인의 기여가 분리될 수 없거나 구별될 수 없는 과제는 더 큰 공동성을 가지므로, 공유된 책임감과 과제에서 받는 개인적 느낌의 사회적 단위 귀속을 촉진한다고 주장한다. 그래서 그룹이나 네트워크나 조직에서의 사회적 교환이 공유된 책임감을 낳을 경우, 행위자들은 자신들이 개별적으로 느끼는 정서를 공동으로 산출한 것으로 해석할 것이고 그들의 느낌을 공유된 그룹 혹은 조직 관계에 귀속시킬 가능성이 더 높다. 중요한 함의는 공동 과제는 행위자들이 그룹의 성공에 대해 이기적 귀속을 하려는 경향을 감소시킨다는 것이다. 왜냐면 개인의 성과와 기여의 비교가 어렵거나 불가능하기 때문이다. 개인 간 성과 차이를 드러내는 과제는 일반적으로 공유된 책임감을 약화시킬 수 있다.

집단정서가 이러한 과정에서 생겨나고 미래의 상호작용이나 교환에서 관계적 유대의 영향력을 높인다고 주장하는 것은 여기서 논의한 이론적 추론으로부터 아주 작은 한 걸음을 더 나아간 것이다. 공유된 책임은—객관적 과제 조건에 기반하던 주관적 과제 조건에 기반하던, 혹은 양자에 기반하던—개인적 느낌의 사회적 단위 귀속이 개인정서를 집단정서로 변형시키는지를 결정하는 핵심 조건이다. 사회적 단위 귀속은 개인정서와 집단정서 사이를 매개하는 메커니즘으로 이해될 수 있는 반면, 공유된 책임감은 사회적 단위 귀속을 조절하는(moderating) 조건으로 이해될 수 있다. [그림 13.2]는 이러한 매개와 조절의 과정을 묘사한다. 그러므로 공유된 책임감은 다음과 같은 행위자들의 추론, 즉 공동 과제에 참여하는 다른 사람들도 같은 느낌을 경험하며 공통적 그룹 소속에 대한 공유된 느낌에 같은 의미를 부여할 것이라는 추론을 촉진한다는 것은 그럴듯하다. 다음의 세 번째, 네 번째, 다섯 번째 원칙은 이러한 논리를 포착한다.

[그림 13.2] 개인정서를 집단정서로 변환하는 매개/조절 메커니즘.

원칙 ③: 사회적 단위 귀속은 개인정서와 집단정서의 연결을 매개하는 메커니즘인 반면, 행위자들의 공유된 책임감은 이러한 메커니즘이 개인정서를 집단정서로 변환하는 데 필요한 조절 조건이다.

원칙 ④: 행위자들의 공유된 책임감이 강할수록 그들은 자신의 개인적 느낌을 그룹에 귀속시킬 뿐만 아니라 다른 사람들도 동일한 느낌을 경험하고 그것을 동일하게 귀속시킬 것이라고 추론할 가능성이 더 커진다. 결론은 다음과 같다. (1) 집단정서는 관계적 혹은 그룹 소속과 관련이 있고, (2) 사람들은 그렇지 않은 경우보다 이렇게 공유된 집단적 느낌에 따라 행동할 가능성이 더 높다.

원칙 ⑤: 긍정적 집단정서는 행위자들이 그룹에 머무르고, 그룹의 다른 사람들을 향해 친사회적으로 행동하고, 그룹을 위해 자신의 이익을 희생하려는 성향을 증가시킨다.[7]

이 장의 논증은 두 가지 정서 기반 이론들의 토대 위에 구축된 일련의 단계들로 묘사될 수 있다. 첫 번째 단계는 관계의 대상화로, 그것을 두드러진 대상으로 만드는 것이다. 반복적 교환은 정서적/정동적 과정을 통해 두드러진 관계적 대상을 촉진한다(관계 응집 이론). 두 번째 단계는 공통적 경험(교환 과제)과 새로운 두드러진 대상(관계)이 주어지는 경우 행위자가 다른 사람들이 그들 자신의 느낌을 공유한다고 추론하는 것이다. 여기서 우리가 공유된 경험에 공통성이라는 층을 하나 추가하면, 이것은 개인의 느낌을 보충하거나 강화한다(관련 논증으로는 Collins, 2004 참조). 세 번째 단계는 사회적 단위가 사회적 교환에서 나온 개인적 느낌의 표적이나 귀속 대상이 되는 것이다(사회적 교환의 정동 이론). 사회적 단위 귀속은 본질적으로 개인 수준의 정서적 상태를 '집단화'하고 그룹 소속의 영향력을 강화하는데, 이러한 소속은 반복되는 사회적 상호작용의 사례들에서 의미심장한 가치를 띠기 때문이다. 사회적 교환의 정동 이론에서 개인정서의 사회적 단위 귀속은 개인-단위 정동적 유대를 형성하고 강화하는 기반이며, 공유된 책임감은 이러한 효과를 조절한다. 공유된 책임감이 강하면 사회적 단위 귀속이 개인정서를 집단정서로 변환시킬 가능성이 더 커진다. 전반적으로 집단정서 개념은, 가시적인 정서적 신호나 정서 전염이 없는 상황에서도 행위자들이 서로의 정서적 상태를 추론하는 것의 집단적 영향력을 지적함으로써, 사회적 교환의 정동 이론에 새로운 차원을 추가한다.

맺음말

우리의 분석에 따르면, 여러 층위의 공통성이 존재하고, 이것 중 일부만이 집단정서를 생성할 수 있다. 교환 맥락은 행위자들이 공통적 경험을 가지고; 무언가를 공동으로 하고(교환에 도달하려고 시도하고); 공통적/공유된 결과물(교환 비율과 보상 분배)을 산출하고; 교환 맥락으로 가져온 외인적 정체성을 공유할 가능성이 있는 맥락이다. 집단정서의 근본적 기반은 공통적 경험이지만, 이 경험의 공통적 요소는 여러 구성요소로 나누어질 수 있다. 공유된 정체성(그룹 소속), 공유된 초점(사건에 대한 주목), 사건에 대한 집단행동; 공유된 정서; 왜 이러한 정서가 일어나는가에 대한 공유된 지각 혹은 공유된 결과물(집단적 산물) 등이다. 이 공통성 가운데 어느 것이든 집단정서의 기반이 될 수 있다. 우리의 논증은 어떤 특정한 형태를 취하든 공통적 경험의 중요성을 강조한다. 공통적 경험이 반복되고 사람들이 이 경험에 대해 서로 비슷한 반응을 보인다고 추론할 때, 집단정서는 사회적 교환에서 출현한다.

관계 응집 이론과 교환의 정동 이론은 개인과 사회적 단위(관계 혹은 그룹) 사이에 정서적 유대가 형성되는 때를 예측한다. 이 연구는 공통적 혹은 공유된 정서가 사회적 교환에서 나타나고 지속적 관계 형성에 기여한다는 것을 암시적으로 보여준다. 이러한 개인 정서의 사회적 단위 귀속과 과제 결과에 대한 공유된 책임감이 결합하여 관계 또는 그룹에 대한 정동적 유대를 생성한다. 이러한 정동적 유대 혹은 감정은 그것이 일반적으로 유지되고 공통적인 것으로 추론되고 이에 따라 행동한다는 점에서 암묵적 집단정서를 나타낸다. 집단정서는 교환에 대한 정서적 반응을 조금씩 증가시키고 반복적 교환의 역량을 강화하여 높은 수준의 관여와 결속을 생성한다. 우리는 이러한 발상을 관계나 소규모 네트워크나 그룹과 관련하여 전개했지만, 이러한 발상은 사람들이 더 큰 조직이나 공동체를 형성하는 유대관계에 적용할 만큼 일반적이다.

그래서 집단정서는 개인적으로 느껴진 정서 상태를 보충하고 강화한다. 만약 정서 상태가 긍정적이면, 응집과 집단 정동의 상승 소용돌이는 쟁점이나 문제가 발생했을 때 행위자들이 더 쉽게 협업하고 해결할 수 있게 해준다. 만약 정서 상태가 부정적이면, 하강 소용돌이는 시간이 지남에 따라 협업을 더 어렵게 만들 가능성이 있고 관계를 파괴한다. 집단정서는 과제가 매우 공동적이고 행위자들이 과제에 대해 공유된 책임을 인식할 때 이러한 강화/확대 효과를 가질 가능성이 가장 높다. 매개적 메커니즘은 정서의 사회적 단위 귀속이다. 이것이 개인의 느낌이 그룹을 표적으로 삼고 집단 느낌이 되는 방식이다. 이러한 일이 일어나기 위한 주요 조절 조건은 공유된 강한 책임감이다. 반복적 교환, 공동 과제, 지각된 응집은 이러한 선행조건이 공유된 책임감을 증진할 때만 집단정서를 생성할 것이다. 공유된 책임감은 거래적 혹은 도구적 그룹 유대가 관계적 혹은 표현적 그룹 유대로 발전할지, 암시적으로 개인정서가 집단정서로 변환될지를 결정하는 핵심적인 우연적 조건이다.

감사의 말

저자는 알파벳 순이다. 이 글은 부분적으로 국립과학재단(National Science Foundation)의 공동연구 지원금을 받았다(SES-0956796 to USC & SES-0957982 to Cornell).

Chapter 3

집단정서적 모임: 정체성 융합, 공유된 믿음, 사회적 통합에 미치는 영향

다리오 파에즈[1] | 베르나르 리메[2]

사회생활에서 집단 모임은 공유된 믿음과 정서를 생성하거나 재생성하는 데 필수적 계기가 된다. 집단 모임은 종교의식, 결혼식, 기념일, 장례식, 사법재판, 축제, 공연, 스포츠 행사, 혹은 사회정치적 시위 등의 다양한 형태를 취할 수 있다. 집단 모임은 일반적으로 공식화되고 양식화되고 반복적인 형태를 취하는 정서적으로 두드러진 음성적, 시각적, 운동 감각적 표현을 포함한다. 소시스(Sosis, 2003)는 다른 사람들과 함께 이러한 양식화되고 공식화된 행동에 참여하는 것이 정서적 친밀과 사회적 그룹 안에서의 인지적 합의를 낳고 유지하는 데 적절하다고 제안했다. 집단 모임의 정서적/사회적/인지적 효과에 대한 이러한 견해는 뒤르켐(Durkheim, 1912)이 제안한 사회적 의식의 고전적 모형과 완전히 일치한다.

놀랍게도 사회심리학자들은 지금까지 이러한 대규모 사건이 사회적으로 공유된 믿음과 정서뿐만 아니라 그룹 행동에 미치는 영향에 관한 경험적 탐구를 개발하지 못했다. 드물기는 하지만, 예외도 존재한다. 일부 연구는 시위와 사회적 정체성 사이의 관계에 초점을 두었지만, 이 연구는 주로 인지적 관점에서 수행되었고 정서나 행동 과정을 고찰하지는 않았다(Drury & Reicher, 2000; Reicher, 2001). 나카무라와 칙센트미하이

---

1 Dario Páez, 안드레스 벨로 대학교 교육 및 사회과학학부 교수.

2 Bernard Rimé, 루뱅 가톨릭 대학교 심리과학 연구소 박사과정.

(Nakamura & Csikszentmihalyi, 2005) 같은 긍정 심리학자들은 최적의 학습, 복지, 문화적 신념의 발달을 위해 집단적 의식(collective rituals)과 공유된 경험이 제공하는 잠재력을 강조했다. 사회학에서 콜린스(Collins, 2004)는 의식에 대해 뒤르켐의 모형에서 직접 영감을 받은 접근법을 개발했다. 우리 분야에 더 가까운 모스코비치(Moscovici, 1988)도 부분적으로 뒤르켐의 견해에 의존하여 집단행동에 대한 광범위한 분석을 제안했다. 모스코비치는 뒤르켐의 연구가 초점을 두었던 컬트 행사들이 대중을 모으는 유일한 사건은 아니라고 강조했다. 정서를 담은 모든 사건은 사람들을 모으고, 정서 전염과 다른 사람과의 동기화로 구성되는 정서적 소통 또는 지각된 정서적 동기화 과정을 유발하며, 이 과정은 뒤르켐이 종교의식을 고려해 설명한 것과 유사한 정체성 융합을 뒷받침한다. 이러한 상황에서 사람들은 "함께 모여 서로를 칭찬하고 격렬하게 소통하는" 것으로 보이고, 이러한 방식으로 "그룹은 특별한 힘으로 재창조되고 다시 효력을 발휘한다"(Moscovici, 1988, p.76). 상징은 다시 활성화되고 깊이 뚫고 들어간다. 집단적 표상은 이러한 상황에서 발생한다. 왜냐면 사람들은 공유된 노래, 춤, 무대 공연으로 활기를 얻은 재결합의 흥분에서 비롯된 강렬한 열정의 상태에서 함께 이 표상을 만들기 때문이다. 우리는 이러한 모임이 어떻게 고양된 정서적 느낌, 집단정서의 경험, 그리고 정체성 융합과 더불어 공유된 몰입(flow) 경험을 유발하는지를 살펴볼 것이다.

공유된 몰입, 정체성 융합, 그리고 집단정서

"최적의 경험"이라는 개념을 도입한 칙센트미하이는 이러한 경험이 의식화된 사회적 상황에서 일어나는 집단열광과 매우 비슷하다고 주장했다(Csikszentmihalyi, 1990, p.21). 그리고 그는 이 점에서 뒤르켐을 명시적으로 언급했다(Csikszentmihalyi, 1993, p.41). 그에 따르면, 최적의 경험 상태 혹은 '몰입 상태'는 개인이 숙달한 분야(예컨대 직업, 스포츠, 게임, 혹은 예술 활동)에서 활동할 때와 이러한 활동에서 다음 세 가지 조건이 충족될 때 생겨난다. (1) 분명한 목표, (2) 즉각적 피드백, (3) 그 사람의 자원이 성공적으로 맞설 수 있는 도전.

몰입 경험 자체는 다음과 같이 특징지어진다. (1) 경험에 완전히 몰두하는 것, (2) 활동을 통제하고 있다는 느낌, (3) 인식과 행동이 합쳐져 생각 없이 자동으로 행동하는 것. 몰입 상태에서 다음과 같은 세 가지 주요 심리적 결과가 발생한다. (1) 시간 경험의 변화, (2) 본질적으로 보람 있고 그 자체로 목적인 경험, (3) 환경과의 일체감과 더불어 자기 인식의 상실. 경험적 연구는 대체로 이 아홉 가지 차원의 타당성, 그리고 이 차원들과 높은 수준의 성과 및 긍정적 정동의 연관성을 확인했다(Delle Fave, 2009; Jackson Kimiecik, Ford & Marsh, 1998). 최적의 경험은 사람들의 인지(목표, 목적, 혹은 활동에서 성취하려는 것의 표상)와 그들의 현재 활동, 이러한 활동 수행에서 그들이 받는 외부 피드백이 일시적으로 일치하는 동기화 상태에 도달할 때 발생한다. 수반되는 주관적 경험은 특히 강력한 긍정적 정서 상태, 자아에 대한 의식의 상실, 자아와 행동과 주변 사람들이 융합되는 느낌, 보상에 대한 강렬한 정서적 경험을 포함한다. 그래서 최적의 경험은 자기 초월(self-transcendence) 혹은 그 용어의 문자 그대로의 의미로 '초월'의 상태를 구축한다. 실제로 개인을 외부 세계와 분리하는 심리적 구분선은 그 사람이 더 이상 엄밀한 경계선에 의해 세상에서 분리되지 않는 방식으로 해체되는 경향이 있다. 칙센트미하이에 따르면, 집단 모임이나 의식은 사회적으로 바람직한 형태로 최적의 경험을 충족시킬 수 있도록 사회가 구성원들에게 제공하는 행동유도성이다(Csikszentmihalyi, pp.1990, 432). 몰입과 종교의식은 밀접하게 연결되어 있다. 많은 최적의 경험은 사람들을 초자연적 실체와 연결하려는 의식의 맥락에서 발생한다. 사회적 의식들은 의식에 질서를 생성하고 사람들에게 즐거움의 원천을 제공하는 방법이 된다(Csikszentmihalyi, 1990, pp.140-141; Nitz & Spickard, 1990). 그것들은 분명한 목표와 감당할 수 있는 규칙을 포함하고, 수행 수준을 우리의 능력에 맞게 조정할 수 있고, 우리가 잘 하고 있는지에 대한 분명한 정보를 제공하고, 주의를 산만하게 하는 것을 제거하고 집중을 가능하게 하기에, 몰입을 유발할 가능성이 높다(Csikszentmihalyi, 1993, pp.13-14).

집단 모임에 대한 이러한 명시적 언급에도 불구하고, 몰입 상태는 개별적 현상으로 탐구되었다. 그러나 여러 연구에서 응답자들은 그들의 가장 강력한 몰입 경험이 사회적 상황의 맥락에서 발생했고, 몰입은 개인적 활동보다 공유된 활동에서 더 강렬했다고 보고했다(Walker, 2010). 워커(Walker, 2010)의 실험에 따르면 사회적 상황에서 경험된 몰입은 혼자 하는 몰입보다 더 높은 수준의 즐거운 경험을 끌어내는 것으로 나타난다. 더불어 그는 상호작용적/집단적 몰입의 경험은 '자아'에 대한 의식의 상실과 그룹 및 청중과의 정서적 교감(communion)을 모두 포함한다고 주장했다. '자아'에 대한 의식 상실과 관련해, 그것은 자신의 공적 이미지 상실뿐만 아니라 자아 혹은 '나'와 '우리'의 통합을 의미한다. 예컨대 강한 집단 정체성은 자신의 공적 개인 이미지에 대한 인식의 상실뿐만 아니라 스포츠팀의 경험을 특징짓는다(Jackson & Csikszentmihalyi, 2010). 정서적 교감이나 지각된 정서적 동기화와 관련해, 집단 몰입은 비언어적/언어적 정서와 분위기의 전달을 수반한다. 이러한 공유된 정서적 각성은 공통된 정서적 분위기를 조성한다.

결론적으로 우리가 제안하는 바는, 집단정서의 경험에서 그룹과의 동조가 이루어지면 이로부터 공유된 정서와 정체성 융합이 나타난다는 것이다. 이 장의 나머지 부분에서는 집단행동이 조율될 때 참가자들은 정서 전염으로 동기화된 행동과 정서 공유를 바탕으로 일체감 혹은 융합감의 증가와 정서적 교감 혹은 지각된 정서적 동기화의 느낌을 나타낸다는 경험적 증거를 고찰한다.

조율된 집단행동, 정체성 융합, 그리고 정서적 교감이나 지각된 정서적 동기화

인간은 큰 노력 없이도 서로의 움직임을 빠르게 조율할 수 있도록 특히 잘 준비되어 있다. 그래서 개인들은 나란히 걸을 때나 대화에 몰두할 때 움직임을 동기화한다(Konvalinka, Vuust, Roepstorff & Frith, 2010). 이러한 상호 조율 역량을 통해 인간은 자신의 목표/의도/행동을 주변 사람의 그것들과 맞출 수 있다(Newman-Norlund, Noordzij, Meulenbroeck & Bekkering, 2007; Sebanz, Bekkering & Knoblich, 2006). 연구에 따르면, 움직임의 동기화는 협력과 친사회적 지향성을 높이고 참가자들 사이의 사회적 통합의 출현을 돕는 효과를 가진 것으로 나타났다. 여러 연구(van Baaren, Holland, Kawakami & van Knippenberg, 2004; van Baaren, Holland, Steenaert & van Knippenberg, 2003)에서, 모방은 친사회적 행동을 증가시키는 것으로 밝혀졌다. 모방을 당한 참가자는 모방을 당하지 않은 참가자에 비해 더 기꺼이 다른 사람에게 도움을 주고 더 관대했다. 다른 연구도 행동 동기화에서 나온 결과와 유사한 효과를 보였다. 윌터무스와 히스(Wiltermuth & Heath, 2009)에 따르면, 통제 조건에 놓인 개인들과 비교해 다른 사람들과 동기화된 행동을 한 사람들은 (3인 그룹으로 캠퍼스 주변을 걷거나 3인 그룹으로 음악을 듣거나 어느 정도 동기화가 필요한 과제를 수행하는 동안) 직후에 실행된 경제학 과제에서 더 많은 협력을 보인 것으로 나타났다. 함께 노래를 부르는 단순한 동기화에서도 유사한 효과가 관찰되었다. 이러한 결과는 집단 모임에서 흔히 볼 수 있는 다른 사람의 행동과 동기화된 행동이 일체감 및 다른 사람과의 유사성을 강화하여 협력을 증가시킨다는 것을 시사한다. 움직임의 동기화를 통한 사회적 효과는 구경꾼의 눈에서도 발생한다. 라켄스와 스텔(Lakens & Stel, 2011)에 따르면, 관찰자들은 사람들이 비동기적으로 움직일 때보다 동기적으로 움직일 때 더 많은 상호 이해의 느낌과 더 높은 수준의 실체성(entitativity, 즉 그들이 얼마만큼 단일한 그룹 혹은 '실체'를 구성하는지)을 가지는 것으로 여긴다.

전반적으로 이러한 데이터는 움직임의 동기화가 자아를 확장하고 자아에게 일체감과 사회적 융합감을 비롯한 자아초월의 경험을 열어준다는 생각에 상당한 근거를 제공한다. 이 주제의 중요성에도 불구하고 몰입에 관한 연구나 동기화에 관한 연구는 이러한 집단정서적 과정을 다루지 않았다. 본래 뒤르켐이 제안한 고전적 모형은 이 점에 관한 경험적 연구의 발전을 위한 여러 귀중한 지침을 제공한다.

자신의 저서 『종교 생활의 기본 형태(*The Elementary Forms of Religious Life*)』에서, 뒤르켐(1912; Collins, 2004; Páez, Rimé & Basabe, 2005)은 사람들이 자신이 속한 그룹을 나타내고 자기 그룹 구성원들이 공유하는 신념을 떠올리게 하는 상징 앞에 모이는 상황을 분석했다. 뒤르켐은 이러한 집단적 상황에서 참가자들은 '특별한' 시간적/물리적 틀 안에서 공통적 대상이나 공통적 주제에 주의를 집중한다고 강조했다. 참가자들은 그들의 움직임, 행동, 음성 및 언어 표현을 동기화하여 조율된 방식으로 조화롭게 행동한다. 따라서 그들은 강력한 상징적 의미를 담은 조율된 집단행동에 참여한다. 집단 상황 동안에 참가자들은 함께 표현적 몸짓, 움직임, 춤, 연설, 함성 및/또는 노래를 풍부하게 개발한다. 이러한 집단적 표현은 정서와 열정의 분위기를 생성한다. 그런 다음 참가자들의 정서는 서로를 반향하고 강화하여, 개인의 정서적 느낌이 공유된 정서적 느낌으로 바뀌는 집단적 정서 융합의 분위기가 뒤따른다. 더불어 그들의 행동/정서의 수렴은 참가자들 사이의 유사성에 대한 감각을 강화한다. 그래서 모든 사람은 그룹의 다른 구성원과 공유된 특징에 대한 감각을 느끼고, 이러한 특징과 관련해 그들과 일치함을 경험한다. 그런 다음 유사성에 대한 느낌과 공유된 정서적 상태가 결합해 참가자들은 그룹 소속감을 발달시키고 '나'를 대신하여 '우리'를 경험하게 된다. 뒤르켐에게 이러한 자기초월의 상태와 그것이 수반하는 일반화된 공감은 집단 의례의 행동 레버가 된다. 그룹 소속감은 새로워지고 사회적 응집은 강화된다. 보통은 일상적 개인 생활의 과정에서 사라지는 공유된 믿음은 모든 사람의 의식 전면으로 묵직하게 다시 돌아온다. 그런 다음 참가자들은 그들 각자의 일로 돌아갈 수 있다. 그들은 한동안 그룹의 힘과 공유된 신념에 만족할 것이다. 존재에 대한 새로운 자신감은 참가자들이 힘과 의미에 대한 감각을 가지고 그들의 일상생활을 다시 마주할 수 있게 해준다.

종교 그룹에 관한 연구의 맥락에서 뒤르켐(Durkheim, 1912)이 공식화한 명제들은 여러 유형의 집단 모임으로 확장될 수 있다(Moscovici, 1988). 다음에서 우리는 이러한 모형을 뒷받침하는 다양한 유형의 공동체 모임에 초점을 맞춘 경험적 연구에 관해 설명할 것이다.

집단정서적 행사와 과정

다섯 개의 연구에서 파에즈, 리메, 바사베, 블로다르치크, 주메타(Páez, Rimé, Basabe, Wlodarczyk & Zumeta, 2013)는 집단 모임이 긍정적 정동, 사회적 통합, 사회적 신념을 강화한다는 견해를 시험했다. 첫 번째 연구는 일부 벨기에 도시에서 중세부터 이어진 중요한 민속 전통에 의존했다. 80여 개의 도시에서 매년 열리는 이 축제는 '워커(walkers)'와 함께 3일간 지속되는 종교 행렬로 구성된다. 워커들은 수백 명에 달하는 도시나 마을의 주민들로 유서 깊은 군복이나 무기를 착용하고 있다. 그들은 일 년 내내 훈련하고, 연례 명절 시기에 보병처럼 장거리를 행진하는 종교 행렬을 호위한다. '워커'에게 이러한 의례는 정서적으로 큰 영향을 미치는 상징적 계기를 나타낸다. 뒤르켐의 모형에 따르면, 비참가자들에 비해 민속 행진 참가자들은 걷고 난 후에 더 높은 수준의 사회적 통합과 더 강한 긍정적 정동을, 그리고 워커가 아닌 대조군 응답자들에 비해 더 강화된 사회적 신념을 보일 것으로 예상되었다(Páez 외, 2013). 행렬 참가자와 비참가자한테 얻은 종속변수 측정 항목은 다음과 같다. (1) 자존감(self-esteem; Rosenberg 척도), (2) 상태 불안(Spielberger, Gorsuch & Lushene, 1970의 STAI 척도), (3) 사회적 통합 측정(Richer and Vallerand, 1998), (4) 핵심 사회적 신념(자비로운 세계에 대한 믿음과 정의로운 세계에 대한 믿음; Janoff-Bulman, 1989).

저자들은 또한 집단 행사 과정에서 경험되는 정서적 융합감은 여러 예상된 효과의 산출에 결정적이라는 뒤르켐의 가설을 구체적으로 시험해 보려고 했다. 그러므로 이후 요약된 다양한 연구는 워커들이 집단 행사에서 경험한 융합의 강도를 보고하는 평가 척도를 포함한다(정서 전염에 기반한 정서적 교감, 예컨대 "나는 전체 그룹이 공유하는 정서에 젖었다", "나는 우리 사이에 일종의 연루성(complicity)을 느꼈다": 그리고 정서 전염에 기반한 정체성 융합, 예컨대 "나는 나 자신에 대한 의식을 잃었다", "나는 나로부터 벗어나 그룹의 일부가 된 것처럼 느꼈다", "나는 그룹의 다른 구성원들에게 지지를 받는 느낌을 받았다"). 이 '융합' 척도 혹은 지각된 정서적 동기화는 일차원적 구조와 높은 내적 일관성을 가졌다. 3일의 연례 축제 후 48시간 이내에 93명의 워커가 연구 양식을 작성했다. 융합 척도를 제외하고, 워커와 마찬가지로 준농촌 및 중하위 사회 계층에 속하는 대규모 그룹의 워커가 아닌 응답자(N=324)에게도 동일한 척도를 제시했다. 그런 다음 응답한 워커와 연령/성별에 따라 짝을 맞춘 총 93명의 응답자가 이 인력풀에서 무작위로 선택되었다.

우리의 예상대로 워커와 비워커를 비교한 결과, 긍정적 자부심 지표는 행렬 참가자가 대조군보다 더 높은 것으로 나타났다. 상태 불안 척도의 경우, 이완-자신감(relaxation-confidence) 지표도 워커가 유의미하게 높은 수준을 보였다. 사회적 통합에 대해 워커와 대조군 응답자를 비교한 결과, 전자의 평균 수준이 유의미하게 더 높은 것으로 나타났다. 마지막으로 행진 참가자 그룹은 세계의 자비심에 대한 믿음과 정의로운 세계에 대한 믿음에서 유의미하게 더 높은 평균값을 보였다. 그래서 뒤르켐의 모형에서 나온 다양한 가설이 모두 이러한 데이터에 의해 뒷받침되었다.

그런 다음 융합 척도를 평가한 점수의 중앙값에 따라 워커를 나누었다. 이를 통해 융합 경험이 더 강렬했던 47명의 워커와 융합 경험이 덜 강렬했던 46명의 워커를 비교할 수 있었다. 뒤르켐의 모형대로, 후자의 워커와 비교하여 정서적 교감이나 지각된 정서적 동기화와 정체성 융합에서 높은 워커는 높은 수준의 자부심, 이완과 자신감, 사회적 통합, 핵심 사회적 신념을 보여주었다.

두 번째 연구는 많은 수의 음악가와 성악가가 참여한 클래식 음악 연주회를 조사했다(Páez 외, 2013). 연주회장에서 대중 연주회가 끝난 직후, 음악가와 성악가(N=70)는 그들이 행사 동안 경험한 것과 관련해 정서적 교감과 정체성 융합의 척도에 응답했다. 연주회 일주일 후, 참가자에게 연락해 불안, 사회적 통합, 신념에 관한 설문에 응답하게 했다. 이 연구의 결과는 행렬 후 48시간 후에 측정된 행렬 참가자 연구의 결과보다 다소 더 약했다. 불안과 사회적 통합에 대한 효과는 연주회에서 재현되지 않았다. 그러나 핵심 사회적 신념에 대한 효과는 두 연구에서 모두 동일하게 나타났다. 이와 관련해 1주일의 지연이 어떤 영향을 미쳤을 수도 있다. 실제로 뒤르켐은 특히 주요 종교가 의식에 일주일의 주기성을 채택한 것은 이 지연시간 내에 후자의 효과가 사라질 수 있기 때문이라고 주장했다. 그래서 향후 연구는 이러한 문제를 더 면밀히 고려해야 한다.

세 번째 연구는 사회정치적 시위의 맥락에서 유사한 변수를 평가했다(Páez, Javaloy, Wlodarczyk, Espelt & Rimé, 2012). 2011년 봄, 스페인에서는 경제적/사회적 상황에 반대하는 "5월 15일 운동"이라는 대규모 저항 운동이 전국적으로 자발적으로 일어났다. 피험자들은 단축형 '융합' 척도에 응답했다. 그들에게 5월 15일 운동과 관련된 대중 행사나 이와 무관한 최근 참석했던 대규모 집회에 대해 답하라고 지시했다. 두 번째 유형의 지침은 5월 15일 운동과 같은 강렬한 성격이 없는 대중 집회에 참여한 응답자들로 구성된 비교 그룹을 구성하기 위해 채택되었다. 또한 모든 참가자는 자신의 사회적 통합 수준을 평가하기 위한 지각된 사회적 지지에 대한 단축형 척도와 사회적 그룹의 정서적 분위기에 대한 그들의 지각을 평가하는 설문에 응답했다. 마지막으로 5월 15일 연구의 참가자들은 5월 15일 운동으로 촉진된 다양한 가치(결속, 자유, 존엄, 참여, 사회 정의, 형평)를 지지하는 정도를 평가받았다.

데이터에 따르면, 조사된 운동은 다른 일반적 그룹 활동보다 정서적 교감과 집단 동일시를 더욱 증가시킨 것으로 확인되었다. 더불어 정서적 교감과 정체성 융합의 강도가 더 높을수록, 지각된 사회적 지지도 더 높았다. 이러한 결과는 뒤르켐이 집단 운동으로 인한 사회적 통합 효과에서 정서적 융합에 부여했던 결정적 역할을 확인시켜 준다.

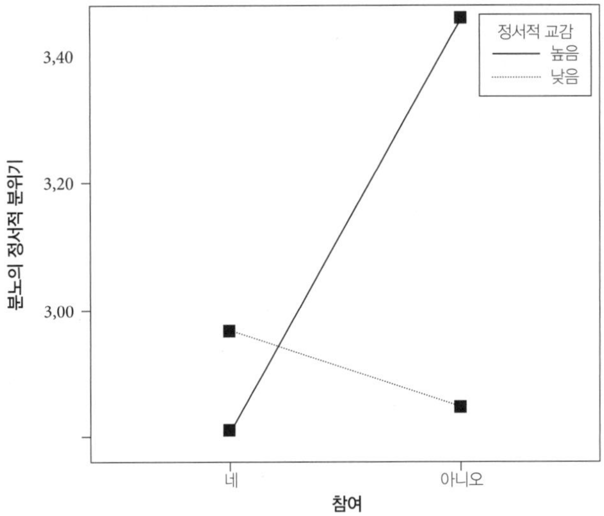

[그림 14.1] 정서적 교감 수준과 집단 동원이나 다른(통제) 활동에 대한 참여의 함수로서 분노의 정서적 분위기.

이러한 효과는 지각된 정서적 분위기에서도 나타났다. 참여를 통해 높은 수준의 정서적 교감을 경험한 사람들은 낮은 수준의 교감을 경험한 사람들에 비해 정서적 분위기에서 더 강렬한 분노를 지각했다. 반면에 참여하지 않았던 사람들 사이에서는 차이가 없었다(그림 14.1 참조). 이러한 결과는 중요하다. 저항 사회운동에 참여하는 것은 개인의 도덕적 분노뿐만 아니라 다른 사람들이 분노와 같은 정서를 느낀다는 지각과도 관련되어 있으며, 이러한 지각이 동원을 촉진한다는 것을 드러낸다. 게다가 뒤르켐의 모형과 일치하게 시위에서 높은 수준의 정서적 교감과 정체성 융합에 대한 경험은 지각된 집단 정서를 강화했다.

마지막으로 시위에서 더 높은 정서적 교감이나 지각된 정서적 동기화는 5월 15일 운동이 옹호하는 가치에 대한 더 높은 동의와 연관된 것으로 나타났고, 이것은 집단적 혹은 문화적 가치와 같은 사회적 표상들이 집단 모임에서 생성된 정서를 통해 공급되며 이러한 정서에 닻을 내리고 결론을 뒷받침한다.

네 번째 연구에서 파에즈와 동료들(Páez 외, 2013)은 종교의식 참여가 참가자들의 자기 초월감을 강화하는지, 그리고 특히 높은 수준의 정서적 교감과 정체성 융합을 경험한 사람들한테 이러한 현상이 나타나는지를 시험하기 위해 종교의식 참여에 대해 다루었다. 영성(spirituality)은 다른 사람들, 인류, 다음 세대와의 연결에 대한 믿음을 포함한다(Emmons, 2006). 클로닝거(Cloninger, 1999)가 제안한 자기 초월 척도는 초월로서의 영성 개념을 활용한다. 참가자들은 일요일 가톨릭 미사에 참여했고 그 전 목요일과 다음 화요일에 자기 초월 척도에 응답했다. 대조군 참가자들도 같은 시기 설문에 응답했지만, 종교 행사가 아니라 세속적 주말 활동(예컨대 가족 식사, 친구들과의 카드놀이)에 참여했다. 두 그룹 모두 각자의 사회 활동의 맥락에서 정서적 교감과 정체성 융합의 척도에 응답했다. 가톨릭 미사에 참여했던 참가자들은 자아 초월성의 증가를 경험했던 반면, 세속적 주말 활동에 참여했던 참가자들은 그렇지 않았다. 더불어 교감과 정체성 융합에 대한 더 높은 정서적 경험은 더 강렬한 자기 초월감과 연관되어 있었다.

연구 설계의 한계로 인해 지금까지 설명한 연구들의 결과는 대안적 설명의 가능성을 열어두고 있다. 적절한 통제를 동반한 실험적 귀납에 기반한 연구는 더 설득력 있는 증거를 제공할 것이다. 다섯 번째 연구에서 파에즈와 동료들(Páez 외, 2013)은 사회복지학과 학생들을 무작위로 배정하여 '조직화된 활동'이나 통제 조건에 참여하게 했다. 조직화된 활동에는 이민자에 대한 편견을 비난하는 구호를 작성하거나 표지판을 그린 후에, 캠퍼스로 가서 이러한 구호를 전시하면서 시위하는 활동이 포함되었다. 행사 일주일 전후에, 양 조건의 참가자들은 다음을 측정하는 설문지에 응답했다. (1) 공적 집단 자존감(Luhtanen & Crocker, 1992), (2) 정체성 융합(Gomez 외, 2011), (3) 그룹과의 지각된 유사성. 그들은 또한 이민에 대한 그들의 정서적 반응과 이민자에 대한 그들의 편견을 평가하는 질문에 응답했다.

대조군은 집단 자존감, 정체성 융합, 또는 그룹과의 유사성 지각에서 변화를 보이지 않은 반면, 실험군은 시위 참여 '이후' 이 세 가지 변수 각각에서 유의미한 증가를 보였다. 더 나아가 대조군에 비해 실험군은 이주민에 대한 불신과 불안감에서뿐만 아니라 이민에 의한 위협에 대한 인식에서도 유의미한 감소를 나타냈다. 그래서 이 실험적 연구는 뒤르켐 이론의 주요 요점을 뒷받침했다. 실제로 실험적으로 유도된 집단 모임은 정서적 융합과 그룹 통합의 과정을 촉발하고, 자신감을 높이고, 유도된 시위 주제와 관련된 다양한 사회적 표상들을 통합하는 결과를 낳았다.

집단 모임에서 사회적 표현과 정서적 분위기

고강도 집단 사건을 경험하고 관련된 집단 시위에 참여했던 참가자들을 대상으로 한 장기적 연구에서도 동일한 결과가 나왔다. 이러한 연구 중 하나는 르완다 집단 학살 이후의 맥락에서 수행되었다. 1994년 4월부터 7월까지 르완다에서 '후투족'과 '투치족' 사이의 오랜 갈등으로 인해 발생한 집단 학살로 80만 명 이상이 죽은 것으로 추산된다. 대략 13만 명이 집단 학살에 연루된 혐의로 구금되었다.

일반 법원이 감당할 수 없는 이러한 상황을 관리하기 위해, '가카카(Gacaca)'라는 공동체 분쟁 해결 시스템이 르완다판 진실과 화해 위원회로 채택되었다. 리메, 카냥가라, 파에즈, 이저비트(Rimé, Kanyangara, Páez & Yzerbyt, 2011)는 피해자/수감자를 모두 포함한 연구에서 가카카 과정의 참가자들과 대조군 응답자들에 대한 장기적 조사를 수행했다. 각 그룹의 절반은 가카카에 참여했고 나머지 절반은 정확히 같은 시기 자기 지역에서 가카카 재판소가 아직 열리지 않은 시기에 같은 설문에 응답했다. 모든 참가자는 먼저 '실험' 조건의 참가자들이 참여한 가카카 재판 전에, 그런 다음 재판 후에 응답했다. 두 데이터 세트는 10주의 기간 안에 수집되었다. 총 755명이 연구에 참여했다.

그 결과는 집단정서적 사건에 대한 참여는 정서의 재활성화를 수반한다는 것을 분명하게 확인시켜 주었다. 가카카에 참여한 피해자는 평가된 거의 모든 부정적 정서의 증가를 보인 반면, 대조군 피해자에서는 정서적 활성화에 변화가 없는 것으로 나타났다. 가카카가 사회적 정체성과 그룹 간 믿음에 미친 영향을 평가하기 위해 다음을 측정했다. (1) 내집단과의 동일시, (2) 외집단에 대한 긍정적 고정관념, (3) 외집단의 지각된 동질성. 연구 결과에 따르면, 재판 이후 피해자들 사이에서와 수감자들 사이에서 내집단과의 동일시가 감소한 반면, 각각의 대조군은 반대 방향의 경향을 보였다. 이것은 정서 표현과 과거 잘못에 대한 인식을 포함하는 집단적 절차가 약간은 '민족적' 동일시의 약화에 기여하고 적어도 어느 정도 사회적 통합을 강화했음을 시사한다.

실험 그룹의 피해자/가해자 모두에 대해 긍정적 고정관념에 관한 결과가 특히 주목할 만했다. 아마도 법정에서의 대결에 대한 참가자들의 예상 때문인지, 그 결과는 처음에는 대조군의 결과보다 더 낮았다. 그러나 그 결과는 가카카에 참여한 후 대조군 응답자들의 결과보다 더 긍정적으로 변했다. 마지막으로 우리는 가카카에 참여한 후 실험 그룹의 피해자/수감자 모두에게서 외집단 동질성 지각이 상당히 줄어든 것을 발견했다. 우리는 대조군의 피해자/수감자한테서는 이러한 변화를 관찰하지 못했다. 외집단을 동질적으로 본다는 것은 자기 구성원들의 개별적 혹은 개인적 특성들을 부정하고 그들을 그들 범주의 단순한 전형으로 환원하는 것으로, 이것은 편견으로 이어지고 적대적 사회관계를 영속화한다. 요컨대 가카카 재판에 참여하는 것은 사회적 표현의 긍정적 변화를 끌어냈다. 더불어 이러한 변화는 참가자들의 정서적 활성화 증가와 관련이 있었다. 이 데이터에 관해 수행된 매개(mediation) 분석과 회귀(regression) 분석은 뒤르켐의 모형을 뒷받침하는 부분적 매개효과를 보여주었다. 이러한 결과가 중요한 이유는 집단 상황에서 일어나는 정서적 각성은 그것이 부정적일지라도 사회적 표현의 변화를 뒷받침하는 역할을 한다는 것을 시사하기 때문이다.

르완다의 가카카처럼 과도기적 사법 절차에 참여하는 것은 집단정서에도 영향을 미쳤다. 가카카 전에, 참여한 피해자들은 재판 이전의 희망과 긍정적 기대 때문에 대조군보다 긍정적인 정서적 분위기를 더 높게 평가했다. 재판 이후 정서적 분위기에 대한 그들의 긍정적 지각은 감소했으나 대조군의 피해자들에 비해서는 더 높은 상태로 남아 있었고, 이것은 그들의 희망이 재판과 함께 완전히 사라지지는 않았음을 시사한다. 수감자들은 가카카 재판 전에는 그들의 대조군 수감자들보다는 정서적 분위기를 덜 긍정적으로 지각했다. 아마도 자신들이 처벌받을 것이라고 예상했기 때문일 것이다. 가카카 이후 사회적 분위기에 대한 긍정적 정서의 지각은 참여했던 가해자들 사이에서 눈에 띄게 높아졌다. 이것은 그 집단적 과정이 이 그룹의 사회적 통합을 증가시켰음을 확인시켜 준다. 피해자/가해자에 대한 이러한 비대칭적 효과는—가카카 재판에서 일어난 것처럼—특히 능동적 가해자가 가혹한 처벌을 받지 않았을 때 그들이 과도기적 의식에 대해 더 긍정적 태도를 보였다는 다른 연구 결과와 일치한다(Martin-Beristain, Páez, Rimé & Kanyangara, 2010).

방금 설명한 연구에서 집단 모임에 대한 참여는 가해자 그룹에서만 긍정적 집단정서의 증가를 일으켰다. 하지만 우리는 두 개의 적대 그룹을 포함하는 집단적 사건이 아니라 적대 그룹에 대한 집단 동원을 다루는 또 하나의 장기적 연구를 수행했다. 이 연구는 집단 모임 참여는 긍정적 집단정서를 증가시킨다는 것을 확인시켜 주었다. 2004년 3월 11일 스페인에서는 마드리드 통근 열차에서 여러 건의 폭탄 테러가 동시에 발생해 191명의 사람이 죽었다. 이 사건은 스페인 전역의 도시에서 시위와 사회적/정치적 동요의 장면을 촉발했다. 스페인 5개 지역의 성인 661명(대학생과 그 가족)을 표본으로 데이터를 수집했다. 참가자들은 테러 공격 1주, 3주, 8주 후에 설문지를 작성했다. 첫 번째 측정 시점인 사건 일주일 후, 우리는 지난 며칠에 걸친 시위에 대한 응답자의 참여 수준을 평가했다. 응답자 중 22퍼센트는 시위에 참여하지 않았다고 보고한 반면, 11퍼센트는 가끔, 15퍼센트는 여러 번, 52퍼센트는 모든 시위에 참여했다고 보고했다. 뒤르켐의 모형과 일치하게, 이 연구는 집단적 대규모 운동에 대한 참여가 사회적 지각과 정서적 분위기에 어느 정도의 변화를 초래했는지를 조사했다(Páez, Basabe, Gonzalez & Ubillos, 2007; Rimé, Páez, Basabe & Martinez, 2009). 집단정서의 지표로서 지각된 정서적 분위기는 사건 후 1주째와 다시 8주째에 정서적 분위기 척도(Emotional Climate Scale; Páez, Ruiz, Gailly, Kornblit & Wiesenfeld, 1997)를 이용해 측정되었다. 참가자들은 자기 나라의 사회적 분위기에 대한 그들의 지각과 관련된 진술("사회적 분위기가 희망으로 점철되어 있다", "전혀 그렇지 않다"에서 "매우 그렇다"까지)에 어느 정도 찬성하는지를 표시했다. 사회적 표상은 이러한 집단 드라마와의 대면에서 발생할 수 있는 개인 내적 이득(삶에 대한 인식의 지각된 변화), 개인 간의 이득(사회적 응집의 지각된 증가), 집단적 이득(정치적 참여와 헌신의 증대; 인권 침해에 대한 인식 강화)을 다루는 외상 후 성장 척도를 이용해 평가되었다(Vazquez & Páez, 2011). 응답자들은 사건 후 3주째에 이 측정을 완료했다. 마지막으로, 그들은 사건 후 1주째와 3주째에 이러한 사건에 대한 반응으로 일어나는 정서적 각성을 평가하는 척도를 완료했다.

뒤르켐의 모형에 따르면, 더 많은 사람이 시위에 참여할수록 그들의 정서적 각성 수준은 더 높아졌다. 더 나아가 첫 주 동안 개인적 수준에서 느낀 정서와 사회적 환경에서 지각된 정서는 모두 사건 3주 후 참가자들의 사회적 통합을 향상시키고 사회적 표현을 강화시킨 것으로 확인되었다. 사건 3주 후 평가된 외상 후 성장 수준은 다음 항목에 대한 첫 주 측정치에 의해 예측되었다. (1) 부정적 정서(Helgelson 외, 2006), (2) 일반적으로 이타적 행동 및 연대적 반응과 관련되는 자부심 및 기쁨의 개인적 정서, (3) 긍정적인 정서적 분위기의 지각. 후자의 발견은 긍정적 집단정서가 국민 그룹에 대한 사회적 표상의 긍정적 변화를 불러일으키는 집단적 회복탄력(resilience) 과정을 시사한다.

시위 참여는 또한 집단적 외상 후 성장에 대한 더 강한 믿음과도 관련이 있었다. 외상 후 성장에 대한 이러한 효과는 시위 참여와 긍정적인 정서적 분위기 지각 사이의 관계를 매개하는 주요 매개체로 입증되었다. 폭탄 테러 8주 후에 지각된 정서적 분위기와 관련해, 시위자들에게는 유의미한 증가가 있었던 반면, 시위 비참가자들에게는 차이가 없었다. 그래서 시위 참여는 사회적 분위기의 지각에서 긍정적 변화와 관련이 있었다. 이러한 결과는 집단행동에 대한 뒤르켐의 기능주의적 시각과 부합한다. 대규모 시위 참여는 사회의 외상 후 성장으로 이어지고, 이러한 사회적 표상이 희망과 집단적 연대의 분위기를 조성한다.

맺음말

이 장에서 설명한 다양한 연구를 통해 우리는 뒤르켐이 제안한 모형이 대체로 뒷받침된다는 결론을 내릴 수 있다. 집단 모임은 정서, 정서적 교감 및 정체성 융합, 사회적 통합 및 긍정적 정동성, 사회적 표상 및 정서적 분위기 혹은 집단정서의 향상을 초래한다. 특히 몰입 상태에 관한 연구에 따르면, 집단 모임은 공유된 최적의 경험을 유발할 수 있는 것으로 나타난다. 후자는 정체성 융합, '자아'의 '우리'로의 변형, 더 강렬한 정서, 집단정서의 경험으로 특징지어진다. 집단 모임에서 흔히 볼 수 있는 모방과 조정된 활동—몸짓/노래/음악 등—에 대한 연구는 이러한 행동이 개인 정체성과 집단 정체성의 융합을 강화한다는 것을 확신시켜 주었다. 행진/공연/시위 참여에 관한 연구는 이러한 집단 모임이 사회적 통합과 긍정적 정동성의 향상뿐만 아니라 사회적 표상의 긍정적 강화를 일으킨다는 것을 확인했다. 교감과 정체성 융합의 경험은 이러한 효과를 설명하는 데 중심적 역할을 한다. 기술된 연구들은 또한 집단 모임이 정서적 각성을 증가시킨다는 것을 확인했다. 심지어 그룹 모임에서 경험한 부정적 정서도 사회적 표상의 개선을 예측했다. 사회의 회복탄력 과정을 뒷받침하는 집단적인 긍정적 정서는 긍정적 정동성, 이타적 행동, 집단적 외상 후 성장에 대한 믿음을 강화했다(Bar-Tal, Halperin & de Rivera, 2007). 마지막으로 과도기적 사법 절차나 사회정치적 시위와 같은 그룹 모임은 사회적 통합 및 긍정적 정동성을 향상시킬 뿐만 아니라 사회적 환경에서 지각되는 정서적 분위기 혹은 지배적 정서를 강화한다. 결국 사회적 표상을 강화하는 것은 집단 모임 참여와 정서적 분위기 향상 사이를 매개하는 역할을 한다. 전 세계적으로 정서적 교감이 사회적 의식의 핵심이라는 뒤르켐의 생각을 뒷받침하는 증거는 많다. 집단 모임은 정동, 사회적 통합, 사회적 믿음을 강화하고, 이러한 효과는 더 높은 정서적 교감과 그룹과의 정체성 융합을 경험한 참가자들에게서 더 강하게 나타난다.

Chapter 4

정서와 사회적 정체성의 형성

조셉 드 리베라[1]

이 장에서는 정서가 개인과 집단 정체성의 형성에 어떻게 관련되는지를 살펴본다. 집단적 실체의 정치적/사회적 구성에서 정서의 본질적 역할을 고려한 후, 정서가 국민국가(nation-state) 형성과 통치에서 어떤 역할을 해왔는지, 우리의 현재 국민국가 체제가 직면한 문제들과 어떻게 관련되어 있는지를 역사적으로 살펴본다. 그런 다음 사람들이 집단 정체성과 동일시할 때 수반되는 상충하는 욕구들을 살펴본다. 이러한 욕구들을 살펴본 후, 나는 개인 정체성 개념을 고려하고 사회적 정체성과 개인적 정체성을 구분하는 현재의 방식이 오해의 소지가 있으며 인간의 상태를 이해하는 데 방해가 된다고 주장할 것이다. 개인 정체성과 정서적 역학을 개념화하는 다른 방법을 제안한 후, 나는 새로운 개념화를 사용하여 어떤 종류의 사회가 인간의 정서적 욕구를 충족시킬 수 있는지, 그리고 글로벌 사회를 통합하는 데 필요한 사회적 정체성을 형성하는 것이 어떻게 가능할 수 있는지를 살펴볼 것이다.

1 Joseph de Rivera, 클라크 대학교 심리학과 명예교수.

정서적 경험과 사회의 통합

초기 인간 공동체는 혈연과 결혼에 기반했지만, 이러한 '자연적' 공동체는 의도된 것이며 정서적 유대로 결속된 것으로 보인다. 이러한 공동체가 대면 접촉을 제공하기에는 너무 커졌을 때, 그것은 중요한 의미에서 인위적으로 구성된 사회적 실체로 확장되었다. 이것에는 부족/민족/종교/국민국가가 포함된다. 모든 민족은 지역적이고 특수한 방식의 말하기, 옷 입기, 식사 등에 기반을 두지만, 피쉬맨(Fishman, 1968)은 이 방식이 **이데올로기**가 되어 공통의 역사/가치/사명의 표현으로 간주될 **때에만** (사회문화적 실체로서의) 민족이 생겨난다고 주장한다. 이렇게 구성된 실체가 생존할 수 있으려면, 일체감과 소속감이 의도되고 배양되어야 한다. 초기 사회에서 이러한 일체감은 공통 조상을 가정함으로써 달성되었고, 혈통이나 조상숭배나 토템 의식은 하나라는 느낌을 창출하기 위해 사용되었다. 데니슨(Denison, 1928)은 공통 조상에 대한 상상은 정서적 맥락에서 제시되어야 한다고 주장한다. 그는 어떤 진술의 진실에 대한 논리적 입증은 그것을 하나의 믿음으로 변형시킬 수 없지만, "사실이 아닌 진술에 대한 정서적 극화는 사람들의 마음에 그것의 현실감을 창출할 수 있으므로 어떤 논리적 증명으로도 그들에게 그것이 거짓임을 확신시킬 수 없다"라고 적는다(Denison, 1928, p.15). 즉 어떤 사람들의 집단 정체성에 관한 이야기에서 그 현실성이 **느껴져야** 하는 것이며, 어떤 의미로는 믿고 있는 상상일 수 있다(de Rivera & Sarbin, 1998).

정서는 일시적이지만, 사회는 정서적 문화를 구성하는 관습의 배경을 만든다. 가장 중요한 것은 그룹 통일성을 촉진할 정서를 의도적으로 발달시키고 유지하는 사회의 종교의식과 관습이다. 뒤르켐(Durkheim, 1915/1947)은 사회 그룹의 통일성을 주기적으로 재확인하기 위해 의식들이 어떻게 사용되는지에 대한 여러 사례를 제시한다. 이 의식들은 흔히 사람들이 정서적으로 연루되고 자부심/자신감/숭배의 감정을 유지하는 공유된 이야기를 포함한다. 공유된 정서를 가진 의식들은 이익이나 손실로 인해 통일성이 깨질 수 있을 때 통일성을 재확인하는 데에도 사용된다. 그래서 뒤르켐(1915/1947, 399쪽)은 "누군가 죽으면 그가 속한 가족 그룹은 자체로 위축됨을 느끼고 상실에 반응하여 모인다. … 집단감정이 새로워져서 사람들은 서로를 찾고 함께 모이게 된다"라고 적는다.

건축/조각/그림/음악/춤/영화는 한 사회의 정서적 문화를 뒷받침하고 그룹 통일성을 유지하는 정서를 배양할 수 있다. 더 나아가 정서를 겨냥하지 않는 관습도 집단 정체성을 강화하는 데 관여한다. 관습적 복장, 신체적 표시, 언어는 상호 동감과 안정감을 불러일으키는 반면, 낯선 사람은 의심/두려움/싫어함을 불러일으킨다. 구성원이 적절한 복장을 하지 않은 것을 경멸의 시선으로 바라보고, 그는 그렇게 한 것에 부끄러움을 느끼게 된다. 매너는 그룹 통일성을 촉진하고 우정/기쁨/슬픔을 전달하고 동감적 관계를 가능하게 하는 경외심이나 존경심을 표현한다. 아마도 신성하다고 간주하는 것에 대한 금기에서 시작되었을 법은 두려움/혐오감/공포를 불러일으키고 나중에는 반사회적 행동으로 확대된다. 금기를 둘러싼 의식들에 의해 배양된 공포는 죄책감의 발달과 사람들을 그룹 관습에 구속하는 유용성과 연관되어 있다. 사실 사회적 자아를 구축하고 유지하는 데 사용될 수 있는 모든 '인식(recognition)' 정서, 즉 감탄/존경/경멸/공포 같은 타인 지향적 정서와 자부심/존엄성/수치심/죄책감 같은 자기 지향적 정서는(de Rivera, 1977 참조) 모두 그룹의 집단 정체성을 유지하는 데 사용된다.

수직적 통합과 수평적 통합

소규모 사회는 조상숭배나 토템으로 통일될 수 있지만, 데니슨(Denison, 1928)에 따르면, 정치국가 구조를 갖춘 더 복잡한 사회의 발달은 상당히 다른 언어와 관습을 가진 매우 다양한 그룹의 통일을 요구한다. 그는 서로 다른 사회들이 서로 다른 유형의 정서적 문화를 요구하는 서로 다른 유형의 정치 구조에 의해 통합된다고 주장한다. 그러므로 사회와 문명은 적절한 정서를 배양하는 체계에 의존하며, 지배 엘리트가 필수적 정서 체계를 뒷받침할 의지가 없거나 그럴 능력이 없을 때 사회는 해체된다.

흔히 통일성은 데니슨이 수직적 통합(vertical integration)이라고 부른 것에 의해 달성된다. 즉 공통된 집단정서가 없는 전혀 다른 민족들이 그들이 동일시하는 핵심 권위자에 의해 통치되었다. 이집트 문명의 발달에서처럼 종종 지역 신들이 통치자의 신과 동화되고 동일시되어 숭배의 공통 초점이 될 수 있었다. 통치자를 이러한 신과 동일시함으로써, 통치자 자신이 숭배될 수 있었고 사회의 통일성이 보장되었다. 신성한 것의 힘은 통치자의 힘과 일치했다. 그 힘에 참여함으로써 행운이 보장되고 악이 차단되고 사회의 통일성이 유지된다. 그러나 데니슨이 적기를, 이것은 숭배/헌신/외경/공포와 같이 이기주의를 최소화하는 정서, 즉 자신이 아닌 권위자와의 동일시를 유지하는 데 이용되고 기본적인 가부장적 질서 안에서 사회의 통일성을 유지하는 수직적 통합에서 이용될 수 있는 정서를 계속 배양할 것을 요구한다.

데니슨은 이것을 공통 의지나 목적의 발달로 그룹이 통일되는 수평적 혹은 **형제적** 체제와 대조시킨다. 그룹 구성원들은 신성한 권위와 동일시되는 것보다는 열광이나 격분을 일으키는 집회로 융합될 수 있다. 복종을 장려하고 자신을 신적 권위와 동일시함으로써 자아(ego)를 최소화하기보다는, 경쟁을 장려하고 동료나 가정이나 지도자를 자신의 일부로 동일시함으로써 자아를 극대화할 수 있다. 지도자의 선택에 참여함으로써 사람들은 어느 정도 지도자를 자신과 동일시할 수 있고 그를 통해 행동하고 있다고 느낄 수 있다. 그리고 공동의 약탈 원정이나 공동의 적이 관련된 경우, 그룹 통일성을 유지하기가 쉬웠다. 공동 합의를 수립함으로써, 공동의 의지가 그룹을 통합시켰다. 그룹이 수평적 통일성을 가지려면, 어떤 다른 집합의 정서가 배양되어야 한다. 자부심/열광/분노와 같이 이기주의적 정서뿐만 아니라, 권위의 공포로 합의를 강요할 수 없어도 사람들을 공동의 합의에 묶어두는 책임감, 타인을 동등한 자로 존중하는 마음, 도의심 등도 필요하다.

수평적 통합은 함께 모일 수 있는 집회가 가능할 만큼 작은 사회에는 적합했지만, 더 거대한 사회를 통합하는 데 수평적 체제를 사용하기는 어려웠다. 수직적 통합에서는 중앙 당국이 대표를 파견하여 그 권한을 지역 그룹에 반영하기가 쉬웠다. 모든 사람이 그 대표를 통해 당국과 동일시할 수 있었다. 그러나 초기의 수평적 질서는 그룹들을 통합하기 어려웠다. 그리스 각 주에서 선출된 대표들은 몇몇 공통의 결정을 내릴 수 있었다. 그러나 이 대표들이 자신의 그룹으로 돌아갔을 때, 그들은 종종 자신의 유권자들에게 공동 의회에서 내린 결정을 따르도록 설득할 수 없었다. 그 유권자들은 중앙 의회와 동일시된다고 느낄 수 없었고, 미국 연방주의자들이 헌법을 핵심 권위로 삼은 후에야 대체로 형제적 체제가 국가 통합의 기초가 되었다.

정서와 국민국가

지금 우리는 국민국가를 당연하게 받아들이지만, 이러한 실체는 17세기에 이르러서야 발전했다. 그전까지 사람들은 도시/지역/길드/카스트를 언급하여 자기 신분을 증명하거나 민족이나 황제 권력의 관점에서 생각했다. 많은 요소가 이 발전에 이바지했다. 콘(Kohn, 1965/1982)은 종교개혁으로 인해 보편적 교회에 대한 희망이 무너진 것을 언급하며, 분명 대다수 역사가는 종교전쟁을 억제할 필요성을 1648년 베스트팔렌 평화조약과 오늘날 우리가 살고 있는 독립국 체제를 창출한 합의에 동기를 부여한 것으로 본다. 그러나 겔너(Gellner, 1983)는 산업화와 교육받은 동질적 시민을 중심으로 조직된 효율적 국가에 대한 요구로 인해 진화된 형태의 사회조직이 필요했다고 주장한다. 확실히 국민국가 형태의 발달과 정치적 실체로서의 국가가 관할권 아래에 있는 국민을 대표해야 한다는 생각에 이바지한 것은 국가주의 이데올로기, 즉 한 국민은 자기 국가를 가져야 한다는 관념이었다.

정서와 국민국가의 형성

국가 통치에 필요한 충성을 요구하기 위해서는 사람들이 자신을 국가와 동일시할 수 있어야 했다. 켈만(Kelman, 1997)에 따르면, 현대 국가는 자신에게 가장 중심적인 것(가족과 가정)을 보호하려는 욕구를 충족시킬 만큼 충분히 작고, (시공간적으로 자신을 넘어서는 집단과의 동일시를 통해 제공되는) 자기 초월의 욕구를 만족시킬 만큼 충분히 거대한 실체를 제공하기에 동일시를 끌어낼 수 있다. 그러나 국민국가와 같은 추상적 개념이 초월의 욕구를 충족시킬 수 있으려면, 그것은 역사적 시간 속에서 상상되어야 한다. 앤더슨(Anderson, 1991)은 이것이 의식의 복잡한 변화를 요구했다고 말한다. 그의 지적에 따르면, 과거 사람들은 그들과 다른 사람들의 관계를 국민국가와 같은 상상된 추상적 개념과의 관계가 아니라—실제 혹은 상상의 친족이나 고객의 네트워크처럼—특수한 유대관계의 집합으로 상상했다. 이러한 특수성은 데니슨이 기술한 제국들의 고전적 구조에서도 어느 정도 유지되었다. 이 제국들 각각은 보편적이고 신성하게 제정된 계급구조를 가진 왕조로 상상되었다. 오늘날 국적이 그러하듯이, 과거에는 이것들이 당연하게 받아들여졌다.

앤더슨(Anderson, 1991)이 지적하듯이, 이 제국들 각각은 애초에 임의가 아닌 기호들, 고전 라틴어, 팔리어, 아랍어, 산스크리트어, 중국어 등으로 작성된 성스러운 문서의 세계를 매개로 상상되었다. 이러한 실재를 섬긴 엘리트들은 하늘과 땅 사이를 매개하는 중앙집권적 위계질서의 정점에 가까이 위치했다. 탐험을 통해 신성한 것에 대한 개념이 넓어지고 인쇄술의 발달로 복수의 모국어들이 두려운 문서를 대체하면서, 이러한 공동체들의 결합은 약해졌다. 그러나 17세기까지 왕조의 정당성은 주민이 아니라 신성(divinity)에서 도출되었고, 왕조는 역사적인 것이 아니라 영원한 것이라고 상정되는 시대에 존재했다. 그러므로 공동체를 상상하는 방식의 변화는 시간을 경험하는 방식의 변화를 수반했다. 사람들은 시간을 신성한 영원과 대치시키기보다는 과거로부터 미래로 사건들의 인과적 사슬이 이어지는 일종의 허공으로 생각하기 시작했다. 이를 통해 그들은 (그리고 우리는) 역사적 시간에 존재하며 일종의 자기 초월을 제공할 수 있는 추상적 국가를 상상할 수 있었다.

비록 베스트팔렌조약 이후 프랑스는 국민국가로 간주될 수도 있지만, 그것은 귀족과 전통적 계급을 중심으로 수직적으로 조직되었다. 지방과 도시는 고유한 전통적 법률, 도량형, 계량법, 그리고 흔히 별도의 언어를 사용했다. 1789년 민중 혁명은 수평적 조직을 가진 공화국을 탄생시켰고, 동일시에 필요한 변화는 엄청난 대중 집회와 극단적이고 자발적인 집단정서를 수반했다. 어머니가 자기 자식을 새로운 국가에 바치는 것을 포함한 의식들과 정서적 각성은 상상하기도 어려울 정도였다. 이러한 집회 중 하나를 언급하면서, 뒤르켐(Durkheim, 1915/1947)은 "공동의 열정으로 움직이는 집회 가운데 우리는 우리 자신의 힘만으로는 할 수 없었던 행위와 감정의 영향을 받게 된다"라고 적는다(p.209). 그가 적기를, "본래 순전히 세속적인 것들이 여론에 의해 신성한 것들로 바뀌었다. 이것들이 바로 조국, 자유, 이성이었다"(p.214). 혁명의 감정을 토착 사회의 발전과 비교하면서, 그는 그것[혁명]을 통해 "그 부족이 어떻게 구성원들 안에 그들을 지배하는 동시에 지탱해 주는 힘, 간단히 말해 종교의 힘이 그들 바깥에 존재한다는 생각을 불러일으킬 수 있었는지를 엿볼 수 있다"라고 말한다(p.214).

수직적 조직에서 수평적 조직으로의 변화에는 대가가 따랐다. 강력한 집단적 힘은 정서만으로는 유지될 수 없었고, 새로운 프랑스 국가의 지도자들은 공교육을 발전시키고 애국가를 만들고 국가 축제를 계획하고 지역 언어를 금지함으로써 필수적 통합을 유지했다. 1789년 「인간과 시민의 권리 선언」은 법으로 보호받는 자유로운 개인들의 새로운 질서를 위한 기반을 수립했다. 그러나 이러한 이상은 사람들을 전통적 마을 생활에서 조직화되지 않은 도시 사회로 인도한 도시 경제(urban economy)의 발달과 씨름해야 했다. 콘(Kohn, 1982)은 "전통 사회의 안정성을 잃어버린 대중은 유토피아적 희망에 더 쉽게 흔들리고 불합리한 공포에 더 쉽게 흔들렸다"라고 적는다(p.24). 그러므로 당시에 장려된 시민 정체성이 사람들을 국민국가와 완전히 결합할 필요성을 강조했다는 것은 놀랄 일이 아니다. (지도부가 선언한) 집단 의지에 반하는 사람은 반역으로 기소되었다. 나중에 우리는 공포의 지배가 어떻게 국가 전체의 부분이 된 개인들의 순응으로 이어졌는지를 살펴볼 것이다.

비록 프랑스는 국민을 통합한 정서적 동일시와 정치적 지도력의 결과로 공화국이 되었지만, 그것의 정치적 구조는 프랑스 왕국에서 이미 발달된 귀족주의적 국가 관료제에 기초하고 있었다. 일부 국민국가들은 다른 방식의 형성 과정을 거쳤으며, 스미스(Smith, 1994)는 그 국가들을 창출한 중심부의 차이로 특징지어지는 다양한 유형들을 제시한다. 프랑스, 영국, 스페인 같은 일부 국가들은 노르만, 페르시아, 필리스틴, 마자르, 프랑크, 카스티야의 지배층처럼 '횡적(lateral)' 귀족을 중심으로 형성되었다. 이 그룹들은 다른 계층과 지역을 국가로 통합하고, 주민을 전쟁에 성공적으로 동원하고, 공통 혈통의 신화와 공통 문화 감각을 형성하는 데 사용될 수 있는 전문 관료제를 개발하여, 이 국가가 근대 국가의 기반이 되었다. 이러한 횡적 귀족 공동체들은 종종 광범위한 영토를 통치했지만, 그것들은 더 많은 사회 계층을 포함하는 '수직적' **민족성**(ethnies)의 깊이가 부족했다. 아르메니아인, 바스크인, 브리튼인, 체코인, 그리스인, 유대인, 세르비아인, 시크교도와 같은 후자의 민족들은 민족적 경계가 더 뚜렷하고 배타적이며, 민중의 통합이 조직화된 종교를 통해 더 잘 이루어진다는 특징이 있었다. 이러한 경우에 근대 국민국가로의 전환은 국가가 국민에 대해 형성한 국민 의식을 중심으로 공동체 일부를 통합하기 위해 새로운 신화 체계를 만들어내려는 세속화 지식인에 의해 주도되어야 했다. 국가가 수평적 그룹의 더 합리적인 관료제를 중심으로 형성된다면, 데니슨이 설명한 국제적 유형의 수평적 통일성을 성취하기가 더 쉬울 수도 있다는 점을 주목해야 한다. 수직적 민족성의 경우, 지도자는 외부 그룹을 포용하기가 더 어렵다고 느낄 수도 있었고, 기존의 수직적 라인의 통합을 구축하기 위해 성스러운 느낌을 더 많이 이용할 수도 있었다.

국민국가 체계에 내재한 정서 문제

국민국가는 시민 갈등을 관리하기 위한 시도에서 만들어진 실체이다. 그것은 국가(국민)에 대한 정서적 애착과 권력을 독점하려고 시도하는 국가 기구를 결합하여, 하위의 민족적/지역적/종교적/정치적 그룹들을 지배하려고 한다. 그러나 국민국가는 통치의 어려움을 일으키는 두 가지 근본 문제를 안고 있다. 첫째, 그것은 고유한 정서적 애착을 가진 다양한 내부 그룹들 사이의 정체성 충돌을 일으키기 쉬운 연약한 조직이다. 국민국가는 민족의 자연적 애착을 국가의 관료적 기구에 결합하려고 시도하지만, '순수한' 국민국가는 거의 존재하지 않는다. 1971년 당시 존재했던 132개 국민국가 중 12개국만이 실제로 민족적으로 동질적이었고, 39개국에서는 국가 내의 가장 큰 민족 그룹이 인구의 절반도 되지 않았다(Connor, 1974/1994). 지배적 그룹이 없을 때, 권력 경쟁은 종종 매우 파괴적인 정체성 충돌로 이어진다. 국가를 통합하기 위해 (그리고 긴장의 순간에는) 국민국가는 애국심에 의존하며, 바르 탈(Bar-Tal, 1997)은 어떻게 자상한 애국심조차 일부 주민을 배제하는 정치 지도자들에 의해 독점되는 경향이 있는지를 설명했다.

둘째, 모든 그룹과 마찬가지로 국민국가는 자국의 이익을 우선시하며, 현재의 국민국가 체계에는 국가 간 공정한 경제적 협정의 판결을 보장할 수 있는 글로벌 거버넌스 체계가 없다. 국민국가 간의 경쟁은 여전히 전쟁의 위협을 안고 있고, 유엔 안전보장 이사회 안에서 거부권을 가진 국가 간의 다툼은 평화 문화를 구축하고(de Rivera, 2009) 지구 온난화 및 핵전쟁 위협과 같은 문제를 효과적으로 다룰 수 있는 거버넌스의 성장을 방해하고 있다.

어쩌면 우리는 국민국가보다 더 작은 단위와 더 큰 단위 모두와의 동일시를 기반으로 하는 글로벌 사회 체계가 필요할 것이다. 분명 세계 정부는 지금 존재하는 것보다 더 큰 인간 통일체를 요구할 것이다. 그리고 역사적 검토에 따르면, 이러한 통일체는 부족과 국민국가를 만드는 데 필요했던 것과 유사한 강력한 집단정서적 축전을 요구할 것이다. 인간은 새로운 사회적 실체가 만들어질 수 있는 역사적 시점에 있는 것으로 보인다. 여기에 수반될 역학관계와 가능성을 이해하려면, 우리는 다양한 사회적 제도들에 의해 충족되는 인간의 근본적 욕구를 고려해야 한다.

인간 마음의 변증법

개인주의와 집단주의

복잡한 사회의 정치적 통합, 가부장적이 아니라 **형제적** 사회에 필요한 정서적 문화에 대한 데니슨의 관심은 어떻게 한 사회가 사회적으로 통합되는지와 집단주의가 아니라 개인주의 사회의 정서에 대한 뒤르켐의 관심과 비교될 수 있다. 이 쟁점은 자살의 원인에 관한 고전적 탐구에서 다루어진다(Durkheim, 1897/1951). 뒤르켐은 이기적 자살과 이타적 자살을 구분하고, 수(Hsu, 1971)와 롤런드(Roland, 1988)가 설명한 것처럼, 후자의 비율이 높은 사회는 자아가 가족이나 기타 그룹과 동일시된다는 의미에서 집단적이다. 이 사람은 개인이 아니라 그룹의 일부이다. 그리고 적어도 신비주의적인 이타적 자살에 대한 설명에서는 우리가 이상적인 혹은 성스러운 것이라 부르는 것이 실재하는 것으로—우리가 현실적 자아라고 부를 수 있는 것보다 더 실재적인 것으로—간주된다. 숭배와 헌신의 태도는 자아를 자아보다 더 큰 무언가와 동일시하는 것을 암시하며, 데니슨이 권위와의 동일시를 수반하는 수직적 조직에 의해 통합된 사회에서 가장 중요하다고 설명한 정서적 자세와 유사한 것으로 보인다.

대조적으로, 이기주의적 (그리고 종종 아노미의) 자살이 일어나는 사회에서 자아는 개별 행위자로 식별되며, 모든 중요한 것이 자아의 부분으로 식별된다. 실제로 윌리엄 제임스(William James, 1890/1950)는 자아를 "나 또는 내 것이라고 불릴 수 있는 모든 것"이라고 정의했다. 그리고 데니슨은 바로 이러한 사회가 합의를 지키려는 도의심, 동등한 자에 대한 존중, 형제애와 같은 정서에 의해 더 수평적으로 통합되어 있다고 설명한다. 개인주의 사회와 집단주의 사회 사이의 차이는 개인과 그룹 사이에 편재하는 차이에, 그리고 개인 복지와 그룹 복지에 대한 서로 다른 동기에 내재해 있다.

대다수 서양 이론가는 인간이 개인주의적 행위능력에 대한 욕구와 개별 자아보다 더 큰 무언가의 일부가 되려는 열망을 모두 가지고 있다고 가정한다. 그룹을 연구한 학자로서, 베네(Benne, 1988)는 마음의 변증법(dialectics of the heart)—즉 혼자 있고 싶고 자유롭고 싶다는 욕망의 울림 다음에는 혼자임에 대한 두려움과 다른 사람과 관계를 맺고 싶다는 욕망이 오지만 부담을 느끼면서 다시 혼자 있고 싶다는 욕망이 온다—을 언급한다. 동기 이론가인 데시와 라이언(Deci & Ryan, 1985)은 독립성과 관계성에 대한 동시적 욕구를 언급하면서, 내재적 동기는 오직 이 양자의 욕구가 모두 충족될 수 있는 상황에서만 발생할 수 있다고 가정한다. 도덕 이론가인 하이트(Haidt, 2012)는 우리가 더 크고 더 나은 무언가의 일부가 되기를 갈망하는 이기적 영장류라고 말한다. 성격 이론가인 안기알(Angyal, 1941)은 자율성과 **동질성**(homonomy)이라는 두 가지 근본적 발달 경향을 언급한다. 자율성은 개인주의적/독단적이며, 환경의 무질서한 요소들의 성취/정복/조직화와 지배의 중심으로서 자아와의 조율을 목표로 삼으며, 소유/지배/통제와 외부 요소를 자기에게 종속시키려는 갈망으로 만족된다. **동질성**은 초개인적 전체와 공유하고 참여하고 결합하고 동일시하는 것, 환경에 적응하는 것, 그리고 자기가 일부라고 느껴지는 유의미한 전체에 결합하고 속하고 공유하고 참여하기를 갈망하는 것 등의 목표를 가진 집단주의적 성향이다.

많은 이론가는 두 정서적 충동의 고유한 가치를 강조한다. 안기알은 "사회 그룹에 융합되는 것은 개성의 상실이 아니라 그것이 순전히 개인주의적 한계를 넘어서 확장되는 것을 의미한다"라고 말한다(Angyal, 1941, p.174). 마찬가지로 갬슨(Gamson, 1991)은 사회운동이 그 참가자에게 집단 정체성을 자신의 일부로 포함할 기회를 제공함으로써 개인 정체성을 확대할 방법을 제공한다고 보았다. 그러나 다른 사람들은 어떻게 이 두 가지 경향 사이에 명백한 적대관계 이상의 것이 있을 수 있는지에 주목했다. 그래서 프롬(Fromm, 1941)은 파시즘이 자율적 자유와 책임에서 벗어나기 위한 방법으로 어떤 운동의 일부가 되는 것을 포함한다고 가정한다. 그리고 호퍼(Hoffer, 1951)는 모든 대규모 운동이 동일한 형태를 가진다고 보고, 그 형태는 집단행동과 자기희생을 포함할 뿐만 아니라 광신, 열광, 강렬한 희망, 증오, 불관용을 낳고, 원치 않는 자아를 제거하고자 하는 사람들에게 호소력이 있는 것으로 특징짓는다. 어떤 운동의 정체성이 **우리**와 **그들** 사이에 경계를 형성하는 경우, 국가주의에 내재하는 경직성, 광신주의, 불관용과 같은 가능성이 존재한다는 것을 인정해야 한다.

호퍼와 갬슨은 사회운동을 서로 다른 관점에서 바라보고 있지만, 둘 다 자율적 개인주의자로서 이야기하고 있다는 점을 주목해야 한다. 호퍼는 집단 운동의 참가자들을 복종으로 개인적 책임에서 벗어나는 것으로 보지만, 갬슨은 그들이 관여를 통해 개인적 책임을 행사하는 것으로 본다. 그러나 사회를 논할 때, 뒤르켐은 **동질성**의 관점에서 이야기하는 것이다. 비록 사회는 충분한 개별성을 제공할 수 없고 구성원들은 그룹 열정과 암시에 취약해 자기 이익에 대한 숙고된 판단에서 멀어질 수 있지만, 이것은 사람들이 행동하는 데 필요한 자신감과 안정감을 제공하는 집합체이다. 내가 생각하기에, 뒤르켐은 참여를 항복과 헌신을 수반하는 것으로 보고, 전체주의 운동의 근거는 원치 않는 자아에 의해서가 아니라 사회의 해체를 통해 제공되는 것으로 보았다.

뒤르켐에게는 진정한 집단 정체성이 존재할 뿐만 아니라, 이 정체성은 필시 종교적 이념들(혹은 이에 상응하는 국가주의적 이념들)을 포함하고, 사람들은 이 사회의 종교를 실천함으로써 진정한 힘을 얻는다. 뒤르켐(Durkheim, 1915/1947)이 관찰한 바로는, "자신의 신과 소통하는 신자는 단순히 불신자가 모르는 새로운 진리를 아는 사람이 아니다. 그는 **더 강한** 사람이다"(p.416). 그는 종교를 "종교사상이 끊임없이 감싸고 있는 모든 특수한 상징보다 더 오래 살아남을 운명을 가졌다"라고 본다. "만약 오늘날 우리가 미래의 축제와 의식이 무엇으로 구성될지를 상상하는 데 다소 어려움을 느낀다면, 그것은 우리가 변환과 도덕적 범용(mediocrity)의 단계를 거치고 있기 때문이다 … 그러나 이러한 불확실성과 혼란스러운 동요의 상태가 영원히 지속될 수는 없다"(p.427).

그렇다면 우리는 개인과 그룹, 자율성과 집단주의적 **동질성** 사이의 관계를 어떻게 생각해야 하는가? 이기주의적 사회와 이타주의적 사회에 대한 뒤르켐의 대비는 집단적 관심 제로와 개인화 제로라는 극단들을 대조하는 데 도움이 된다. 그러나 이상적 사회는 개인주의와 집단주의 사이의 중간쯤에 있다는 것을 함축하는 것은 오해의 소지가 있다. 너무 '개인주의적'이라는 것은 실제로는 너무 한 개인에게 치우친 것이 아니라 이기적 자기 관심(self-concern)과 불충분한 **동질성** 및 집단성을 의미한다. 마찬가지로 집단성이 너무 강하다는 것은 실제로는 공동체 의식이 너무 많다는 것보다는 순응에 대한 지나친 압력을 의미한다. 집단성의 결여는 자유와 책임에서 벗어나려는 욕망으로 이어지는 불안감의 근거이다. 베커(Becker, 1968)가 주장한 것처럼, 이상적 사회는 개별성과 공동체 의식이 최대로 있는 사회이다.

불행하게도 정체성에 대한 우리의 현재 개념화는 이러한 이상을 달성할 수 없을 것처럼 보이는 방식으로 개인 정체성과 집단 정체성을 대비시킨다. 내가 생각하기에 이러한 개념화는 부정확하여, 우리는 현재 사회를 올바르게 특징지을 수 없고 자율성과 동질성의 욕구를 모두 충족시킬 수 있는 사회를 어떻게 구성할 수 있는지를 상상할 수 없다. 정체성에 대한 우리의 현재 관념은 어떻게 개인의 고유성이 그룹 구성원이라는 사회적 정체성에 대립하는 것이 아니라 관련될 수 있는지를 모호하게 만들고, 사회의 중요한 측면들을 설명할 수 없게 만들고, 오늘날 필요한 사회를 성취하는 데 도움이 될 수 있는 연구에서 우리를 멀어지게 한다. 그렇다면 우리는 인간이라는 정체성을 어떻게 재개념화할 수 있을까?

개인적 정체성

사회적 정체성 이론

사회적 정체성 이론(social identity theory)은 개인의 자기개념(self-concept)에서 사회적 그룹 소속에 기반한 측면들로 특징지어지는 '사회적 정체성'을 자신과 다른 내집단 구성원 사이의 차이에 기반한 특이한 특성들로 특징지어지는 '개인적 자아'와 대조한다(Turner, 1985). 이러한 공식화는 어떻게 그룹 행동이 자기와 타인이 고유한 개인들이라는 지각에서 자기와 타인이 그룹 구성원이라는 지각으로의 전환, 즉 개인적 정체성에서 집단적 정체성으로의 전환을 수반할 수 있는지에 주목하게 하는 장점이 있다. 그것은 인공의(ersatz) 구성원들이 자기 집단을 더 우호적으로 평가하고 자신에게 유리하게 차별한다는 점에서 사회적 범주화가 얼마나 쉽게 사회적 그룹의 형성으로 이어질 수 있는지에 주목하게 한다. 그것은 우리가 그룹 경계를 만드는 것이 (임의로 부과된 경우에도) 어떻게 사람들을 편애하게 만들고 그들이 내집단 구성원으로 인식하는 사람들의 욕망에 더 큰 비중을 두게 하는지를 아는 데 도움이 된다. 그것은 우리가 자신을 손쉽게 어떤 그룹의 구성원으로 범주화하게 될 수 있고, 이러한 그룹 소속감이 두드러질 때 우리는 자기에게 유리하게 차별한다는 것을 보여주는 광범위한 연구로 이어졌다. 그것은 우리가 어떤 사람들을 그룹 구성원으로 인식할 때, 그리고 그들의 행동을 상황적 결정요인이 아니라 그룹 소속의 안정적 특징으로 인해 일어난다고 인식할 때, 어떻게 우리가 그들에게 다른 동기부여 과정을 귀속시킬 수 있는지를 이해하는 데 도움이 된다.

그러나 그룹을 인지적 혹은 지각적 단위로 상정하고 사회적 정체성을 이러한 인지적 단위와의 동일시에 기반하는 것으로 개념화하면, 우리는 몇 가지 중요한 점을 간과하게 된다. 첫째, 사람들이 동일시하는 그룹은 단순히 인지적 그룹이 아니다. 실험자가 임의로 부여한 이름으로 만들어진 '최소 그룹'조차도 차등적 보상의 가능성이 있는 경우에 발생하는 것으로 보인다. 가족과 초기 인간 무리와 같은 원형적 그룹은 정동적 유대를 포함하며, 사람들이 속하는 더 큰 그룹은 사람들이 그룹과 동일시할 수 있게 해주는 구성을 포함한다. 그래서 추상적인 사회적 실체가 정체성 충돌에 관여할 때, 에릭슨(Eriksen, 2001)은 사람들이 동일시하는 실체는 임의적 범주가 아니라 친족관계 및 비공식적 상호작용에 기반한 지역 네트워크에 내재되어 있다고 지적한다. 그는 사회적 정체성의 토대는 개인적 정체성에서 찾아야 하며, 원시적 집단 정체성에 호소하려면 친족관계의 친밀함에 뿌리를 둔 정서를 동원해야 한다는 것을 보여준다.

둘째, 우리가 동일시할 수 있는 여러 종류의 사회적 실체들을 구분하는 것이 중요하다. 우리 현대 사회의 대부분은 기업과 국민국가 같은 실체들로 구성된 것처럼 보이는데, 실제로 전혀 개인적이지 않은 사회적 실체들임에도 그것들은 인격화되어 법인(legal persons)으로 (심지어 인권을 가질 정도로) 간주될 수 있다.

마지막으로, 비록 이것이 터너의 의도는 아니었지만, 개인적 정체성과 사회적 정체성의 대조는 개인 자체가 사회적 존재는 아니라는 의미를 가진다. 사회적 정체성이 그룹 소속감에 기반한 자기개념의 한 측면이라는 개념은 때로는 윌리엄 제임스(William James, 1890/1950)의 사회적 자아 개념과 혼동되기도 한다. 그러나 사회적 자아에 대해 말할 때, 제임스는 한 사람이 동일시할 수 있는 그룹에 기반한 자기개념을 말하는 것이 아니다. 어떻게 자아의 한 측면이 다른 사람(특히 사랑받는 사람)이 자신을 어떻게 생각하는지에 따라 구성되는지를 말하는 것이다. 만약 우리가 개별적 개인의 특성을 지시하는 개인적 정체성을 우리가 동일시하는 그룹들로 구성되는 사회적 정체성으로부터 구별한다면, 우리는 개인적 정체성의 본질을 놓칠 수 있다. 이것은 우리의 개인적 특성이나 속한 그룹이 아니라 우리와 다른 사람들의 관계에 있다. 개인 정체성에 대한 이러한 개념은 스코틀랜드 철학자 존 맥머레이(John Macmurray, 1961)가 내놓은 것이다.

개인적 정체성의 본질

맥머레이(Macmurray, 1961)의 주장에 따르면, 사람들은 필시 다른 사람들과 개인적 관계를 맺는 행위자들이다. 그래서 그들은 근본적으로 공동체의 상호의존적 구성원들이다. 이러한 견해에 따라 우리는 모든 사회가 서로 관계를 맺고 있는 개인들에 기반한다는 사실에 주목한다. 피스크(Fiske, 1991)는 모든 사회에서 네 가지 기본 관계, 즉 공동체적 공유, 권위와 위계, 시장 가격 책정, 평등 교환이 발견된다고 주장하며, 그는 그것들 모두를 비사회적 무정부상태와 대조한다. 그러나 피스크의 설명에서 이러한 관계들이 그것들에 관여하는 사람들 사이에 **배려**나 **공포**라는 정서적 관계가 있다는 의미로 개인적 관계인지는 불분명하다. 배려가 포함될 때, 거기에는 권력/명성/성취와 같은 자기 이익에 대한 욕망이나 가족 혹은 그룹 책무에 기반한 것이 아니라, 다른 사람에 대한 진정한 관심에 기반하여 다른 사람을 인격체로 보는 인식이 존재한다.

맥머레이는 개인적 관계를 고찰할 때 우리가 항상 두 가닥의 동기를 가진 정서적 관계를 발견한다고 주장한다. 다른 사람에 대한 배려와 자기 자신에 대한 관심이다. 어떤 특수한 관계의 어떤 특수한 시점에서든, 자신에 대한 관심은 다른 사람에 대한 배려에 종속될 수도 있고, 또는 그것이 지배적인 것이 되어 잠재적으로 존재하는 배려를 가릴 수도 있다. 자신에 대한 관심은 어떤 사람이 다른 사람의 배신 혹은 관심이나 사려 부족으로 상처를 받았을 때 지배적인 것이 된다. 이러한 일이 일어나면, 사람은 배려받지 못했다고 느끼고 배려 부족을 다른 사람의 탓으로 돌릴지 자신의 탓으로 돌릴지를 선택해야 한다. 전자의 경우 다른 사람에게 의존할 수 없으며, 우리는 자신을 보살피는 개인주의적 행로를 취해야 한다. 후자의 경우 자아는 배려를 받을 만큼 충분히 선하지 못했으며, 선해지기로 결심하고 기대에 부응해야만 배려를 받을 수 있으며, 이것이 집단이 요구하는 공동선을 실현하는 길이다. 개인주의와 순응 사이의 이러한 선택은 특정한 순간, 개성, 젠더, 혹은 전체 사회를 특징짓는다고 할 수 있으며, 맥머레이는 그것의 정치적/도덕적 결과를 조심스럽게 설명한다. 예컨대 어떤 사회가 개인주의적 방침을 강조한다면, 그것을 불가피하게 경쟁을 수반하며, 경쟁을 관리할 필요가 있고, 홉스주의적 정치이론을 전개하는 국가 체계를 발달시킬 것이다. 다른 사회들은 불가피하게 순응을 수반하는 집단주의적 방침을 강조할 것이다. 이러한 사회들은 훨씬 더 많은 규범적 책무를 포함할 것이다. 그것들의 도덕성은 계약과 의무에 대한 개인적 관념보다는 매너와 그룹 책무를 수반한다. 일본 사회가 훌륭한 사례이다.

맥머레이는 두 가지 선택이 모두 원래 통합의 분열을 수반한다고 주장한다(de Rivera, 1989 참조). 자아에 대한 관심이 지배적인 것이 되자마자, 그 사람은 우정에 내재된 상호관계(mutuality)로부터 분리된다. 개인주의적 방침을 선택한 사람이나 사회는 자신이 일차적으로 자기를 돌보아야 하고 집단적 이념과 반대되는 실용적 합리주의와 개인적 느낌이 현실적이라고 느낄 것이다. 순응주의적 방침을 선택한 사람이나 사회는 개인적 느낌을 무시해야 하고, 현실적으로 존재하는 것은 집단적 이념이고, 개인의 욕망이나 느낌은 실체가 거의 없다고 느낄 것이다. 철학적 사유에서 정신은 육체에서 분리되고, 이성은 정서에서 분리되고, 사람은 실제적 개별성이 없는 자아나 전체의 부분으로 환원된다. 한 사람의 가치는 개인적 성공이나 사회에 대한 가치에 의해 결정된다. 개인은 집단에서 분리되어 자살할 '권리'를 가지거나 마치 타고난 가치가 없는 것처럼 자살할 '의무'를 가진다.

공포가 지배적일 때 일어나는 정체성의 변화는 그룹 동일시의 변화에도 반영된다. 그래서 힌두교-모슬렘 폭동에서 발생한 변환을 조사하면서, 카카르(Kakar, 2000)는 어떻게 '우리성(We ness)'이라는 신자 공동체에 대한 소속감이 경쟁 그룹에 대한 적대감에 기반한 '우리(We are)'라는 정체성으로 전환하는지에 주목한다. 그는 후자의 정체성이 공격성/박해로 가득하고, 공포/위험의 느낌을 "개인적 경계의 초월에서 느끼는 흥분, 자기 자아를 넘어선 실체에 대한 친밀감/소속감"과 결합한다고 관찰한다(p.889). 보통은 유익하다고 생각되는 실체들로 인한 신체 위험에 대한 소문이 폭동에 선행한다는 점에 주목하면서, 카카르는 내적 상태의 변화가 좋은 어머니에 대한 기본적 신뢰로부터 비위를 맞춰줘야 하는 공감 능력이 없는(non-empathic) 어머니로의 변화와 유사하다고 하였다. 그리고 두 종류의 거대한 그룹 동일시들 사이의 차이는 개인들이 초기의 개인적 관계로부터 거대한 그룹 정체성을 형성하는 방식에 대한 볼칸(Volkan, 1999)의 자세한 설명과 관련이 있을 수 있다고 제안한다.

관련된 맥락에서 사람들이 자신의 공동체에 애착을 갖는 방식(Kelman, 1997)은 애국심과 관련된 긍정적 애착과 국가주의에서의 자아 확대 사이의 차이와 연관된 것처럼 보인다. 그리고 이제 동일시의 측정으로 사람들이 자아를 그룹의 부분으로 간주하고 그룹에 복종하고 그룹을 우월하게 보고 그룹에 이익을 주고자 하는 정도를 구분할 수 있다. 그리고 이러한 측정은 사람들이 자기 그룹의 잔인한 행위에 대한 정보에 노출되었을 때 죄책감을 경험할지 아니면 죄책감으로부터 자신을 방어할지를 예측할 수 있다(Roccas, Sagiv, Schwartz, Halevy & Eidelson, 2008).

맥머레이의 관점에 따르면, 사람들은 개인이자 그룹의 구성원이지만, 그들이 근본적으로 개인인 것도 아니고 집단의 일부인 것도 아니다. 그들은 다른 사람과의 관계에 있는 상호의존적 행위자들이다. 따라서 그들의 사람임(personhood)은 개인적 관계들의 공동체에 기반을 두고 있으며, 이 공동체는 배려나 공포의 상대적 우위로 특징지어질 수 있다. 그들의 고유성과 자아실현, 즉 그들의 개별성은 자신에 대한 그들의 관심이 (다른 사람이든 그룹이든 창작물이든) 자신이 아닌 것에 대한 배려에 종속될 때 생겨난다. 이러한 배려를 각오하려면, 그들은 자기 공동체의 다른 사람들한테 배려받는다고 느낄 필요가 있다. 그러므로 헌(Hearn, 1997)이 주장하는 것처럼, 개인의 복지는 공동체의 통합성에 달려 있다. 이러한 개념화에 따르면, 우리 사회가 단순히 시장과 국가 통치가 아니라 공동체에 기반을 두며, 공통 관심사나 대규모 그룹 정체성을 가진 사람들의 연합이 아니라 서로를 배려하는 사람들의 공동체에 어느 정도로 기반하고 있는지를 살펴보고 싶을 수 있다.

개인 혹은 집단 자아의 지배는 사람들이 다른 사람들의 관심에 의존할 수 없다고 생각할 때 발생하는 자아에 대한 두려움에 의해 동기가 부여된다. 관련된 맥락에서 "사회적 정체성"이 두드러질 때, 그것은 적의보다 관심을 유발할 수 있다. 브루어(Brewer,

2001)가 주목한 것처럼, 내집단 정체성은 외집단 증오를 요구하지 않는다. 그러나 어떤 공동체 소속은 자아의 일부고, 자아가 위협받을 때는 자기 관심의 지배적인 것이 된다. 만약 그룹 구성원이라는 신분이 지배적인 것이 되면, 자기 그룹에 대한 은밀한 비교와 적의와 공포가 드러날 것이고, 자신이 한 사람으로서 배려받지 못할 거라는 공포를 드러낼 것이다. 이러한 위협은 그룹 비교에 내재하는 것은 아니지만, 자기 그룹이 희소한 자원을 두고 경쟁하고 있고 외부 그룹의 적의가 공포를 불러일으킬 때 자주 발생한다. 그것은 다른 사람들을 동료가 아니라 집단 구성원으로 보는 즉시 악화된다. 한 사람의 공포는 다른 공동체 구성원의 배려 부족으로 인한 자존감(self-worth)의 결여에서 나올 수도 있다. 이러한 경우에 그 사람은 자기 그룹을 다른 그룹들보다 더 우월하다고 봄으로써 자존감을 얻으려고 시도할 수도 있다.

현대 사회가 요구하는 사회적 정체성 형성

사회적 정체성에 대한 현재 견해는 우리가 자신을 다양한 종류의 그룹 구성원이라는 관점에서 생각할 때 경험하는 정서들에 초점을 맞추도록 유도한다. 이 견해는 우리가 공동체의 정서적 상태 및 정서적 분위기와 관련된 집단정서에 집중하지 못하게 한다(de Rivera, 1992). 이 정서에는 사람들이 서로를 배려하거나, 서로를 신뢰하거나, 다른 사람의 합류에 개방적이거나, 자기 정부에 분노하고 말하는 것을 두려워하는 정도가 포함된다. 개인적 정체성을 본질적으로 사회적인 것이고 공동체와 관련된 것으로 상정함으로써, 우리는 다양한 유형의 집단정서를 더 잘 구분할 수 있고, 어떻게 자율성 욕구와 동질성 욕구를 모두 충족할 수 있는 종류의 사회를 조성할 수 있는지를 알 수 있다. 다음에서 나는 어떻게 점점 더 상호의존적인 세계에서 기능할 수 있는 사회적 정체성을 형성할 수 있는지에 대해 몇 가지 제안을 하고자 한다.

국가 권력을 향한 경쟁은 많은 정체성 충돌과 인간 복지를 위해 가장 중요한 공동체의 파괴로 이어진다. 그래서 어느 부족이 시에라리온주를 지배할 것인가를 둘러싼 싸움은 부족 구조가 온전하고 부족 공동체가 고아를 돌볼 때는 필요하지도 않았던 주립

고아원을 파괴하는 결과를 낳았다. 비록 서로 다른 그룹들 사이의 정의를 보장하기 위해서는 국가 구조가 필요하지만, 법률 체계는 힘에 의존하고 우리는 통합 장치로서 국가에 의존할 수 없다. 우리는 정서적 의식들이 어떻게 통합을 수립할 수 있는지를 보았다. 그러나 만약 이것들이 단지 거대그룹 정체성을 포함한다면, 이것들은 개별성을 잠식하고 외집단 적의를 만들어낸다. 개인적 정체성에 대한 우리의 분석은, 만약 사회적 실체의 통합이 다른 사람들에게 개방적인 개인적 관계들과 배려하는 공동체에 기반한다면, 자율성 욕구와 동질성 욕구를 모두 충족시킬 수 있다는 것을 시사한다. 더 나아가 인간의 정서적 요구를 충족하는 글로벌 사회는 글로벌 인간 공동체에 기반한 세계 정부를 포함해야 한다는 결론을 내릴 수 있다.

군사 역사가의 관점에서 하워드(Howard, 2000, p.108)는 공동 정부를 위한 기반은 이제 "공통의 가치와 공통의 언어, 즉 현재는 영어를 사용하는 초국가적 공동체"의 모습으로 존재한다고 관찰한다. 그러나 글로벌 사회는 여전히 그룹 내부와 여러 그룹 사이의 많은 파괴적 갈등에 쌓여 있고, 대다수 인간은 글로벌 인류 통합의식이 부족하다. 대다수는 민족 그룹이나 국가나 종교와 동일시하고, 인류를 상위어로 지칭하는 것은 인지적 해결책을 제공하지만, 이러한 해결책은 거대그룹 동일시를 제공하지 못한다. 민주적 세계 정부를 위해 필요한 사회적 정체성을 수립하려면, 사람들이 배려가 공포를 지배하는 인류 글로벌 공동체에 소속감을 느끼는 데 도움이 되는 정서적 의식들이 필요할 것이다.

글로벌 공동체를 향한 진전을 평가함에서, 우리의 탐구는 세 가지 다른 정서적 욕구가 고려되어야 한다는 것을 제시한다. 사회 이론가들은 이것들 가운데 두 가지를—개인주의 혹은 자율성 욕구와 집단주의 혹은 동질성 욕구를—대조했지만, 세 번째를—자아가 아닌 것을 배려하려는 욕구를—무시했다. 이 욕구와 배려와 우정이 과거와 현재의 그룹 관계에서 담당하는 역할에 초점을 두는 것이 중요하다.

우리는 다양한 공동체의 집단적인 정서적 분위기와 국가들이 지닌 평화 문화의 정도를 평가함으로써 이 세 가지 욕구를 충족하도록 장려할 수 있다(de Rivera & Páez, 2007). 이렇게 함에서 글로벌 사회를 비롯한 모든 사회가 다음 세 가지 질문에 어느 정도 응답하고 있는지를 확인하는 것이 바람직하다고 보인다.

(1) 더 큰 전체의 부분이라고 느낌으로써 사람들은 어느 정도까지 동질성 욕구를 충족시킬 수 있는가? 사람들은 자기 민족 그룹이나 종교 그룹과 동일시하는 것이 가능한가, 아니면 이러한 동일시는 국가에 대한 배신으로 보이는가?

(2) 국가에 의해 적절히 규제되는 독립적 계약을 맺을 자유를 가짐으로써, 그리하여 권력을 분산하고 정의를 보장함으로써, 사람들은 어느 정도까지 자율성 욕구를 충족시킬 수 있는가? 사회는 사람들이 다른 사람들에게 이익을 줌으로써 권력과 명성을 얻도록 설계되어 있는가, 아니면 다른 사람들에게 해를 끼침으로써 권력과 명성을 얻도록 설계되어 있는가?

(3) 사회는 사람들이 어느 정도까지 다른 사람들과 자아가 아닌 것들을 배려할 수 있게 하는가? 우정과 창의성을 가능하게 하는 충분한 개인적 공간과 시간이 있는가, 아니면 국가가 개인적 공간에 침투하거나 경제적 힘으로 우정에 필요한 시간을 방해하거나 우정을 깨뜨리는 행동을 강요하는가?

이상적으로 말해서, 우리 가운데 현대 세계의 주요 단위인 다양한 국민국가, 비정부기구, 다국적 조직에 관련된 사람들은 이러한 물음들에 정직하게 응답할 수 있도록 서로를 도울 것이고, 그리하여 우리는 점진적으로 긍정적 답을 얻을 수 있다.

감사의 말

이 글은 1997년 7월 9~11일에 호주국립대학교에서 열린 "사회생활과 사회이론에서의 정서(Emotions in Social Life and Social Theory)" 콘퍼런스 초청 강연에서 발췌한 것이다. 초기 논문의 중요한 추가 사항에 대해 사려 깊은 논평을 제공해 준 해리 카슨(Harry Carson)에게 감사한다.

V

그룹 기반 정서와 그룹 간 정서

Chapter 1

그룹 간 정서: 자기 범주화, 정서, 그리고 그룹 간 갈등의 규제

데빈 레이[1] | 다이앤 맥키[2] | 엘리엇 스미스[3]

1996년, 미국 군함을 수리하는 계약업체인 놀스(Knolls) 원자력 연구소는 31명의 직원을 해고해야 했다. 잠재적 실직 위기에 처한 245명의 직원 중 73퍼센트가 40세 이상이었다. 실제로 해고된 직원 중 한 명을 제외한 모든 직원(97퍼센트)이 40세 이상이었다. 이러한 패턴이 (직원 나이와 무관하게) 우연히 일어날 확률은 12,060분의 1이었다.

2001년 9월 15일, 텍사스주 댈러스 주민인 마크 스트로만(Mark Stroman)은 자신의 식료품점에서 햄버거를 요리하던 파키스탄 무슬림 와카르 하산(Waqar Hasan)에게 총을 쏴서 죽였다. 자신의 범행 동기를 설명하면서 스트로만은 뉴욕 세계무역센터에 대한 9/11 테러 공격에 대해 지역 아랍인에게 보복하고 싶었다고 말했다.

이 사례들은 그룹 간 갈등과 차별이라는 지속적인 비극을 적나라하게 보여준다. 두 사례 모두에서 사람들은 사회적 범주 소속 때문에 해를 입었다. 그러나 이 사례들은 분명히 매우 다르다. 한 사례에서는 고령 노동자들이 생계 수단을 잃었다. 다른 사례에서는 파키스탄계 미국인이 목숨을 잃었다.

편견과 차별에 대한 이론들은 이와 같은 상황들을 어떻게 설명할 수 있을까? 왜 어

---

1 Devin G. Ray, 애버딘 대학교 심리학과 강사(Lecturer).
2 Diane M. Mackie, 캘리포니아 대학교(샌타바바라) 심리학 및 뇌과학 교수.
3 Elliot R. Smith, 인디애나 대학교 심리학 및 뇌과학 명예교수.

떤 편견은 고용과 해고에서의 차별로 이어지고, 다른 차별은 증오 범죄로 이어지는가? 대체 무엇이 댈러스에 사는 백인 미국인이 둘 다 관련되지도 않은 뉴욕에서 벌어진 사건에 대한 보복으로 낯선 파키스탄계 미국인을 살해하게 할 수 있었을까?

이 장에서 우리는 그룹 간 갈등과 때로는 당혹스럽고 흔히 비극적인 갈등의 표현을 이해하기 위한 시도인 그룹 간 정서 이론(intergroup emotions theory: IET)을 살펴볼 것이다. 우리는 우선 이 이론 자체에 대해 간략히 설명할 텐데, 이 설명에는 정서에 대한 평가 이론뿐만 아니라 사회적/비사회적 범주화에 대한 이론 안에서 IET의 기원과 이러한 이론들과 IET의 연관성이 포함된다. 그런 다음 IET의 기본 전제를 뒷받침하는 증거를 살펴볼 것이다. 마지막으로 우리는 그룹 간 정서와 개인정서 사이의 광범위한 유사점과 주요 차이점을 비롯해, 어떻게 그룹 간 정서가 자기조절(그리고 그룹조절) 체계로 기능하는지를 탐구할 것이다.

그룹 간 정서 이론

그룹 간 갈등에 대한 IET의 설명은 두 부분으로 이루어진다. 첫째, IET는 개별 정서(discrete emotion)를 (전통적 태도 예측 변수 대신에) 다양한 차별 행동의 예측 변수로 제시한다. 둘째, IET는 특정한 시간과 장소에서 경험된 정서가 맥락에 의해 알려진 자아와 타인에 대한 유연한 정의로부터 나온다고 가정한다. 그래서 그룹 간 정서는 자아에 대한 개인적 정의가 아니라 사회적 그룹의 구성원이라는 자기 범주화로부터 나오는 정서이다.

이러한 전제 중 첫 번째, 즉 개별 정서는 특정한 차별 행동을 예측한다는 전제는 편견의 다양한 표현을 상당 부분 설명할 수 있다. 고령 근로자에 대한 편견은 아마도 이 근로자가 자기 잘못이 없음에도 효율성이나 적응력을 상실했다는 지각을 반영한다. 개별 정서 이론에 따르면(예컨대 Ortony 외, 1988; Roseman 외, 1990), 이러한 지각은 아마도 연민을 불러일으킬 것이다. 연민은 자선을 불러일으킬 수도 있지만, 경쟁적 승진이나 잔류의 선택으로 이어질 가능성은 낮다(Cottrell & Neuberg, 2005). 다른 한편으로 아랍인에 대한 편견은 아마도 아랍인이 미국인의 가치와 안전을 위협한다는 지각을 반영할 것이다. 개별 정서 이론은 이러한 지각이 분노와 공포로 이어지고, 다시 연민이 없는 공격성으로 이어질 수도 있음을 시사한다. 이렇게 특정한 정서에 기반한 차별화된 예측을 강조하는 것이 IET의 한 특징이다.

이러한 구분은 고용 차별과 공격성 사이의 차이를 설명할 수는 있지만, 왜 마크 스트로만이 와카르 하산에게 화를 내거나 두려워했는지를 설명하지 못한다. 증오 범죄의 발생과 인간의 인지에 대한 일관성 있는 모형을 조화시키려면, 개별 정서가 특정한 행동에 동기를 부여한다는 생각은 다음 절에서 설명될 자아와 타인에 대한 유연하고 때로는 집단적인 정의와 결합되어야 한다.

범주와 자기 범주화

IET는 자기 범주화 이론에서 설명된 집단적 자아의 모형에 의존한다(Turner, Hogg, Oakes, Reicher & Wetherell, 1987). 자기 범주화 이론의 (그 자체로 사회적 정체성 이론의 통찰과 범주 지각 및 용법에 대한 인지심리학의 연구를 종합하는) 본질은 집단적 자아가 비사회적 대상의 범주화와 많은 공통점을 가진 범주화의 기본 과정에서 나온다는 것이다.

범주들은 들어오는 자극들을 '좋아요'와 '싫어요'로 그룹화하여 단순화하는 역할을 한다(Bruner, 1957). 지각을 단순화함에서 종종 실제로 들어오는 정보 대신에 범주 소속에 함축된 정보에 의존한다. 그래서 범주화는 대상이 지각되는 방식에 대해 중요성을 지닌다. 점진적으로 균일하게 길이가 증가하는 6개의 선이 주어진 경우, 더 짧은 3개의 선과 더 긴 3개의 선을 포함하는 두 개의 범주로 이 선들을 나누는 것은 선 길이에 대한 지각을 왜곡할 것이다. 범주 경계 양쪽에 있는 선들은 각각 다른 짧은 선이나 다른 긴 선과 범주화될 때 더 짧거나 더 긴 것으로 지각된다(Tajfel & Wilkes, 1963). 범주 속성 '짧은'과 '긴'은 범주 구성원들에 대한 지각을 왜곡해 그것들이 원형적 범주 정의와 더 일치하는 것처럼 보이게 만든다.

지각의 대상들은 유연하게 범주화될 수 있다(Rosch, 1978). 때때로 노래를 부르며 날아다니는 밝은 노란색 생물은 '카나리아'나 '새'나 '애완동물'로 범주화될 수 있다. 카나리아를 다룰 때 사용할 수 있는 특수한 범주는 비슷한 비교 대상들 사이의 유사성과 비슷하지 않은 비교 대상들 사이의 차이점을 가장 잘 포착하는 범주이다. 어떤 종류의 애완동물을 사야 할지를 논할 때, '새'는 애완용 새의 여러 주요 공유된 속성(깃털이 있고, 날고, 씨앗을 먹는다)을 포착한다. 동시에, 새를 고양이나 물고기와 같은 다른 종류의 애완동물과 구별한다. 중요한 것은 특수한 범주의 사용은 맥락에 의존한다는 점이다. '새'는 다른 종류의 애완동물로부터 새를 구별하는 데 매우 유용하지만, '새'는 특정한 종의 애완용 새를 선택할 때는 딱히 유용하지 않다.

범주와 범주화의 이러한 속성은 인간의 자기 정의(self-definition)에도 적용된다(Tajfel & Turner, 1986). 자기 정의에서 범주 사용은 자기 기술(self-description) 중에 다양한 속성들이 얼마나 빠르고 쉽게 마음에 떠오르는지를 살펴볼 때 분명해진다. 예컨대 공학을 전공한 학생에게 여러 특성 중 어떤 특성이 전형적인 공학 전공자와 전형적인 문과 전공자를 설명하는지를 묻는다. 그런 다음 같은 사람에게 동일한 특성 중 어떤 것이 자신에게 해당하는지를 묻는다. 그러면 공학 전공자들이 공유하는 자기 기술적 특성이 공학 전공자들이 공유하지 않는 자기 기술적 특성이나 문과 전공자들이 공유하는 자기 기술적 특성들보다 더 쉽게 마음에 떠올랐다(Smith & Henry, 1996). 달리 말해, 자아에 대한 정신적 표상은 사회적 범주 소속과 겹치고 그것의 영향을 받는다.

게다가 자아에게 적용되는 범주의 변화(자기 범주화)는 자기 정의에서 상응하는 변화를 낳는다. 그래서 자기 정의는 다양한 비교 맥락들에서 상당히 다를 수 있다. 예컨대 두 남성 혹은 두 여성 사이의 대화에서 젠더는 대화 참가자들을 구분하지 않으므로 효과적 범주가 아니다. 그러나 두 남성은 서로 동의하나 두 여성과는 동의하지 않는 대화에서, 젠더 범주화는 행위자들 사이의 중요한 상황적 유사점과 차이점을 효과적으로 포착하므로, 자아와 타자의 범주화에 사용될 가능성이 있다. 방금 설명한 것과 같은 대화 역학관계 후에 자기 기술들을 비교했을 때, 젠더 범주화를 촉진하는 상황은 젠더 범주화가 적용되지 않는 상황보다 젠더 고정관념이 더 강한 자기 기술로 이어진다. 비사회적 표적의 지각과 마찬가지로, 맥락적 요인들로 인해 자기 범주화가 젠더로 옮겨갈 경우, 이 범주화는 사용 중인 범주와 지각을 더 일치하도록 유도할 것이다(Hogg & Turner, 1987; Turner 외, 1987).

IET(그리고 그것 이전의 자기 범주화 이론)는 자기 정의를 위한 범주 사용을 말 그대로 받아들인다. 범주가 어떤 대상들의 집합을 상대적으로 교환할 수 있는 것으로 정의하는 것처럼, 사회적 범주의 수준에서 자아에 대한 정의는 한 구성원을 다른 범주 구성원과 교환할 수 있는 것으로 만든다. 공유된 사회적 범주 소속의 정의가 범주 구성원들 사이에서 합의된 경우, 자아에 대한 집단적 정의는 자기 정의를 위해 사회적 범주 소속의 공유된 표상을 사용하는 데서 나타난다.

물론 범주화는 본질적으로 비교적인 것이다. 만약 자아에 대한 상황에 따른 적절한 수준의 범주화가 남성이라면, 여자는 이에 상응하는 추상화 수준에서 여성으로 범주화될 것이다. 그래서 대화 역학관계가 범주화 수준을 개인에서 젠더로 이동시킨다면, 남성과 여성은 자신을 자기 젠더의 상호 교환할 수 있는 구성원으로 보기 시작할 뿐만 아니라, 반대 젠더의 대화 상대를 그 젠더의 상호 교환할 수 있는 대표자로 보게 된다(Turner 외, 1987). 달리 말해서, 자기 범주화에서 '나'에서 '우리'로의 전환은 다른 사람의 범주화에서 '너'에서 "그들'로의 병행 전환을 수반한다.

자아 범주화와 타자 범주화의 이러한 상대적 성질은 그룹 간 정서 이론을 명명할 때 '그룹' 대신에 '그룹 간'이라는 용어를 사용하는 이유이다. IET에서 설명하는 정서는 특정한 질문이나 초점에 따라 그룹 기반(group-based; 예컨대 Niedenthal & Brauer, 2012; Yzerbyyt & Kuppens, 2009) 혹은 범주 기반(category-based)으로 정확하게 특징지어질 수 있다.

자기 범주화와 정서

자아와 타인에 대한 범주화 기반(categorization-based) 정의는 IET가 가정하는 것처럼 개별 정서에 대한 평가 이론의 통찰과 결합될 때 더 많은 함의를 갖는다. 평가 이론의 기본 전제는 특정한 정서가 자기 관련성(self-relevance)에 대한 특정한 평가로 유발된다는 것이다(Ortony 외, 1988; Roseman 외, 1990). 예컨대 분노는 부분적으로 자신에게 불공정하고 부정적인 결과라는 평가에서 나온다.

자아와 타인이 범주적으로 정의될 때, 사건들은 개별적으로 정의된 자아가 아니라 범주적 집단과의 관련성 측면에서 평가된다(Smith, 1993). 예컨대 한 여성에게 성차별적 발언을 하는 남성을 생각해 보자. 개인의 자기 정의에 따라 이 발언을 들은 사람은 분노를 느낄 수도 있고, 여성 관찰자는 그 남성의 불쾌한 발언에 혐오감을 느낄 수도 있다. 그러나 수신자를 자아에 포함하지 않을 경우, 이 관찰자는 자신에 대한 직접적 피해를 지각하지 못할 수 있으므로 분노를 경험할 가능성이 작다. 대신 젠더가 자기 정의에 사용된 경우, 이 행위자들은 상호 교환할 수 있는 범주 대표자들이 될 것이다. 한 여자에 대한 모욕은 여자들에 대한 모욕이 될 것이다. 이 모욕은 이제 두 여자 모두에게 자기 관련적이고, 발언의 표적이었던 여자뿐만 아니라 관찰자의 분노를 유발할 것이다. 다시 이 분노는 개인 가해자를 넘어 집합으로서의 남성을 향할 수 있다.

와카르 하산의 살해에서 살인자의 적개심은 범주적이었다. 마크 스트로만은 아마도 와카르 하산이나 어떤 아랍인에게도 해를 입은 적이 없었을 것이다. 확실히 스트로만은 아랍인들을 스트로만이 속한 민족적, 국가적, 종교적 범주에 공격을 가한 사람들의 범주로 보았다. 자아에 대한 범주적 정의와 더불어 뉴욕에서의 테러리스트 공격은 댈러스의 한 남자에게 강력한 분노와 증오를 불러일으켰다. 다른 사람들에 대한 범주적 정의와 더불어, 와카르 하산은 분노와 증오의 대상인 아랍인으로 지각되는 모든 사람과 상호 교환될 수 있게 되었다.

그룹 간 폭력의 현실은, 우리가 증오 범죄와 인종 청소를 오늘날의 새로운 소식이 아닌 역사적인 참상으로 남기고자 한다면, 그룹 간 정서를 이해하는 것이 중요하다는 것을 분명하게 보여준다. 여러모로 최악의 그룹 간 정서와 그 결과가 이에 관한 연구에 동기를 부여한다. 그러나 그룹 간 정서가 본질적으로 파괴적인 것은 아니다. 자기 나라나 대학이나 공동체에 대한 자부심은 유대를 강화하고 어려운 시기에 협력이나 공동의 희생을 촉진할 수 있다. 심지어 집단적 분노도 사회 부정의를 향할 수 있고 사회 변화를 위한 운동의 주요 요소이다(van Zomeren 외, 2008). IET는 편견과 그룹 간 갈등을 더 잘 이해하기 위해 공식화되었지만, 그것은 궁극적으로 사회 범주화로 특징지어지는 인간 활동의 광범위한 스펙트럼에 걸친 범주 기반 정서에 대한 설명이다.

그룹 간 정서에 대한 경험적 증거

IET에 관한 초기 연구는 정서 평가 모형이 개인 간 갈등이 아니라 그룹 간 갈등에 효과적으로 적용될 수 있는지, 이 정서 모형이 갈등에 대한 그룹 구성원의 반응 예측에서 약속된 구체성을 제공할 것인지에 초점을 두었다. 이후의 다양한 연구 집단의 연구 중 일부는 명시적으로 IET를 언급하지 않았지만, 각기 편견에 대한 개별 정서 치료의 장점 또는 그룹 간 정서의 그룹 기반 본성에 초점을 두는 경향이 있었다.

첫 번째 실험

그룹 간 맥락에서 정서 평가 모형의 실행 가능성을 시험하기 위해, 맥키와 동료들(Mackie 외, 2000)은 분노, 대중의 지지에 대한 지각, 의견 기반 그룹들, 예컨대 동성 결혼을 지지하거나 반대하는 사람들 사이의 대결 욕구를 조사했다. 분노를 유발하는 주요 평가는 다른 사람에 의한 부당한 피해에 대한 지각과 자신의 입장이 강하다는 지각이다. 분노의 결과는 지각된 피해의 원천에 맞서거나 공격하려는 충동이다. 동성 결혼 권리를 둘러싼 갈등에서 부당한 피해에 대한 지각은 갈등에 본질적이다. 동성 결혼 반대자들은 흔히 동성 결혼을 가족생활의 기반을 위협하는 것으로 특징짓지만, 동성 결혼 지지자들은 흔히 사랑하는 상대와의 결혼을 동성애자들에게는 거부된 기본적 인권으로 특징짓는다. 이와 같은 의견 기반 그룹들의 힘은 종종 대중의 지지에 의존한다. 분명한 다수의 사람이 한 입장을 지지할 때, 이 입장은 상대적으로 강하다. 분명한 소수의 사람이 한 입장을 지지할 때, 이 입장은 상대적으로 약하다. 부당한 피해는 끊이지 않기에, 분노에 대한 평가 모형은 의견 기반 그룹의 구성원들이 대중의 지지를 더 크게 지각할수록 더 큰 분노를 느끼고 이러한 분노가 대립의 동기가 된다고 예측한다.

맥키와 동료들(Mackie 외, 2000)은 이러한 생각을 한 연구에서 시험했다. 이 연구에 따르면, 사람들은 동성 결혼에 대한 자기 입장을 나타내고, 자기 입장에 지지나 반대를 표하는 일련의 신문 주요 뉴스를 보고, 그런 다음 그들의 분노와 반대의견 그룹에 맞서려는 욕구를 보고했다. 보도된 신문 주요 뉴스가 사람들의 입장이 대체로 강하다고 표시했을 때, 그들은 주요 뉴스가 그들의 입장이 약하다고 표시했을 때보다 더 큰 분노와 반대의견 그룹과 맞서려는 욕구를 더 많이 보고했다. 이러한 결과는 여러 가지 이유로 주목할 만하다. 대다수 참가자는 이성애자였기에, 그들의 개인적 권리는 토론의 쟁점이 아니었다. 직접적인 개인적 관련성이 없더라도, 대중적 지지에 대한 평가는 정서를 유발했고, 그것은 다시 그룹 구성원의 행동 의도를 지배했다. 그래서 분노에 대한 평가 모형, 구체적으로 부정의와 자기 지각된 힘의 결합은 그룹 간 갈등에 효과적으로 적용되었고, 오래 지속된 그룹 간 갈등에서 대결을 향한 움직임을 효과적으로 예측했다.

편견으로서의 개별 정서

개별 정서와 편견에 대한 이해를 크게 개선하기 위해, 코트렐과 누버그(Cottrell & Neuberg, 2005)는 태도나 평가로 정의된 편견과 그룹 간 관계를 특징짓는 다양한 평가 및 정서 사이의 관계를 조사했다. 그들은 평가적 편견이 근본적 정서의 상당히 유의미한 변화를 가린다는 것을 발견했다. 예컨대 아프리카계 미국인과 아메리카 원주민에 대한 백인 미국인의 태도는 대체로 비슷하며, 다른 백인 미국인에 대한 백인 미국인의 태도보다는 덜 긍정적이다. 그러나 아프리카계 미국인과 아메리카 원주민에 대한 백인 미국인의 개별 정서와 이 그룹들이 미국 시민과 사회에 가하는 다양한 유형의 위협에 대한 지각은 상당히 달랐다. 아프리카계 미국인에 대해서는 분노/혐오/공포/연민이 혼합된 정서를 느낀 반면, 아메리카 원주민에 대한 정서적 반응은 전적으로 연민이 지배적이었다. 이와 유사하게 아프리카계 미국인은 신체적 안전과 재산에 대한 위협부터 호혜관계의 위반에 이르기까지 아주 다양한 위협을 가하는 것으로 인식되는 반면, 아메리카 원주민은 주로 미국 시민과는 다른 가치를 지지하고 다른 미국 시민과의 상호작용에서 주고받기를 잘 못하는 것으로 인식되었다.

분명 백인 미국인이 아프리카계 미국인에게 표현하는 부정적 정서의 복잡한 혼합은 아메리카 원주민에게 표현하는 연민과는 다르다. 어느 그룹도 아마 백인 미국인이 표현하는 정서를 환영하지는 않겠지만, 그룹 간 상호작용에서 이러한 정서의 행동 표현은 상당히 다를 수 있다. 예컨대 아프리카계 미국인을 향한 분노/공포의 혼합은 적의/공격성으로 이어질 수도 있다. 반면 아메리카 원주민을 향한 연민은 존중/평등주의 대신 보살펴 주는 자선으로 이어질 수도 있다.

레이와 동료들(Ray 외, 2012)은 편견의 체계적 차이, 특히 복수의 교차적 범주 소속에서 발생하는 차이를 이해하기 위해 유사한 접근법을 취했다. 젠더와 성적지향을 둘러싼 태도와 정서가 이를 특히 분명하게 보여준다. 이성애자 남성은 이성애자 여성에게 가장 긍정적 태도를, 다른 이성애자 남성과 레즈비언 여성에게는 중간 정도의 태도를, 그리고 동성애자 남성에게는 상대적으로 부정적 태도를 보였다. 그래서 공유되지 않은 성적 지향은 평가를 억제했지만, 공유되지 않은 젠더는 평가를 높였다. 이러한 패턴은 아마도 대다수 독자에게는 놀랍지 않을 것이다. 이성애자 남성은 연인관계를 위해 이성애자 여성을 기대하고, 동성애 생활방식은 흔히 도덕적 규범이나 젠더에 대한 규범적 정의를 위반하는 것으로 특징지어진다. 근본적 정서에 대한 고찰은 이러한 직관적 설명의 첫 번째를 뒷받침했다. 남성 대학생의 표본에서 여성을 향한 긍정적 태도는 색욕(즉 성적 욕망)으로 가장 잘 설명되었다. 그러나 이성애자들을 향한 긍정적 태도는 동성애자를 향한 혐오보다는 다른 이성애자들을 향한 동지애로 더 잘 설명된다. 그래서 이성애자 남성이 동성애자 남성보다 다른 이성애자 남성을 더 좋아하는 것은 동성애자 생활방식에 대한 도덕적 혐오감 때문이 아니라 이성애자 남성이 정신적 우정과 연계된 정서를 유발하기 때문이다. 다시 레즈비언 여성이 동성애자 남성보다 더 긍정적으로 평가되는 이유는 그들이 다른 이성애자 남성과 같은 방식으로 동지애를 유발하기 때문이 아니라 레즈비언 여성이 다른 이성애자 여성처럼 성적 욕망을 유발하기 때문이다.

젠더와 성적지향의 조합에 대한 이러한 개별 정서 분석은 단순 평가보다는 상당히 더 많은 정보를 제공한다. 동성애자 남성에 대한 남자 대학생들의 상대적으로 부정적인 태도는 동성애자 생활방식에 대한 부정적 평가가 아니라 이성애적 생활방식에 대한 긍정적 평가에 기반한 것이었다. 여전히 평등주의적인 것은 아니지만, 동지애의 결여가 증오 범죄를 일으킬 가능성은 낮다. 게다가 남성보다 여성을 선호하는 이 사람들의 태도는 깊은 존중이 아니라 더 근본적인 감정에 기반한 것이었다. 양가적 성차별에 대한 설명(Glick & Fiske, 2001)에 따르면, 이러한 존중은 로맨틱하지 않은 영역에서는 도움이 될 가능성이 낮고, 실제로는 원하지 않는 로맨틱한 관심을 만들어낼 가능성이 있다. 이러한 결과는 그룹 간 부정적/긍정적 태도를 모두 이해하는 것이 중요하다는 점을 분명하게 보여주며, 편견에 대한 개별 정서 접근법이 복잡한 편견의 사례들을 정합적인 이론적 틀에 통합할 수 있는 능력을 뒷받침한다.

그룹 간 정서의 그룹 수준의 특성

그룹 간 정서의 그룹 수준의 특성은 사회적 그룹 내 정서와 사회적 그룹 간 정서의 수렴과 발산을 조사함으로써 가장 직접적으로 탐구되었다. 이러한 탐구에서 사용된 측정 방식은 성격과 만성적 정서 사이의 관계에 관한 연구(예컨대 Watson & Clark, 1992)에서 가져온 것으로, 이 연구에서 서로 다른 성격 유형을 가진 사람들은 그들이 현재 다양한 서로 다른 긍정적/부정적 정서를 느끼는 정도를 보고한다. 스미스, 세거, 맥키(Smith, Seger & Mackie, 2007)는 이 접근법을 사용해 개인들이 다양한 방식으로 자기 범주화할 때 그들 안의 정서 경험의 차이를 연구했다. 자아에 대한 유연한 정의는 자기와 관련된 상황적 신호를 변화시켜 일상의 정서 경험에 기여할 수 있으므로, 자아에 대한 다양한 정의에 대해 구별되는 정서 프로필이 나타날 것이다.

이러한 예측에 관한 경험적 탐구에서 공화당 혹은 민주당 지지자인 수백 명의 미국 시민에게 개인으로서, 미국인으로서, 당원으로서 경험한 정서를 나열하도록 요청했다. 응답자들은 그들이 개인으로서 느끼는 정서와 다양한 사회 그룹의 구성원으로서 느끼는 정서는 다르다고 보고했다. 게다가 그룹 기반 정서에 대한 보고는 공유된 정서 경험으로 수렴되었다. 예컨대 미국인이라는 자기 정의는 참가자들(모두 미국인들) 사이에서 자부심에 대한 보고를 끌어냈던 반면, 공화당원이라는 자기 정의는 공화당원 참가자들 사이에서 짜증에 대한 보고를 끌어냈다. 또한 이러한 정서는 개인정서를 넘어 그룹 관련 행동을 예측했다. 예컨대 민주당원이라는 자기 정의에 기반한 분노는 공화당원과 논쟁하거나 맞서려는 욕구를 예측한 반면, 개인적 분노는 이러한 욕망을 예측하지 못했다. 이러한 결과는 서로 다른 성격을 가진 개인들이 서로 다른 유형의 정서를 느낀다고 보고하는 것처럼, 한 개인이 서로 다른 자기 정의가 활성화되면 서로 다른 정서 프로필을 보고할 것임을 시사한다.

물론 한 개인에게 여러 다른 자기 정의를 사용해 자신의 정서를 보고하도록 명시적으로 요구하는 것이 정서 보고에 인위적 결과를 가져올 수도 있는지에 대해 합리적 의문을 품을 수도 있다. 스미스와 동료들(Smith 외, 2007)이 관찰한 그룹 구성원 사이의 수렴은 어쩌면 신중한 자기 성찰에 의해서만 일어날 뿐 일상생활에서는 자발적으로 일어나지 않을 수도 있는가? 추가 연구에 따르면, 그렇지 않다고 한다. 그룹 기반 정서의 명시적 보고는, 예컨대 '성조기'라는 노래를 듣거나 다른 과제의 한 부분으로 우연히 미국 국기를 본 후와 같이, 범주적 자기 정의를 교묘하게 유도한 후에 경험된 정서 보고와 일치한다(Seger, Smith & Mackie, 2009).

이러한 만성의 그룹 수준 정서는 특수한 그룹 간 갈등과 관련된 급성의 그룹 수준 정서와 분명하게 대조된다. 예컨대 '대학생'과 (미국 시민을 뜻하는) '미국인'이라는 범주들을 고려해 보자. 이 두 집합의 사람들은 중첩될 수 있지만, 매우 다른 세계관을 내포할 수도 있다. 예컨대 많은 미국인은 무슬림을 미국의 이익과 안전에 대한 위협으로 보는 반면, 많은 학생은 무슬림을 캠퍼스 다양성의 자산으로 본다. 역으로 많은 대학생은 경찰을 학생 여가 활동에 대한 위협으로 보는 반면, 많은 미국인은 경찰을 시민의 보호자로 본다(Ray, 2009). 미국 학생들 사이에서는 설문조사 구상과 인구학적 항목을 통해 유도된 미국인이나 학생이라는 일시적 자기 범주화가 무슬림과 경찰에 대한 정서적 반응을 변화시켰다(Ray, Mackie, Rydell & Smith, 2008). 특히 미국인으로 자기 범주화한 미국 학생들은 무슬림에 대한 반응에서 학생으로 자기 범주화한 학생들보다 더 많은 분노와 더 적은 존중을 보고했다. 역으로 경찰에 대한 반응에서 학생으로 자기 범주화한 참가자들은 미국인으로 자기 범주화한 참가자들보다 더 많은 분노와 더 적은 존중을 보고했다. 그래서 미국인이나 학생이라는 자기 범주화가 항상 분노나 존중과 연관된 것은 아니었다. 오히려 두 사회적 범주 모두 무슬림과 경찰에 대한 범주 기반 평가와 일치하는 분노나 존중을 촉발했다(관련 연구 결과로는 Kuppens & Yzerbyt, 2009 참조).

요약과 평가

전반적으로 강력한 증거가 IET의 주요 전제를 뒷받침한다. 개별 정서에 대한 평가 모형은 분명하게 그룹 간 상호작용에 잘 적용된다. 이러한 모형은 그룹 간 갈등에서 정서와 행동의 중요한 변형들을 예측하며, 이러한 변형들은 편견을 미분화된 부정적 태도들로 측정함으로써 가려질 수 있다. 이 정서들은 또한 개인적 자기 정의에 기반한 정서들과는 상당히 구별된다. 그룹정서의 보고는 개인정서의 보고와 갈라지고, 범주 구성원들 사이에서 수렴하고, 일시적 자기 정의에 따른 특수한 그룹 간 갈등의 평가 구조를 반영한다.

그룹 간 정서는 어떻게 기능하는가?

자기 범주화가 그룹 관련 사건과 결과를 반영하기 위해 개인정서의 근간이 되는 평가 체계를 사용한다면, 동일한 자기 조절 체계가 그룹 행동의 조절에 적용된다. 그래서 IET의 중요한 강점은 그룹 기반 정서의 작용을 지배하는 규칙과 원칙을 개인정서의 잘 발달된 유사점들에서 추론할 수 있다는 것이다.

이러한 유사점들은 자신이 개인적으로 관련되지 않은 갈등에 대한 미국인들의 정서적 반응을 조사하는 경험적 연구에서 가장 명확하게 드러났다(Maitner, Mackie & Smith, 2006). 한 연구에서 참가자들은 이전에 친숙하지 않은 자국의 과거 군사 행동으로 인해 외국인 사상자가 발생한 사건에 대해 읽었다. 참가자들은 이 군사 행동에 어떤 식으로도 자신이 직접 관련된 것은 아니지만, 이러한 행동에 대해 아는 것이 죄책감을 유발했다. 그런 다음 참가자들은 자국이 금전적 배상을 했거나 다시 침략했다는 것을 알게 되었다. 배상은 죄책감을 감소시켰던 반면, 새로운 침략은 죄책감을 훨씬 더 증가시켰다. 유사한 맥락에서 미국에 대한 공격에 대한 반응으로 일어난 분노는 반격으로 충족되었다. 이러한 연구에서 정서는 그룹 관련 문제를 감지하고 그 문제를 해결하는 행동에 동기를 부여하는 역할을 했다. 이러한 문제는 서로 다른 유형의 반응(예컨대 배상 대 반격)을 요구했고, 요구된 해결책에 적합한 별개의 정서(예컨대 죄책감 대 분노)를 유발했다. 참가자들이 자신이 알게 된 사건에 개인적으로 관여한 바가 없더라도, 그들의 범주 구성원인 '미국인'이 관련된 사건은 이 그룹 행동의 조절에 적절한 정서적 반응을 끌어냈다.

이러한 그룹 간 갈등에서 범주 구성원들의 교체 가능성은 대리 보복에 관한 연구에서 가장 명확하게 입증되었다(Stenstrom, Lickel, Denson & Miller, 2008). 이 연구는 참가자들에게 개인적으로 영향을 미치지는 않았지만 공유된 범주의 구성원에게 미친 피해를 발견한 사람들의 특이한 과거 경험을 조사했다. 동료 범주 구성원이 당한 피해는 가해자뿐만 아니라 가해자와 사회적 범주 소속을 공유하는 무고한 다른 사람에 대해서도 분노와 보복의 욕망을 유발했다.

범주 기반 정서의 조절 역할은 집단행동을 이해하는 데 효과적으로 적용되었다. 죄책감과 분노는 이와 관련해 특별한 주목을 받았다. 범주 기반 죄책감의 힘을 설득력 있게 입증한 연구에서(Doosje, Branscombe, Spears & Manstead, 1998), 참가자들이 자신들을 이전에 완료된 문제해결 과제에 기반해 '귀납적 사고자' 그룹의 구성원이라고 믿도록 유도하였다. 그런 다음 참가자들은 표면상으로 다른 귀납적 사고자들이나 다른 범주의 사람들인 연역적 사고자들이 만든 창작물(기하학적 타일로 만든 패턴)을 평가했다. 그런 다음 참가자들에게 다음 네 가지 중 하나를 들려주었다.

- 연역적 사고자들이 만든 창작물에 주어진 점수는 아무런 편견을 보이지 않았다.
- 참가자들은 개인적으로 연역적 사고자들에게 편견이 있었다.
- 참가자 개인은 아니지만, 귀납적 사고자들은 연역적 사고자들에게 편견이 있었다.
- 참가자 개인과 귀납적 사고자들 모두 연역적 사고자들에게 편견이 있었다.

그런 다음 참가자들은 자신의 죄책감과 함께 연역적 사고자들에게 어떻게든 보상하려는 욕망을 보고했다. 놀랍지 않게도 참가자들은 그들이 개인적으로 편견이 있었다는 것을 알게 되었을 때 죄책감을 느꼈고, 연역적 사고자들에게 보상하고 싶어 했다. 그러나 참가자들은 개인적으로는 편견이 없었는데도 귀납적 사고자들이 편견이 있을 때 죄책감을 느끼고 연역적 사고자들에게 보상하고 싶어 했다. 참가자들은 자신이 유의미한 이력을 가지지 않은 범주인 귀납적 사고자라는 사실을 방금 발견했음에도 불구하고, 이러한 현상이 일어났다. 이 연구는 정서에 대한 뚜렷한 집단적/개인적 기반뿐만 아니라 이러한 정서의 기능과 결과의 분명한 유사점들을 명확히 입증한다.

분노는 유리한 위치에 있는 그룹 구성원의 집단행동에도 영향을 미친다. 예컨대 호주 원주민을 위한 백인 호주인의 정치적 행동에 관한 연구에서, 죄책감은 보상이라는 추상적 목표의 주요 예측 변수로 밝혀졌지만, 다른 백인 호주인에 대한 분노는 편지쓰기 캠페인과 시위 참여와 같은 구체적인 정치적 행동에 동기를 부여하는 데 중요한 역할을 했다(Leach, Iyer & Pedersen, 2006). 이와 유사하게 자국의 이라크 개입에 대한 미국과 영국 시민의 반응 예측에서, 수치심(죄책감과 밀접하게 연관된 정서)은 이라크 철군에 초점을 둔 정치적 대의의 지지를 예측했던 반면, 분노는 미국이나 영국 개입에 책임이 있는 정책결정자와 맞서는 데 초점을 둔 정치적 대의를 지지하려는 욕망을 예측했다(Iyer,

Schmader & Lickel, 2007).

분노는 불리한 위치에 있는 그룹의 집단행동에서는 훨씬 더 중요한 역할을 한다. 분노는 불리한 위치에 있는 사회적 범주에 대한 효능감(perceived efficacy) 및 헌신과 결합하여 불리한 위치에 있는 그룹의 집단행동에 주된 원동력이 된다. 한 예시적 연구에서(van Zomeren, Spears, Fischer & Leach, 2004, 연구 2), 네덜란드 학생들은 자기 대학이나 학과가 학생들에게 불리한 새로운 정책, 예컨대 등록금 인상을 시행할 것임을 알았다. 또한 이 참가자들은 학생들이 결정 과정에 포함되었는지 포함되지 않았는지(그리하여 공정성 평가에 영향을 미쳤는지), 그리고 이 변화에 대해 많은 학생이 화가 났는지 오직 일부 다른 학생만 화가 났는지(그리하여 집단 지지에 대한 지각에 영향을 미쳤는지)를 알게 되었다. 불공정한 결정 과정에 반대하는 집단적 지지를 지각한 학생들은 화를 냈고, 이 분노는 교육적 변화에 반대하는 집단행동에 참여하려는 욕망을 예측했다. 집단행동 문헌에 대한 검토와 메타분석은, 민족적 불이익에서 반빈곤 운동에 이르는 다양한 맥락에서 집단행동과 사회변화에 동기를 부여하는 분노의 중요성에 대한 광범위하고 강력한 뒷받침을 제공한다(Thomas, McGarty & Mavor, 2009; van Zomeren, Postmes & Spears, 2008).

이러한 연구들은 집단행동이 취할 수 있는 다양한 형태들도 보여준다는 점을 주목해야 한다. 이 연구들에서 집단행동은 흔히 정치적 운동과 같은 협력적 공동행동의 형태를 취했다. 범주 기반 정서는 이러한 형태의 협력적 행동에 특히 도움이 될 수도 있다. 왜냐면 범주 기반 정서는 이 범주 다른 구성원들에게도 유사한 경향이 있기 때문이다(Smith 외, 2007). 그러나 참가자들이 자신과 개인적으로 무관한 차별에 대해 죄책감을 느끼는 경우, 그들은 집단행동을 통해서만이 아니라 개인적으로 차별 피해자에게 보상함으로써 집단적 잘못을 바로잡는 것을 지지했다. 이러한 사례들에서 동기를 부여하는 정서는 집단적이고 목표도 집단적이지만, 정서적 경험과 이에 따른 행동은 때로는 본질적으로 협력적이고 때로는 개인적이다. 개별 정서 이론에 따르면, 이렇게 다양한 유형의 행동이 (예컨대 범주의 다른 구성원이 없는 경우에는) 외부 제약으로 인해, 혹은 사건들 사이의 미묘한 평가 차이에 의해 촉발될 수 있다. 그러나 자기 범주화, 평가, 정서라는 핵심적 요소는 이러한 형태의 집단행동에서 공유된다.

개인정서와 그룹 간 정서 사이의 유사점에는 정서의 여타 덜 직접적인 효과가 포함된다. 예컨대 분노는 대결에 동기를 부여하는 것 외에도 분노의 원래 원인과는 무관한 문제에서 고위험-고보상 해결책에 대한 선호를 높이는 경향이 있다(Lerner & Keltner, 2001). 그룹 간 분노도 마찬가지이다. 그룹 간 분노에 관한 연구에서(Rydell 외, 2008, 실험 3), 참가자들은 자신과 개인적으로 관련된 사건 혹은 개인적으로 관련되지는 않았으나 자신이 속한 사회적 그룹 중 하나와 관련된 사건 때문에 분노를 경험했던 순간을 떠올렸다. 그런 다음 참가자들은 "아시아인 질병 문제"라는 시나리오를 완료했는데, 이 시나리오에서 참가자들은 질병 발생에 대해 성공 가능성은 작으나 더 많은 수의 생명을 구할 수 있는 대응과 성공 가능성은 크나 더 적은 수의 생명을 구할 수 있는 대응 중에서 하나를 선택해야 했다. 그룹 기반이나 개인 기반 분노를 떠올렸던 참가자들은 그룹 기반이나 개인 기반 공포의 사례를 떠올렸던 참가자들에 비해 더 위험한 해결책을 선호했다.

각성의 잘못된 귀속, 즉 분노의 구성요소인 각성의 원천에 대한 잘못된 지각에 대해서도 관련 결과를 얻었다. 사람들은 자기 정서의 원인에 대해 항상 의식적으로 인식하는 것은 아니다(Schachter & Singer, 1962). 이러한 경우에 정서 경험은 그 원인에 대한 추론에 크게 의존한다. 예컨대 실제로는 그룹 기반 불평등에 대한 앎에서 나온 분노로 인한 각성이 윙윙거리는 성가신 불빛에 잘못 귀속될 수 있다(Rydell 외, 2008, 실험 1). 이러한 연구들은 개인정서와 범주 기반 정서가 동일한 기본 정서 체계를 공유하는 것으로 보인다는 사실을 충분히 인식시킨다. 범주 기반 정서는 주관적으로는 개인정서와 다르게 느껴지지 않는다.

그룹 간 정서는 개인정서와 어떻게 다른가?

서로 다른 자기 정의에서 비롯된 것과 더불어, 개인정서와 그룹정서 사이에는 두 가지 중대한 차이점이 나타난다. 첫 번째 차이점은 범주 기반 정서는 합의를 촉진한다는 점이다. 보통은 개인이 현재 느끼고 있는 것에 대해 반박할 자격을 가진 사람은 아무도 없지만, 범주 기반 정서는 자아에 대한 사회적으로 공유된 정의로부터 도출된다. 범주 구성원들이 그들의 범주 소속과 범주 기반 정서를 일으키는 환경에 대한 공통 표상을 공유하는 정도에 따라, 범주 기반 정서는 수렴할 것이다. 그러나 이러한 표상이 다른 정도에 따라, 정서적 반응은 달라질 수도 있다. 다시 사람들은 그룹의 동료 구성원들과 다른 정서를 경험하는 것을 불편하게 여기고 이러한 불일치를 줄이려고 시도할 수 있다.

사람들은 자신의 지각과 느낌을 지각된 합의와 일치하도록 조정함으로써 이러한 차이를 가장 간단하게 보완한다. 한 연구에서 남성과 여성 미국인은 미국인으로서 또는 자기 젠더 구성원으로서 정서를 보고한 다음, 동일한 물음에 다른 남성이나 여성이나 미국인이 어떻게 응답했는지에 대한 정보를 받았다(Moons, Leonard, Mackie & Smith, 2009). 이 정보는 참가자들의 반응이 항상 그들의 사회적 범주 중 하나와 일치하지는 않는 것으로 나타나도록 조작되었다. 나중에 같은 사람들에게 그들의 범주 기반 정서를 다시 보고하도록 요청했다. 이 보고는 실험자들이 제공한 합의 정보의 방향으로 움직였다. 중요한 것은 참가자들이 오직 불일치하는 범주에 대한 반응으로 지각된 불일치가 존재하는 정서만을 변경했다는 점이다. 게다가 그룹 기반 분노의 변화는 이후의 의사결정에 영향을 미쳤는데, 이것은 보고된 정서 변화가 자기 표상이나 대중의 순응을 반영한다기보다는 내면화되고 진정으로 경험되었음을 시사한다.

일상생활에서 합의에 도달하는 주요 수단은 사회적 대화, 즉 일상 대화에서 사람들이나 그룹들에 대한 언뜻 보기에 사소한 이야기들인 것으로 보인다. 사회적 대화에서 이야기들은 흔히 대화 참가자들의 평가와 정서와 욕망하는 행동을 대화의 주제에 맞게 조정한다(Peters & Kashima, 2007). 예컨대 한 친구의 자선 활동에 관한 이야기는 다른 사람들에게 그 친구에 대한 존경심과 이에 상응하여 그 친구에 대한 긍정적 행동을 촉진한다.

이러한 조정은 집단행동을 조절하는 맥락에서 직관적으로 이해된다. 집단행동은 관련 행위자들이 갈등 상황에 대해 비슷한 평가를 하고 비슷한 느낌으로 이어질 때 가장 쉽게 조정될 수 있다. 이러한 생각과 일치하여, 다른 여자가 겪은 모호한 성차별에 대해 들은 여성은 여성을 정형적으로 화내는 존재로 보는 시각을 인정하거나 이러한 시각을 받았을 때 더 분노를 느끼고 이 사건에 더 강하게 대응하고 싶어 했다(Leonard, Moons, Mackie & Smith, 2011).

범주 구성원의 공유된 소속에 대한 표현의 차이를 조화시킬 수 없는 경우, 범주는 하위 범주들로 나누어지거나, 구성원이 침투할 수 있는 범주를 떠날 수 있다. 예컨대 영국 교회에서 여성의 서품에 대한 의견 불일치는 많은 성직자가 다른 교회로 이적하는 것을 고려하게 했다(Sani, 2005). 자기 정의의 사회적 범주 핵심 요소에 대한 합의의 중요성은 지각된 합의를 내면화하는 동기를 부여하거나, 혹은 차이들을 해소할 수 없는 경우, 범주 파편화나 이탈의 동기를 부여하기에 충분해 보인다.

따라서 합의 정보는 그룹 간 정서 조절에 중요한 역할을 한다. 정서적 합의(혹은 그것의 결여)는 자아와 타인에 대한 범주 적용을 변경하거나 자아에 적용된 범주 정의의 내용을 수정함으로써 그룹 간 정서에 영향을 미칠 수 있다. 공유된 그룹 간 정서는 그룹 연대를 형성하고 강화하는 그룹 내적 기능에 이바지할 수도 있다(Smith 외, 2007). 그러나 합의 정보는 일시적으로 공유된 정서적 경험과 같지 않다는 점에 주목해야 한다. 일시적으로 공유된 정서는 합의 정보를 전달하겠지만, 다른 범주 구성원들의 정서적 경험에 대한 비동기적(asynchronous) 정보도 합의 정보를 제공할 수 있다. 게다가 그룹 간 정서는 다른 사람들로부터 고립된 상황에서도 경험될 수 있다. 한 개인은 다른 범주 구성원의 존재 여부와 무관하게 자아에 대한 범주 정의로부터 정서가 도출될 때마다 그룹 간 정서를 경험한다. 요컨대 그룹 간 정서는 합의 정보를 추적하지만, 이러한 합의에 대한 직접적 경험이 그룹 간 정서의 전제조건은 아니다.

개인정서와 그룹 간 정서 사이의 두 번째 주요 차이점은 그룹 간 정서의 경험은 특정한 개인들과 그들이 속한 사회적 범주 사이의 관계에 따라 달라진다는 것이다. 개인적 정체성은 자기 정의의 필수적인 부분이다. 우리의 고유한 특성이 우리를 다른 사람들과 차별화하는 방식에 대한 지식은 모든 사람의 자기 표상에 중심적이다. 대조적으로 자기 정의에서 사회적 범주의 사용은 더 유연하다. 사회적 범주는 자기 정의에서 그것의 중요성과 정동적 의미에 있어 개인마다 차이가 있다. 어떤 사람은 예컨대 국적에 강한 애착을 보이는 반면, 다른 사람은 자기 민족에 대해 더 큰 자부심을 가질 수 있다. 또 다른 사람은 국적이나 민족을 자신이 누구인가의 특히 중요한 측면으로 간주하지 않을 수도 있다. 이렇게 사회적 범주에 대한 개인적 애착의 편차는 특정한 사회적 범주와의 동일시라고 일컬어진다(Leach 외, 2008).

동일시는 자기 정의에서 범주의 사용에 영향을 미치며, 따라서 그룹 간 정서의 경험에도 영향을 미친다. 자신을 어떤 사회적 범주와 강하게 동일시하는 사람은 자기 정의에서 이 범주를 더 완벽하게 사용하거나 다양한 상황에서 자기 정의에 이 사회적 범주를 채택할 가능성이 더 높다(Leach 외, 2008). 자기 정의에서 사회적 범주의 사용을 입증하는 동일한 유형의 반응시간 증거는 동일시의 역할도 입증한다. 예컨대 공학 전공자는 자신과 정형화된 공학 전공자 모두에게 적용되는 특성을 자기 설명적 특성으로 더 빨리 식별한다는 점을 상기해 보자. 만약 이 공학 전공자가 자기 전공에 특별한 중요성을 부가한다면, 그녀는 자기 전공에 특별한 중요성을 부가하지 않은 공학 전공자보다 더 빠르게 이러한 범주-자아 중첩을 식별할 것이다(Coats, Smith, Claypool & Banner, 2000). 이러한 발견은 그룹 간 정서의 경험에서도 유사하게 나타난다. 일반적으로 말해서 그룹 간 정서는 사회적 범주와 덜 동일시되는 사람들보다는 사회적 범주와 더 많이 동일시되는 사람들이 더 강렬하게 더 자주 경험한다(Smith 외, 2007).

이 규칙의 중요한 예외는 집단 죄책감이다. 사회적 범주에 더 큰 중요성을 부가하는 사람은 이 범주의 편에서 집단 죄책감을 느낄 가능성이 적다(Doosje 외, 1998). 이러한 예외는 개인정서와의 유사점을 다시 찾아간다. 사람들이 자신의 과거 행동에 대해 자기중심적으로 해석할 수 있는 것처럼, 사람들은 과거 사건에 대해 그룹-중심적으로 해석할 수도 있다(Pettigrew, 1979). 과거 사건에 대해 집단중심적으로 해석할 가능성은 관련 사회적 범주에 더 큰 중요성을 부여할 때 더 높다.

그룹 간 정서는 집단정서인가?

IET는 그룹 간 맥락에서 특정 행동을 예측하기 위해 개별 정서의 사용을 제시한다. 이러한 정서는 개인의 자기 관련성이 아니라 자신이 속한 사회적 범주에 영향을 미치는 사건에 대응하여 발생하는 것이기에 본질적으로 그룹 간 정서이다. 광범위한 경험적 연구는 이러한 접근법의 타당성과 유용성을 뒷받침하며, 그룹 간 정서의 본질과 기능에 대한 상당한 통찰을 제공한다. 최악의 경우, 그룹 간 정서는 선동 행위에 과실이 있든 없든 한 사람에 의한 해악이 가해자 범주의 구성원에 대한 보복을 유발하는 폭력의 순환을 유도할 수 있다. 최선의 경우, 집단적 자부심은 공동체를 하나로 엮어줄 수 있고, 집단적 죄책감은 역사적 잘못을 바로잡으려는 동기를 부여할 수 있고, 집단적 분노는 전체 계급 사람들의 삶과 환경을 향상시키려는 행동에 동기를 부여할 수 있다.

그러나 그룹 간 정서는 집단적인가? 이 정서는 사회적으로 공유된 범주에 따른 자기 정의에서 비롯되며, 보통 범주 구성원 사이에서 공유되며, 그룹 내적 연대를 창출하거나 강화하지만(Smith 외, 2007), 그룹 간 정서는 오직 개별 범주 구성원의 정신적 표상과 경험에서만 사례로 나타난다. 이 정서는 그것이 다른 사람들과 함께 경험되어야 한다는 의미에서나, 혹은 예컨대 그룹 구성원 사이의 정서 전염처럼('그룹정서'라고 불리는 유형의 정서, Niedenthal & Brauer, 2012) 평가와 자기 관련성(self-relevance)의 심리 외부로부터 유래한다는 의미에서 집단적인 것은 아니다. 그러나 그룹 간 정서는 다른 사람들을 포함하는 자기 정의의 이익과 관점에서 도출된다는 의미에서 집단적이다. 게다가 그룹 간 정서에 의해 동기 부여된 행동은 개별 사람들을 상호 교환할 수 있는 범주 구성원으로 간주한다는 점에서 집단적이다.

Chapter 2

집단 죄책감의 사회심리학

마크 퍼거슨[1] | 닐라 브랜스콤[2]

인류 역사에서 한 가지 변함없는 것은 사회 그룹들 사이 갈등의 존재이다. 노예제든, 전쟁이든, 집단학살이든, 그룹 간 괴롭힘의 사례들은 시대를 가로질러 수많은 문화에서 발견될 수 있다. 사회적 정체성 관점에서의 연구는 그것의 정서적 결과를 조사함으로써 그룹 간 갈등에 대한 이해를 확장시켰다. 특히 그룹 간 정서 이론(Mackie, Maitner & Smith, 2009; 이 책의 V-1장 Ray, Mackie & Smith의 글)에 따르면, 사람들은 실제로 참여했는지와 무관하게 갈등 시기 그들의 내집단행동에 따른 정서를 경험할 수 있다. 이 정서는 개인이 특정한 사회 그룹과 공유하는 정체성에서 발생하기 때문에 집단정서라고 간주된다. 그것은 내집단행동에 대한 평가를 포함하며, 외집단과 비교해 내집단의 특수성을 유지하기 위한 행동을 불러일으킬 수 있다. (자부심이나 분노와 같은) 집단정서의 경험은 어쩌면 개인정서와 유사하게 느껴질 수 있지만, 전제와 결과가—고유한 개인적 정체성이 아니라 공유된 내집단 정체성에서 발생한다는 점에서—다르다.

연구자들의 열렬한 관심을 받은 그룹 간 정서는 집단 죄책감이다(Branscombe & Doosje, 2004). 자신에게 중요한 내집단이 부당하거나 불법적인 행동에 책임이 있다고 생각될 때, 개인은 집단 죄책감을 경험할 수 있다. 집단 죄책감의 한 가지 주목할 만한 효

1 Mark A. Ferguson, 위스콘신 대학교 스티븐 포인트 심리학과 부교수.

2 Nyla R. Branscombe, 캔자스 대학교 심리학과 석좌교수.

과는 그룹 간 화해를 조성하는 태도나 행동을 촉진하는 것이다. 그런데도 집단 죄책감이 피하고 싶은 정서적 상태라는 점을 고려하면, 개인은 흔히 이러한 경험을 피하거나 줄이려는 동기를 갖게 된다. 죄책감의 축소는 악행에 대한 그룹의 책임을 최소화하거나 정당화함으로써 성취될 수 있다. 그러나 집단 죄책감을 경험하면, 그것은 사회적 변화를 촉진하는 도구가 될 수 있다.

집단 죄책감에 관한 최초 연구 이후 이론적/경험적으로 풍부한 문헌이 개발되었다(Doosje, Branscombe, Spears & Manstead, 1998). 이러한 문헌은 이전 출판물에서 검토되었다(Branscombe & Doosje, 2004; Wohl, Branscombe & Klar, 2006). 우리는 이 장을 지난 15년의 연구—확실한 연구 결과, 지속적 논란/한계, 향후 연구를 위한 유망한 방향—를 성찰할 새로운 기회로 본다.

집단 죄책감 연구의 기존 주제

집단 죄책감의 전제

집단 죄책감에 관한 문헌은 일반적으로 세 가지 전제를 검토했다. 첫 번째는 **집단 정체성**이다. 자신을 가해자 그룹의 구성원으로 범주화할 때, 사람들은 자기 그룹의 유해한 행동에 대해 집단 죄책감을 느낄 가능성이 더 높다. 이러한 생각은 자기 범주화와 집단 죄책감 사이의 관계를 조사한 여러 연구를 통해 뒷받침된다. 예컨대 자게프카, 페르손, 몰레, 챈(Zagefka, Pehrson, Mole & Chan, 2010)은 역사적으로 내집단 구성원 간의 깊은 연결에 대한 믿음이 강할수록 외집단의 역사적 피해에 대한 집단 죄책감은 더 커진다는 것을 발견했다. 이러한 관계는 라트비아인에 대한 러시아의 역사적 대우와 유대인에 대한 독일인의 역사적 대우에서 일어났다. 더 나아가 도시에와 동료들(Doosje 외, 1998)은 지각된 내집단 동질성(그룹 구성원 간의 유사성)이 클수록 집단 죄책감도 더 커진다는 것을 발견했다. 이러한 연구들에 따르면, 그룹 구성원이라는 자기 범주화는 내집단 악행에 대해 집단 죄책감을 느끼는 데 근거를 제공한다.

가해자 집단과 공유된 사회적 정체성은 집단 죄책감을 끌어내는 데 필수적이라는 데는 상당한 의견일치가 있지만, (내집단 구성원이라는 자기 범주화의 주요 예측 변수인) 그룹 동일시가 집단 죄책감과 관련이 있는지 또는 어떻게 관련되는지에 대해서는 상당한 이견이 있다. 몇몇 연구에서 연구자들은 내집단 동일시와 죄책감 사이의 긍정적 관계를 발견했다. 예컨대 도시에, 브랜스콤, 스피어스, 맨스테드(Doosje, Branscombe, Spears & Manstead, 2006)는 네덜란드 참가자들이 자기 내집단의 괴롭힘 행동에 대한 부정적 정보를 받았을 때, 더 큰 동일시가 더 큰 죄책감과 연계된다는 것을 발견했다. 이것은 내집단 구성원이 그 정보를 인정했을 때 특히 그러했다. 반대로 다른 연구자들은 그룹 동일시와 집단 죄책감 사이의 부정적 관계를 발견했는데, 이것은 아마도 정체성이 높은 그룹 구성원은 자기 그룹의 과거를 방어할 자세가 더 잘 되어 있기 때문일 수 있다(Branscombe, 2004; Doosje 외, 1998). 후자의 생각과 일치하게, 카스타노와 히네르-소로야(Castano & Giner-Sorolla, 2006)는 영국인이라는 정체성이 높을수록 호주 원주민에 대한 처우에 죄책감이 낮다는 것을 발견했다. 마이어스, 휴스톤, 케언스(Myers, Hewstone & Cairns, 2009)는 북아일랜드 종교 그룹에 대해서도 유사한 결과를 발견했다. 그러나 다른 연구자들은 아무런 관계가 없음을 발견했다(McGarty 외, 2005).

집단 죄책감의 두 번째 주요 전제는 **해악에 대한 책임감**이다. 소중한 내집단이 유해한 결과에 책임이 있다고 보일 때, 사람들은 이러한 결과에서 자기 그룹의 역할에 대해 집단 책임감을 느낄 가능성이 더 높다. 대다수 집단 죄책감 연구는 역사적으로 외집단 구성원을 희생시킨—노예제, 전쟁, 집단학살 같은—사건에 대한 책임감을 조사한다. 여기에는 인도네시아인에 대한 네덜란드 식민지 억압(Doosje 외, 1998), 아메리카 원주민에 대한 백인 정착민의 괴롭힘(Castano & Giner-Sorolla, 2006), 호주 원주민에 대한 호주인의 처우(McGarty 외, 2005)와 같은 역사적 행동뿐만 아니라, 보스니아 집단학살을 막지 못한 네덜란드의 역사적 부작위(inaction)도 포함된다(Zebel, Zimmermann, Viki & Doosje, 2008). 이 모든 연구에서 참가자들은 내집단이 외집단 구성원에게 해를 끼치는 행동에 책임이 있음을 지각했을 때 더 큰 집단 죄책감을 경험했다.

집단 죄책감을 탐구한 다른 연구는 현재의 외집단 구성원의 피해에 대한 내집단의 책임—그룹 간 불평등에서 이익을 얻거나 차별에 가담하는 것과 같은 사건—을 조사했다. 예컨대 아이어, 리치, 크로스비(Iyer, Leach & Crosby, 2003)는—백인은 인종적 불평등에서 이익을 얻는다는—백인 특권에 대한 더 강한 믿음이 이러한 불평등에 대한 더 큰 집단 죄책감과 연결되어 있음을 발견했다. 아이어와 동료들(Iyer at al., 2003)은 백인 인종차별의 존재에 대한 믿음과 관련해서도 유사한 관계를 발견했다. 현재의 억압에 대한 내집단의 책임과 집단 죄책감의 증가 사이의 이러한 관계는 실험적 연구에서도 뒷받침되었다. 예컨대 파월, 브랜스콤, 슈미트(Powell, Branscombe & Schmitt, 2005)는 (흑인의 불리함과 비교해) 백인 특권이 현저해질수록 인종 불평등에 대한 집단 죄책감이 더 커진다는 사실을 발견했다. 종합하면, 자기 그룹이 역사적 혹은 현재의 악행에 책임이 있다고 지각되면, 이것은 집단 죄책감을 증가시킨다.

집단 죄책감의 세 번째 전제는 **해악의 부당성**이다. 외집단을 향한 내집단의 행동이 부당하다고 보일 때, 이것은 집단 죄책감을 조성한다. 예컨대 도시에와 동료들(Doosje 외, 1998)은 (착취/학대/살인처럼) 인도네시아인에 대한 네덜란드 식민지 억압에 대한 부정적 묘사가 네덜란드인 참가자들 사이에서 (물리적/사회적 기반 시설 제공처럼) 호의적 묘사보다 더 큰 집단 죄책감을 유발한다는 것을 발견했다. 더 최근에 반스와 브랜스콤(Bahns & Branscombe, 2011)은 동성애자와 이성애자 사이의 불평등을 지지하거나 반대하는 블로그 게시물을 이성애자 남성에게 보여주었다. 이 게시물이 불평등에 반대했을 때, 이성애자 남성은 불평등에 대한 더 큰 집단 죄책감을 나타냈고, 이 죄책감은 더 큰 부당성에 의해 영향을 받았다.

죄책감은 피하고 싶은 정서인 만큼, 사람들은 흔히 그것의 전제조건을 약화하여 그 경험을 피하거나 줄이려는 동기를 갖는다. 일부 연구는 피해에 대한 공동 책임을 부정하거나 축소하려는 그룹 구성원의 경향을 조사한다. 예컨대 집단 책임감 개념을 거부한 백인 호주인은 호주 원주민의 피해에 대해 집단 죄책감을 보고할 가능성이 낮았다(McGarty 외, 2005). 집단 책임의 부정은 호주 원주민의 역사적 피해와 관련된 정치적 수사에서 발견된다(Augoustinos & LeCouteur, 2004). 이 연구는 현재 세대는 이전 세대의 잘못에 대해 책임질 수도 없고 책임질 필요도 없다고 말한 존 하워드 수상의 정치적 연설을 조사했다. 그러므로 정치적 수사는 공동 책임을 약화함으로써 집단 죄책감을 약화한다.

여러 다른 연구는 내집단행동의 부당성을 부정하거나 축소하려는 내집단 구성원의 경향을 조사했다. 내집단행동의 부당성을 축소하는 한 가지 방법은 외집단 구성원을 위협적 존재로 묘사하는 것이다. 예컨대 월과 브랜스콤(Wohl & Branscombe, 2008)은 팔레스타인인에 대한 자신들의 처우를 테러리즘에 대한 대응으로 정당화한 이스라엘인들은 이러한 처우에 대해 집단 죄책감을 경험할 가능성이 적다는 것을 발견했다. 다른 연구도 유사한 결과를 얻었다(Zagefka 외, 2010; Zebel 외, 2008).

내집단행동의 부당성을 축소하는 또 한 가지 방법은 내집단을 피해자로 묘사하는 것이다. 예컨대 월과 브랜스콤(Wohl & Branscombe, 2008)은 이스라엘 참가자에게 홀로코스트를 상기시키는 것이 팔레스타인인에게 해를 끼친 것에 대한 집단 죄책감을 축소한다는 것을 발견했다. 9/11 테러를 상기시킨 미국 참가자에게도 동일한 효과가 발생했다. 내집단이 다른 사람들에게 해악을 저질렀다고 비난받을 때, 내집단행동에 대해 외집단을 비난하려는 경향이 특히 더 강하다. 결과적으로 내집단 구성원들은 "경쟁적 피해의식"에 몰두한다—그들은 외집단이 내집단을 괴롭혔다고 비난한다(Sullivan, Landau, Branscombe & Rothschild, 2012). 이러한 가해자 지위의 전환이 발생할 때, 내집단 구성원은 외집단에 대한 그들의 처우에 대해 집단 책임감을 더 적게 경험한다. 내집단 피해의식에 대한 묘사가 실제 피해의식과 외집단 피해에 대한 죄책감 감소 사이의 관계를 설명하는 데 도움이 된다는 것은 그럴듯하다고 보인다(Myers, Hewstone & Cairns, 2009).

집단 죄책감의 결과

집단 죄책감에 대한 기존 문헌은 일반적으로 세 가지 결과를 조사했다. 첫 번째는 피해 집단에 대한 더 긍정적인 태도이다. 예컨대 아프리카계 미국인에 대한 백인 미국인의 대우에 죄책감이 클수록 아프리카계 미국인에 대한 태도는 더 호의적일 것으로 예측된다(Powell 외, 2005; Stewart, Latu, Branscombe & Denney, 2010). 또한 호주 원주민에 대한 백인 호주인의 대우에 죄책감이 클수록 원주민에 대한 태도는 더 호의적일 것으로 예측된다(Pedersen, Beven, Walker & Griffiths, 2004). 더불어 보스니아 전쟁 당시 무슬림에 대한 세르비아인의 대우에 집단 최책감이 클수록 보스니아 무슬림에 대한 공감도 더 커진 것으로 나타났다(Brown & Cehajic, 2008).

집단 죄책감의 두 번째 결과는 배상에 대한 일반적 지지이다. 수많은 연구에 따르면, 가해자 그룹의 집단 죄책감은 피해자 그룹 배상에 대한 더 큰 지지와 연관되어 있다.

예컨대 보스니아 전쟁 당시의 네덜란드인(Zebel 외, 2008)과 세르비아인(Brown & Cehajic, 2008)의 행동에 대한 더 강한 집단 죄책감은 보스니아 무슬림에 대한 배상의 더 일반적인 지지와 연관되어 있었다. 이와 유사하게 칠레의 정치적 그룹들 사이의 폭력(Manzi & Gonzalez, 2007)과 원주민 피해(Brown, Gonzalez, Zagefka, Manzi & Cehajic, 2008)에 대한 죄책감은 배상에 대한 더 강한 지지와 연관되어 있었다. 실제로 후자의 연구에 따르면 칠레 원주민에게 한 행동에 대한 집단 죄책감은 6개월 후 배상에 대한 더 강력한 지지와 관련이 있는 것으로 나타났다.

집단 죄책감의 세 번째 결과는 예컨대 사과, 용서, 재분배 정책과 같은 특정한 유형의 배상에 대한 지지이다. 예컨대 맥가티와 동료들(McGarty 외 2005)에 따르면, 백인 호주인의 죄책감이 강할수록 호주 원주민에 대한 공식 사과에 대한 지지가 더 높아지는 것으로 나타났다. 월, 매서슨, 브랜스콤, 아니스만(Wohl, Matheson, Branscombe & Anisman, 2013)에 따르면, 더 큰 집단 죄책임은 이러한 사과가 긍정적 그룹 간 관계를 조장하리라는 더 강한 기대와 관련이 있었다. 다른 연구들은 집단 죄책감과 그룹 간 용서 사이의 관계를 조사했다. 예컨대 역사적 폭력에 대한 더 강한 죄책감은 내집단에 대한 폭력에 대해 외집단을 용서하려는 의지가 더 강해지는 것과 관련이 있다(Manzi & Gonzalez, 2007; Myers 외, 2009).

다른 연구는 집단 죄책감과 사회적/경제적 재분배 정책 사이의 관계를 조사한다. 예컨대 아이어와 동료들(Iyer 외, 2003)에 따르면, 백인 미국인의 더 큰 집단 죄책감은 아프리카계 미국인에 대한 우대 조치(affirmative action)에 대한 더 강한 지지와 연관되어 있었다. 남아프리카 공화국 백인에게도 비슷한 결과가 나타났다(Klandermans, Werner & van Doorn, 2008). 게다가 유럽계 뉴질랜드인의 강한 집단 죄책감은 뉴질랜드 원주민을 위한 재분배 정책에 대한 더 많은 지지와 연관되어 있었다(Sibley, Robertson & Kirkwood, 2005).

집단 죄책감 연구의 최근 주제

집단 죄책감의 전제

집단 죄책감에 대한 더 최근의 문헌은 세 가지 전제에 대한 더 깊은 이해를 제공한다. 첫째, 연구는 **집단 정체성**을 계속 조사했다. 일부 연구는 집단 죄책감에 대한 포괄적 범주화의 중요성을 조사했다. 예컨대 퍼거슨과 브랜스콤(Ferguson & Branscombe, 2014a)은 주관적인 시간적 거리가 현실 세계의 범주화 조작으로 기능한다고 제안한다. 즉 시간상으로 더 멀리 떨어진 사람들은—내집단 구성원이라 할지라도—시간상으로 더 가까이 있는 사람들보다 "우리와 덜 비슷하다"라고 느낄 수 있으며, 이것은 시간상으로 멀리 떨어진 피해에 대해 사람들이 경험하는 집단적 죄책감을 감소시킨다.

퍼거슨과 브랜스콤(Ferguson & Branscombe, 2014a)은 현재와 미래의 미국 시민들 사이의 포괄적 범주화 혹은 그룹 간 범주화를 유도하거나, 혹은 둘 다 유도하지 않았다. 그런 다음 그들은 미국인의 온실가스 배출에 대한 집단 죄책감과 기후변화를 줄이려는 의지를 측정했다. 현재 미국인과 미래 미국인 사이의 유사성에 대한 지각은 그룹 간 조건 및 통제 조건에 비례해 죄책감과 기후변화를 줄이려는 의지를 증가시켰다. 기후변화를 줄이려는 의지에 대한 포괄적 범주화의 효과는 죄책감에 의해 영향을 받았다. 유사한 결과를 제공한 피츠, 건, 윌슨(Peetz, Gunn & Wilson, 2010)은 시간적 거리를 줄이는 것이 집단 죄책감, 특히 피해를 당한 그룹과의 포괄적 범주화를 받아들일 가능성이 높은 사람들의 죄책감을 증가시킨다는 것을 발견했다.

여러 연구에서도 그룹 동일시와 집단 죄책감 사이의 관계가 다루어졌다. 예컨대 고토와 카라사와(Goto & Karasawa, 2011)는—하위 그룹 대 전체 그룹에서의—동일시 수준이 이전 연구의 상반된 결과들을 설명할 수 있다고 제안한다. 그들은 회사 자체보다 회사 내 특정 부서와의 동일시가 회사가 다른 회사에 끼친 피해에 대한 집단 죄책감을 줄인다는 사실을 발견했다. 비난이 더 큰 회사로 전가되면, 하위 부서 구성원은 죄책감을 경험하지 않는 것처럼 보인다. 그러나 참가자들이 자기 부서에 친한 친구가 있다고 상상했을 때, 이것은 회사의 유해한 행동에 대한 죄책감을 증가시켰다. 친한 친구의 존재는 책임을 위로 전가하는 행동의 적절함을 감소시키고, 그리하여 회사의 행동에 대한 집단 죄책감을 증가시키는 것처럼 보인다. 이 연구는 동일시의 관련 원천이 연구마다 다를 수 있으므로 상반된 결과를 설명할 수 있다고 제안한다.

로카스, 클라르, 리비아탄(Roccas, Klar & Liviatan, 2006)의 또 다른 설명에 따르면, 구별된 유형의 그룹 동일시는 구별된 패턴의 연계를 끌어낸다. 그들은 자유로운 형태의 그룹 동일시인 내집단 애착은 내집단행동에 대한 더 큰 집단 죄책감과 연계될 수 있다고 제안한다. 역으로 보수적인 형태의 동일시인 내집단 미화(glorification)는 더 적은 집단 죄책감과 연계될 수 있다. 이스라엘인-팔레스타인인 갈등의 맥락에서, 로카스와 동료들(Roccas 외, 2006)은 이스라엘인의 애착, 이스라엘인의 미화, 팔레스타인인에 대한 이스라엘의 처우에 대한 죄책감을 측정했다. 그 결과 이스라엘인의 애착은 더 큰 집단 죄책감과 관련된 반면에, 이스라엘인의 미화는 더 적은 집단 죄책감과 관련된 것으로 나타났다. 이러한 서로 다른 패턴은 미화론자가 이스라엘의 행동을 정당화하려는 강한 경향으로 설명되었다. 전반적으로 이 연구는 동일시의 원천이 아니라 그것의 유형이 그룹 동일시와 집단 죄책감 사이의 상반된 결과들을 설명할 수 있다는 것을 시사한다.

피해 책임(harm responsibility)을 조사하는 연구는 계속되고 있다. 역사적 피해보다는 미래의 피해에 대한 책임에 초점을 맞춘 연구가 시작되었다. 퍼거슨과 브랜스콤(Ferguson & Branscombe, 2010)은 참가자들에게 기후변화가 미래 미국인에게 어떻게 영향을 미칠지에 관한 사실적 설명을 읽게 했다. 다음으로 그들은 참가자들에게 인간의 행동(전기와 휘발유 사용) 또는 자연적 과정(태양 폭발과 화살 활동)이 기후변화를 일으켰다고 말해주었다. 그런 다음 집단 죄책감과 기후변화를 줄이려는 의지를 측정했다. 인간 행동 조건의 참가자들은 자연적 과정 조건의 참가자들보다 미국인의 온실가스 배출에 대해 더 큰 집단 죄책감과 기후변화를 완화하려는 의지를 보고했다. 이 연구는 참가자들이 미래의 내집단 구성원에게 해를 끼치는 것에 대해 집단 죄책감을 느낄 수 있고 실제로 느낀다는 것을 시사한다.

카우에트, 월, 피츠(Caouette, Wohl & Peetz, 2012)는 개인들이 미래의 결과에 대해 더 큰 책임감을 느끼기에 미래 피해에 대한 집단 죄책감이 과거의 피해에 대한 집단 죄책감보다 더 강하다는 것을 보여줌으로써 미래의 피해라는 주제를 확장한다. 카우에트와 동료들은 캐나다인 참가자들에게 수력발전 계획에 대한 가상의 신문 기사를 보여주었다. 기사에는 그 계획이 한 달 전에 수천 에이커의 원주민 땅을 물에 잠기게 했다거나 그 계획이 한 달 안에 수천 에이커의 땅을 물에 잠기게 할 것이라고 적혀 있다. 그런 다음 그들은 그 계획에 대한 통제감(perceived control) 혹은 효능감뿐만 아니라 피해에 대한 집단 죄책감을 측정했다. 캐나다 원주민의 미래 피해에 대해 읽은 참가자들은 과거 피해에 대해 읽은 참가자들보다 더 큰 집단 죄책감을 보고했다. 이러한 효과는 피해에 대한 더 큰 통제감의 영향을 받았다.

역사적 피해에 대한 조사에서 미래의 피해에 대한 조사로의 전환은 집단 죄책감 연구에 두 가지 중요한 함의를 가진다. 첫 번째는 집단 죄책감을 조사할 수 있는 맥락의 수가 넓어진다는 점이다. 많은 집단 죄책감 연구는 역사적 피해에 초점을 둔다. 왜냐면 부분적으로 참가자들이 과거의 피해에 가담할 수 없었을 때 집단 죄책감과 개인적 죄책감을 구분하기가 더 쉽기 때문이다. 그러나 어떤 사람이 피해에 대한 책임을 질 수 있는 경우, 이 피해의 주관적 의미를—'나의 행동' 또는 '우리의 행동'으로—평가하는 것이 중요하다. 후자는 집단 죄책감 경험의 근거를 제공하는 집단적 자기 범주화를 시사한다.

미래 피해에 대한 조사의 두 번째 함의는 문제 행동에서 해결 행동으로 초점을 옮긴다는 것이다. 집단 죄책감 연구의 상당 부분은 내집단이 차별이나 전쟁이나 집단학살처럼 외집단에게 해악을 가함으로써 갈등을 일으키거나 부추기는 맥락을 조사한다. 그러나 그룹은 자신이 문제의 원인이 아니어도 해결책을 제공하지 못해서 집단 죄책감을 경험할 수 있다. 예컨대 군사독재정권이 자기 시민에 대한 집단학살을 저지른다면 다른 그룹의 구성원들은 그들의 지도부가 개입하지 못한 것에 집단 죄책감을 경험할 수 있다. 그룹 소속을 문제의 일부가 아니라 해결책의 일부로 보는 것은 쌍방 갈등에 대한 제삼자 해결책에 대해(Subasic, Reynolds & Turner, 2008), 그룹들이 그들의 더럽혀진 그룹 간 유산을 극복할 수 있도록 돕는 것에 대해(Stewart 외, 2010) 더 많은 통찰을 제공할 수 있다.

셋째, **피해의 부당성**을 조사하는 연구도 계속되고 있다. 일부 연구는 내집단 구성원에 대한 해악이 외집단 구성원에 대한 해악보다 덜 정당하다고 보일 것이라는 가정하에, 외집단 구성원에 대한 해악보다는 내집단 구성원에 대한 해악을 조사하기 시작했다. 예컨대 퍼거슨과 브랜스콤(Ferguson & Branscombe, 2014a)의 연구는 기후변화에 일조하여 미래 내집단에게 해를 끼친 것에 대한 집단 죄책감을 조사했다. 그들은 미래 내집단 구성원을 현재 내집단의 일부로 포괄적으로 범주화할 때 참가자들이 더 큰 집단 죄책감을 보고한다는 사실을 발견했다. 또한 설리번, 랜도, 브랜스콤, 로스차일드, 크로닌(Sullivan, Landau, Branscombe, Rothschild & Cronin, 2013)의 연구에 따르면, 이라크전 참전이 미국에 해를 끼쳤다고 읽은 미국인들은, 그들의 참전이 이라크인에게 해를 끼쳤다고 읽은 미국인들보다 이라크인에게 해를 끼친 것에 대해 더 큰 집단 죄책감을 보고한 것으로 나타났다. 이러한 결과는 정당화 인지(legitimizing cognitions) 감소의 영향을 받았다.

외집단 피해의 연구로부터 내집단 피해의 연구로 전환한 것은 또 하나의 흥미로운 정당성 관련 쟁점을—의도적 해악 대 비의도적 해악이라는 쟁점을—제기한다. 문헌에서 연구된 외집단 피해의 대부분은 의도적으로 저질러진 것이다. 내집단이 노예제나 전쟁이나 집단학살과 같은 사건을 통해 외집단에게 의도적으로 해를 끼친다. 역으로 문헌에서 연구된 내집단 피해의 대부분은 비의도적으로 저질러진 것이다. 내집단은 그것의 정치적, 경제적, 환경적 상황을 악화시키는 행동을 통해 비의도적으로 자신에게 해를 끼친다. 예컨대 퍼거슨과 브랜스콤(Ferguson & Branscombe, 2010, 2014a, 2014b)은 한 내집단의 온실가스 배출은 기후변화가 내집단에 미친 유해한 효과에 대해 집단 죄책감을 조성한다는 것을 발견했다. 마찬가지로 설리번과 동료들(Sullivan 외, 2012)은 예컨대 경제력 약화나 국제적 평판 손상과 같은 내집단의 군사 행동의 의도치 않은 결과가 집단 죄책감을 높인다는 것을 발견했다. 내집단이 자기 구성원에게 해를 끼칠 때, 이 피해는 부당한 것으로 간주되어 집단 죄책감을 증가시킬 수 있다. 의도치 않은 피해가 집단 죄책감에 미치는 효과는 (정당화하기 더 어려운; Sullivan 외, 2012) 내집단 피해와 미래에 발생할 피해(자기 구성원이 피해를 볼지에 대해 그룹들이 불확실성을 강조할 수 있는 피해; Ferguson & Branscombe, 2014c)에 대해 특히 더 영향을 미치는 것으로 보인다.

다른 연구에서는 피해 그룹에게 배상을 제공하는 데 드는 비용과 난관을 조사하기 시작했다. 이러한 연구의 가정은 그룹 간 피해의 해결에 드는 더 큰 비용이나 난관은 가해자의 부작위를 정당화할 수 있다는 것이다. 예컨대 맥가티와 동료들(McGarty 외, 2005)은 호주 원주민에게 배상하는 데 드는 비용이 커질수록 과거의 피해에 대한 백인 호주인의 죄책감이 줄어든다는 것을 발견했다. 스튜어트와 동료들(Stewart 외, 2010)은 아프리카계 미국인의 인종 관계라는 맥락에서 백인 미국인들에 대해서도 비슷한 결과를 발견했다. 그러나 배상하는 데 드는 비용이나 난관을 줄이는 것이 필연적으로 집단 죄책감을 조성하지는 않는다. 슈미트와 동료들(Schmitt 외, 2008)은 난도가 낮거나 높기보다는 중간 정도의 난도가 여성과 비교한 남성의 이점에 대해 가장 큰 죄책감을 생성한다는 것을 발견했다.

더불어 다른 연구는 위협 감소의 과정을 조사하기 시작했다. 이러한 연구는 그룹 구성원들이 정당화를 통해 해로운 행동에 대한 집단 죄책감을 회피할 것이라는 생각에 기반한다. 예컨대 마이론, 브랜스콤, 비어네트(Miron, Branscombe & Biernat, 2010)는 고도로 동일화된 그룹 구성원들은 (측정된 것이든 조작된 것이든) 그들의 내집단이 외집단에 대해 비도덕적으로 행동했다고 판단하는 데 더 많은 증거를 요구한다는 사실을 발견했다. 이러한 높은 증거 기준은 집단 죄책감의 감소와 관련이 있었다. 따라서 이 연구는 가해자 그룹이—내집단의 유해한 행동을 정당화하기 위해—증거 기준을 전략적으로 제기한다는 것을 시사한다.

마이론과 동료들(Miron 외, 2010)은 또한—그룹 역사의 긍정적 측면을 강조하는—그룹 긍정이 정당화를 줄이고 집단 책임감을 증가시킬지를 조사했다. 그들이 발견한 바로는, 그룹-긍정 조건의 참가자들은 내집단 비도덕성에 대해 증거 기준을 더 낮게 설정하고, 통제 조건에 있는 참가자들보다 더 큰 집단 죄책감을 보고했다. 이 연구는 그룹 긍정이 증거 기준의 전략적 조작을 통해 자기 행동을 정당화하려는 가해자 그룹의 경향을 줄일 수 있다는 것을 보여준다. 건과 윌슨(Gunn & Wilson, 2011)의 연구도 비슷한 결과를 발견했다. 그들의 연구에서 자신의 내집단을 긍정하는 참가자들은 통제 조건의 참가자들보다 죄책감과 피해자에게 보상하려는 의지를 더 많이 나타냈다. 죄책감의 이러한 증가는 유해한 행동을 덜 정당화하는 것과 관련이 있었다. 이러한 연구들은 그룹 긍정이 정당화에 미치는 유익한 효과를 뒷받침하지만, 다른 연구는 이와 유사한 결과를 산출하지 못했다(Cehajic-Clancy, Effron, Halperin, Liberman & Ross, 2011).

집단 죄책감의 결과

일부 연구는 집단 죄책감의 효과와 다른 관련 정서의 효과를 구분하는 것에 초점을 두었다. 예컨대 퍼거슨과 브랜스콤(Ferguson & Branscombe, 2014b)은 기후변화 완화에 미치는 개인 죄책감의 효과와 집단 죄책감의 효과를 분리하는 데 초점을 두었다. 그들은 참가자들에게 탄소 평가 설문을 완료하게 하고, 개인 탄소 배출과 그룹 탄소 배출에 대한 가짜 피드백을 제공했다. 자신이 많이 오염시켰다고 읽은 참가자들은 자신이 거의 오염시키지 않았다고 읽은 참가자들보다 개인 죄책감을 더 많이 나타냈다. 그러나 자기 그룹이 자신이 한 것보다 더 많이 오염시켰다고 읽은 참가자들은 집단 죄책감을 더 많이 나타냈다. 조절된 매개 분석(moderated mediation analysis)에 따르면, 개인 죄책감보다 집단 죄책감이 기후변화를 완화하는 행동을 수행할 의지에 대한 더 나은 예측 변수였다.

또한 퍼거슨과 브랜스콤(Ferguson & Branscombe, 2014c)은 기후변화 완화에 대한 집단 불안의 효과와 집단 죄책감의 효과를 분리했다. 그들은 미국인들에게 다음 사항을 측정하는 설문지를 작성해달라고 요청했다. (1) 기후변화가 미래의 내집단 구성원에게 해를 끼칠 가능성, (2) 미래의 내집단 구성원에게 끼칠 해악에 대한 집단 불안, (3) 미래의 내집단 구성원에게 끼칠 해악에 대한 집단 죄책감, (4) 기후변화를 줄이는 행동을 수행하려는 의지. 매개 분석에 따르면, 집단 죄책감은 피해 지각과 기후변화 완화 의지 사이의 관계에 대해 집단 불안보다 더 나은 매개자로 나타났다. 전반적으로 이러한 연구는 미래 세대에게 해를 끼치는 것에 대한 집단 죄책감이 미래 세대에게 끼칠 피해에 대한 집단 불안보다 배출량 감소를 촉진하는 데 더 효과적일 수 있음을 시사한다.

슈만과 브랜스콤(Schoemann & Branscombe, 2013)은 집단 죄책감, 집단 수치심, 집단 분노, 유해한 내집단행동에 대한 배상 사이의 관계를 조사했다. 61개 연구의 메타분석에서 그들은 다양한 상황적/방법론적 조절 변수와 무관하게 세 가지 정서 모두와 배상을 수행하려는 의지 사이의 긍정적 관계를 발견했다—그렇지만 집단 죄책감과 수치심이 집단 분노보다 배상을 더 잘 예측했다. 이것은 집단 죄책감이 배상 행동을 촉진하며 분노보다 더 잘 촉진한다는 생각에 추가 근거를 제공한다(Leach, Iyer & Pedersen, 2006 참조). 종합하면, 집단 죄책감의 효과에 관한 연구는 언제 그것이 건설적인 그룹 내 행동과 그룹 간 행동을 유발하는지에 대한 증거를 제공한다.

집단 죄책감의 결과에 관한 다른 연구는 배상 의도에 관한 연구를 넘어 실제 배상에 관한 연구로 나아갔다. 예컨대 말렛, 헌트싱어, 싱클레어, 스미스(Mallet, Huntsinger, Sinclair & Smith, 2008)는 인종 불평등에 대한 백인 미국인의 집단 죄책감이 예컨대 집회 참여와 같이 아프리카계 미국인을 지지하는 집단행동과 관련이 있다는 것을 발견했다. 스튜어트와 동료들(Stewart 외, 2010)도 집단 죄책감이 실제 배상을 촉진한다는 것을 발견했다. 이 연구에서 백인 참가자들은 자기 대학의 차별적 고용 관행에 대한 글을 읽었다. 다음으로 그들은 학생들의 행동이 이 관행에 변화를 일으킬 수도 혹은 일으키지 않을 수도 있다는 글을 읽은 후, 집단 죄책감과 반차별적 행동(참가자들이 캠퍼스 주변에 붙이기 위해 가져간 친평등 전단의 수)을 측정하는 설문을 작성했다. 학생들이 고용 관행을 변화시킬 수 있다는 인식이 강할수록 학생들은 캠퍼스 주변에 붙이기 위해 더 많은 수의 전단을 가져갔고, 이러한 효과는 부분적으로 죄책감의 영향을 받았다. 이러한 결과는 집단 죄책감이 실제 배상을 촉진하는 데 중요한 역할을 한다는 것을 시사한다.

집단 죄책감 연구의 한계와 향후 방향

방법론적 한계

집단 죄책감 연구에서 발생하는 일관된 문제 중 하나는 분명한 측정의 결여이다. 일부 연구는 개인정서와 집단정서를 구분하지 못한다. 예컨대 하스, 케슬러, 리치(Harth, Kessler & Leach, 2008)는 참가자들에게 그들 내집단의 장점 또는 단점에 대한 새로운 이야기를 읽게 하고, "기술된 상황에 대해 생각할 때 나는 …라고 느낀다"라는 문구로 시작해 "죄책감이 들고 양심의 가책을 느끼고 부끄럽다"라는 문구로 끝나는 집단 죄책감에 대한 세 가지 항목의 측정을 완료하게 했다(p.119). 그 항목들이 잠재적으로 "나는 …을 느낀다"라는 문구로 개인 정체성을 나타낸다는 점을 고려할 때, 이러한 측정이 집단정서를 타진하는지는 분명하지 않다. 이와 유사한 모호한 지시대상이 수많은 다른 연구에서도 나타난다(Schmader & Lickel, 2006; Zebel 외, 2007). 사람들이 동일한 행동에 대해 개인 죄책감과 집단 죄책감을 경험할 수 있다는 점을 고려할 때, 그러한 측정이 실제로 집단 죄책감을 평가하는지는 분명하지 않다.

다른 연구들은 서로 다른 정서적 경험을 구분하지 못한다. 예컨대 제벨과 동료들(Zebel 외, 2007)은 네덜란드 참가자들에게 그들의 가족이 인도네시아 식민지배에 관여했다는 가짜 피드백을 준 다음, "그들이 이러한 결과에 대해 얼마만큼의 수치심과 죄책감을 느끼는지"에 관한 두 가지 항목에 응답하게 했다. 이 항목들에 대한 점수는 평균을 내어, 본질적으로 동일한 심리적 구성의 지표로 간주했다. 이러한 전략의 배후에 있는 원리는 그 항목들의 상관관계에 기반한 것이었다. 다른 연구들은 혼합된 정서 항목들을 그룹화하기 위한 원리로서 요인분석(factor analysis)을 사용한다(Harth 외, 2008). 문제는 죄책감과 수치심이 오랫동안 별개의 행동 효과를 가진 별개의 정서적 경험으로 간주되어왔다는 것이다(Tangney, Stuewig & Mashek, 2007). 두 별개의 정서를 동일한 심리적 경험으로 취급하는 것은 방법론적으로나 이론적으로 문제가 있다. 왜냐면 그것은 평가되는 정서를 모호하게 만들기 때문이다. 이와 유사한 문제는 다른 연구에서도 발견된다(Klandermans 외, 2008; Leach 외, 2006).

마지막으로 흔히 참가자들에게 자기 그룹의 과거/현재/미래 중 어느 시점의 악행에 대한 집단 죄책감을 묻는 것인지가 명확하지 않다. 참가자들의 내집단이 식민지 노예주로—오늘날 인종 불평등의 설계자로—그려진 시나리오를 생각해 보자. 그런 다음 참가자들에게 그들의 집단 죄책감의 수준을 표시하도록 요청한다. 적절한 물음은 "무엇에 대한 죄책감인가?"이다. 그것은 그들의 조상의 행동에 대한 죄책감인가, 현재 그룹이 이러한 유산의 혜택을 누리는 것에 대한 죄책감인가, 아니면 자원 재분배 없이는 소수 그룹이 미래에 겪게 될 고통에 대한 죄책감인가? 이러한 별개의 시간적 지시대상이 서로 다른 수준의 집단 죄책감을 유발할 수 있을 것으로 보인다. 종합하면 이러한 측정의 모호성은 집단 죄책감 연구에 유의미한 함의를 가진다.

잠재적 미래 방향

미래의 집단 죄책감 연구에는 적어도 세 가지 중요한 방향이 있다. 첫 번째는 사회적 정체성의 지속과 변화, 그리고 그것과 집단 죄책감의 관계에 대한 쟁점을 체계적으로 다루는 것이다. 지금까지의 연구는 지각된 정체성의 연속과 변화에 대한 반응이 아니라 과거/현재/미래의 피해에 대한 반응으로 나타나는 집단 죄책감을 조사했다. 예컨대 카우에트와 동료들(Caouette 외, 2012)에 따르면, 사람들은 가까운 과거에 일어난 가해보다 가까운 미래에 일어날 가해에 대해 더 많은 집단 죄책감을 느낀다. 저자들은 그룹 구성원들이 과거 사건보다 미래 사건에 대해 더 큰 통제력을 느끼기 때문에 이러한 현상이 발생한다고 제안했다. 하지만 이것은 다른 사건이 아닌 특정한 미래 사건이 집단 죄책감을 유발하는 이유를 설명하지는 못한다. 그룹 구성원들이 특정한 미래의 악행을 막고자 하는 이유는 그것이 부정적인 정체성 변화를 반영하기 때문일 수도 있다(Ferguson & Branscombe, 2014b; Jetten & Wohl, 2012). 그렇다면 집단 죄책감은—정체성 변화에 맞서 긍정적인 사회적 정체성을 유지하거나 회복하는 데 도움이 되는—정체성 지속 기능을 할 수 있다. 이것은 미래의 결과에 대한 우려 때문이 아니라 실제로 이러한 결과가 발생하도록 용납한 것에 대한 죄책감 때문에 발생할 수도 있다.

더 나아가 과거 피해에 대한 반응으로 나타나는 집단 죄책감은—현재의 그룹을 전임자의 가해행위에서 거리를 두게 하는—정체성 단절 기능을 하는 것으로 보인다(Augoustinos & LeCouteur, 2004). 예컨대 백인 미국인은 흔히 아프리카계 미국인에게 가해진 역사적 피해에 대한 반응으로 집단 죄책감을 경험하고, 따라서 이러한 피해를 배상하려는 동기를 갖게 되는데, 이것은 현재의 백인 미국인이—"우리는 그들처럼 인종차별주의자가 아니다!"라며—자신을 인종차별주의적 조상들로부터 거리를 둘 수 있게 해주기 때문이다. 그러므로 이러한 집단 죄책감은 현재의 백인 미국인이 긍정적인 사회적 정체성을 장려할 수 있도록 집단 정체성의 시간적 단절감을 촉진할 것이다(Sani, 2008). 이러한 연구는 그룹들이 정체성 단절보다 정체성 지속을 선호한다는 지속적 개념과의 귀중한 대조를 제공한다(Sani, Bowe & Herrera, 2008). 그룹들은 그룹 이익을 뒷받침하기 위해 그들의 공유된 기억을 형성한다는 점을 고려할 때, 긍정적인 사회적 정체성을 가장 잘 촉진할 수 있는 정체성 연속이나 변화를 선호할 가능성이 더 높아 보인다. 경험적 물음은 집단 죄책감이 언제 정체성 지속을 촉진하고, 언제 정체성 변화를 촉진하는가이다.

집단 죄책감에 관한 미래 연구의 두 번째 방향은 집단 죄책감 표현의 사회적 결과를 조사하는 것이다. 이러한 표현은 내집단, 외집단, 혹은 제삼자 집단에도 영향을 미칠 수 있다(Klein, Spears & Reicher, 2007). 예컨대 집단 죄책감 표현은 그룹 구성원들이 악행에 대한 배상을 지지하도록 유도할 수도 있고, 더 이상의 배상을 장려하지 않더라도 구성원의 양심을 깨끗하게 하도록 할 수도 있다(Augoustinos & LeCouteur, 2004). 또한 집단 죄책감 표현은 내집단 구성원들이 자신의 그룹에 대해 더 많은 존경심을 느끼게 유도할 수도 있고, 그룹을 완전히 포기하도록 유도할 수도 있다—왜냐면 구성원들은 그룹이 그것의 원칙을 배신했다고 생각하거나(Sani, 2008), 부정적 역사를 지닌 그룹과 거리를 두고 싶기 때문이다(Powell 외, 2005).

집단 죄책감 표현은 피해 그룹에도 영향을 미칠 수 있다. 이러한 표현은 피해 집단이 가해자들에게 더 긍정적으로 느끼도록 부추길 수도 있고, 가해자가 집단 수치심과 같은 다른 정서를 표현했을 때보다 덜 긍정적으로 느끼도록 유도할 수도 있다(Augoustinos & LeCouteur, 2004; Giner-Sorolla, Castano, Espinosa & Brown, 2008). 더 나아가 죄책감 표현이 가해자 그룹에 대한 긍정적 느낌을 증가시키더라도, 이것이 반드시 좋은 결과는 아니다. 예컨대 월과 브랜스콤(Wohl & Branscombe, 2005)은 캐나다 원주민과 백인 캐나다인 사이의 포괄적 범주화는 백인이 집단 죄책감을 느낄지에 대한 원주민의 기대치를 약화시킨다는 사실을 발견했다. 이것은 문제가 될 수 있다. 왜냐면 긍정적 느낌은 사회 그룹들 사이의 근본적 불균형에 아무런 중대한 변화 없이 그룹 간 갈등을 실제로 줄일 수 있기 때문이다(Dixon & Levine, 2012).

집단 죄책감 표현은 그룹 간 갈등에 관여하지 않은 제삼자 그룹에도 영향을 미칠 수 있다. 예컨대 가해 그룹이 피해 그룹에 끼친 피해에 대해 집단 죄책감을 표현할 경우, 이것은 제삼자 그룹이 피해 그룹과 연합을 형성하여 배상을 위한 로비를 하려는 경향을 약화시킬 수 있다(Subasic, Schmitt & Reynolds, 2011). 역으로 가해자의 죄책감 표현은 가해 그룹이 잠재적 연합의 영향력에 열려 있거나 취약한 것처럼 보이게 함으로써 피해 그룹이 제삼자의 지지를 더 쉽게 얻게 해줄 수 있다. 제삼자의 지지는 보상을 받으려는 피해 그룹의 노력에 아주 중요할 수 있으며, 집단 죄책감 표현은 지지를 약화하거나 강화할 수 있다. 마지막으로 집단 죄책감 표현은 사회적 갈등으로 씨름하고 있는 다른 그룹을 위한 모범이 될 수도 있다. 죄책감 표현과 그것의 사회적 결과를 보면서 배운 교훈은 다른 가해 그룹이 피해 그룹과 긍정적 관계를 형성하도록 독려할 수 있다.

게다가 피해 그룹이 집단 죄책감을 느끼도록 유도하여 기존의 사회적 불평등의 실질적 변화 없이 그룹 간 갈등을 줄일 수 있다. 소수 민족이 재분배 정책 (예컨대 소수자 우대 정책) 덕분에 자신이 유리한 상황에 있다고 생각하도록 다수 민족이 교묘하게 조장하는 경우를 생각해 보자. 이러한 주장을 믿는 소수자들은 이러한 정책에 대한 자기 그룹의 지지에 대해 죄책감을 경험할 수 있고, 따라서 이 정책에 반대하는 행동을 할 수도 있다. 피해 그룹의 불화감 또는 자신의 이익에 도움이 되지 못한다는 느낌은 집단 죄책감과 관련이 있는 것으로 밝혀진 부정적인 정신 건강 결과를 설명할 수 있다(Blodorn & O'Brien, 2011; Myers 외, 2009). 딕슨과 레빈(Dixon & Levine, 2012)이 제안한 것처럼, 공개적 적대행위의 중단은 긍정적이고 지속적인 방식으로 갈등을 해결하기 위한 종착점이 아니라 실제로는 출발점일 수 있다.

맺음말: 향후 15년의 집단 죄책감 연구

집단 죄책감에 대한 지난 15년간의 사회심리학 연구를 되돌아보면, 사람들은 자신의 사회적 내집단의 행동에 대해 죄책감을 경험할 수 있고 실제로 경험하고 있다는 것은 분명하다. 또한 집단 죄책감이 그룹 간 갈등을 해소할 해결책의 일부일 수 있다는 것도 분명하다. 하지만 다른 도구와 마찬가지로 집단 죄책감에도 비판적 시각이 있다. 일부 비판자들은 집단 죄책감이 책임에 대한 개인주의적 관점을 지지하지 않기 때문에, 혹은 가해 그룹 구성원의 건강에 부정적 결과를 초래하기 때문에, 도덕적으로 문제가 있다고 주장한다(Blodorn & O'Brien, 2011). 다른 비판자들은 집단 죄책감이 정책입안자나 유권자에게 호의적으로 보이지 않을 것이기에 정치적으로 문제가 있거나, 혹은 특수한 유형의 배상에 동기를 부여하지 않을 수 있기에 실용적으로 문제가 있다고 주장한다(Leach 외, 2006). 이 주장은 집단정서가 사회 변화를 위한 만병통치약이 아니라 긍정적 그룹 간 관계를 촉진할 수 있는 여러 도구 중 하나일 뿐이라는 말이다. 이러한 도구로 집단 죄책감은 훌륭하게 작동한다.

향후 15년의 집단 죄책감 연구를 내다볼 때, 초기 연구에서(Doosje 외, 1998)—여기서 참가자들은 외집단에 대한 자기 그룹의 역사적 대우에 대해 죄책감을 경험한다—윤곽을 잡은 그룹 기반 죄책감 상황을 넘어서려는 노력을 기울여야 한다. 그룹 간 화해라는 쟁점은 여전히 중요하지만, 역사적 피해와 연관된 강한 이미지가 우리의 상상력을 제한해서는 안 된다. 집단 죄책감 연구의 미래는 역사적 피해의 영역 바깥에도—미래 세대에게 가해진 비의도적 피해로부터 나오는 죄책감에도—있을 수 있고, 혹은 어떻게 죄책감이 실제로 사회적 조화를 방해할 수 있는지를 판단하는 데에도 있을 수 있다. 우리는 향후 15년의 연구를 통해 이러한 발전이 우리 모두에게 더 나은 결과를 가져올 수 있기를 희망한다.

감사의 말

이 연구는 저자가 캐나다 고등연구소의 "사회적 상호작용, 정체성, 웰빙 프로그램"으로부터 받은 지원금으로 수행되었다. 이 장의 이전 버전에 대해 유용한 논평을 제공해 준 브리타니 이츠카우스키(Brittany Iczkowski)와 레베카 우드(Rebecca Wood)에게 감사한다.

Chapter 3

집단 자부심, 행복, 축하 정서: 집계, 네트워크, 문화 모형

개빈 브랜트 설리번[1]

최근 몇 년 동안 널리 공유된 형태의 자부심/기쁨/행복과 같은 긍정적 집단정서 표현의 여러 사례가 국제 언론에서 보도되었다. 2008년 오바마의 선거 승리에 대한 반응은 미국과 전 세계 지지자들 사이에서 자부심/흥분/행복감 등이었다. 2010년 칠레에서 갱도에 갇힌 광부들을 성공적으로 구출한 것은 그 나라에서는 국가적 자부심을, 그리고 이 드라마 같은 사건 후에 전 세계 시청자들에게는 초국가적인 집단적 기쁨이라는 대조적 정서들을 불러일으켰다. 일본에서는 2011년 FIFA 월드컵에서 여자 축구팀의 우승이 원전 사고와 엄청난 쓰나미가 발생한 후 몇 달 만에 널리 행복을 불러일으켰다. 2011년 4월 코트디부아르(Ivory Coast)에서는 유엔이 그바그보(Gbagbo) 전 대통령의 생포와 항복을 확인한 후 반군 알라산 우아타라(Alassane Ouattara)의 지지자들이 거리로 나와 축하했다. 마지막으로 2012년 올림픽에 대한 설문에 참여한 1,002명의 (16세 이상) 영국인 중 80퍼센트는 "올림픽을 통해 영국인임을 더 자랑스럽게 생각하게 되었다"라고 답했다—그러나 53퍼센트는 "이 효과가 오래가지는 않을 것"이라는 주장에 동의했다(BBC, 2012).

이러한 강렬한 집단적인 긍정적 정서의 사례는 철학/사회학/문화연구/정치학/사회심리학 등의 학제 간 연구를 통해 더 많은 탐구/이해/설명을 요구하는 사건들의 짧은 목록에 불과하다. 그룹들에서 일어나는 정서에 대해서는 다양한 관점을 취할 수 있지

---

1 Gavin Brent Sullivan, 코번트리 대학교 심리학과 교수.

만, 공통의 특징을 식별하는 것이 중요하다. 그룹들(혹은 하위 그룹들)이 일시적일지라도, 그룹의 대다수 구성원은 집단정서를 느낀다. 이것은 한 그룹이 다른 그룹에 의해 식별되는 수단과 그룹 구성원이 자신을 생각하는 방식을 보여줄 뿐만 아니라, 그룹의 공통 관심사/가치/목표를 나타낸다. 다음 것들을 알아두는 것이 유용하다. (1) 집단정서가 일어날 수 있는 아주 다양한 그룹, (2) 관련된 참여, 애착, 또는 동일시의 정도, (3) 집단정서를 산출하는 집단의 유형. 살멜라(Salmela, 2014)는 집단정서가 "팀, 팬클럽, 사교클럽, 밴드, 오케스트라, 극단, 정당, 종파뿐만 아니라 젠더, 성별, 건강, 환경, 영성, 혹은 민족에 초점을 두는 여타 정체성 그룹"에 대한 자발적 참여를 바탕으로 발생할 수 있음을 상기시켜 준다. 더 나아가 집단의 성공, 지위, 명성, 또는 지배력을 확인시켜 주는 사건은 "진보적인 것에서 반동적인 것, 급진적인 것에서 보수적인 것, 정체성 중심적인 것에서 이질적인 것, 분산적인 것에서 계층적인 것에 이르기까지 온갖 종류의" 지역적/초국가적 '사회운동'에서 집단 자부심을 유발할 수 있다(Fominaya, 2010, p.401).

그러나 일부 그룹에 대해서는 정체성이 선택의 문제라는 생각은 상상할 수도 없으며, 따라서 단순히 그룹 동일시 수준의 문제가 아니다. 예컨대 어떤 그룹과의 관계가, 많은 극우 독일인의 경우처럼(Miller-Idriss, 2006) 문화의 우연성이 아닌 '혈연'의 관점에서 생각될 때, 선택의 여지가 없다는 인식은 그룹의 승리와 실패의 강도를 더욱더 강화할 수 있다. 그룹 정체성이 고정적이고 특별하며 독특한 혹은 고상한 지위라는 생각에 기반하는 경우, 지배력과 지위를 유지하는 것이 특히 중요하기에 두드러진 집단정서는 부정적이거나 자기애적일 수 있다(Golec de Zavala, Cichocka, Eidelson & Jayawickreme, 2009). 대조적으로 사회적/지리적 이동성과 어느 정도 정체성 다원주의를 지닌 그룹의 구성원들은 그룹 자부심과 같은 강렬한 집단정서를 느낄 가능성이 적을 수 있다.

집단 자부심은 집단 자존감(Luhtanen & Crocker, 1992) 혹은 긍정적인 사회적 정체성을 포함하지만, 그것들과 혼동되어서는 안 된다. 왜냐면 후자의 현상은 주로 개인이 그룹 소속을 통해 느끼는 것에 기반하기 때문이다. 예컨대 사람들은 자신이 개인적으로 동일시하는 그룹이나 관계 네트워크를 통해 연관된 그룹이나 식별할 수 있는 구성원자격을 지닌 그룹의 성취와 속성에서 반사된 영광을 취할 수 있기 때문이다. 이러한 느낌은 그룹들 사이의 불평등한 지위와 권력의 구조적 관계에 대해 많은 것을 드러낼 수 있지만, 현재로서는 집단 자부심이 단지 가족, 기관, 조직, 지역 그룹에서부터 일시적 혹은 확립된 국가적/초국가적 공동체에 이르기까지 다양한 수준에서 발생하는 것으로 이해되고 있다. 이 장의 첫 번째 부분에서는 집단 자부심에 대한 회의적 주장에 맞서고, 집단 자부심 및 여타 집단적인 긍정적 정서 사이의 차이를 강조한다. 두 번째 절에서는 집단 자부심의 구조적 특징, 그룹 간 관계와 역사적 고려 사항과 같은 배경적 쟁점을 집계 모형, 네트워크 모형, 문화 모형의 관점에서 탐구한다. 세 번째 절에서는 집단 자부심의 사례를 조사한다. 2010년 월드컵 동안 독일의 국가적 자부심의 증가, 2001년 9월 11일 이후 미국에서의 애국심 표출(Collins, 2004; Skitka, 2005), 그리고 '고질적 갈등'에서의 집단 자부심(Bar-Tal, 2007; 이 책의 V-4장 Halperin의 글)을 조사한다.

집단 자부심이란 무엇인가?

집단 자부심의 전형적 사례는 스포츠나 정치적 승리를 축하하는 군중의 광범위한 긍정적 정서(예컨대 그룹 구성원들이 "우리에 대해 긍정적인 무언가를 말하기 위해" 선택하는 특별하거나 중요한 일이 발생했거나 성취했을 때를 사람들이 회상하면서 느끼는 정서)와 성공한 스포츠 대표선수와 같은 사람이 그룹 자부심과 존경의 대상이 될 때 감지되는 정서이다. 이 장에서 각 독자는 아마 그룹 자부심에 대한 (대리 경험이 아닌) 자신의 개인적 경험을 떠올릴 수 있지만, 지금 우리가 살펴볼 회의적 주장과 가장 관련이 깊은 것은 어쩌면 이러한 그룹 느낌과 관련한 양가감정, 부정, 정서적 자기조절, 혹은 저항의 사례들일 것이다.

긍정적이든 부정적이든, 개별적이든 분산적이든 집단정서의 존재에 대한 회의론의 첫 번째 요점은 이러한 정동을 의식적으로 경험할 수 있는 통일된 '것'이 존재하지 않는다는 점에 주목하는 것이다. 예컨대 페티그로브와 파슨스(Pettigrove & Parsons, 2012)는 사회적 "초월적 행위자(super-agent)"에 대한 그림을 잠시 그렸다가 즉각 버려버렸다. 토머스 홉스(Thomas Hobbes)의 1651년 고전적 문헌에 대한 언급과 일인칭 심리적 통일체를 집단으로 확장하는 상상을 결합해 그들은 다음과 같이 응수한다. "집단정서를 말하려는 사람들은 자의식적 리바이어던을 상정하는 것이 아니다"(p.2). 그러므로 진정으로 집단적이지만(Salmela, 2012) 개인의 자기 평가적 정서와 유사한 방식으로 반사적일 필요는 없는 정서를 이해하기 위해 '집단적 주체(collective subject)'가 필요하지는 않다. 휘브너(Huebner, 2011)는 집단정서에 대해 유사한 회의론을 표현하지만, 여전히 다음과 같이 주장한다. "일부 그룹은 진정한 정서적 상태에 있는 데 필요한 계산 복잡성과 정보 통합성을 보여준다"(p.89). 이러한 초기 고찰에서 도출할 수 있는 결론은 "확장된 인지에 관한 주장이 … 확장된 의식적 정신에 관한 주장으로 일반화되지는 않는다"라는 것이다(Clark, 2009, p.472; 또한 이 책의 Ⅰ-3장 Slaby의 글 참조).

'자부심'과 '오만'의 일인칭 표현을 일인칭 및 삼인칭 복수 사례로 확장하는 것은 신중한 탐구와 개념적 검증 후에만 발생할 수 있다. 사람들이 다른 사람들과 '그들'의 정서와 관련해 '우리'가 느끼고 이야기하는 것을 표현할 때, 관련 서술어와 발언의 의미 있음(혹은 없음)과 잠재적 책임을 분명하게 표현하는 것이 중요하다. 이러한 점에서 존재론적으로 불확실한 '초월적 행위자'나 '그룹 정신'의 그림은 정서가 특정한 대상에 초점을 두는 그룹 구성원들 사이의 상호작용과 관계의 산물인 경우와 대조된다(그러나 집단 자부심의 대상 범위는 물론 매우 구체적인 물리적 사례일 수도 있고 추상적이고 상상적인 사례일 수도 있다). 일인칭 복수 표현과 삼인칭 복수 서술어는 일상생활에서 당연시되는 언어적/상호작용적 구성을 반영한다. 예컨대 빌리히(Billig, 1945)는 '우리는(we)', '우리를(us)', '우리의(our)'와 같은 지시적 언어 형태를 통한 반복적 국적 표시를 강조하면서, 이 진부한 국가주의가 널리 퍼지고 당연시되고, "신문 스포츠면이나 표를 구하는 정치가의 진부한 표현에 사로잡혀서는 안 된다"라고 지적한다(p.11). 또한 빌리히는 강한 정서의 순간이 국민국가에서 집단 정체성을 형성하고 유지하며 설명할 수 있는지를 고찰한다. 그는 국가가 "스스로를 기념하는 때에 … 평소에는 일상생활의 업무와 멀리 떨어져 있어야 하는 애국적 감정이 솟구칠 수 있다"라고 말한다(pp.44-45). 빌리히는 분명 집단정서의 존재를 부정하지 않지만, 강렬하고 널리 공유된 느낌이 그룹 소속감, 집단 정체성, 그리고 그룹 기반 정서를 느끼려는 성향의 일상적 구성에 중요한지에 대해 의문을 제기한다.

회의론의 두 번째 원천은 집단정서의 귀속이 개념적으로 부적절한 경우에 초점을 둔다. 집단 공포의 사례를 분석하면서, 휘브너(Huebner, 2011)는 "적절한 종류의 조직을 갖추고 있다면, 정서적 상태를 다른 집합체에도 확장할 수 있다"라는 결론을 내린다

(116쪽). 휘브너는 "집단행동을 지배하는 계산 체계"가 관련된 개인들에게 초점을 맞출 때는 분명하지 않지만, 모든 집단정서의 필요충분조건이라고 주장한다(p.116). 휘브너의 주장을 다른 말로 바꾸어 확대해 보면, 집단이 특정한 형태의 정서 표현을 받아들이도록 조직된 경우를 조사하는 것, 즉 집단 자부심과 같은 정서를 정의하고 그것을 집단 행복과 같이 동일한 가치를 지닌 정서와 집단 수치심과 같이 반대 가치를 지닌 정서로부터 구별하는 특정한 형태의 조직을 살펴보는 것이 합리적이라고 보인다. 그러나 특정한 별개의 긍정적 집단정서가 실제로 존재하는가? 예컨대 런던 올림픽에서 돌아온 일본의 2012년 올림픽 금메달 수상자들을 위해 도쿄에서 열린 축하 행진에 약 100만 명의 사람들이 참석했다—사상 처음 있는 일이었다(The Guardian, 2012a). 이것은 다른 여러 나라에서는 국가적 자부심으로 묘사될 수도 있지만, 단순히 집단 긍정성 혹은 '열광'의 확산적 형태일 수 있다(Collins, 2004). "일본 국민의 활기를 북돋는 모습이 나에게 큰 기쁨을 주었습니다. 그것은 정말 멋졌습니다"(The Guardian, 2012a)와 같은 발언은 군중이 '우리의' 성취에 대한 자부심보다는 행복과 감사를 느꼈다는 것을 시사한다. 만약 사람들이 함께 존경 대상과 가까이 있을 때 높은 수준의 자발적인 긍정적 표현(즉 조용한 만족이나 감사가 아니라 자기와 관련된 강렬한 집단적 자부심)을 생성하는 방식으로 조직되어 있지 않다면, 집단 자부심은 발생하지 않는 것으로 보일 수도 있다. 도쿄에서 일본 국민은 환영 그룹의 일원이 됨으로써 연대감/열광/주체성을 경험했을 수 있지만, 국가적 자부심의 표현의 관련된 표현 규칙(display rules)으로 인해 자신들의 정서를 집단으로 조절했을 수도 있다.

세 번째 회의적 쟁점은 이러한 그룹의 사람들이 다른 경우라면 느끼지 못할 집단 자부심과 연대의 정서를 경험하는지이다. 그러나 정서 공유라는 사회적 과정을 통한 긍정적 정서의 전염에 대해서는 상당한 일화적/경험적 근거가 있다(Rimé, 2007). 사람들은 실제로 혼자가 아니라 그룹에 물리적으로 공존할 때 더 많은 것을 느끼며(Collins, 2004), 이것이 자부심의 구조적 특징이다. 왜냐면 그룹 구성원은 사건에 대한 자신의 반응이 다른 사람들과 조율되어 소음 수준과 같은 그룹 속성을 만들고 그들의 행동이 구호 외치기와 같은 복잡한 그룹 행동에 일조하는 때를 감지할 수 있기 때문이다.

네 번째 회의적 질문은 그룹의 역사가 실제로 구성원들의 정서에 영향을 미칠 수 있는가 하는 질문이다(Reysen & Branscombe, 2008). 집단 자부심은 흔히 그룹 간 관계의 역사를 반영하고, 중요한 집단적 '타자'의 인정에 대한 그룹의 집착을 나타낼 수 있다. 예컨대 대규모 스포츠 행사를 개최하는 나라들은 흔히 국제 평론가들에게 "우리가 성공적 행사를 주최할 수 있었다"라는 것을 보여주는 것에서 특별한 집단적 쾌락을 얻는다. 집단정서에 대한 개인주의와 환원주의를 회피하기 위해서는, 집단 자부심과 여타 긍정적 그룹 감정을 구별할 수 있는 조직을 설명할 때, 그룹의 역사에 대한 개인적 인식을 너무 강조하지 않는 것이 중요하다. 왜냐면 그룹 서사와 더불어 국가 스포츠 대표선수를 응원하는 것에 대해 사람들이 공유하는 이야기들은 개인정서뿐만 아니라 집단정서(예컨대 국가적 서사)도 형성할 수 있기 때문이다(Sullivan, 2009).

회의론의 다섯 번째 원천은 그룹 구성원은 자신이 직접 관여하지 않은 행사에 대해서도 정서를 느낄 수 있는가 하는 물음이다. 집단 자부심과 관련해 사람들은 결과에 대한 개인적 책임 없이 다른 그룹 구성원의 업적에서 자부심을 얻는다는 것은 분명하다. 독일에서 실시한 밀러-이드리스(Miller-Idriss, 2006)의 질적 연구에 따르면, 국가적 자부심에 대한 양가감정은 여전히 일반적이며, 일부 독일인에게 국가적 승리를 공유하는 것은 결과에 대한 개인적 책임을 주장하는 것과 동일하다. 다른 나라들에서, 개인적 책임은 누군가가 그룹 대표들에 대해 **자부심을 느끼기**보다는 단지 **행복감만을 느끼는** 적절한 이유로 간주되지 않는다. 종종 단순히 그들이 성공하기를 바라는 것만으로도 죄책감을 느끼지 않고 그들의 이후 성공을 공유할 수 있다. 물론 개인이 국가적 성공을 널리 공유된 국가주의적 감정과 "이제 우리는 우리가 속한 정상에 돌아왔다"라는 오만한 발언의 근거로 삼을 수도 있다. 이러한 관점에서는 사람들이 축하하는 진정한 성취도 이후의 그룹 행동과 그룹 우월성에 대한 서사를 부추길 수 있다.

회의론의 마지막 쟁점은 집단 자부심이 항상 긍정적인가 하는 물음이다. 예컨대 스키(Skey, 2006)는 진부한 국가주의 개념과 그가 잠정적으로 "황홀한 국가주의(ecstatic nationalism)"라고 묘사한 것을 대조한다. 결정적으로 그는 단순히 기쁨/행복감/만족을 표현하는 것이 아니라 공격적이고 반항적이고 우월감에서 나온 것처럼 보이는 축하 행사와 더불어 뚜렷하게 혼합된 성질을 지닌 축하 행사들이 있음을 인식하고 있다. 집단 자부심은 다른 국가적, 민족적, 혹은 정치적 이데올로기/의제/관심사를 가진 하위 그룹을 구분할 수 있다. 그러므로 스키는 문화와 권력 사이의 연관성을 명확히 밝힐 것을 강조하면서 "일부 황홀한 행사는 특정 계층의 주민 안에서는 연대를 촉진하지만, 더 넓은 사회 안에서는 분열의 힘으로 작용할 수 있다"라는 점을 인식한다(p.152). 의심스러운 '황홀경'의 사례로는 백악관 밖에서 "U-S-A"를 외치며 오사마 빈 라덴의 죽음을 축하하는 미국인들과 "분단된 북아일랜드에서 개신교의 지배권을 '축하'하는 오렌지맨(Orangemen) 행진"을 들 수 있다(Skey, 2006, p.152). 여러 형태의 긍정적 집단정서의 느낌은 갈등 상황에서의 집단 자부심을 포함하고 집단 수치심과 관련된 구체적 사례에서 더 자세히 탐구될 것이다.

집단 자부심의 집계, 네트워크, 문화 모형

집단 자부심에 대한 회의론을 다루었으므로, 집단 자부심과 집단 오만의 구체적 사례를 분석하기 전에 집단 자부심 및 유사한 정서들의 여러 모형을 조사하는 것이 중요하다.

집단 자부심의 집계 모형

집계 모형(aggregative model)은 집단 자부심이 개인들이 느끼고 표시하는 정서에 추가된 속성이 없음을 함축한다. 그러므로 그룹의 집단 자부심 증가는 집단 자존감 척도(Collective Self-Esteem scale; Luhtanen & Crocker, 1992) 혹은 집단 자기애 척도(Collective Narcissism scale; Golec de Zavala 외, 2009)와 같이 그룹 기반의 느낌을 측정하는 항목에 대한 설문 응답을 결합하여 판단될 수 있다. 이러한 접근법은 국가적 자부심에 대한 평균적 자기보고(self-report)가 증가할 때처럼 통계적 방법에 의존하지만, 집단정서의 중요한 특징을 포착하지 않고도 정서적 태도의 변화를 측정할 수 있다. 예컨대 독일이 주최한 2006년 월드컵은 국가 상징의 표시와 독일 시민과 국가 사이의 관계를 조절하는 규범을 변화시켰지만, 이러한 사회적/문화적 변화는 통계자료에는 분명하게 드러나지 않는다. 예컨대 케르스팅(Kersting, 2007)은 월드컵 전후와 월드컵 동안 수집된 대표적 사회조사자료를 분석했다. 그리고 월드컵 이전에는 독일인의 71퍼센트가 "매우 자랑스럽다" "상당히 자랑스럽다"라고 답했지만, 2006년 월드컵이 열린 두 달 동안 이 수치는 78퍼센트로 증가했고, 월드컵 이후에는 "72퍼센트만이 강한 국가적 자부심을 느꼈다"라는 사실을 발견했다(p.283). 케르스팅은 "이러한 현상이 월드컵 동안 존재했던 행복감으로만 설명될 수 있다"라는 정확한 결론을 내렸지만(p.283), 월드컵이 생성한 집단정서에 대한 모형이나 이론적 설명은 제시하지 않았다.

한 집단의 평균 수준의 주관적 웰빙에 대한 통계적 정보에 근거한 판단에 개인의 애국적/국가주의적 태도나 국가적 행복 수준에 대한 자기보고 측정치를 합친 것이 집단 자부심은 아니다. 집계 모형과 이 모형이 평균 자기보고 통계에 의존하는 것은 집단 자부심, 긍정적 정서, 공동체 웰빙과 같은 개념들 사이의 **외부 관계**를 개인의 주관적 웰빙의 측정 변수와 특정한 사건(예컨대 스포츠 성공; Hallmann, Breuer & Kühnreich, 2013)에 반응하여 느껴진 자부심 사이의 외부 관계로 잘못 표현할 위험이 있다.

집계 모형의 또 다른 쟁점은 그룹 기반 정서가 사회 구조의 잔여 효과(residual effects)로서 고립되어 경험될 수 있다는 것이다. 예컨대 그룹 간 정서 이론(IET; 이 책의 V-1장 Ray, Mackie & Smith의 글; Smith, Seger & Mackie, 2007)의 핵심 특징은 "그룹과 더 강하게 동일시하는 사람들은 약하게 동일시하는 사람들보다 그룹정서를 더 많이 경험하고 표현할 수 있으며, 이것은 긍정적 그룹정서(예컨대 행복, 자부심)에 대한 특히 선명한 예측"이라는 것이다(p.432). 스미스와 동료들(Smith 외, 2007)은 긍정적 정서를 느끼면 사람들은 "외집단보다 내집단을 선호하는 더 강한 편견"을 보여줄 것이라고 주장한다(p.433). 그러나 "그룹 자부심은 사람들이 다른 내집단 구성원에게 접근하거나 그룹과의 동일시 수준을 높이려는 동기를 부여한다"(p.433)라는 그들의 추가적 주장은 이전의 승리에 관한 이야기를 떠올리거나 국가적으로 중요한 장소에서 축하 행사를 하려는 충동처럼 집단 자부심에 고유한 형태의 사회조직과 행동경향을 암시한다. 따라서 개인적 속성들의 집계에 초점을 맞추는 것은 맥락과 배경의 중요한 특징을 다루지 못한다. 공동체 생활에 참여함으로써 발생하는 집단정서를 감지하고 공유하려는 성향은 동일시라는 심리적 과정에서만 발생하는 것이 아니다. 예컨대 군중 속의 누군가는 군중의 목표나 가치를 공유하기 때문에 연대와 긍정적 정서를 경험할 수 있지만, 그들의 배경이 서로 다르므로 군중 정서의 강도나 뉘앙스를 완전히 공유하지 못할 수도 있다. 이러한 사람은 군중에게 중요한 순간에 대한 감수성이 부족하고, 그들의 자발적 반응을 모두 조율할 수 없을 것이다. 왜냐면 그들은 비슷한 체화된 가치, 공유된 기억, 특정한 문화적 지식의 목록을 가지고 자라지 않았기 때문이다.

집단 자부심의 네트워크 모형

그룹 내 정서와 그룹 조직의 속성에 대한 네트워크 접근법은 파울러와 크리스타키스(Fowler & Christakis, 2008)의 행복 연구에서 강조된다. 사람들 간의 연결(즉 직간접적 관계)은 조사될 수 있고, 네트워크 모형은 소셜 네트워크를 통한 행복의 확산에 대한 지리적 혹은 시간적 제약을 포함할 수 있다. 사람들 사이와 지리적 영역을 가로지르는 정서 확산은 정서의 사회적 공유(Rimé, 2007), 정서의 전염/몰입, 정동적 표현/표시의 조율(Collins, 2004)을 포함하는 집단정서에 필요한 조직 유형을 나타낸다. 네트워크 모형은 일반적으로 이러한 정서를 경험하는 개인을 고립된 상태로 묘사함으로써 유지되는 그룹 기반 정서와 집단정서 사이의 선명한 구분을 약화시킨다. 전경에 있는 개인에 초점을 맞추면, 널리 공유된 느낌에 대한 감각을 제공하고 유지하는 상호작용, 집합, 배경 맥락의 특징을 무시하게 된다.

그룹 기반 정서를 다른 사람들과 함께 표현하고 이야기하는 방식은 집단정서의 설명에 중요하다. 왜냐면 리메(Rimé, 2007)가 지적한 것처럼 정서들이 공유될 때 (즉 다른 사람들에게 표현되고 그들과 함께 논의될 때; 또한 이 책의 Ⅳ-3장 Paez & Rimé의 글 참조) 그것들은 다시 경험되고 더 강렬해지기 때문이다. 상호작용을 강조하는 것은 집계 모델의 내재적 약점을 해결하고, 페티그로브와 파슨스(Pettigrove & Parsons, 2012)가 설명한 집단정서에 대한 네트워크 모형에 더 가깝다. 이 모형에서 "일부 노드(nodes) 사이의 관계는 특정한 행동, 사건, 혹은 사태에 직면했을 때 다른 노드에서 특징적 반응을 생성하는 것과 같아야 한다"(pp.9-10). 네트워크 모형을 사용하면 공동체에서 자부심(혹은 행복)의 발현과 분포는 그 대상이 집단적일 때에도 여전히 개인적/집계적 관점에서 고려될 수 있지만, 창발적인 네트워크 속성들이 강조된다(또한 이 책의 Ⅲ-1장 van der Löwe & Parkinson의 글 참조). 일부 네트워크 접근법의 또 다른 특징은 객관적으로 존재하는 정서적 분위기나 기후는 사람들 사이의 상호작용, 사람들이 보여주는 상징, 상징적 자원 및 여타 문화적 자원을 통합하는 서사에서 보여질 수 있다는 것이다.

집단정서에 대한 네트워크 모형은 정서적 이질성과 조율을 통합한다. "만약 이러한 반응들이 특정한 종류의 정동을 경험하는 집단 구성원들의 상당수를 포함하고"(Pettigrove & Parsons, 2012, 10쪽), 그 결과로 나타나는 정서적 분위기에 대해 개인이나 그룹의 저항이 상대적으로 제한적일 경우, 집단 자부심이 어떤 그룹에 귀속될 수 있다. 대규모 스포츠 행사가 진행되는 동안 개최국에서 전형적으로 발생하는 광범위한 관심/흥분/자부심, 즉 일부의 저항/비판/불안감에도 불구하고 전개되는 긍정적 기분이 좋은 예이다. 물론 사람들은 긍정적 분위기에 저항하거나 도전할 때 개인 간 딜레마를 경험할 수 있고, 이러한 저항은 그룹의 연대와 소외 사이의 균형에 영향을 미칠 수 있다(Scheff, 2007).

또한 이러한 경우에 콜린스(Collins, 2004)가 주목의 공통 대상이라고 부르는 것을 피하기는 어려울 수 있다. 예컨대 2012년 올림픽 동안 런던 외곽에 거주하는 영국(UK) 주민들은 '대영제국(GB) 팀'의 승리에 대한 매체 노출을 피하기가 어려웠다. 더 나아가 올림픽 성화 봉송처럼 대중의 참여를 유도하려는 노력은 대규모의 열광적 군중을 끌어들였고, 팀이나 행사 진행에 직접 관여하지 않고 올림픽에 출전하는 지역 대표선수가 없는 영국 지역에서 관심을 극대화하기 위해 봉송 경로가 선택되었다.

사람들이 공통적 대상이나 복잡한 행사에 집중할 때 그들의 관심은 지속되며, 자부심의 잠재적 원천은 일반적으로 살멜라(Salmela, 2012)가 '나' 참여방식(혹은 정서적 몰입; Collins, 2004)이 아니라 '우리' 참여방식이라고 부른 것에서 경험된다. 집단 자부심의 경우, 전체 그룹은 공유된 관심의 초점이나 더 구체적으로 말해서 원하는 특정한 결과에 영향을 미치는 사건에 대해 비슷한 방식으로 반응할 것으로 예상된다. 만약 사건과 관계하는 개인적 방식이 그룹에서 지배적이라면, 최고조 경험의 조율이 덜 이루어질 것이다. 그러나 사건에 관계하는 우리-방식(we-mode)이 지배적이라고 해서 개인적인 정서적 이질성이 배제될 필요는 없다. 국가적으로 중요한 긍정적 행사(예컨대 대규모 스포츠 행사 유치 성공)에 반응할 때, 개인의 반응은 흥분/행복/기쁨/희열/자부심 등이다. 그러나 그룹의 반응은 더욱 동질적일 것으로 예상된다. 왜냐면 국가의 상징이 널리 유포되고 사람들이 국가의 서사를 쉽게 떠올릴 수 있음은 그룹의 연대/통일/지속을 함축하기 때문이다.

집단 자부심의 문화 모형

집단정서에 대한 네트워크 모형은 가장 적절해 보일 수 있다. 왜냐면 이미지/영화/문자/문서/상징/구조물과 같은 복잡한 문화적 대상들이 정서 "노드(nodes; 접속점)"에 포함되기 때문이다(Pettigrove & Parsons, 2012). 그러나 중요한 국가 대표 축구팀 경기를 보는 군중의 사례는 네트워크 설명의 한계를 드러내는 데 도움이 될 수 있다. 예컨대 팀이 이기면 우리는 군중의 각 구성원을 바라보면서 그들이 모두 승리를 즐기고(집계 모형), 상호작용 의식을 통해 다른 사람들과 함께 축하하는 경향이 있다(네트워크 모형)고 말할 수 있지만, 그들은 또한 적절한 문화적 레퍼토리에 따른 비슷한 자세, 몸짓, 표현 형식과 관행을 채택한다(문화 모형). 더불어 군중은 소음, 사회적 활동, 공간적 분산(예컨대 축하 행사를 계속하기 위해 상징적 의미를 지닌 장소로 가서 점거하는 것), 경제적 효과(예컨대 지출 증가, 국가 경제에 대한 신뢰) 등 환원할 수 없는 그룹 수준의 속성을 가진다.

네트워크 모형의 일부 특징과 결합해 집단 자부심에 대한 문화 모형을 채택하는 것에는 추가적 이점이 있다. 예컨대 상호작용 의식 이론(interaction ritual thoery: IRT; Collins, 2004)의 특징은 네트워크 모형과 관련해 언급되었지만, IRT는 어떻게 복잡한 실천적/물질적/상징적/상호작용적 장치가 (즉 확산과 지속성의 특징을 포함해) 집단정서의 패턴을 생성하는지를 보여준다. 그러나 여전히 이 모형을 개선할 수 있는 지점이 존재하며, 콜린스(Collins, 2012)는 집단 자부심과 직접 관련된 중요 요소, 즉 일부 의식의 결과에 대한 예측 불가능성을 IRT에 추가했다. 특히 "국가주의의 시간-거품(time-bubble)"에 대한 분석은 관중 경험이 의식 참가자들에게 목적 그 자체인 것처럼 보이는 스포츠 경기의 사례와 대조된다. 따라서 축구 경기, 정치적 다툼, 일부 그룹 갈등을 연결하는 특징은 그룹이 경험하는 정서(예컨대 긍정적으로 평가되는 정서만을 고려하거나 분노와 짜증 같은 부정적 정서를 제외한다면 '평균화'될 수 있는 기쁨/만족/자부심/희열/안도감)의 혼합에 결정적으로 일조하는 결과의 예측 불가능성이다. 콜린스(Collins, 2012)는 전형적 경험을 "3개월간의 연대와 히스테리 영역"으로 묘사하고, 이러한 행사의 고조된 경험은 (내부로부터) "외부에서의 일상생활과 질적으로 다른" 것으로 느껴진다는 점을 강조한다(p.4).

대규모 스포츠 행사, 국경일, 기타 계획되거나 예측할 수 있는 행사는 긍정적 집단정서를 산출할 수 있지만, "이러한 순간이 비극적이거나 즐거운 놀라움처럼 드라마 같은 정서적 특징을 가지는" 이유를 설명하는 것은 그룹과 관련된 일부 결과의 예측 불가능성이다(p.4). 다른 그룹과의 경쟁이나 갈등의 상황에서는 이 결과가 그룹이 원하는 것일 거라는 보장이 없다. 콜린스는 또한 대중 연대의 "높은 안정상태의 길이"는 "국가 침투의 정도"에 달려 있으며(p.4), "사회 전체에 걸쳐 상징적 동원이 쉽게 지각되는 국가는 3개월 범위에서 국가적 연대의 안정상태를 유지하지만, 더 분열되고 국가 침투가 낮은 사회는 1개월 이하로 안정상태를 유지한다"라고 주장한다(p.4). 이 주제는 집단정서가 소멸하고 "사람들이 한동안 같은 강도를 다시 경험할 수 없으며 반드시 내려갈 수밖에 없는" 불응 기간이 있다는 제안과 더불어 더 많은 관심을 받을만하다(p.4). 집단 자부심의 이러한 역동적 변동은, 아마도 그룹 기반 자부심과 그룹 기반 수치심 사이의 부정적 상관관계를 제외하고는, 집단정서에 대한 집계 모델에서는 고려되지 않는다. 예컨대 국가적 자부심, 국가적 수치심, 스포츠 행사에 대한 반 힐부르드, 엘링, 스토크비스(Hilvoorde, Elling & Stokvis, 2010)의 연구에 따르면, 2008년 유럽 축구선수권대회에서 네덜란드 남자 축구팀이 "기대 이상의 성과를 거둔 것이 국가적 자부심에 영향을 미쳤거나 자극했을 수 있고 일시적으로 수치심을 억눌렀을 수도 있다"(p.96; "집단 자부심의 네트워크 모형"에서 검토했던 집단 자부심과 집단 수치심 사이의 관계에 대한 쟁점은 마지막 절에서도 집단적 오만과 관련해 탐구된다).

문화적으로 이용할 수 있는 형태의 국가 서사(Hallmann 외, 2013; Sullivan, 2009)는 미시적 수준뿐만 아니라 가장 광범위한 거시적 수준에서 그룹의 성취에 대한 소통과 표현을 형성한다. 어떤 대안을 옹호하는 것은 어떤 사건과 관련된 '우리' 방식의 인정을 억누르는 것이거나 사회적 분열에 기여하는 것으로 간주될 수 있다. 또 다른 가능성은 집단정서의 효과 중 일부가 국가적 '하위 그룹들'의 단결에 대한 알 수 없는 욕망과 같이 의식적 인식을 넘어선 것일 수 있다는 것이다. 집단정서적 사건의 성격과 결과는 또한 네트워크의 속성으로 보이지 않는 현상학적 특징을 불러일으킨다. 집단 자부심의 분위기를 경험하는 것이 '어떤 것인지'는 연대감과 매우 유사한 것을 포함할 수 있다. 집단 자부심의 또 다른 현상학적 특징으로는 흔히 다른 경쟁 그룹의 눈에 '우리 그룹'의 지위가 높아졌다는 감각이 있다. 사람들은 다른 그룹의 초점이나 시선이 긍정적이고 승인하는 것이며 심지어 부러워하는 것이라고 감지한다. 그러나 후자의 예는 자기 그룹의 높아진 지위에 대한 광범위한 향유나 오만에 더 가까워 보이는 자신감을 나타낼 수도 있다. 이러한 점에서 진정한 집단 자부심은 흔히 (즉 그룹 기반이 아니라 그룹 수준의 정서로서) 진정한 집단 오만과 구별된다. 집단 자부심이 진정한 (즉 정당하고 합당한) 것으로 묘사될 수 있는 근거에 기반하고 있다는 표시 중 하나는 다른 그룹들의 반응이 성과나 결과가 특별하고 바람직하다는 그들의 판단을 구체화한다는 것이다. 대조적으로 집단 오만함을 가지고 보고된 느낌은 자기주장적(self-assertive)이고 종종 다른 그룹의 견해와 이익을 전혀 고려하지 않는다. 셰프(Scheff, 1994)가 지적한 것처럼, 국가 그룹의 수준에서 집단 오만이나 자만심의 경험은 분노를 일으키고 부정적이고 사려와 공감이 부족하고 심지어 폭력적일 수 있으며, 이것은 일반적으로 인정되지 않는 이전의 집단 수치심에 기초한다. 그러나 여기서 집단 오만으로 묘사된 것이 집단 자기애로 더 잘 분류될 수 있을지는 미지수이다. 그럼에도 불구하고 이러한 초기 설명이 정확하다면, 기쁨(자기 그룹의 상승에 대해 인정받지 못한 혹은 억눌린 감각과 더불어)과 조금 더 떠들썩하거나 오만하거나 강경한 주장(즉 우월성이나 업적이나 승리에 대한 일시적 축하 행사)에서 극단적 집단 오만에 이르는 단순한 연속선은 없다. 차라리 집단적 형태의 자부심/수치심/죄책감/분노 사이에는 역동적 관계가 있다. 더 나아가 진정성 자체는 복잡한 규범적/이념적/정치적 쟁점—예컨대 한 그룹이 그룹이나 하위 그룹이나 그룹 대표의 성취에 근거해 자부심을 느끼고 표현해야 하는지—과 관련해 상세히 설명되어야 하며, 상상 혹은 실제 다른 그룹과의 관계가 동등한 경쟁이나 불평등한 지배나 고질적 갈등을 반영하는지를 고려해야 한다(Bar-Tal, 2007).

집단 자부심과 집단 오만에 대한 학제적 이론을 향하여

그룹 성취, 그룹 간 경쟁, 고질적 갈등이라는 세 가지 맥락에서, 집단 자부심과 집단 오만이 나타날 가능성이 높다. 그러나 어느 정도까지 집단 자부심과 집단 오만을 동일한 '대상'의 서로 다른 형태로 간주해야 하는지는 불분명하다. 개인의 진정한 자부심과 오만한 자부심의 사례에 비추어 볼 때, 두 가지 유형의 자부심이 있다는 생각은 널리 받아들여지고 있지만, 이 생각에 반대할 만한 충분한 이유도 있다. 표면적으로 정당한 개인의 자부심이 개인의 정서를 분노와 반항으로 특징짓거나 오만하고 횡포한 성격으로 묘사하는 데 사용되는 사례들이 발생할 수 있다. 게다가 셰프가 지적한 것처럼 집단 자부심이라고 부를 수 있는 것은—그것이 발생하는 맥락에 따라—실제로는 집단 분노나 복수일 수도 있고, 축하하는 긍정적 집단정서와는 거의 관계가 없는 특별한 그룹으로서의 지배력과 지위에 초점을 맞춘 것일 수도 있다. 따라서 구체적 사례와 맥락을 검토함으로써, 개인의 자부심에 대한 "두 가지 측면-한 가지 것"이라는 관점에 대한 주의를 집단 자부심으로 확대하는 것이 중요하다.

앞서 지적했듯이, 그룹에게 분명한 정서적 효과를 지닌 행사의 원형은 흔히 소속/참여/맥락의 편차들을 고려하더라도 대다수 그룹 구성원에게 긍정적 결과를 가져오는 경우이다. 이러한 유형의 행사에는 국제 스포츠 대회에서의 우승이나 성공적 개최, 선거 승리, 다른 중요한 그룹의 칭찬, 사회적/정치적 변화를 불러오는 집단행동 등이 포함된다. 개인 자부심에 대한 접근법을 주의 깊게 살펴보면, 집단 자부심은 그룹의 기준이나 규칙이나 목표가 (예컨대 처음으로) 달성되거나 초과 달성될 때 발생한다고 가정하는 것이 합당한 듯하다. 대조적으로 기준이나 규칙이나 목표를 유지한다는 것은 이 수준 이하인 것을 (예컨대 성과를) 받아들이지 않겠다는 것을 시사하거나, 비현실적 기대치를 (예컨대 더 큰 국제적 성공을) 설정할 수 있다. 목표는 현실적으로 단기적일 것으로 예상될 수 있지만, 장기간의 (즉 여러 세대에 걸쳐 실현되는) 관여도 가능하다. 예컨대 대규모 국가건설 계획은 자부심의 원천이자 국가 발전의 상징이 될 수 있다. 사회적 변화도 마찬가지로 대규모 그룹의 가치와 열망을 반영할 수 있다. 집단정서를 불러일으키는 결과 중 일부는 꿈이나 욕망과 관련해 개념화될 수 있다. 왜냐면 그룹 구성원 중 누구도—행복감과 불신이 널리 퍼져있을 때—이러한 결과가 일어나리라고 진지하게 믿지 않을 수 있기 때문이다. 예컨대 2008년 버락 오바마가 당선될 때까지 미국에서 흑인 대통령이 선출될 가능성은 희박해 보였다. 여기서 집단 자부심에는 비교적 조용한 만족감, 그룹 상징을 통합하는 행복한 축하 행사, 집단 황홀경과 희열에 찬 의식의 가능성이 포함된다.

그룹이 다양한 가용 수단을 (예컨대 국제적 성과를) 통해 원하는 지위를 달성했을 때 집단적 축하 행사는 대부분 긍정적이지만, 이 행사는 응원자들과 경찰 같은 그룹 사이의 복잡한 상황적 역학관계를 반영해 급변할 수 있다. 예컨대 축구팀 아틀레티코 마드

리드(Atletico Madrid)가 2012년 유로파리그 결승에서 우승한 후, 경찰이 도시의 넵투노(Neptuno) 분수대에서 하는 팬들의 축하 행사를 막자 많은 팬이 폭동을 일으킨 일이 있다. 술이 영향을 미쳤을 수도 있지만, 응원자들이 경찰의 행동을 그들의 집단 정체성에 대한 모욕으로 인식해 긍정적 집단정서가 분노로 '전환된' 것으로 보인다. 한 팬은 이렇게 말했다. "용납할 수 없는 것은 수도 마드리드의 팀이 유럽 선수권에서 우승한 후에 우리가 거의 테러리스트나 범죄자 취급을 받는다는 것이다"(The Guardian, 2012b). 살멜라가 (2012년 1월 21일 개인적 소통을 통해) 제안한 것처럼, 아틀레티코 팬이라는 집단 정체성은 레알 마드리드(Real Madrid)와 경쟁자 관계로 형성될 수 있다. 따라서 마침내 비슷한 '선수권 우승' 지위에 도달한 경기에서 팬들은 예전에 경쟁자들이 했던 것처럼 우승을 축하하려고 했다. 그래서 이를 막은 경찰의 행동은 굴욕스럽고 견딜 수 없는 일이었을 수 있다는 점을 주목하는 것이 중요하다. 그러므로 반사회적이고 집단 자만심이나 오만으로 묘사될 수 있는 그룹 축하 행사 사례는 오직 승리 직후에만 공격적인 것이 될 수 있다. 이 시점에서 집단 분노나 불법행위는 긍정적 집단 자부심을 확장하기보다 그것을 대체할 것이다. 그래서 축하 분위기에서 (성취의 특출난 성질로 인해 용인되는 일부 형태의 열광적이거나 도발적인 축하 행사와 함께) 분노의 저항으로의 갑작스러운 전환은 다른 그룹의 축하 행사에 대한 맞대응으로 인정받지 못한 수치심과 굴욕감을 불러일으키기에 일어날 수 있다(Scheff, 1994, 2007).

집단 자부심과 집단 수치심 사이의 복잡한 관계에 대한 또 다른 예는 독일이 2006년 월드컵의 개최국이자 경쟁국으로 성공을 거두면서 독일 국민과 국가 사이의 관계가 변화한 것과 관련이 있다. 2006년 이전에는 "나는 독일인이라는 것이 자랑스럽다"라는 문구는 우파의 가치와 밀접히 관련되어 있었고, 국가적 자부심을 드러내는 것은 금기시되었다(즉 국기를 게양하거나 자부심을 말로 표현하는 것에 대한 깊은 불편함이 내면화되어 있었다). 일부 노년층 텔레비전 시청자들은 월드컵 동안 국기를 흔드는 대규모 그룹의 이미지에 불쾌감을 느꼈지만(Sullivan, 2009), 나치 시대의 정서적 분위기와 극단적 국가주의와는 전혀 닮지 않은 형태의 느슨하고 포용적인 '정당 애국주의(party patriotism)'가 널리 퍼져 있었다. 이것은 어떤 방식으로든 다른 사람들을 평가절하하거나 다른 사람들에게 힘과 권력을 행사하거나 경쟁 그룹에게 복수하는 형태의 집단 오만이 향유될 수 있고, 심지어 그것이 긍정적 집단 자부심의 사례들에 의해 유발될 수도 있다는 것을 부정하는 것은 아니다. 그렇지만 진정으로 혼합된 집단정서를 억제하고 (예컨대 한 나라가 다른 국가들에 의해 국제 관계로부터 배제될 때 일어나는 종류의) 집단 수치심을 차단하지 않고는 긍정적 집단 자부심의 사례는 발생하기 어렵다.

갈등 상황에서 집단 자부심은 편견과 폭력으로 연결될 수 있다. 2011년 아랍의 봄의 정치적 투쟁과 관련해 콜린스(Collins, 2012)는 "공통 정체성과 공유된 위험에 대한 극단적인 집단적 관심의 거품이 지속되던 3개월 동안 무모한 모험과 폭력적 잔학행위가 일어날 가능성이 아주 높았다"라고 지적한다(p.4). 이러한 이유로 집단 자부심은 그룹의 야망과 이익에 반하는 모든 그룹을 향한 편견과 적의의 가능성을 증가시키는 것과 계속 연결된다. 집단 자부심의 이러한 인지적/정서적 특징은 중요하다. 왜냐면 그룹 성취에 대한 긍정적이고 표면적으로 포용적인 축하 행사도 경쟁 그룹에 대한 공감을 감소시키고 반사회적 행동을 조장할 수 있기 때문이다. 자부심의 다른 사례들은 경쟁 상태에서 그룹 지위의 회복에 대한 서사에 초점을 둘 수 있다(즉 여기서 그룹 혹은 국가 서사는 특정한 가치나 특권적 지위를 유지하는 것에 더 가까울 수 있다).

갈등 상황에서의 집단 자부심에 대한 조사는 더욱더 복잡한 그룹 관계와 집단정서적 지향의 배경적 특징을(Bar-Tal, 2007) 분명하게 보여준다. "공포, 증오, 또는 분노와 같은 것은 집단 자부심과 더불어 개인과 전체 사회에 대한 위협이 보이는 곳에서 사회 구성원 사이의 친화/연대/응집을 증가시킨다"(p.1442). 바르 탈은 연대와 통합이 다른 수사적/정서적 전략과 결합하는 방식을 다음과 같이 요약한다. "충돌의 목표를 정당화하고 권위실추와 상대의 비타협적 태도 및 폭력뿐만 아니라 피해자임과 공포/증오/분노에 초점을 맞춤으로써, 적과의 투쟁에 사회의 모든 노력과 자원을 투입해야 할 필요성이 하부구조에 포함된다"(p.1442). 이러한 맥락에서 애국심은 집단 자부심의 담론적 변형이다. 왜냐면 그것은 상실과 추모의 의식에서 영웅적 혹은 이타적 희생을 인정하는 (긍정적인 정서적 의미의 축하 행사가 아닌) 문화적 관행과 연결되어 있기 때문이다. 집단 자부심은 기쁨이나 승리의 느낌보다는 끈기/투지/생존을 나타내는 특성들에 대한 조용한 인정 및 축하와 관련해 더 크게 느껴진다.

진정으로 긍정적 집단 자부심은 갈등 상황에서 일어날 수 있지만, 많은 경우 자부심의 (예컨대 국기나 연설을 통한) 상징적/수사적 환기는 긍정적이지 않다. 전형적 형태가 아니라 부정적이고 단정적이거나 반항적인 형태의 집단 자부심의 사례로는 2001년 9월 11일 이후 미국에서 일어난 국가적 자부심과 상징적 연대감의 표출들이 있다(Collins, 2004; Skitka, 2005). 왜냐면 이것들은 자기주장적이고 국익에 대한 지지를 표출하지만, 반드시 긍정적 가치를 가지는 것은 아니다. "우리는 조국을 사랑한다"라는 이유로 국기를 게양하는 것은 축하보다는 반항적 방식으로 행해질 수 있다(예컨대 유명인의 장례식에서 국기를 게양하는 것은 국가에 대한 그 사람의 위상에 대한 의미를 전달할 수는 있지만 반드시 긍정적 정서를 표현하는 것은 아니다). 9/11 세계무역센터 공격 이후 성조기 게양이 증가한 것은 집단적 반응이었지만, 당시에 공유된 정서가 분명하게 축하하는 것이나 긍정적인 것은 아니었다. 그래서 어떤 사람이 그들은 '외집단'을 향한 분노와 적의가 아니라 애국심과 국가주의에 근거하여 행동했다고 증언하더라도, 이 행동 경향은 축하하는 것이 아니었고 그 경험은 유쾌하거나 즐거운 것이 아니었다.

만약 이스라엘에 대한 바르 탈의 분석이 고질적 갈등의 맥락에서의 집단 자부심의 예시를 제공한다면, 집단 자부심의 역할에 대한 페티그로브와 파슨스(Pettigrove & Parsons, 2012)의 분석은 팔레스타인인 관점의 매우 다른 분석을 제공한다. 그들은 어떻게 집단 자부심의 구성이 이스라엘과의 갈등에 대한 집단정서적 지향의 핵심 부분인지를 설명한다. 예컨대 1973년 팔레스타인해방기구(PLO) 문서는 다음과 같이 적는다. "팔레스타인 정체성을 선언하는 것은 더 이상 우리가 '난민'이나 2등 시민임을 의미하지 않는다. 오히려 그것은 자부심을 일깨우는 선언이다. 왜냐면 팔레스타인인은 무기를 지닌 전사(fida'i) 혹은 혁명가가 되었기 때문이다"(Pettigrove & Parsons, 2012에서 인용). 팔레스타인인의 집단정서 네트워크의 또 다른 노드에는 문서, 박물관 전시회, 기념행사, 공공장소 등이 있는데, 이것들은 진정한 집단 자존감을 회복하고 "난민 캠프, 검문소, 분리장벽과 같은"(p.22) 굴욕적 대상에 굴복함으로써 생긴 집단 수치심의 영향을 시정하려는 동기로서 집단 자부심의 가치를 입증한다. 이러한 변화는 여기서 옹호한 유형의 문화적 설명에 매우 중요한 요소이다. 이러한 설명은 집단 자부심이라는 개별적 정서와 집단 오만이라는 대조적 사례를 항상 맥락과의 역동적 관계에서, 그리고 집단 수치심이라는 잠재적인 문화적 배경에서 바라볼 것을 요구한다.

맺음말

집단 자부심은 다양한 활동/계획/관행에 대한 반응으로 국가와 같은 그룹에서 일어나는 주로 긍정적이고 축하하는 정서이다. 우리는 그룹 성취, 그룹 경쟁, 고질적 갈등의 맥락에서 집단 자부심과 집단 오만의 느낌들과 표현들 사이의 유사점과 차이점을 이해하는 데 사용될 수 있는 형태의 IRT를 선호하면서, 집계, 네트워크, 문화 모형을 검토했다. 집단 자부심과 집단 오만에 대한 학제적 이론을 개발하려면, 집단 분노와 집단 수치심을 포함해야 할 뿐만 아니라 집단 오만이 독특한 정서적 윤곽을 가지고 있음을 인식해야 한다.

Chapter 4

집단정서와 고질적 갈등에서 정서 조절

에란 할페린[1]

이 책에 포함된 다른 장들에서 제시된 것처럼, 정서와 특히 그것의 사회적 측면은 삶의 거의 모든 영역에서 사람들의 태도/동기/행동에 막대한 영향을 미친다. 그러나 어떤 영역에서는 정서가 단지 주변적으로만 작용하고 때로는 무시할 만한 심리적 힘으로 작용하기도 한다. 그러나 다른 영역과 특정한 상황에서는 집단정서가 사건의 각본을 쓰고 관련된 모든 개인과 그룹의 행동을 지휘하는 데 중추적 역할을 한다.

이것은 관련 당사자 중 누구도 이길 수 없고 평화적 해결에 도달하기 위해 타협할 의지도 없기에 장기간 지속되는 특수한 유형의 심각한 갈등, 즉 고질적 갈등(intractable conflicts)의 사례에 해당한다(Azar, 1990). 중동/카슈미르/스리랑카/체첸/르완다에서 진행 중인 것과 같은 갈등을 직간접적으로 경험해 본 사람은 이러한 갈등이 공포/증오/절망/경멸과 같은 매우 크고 부정적인 정서에 의해 촉발된다는 것을 알고 있다. 이러한 정서들은 폭력적 갈등에 연관된 개인들과 개인적으로 교류할 때 느껴질 수 있지만, 그것들은 이 사회들의 일반적 분위기에서도 매우 지배적이므로 공적 담론, 대중 매체, (예컨대 예술과 문학 등의) 문화 상품, 국가 의식 등에서 찾아볼 수 있다(예컨대 Bar-Tal, Halperin & de Rivera, 2007).

따라서 고질적 갈등의 성질을 완전히 이해하고 이러한 갈등의 해결을 촉진할 길을

---

1 Eran Halperin, 예루살렘 히브리 대학교 심리학과 교수.

밝히기 위해서는, 다양한 정서적 현상들이 이러한 갈등에서 작용하는 방식, 그리고 더 중요한 것으로서 그것들이 갈등과 관련된 사건에 대한 사람들의 개인적/사회적/정치적 행동 경향에 영향을 미치는 방식을 해독해야 한다. 그러므로 갈등 해결 학자들이 고질적 갈등에서 정서의 역할을 폭넓게 인정하고 있음에도 불구하고(예컨대 Bar-Tal 외, 2007; Petersen, 2002; Staub, 2005), 이러한 맥락에서 정서의 성질과 함의에 대한 경험적 연구는 최근 10년 전까지 매우 드물었다는 사실은 놀라운 일이다(관련 고찰로는 Halperin, Sharvit & Gross, 2011 참조).

이 장의 목표는 최근의 이론적 체계뿐만 아니라 고질적 갈등에서 집단정서의 역할과 함의를 조명하는 경험적 연구 결과를 한데 모음으로써 이러한 간극을 메우는 것이다. 더 구체적으로 말해서, 나는 한편으로 고질적 갈등의 고유한 (물리적/심리적) 맥락의 상호 영향과 다른 한편으로 이러한 갈등에 연관된 사람들의 정서적 반응을 밝히려 한다. 간단히 말해서, 나의 주된 주장은 시간이 지남에 따라 몇몇 지속적인 정서적 현상은 갈등의 심리적 맥락에 내재하는 일부가 되고, 이것이 갈등과 관련된 사건에 대한 정서적 반응에 반영된다는 것이다.

비록 갈등의 모든 단계(즉 발발/확대/관리/해결/화해)의 정서적 측면을 이해하는 것도 중요하지만, 고질적 갈등들에서 특히 흥미로운 것은 그것들이 지속된다는 것이다. 더 중요한 것은 관련 당사자들이 갈등 해결이 (많은 경우에) 사람들에게 이득이 될 것이라는 이해에도 불구하고 갈등 해결을 지속적으로 추진할 수 없다는 것이다. 그러므로 이 장은 갈등을 확산하고 갈등 해결에 강력한 장벽이 되는 주요 심리적 힘 중 하나인 집단정서의 역할에만 초점을 둘 것이다. 더 구체적으로 말해서, 이 장은 동전의 양면에 초점을 맞춘다. 한편으로 나는 다양한 정서적 현상들이 고질적 갈등의 지속에 기여하고 그것을 끝내려는 시도를 방해하게 되는 메커니즘을 설명하고 입증할 것이다. 다른 한편으로 이 장의 다음 부분들에서 나는 고질적 갈등에서 정서의 핵심 역할을 고려할 때 정서 변화가 (직간접적 정서 조절을 통해) 갈등 해결의 길을 열 수 있다는 주장을 제시할 것이다.

다음에서 나는 우선 고질적 갈등의 독특한 맥락을 설명하고, 이 맥락이 개인정서와 집단정서에 미치는 영향을 논할 것이다. 그런 다음 집단정서가 갈등과 관련된 사건에 대한 사람들의 태도와 행동에 영향을 미치는 방식을 설명하는 일반적인 이론적 틀을 제시하고, 이 모형을 뒷받침하는 경험적 데이터를 검토할 것이다. 다음으로 영향의 다양한 경로를 논하고 갈등 해결의 과정에서 직간접적 정서 조절의 잠재적 역할에 관한 사전 데이터를 제공할 것이다. 마지막으로 고질적 갈등에서 정서와 정서 조절을 이론적/응용적 수준에서 연구하는 향후의 과제를 설명할 것이다.

고질적 갈등과 그것의 심리적 맥락

쿠르트 레빈(Kurt Lewin, 1951)이 제안한 바에 따르면, 인간 행동은 사람이 활동하는 환경의 함수이며, 행동 분석은 상황 전체에 관한 기술로 시작해야 한다. 이것은 맥락에 대한 사람들의 이해가 그들의 행동 선택사항의 상당 부분과 마침내 그들이 선택한 행동 경로를 결정하기 때문이다. 이러한 고전적 개념에 따라 나는 집단정서가 진공 상태에서 작동하지 않는다고 주장한다. 집단정서의 생성/성질/함의는 그것이 나타나는 특정한 맥락의 영향을 받는다. 집단적 맥락의 중요성은 그것이 사회 구성원들의 욕구와 목표뿐만 아니라 그것들을 충족시키기 위해 그들이 맞서야 할 도전과제를 결정한다는 사실에 있다. 그러므로 고질적 갈등에서 집단정서의 역할을 분석할 때, 이러한 갈등의 고유한 맥락, 그것의 심리적 함의에 특히 주목해야 한다.

고질적 갈등은 보통 다음과 같은 특징으로 정의된다(Bar-Tal, 2007). (1) 본질적이고 심지어 존재론적인 목표/욕구/가치에 관한 것으로 지각된다. (2) 해결 불가능한 것으로 지각된다. (3) 상호 폭력의 지속적/파괴적 요소를 포함한다. (4) 제로섬 성질을 가진 것으로 지각된다. (5) 개별 사회 구성원과 사회 전체의 삶에서 중심적 위치를 차지한다. (6) 광범위한 물질적(즉 군사적/기술적/경제적)/교육적/심리적 투자를 요구한다. (7) 장기간, 적어도 한 세대 동안 지속한다.

고질적 갈등의 집단적 환경은 수십 년 동안 지속되는 환경으로 보아야 한다. 왜냐면 지속성이 가장 중요한 특징이기 때문이다. 이 기간 사회 구성원들은 지각된 높은 수준의 위협과 불확실성 속에서 살아가며, 심지어 그들 중 많은 사람은 아주 직접적이고 개인적인 방식으로 폭력/고통/피해에 직면한다. 그래서 갈등 맥락의 지속성은 사회 구성원들의 웰빙과 관련이 있다—그것은 구성원과 개인적으로 관계를 맺을 뿐만 아니라 공적 담론에서 중심적 위치를 차지한다. 갈등은 사회 구성원들이 적응할 수 있는 세계관을 구축하게 하는 정보와 경험을 제공한다.

결과적으로 이러한 환경에서 살아가는 개인은 흔히 더 경쟁적인 세계관, 인지적 유연성의 감소, 더 많은 '흑백' 사고, 다양한 위협 신호에 대한 더 높은 민감성 등의 특징을 가진다. 집단 수준에서 이렇게 묘사된 심리적 맥락은 고질적 갈등을 겪는 사회에 세 가지 기본적 도전과제를 제기한다(Bar-Tal, 2007). 첫째, 사회 구성원들은 앎, 확신감, 숙달, 안전, 긍정적 정체성 등의 심리적 욕구와 같이 고질적 갈등 중에 결핍된 인간적 욕구를 어떻게든 충족시켜야 한다(예컨대 Reykowski, 1982; Staub, 2003). 둘째, 그들은 고질적 갈등에 동반하는 스트레스와 공포, 여타 부정적인 심리적 경험에 대처하는 방법을 배워야 한다(예컨대 Hobfoll, Canetti-Nisim & Johnson, 2006). 셋째, 사회는 경쟁 그룹에 성공적으로 대항하는 데 도움이 될 심리적 여건을 발달시켜야 한다. 달리 말해서, 갈등에서 승리하거나 적어도 패하는 것은 피하려고 노력해야 한다.

이러한 도전에 맞서기 위해 고질적 갈등에 휘말린 사회는 높은 수준의 사회 응집과 통합의 특징을 가진다. 따라서 그룹의 강력하고 두드러진 집단 정체성은 새롭고 진화된 목표, 즉 그룹의 지위를 바로잡고 향상하거나 최소한 갈등을 이겨낼 필요성을 지향한다(Brewer, 2011). 사회적 응집력과 그룹과의 강한 동일시를 뒷받침하기 위해, 이러한 사회는 흔히 갈등에 대한 편협하고 일방적이고 지나치게 단순화된 집단적 기억들로 구성되고, 갈등에 맞춰진 에토스(ethos)에 동반되는 기능적인 심리적 하부구조를 발달시킨다(Bar-Tal, 2012). 이러한 메커니즘은 스트레스/위협/박탈감의 시기에 일관적/조직적 그림을 제공하는 유의미한 세계관을 형성하려는 기본적인 심리적 욕구를 충족시킨다(예컨대 Greenberg, Pyszczynski & Solomon, 1997; Janoff-Bulman, 1992).

심리적 맥락의 집단정서적 측면

집단적 기억과 갈등에 대한 특정한 에토스와 더불어, 사회는 지배적인 정서적 문화, 갈등에 대한 정서적 분위기(de-Rivera, 1992), 집단정서적 지향성(Jarymowicz & Bar-Tal, 2006)을 발달시키고 나중에 그것들로 특징지어진다. 이 세 가지 개념은 모두 정서의 개인적 표현보다는 집단적 표현을 포착한다. 그러나 그것들의 차이에 관한 심층 논의는 이 장의 범위를 벗어난다. 종합하면 이렇게 밀접하게 연관된 집단정서적 현상들은 특정한 정서에 민감하게 반응하고 이 정서를 증폭하고 표현하는 사회로 이어진다.

내용 면에서 보면, 고질적 갈등의 맥락에서 정서적 분위기/문화/지향성은 갈등 관련 지배적 서사와 사회적 믿음(즉 집단 기억과 갈등의 에토스)에 의해 주도된다. 그러므로 예컨대 이 갈등이 해결될 수 없다는 사회적 믿음은 절망의 정서적 분위기로 옮겨지고, 외집단의 비합법성에 대한 믿음은 증오라는 정서적 지향성으로 옮겨지고, 피해자라는 믿음은 공포와 집단 불안의 정서적 분위기와 연관된다. 사회 구성원은 문화적으로 승인된 정서적 지향성을 습득하도록 사회화되기 때문에, 이러한 레퍼토리가 어릴 때부터 학습된다(Fiske, Kitayama, Markus & Nisbett, 1998). 결과적으로 외집단 구성원을 만나거나 접한 적이 없는 개인들의 그룹에서 증오 문화나 분위기를, 혹은 개인적으로 전쟁을 직접 경험하기에는 아직 어린 개인들 가운데서 높은 공포 민감도를 발견하는 것은 드문 일이 아니다.

고질적 갈등에서 개인 수준의 정서: 정서적 감정에서 그룹 간 정서로

요컨대 초기의 모든 집단정서적 현상이 갈등의 심리-정서적 맥락을 형성한다(Bar-Tal & Halperin, 2013). 이러한 심리-정서적 맥락은 사회를 특징짓기에, 갈등과 관련된 모든 개인의 정서적 경험의 총합 이상을 표상한다. 그러나 그것이 이러한 개인 수준의 정서적 경험의 생성/발달에 영향을 미친다는 것은 부인할 수 없다. 대다수 고질적 갈등에서 대다수 개인은 이러한 사건을 직접적이 아니라 지도자, 대중 매체, 기타 형태의 서사를 통해 경험한다는 점을 고려할 때, 개인 수준의 정서적 경험의 큰 부분은 그룹 기반, 특히 그 사건을 직접 경험한 그룹의 다른 구성원들의 '이름으로', 그리고 그룹과의 동일시의 결과로 경험한다(Mackie, Devos & Smith, 2000; Wohl, Branscombe & Klar, 2006; Yzerbyt, Dumont, Wigboldus & Gordin, 2003; 또한 이 책의 16장 Ray, Mackie & Smith의 글 참조). 흥미롭게도 대체로 개인의 '블랙박스' 안에서 일어나는 개인정서의 바탕이 되는 평가 과정과 대조적으로, 그룹 기반 정서의 대부분 평가 과정은 공적 영역에서 일어나며, 그 결과로 정서적 문화, 기후, 지향성의 영향을 많이 받는다.

단기적인 정서적 경험의 '고전적' 현상 외에도, 갈등의 지속성은 더 지속적이고 개인적인 정서적 경험의—정서적 감정의—발달을 위한 비옥한 토양을 포함한다. 정서는 특정 사건에 복합요소(multi-componential) 반응이지만, 감정(sentiment)은 정서의 지속적 형상이다(Arnold, 1960; Frijda, 1986). 이러한 견해에 따르면, 정서적 감정은 어떤 사람이나 그룹이나 상징에 대한 일시적으로 안정적인 정서적 성향이다(Halperin, 2011). 고질적 갈등의 맥락에서 감정은 보통 동질적 단위인 외집단을 표적으로 하고, 심리-정서적 맥락과 더 구체적인 정서적 경험의 집합에서 그 내용과 규모를 끌어낸다. 따라서 증오나 공포나 절망과 같은 장기적 감정은 집단정서적 문화/분위기/지향성(즉 심리-정서적 맥락)이 개인 수준에서 표현된 것으로 볼 수 있다.

이러한 감정들이 정서적 반응에 반영되는 과정은 레르너와 켈트너(Lerner & Keltner, 2000)의 **평가 경향 틀**(Appraisal Tendency Framework)을 활용하면 아주 잘 이해될 수 있다. 이 틀에 따르면, 각 정서는 그것을 촉발한 중심적 평가 차원에 따라 사건을 해석하는 인지적 경향을 활성화한다. 따라서 지배적인 장기적 감정들은 그것들 각각의 정서와 연관된 핵심 평가 주제를 끌어냄으로써 이 정서의 발생률을 높일 것이다. 예컨대 할페린과 그로스(Halperin & Gross, 2011)는 최근 가자 지구의 전쟁 중에 팔레스타인인을 향한 이스라엘인의 분노는 전쟁 발발 1년 이상 전에 측정된 팔레스타인인에 대한 이스라엘인의 지속적 분노 감정의 영향을 크게 받았음을 발견했다. 요컨대 설명한 과정은 장기적/단기적인 정서적 현상들이 함께 작용하여 갈등 관련 사건에 대한 사람들의 정서적 반응을 형성하는 방식을 밝혀준다. 그러나 정확히 어떻게 이 과정이 갈등 해결을 방해하는 개인/집단행동을 형성하는가?

정서와 고질적 갈등의 지속

우리는 최근 어떻게 개별적 정서 현상이 갈등 관련 사건에 대한 개인의 태도적/정치적 반응을 형성하고, 그리하여 파괴적 갈등 현상을 유지하고 평화를 향한 진전을 방해하는지(Halperin, Sharvit & Gross, 2011, 그림 1 참조)를 보여주는 포괄적 평가 기반 모형을 도입하고(Halperin, Sharvit & Gross, 2011) 경험적으로 시험했다(Halperin, 2011). 이 과정은 새로운 사건의 발생 및/또는 갈등 관련 새로운 정보의 등장 및/또는 과거의 갈등 관련 사건에 대한 회상으로 시작한다. 이 사건이나 정보는 부정적이거나 (예컨대 전쟁, 테러 공격, 평화 제안의 거부) 긍정적일 수 있지만(예컨대 평화 제스처, 타협 의지), 그것은 필시 유의미한 것으로 인식될 것이다. 앞서 언급한 것처럼, 대다수 경우에 오직 극소수 그룹 구성원만이 이러한 사건을 직접 경험하지만, 다양한 의사소통 대리인과 경로를 통해 표현되고 나머지 그룹 구성원에게 전달된다. 이러한 경우에 갈등 관련 사건을 유의미한 것으로 언급하는 평가의 첫 부분은 공적 영역에서 수행되고, 지배적인 심리-정서적 집단 맥락의 영향을 직접적으로 받는다.

이러한 단기적 사건은 그것이 평가되는 방식에 따라 개인 및 그룹 기반 정서와 이에 따른 정치적 행동 경향을 끌어낸다. 예컨대 내집단을 향해 외집단 구성원이 범한 폭력 행위가 부당하다고 평가되고 내집단이 강하다는 평가가 동반되면, 이 행위는 분노를 유발할 것이다(Halperin, 2008). 그러므로 어떤 사건에 대한 주관적 평가는 그 사건에서 나온 그룹 기반 정서를 결정하는 데 중요한 요소이다. 흥미롭게도 고질적 갈등 관련 사건에 관한 평가 과정은 장기적인 집단적 측면(예컨대 심리적 맥락), 장기적인 개인적 측면(예컨대 감정, 이념), 단기적 평가의 구성에 의해 영향을 받는다.

좀 더 자세히 말하자면, 이미 언급했듯이, 모든 갈등 관련 사건에 대한 평가는 사회의 정서적 분위기와 집단정서적 지향성의 영향을 광범위하게 받는다. 심지어 정보가 일반 대중에게 전달되기도 전에 이루어지는 집단적 평가 과정에서부터, 갈등 관련 사건은 사회의 정서적 경향과 일치하도록 표현된다. 그러므로 공포와 불신이 팽배한 사회에서는 겉보기에 아주 그럴듯해 보이는 외집단 지도자의 행동이나 진술조차도 의혹의 향기를 풍기며 전달될 것이다. 고질적 갈등에 연루된 사회들의 심리-정서적 맥락은 보통 부정적으로 조정되어 있다는 점에서, 긍정적 메시지는 종종 그렇게 평가되지 않는다. 따라서 동일한 사건에 대한 서로 다른 틀들은 서로 다른 인지적 평가로 이어질 수 있고, 다시 이러한 평가는 서로 다른 정서적 반응으로 이어질 수 있다. 예컨대 아군의 이전 군사적 행동에 대한 방어적 반응으로 계획된 적의 군사적 행동은 공포나 어쩌면 슬픔을 유발할 수 있다. 그러나 아무런 정당한 이유 없이 공격적 행동으로 계획된 것이라면, 그것은 극도의 분노나 어쩌면 증오를 유발할 수 있다.

그러나 일반 대중이 정보를 얻더라도 서로 다른 개인들은 여전히 그것을 매우 다른 방식으로 평가한다. 이렇게 다양화된 평가는 외집단과 내집단, 그리고 갈등의 성격과 관련된 모든 개인의 경험/이념/감정에서 나온다. 이러한 개인적 수준의 요소들은 아주 많고, 그것들에 대한 철저한 개요는 이 장의 범위를 넘어선다. 그러나 그 대략적 목록에는 성격 요소들(예컨대 권위주의, 구조의 필요성, 암묵적 이론), 도덕적 가치관 고수, 사회경제적 지위, 갈등 및 적에 대한 장기적 관념이 포함될 것이다(Halperin, 2011 참조). 또한 아주 적절하게 이러한 평가 기반 틀은 장기적인 정서적 감정이 특정한 사건에 대한 편향된 인지적 평가로 이어질 것으로 가정한다. 예컨대 내집단에 대한 장기적 외부 위협은 사회 구성원들이 위협적 신호에 더 적절히 대응하게 하고, 더 빈번한 공포 반응을 유발하는 더 높은 위험 평가로 이어진다(Bar-Tal 외, 2007).

나는 이 세 가지 요소 그룹과 통합된 새로운 사건의 발생이 그 사건의 인지적 평가를 형성하고, 이러한 평가는 그에 상응하는 개별 정서의 발달을 위한 기초를 제공한다고 제안한다. 다시 이러한 개별 정서와 특히 그 안에 내재하는 정서적 목표와 반응 경향은 사건에 대한 행동적/정치적 반응을 지시한다(Halperin, 2008 참조).

개별 정서와 고질적 갈등의 지속

앞서 설명한 과정 모형에 따르면, 정서들의 단순한 원자가가 아니라 개별 정서들이 갈등 관련 사건에 대한 사람들의 태도적/행동적 반응을 결정할 것이다. 그러므로 갈등 해결을 가로막는 장벽으로 정서의 역할을 더 잘 이해하려면, 각 정서의 고유한 이야기를 알아내고 그 성질을 밝히는 것이 중요하다. 다양한 정서들이 고질적 갈등의 지속에 일조하지만, 이 장의 범위로 인해 그것들을 모두 논하기에는 한계가 있다. 여기서 자세히 다루지 않겠지만, 적어도 분노/경멸/굴욕감을 언급하는 것은 중요하다. 그것들 모두는 공격성을 조장하고 갈등의 악순환을 지속시키는 데 중요한 역할을 한다(갈등 속의 분노에 대한 대안적 견해로는 Reifen-Tagar, Halperin & Federico, 2011 참조).

그러나 이러한 파괴적인 정서적 현상과 비교하더라도 증오가 평화를 가로막는 가장 강력한 정동적 장벽임이 분명하다(Bar-Tal, 2007; Staub, 2005). 증오는 외집단의 해로운 행동을 뿌리 깊고 영구적인 악한 성품에서 나온 것으로 평가하는 데서 비롯된다. 결과적으로 증오의 한 핵심 측면은 외집단에서 그리고 내집단과 외집단 사이의 관계에서 긍정적 변화가 일어날 수 없다는 믿음이다. 이러한 믿음은 평화 과정과 협상을 향한 태도에 극적인 영향을 미친다. 예컨대 최근의 두 연구에 따르면, 중동에서 협상이 진행되는 동안 단기적 증오를 경험한 개인들은 적을 해치거나 심지어 제거하려는 정서적 목표를 표출했다(Halperin, 2008). 그들은 똑같이 적에 관한 긍정적 정보를 (예컨대 개방성의 결여) 거부하는 경향이 있으며, 협상/타협/화해 노력의 지속에 반대했다(Halperin, 2011). 중요한 것은, 증오는 그룹의 구체적 행동이나 행태가 아니라 외집단 전체에 대한 근본적 부정과 연관되어 있다는 점에서, 외집단을 향한 증오를 경험한 사람은 아주 작은 제스처나 상징적 타협에도 반대하며, 그래서 평화로 이어질 수 있는 새로운 구상조차 거부한다는 점이다.

평화를 가로막는 또 하나의 강력한 정서적 장벽은 공포이다. 공포는 보통 자신의 힘이 약하고 상황에 대한 통제력이 낮다는 평가와 관련이 있다(Roseman, 1984). 이러한 것으로서 공포는 위험의 과대평가와 비관적 예측으로 이어진다(Lerner & Keltner, 2001). 따라서 공포의 억제적 성질과 그것과 관련된 회피 경향을 고려한다면, 공포는 사람들이 갈등 과정에서 위험을 감수하지 않도록 하는 일종의 경계심과 연관되어 있고, 다시 경계심은 그들을 잠재적으로 이러한 위험을 증가시킬 수 있는 타협에 반대하도록 유도한다(예컨대 Bar-Tal, 2001). 실제로 연구에 따르면, 위협과 공포에 대한 경험은 보수주의, 편견, 민족중심주의, 불관용을 증가시키는 것으로 나타난다(예컨대 Feldman & Stenner, 1997; Stephan, Renfro & Davis, 2008). 테러 관리 이론(Terror Management Theory) 틀에서 수행된 다른 연구들에 따르면, 실존적 위협은 우익 성향과 덜 타협적인 정치적 경향으로 이어지는 것으로 나타난다(예컨대 Hirschberger & Pyszczynski, 2010). 협상 과정 자체에 대해 좀 더 구체적으로 살펴보면, 공포와 집단 불안은 (예컨대 내집단의 미래 생존과 지구력) 내집단 유대의 강화(Wohl Giguère, Branscombe & McVicar, 2011), 인지적 동결, 위험 회피적인 정치적 경향, 갈등 해결을 목표로 하는 창의적 구상의 억압, 그룹 간 협상에 대한 구체적 반대로 이어진다(Sabucedo, Durán, Alzate & Rodríguez, 2011). 또한 그룹 간 불안은 그룹 간 접촉에 대한 동기를 감소시켜, 갈등의 평화적 해결을 촉진하는 또 다른 중요한 방안을 방해한다

(Pettigrew & Tropp, 2006).

그러나 공포의 이야기는 일방적 증오의 이야기보다는 더 미묘한 차이가 있다. 왜냐면 공포를 느끼는 사람들은 외집단을 해치기보다는 자신의 현재와 미래를 (그리고 자기 집단의 미래를) 보장받기를 원하기 때문이다(Halperin, 2008 참조). 불행하게도 미래를 보장하려는 목표는 종종 방어적 혹은 공격적 경향과 연관되어 있다. 그러나 동일한 정서적 목표가 적절한 상황에서는 사람들이 화해적 행동을 지지하도록 유도할 수 있음을 유념해야 한다. 사회가 공포의 정서적 분위기에 지배당할 때, 잠재적 위협을 감소시킬 방법으로 인식되는 해결책은 호의적으로 고려된다. 결과적으로 화해적 행동이나 제스처가 아니라 '위협-감소' 도구로 만들어진 타협적 해결책은 심리-정서적 맥락과 공포/불안이라는 개인정서의 필터를 뚫고 들어갈 수 있다. 그리고 실제로 최근의 몇몇 연구는 집단적 공포나 불안과 평화를 위해 타협하려는 의지 사이의 긍정적 연관성을 밝혀냈다(예컨대 Halperin, Porat & Whol, 2013). 이 모든 연구에서 참가자들은 타협이 위험을 감소시키는 가장 효율적인 방법이라고 인식하고, 이러한 방식으로 공포의 증가는 더 화해적인 입장을 취하는 데 기여한다.

마지막으로 평화를 가로막는 장벽을 구성하는 또 하나의 강력한 정서는 절망이며, 절망은 희망의 완전한 결여로 정의된다. 희망은 긍정적 목표에 대한 기대와 열망뿐만 아니라 예상되는 결과에 대한 긍정적 느낌을 포함한다(Staats & Stassen, 1985). 희망은 목표 설정, 계획, 이미지의 활용, 창의성, 인지적 유연성, 새로운 상황에 관한 정신적 탐구, 심지어 위험 감수까지 촉진한다(Snyder, 1994). 따라서 희망은 폭력적 갈등에 연루된 그룹 구성원들이 과거 및 부정적 현재와는 다른 미래를 상상할 수 있게 해주고, 갈등의 핵심에 있는 논쟁들에 대한 창의적 해결책을 제시할 수 있게 해준다(Jarymowicz & Bar-Tal, 2006). 평화적 해결이 가능하다는 믿음은 위험을 감수하고 타협하기 위한 필수적 단계이다.

갈등 해결에 대한 희망이 부족할 때, 사람들은 상황을 역동적이기보다는 정적인 것으로 보는 경향이 있다(Cohen-Chen, Halperin, Crisp & Gross, 2013). 갈등에 대한 정적 인식은 다음과 같은 믿음들 가운데 하나나 그것들의 다양한 형태의 조합에 의해 주도될 수 있다. (1) 외집단은 그것의 행동/입장/목표/가치를 절대 바꾸지 않을 것이라는 믿음, (2) 이러한 종류의 갈등은 실제로 해결될 수 없다는 믿음, (3) 내집단은 (특히 내집단 안에서 "스포일러(spoiler)"라고 규정되는 사람들은) 절대 그것의 행동/입장/목표/가치를 바꾸지 않을 것이라는 믿음. 전체적으로 갈등에 대한 정적 인식은 무관심, 개인/그룹/정치의 낮은 효능감, 갈등 쟁점에 대해 추상적이 아니라 구체적인 견해로 이어진다.

그리고 실제로 북아일랜드에서 수행된 연구에 따르면, 희망은 보복에 대한 욕망의 소멸과 긍정적으로 연관되어 있고, 다시 이러한 욕망의 소멸은 적을 용서하려는 의지와 긍정적으로 연관되어 있는 것으로 나타났다(Moeschberger, Dixon, Niens & Cairns, 2005). 또 다른 연구(Rosler, Halperin & Gross, 날짜 없음)는 중동에서 희망과 공감이 타협에 대한 지지에 미치는 영향을 비교했다. 흥미롭게도, 연구 결과는 공감이 아니라 희망이 평화 협상에서 타협에 대한 이스라엘인의 지지를 증가시킨다는 것을 보여주었다. 마지막으로 코헨-첸과 동료들(Cohen-Chen 외, 2013)이 최근 수행한 연구에 따르면, 높은 수준의 희망을 경험한 이스라엘 유대인들은 양보에 대한 더 높은 지지를 표명했고, 팔레스타인인들을 만나 그들의 서사를 듣는 데 더 개방적인 것으로 나타났다.

정서 조절은 고질적 갈등의 해결을 촉진할 수 있는가?

정서 조절은 우리가 (혹은 다른 사람들이) 경험하는 정서, 우리가 (혹은 다른 사람들이) 그것을 경험하는 시기, 그리고 우리가 (혹은 다른 사람들이) 그것을 경험하고 표현하는 방식에 영향을 미치는 것을 목표로 하는 과정을 포함한다(Gross, 1998). 정서를 조절하거나 다른 사람들의 정서 조절을 조장하려는 시도는 정서의 생성 과정 전반에 걸쳐 다양한 방식으로 다양한 시기에 이루어질 수 있다(Gross, Richards & John, 2006). 그러므로 중요한 물음, 그리고 최근 우리 연구의 핵심적 물음은 공격성을 줄이고 더 화해적인 입장을 촉진하여 갈등 해결의 길을 열 수 있도록 그룹 간 정서가 효과적으로 조절될 수 있는지, 그리고 어떤 방식으로 조절될 수 있는지에 관한 것이다. 명시적 정서 조절과 암시적 정서 조절의 기존 구분과 다소 미묘하게 다른 형태의 구분을 바탕으로, 나는 갈등 해결을 바라는 사람들을 도울 수 있는 두 가지 가능한 전략을 제안한다.

첫째, 나는 개별 정서의 본성과 정치적 함의에 관한 현대의 지식이 평화를 촉진할 잠재력을 지닌, 더 집중적인 정서-기반 개입을 형성하는 데 도움을 줄 수 있다고 주장한다. 평화를 이해하고 증진하는 데 관심을 가진 사람들은 **간접적** (혹은 암묵적) **조절 전략**을 활용함으로써 구체적인 인지적 평가의 변화만을 겨냥하는 개입을 형성할 수 있고, 그리하여 사람들의 개별 정서를 변화시킴으로써 평화에 대한 여론을 변화시킬 수 있다. 이러한 개입의 틀에서 표적 청중은 직접 자신의 정서를 조절하기 위한 훈련이나 조사를 받는 것은 아니지만, 대신에 특정한 인지 평가를 변화시키고 관련 정서도 변화시킬 수 있는 구체적 메시지에 노출된다.

둘째, 더 직접적인 정서 조절 접근법은 인지적 재평가와 같은 전통적/효과적 정서 조절 전략을 갈등 상황에서 사용하여 사람들의 그룹 간 정서적 경험을 변화시키고 그 뒤에 그들의 정치적 입장도 변화시킬 수 있다고 제안한다. 이러한 직접적 (혹은 명시적) 정서 조절을 위한 일반적 훈련에서는, 표적 청중에게 자극 처리와 관련된 과제가 부여되고, 그리하여 그들은 연구자(혹은 훈련자)가 지정한 전략을 사용하여 정서적 반응을 조절하는 훈련을 받는다(조절 시험). 이러한 접근법의 근본 가정은 직접 개인들이 자신의 부정적 정서를 조절하도록 훈련함으로써, 잠재적으로 갈등 관련 사건에 대한 그들의 향후 정서적/정치적 반응을 조절할 수 있다는 것이다. 다음 절들에서 두 가지 접근방식을 간략히 기술하고 설명하고 시연할 것이다.

간접적 조절 전략을 활용한 갈등 해결의 촉진

간접적 정서 조절은 구체적 메시지를 전달함으로써 평화를 가로막는 강력한 장벽으로 보이는 정서와 관련된 사람들의 핵심 평가를 바꾸려는 시도를 가리킨다. 실험실 밖에서 이러한 메시지는 교육체계(예컨대 Bar-Tal & Rosen, 2009), 대화 그룹(예컨대 Maoz, 2011), 대중 매체, 심지어 드라마나 연속극(예컨대 Paluck, 200)을 통해 고질적 갈등에 연루된 사람들에게 전달될 수 있다.

다음에서 나는 최근 몇 년 동안 우리가 개발한 간접적 정서 조절 접근법을 설명할 것인데, 이 접근법은 집중적 정서-기반 개입을 제공한다. 첫 번째 단계는 개입의 주요 목표를 개별 정서 현상과 연결하는 것이다. 예컨대 축적된 지식을 바탕으로 우리는 증오와 공포를 줄이는 동시에 위험 감수를 효과적으로 촉진할 수 있는 분노나 희망을 유도함으로써 실질적 타협에 대한 지지를 촉진할 수 있음을 알고 있다. 다음으로 이러한 각각의 정서와 관련된 핵심 평가가 개입의 주요 표적으로 규정되고, 마지막 단계에서는 이러한 핵심 평가를 변화시키기 위해 적절하고 확실한 개입을 활용한다.

이러한 '역설계(reverse engineering)' 기반 과정의 사례는 우리가 최근 이스라엘, 보스니아, 헤르체고비나에서 수행한 연구에서 확인할 수 있다(Čehajić-Clancy, Effron, Halperin, Liberman & Ross, 2011). 연구 목표는 유대인-이스라엘인과 세르비아인이 각자의 피해 그룹에 대한 배상 정책을 지지할 의지를 증가시키는 것이었다. 첫 단계에서 우리는 그룹 기반 죄책감이 이러한 목표를 촉진할 잠재력을 지닌 가장 효과적 단일 정서인지를 확인하기 위해 과거 연구(예컨대 Branscombe & Doosje, 2004; Iyer, Leach & Crosby, 2003)를 활용했다(또한 이 책의 V-2장 Ferguson & Branscombe의 글 참조). 그런 다음 우리는 다른 선행 연구(예컨대 Brown & Čehajić, 2008)에 의존하여 그룹 기반 죄책감의 핵심 평가 주제로 내집단 책임의 인정을 지적했고, 그 뒤에 이러한 평가를 유도할 적절한 조작 방법을 찾았다. 자기 능력이나 합리성에 잠재적으로 위협적인 도전에 대해 편향적이거나 방어적으로 대응할 필요성을 감소시키는 것으로 나타난 자기 긍정(self-affirmation)의 간단한 조작(Sherman & Cohen, 2006)은 이러한 목표의 달성에 적절히 도움이 된다. 연구 결과에 따르면, 두 맥락 모두에서 자신의 긍정적 측면을 확인하는 것은 다른 사람들에게 행한 잘못에 대한 내집단 책임을 인정하고 그룹 기반 죄책감을 표현하고, 그 결과로 배상 정책을 더욱더 지지하려는 의지를 증가시킬 수 있다(Čehajić-Clancy 외, 2011).

동일한 접근법을 활용한 또 다른 흥미로운 사례는 우리가 키프로스에서 수행한 연구에서 찾을 수 있다. 이 연구의 목표는 터키계 키프로스인들이 그리스계 키프로스인들과 접촉하려는 동기를 유발하는 것이었다(Halperin, Crisp, Husnu, Dweck & Gross, 2012). 다시 우리는 우선 그룹 간 접촉에 대한 사람들의 동기에 가장 광범위한 영향을 미치는 정서로 그룹 간 불안을 확인했다(예컨대 Pettigrew & Tropp, 2006). 그룹 간 불안의 핵심 평가 주제에 대한 탐구에서, 우리는 고질적 갈등에서 그룹 간 불안은 다음 두 가지 평가의 조합으로 유발된다는 것을 깨달았다. (1) 외집단이 반복적으로 내집단에게 상처를 주고, (2) 외집단은 절대 변하지 않을 것이므로 앞으로의 어떤 만남에서든 내집단에게 상처를 주려고 시도할 것이다. 그런 다음 이러한 평가를 다루는 간단한 조작을 찾으면서, 우리는 암묵적 이론에 대한 문헌에서 제안된 구상들을 채택했다(예컨대 Dweck & Leggett, 1988).

이러한 연구들에 따르면, 사람들이 그룹 특성을 (고정된 것이 아니라) 가변적이라고 믿도록 유도하는 것은 고정관념을 줄이고(예컨대 Rydell, Hugenberg, Ray & Mackie, 2007) 그룹 간 갈등에서 타협하려는 동기를 높이는 데 도움이 될 수 있다(Halperin 외, 2011). 우리는 이러한 믿음의 변화가 (이미 변화된) 외집단이 덜 위협적으로 행동할 것이라는 기대를 만들어 그룹 간 불안을 감소시킬 것으로 추측했다. 실제로 연구 결과에 따르면, (관련된 특정 그룹에 대한 언급 없이) 그룹은 변할 수 있다고 믿게 된 터키계 키프로스인 그룹은 변할 수 없다고 믿게 된 사람들에 비해서 그룹 간 불안 수준이 낮고 앞으로 그리스계 키프로스인들과 상호작용하고 소통하려는 동기가 더 높은 것으로 나타났다.

직접 조절 전략: 효과적 정서 조절 전략을 활용한 화해적 태도 촉진

갈등 해결 분야의 가치를 높인 정서에 관한 현대 심리학적 지식의 또 다른 잠재적 활용 방안은 잘 정립된 정서 조절 전략을 평화 촉진을 위한 교육 도구로 사용하는 것이다. 상당한 경험적 주목을 받았던 선행요인 중심(antecedent-focused) 전략은 인지적 재평가이다. 인지적 재평가는 (혹은 짧게 '재평가'는) 상황의 의미를 변화시켜 그것에 대한 그 사람의 정서적 반응을 변화시키는 것을 포함한다(Gross, 1998). 경험적 증거에 따르면, 자기 정서를 조절하기 위해 재평가를 더 자주 사용하는 사람들은 훨씬 덜 부정적인 정서를 나타냈고 더 적응력 있는 패턴의 생리적 반응을 보여주었다(예컨대 Mauss 외, 2007). 재평가는 또한 공격성을 감소시키는 것으로 밝혀졌다(Barlett & Anderson, 2011).

지금까지 정서 관련 연구 대부분은 개인이나 양자 관계에 초점을 두었다. 내 주장은 이러한 연구에서 얻은 많은 통찰은 그룹 간 갈등의 맥락에도 적용될 수 있고 적용되어야 한다는 것이다. 특히 재평가는 그룹 간 정서 조절에 효과적인 전략일 수 있다. 왜냐면 정의상 재평가는 개인들이 사건의 더 넓은 의미나 결과로 주의를 돌리는 데 도움이 될 수 있기 때문이다(Ray, Wilhelm & Gross, 2008). 사람들이 정서 유발 사건에 대해 더 균형 잡힌 관점을 채택하도록 유도할 수 있다는 점을 고려하면, 재평가는 부정적 그룹 간 정서를 줄일 수 있고, 그렇게 함으로써 갈등 관련 사건에 대한 더 화해적인 반응을 촉진할 수 있다.

재평가가 화해적 태도와 연관되어 있다는 첫 번째 상관관계 증거는 가자지구에서 이스라엘과 팔레스타인 사이의 전쟁 중에 할페린과 그로스(Halperin & Gross, 2011)가 수행한 연구에서 발견되었다. 이 연구에서 우리는 재평가 활용의 개인차가 전쟁 중의 서로 다른 반응들과 연관되어 있는지를 실험했다. 이 실험에서 우리는 전국적으로 유대계 이스라엘인 성인을 (N=200) 대상으로 설문을 실시했다. 우리가 발견한 바로는, 전쟁 중 자신의 부정적 정서를 하향 조절하기 위해 더 자주 재평가를 사용한 경향이 있는 이스라엘인들이 팔레스타인 시민에 대한 인도적 지원 제공에 더 협력적이었다.

이러한 결과는 흥미롭기는 하지만, 재평가가 그룹 간 정서와 평화를 향한 태도에 미치는 인과적 영향에 대한 지표를 제공하지는 않았다. 이러한 한계를 극복하기 위하여, 우리는 (Halperin, Porat, Tamir & Gross, 2013) 실제 극적인 정치적 사건(팔레스타인의 유엔 가입)이 일어나기 일주일 전에 참가자들을 (또는 비대조군을) 대상으로 (N=60) 재평가 훈련을 수행한 다음, 사건 발생 일주일 후와 5개월 후 사건에 대한 정서적/정치적 반응을 측정하는 연구를 수행했다. 그 결과, 재평가 훈련을 받은 참가자들은 (그렇지 않은 참가자들에 비해) 훈련 5개월 후에도 팔레스타인인에 대한 화해적 정책을 더 많이 지지하는 것으로 나타났고, 이러한 효과는 그룹 간 분노에 대한 경험의 영향을 받은 것으로 나타났다. 동시에 이러한 연구는 재평가를 활용한 효과적 정서 조절이 그룹 간 부정적 정서를 감소시킬 뿐만 아니라 경쟁 그룹에 대한 공격적 정책보다는 화해적 정책에 대한 지지를 증가시킬 것이라는 우리의 예측을 뒷받침하는 예비 증거를 제공한다.

맺음말

집단정서와 정서 조절 과정에 관한 연구는 최근 몇 년 동안 빠르게 발전했다. 이 장에서 제시한 틀의 기본 전제는 이러한 발전을 통해 고질적 갈등의 심리적 토대에 관해 많은 것을 배울 수 있지만, 이러한 갈등의 고유한 심리적 맥락은 정서적 메커니즘에 대한 더 미묘한 이해를 요구한다는 것이다. 이러한 접근법에 따르면, 고질적 갈등에 연루된 사회들의 정서적 측면은 다른 사회의 정서적 측면과 양적(즉 경험된 정서의 크기가 더 크다는 것)으로뿐만 아니라 질적으로 (즉 단기/장기, 개인/집단정서 사이의 고유한 관계) 차이가 난다. 그러나 이 장에서 보여준 것처럼, 이러한 정서적 과정에 대한 깊은 이해는 정서 중심의 갈등 해결 과정을 위한 비옥한 토양을 만들 수 있다. 이러한 점에서 나는 고질적 갈등의 정서적 측면을 극복할 수 없는 장벽이 아니라 직접 혹은 간접 정서 조절을 통한 개입을 요구하는 하나의 기회로 바라본다.

최근 몇 년 동안의 중요한 발전에도 불구하고, 갈등의 정서에 관한 연구는 여전히 초기 단계에 있다. 제안된 틀의 주요 측면들, 특히 다양한 정서적 측면들 사이의 복잡한 관계와 정서에 초점을 맞춘 개입의 궁극적 시기/내용/구조를 정교화하기 위해서는 추가적인 이론적/경험적 연구가 필요하다. 향후 연구는 더 넓은 범위의 정서와 정서 조절 전략을 검토해야 하고, 정서 메커니즘에 대한 이해를 이데올로기와 집단 기억의 서사와 같이 고질적 갈등의 더 고전적인 심리적 차원에 대한 이해와 통합해야 한다. 이러한 향후의 노력은 즉 국제적 갈등에 관한 연구, 정서에 관한 연구, 정서 조절에 관한 연구 등과 같은 모든 하위 분야의 이론적/경험적 통합에 기초해야 한다.

이러한 생각을 염두에 두고 정서 조절이라는 새로운 분야의 새로운 가능성을 바탕으로, 나는 당사자들이 더 화해적인 태도와 행동을 유지하거나 이러한 태도와 행동으로 유도하는 정서를 획득하거나 더욱더 배양하도록 도움으로써, 더 큰 평화의 기회를 향한 길을 능동적이고 의도적으로 개척할 수 있다고 확신한다.

VI

의식, 운동, 사회 조직

Chapter

1

상호작용 의식 연쇄와 집단열광

랜들 콜린스[1]

정서는 본질적으로 사회적이다. 정서는 유아기부터 시작해서 개인이 다른 사람들과 관계를 맺는 상황에서 발생한다. 이것을 어떻게 이론화해야 특정한 종류의 정서 역학을 결정하는 것과 그 결과를 예측할 수 있을까? 많은 사회적 원인과 결과가 상호작용 의식(interaction rituals: IRs)에 대한 이론으로 통합될 수 있다. 이 이론은 종교의 사회적 기반에 대한 뒤르켐의 분석에서 시작되었다. 하지만 어빙 고프먼(Erving Goffman)이 보여준 것처럼, 이 접근법은 일상생활의 작은 의식에까지 확장될 수 있다.

정서는 특정한 종류의 사회적 상호작용에 대한 예측 가능한 반응이라는 점에서 사회적일 뿐만 아니라 흔히 집단적이다—그것은 다른 사람들과 공유함으로써 강화된다. 뒤르켐(Durkheim, 1912/1964)은 이러한 정서적 강화를 집단열광이라고 불렀는데, 그것은 그저 집중된 군중 속에서 더 높아진 흥분이 아니라, 일상생활에서 사회적 상호작용의 특정한 미시적 과정이 일어날 때 발생하는 공유된 분위기의 강화로 보아야 한다. 다음에서 우리는 어떻게 정서가 다양한 방식으로 사회적 상호작용에 관여하는지를 살펴볼 것이다. 시작의 구성요소로서; 성공적인 사회적 의식과 실패한 사회적 의식을 구분하는 것으로서; 개인의 삶의 궤도를 특정한 사회활동의 경로로 이끄는 의식에서 비롯된 동기로서; 사회계층 사이의, 더 일반적으로 사회 조직에서 유력한 사람과 무력한 사람 사이

1 Randall Collins, 펜실베이니아 대학교 사회학과 교수.

의 정서적 에너지의 계층화로서; 정서적 스타일의 차이와 그에 따른 문화적 단위로서; 정치적 관심을 형성하고 결집하는 주요 특징으로서; 그리고 폭력의 결정적 패턴으로서 살펴볼 것이다.

IR들은 적은 수의 구성요소로 만들어진다(Collins, 2004). 첫째, 인간의 신체들은 그것들이 음성/몸짓/표정에서 발산하는 미세한 신호를 지각할 수 있을 정도로 가까이 모여 있다. 둘째, 그것들은 필시 같은 대상에 주의를 집중하고 이러한 공통 초점을 서로 인식하게 되며, 이를 통해 상호주관성을 수립한다. 셋째, 그것들은 필시 공유된 정서를 느낀다. 만약 이 세 가지 조건이 충분히 충족되면, 정서와 상호 초점은 더 강해진다. 그것들은 뒤르켐이 집단열광이라고 부른 것, 즉 모든 참가자를 그들 중 누군가가 개별적으로 느끼는 것보다 더 강하게 느끼게 되는, 그리고 마치 외부의 힘에 이끌리듯 그들을 함께 끌고 가는 분위기에 빠지게 하는 율동적 동조화를 형성한다.

성공적 IR은 세 가지 주요 결과를 가져온다. 첫째는 연대감, 즉 공통 정체성에 함께 소속되어 있다는 느낌이다. 둘째는 소속 상징, 즉 그룹이 존중하고 그들의 공통 소속을 상기시키는 상징물이다. 이것들이 깃발이나 종교적 대상과 같은 물리적 상징일 때, 뒤르켐은 그것을 신성한 대상(sacred objects)이라고 불렀다. 그러나 소속 상징에는 행동, 제스처, 낱말, 특정 인물도 포함된다. 셋째는 정서적 에너지(emotional energy: EE)—개인이 집단에서 취하는 오래 지속되는 느낌으로, 자신감/열정/진취성을 제공한다(Collins, 2004).

IR들은 성공할 수도 있고 실패할 수도 있으며, 그 강도는 연속선에 따라 다양하다. IR들은 실패할 수 있고, 이 경우 그 효과는 실패한다. 그리하여 우리는 사람들이 그룹과의 동일성, 상징에 대한 존중, 정서적 열정을 언제 느낄지 느끼지 못할지를 예측한다.

IR을 생성하는 구성요소와 관련하여, 그것이 어떤 특정한 정서로 시작하는지는 중요하지 않다. 의식은 축하 행사나 파티와 같이 공유된 행복에서 시작될 수 있다. 그러나 아주 성공적인 의식은—죽은 구성원의 장례식에 모이는 것처럼—공유된 슬픔에서 시작될 수 있는데, 이것은 적과 싸우기 위하여 그룹에 활기를 불어넣는 데 사용되는 주요 정치적 정서이다. 혹은 또 하나의 일반적인 정치적 정서인 공포에서 시작될 수도 있다. 일반적으로 정치적 의식과 갈등 의식의 중요한 특징으로서, 그룹과 그 지도자는 이러한 부정적 정서들을 자극하여 그룹이 모여 그것들에 집중하지 않았을 때보다 더 그것들을 강렬하게 만들려고 노력한다.

그러나 여기에 중요한 요점이 있다. 서로의 주의 집중과 율동적 동조화를 일으킴으로써 성공적 의식은 공유된 정서들을 새로운 정서로, 즉 연대의 집단열광으로 변화시킨다. 모두 화나 있거나 함께 슬퍼하고 있음에도, 우리는 기분이 더 좋아지거나 더 강해진 것처럼 느낀다. IR은 정서 변형기이다. 그것은—분노/기쁨/슬픔 등의—일차적 정서들을 연대감으로 변형시킨다. 그것은 원시적 정서로부터 새롭고 고차원적인 사회적 정서를 만들어낸다.

다음으로 IR의 결과 측면을 살펴보자. 정서적 에너지는 성공적 IR로 만들어진 고차원적 정서 중 하나이다. EE 역시 하나의 변수이다. IR이 강렬할 때, 사람들은 의식을 마치고 자신감과 열정에 가득 차서 떠난다. 뒤르켐(Durkheim, 1912/1964)이 적은 것처럼, 의식들은 당신을 더 강하다고 느끼게 해주며 이것이 바로 그것들이 매력적인 이유이다. 사람들은 종교나 정치나 가십성 대화나 학술적 강연에 끌린다—이것들이 성공적 IR일 때이다. 사람들은 그것들을 믿으며 그것들의 메시지, 즉 그것들의 상징적 의미를 내면화한다. 사람들은 자신의 삶이 이러한 종류의 의식들을 지향하게 하고 그것들을 반복하려 한다. EE는 사회생활의 기본 동기요인이다. 성공적 의식들은 사람들이 과거에 집단열광을 느꼈던 특정한 종류의 행사로 사람들을 끌어들인다. 이것은 IR이 실패하는 부정적 측면에서도 강하게 나타난다. 이 의식은 무미건조하다. 집단정서는 만들어지지 않는다. 그러므로 개인들의 EE는 부족하다—그들은 우울하고 의욕이 없고 소외되었다고 느끼고, 그들은 실패한 의식들이 일어난 종류의 상황을 피한다. 이 이론이 그저 IR이 아니라 IR 연쇄 이론인 이유가 바로 이것이다—개인들은 무작위적으로 한 상황에서 다른 상황으로 이동하는 것이 아니라, 더 높은 EE가 발견된 곳의 매력에 이끌리는 것이고, 그들이 EE를 잃는 상황으로부터 멀어지는 것이다. 이것이 내향인과 외향인 같은 특질과 더불어 다양한 종류의 성격을 생성하는 메커니즘이다.

인지에서 정서의 중요성은 결과 측면에도 있다. 성공한 IR은 소속 상징과—즉 뒤르켐의 신성한 대상과—EE를 모두 생성한다. 상징들은 정서, 즉 그것들에 관심이 집중되는 상황에서 나온 연대감이 깃들어 있기에 중요하다. 중요한 상징들은 그것들의 정서적 내용을 통해 다른 인지보다 더 높아진다. 그러므로 그것들은 기억하기가 더 쉽고(Damasio, 1994), 집단 기억의 항목이 된다. 그러나 뒤르켐의 요점이 핵심적이다. 과거에 대한 기억은 현재의 의식들의 성공으로 이어진다. 마치 종교 신자들이 오래전의 혹은 초역사적 현실의 신성한 사건을 기념하고 있다고 생각하는 것처럼 우리도 우리가 과거를 기념하고 있다고 생각할 수도 있지만, 실제로는 이러한 상징의 현재적 사용에서 파생되는 정서적 연대가 그 상징의 존속 여부를 결정한다.

내가 집단적 과정에 대해 말한 것은 개인 수준에도 적용된다. 개인은 상황에서 상황으로 이동하며, 자신의 EE를 높여주는 IR을 반복하고 EE를 고갈시키는 IR을 피하려 한다. EE는—무엇을 향한—자신감이자 열정이자 적극성일까? 개인들로서 우리는 자신의 개인적 인지, 즉 이전의 상호작용에서 생성된 관념에 따라 움직인다. 그래서 우리의 인지는 가변적으로 서로 다른 수준의 EE로 채워져 있다. 어떤 관념은 높은 정서적 강도를 지닌 순간에 나온다. 이러한 인지는 마음에 쉽게 떠오르고, 그래서 우리의 사고와 향후 행동 계획을 인도한다. 다른 인지는 실패한 혹은 평범한 IR의 일부이다. 그것은 우리의 마음에 덜 두드러지고 기억하기 더 어렵고 우리의 정신적 풍경에서 덜 중요하다. 여기서 나오는 중요한 이론적 예측은 다음과 같다. 특정한 순간에 우리가 생각하는 것은 우리가 참여했고 가까운 미래에 발생할 것이라고 예상하는 일련의 IR들에 의해 사회적으로 결정된다(내적 대화로서 사고[thinking]에 관한 사회학 연구로는 Archer, 2003; Collins, 2004, pp.183-220; Wiley, 1994 참조). 도식적으로, IR은 인지와 연관된 정서를 일으킨다. IR의 강도가 달라지는 것처럼, 개인의 사고에서 결과의 연쇄도 달라진다. 또한 매우 부정적인 정서적 경험은 사람의 마음에 강하게 남아(Baumeister 외, 2001; Rozin & Royzman, 2001) 혐오의 대상을 표시한다. 나의 가설은 이러한 정서가 일반적으로 독특한 유형의 IR, 즉—모든 참가자가 정서적으로 무미건조한—실패한 IR이 아니라, 한 파벌이 다른 파벌에 대항하기 위해 연대 혹은 정서적 우위를 생성하는 계층화된 IR에서 발생한다는 것이다.

여기서 우리는 다양한 종류의 상황 중 몇 가지 변형들을 소개해야 한다. 나는 이미 성공한 IR과 실패한 IR에 대해 강조했다. 또 하나의 차원은 IR이 참여하는 모든 사람에게 대칭적인가이다. 일부 IR은 매우 비대칭적이다. 다른 사람들보다는 어떤 사람들에게 관심이 집중되고, 그들은 다른 사람들보다 훨씬 더 많은 연대와 EE를 받는다. 이것은 부정적 요소가 없는 의식, 즉 그룹 연대를 기념하는 의식에서도 일어날 수 있다. 그런데도 종교의식에서 대부분의 관심은 지도자나 사제나 설교자에게 집중될 수 있다. 그 혹은 그녀는 살아 있는 성물이 되고, 청중으로부터 받은 에너지로 충전되어 카리스마를 가지게 된다. 비슷한 역학관계가 정치적 세계에서도 작동한다. 또한 상업적 목적을 위해 IR 과정의 의도적 조작으로 팝스타와 스포츠 영웅을 만들어 내는 현대의 세속적 연예계에도 작동한다(Stromberg, 2009).

비대칭적 혹은 계층화된 IR의 또 다른 유형은 모인 그룹이 나뉘는 경우이다. 그룹의 일부는 다른 일부를 처벌과 굴욕의 의식을 당할 만한 범죄자나 희생양으로 취급할 수 있다. 이러한 종류의 의식은 전근대 사회에서는 매우 흔했지만, 오늘날 우리는 그것을 잔인하다고 생각한다. 왜냐면 우리는 적어도 명목상 민주적 참여라는 대칭적 의식을 선호하기 때문이다. 이러한 집단 처벌의 비대칭적 의식의 생존은 성범죄를 저지른 여성을 돌로 쳐 죽이는 이슬람 부족 공동체에서 발견된다. 서구 문화의 현대인들은 이것을 터무니없다고 생각하지만, 이 공동체의 IR 구조 안에서 구성원들은 (적어도 남성 그룹에서는) 자신들이 하는 일을 매우 도덕적인 것으로 간주한다—뒤르켐의 원칙에 따라 공동체는 그 자체의 도덕을 창조한다.

계층화된 의식의 더 가벼운 형태는 한쪽이 명령을 내리고 다른 쪽이 명령을 받는, 즉 받은 명령을 수행하겠다는 의지를 보여주는 권위의 설정이다. IR 이론에 따르면, 명령을 내리는 사람, 즉 권위를 가진 사람은 정서적 에너지를 얻는다. 왜냐면 그 혹은 그녀는 관심의 초점이고 다른 사람들이 따를 리듬을 통제하기 때문이다. 반면에 명령을 받는 사람은 정서적 에너지를 잃는다. 계층화된 의식의 중요한 결과는 더 높은 사회 계급이 더 낮은 계급보다 더 많은 정서적 에너지를 가진다는 것이다. 상류층에게 일상생활은 성공적 의식의 중심에 있는 것이고, 하류층에게는 다른 누군가에 의해 통제되고 자신의 정서적 에너지를 고갈시키는 의식에 참여하는 것이다. 이러한 높고 낮은 정서적 에너지의 재생산 회로는 계층화를 유지하는 미시적 상호작용 메커니즘이다. 물론 하위층, 즉 명령을 받는 사람들이 자신의 성공적 IR을 찾을 수 있어서 권위에 대항하거나(Summers-Effler, 2002), 적어도 계층화되지 않은 영역(예컨대 대중오락 의식)으로 탈출할 수 있는 일부 사회 구조가 존재한다. 사람들이 에너지를 고갈시키는 의식에서 탈출할 수 있는 정도가 하나의 변수이다. 역사적으로 대다수 사람은 자신이 그것에서 혜택을 받든 정서적으로 억압을 받든 의식들에서 벗어날 수 없는 갇혀 있는 존재였다. 현대 근대성으로의—아마도 그것을 탈근대성(post-modernity) 혹은 초근대성(hyper-modernity)이라고 부를 수 있다—변화 중 하나는 가능해진 탈출의 양이다.

전근대와 초기 근대 사회에서 사람들은 주로 강압이나 물질적 필요에 의해 사회적으로 갇혀 있었다—그들은 굶지 않고는 주인에게서 벗어날 수 없었다. 근대/탈근대 사회에는 좀 더 가벼운 형태의 사회적 지배가 존재한다. 대체로 개인들은 형식상으로는 자신이 누구와 어울릴지를 자유롭게 선택할 수 있지만, 그들이 모이게 되면, 어떤 사람은 더 많은 문화적 자본을 가지고 있어 관심의 중심을 차지할 수 있고, 다른 사람은 전문성, 취향, 지역 가십의 영역에서 적절한 이야깃거리가 없어 배제되거나 그룹의 주변부에 놓인다. 부르디외(Bourdieu)의 의미에서 문화적 자본은 직접적이 아니라 IR의 성공과 실패에 미치는 영향을 통해 사회적 지배를 초래한다. 그래서 계층화는 일상생활의 IR 내부에서 발생하여, 동일한 의식을 어떤 사람에게는 정서적으로 더 성공적인 것으로 만들고 다른 사람에게는 정서적으로 덜 성공적인 것으로 만들며, 지배적 성격과 피지배적 성격, 즉 열광적 성격과 소외된 성격을 생성한다.

성공적 상호작용 의식은 이데올로기와 이익에 초점을 맞춤으로써 정치적 선택을 예측한다

IR은 개인들을 그들의 사생활을 통해 조종한다. 왜냐면 개인들은 다양한 성공 확률로 우정과 사교라는 개인적 의식을 수행하여 네트워크를 구성하는 반복적 유대관계를 형성하려고 시도하기 때문이다. 그러나 IR은 정치적 그룹의 형성 및 동원과 같은 거시적 과정을 산출하는 미시적 메커니즘에서도 작동한다. 저널리즘, 역사분석, 정치 수사학에서와 마찬가지로 정치적 행위자를—중산층, 농업계, 공무원 등과 같은—특수한 이해관계를 가진 그룹들로 지칭하는 것은 일반적이다. 그러나 이러한 그룹들은 자연적으로 구성된 것이 아니다. 그것들은 공익을 인식하지 못하거나, 소규모 지역 그룹에 더 많은 관심을 가지거나, 더 광범위한 그룹과 동일시될 수 있다. 동포, 기간, 전술, 성공 추정치에 관해서는 물질적 이익이 모호하다. 그러나 실제 생활의 흐름 속에서 정치적 행동에 참여하는—공적 모임에 나가고 지인과 대화하고 막후 계획에 관여하고 집회/폭동/전쟁 등에 참여하는—사람들은 우리가 어떤 이익을 증진하고 있다고 생각하는지, 그리고 누가 우리와 함께하고 있는지를 규정하는 담론의 일부가 된다. 우리를 하나로 묶어주는 것은 이익이 아니라 이익에 관한 우리의 공유된 이야기이다. 뒤르켐의 소속 연대성을 지니는 것이 바로 이러한 상징적으로 공식화된 이익이다. 이러한 이유로 정치적 이익 그룹에 속한 사람들은 정서적/도덕적 방식으로 물질적 이익에 관여할 수 있다.

정치적인 사람들은 흔히 이익에 관하여 이야기하지만, 때로는 이상화된 수사로 이야기한다. 그들은 심지어 자신들의 이익에 대하여 자신들이 말한 바를 믿으며, 자신들의 이상에 대하여 자신들이 말한 바도 믿는다. 진실성은 정치에서 중요한 문제가 아니다. 왜냐면 진실한 믿음은 사회적 산물이기 때문이다. 성공적 IR은 사람들을 진실한 신봉자로 만든다. 주로는 사람들이 다양한 IR을 거치면서 한 진영에서 다른 진영으로 갈아탈 때, 혹은 공산주의 배후 조직의 경우 정서적으로 별로 강렬하지 않은 다른 공적 IR에 맞서 그들의 신념을 정착시키기 위해 강렬한 IR을 사용할 때, 그들은 진실하지 않고 조작적이게 된다(Selznick, 1952). 이것은 표면적으로는 모든 파벌을 살펴보지만 정서적으로는 어디에도 속하지 않기 때문에 아무것도 믿지 않는 세계주의적 기회주의자에게 여지를 남긴다. 그러나 이러한 사람들은 정치에서 드물다. 아마도 다른 정치적 행위자들을 지도할 수 있는 아주 강한 인상을 주는 높은 EE는 정서적 IR에 깊이 내재되어 있기 때문일 것이다. 단순한 조작자는 카리스마가 없고 불쾌하기 때문이다. 히틀러는 조작적이었다. 그러나 그는 아주 강렬한 IR의 중심에 있었고, 나치의 의식은 그를 나치의 이상에 대한 진정한 극단주의자로 만들었다. 결국 그는 과한 자신감에 부풀었고, 그래서 압도적인 지정학적 역경과 대결함으로써 자신의 정권을 파괴했다(Mann, 2013; Klusemann, 2010). 어떤 시점에서든 우리는 그들이 경험한 IR의 성공이나 실패의 정도를 살펴봄으로써 다양한 정도로 관념과 이상에 몰입하는 사람들의 진용을 예측할 수 있다.

IR 이론은 사람들이 무엇을 생각하고 무엇을 할 것인지에 대한 설명이다. 특정한 순간에 사람들은 특정한 단어를 말하거나 특정한 생각을 할 것이다. 누군가의 머릿속에 떠오르는 생각은 이전에 다른 사람들과의 대화를 통해 내면화된다. 이미 내면화된 언어적 관념의 구성요소로부터 더 혁신적인 생각이 조합된다. 세계는 대화의 네트워크이고, 그 안의 어떤 지점에서 사람들이 생각하는 것은 이전 대화에서 유포된 것의 산물이다. 중요한 정서적 요소가 있다. 이전에 이야기되었을 때 정서와 연관되었던 관념은 더 잘 기억되고 더 말이 된다. 그래서 즉흥적인 개인적 생각에서도, 누군가의 마음에 떠오르는 것은 정서가 담긴 관념들이다. 사람들이 전략을 짜거나 감정을 분출하거나, 혹은 다른 방식으로 자신의 목표를 말로 표현하려 할 때, 누군가의 머릿속과 혀에 떠오르는 단어들이 바로 이러한 단어들이다.

조금 더 자세히 말하자면, 세계는 대화들의 네트워크이고, 그것들은 IR로서 서로 다른 성공이나 실패의 정도를 가진다. 성공한 IR은 모인 그룹이 서로 높은 수준의 주의 집중, 공통 정서의 공유, 뒤르켐의 집단열광의 경험을 얻는 IR이다. 정치적 삶에서 성공한 IR은 모든 사람에게 충분한 정서적 에너지를 생성하는 연설과 집회일 수 있다. 특히 폭동과 잔학행위가 극적이다. 일부 전문 정치인에게 가장 중요한 IR은 다른 정치적 추종자와의 사적인 상담이다. 그것이 어떤 종류의 IR인가가 그것이 어떤 종류의 정치적 관여를 창출하는가에 영향을 미칠 것이다. 거리의 투사, 국회의원, 운동 계획자의 사고방식은 그들에게 가장 성공적인 IR의 내용에 따라 달라진다. 중요한 대조 대상은 실패하거나 그저 평범한 IR이다. 집회는 열광적이지 않을 수 있고, 의회 회의는 단조롭게 일상적이거나 지루하게 정체될 수 있다. 폭동과 전쟁은 연대를 가져올 수도 있지만 해산으로 끝날 수도 있다. 다른 모든 일에서처럼 정치적 삶에서도 각 사람은 성공한 정서적 IR들에 끌리며 그것들의 사고방식으로 채워진다. 그리고 우리는 효과가 없고 그 상징으로 사고하는 것에 거의 매력이 없는 IR들을 멀리한다.

IR들의 성공 또는 실패의 동일한 메커니즘은 사람들이 자신의 이익을 단기적, 중기적, 장기적으로 생각하는지를 결정한다. 전체적으로 그들이 장기적 이익에 대한 믿음을 유지하기 위해서는 더 강한 IR들이 필요하다. 그래서 더 '광신적' 운동일수록 구성원들의 관심이 오염되는 것을 막기 위해 외부인에 대한 아주 거대한 장벽을 포함하는 가장 강력한 IR들을 사용한다. 그리고 IR 메커니즘은 사람들이 어떤 전략에 전념하게 되는지, 그들이 어떤 전략을 거부하는지를 결정한다. 전략은 관심의 초점이 되고, 흔히 가장 열띤 대화 주제가 된다. 대다수 정치적 당파의 목표는 이 목표를 달성하기 위한 그들의 전략만큼 다르지는 않다. 그리고 대다수 격렬한 분열이 일어나는 것은 바로 이러한 전략적 쟁점에 관해서이다. 정치적 그룹이 선호하는 전략은 그들의 정체성의 기반이 된다. 그들 상대가 선호하는 전략은 최악의 적을 정서적으로 규정하는 상징적 기준선이 된다.

좋은 예로 1930년대 중국 공산당이 게릴라 거점에서 개발한 "투쟁 회의(struggle meeting)"가 있다(Mann, 2013). 투쟁 회의에서 한 마을의 가난한 농민들은 부유한 농민들을 비판하고 그들의 방식을 고치도록 압력을 가했다. 무장 공산주의자들의 존재는 억압받는 농민들에게 자신감을 주었지만, 이 회의가 그저—전통적 봉기처럼—분노 폭발이나 린치 무리는 아니었다. 왜냐면 그것은 제도화된, 즉 반복적/공식적인 것이었기 때문이다. 공산주의자들은 빈민이 계급의 적들을 죽이는 것을 자제시키고, 대신에 지속적으로 그룹 압력을 가해 적들의 생각을 바꾸도록 유도했다. 이것이 1960년대 홍위병 운동에서 사용된 '사상 개혁' 전술의—실제로는 소규모 그룹의 심리를 의도적으로 조작적 방식으로 적용하는 것—원형이 되었는데, 이것은 더 이상 계급의 적들이 아니라 공산당 행정관들을 숙청하는 데 사용되었다(Walder, 2003). 러시아 볼셰비키(다른 방식이지만 나치)와 마찬가지로, 중국 공산주의자들은 그룹 규율(group discipline)의 미시사회학에서 혁신을 이루었기에 독특하면서도 성공적이었다(Klusemann, 2010; Selznick, 1952). 그리고 이러한 혁신이 적들에게 중국 공산주의자들을 사악하게 보이게 만들었다.

이익은 사회적으로 정의되기 전까지는 의식적 동기가 되지 못한다. 사유 재산, 집단 재산, 증여, 혹은 약탈에 대한 기본적 본능이란 없다. 이 모든 것은 인류의 기원 이래로 다양한 사회에서 다양한 변형을 가진 관행들이다. 사람들은 자본가나 노조원이나 개혁가나 혁명가가 (혹은 갱단원이) 되는 법을 배워야 하며, 그들이 '배운' 방식은 '훈계'가 아니라 이러한 관행들에 관해 이야기하고 그것들을 실행할 때 그들에게 정서적 에너지를 주는 IR에서의 경험을 통한 방식이다.

어떤 물질적 이익은 다른 이익보다 더 집중하기 쉽다. 이미 일상적인 물질적 관행이 있는데 그것을 방해하는 것은 우리의 주의를 집중시키고, 다른 사람들이 당신과 함께 모여 동일한 불만에 집중하면 저항이나 반격을 일으킬 수 있다. 부정적 이익은 긍정적 이익보다 더 선명하게 보일 수 있고 더 쉽게 주변을 동원할 수 있다. 해고된 노동자나 임대료가 인상된 농민은 앞으로 어떻게 하면 더 높은 소득을 올릴 수 있을지를 고민하는 노동자보다 자기 이익을 더 쉽게 파악할 수 있다. 그러므로—경기침체, 국가로부터의 재산 위협, 혹은 기타 정치적 움직임에 대한 반응과 같은—반동적 운동은 더 나은 미래를 추구하는 긍정적 운동보다 더 동원하기 쉽고 일반적으로 더 정서적으로 흥분된다(Mann, 2013). 이 모든 것은 IR의 미시적 메커니즘을 통해 이루어진다. 부정적 이익인 물질적 자원을 잃거나 위협을 느끼는 것은—성공적 IR의 조건들인 그룹을 모으는 것, 주의를 집중하는 것, 주의 대상에 대한 공유된 정서를 높이는 것을 쉽게 충족하는 경향이 있다. 더 모호하고 여러 갈래의 미래로 이어지기 때문에, 긍정적 이익은 명확하게 집중하기 어렵고 그것에 정서를 부여하는 것도 더 어렵다. 기쁨과 희망은 그룹 집회 자체에서 생성되어야 하는 반면, 이미 가지고 있는 것에 대한 상실이나 위협에서 정서는 개별적으로 생성되며 그룹 과정을 통해 증폭된다. 변화를 위한 운동은 현상 유지를 위한 운동보다 더 많은 IR 작업을 수행해야 한다.

방어적 이익이 항상 명확한 것은 아니다. 만약 지주가 농민의 농작물을 더 많이 빼앗아 간다면, 그것은 분명하다. 하지만 무정부주의나 사회주의 운동이 당신의 재산을 위협한다면, 그 운동은 겉으로 보이는 것만큼 위협적이지 않을 수도 있다. 그것들의 위협은 (단순한 의례일 수 있는) 그것들의 수사에 의해 부풀려진 것이고 실제로 수행할 능력이 없을 수도 있다. 다른 한편으로 반좌파 운동은 추정된 위협에 대해 정서적 히스테리를 일으키는 데 성공할 수 있다. 이는 보수주의자 단속의 주요 전술 중 하나이다. 좌파의 재산 위협이 항상 근거 없는 믿음인 것은 아니다. 그러나 갈등 순간에 그것이 얼마만큼 심각한지를 판단하기는 어렵기에, 부정적 이익에도 IR을 통한 사회 구성의 거대한 요소가 존재한다.

요약하자면, 물질적 이익은 단순히 존재하는 것이 아니며, 계급들과 이익 그룹들 사이의 투쟁을 유발한다. 그것은 항상 단어와 상징을 통해 사회적으로 공식화된다. 이것은 IR이 이익을 이해하는 특정한 방식에 대해 더 많은 관심과 공유된 정서를 불러일으키는 데 성공할 때 이루어진다. 물질적 세계가 존재하지 않는다는 말이 아니다. 인간의 신체, 이런저런 진영의 의식에 참여하는 사람들의 수, 무기, 차량, 돈, 그리고 다른 모든 경제적/기술적 자원은 어떻게 행동이 동원되는지와 누가 승리하는지에 차이를 만든다. 그러나 이 모든 것은 우리가 자신의 이익이라고 인식하는 것에 대한 사회적 정의라는 바늘구멍을 통과해야 하며, 이것은 IR에서 정서적으로 공유되는 주의 집중의 정도에 의해 이루어진다. 물질적 자원은 충분한 정서적/인지적 소통을 통해 집중된 인간 네트워크에 의해 작동될 때까지는 비활성적이고 맹목적이다. IR을 조직하고 집중시키는 다양한 방식이 정치적 행동에 핵심이다.

폭력적 갈등의 상황은 정서적 주의 공간에서 교착 상태 또는 우위에 달려 있다

이제 이러한 분석을 갈등 상황, 특히 폭력에 간단히 적용해 보자(Collins, 2008). 폭력의 미시사회학은 최근 몇 년 동안 정서 사회학과 동일한 종류의 연구 기법을 통해 발전해 왔다. 이제 우리는 휴대전화와 CCTV 보안 카메라, 망원렌즈로 폭동과 전쟁을 취재하는 뉴스 사진기자들이 촬영한 폭력적 상황의 영상을 볼 수 있다. 동시에 민족지학자들은 더욱더 대담해져서 폭력적 갱단 한가운데서 생활하며 가장 폭력적인 범죄자들, 축구 훌리건, 경찰, 전투병을 인터뷰하고 관찰한다. 이론적 수준에서 우리는 폭력에 대한 수많은 신화를 파헤쳤다. 그리고 미시적 상호작용의 중요한 세부 사항에 초점을 맞춤으로써 폭력이 특정한 형태를 띠게 되는 원인과 폭력이 일어나지 않는 경우를 포함한 이론을 발전시킬 수 있었다.

주요 발견은 정서에 관한 것이다. 우리가 예상할 수 있듯이, 분노는 흔히 갈등 상황이 시작될 때 나타난다. 그러나 폭력의 순간에 이르렀을 때, 우리가 사진이나 영상에서 보는 것은 분노가 아니라 참가자들, 특히 공격자의 얼굴과 몸에서 나타나는 공포와 긴장감이다. 나는 이 정서를 ct/f, 즉 대결적 긴장감/공포(Confrontational tension/fear)라고 불렀다.

우리의 통속적 이론은 폭력은 단순히 분노를 실연하는 문제로 가정하므로, 그 원인은 필시 더 거슬러 올라가서 누군가를 화나게 만든 상황, 불쾌감을 일으킨 문화적 해석,

그리고 어쩌면 자신의 분노를 억제하지 못한 성격에 있다. 그러나 이것은 미시적 상호작용의 현실에서 일어나는 일이 아니다. 분노는 주로 고함이다. 그것은 상대를 겁줘서 굴복시키려는 시도, 즉 상황을 지배하려는 시도의 수행이다. 종종 이러한 허세는 성공하고, 내가 검토한 민족지나 영상화면에서는 갈등은 거기서 멈출 것이다. IR 영역의 다른 모든 것처럼, 폭력은 성공하거나 실패할 수 있다. 그리고 대다수 경우에 그것은 중단된다. 우리가 종속 변수에 대한 표본추출을 피하는—즉 폭력이 이미 발생한 경우에 국한하지 않고 되도록 광범위한 갈등의 표본을 수집하는—경우 우리는 특히 분명하게 폭력이 중단되는 것을 볼 수 있다. 이것은 개인적 다툼뿐만 아니라 시위와 같은 집단행동에서도 마찬가지이다(Nassauer, 2012).

이것은 이론적 원리로 설명될 수 있다. 우리가 IR에서 함께 있는 다른 사람에게 폭력을 행사하는 행동은 ct/f라는 정서적 장벽에 부딪히게 된다. 그 장벽을 우회할 수 있는 경로를 발견하지 못하는 한, 가장 강력한 상호작용 성향은 폭력을 멈추는 것이다. **의식적으로** 사람들은 폭력을 범하고 싶어할 수도 있지만, **무의식적으로는** 그렇게 하는 것이 어렵다고 생각한다(Collins, 2008 참조).

폭력을 멈추는 것은 갈등을 멈추는 것과 같지 않다. 분노의 정서는 계속될 수 있다. 싸움을 멈추는 전형적 방식은 한 사람이 화가 나 쿵쿵거리며 문을 쾅 닫고 나가는 것, 그리고 두 사람이 계속 화를 내면서 떠날 때 서로에게 욕을 하는 것이다. 폭력으로 이어지지만 않는다면, 분노는 쉬운 정서이다. 그러나 화난 사람들은 누군가를 때리거나 총을 쏘는 순간—만약 그들이 그렇게까지 한다면—다른 표정으로 바뀐다.

어떻게 누군가 장벽을 우회할 수 있는가? 한 가지 방법은 멀리서—원거리에서 총을 쏘거나 비행기나 드론이나 로켓을 보내거나 도로 밑에 폭발물을 숨겨서—공격하는 것이다. 이론적 원칙을 다시 설명하자면, **우리가 IR에서 함께 있는** 다른 사람에게 폭력을 행사하는 행동은 ct/f의 정서적 장벽에 부딪힌다. 이 정서적 장벽을 우회하는 한 가지 길은 당신이 IR에서 적과 함께 있을 정도로 가까이 다가가지 **않는** 것이다. 목소리와 신체의 미시적 메시지가 ct/f을 생성할 정도로—무엇보다 그들과 눈이 마주칠 정도로—가까이 다가가지 않는 것이다. 폭력 시도는 왜 ct/f를 생성할까? 여기서 폭력에 대한 미시적 이론은 IR 이론과 맞물린다. IR 이론은 서로 주의를 집중하는 사람들은 서로 리드

미컬하게 동조화되므로 상호주관성과 연대감을 느끼는 경향이 있다는 것이다. 그러나 폭력은 다른 사람이 저항하는 리듬을 강요하려는 시도이다. 폭력은 (적어도 가까운 거리에서는) 반대 목적의 행동이다. 그렇다면 발생하는 긴장감은 IR의 주된 경향을 거스르려는 시도로부터 나온다. 폭력의 위협은 IR의 구성요소 중 하나인 모든 사람의 주의를 강하게 집중시킨다. 그러나 자연스러운 결과인 상호 동조화는 지배하고 해를 입히려는 투쟁에 의해 상쇄된다. 이것이 바로 폭력이 이러한 압박인 이유이며, 대다수 갈등 상황이 중단되는 이유이다. 그리고 폭력이 개시되더라도, 그것은 보통 무능하다. 대부분의 사격은 근거리에서 빗나가고 사거리가 가까울수록 더 많이 빗나간다.

대결적 긴장감/공포는 집단정서이다. 사람들이 서로에게 폭력으로 위협하는 상황을 특징짓는 공유된 긴장감이다. 그것은 아마도 모든 집단정서의 상황 중에서 가장 강렬하고 피할 수 없는 정서적 주의 공간을 구성할 것이다. 전체적으로 이렇게 서로에게 집중된 정서 상황이 비대칭적 IR로 바뀔 수 없는 한, 폭력은 진행되지 않는다.

나는 ct/f의 장벽을 우회하여 폭력이 진행될 수 있는 미시적 상황 경로의 단순화된 형태를 제공할 것이다. 가장 중요한 것은 (1) 약한 희생양을 찾는 것과 (2) 청중의 지지이다. 그중 후자는 적대자들 사이의 갈등을 관심의 중심에서 제거한다. 대신에 싸움꾼과 그를 지지하는 청중 사이의 동조화는 이 상황에 더 큰 IR을 부과하고, 싸움꾼에게 활력을 불어넣기 위해 청중의 정서적 연대감을 이용하는 동시에 대결적 긴장감과 공포의 초점을 흐리게 한다.

다른 주된 경로인 (1) 약한 희생양을 찾는 것은 추가적 설명을 요구한다. 약한 희생양은 무엇보다 정서적으로 약하다. 대다수 갱단 싸움과 폭동에서 우리가 사진과 설명에서 보는 것은 보통 3명, 4명, 5명, 또는 6명의 작은 그룹이 한 명의 고립된 희생자에게 집단으로 달려드는 싸움이다. 6대 1은 사회 수학의 세계에서 가장 위험한 비율이다. 왜냐면 이러한 규모의 무리는 아무런 지원도 없고 보통 공격을 피하려는 것 말고는 아무 생각도 없는 희생자에 대해 압도적인 정서적 연대를 생성하기 때문이다. 그러나 한 명의 지지자가 있어 6대 2, 심지어 10대 2가 된다면, 흔히 더 작은 그룹은 공격자들이 포기하고 더 쉬운 표적을 찾아갈 때까지 그들에게 반격하여 쫓아버릴 수 있다. 이러한 상황의 역학관계에서 핵심 포인트는 먼저 한쪽이 정서적 우위를 점하고, 그다음에 물리적 피해가 따른다는 것이다. 이것은 한쪽이 두들겨 맞았기 때문에 패배하고 그들이 패배할 때까지 더 큰 피해를 입고 더 많은 사상자를 낸다는 우리의 물질주의적 가정과 상반되는 것이다. 그러나 우리가 관찰한 미시적 결과는 그 반대임을 보여준다. 먼저 정서적 지배가 발생하고, 그 시점까지는 일반적으로 물리적 피해가 거의 또는 전혀 발생하지 않는다. 대부분의 사상자는 한쪽이 정서적으로 패배한 후에 발생한다. 이러한 패턴은 폭동, 군사적 전투, 대량 학살과 같은 대규모 갈등에서도 나타난다(Klusemann, 2012).

상호작용 의식 이론의 연구 적용

IR 이론은 다양한 경험적 환경의 분석에 사용되었다. 특히 중요한 것은 의식이 성공하거나 실패할 때의 조건이다. 로스너(Rossner, 2011, 2013)에 따르면, 범죄 가해자가 그/그녀의 피해자 및 그들의 지지 네트워크와 함께 모이는 회복적 정의(restorative justice: RJ) 회의가 성공적인 경우, 이는 한쪽에는 수치심과 후회를, 다른 한쪽에는 용서와 화해의 감정을 산출한다. 그러나 RJ 회의는 실패할 수 있고, 오직 피상적인 형식적 사과만을 내놓을 수 있다. 그 차이는 목소리 톤, 몸자세, 상호 일치와 불일치로 나타나는 정서 증강과 그룹 초점의 결과에 있다. 오직 미시적 메커니즘이 작동하는 경우에만, RJ 회담은 재범을 예방하는 유용한 도구이다(또한 Maruna, 2011; 이 책의 Ⅳ-3장 Páez & Rimé의 글 참조). 서머스-에플러(Summers-Effler, 2010)에 따르면, 사회운동을 지속시키는 핵심 그룹은 극도의 피로와 조직으로부터의 소외를 겪을 수 있지만, 강렬한 공유 정서를 성공적으로 끌어내는 자기 조직에 고유한 IR 레퍼토리를 가지고 있는 정도에 따라 스스로를 유지할 수 있다. 예컨대 빈민과 함께 살아가는 데 헌신하는 가톨릭 노동자나 사형제 폐지를 위한 운동과 같은 특수한 종류의 사회운동은 서로 다른 정서에 초점을 두기 때문에 독특한 정서적 톤을 생성한다. 이것은 폰 세브(von Scheve, 2012)가 분석한 패턴과 일치하는 것으로, 서로 다른 사회적 단위들은 정서적 연대의 고유한 패턴과 문화적 경계를 유지한다.

강렬한 IR을 만들어내는 메커니즘은 현대 종교 관행에서 연구되었고, 이것은 그 이론의 뒤르켐적 기원을 고려할 때 놀랍지 않은 일이다(Barone, 2007). 다양한 종류의 교회는 합리적 선택 이론에서 생각하는 것처럼 우수한 종교적 재화를 제공할 뿐만 아니라, 특히 더 성공적인 IR을 제공함으로써 종교 시장에서 다양한 성공을 거두었다(Baker, 2010). 이러한 패턴은 특히 현대적/혁신적 대형 교회에서 강하게 나타난다(또한 이 책의 VI-5장 Knoblauch & Herbrik의 글 참조). 노래할 때 신체의 미세 동기화 메커니즘은 이러한 과정을 자세히 보여준다(Heider & Warner, 2009). 미시사회학적 방법은 다양한 종류의 종교 그룹들 사이의 차이점과 세속적 의식과 구별되는 종교적 IR의 구체적 특징을 추가로 밝혀준다(Collins, 2010).

영상 녹화와 밀접 관찰을 통한 교실 행동에 관한 미시적 연구에 따르면, 학생들이 특정 교재를 배우는 데 초점을 둔 긴밀하게 조율된 IR을 생성할 때의 교육이 가장 성공적이다(Haslett, 2007; Milne & Otieno, 2007; Olitsky, 2006; Smardon, 2004). 이것은 거시적 계층화 패턴에 중요하다. 왜냐면 미시적 수준에서 성공적 의식이 이루어질 때, 동일한 사회계층 안에서 한 세대에서 다음 세대로 문화적 자본이 재생산되는 부르디외 밀집 행진법이 깨질 수 있기 때문이다.

특히 효과적인 팀워크를 가진 조직들은 공유된 목표를 중심으로 높은 수준의 정서적 에너지로 단결시키는 지역적 IR을 생성하는 조직들이다. 파카와 해킷(Parker & Hackett, 2012)은 이것들을 혁신적 과학 운동에 대한 정서적 자극의 중심을 구성하는 "핫 스폿과 핫 모멘트(hot spots and hot moments)"라고 불렀다. 베르테시(Vertesi, 2012)는 첨단 과학팀의 헌신을 (이 경우에는 다른 행성에서 로봇 탐사의 움직임을 조정하는 것을) 유지하는 데서 EE의 중요성을 강조한다. 로봇공학이 미래의 물결일 수는 있지만, 그것의 성공적 사용에서 중요한 측면은 인간의 정서를 끌어들이는 것이다. 다른 연구는 경영에서 정서의 중요성과 그것을 생성하는 미시적 상호작용 메커니즘에 초점을 맞추고 있다. 미국과 영국의 가장 선진화된 군대에서는 부대들이 댄스팀처럼 발걸음/눈빛/무기를 조율하는 훈련을 비롯해 전투팀을 위한 정교한 예행연습을 실시한다(King, 2006). 군인들은 전통적 훈련보다 이러한 형태의 훈련을 더 좋아한다. 왜냐면 그것이 더 많은 정서를 수반하기 때문이다. 개인들이 사적인 친구들이 아니더라도, 그것은 성공적 IR을 통해 연대감을 생성한다. 그래서 연대감은 사회적 배경에 대한 사전 선택에 달린 것이 아니라 일련의 미시적 상황들 속에서 유연하게 형성될 수 있다.

마지막으로 성공적 IR을 위한 밀접한 신체적 공존의 중요성에 대해 종종 의문이 제기되었다. 콜린스(Collins, 2004)는 전화, 인터넷, 혹은 기타 원거리 매체를 통한 상호작용은 정서의 증폭과 미시적 리듬의 동조화를 생성하는 데 약해서, 더 적은 연대감과 EE를 생성한다고 주장했다. 링(Ling, 2008)은 휴대전화 사용자들의 사회적 패턴을 분석하고, 그들은 중간 강도의 "매개된 의식 상호작용"을 산출한다는 결론을 내린다. 전화로 가장 빈번하게 연결되는 사람들은 대면으로도 만나는 사람들이고, 매개된 연결은 그들이 함께 모임으로써 가장 강력하게 형성되는 관계를 계속 유지하도록 돕는다. 미래의 전자매체는 상호 공유하는 리듬의 전달과 생성에서 더욱 정교해질 것이기 때문에, 우리는 미시사회학의 기술이 기계 장치에 통합되는 세상을 보게 될 수도 있다.

Chapter 2

종교, 의식, 집단정서

데이비드 노트너러스[1]

집단정서는 여러 사회적 기능을 가지고 있다. 공유된 정서는 종종 다양한 사회 그룹과 공동체의 통합에 중요한 역할을 하지만, 또한 사회들의 형태를 만드는 파괴적 힘과 사회적 갈등에 관여할 수 있다. 집단정서의 영향을 받은 그룹에는 종교 단체, 종교 운동, 다양한 신앙 집단이 포함된다. 그러나 집단정서는 여러 다른 비종교적 그룹에서도 강력한 역할을 할 수 있다. 어떻게 이러한 일이 일어날 수 있는가는 특히 의식의 역동성과 집단정서를 강조하는 접근법에서 분명하게 드러난다. 이러한 맥락에서 이 장은 내가 수행한 의식과 정서에 관한 연구를 다룬다.

더 정확히 말해서 최근에는 어떻게 특별한 집단적 의식 행사가 사람들이 집단으로 공유하는 정서와 그룹에 대한 헌신에 영향을 미치는지에 관심이 집중되고 있다. 나는 이러한 집단적 사건의 정서적 차원에 초점을 둔 이론적 모형에서 이 문제를 다룬다 (Knottnerus, 2010). 이 논의에서 '집단정서'는 유형/힘/강도가 다양하고 특별한 의식적 집단 행사에서 행위자들이 공유하는 정서를 지칭한다.

더 나아가기 전에 특별한 집단적 의식 행사는 역사 전반에 걸쳐 전 세계의 사회에서 아주 흔하게 일어난다는 것을 이해해야 한다. 예로는 인간들이 행하는 수많은 종교에서 발견되는 의식, 정치적 집회, 군사적 기념행사, 중요한 역사적 사건의 기념, 공동체

1 J. David Knottnerus, 오클라호마 주립대학교 철학과 명예교수.

축제, 민족 그룹 축제, 축구나 농구 경기에서 올림픽에까지 이르는 다양한 스포츠 행사, 결혼식과 연회, 궐기 대회, 수련회, 기업이나 정부 기관과 같은 관료조직 내의 특별한 그룹 활동, 종교적/시민적/민족적/군사적 휴일이 포함된다(공적 의식에 대한 이론적 논의로는 Etzioni, 2000 참조). 더 나아가 나중에 논의할 것처럼 이러한 행사는 규모에서 엄청나게 다양할 수 있고, 여러 수준의 사회체제에서 발생할 수 있고, 크고 작은 규모의 사회 모두에 중요할 수 있다.

이러한 쟁점들을 다루기 위해 이 장에서는 특별한 집단적 의식 행사가 수반하는 것, 이 장에서 나온 논의를 위한 분석적 근거를 제공하는 '구조적 의식화 이론(structural ritualization theory)', 집단적 의식 행사에서 정서 강도와 헌신에 대한 이론적 모형, 여기에 제시된 구상의 이론적 함의와 적용을 모두 포함하는 사회의 집단정서와 의식에 관한 논의를 설명하고, 마지막으로 몇 가지 결론을 제시할 것이다.

특별한 집단적 의식 행사

앞서 말한 과정으로 특별한 집단적 의식 행사가 무엇을 의미하는지를 좀 더 명확하게 설명할 수 있다. 이러한 행사의 네 가지 특징을 설명한 다음, 집단적 행사와 그룹 구성원의 정서적 상태를 다루는 공식화에 영향을 미친 특정 학자들에 대해 간략히 알아볼 것이다.

첫째, 이러한 행사는 여러 참가자를 포함한다. 실제로 이러한 사건에서는 보통 행위자들 사이에 집단으로 참여한다는 공통의 기대가 있다. 더 나아가 이러한 행사에 참여하는 개인의 수는 크게 다를 수 있다. 그들은 몇몇 개인에서 수만 명의 (혹은 그 이상의) 사람들에 이르기까지 다양할 수 있다. 현재 논의에서는 공식적으로 다루지 않겠지만, 단 한 사람이 집단적 사건과 관련된 활동에 참여할 수도 있다. 예컨대 다른 사람들과 격리된 개인(예컨대 독방에 갇힌 수감자)이 그 사건을 기념하고 수정된 형태의 의식을 행할 수 있다.

둘째, 집단적 사건은 규칙적 방식으로 일어난다. 전형적으로 그것은 반복적으로 시행된다. 예컨대 정해진 시간표에 따라서 수행될 수도 있고, 그 수행은 특정 나이에 이루어지는 세례나 침례, 혹은 훈련 프로그램의 완료를 나타내거나 새로운 계급과 지위를 부여하는 군사적 축하 행사와 같은 다른 사회적 행사와 연결될 수도 있다.

셋째, 집단적 행사는 양식화된 활동을 포함한다. 하나의 활동을 포함하든 여러 관행을 포함하든, 집단적 의식은 예컨대 종교적 양식의 기도나 예배, 춤, 노래, 행진, 맹세와 같이 독특한 형태로 인해 어느 정도 식별할 수 있는 행동에 참여하는 사람들을 포함한다.

넷째, 이러한 유형의 사회적 행사는 일상적인 사회적 관행이나 사건과 분명하게 구분되고 분리된다. 이러한 분리성은 매우 선명하여, 예컨대 그 집단적 의식이 어디서 언제 어떻게 일어나야 하는지와 심지어 이 행사의 의미와 중요성까지 구체적으로 명시하는 공간적/시간적/시각적 신호/지침/설명을 포함할 수 있다. 이러한 행사는 일상적 사회생활에서 벗어난 독특한 사회적 관행으로 간주된다.

이러한 특징들을 가진 특별한 집단적 행사가 사람들에게 어떻게 영향을 미치고 개인의 정서적 상태와 그룹에의 헌신에 어떻게 영향을 미치는지를 논의하기 전에, 나는 이러한 공식화가 다양한 학자들의 영향을 받았으며 그들에게 빚을 지고 있다는 점을 강조하고자 한다. 그 학자들로는 뒤르켐(Durkheim, 1915/1965), 콜린스(Collins, 2004), 앨런(Allen, 1998)이 있고, 후자의 두 학자는 뒤르켐의 집단열광 개념에 다양한 방식으로 초점을 두었다. 또한 사회심리학 연구는 특히 중요하다. 예컨대 티보와 켈리(Thibaut & Kelly, 1959)는 (그들의 이론적 접근법과 이 장에서 초점을 둔 문제는 다르지만) 어떻게 그룹 상호작용이 행위자들의 상호의존성의 영향을 받는지를 강조했다(또한 Irwin, McGrimmon & Simpson, 2008 참조). 또한 롤러, 티에, 윤(Lawler, Thye & Yoon, 2008, 2009, 이 책의 Ⅳ-2장)의 이론과 연구도 중요하다. 그들은 어떻게 사회적 교류가 그룹 유대와 응집을 강화하는 긍정적 정서를 생성할 수 있는지를 보여주었다. 마지막으로 나중에 논의하겠지만 정당성과 승인, 그룹에서 정서의 역할을 다루는 이론과 연구는 여기서 논의될 공식화에 일조한다.

구조적 의식화 이론

'구조적 의식화 이론(structural ritualization theory: SRT)'은 상징적 의식이 사회적 상호작용에서 수행하는 역할과 사회 구조의 발전에 초점을 둔 일련의 이론과 연구를 형성한다(Knottnerus, 1997, 2005, 2011). SRT는 일상적 행동이 여러 가지 사회적/개인적 의식들에 의해 특징지어진다는 가정에 의존한다. 의식화된 행동은 안정성을 창출하는 데 도움을 주는 동시에, 우리의 행동에 중요성을 부여하는 다양한 의미를 표현한다.

인간 행동에서 의식의 중심성 때문에, 의식화된 관행은 수많은 사회적 환경에서 일상적 활동과 상호작용의 패턴화에 기여하고, 그리하여 그룹 역학관계를 구조화한다. 이렇게 규칙화된 관행은 사회생활 전반에 걸쳐 발견되고, 종교 단체, 직장, 청소년 단체, 의료시설, 가족 모임, 스포츠 행사와 같은 다양한 하위문화, 기관, 다양한 규모 그룹들의 의식화된 형태의 상호작용을 포함할 수 있다.

의식들이 인간 행동에 중요하고 사람들이 당연하게 받아들이는 일상생활의 대부분을 구성한다는 가정은 뒤르켐(Durkheim, 1915/1965), 고프먼(Goffman, 1967), 콜린스(Collins, 2004), 버거와 루크만(Berger & Luckmann, 1966), 기든스(Giddens, 1984), 더글러스(Douglas, 1970), 터너(Turner, 1967) 등의 다양한 학자들의 주장과 일치한다. 그러나 이 이론은 무엇보다 의식에 대한 더 형식적인 정의를 제공하고 세속적/종교적 환경 모두에서 일어나는 의식화된 상호작용의 패턴에 초점을 두기 때문에, 이 학자들 대다수 및 여타 관점들과는 다르다.

SRT는 매우 다양한 유형의 증거를 활용하는 여러 노선의 이론 개발과 연구를 수행하는 지점에까지 이르렀다. 이 연구의 대부분은 탈의식화(deritualization), 즉 개인적/사회적 의식들의 중단과 그 결과, 그리고 사람들이 어떻게 이러한 경험에 적응할 수 있는지에 관한 것(Bhandari, Okada & Knottnerus, 2011; Knottnerus, 2002; Sarabia & Knottnerus, 2009; Sell, Knottnerus & Adcock-Azbill, 2013; Thornburg, Knottnerus & Webb, 2008; Wu & Knottnerus, 2007); 그룹들 사이에서 의식화된 행동과 사회 구조의 재생산(Knottnerus, 1999; Knottnerus & Berry, 2002; Knottnerus & Van de Poel-Knottnerus, 1999; Sell, Knottnerus, Ellison & Mundt, 2000); 정체성 구축과 의식(Guan & Knottnerus, 1999; Minton & Knottnerus, 2008; Sen & Knottnerus, 2012); 조직

과 공동체에서 의식화된 관행의 제정(Knottnerus, Ulsperger, Cummins & Osteen, 2006; Ulsperger & Knottnerus, 2007, 2008, 2009, 2011); 전략적 의식화와 권력의 역할(Edwards & Knottnerus, 2007, 2010, 2011; Guan & Knottnerus, 2006; Knottnerus & LoConto, 2003); 사회적 불평등, 차별, 배제와 관련된 의식의 역학(Minton & Knottnerus, 2008; Mitra & Knottnerus, 2004, 2008; Varner & Knottnerus, 2010); 부분적으로 사회적 정책과 간섭에 초점을 둔 응용 연구(Lin, Guan & Knottnerus, 2011; Ulsperger & Knottnerus, 2007, 2011) 등과 관련이 있다.

이 모든 연구에서 사용된 핵심 개념은 도식-중심의(schema-driven) 행동 레퍼토리로 규정되는 "의식화된 상징적 관행(ritualized symbolic practic: RSP)"이다. 정서 강도와 그룹 헌신에 초점을 둔 최근의 공식화(Knottnerus, 2010)는 관행의 정서적 요소도 RSP의 정의에 포함할 것을 요구한다. RSP에 대한 수정된 정의에 따르면, 그것은 도식에 기반하고 정서를 담은 행동 레퍼토리라는 것이다. 이러한 개념은 행위자의 인지 지도나 정서 내용을 포함하는 상징적 틀에 기반한 표준화된 사회적 행동을 가리킨다. 마지막으로 여기서는 행위자들이 적어도 일부 시간 동안에는 대면 상호작용을 동반하는 (방금 정의한 RSP를 비롯해) 특별한 집단적 의식 행사에 집단으로 참여하는 상호작용 영역에 주목한다.

집단적 의식 행사에서 정서 강도와 헌신

이 절은 정서와 그룹 헌신에 관련된 새로운 이론의 핵심 주장을 제시한다(Knottnerus, 2010). 이 공식화에서는 네 가지 요인이 주된 역할을 한다.

관심의 공유된 초점

집단 행사에서 행위자들 관심의 공유된 초점은 참가자들의 관심이 특정한 대상을 향하는 정도를 가리킨다. 행위자들 지각의 초점인 대상들은 예컨대 집단적 사건 내에서의 행동 순서, 물리적 대상, 개인들 혹은 상징들 등으로 서로 다를 수 있다. 집단 행사에서 사람들 관심의 공유된 초점은 관심 부족에서 매우 높은 수준의 주목/인식/집중에 이르기까지 다양할 수 있다.

관심의 공통 초점이 클수록 집단 경험에서 행위자들이 경험하는 집단정서는 더 강렬해진다(영국 대관식[Shils & Young, 1953]과 미국 공동체들의 다양한 공공 행사[Warner, 1959]에 관한 연구에서 알 수 있다). 집단 경험에서 공유된 관심의 대상은 집단정서의 지향 대상이 된다. 더 나아가 이러한 집단정서의 본성은, 예컨대 존경심을 불러일으키는 목사와 증오를 조장하는 정치적 지도자의 경우처럼, 무엇에 초점이 있느냐에 따라 크게 다를 수 있다. 그것들은 기쁨/자부심/희망에 대한 공유된 느낌에서 분노/혐오에 이르기까지 다양할 수 있다.

행위자들의 특성과 상황적 요인은 모두 사람들의 집중력에 영향을 미칠 수 있다. 예컨대 정신적 장애로 인해 자기 상황을 이해할 능력이 없거나 산만한 신체적 활동과 같은 개인적 성질은 주의 집중을 제한할 수 있다. 물리적 배열, 행사의 조직, 기술의 사용도 그룹 구성원들이 집단적 사건과 그것의 특정 측면에 초점을 맞추는 정도에 영향을 미칠 수 있다.

예컨대 대학 환영회나 결혼식 연회에서 사람들이 종종 친구와 지인, 주변 사람의 대화, 웨이터 등에 의해 산만해져 연설자나 신혼부부에게 집중하지 못하게 되는 경우를 생각해 보자. 대조적으로 연설자의 물리적 배치나 자질로 인해 사람들은 교회에서 진행되는 종교적 예배에서 대단히 매력적이고 열정적인 설교자 혹은 정치 집회에서 강렬한 연설자에게 매료될 수 있다. 20세기에 특히 잘 알려진 후자의 사례는 나치 독일에서 열린 나치당 대회였고, 여기서 히틀러는 무대 위에 홀로 서서 조율된 방식으로 스포트라이트를 받으면서 세심하게 준비된 스피커 시스템을 통해 자신의 연설을 전달했다(Burden, 1967). 세심하게 설계된 이러한 장소에서의 활동 구조와 히틀러의 위치는 명백히 참가자들의 주의 초점이 그들의 지도자를 향하게 했다.

고대 역사의 또 다른 사례는 로마 투기장 경기로, 여기서 군중의 관심은 동물 사냥, 처형, 검투사 간의 격투 등 투기장에서 일어나는 다양한 행동뿐만 아니라 후원자의 등장, 개막 행진, 검투사가 자비를 호소하고 승자가 상을 받는 순간과 같은 구경거리의 특정한 지점에 아주 집중되었다(Fagan, 2011).

상호작용 보조: 상호작용 속도와 율동적 동작

의식 행사의 상호작용 보조(pace)는 행위자가 일련의 서로 연결된 행위에 참여하는 정도와 반복적 혹은 재발적 행위의 성질을 가리킨다. 상호작용 보조는 (1) 상호작용 속도(rate)와 (2) 상호작용 연쇄에서 그들의 신체적 움직임에 율동적 동작(rhythmic motion)이 있는지의 산물이다.

더 구체적으로 말하자면, 상호작용 속도는 사람들이 상호작용하는 빈도를 가리킨다. 그것은 상호작용 연쇄에서 행위 속도(speed) 혹은 보조를 다룬다(Allan, 1998). 집단 행사에서 사람들 사이에 일어나는 행위 속도에는 초 단위에서 마이크로초 단위에 이르는 큰 차이가 있을 수 있다.

율동적 동작은 사회적 상호작용에서 신체적 움직임이 일정한 방식으로 다시 일어나는지 그리고 어느 정도로 그렇게 다시 일어나는지를 의미한다. 의식 행사에서 어떤 행동은 이러한 율동적 성격을 보이지 않을 수 있지만, 다른 행동은 정도의 차이는 있지만 규칙적 방식으로 반복될 수 있다. 즉 서로 다른 개인들의 행동이 서로 보완하고 조율하는 규칙적이고 패턴화된 성질을 나타내는 신체적 움직임일 수 있다.

예컨대 시민 기념식이나 명절 행사에서 상호작용 속도는 감흥 없는 연사가 무대에 올라 예측할 수 있는 대사를 쏟아내기 때문에 적당하거나 다소 느리게 일어날 수 있다. 반면에 시위 집회나 일부 종교 예배와 같은 사건에서는 연사들이 빠르게 교체되면서 주요 정치적 혹은 종교적 발표자가 등장하고, 연사들은 청중이 자신의 느낌을 표현하도록 끊임없이 자극하고, 음악이 사건의 빠른 박자를 유지하기 때문에 훨씬 더 빠른 속도로 행사가 진행될 수 있다. 게다가 어떤 집단적 행사에서 사람들은 신체적 움직임에서 율동적 성질을 거의 혹은 전혀 보이지 않을 수 있다. 반면에 교회 예배에서 사람들이 함께 몸을 흔들고 일제히 팔을 들어 올리거나, 스포츠 행사나 고대 로마의 투기장 경기에서 정치 지도자의 선창에 맞춰 반응하거나 함께 구호를 외치는 등의 집단적 사건에서는 사람들이 아주 분명한 율동적 행동에 참여하는 것을 볼 수 있다.

상호작용 속도나 율동적 동작의 영향을 받는 상호작용 보조의 증가는 의식에서 행위자들이 공유하는 집단정서를 강화한다. 이러한 의식 역학의 사례로는 소련에서 대규모 체조 공연의 핵심이었던 활기차고 세심하게 조율된 신체 움직임(Lane, 1981)에서 매우 율동적이고 장시간에 걸친 적당히 빠른 속도로 반복되는 춤과 음악이 즐거운 느낌과 개인 간 유대감을 조성하는 떠들썩한 파티에 이르기까지 다양하다(Takahashi & Olaveson, 2003).

상호의존성: 행위자의 기여와 행동의 복잡성

행위자의 상호의존성은 한편으로는 의식 행사 참가자들 행위의 상대적 빈도와 분포에 초점을 두고, 다른 한편으로는 이 집단 행사를 수행하는 데 필요한 행위들이 얼마만큼 분화되어 있는지에 초점을 둔다.

행위자들의 상호의존성은 사람들이 의식 수행에서 동등하게 (1) 기여할 수도 있고 그렇지 않을 수도 있는 정도를 나타낸다. 이 연속선의 한쪽 끝에는 행위자들이 의식 행사에 참여하는 정도에 뚜렷한 불평등이 존재할 수 있다. 한 명 또는 제한된 수의 개인들이 실제로 의식 수행에 참여하는 반면, 다른 모든 사람은 수동적으로 그 행동을 관찰할 수 있다. 대조적으로 거기에 있는 모든 사람이 집단적 의식 수행에 완전히 참여할 수 있다.

행위자들의 상호의존성에는 (2) 의식 행사에 관련된 서로 다른 행동들의 복잡성 수준도 포함된다. 그룹 구성원들이 집단 행사를 수행하기 위해 참여해야 하는 행동이 하나 또는 몇 가지에 불과할 수 있다. 반면에 집단 노력의 성공적 수행을 위해서 훨씬 더 많은 수의 활동이 필요할 수 있다. 집단 행사를 진행하기 위해 함께 일하는 사람들이 다양한 종류의 관행에 참여하면서, 이 행사는 다양한 정도로 더 복잡하고 분화된 성격을 나타낼 수 있다.

개인들이 불평등하게 집단적 의식에 기여하는 사례에는 청중이 완전히 수동적이고 수행에 참여하지 않으면서 단지 종교 지도자나 정치인을 쳐다보기만 하는 종교 집회나 정치적 모임이 포함된다. 반대로 행위자들이 더 평등하게 의식 행사에 기여하는 사례로는 모든 사람이 집단으로 암송하고 기도하고 노래하고 함께 기뻐하는 종교 예배나 모든 참가자가 그룹으로 행진하고 훈련하고 경례하고 맹세하는 군대 의식을 들 수 있다. 더 많은 행위자가 실제로 집단 행사에 참여할수록, 즉 집단적 경험에 동등하게 관여할수록, 이 행사가 사람들에게 미치는 정서적 효과는 더욱더 커진다.

집단 행사에서 일어나는 행동의 복잡성 수준과 관련하여 앞서 살펴본 의식 행사의 사례들은 상당히 제한된 종류의 행동, 즉 암송/기도/노래 혹은 훈련/행진/맹세와 같은 행동을 포함한다. 또는 집단 행사에는 의식 행사의 연출에 필수적인 수많은 관행이 포함될 수 있다. 예컨대 신중하게 계획된 대규모 종교적 의식이나 정치적 집회 등이 있다. 여기서 행위자들은 그들이 관여하든 안 하든 각각 행사에 필수적인 다양한 관행, 예컨대 여러 사람이 말하거나 기도하거나 맹세하기, 음악 연주하기, 행렬 또는 행진에서 걷기, 노래하기, 춤추기, 함께 흔들기, 혹은 기타 유형의 신체적 움직임과 운동, 배너나 로고를 들기, 차량을 운전하기, 비행기 날기, 혹은 조명이나 시각효과나 기타 기술 장치를 작동하기(예컨대 대형 교회 예배, 북한이나 구소련에서의 대규모 시위, 나치 독일의 뉘른베르크 집회) 등에 참여할 수 있다.

집단적 수행에 요구되는 활동의 수가 많을수록, 따라서 다양한 행동들의 복잡성 수준이 높을수록, 집단 경험에서 행위자들 사이의 집단적 기여와 공유된 의존의 느낌도 더 커진다(Lawler 외, 2009). 이러한 조건에서 행위자들은 중요한 업적을 나타내고 중대한 의미와 크기를 가진 집단적 기획에 자신이 귀중한 기여를 하고 공동 참가자라는 의식을 강화하게 된다. 그 결과 자부심, 경외감, 승리감, 환희, 행복, 충족감, 혹은 만족감과 같은 사람들의 정서적 상태에 미치는 이 행사의 영향력이 높아진다. 더 일반적으로 말해서, (행위자들의 기여와 행동의 복잡성을 비롯한) 상호의존성이 더 커지면, 사람들은 자신이 그룹에 더 깊이 통합되었다고 느끼기에 여러 형태의 만족을 경험하게 된다.

자원

마지막으로 자원의 유무는 매우 중요하다. 자원은 행위자들이 RSP에 참여하는 데 필요한 가용한 재료이다. 이 요인은 집단 행사를 비롯한 의식화된 활동을 집행함에 있어 자원의 중요성을 강조한다. 또한 자원은 두 가지 유형, 인적 자원과 비인적 자원으로 구분된다. 인적 자원은 그룹 구성원들이 자신이나 그룹을 위해 가치 있는 (혹은 효용을 가진) 것으로 인식하는 행위자의 능력 및 특성을 가리킨다. 비인적 자원은 그룹 구성원들이 자신이나 그룹을 위해 가치 있는 (혹은 효용을 가진) 것으로 인식하는 인간이 아닌 모든 것을 의미한다.

개인의 정신적/신체적/대인적 기술과 참석한 사람들의 수와 같은 여러 종류의 인적 자원은 집단 행사의 실행에 결정적이다. 아마도 가장 중요한 인적 자원은 행위자들이 **함께 있거나** 서로에게 보일 수 있는 정도일 것이다(Allan, 1998; Collins, 2004). 의식 발생은 개인들이 집단 행사에서 서로의 참여를 의식하는 정도에 따라 다를 수 있다. 행사에 참여하는 모든 사람이 더 많이 서로에게 보일 수 있고 서로를 인지할수록, 자신들이 집단 노력의 일부라는 인식은 더 커지고 공유된 활동이 그들에게 미치는 영향, 즉 사람들이 집단 행사에 대해 가지는 느낌도 더 커진다. 이러한 정서적/문화적으로 중요한 관행의 예로는 일반적으로 원형으로 춤을 추기 때문에 행위자들의 공동 참여가 강조되는 아메리카 원주민의 주술 의식(powwow)을 들 수 있다(Knottnerus, 2011).

이러한 효과는 상당 부분 정당화 과정을 포함한다. 개인들이 서로의 행사 관여를 더 많이 의식할수록, 집단 행사 참여자들 사이에 합의가 존재한다는 인식도 더 커진다. 행위자들 사이에 합의가 존재하는 정도가 커질수록, 의식 행사에서 동료들의 (정당화의 한 형태인) 승인 혹은 지지의 수준도 높아진다(Johansson & Sell, 2004; Dornbusch & Scott, 1975; Walker 외, 1986). 본질적으로 행사에의 공동 참여가 창출하는 다른 사람들의 합의나 지지에 대한 인식이 높아질수록, 참가자들 사이에는 사회적 승인감이 더 커지는데, 이것은 집단 경험에 대한 만족감과 확신을 증가시킨다.

물론 다양한 유형의 비인적 자원도 집단 행사의 연출에 영향을 미칠 수 있다. 음식, 가구, 무기, 악기, 차량, 의상, 배너, 그림, 소음 발생기, 혹은 신체 장식과 같은 수많은 소품이 의식 공연의 수행에 필요할 수 있다. 그리고 행사가 일어나는 물리적 배치도 매우 중요할 수 있다. 왜냐면 그 설정은 집단 활동의 실행을 다양한 정도로 수월하게 할 수 있기 때문이다. 예컨대 대규모 종교 예배, 결혼식, 혹은 정치적 모임이 단순한 공터에서 거행되는 경우와 많은 사람이 연사/공연자/청중을 선명하고 아주 집중해서 볼 수 있는 경기장과 같이 세심하게 설계된 건물에서 거행되는 경우를 비교해 보라(예컨대 고대 로마의 경기에 사용되었던 원형경기장[amphitheater]은 관중의 시선이 중앙 투기장으로 향하게 하는 동시에 관중이 서로를 볼 수 있어 공존감을 강화한다).

게다가 대형 교회 강당에서 일어나는 것과 같은 대규모 종교 예배의 경우에서처럼, 의식 행사의 양상은 기술의 사용을 통해 용이해질 수 있다. 여기에서는 오디오 시스템과 텔레비전 화면이 개인들의 주의를 주요 참가자와 활동에 집중시키는 동시에, 행사에 참여하는 청중을 반복적으로 보여줌으로써 행위자들의 공존감을 높인다(이 책의 VI-5장 Knoblauch & Herbrik의 글 참조).

전반적으로 이 네 가지 요인과 그 구성요소는 다양할 수 있다. 종합하면 그것들은 집단 행사에서 사람들의 정서 강도에 영향을 미친다.

정서 강도

정서 강도는 이 네 가지 요인과 그 구성요소에 의해 생성되는 정서의 힘을 가리킨다. 물론 이러한 정서적 상태의 성격은 의식 행사의 성격(예컨대 종교적/오락적/가족적)과 물리적/역사적/구조적/문화적 조건 및 기타 조건의 영향을 받을 수 있는 상황에 따라 달라질 수 있다. 일반적으로 이러한 의식 역학은 각성, 놀람, 흥분, 환희, 즐거움, 만족, 행복, 존경, 경외, 기쁨, 명랑, 편안, 안락, 차분, 분노, 공포, 혹은 혐오와 같은 정서적 상태로 이어질 수 있다(Ekman and Friesen, 1975; Kemper, 1987; Russell, 1980; Turner, 2002).

마지막으로 나는 집단적 정서 상태, 즉 정서 강도의 증가가 집단 행사에서 사람들이 제정한 의식화된 활동과 이러한 관행에서 표현된 상징적 주제나 믿음에 대한 관여를 높인다고 주장한다. 쾌락, 흥분, 각성, 행복, 만족, 분노, 혐오와 같은 정서는 행사 동안 그룹의 의식화된 행동과 믿음에 대한 행위자들의 열정, 관여, 헌신을 강화한다. 이러한 상태는 그룹에 대한 개인들의 헌신과 충성심, 궁극적으로 사회적 유대와 통합에 영향을 미친다. 집단 행사를 진행하는 동안 관행에 대한 강화된 관여는 그룹에 대한 헌신을 높이고 사회적 관계를 강화한다.

요약하자면, 행위자들이 공유하는 정서와 이에 따른 의식화된 관행, 믿음, 그룹에 대한 헌신의 강도는 다음 네 가지 요인과 그 구성요소들의 영향을 받는다. (1) 관심의 공유된 초점, (2) 상호작용 보조, (3) 행위자들의 상호의존성, (4) 자원. 이 요인들이 증가할수록 정서 강도가 높아져 집단 행사에 대한 공유된 의례적 관행과 믿음에 대한 헌신이 강화되고, 이것은 다시 그룹에 대한 헌신과 그룹의 통합, 즉 그룹 구성원 간의 사회적 유대와 응집에 영향을 미친다.

사회의 집단정서와 의식

이 이론에서 다루는 정서 및 의식 역학은 종교의식, 명절 행사, 기념행사, (정치적 또는 다른) 집회, 혹은 아메리카 원주민의 주술 의식에서 호화찬란한 스포츠쇼, 시민 기념행사, 축제, 행렬, 대규모 공동체 행진에 이르기까지 과거와 현재의 다양한 그룹 환경에서 일어날 수 있다. 게다가 이러한 관점은 집단정서의 사회적 기능에 대한 분석과 연구에 많은 시사점을 준다. 몇 가지 쟁점에 대해 간략히 살펴볼 필요가 있는데, 대부분은 SRT 및 다양한 발전 단계의 연구에서 다루어진 최근 주제와 관련되어 있다. 첫 번째 이론적 쟁점은 서로 다른 단계의 사회의 의식 역학에 초점을 두지만, 다른 세 가지 주제는 전략적 의식화, 의식과 박해, 의식의 재창조와 관련된 그 이론의 적용을 다룬다.

첫째, 의식 역학은 다양한 단계의 사회에서 작동할 수 있다. 이와 관련해 나는 최근 사회체계와 의식 역학에 대한 (미시적 단계에서 거시적 단계까지) 6단계 모형의 윤곽을 그렸다. 사회 구조의 단계는 관계, 네트워크, 조직 내 관계, 조직 간 관계, 사회 계층화, 세계 체제(world system)이다(더 광범위한 논의로는 Knottnerus, 2011 참조). 관계 단계에서 세계 체제 단계로 나아감에 따라, 사회적 관계의 수는 소수에서 다수로 늘어나고, 복잡성은 확대되고, 효과 범위는 좁은 범위에서 더 넓은 범위로 커진다.

이 도식은 어떻게 의식이 다양한 단계의 사회에서 작동할 수 있는지, 어떻게 특정한 맥락에서 발견되는 관행이 다양한 구조적 단계와 환경에서 발달하는 의식에 영향을 미칠 수 있는지를 이해하기 위한 틀을 제공한다. 더 정확히 말하면, 의식화 과정은 미시적 단계에서 거시적 단계로 그리고 거시적 단계에서 미시적 단계로, 즉 사회체제 전반에 걸친 단계 간(inter-level) 전달을 통해 확산될 수 있고, 혹은 동일한 단계 내에서, 즉 의식의 단계 내(intra-level) 전달을 통해 작동할 수 있다.

집단정서를 수반하는 특별한 의식 행사는 다양한 구조적 단계에서도 작동할 수 있고, 사회의 여러 부분에서 일어나는 사회적 과정에 영향을 미칠 수 있다. 예컨대 기업 조직 내의 동기부여 모임, 수련회, 시상식, 혹은 교육 수업과 같이 강한 집단정서를 표출하는 특별한 (소규모) 그룹 모임에 주기적으로 참석하는 개인들은 전체 조직에 대한 근로자들의 헌신을 강화할 수 있다. 근로자들이 자신의 업무 공간으로 돌아갔을 때, 이렇게 강화된 태도와 동기는 조직의 더 넓은 문화에 스며들 수 있다. 이와 유사한 역학은 교회에서도 발견될 수 있는데, 여기서는 기도 그룹이나 자원봉사 그룹과 같이 강한 정서를 표출하는 특정한 소규모 그룹 활동에 참여하는 것이 종교적 그룹 전체에 대한 행위자들의 헌신을 강화한다.

매우 다른 사례로는 올림픽과 같은 대규모 스포츠 행사가 있는데, 올림픽은 전 지구적 수준에서 개최되고 참가자, 관중, 미디어 시청자가 공유하는 집단정서를 일으킨다. 이렇게 강화된 정서적 상태, 행사에 대한 관여, 그리고 그것과 연관된 신념은 가장 거시적인 수준에서 더 미시적인 수준으로까지 전달되어 스포츠 조직, 시 정부, 경제적 기업, 궁극적으로는 개인들의 (예컨대 다양한 경기 활동에 참여하거나 쫓아다닐 동기를 가진 사람들의) 사회적/개인적 삶에 영향을 미치기 때문에, 여러 사회에 걸쳐 전 지구적으로뿐만 아니라 심지어 사회 내에서도 확산될 수 있다. 마지막 사례로는 권위주의 또는 다른 종류 정치체제의 정치적 지도자들과 그룹들이 있는데, 이들은 전국적이고 정서적으로 강렬한 대규모 집단 행사를 후원하고 이러한 행사는 정치체제의 정당성 및 관여에 대한 일반 시민의 견해에 영향을 미친다.

둘째, 그룹들은 때때로 사람들이 자기확대(self-aggrandizement), 권력, 정당성, 정체성 투영과 같은 일정한 결과를 성취하기 위해 의도적/계산적 방식으로 의식화된 관행을 활용하는 "전략적 의식화(strategic ritualization)"에 참여할 수 있다(Knottnerus, 2011). 이와 유사한 방식으로 그룹들은 "의식화된 상징적 관행의 프로그램"을 사용할 수 있는데, 그것은 일정한 목표를 성취하기 위해 사용되는 RSP의 모음이다. 이러한 관행들은 그것들의 성격/수/빈도/복잡성에서 다를 수 있다. 그리고 그룹들은 그것들의 조직 구조에서 다를 수 있는데, 이 구조는 그룹들이 어떻게 그리고 어느 정도로 의식 관행의 프로그램을 수행할 수 있는지에 크게 영향을 미칠 수 있다. 의식 프로그램에는 집단정서를 생성하는 특별한 의식 행사도 포함될 수 있다. 이러한 집단 행사의 의도적 사용은 이 관행을 후원하는 그룹과 그것이 촉진하려는 신념에 대한 사람들의 헌신을 강화하려는 것일 수 있다.

이와 관련하여 북아일랜드의 종교/정치 조직인 오렌지 교단(Orange Order)에 관한 연구는 어떻게 이 단체가 매년 행렬과 같은 수천 개의 종교적 행사를 실행하고 지위와 권력의 상승을 비롯한 수많은 목표를 성취할 수 있는지를 조사했다(Edwards & Knottnerus, 2007, 2010). 향후 연구에서는 이러한 의식 행사 프로그램이 어떻게 그룹 구성원들을 움직이는 집단정서를 생성하는지에 특히 초점을 둘 것이다. 현재 진행 중인 또 하나의 연구는 자국에서 대량 학살을 자행한 동시에 나머지 국민에 대한 사회적 통제 프로그램을 정치적으로 후원한 캄보디아의 크메르루주(Khmer Rouge)에 초점을 맞추고 있다. 연구 결과에 따르면, 이 프로그램의 일부는 집단정서를 불러일으키는 춤/연극/음악과 같은 의식 행사를 사용했고 어린이와 성인과 크메르루주 조직원들에게 다양한 정도의 영향을 미친 것으로 나타났다(Delano & Knottnerus, 2013). 다른 가능한 사례로는, 군무, 정치적/군사적 기념행사, 기타 집단 행사가 사회적 지형을 규정하는 데 도움이 되는 현재의 북한과 유사한 방식으로, 대의를 위해 의식과 정서를 이용하는 억압적 정권을 들 수 있다.

세 번째 주제는 의식과 박해, 특히 16세기 프랑스의 종교 전쟁, 홀로코스트, 프랑스 혁명, (과거와 현재의) 기독교도와 이슬람교도 사이의 갈등, 혹은 현대 인도의 힌두교도와 이슬람교도 사이의 갈등과 같은 극단적 대규모 박해에 초점을 둔다. 나는 의례화된 관행이 도덕적 신념, 특히 다른 집단의 도덕적 불결함이나 열등함과 관련하여 한 그룹의 도덕적 순결함과 우월성에 대한 평가적 신념을 표현할 수 있으며, 이러한 신념이 사회적 박해에 기여한다고 제안한다(Knottnerus, 2013). 특별한 의식 행사에서 생성된 집단정서는 이러한 신념과 그들이 구성원으로 속하는 그룹에 대한 헌신을 강화할 수 있는 동시에, 다른 사람들에 대한 증오를 강화하고 다른 사람들을 향한 잔혹 행위를 증가시킬 수 있다.

더 나아가 집단정서와 도덕적 의미를 포함하는 의식 관행은 여러 단계의 사회적 박해에서 발견될 수 있다. '박해 전 의식'은 비난받는 그룹에 대한 박해에 기여하고 이러한 행동을 선동한다. '의식화된 박해'에서는 박해 행위가 말 그대로 의식화되고 정례화된다. 마지막으로 '박해 후 의식'은 박해 행위 이후에 일어나며, 이러한 행동을 기념하고 긍정한다. 종교적 설교, 노래하기, 행렬로부터 의식화된 정화 광경이나 오락거리로 다른 사람들에 대한 박해를 구경하는 모임, 괄시받는 그룹의 억압을 미화하는 파티나 연회나 대중 집회에 이르기까지 수많은 의식 행사가 세 단계 모두에 포함될 수 있다. 향후 연구는 정서, 의식, 도덕적 신념이 사회적 박해에서 중요한 역할을 할 수 있는 방식을 훨씬 더 깊이 있게 탐구할 것이다.

마지막으로 나는 집단정서를 수반하는 일부 의식의 재창조가 사람들이 일상생활에서 발생하는 '탈의식화' 혹은 이전에 참여했던 의식화된 활동의 와해와 상실로 이어지는 파괴적 상황에 대처하는 데 도움이 될 수 있다고 주장하고자 한다. 현재 진행 중인 연구는 19세기와 20세기의 과학적/군사적 탐험이라는 한 유형의 혼란을 조사하는 것이며, 이 혼란은 장기적이고 극도의 고립을 수반하고 매우 스트레스가 심하다(Knottnerus, Johnson & Mason, 2013).

연구 결과에 따르면, 특별한 집단 행사와 공유된 정서를 포함하는 다양한 의식 관행이 탐험 대원들이 자신의 상황에 대처하는 데 도움이 된 것으로 나타났다. 그들이 자신의 환경에 적응하도록 도움으로써, 이러한 의식들은 사회적 조화, 소통, 협력, 그리고 대원 간 대인관계를 향상시켰다. 달리 말해서, 그것들은 이 그룹의 사기와 사회적 응집력에 기여했다. 다른 한편으로 이러한 관행에 참여하지 않은 대원들은 종종 그룹 사기가 떨어지고 관계가 약화되고 갈등이 커지고 응집력이 훨씬 약해졌다. 대원들이 참여한 다양한 집단적 의식 행사는 종교적 예배, 찬송가 부르기, 기도하기, 때로는 종교적 성질을 띠는 크리스마스 같은 명절, 캐럴 부르기, 기념일이나 생일이나 탐험 업적 축하하기, 헌납, 특별 식사 등이 포함된다. 강력한 집단정서를 수반하는 종교적/비종교적 의식 행사는 대원들의 정신과 그룹 통합에 기여했다.

맺음말

집단정서는 여러 다양한 사회적 과정과 합의에 영향을 미친다. 이 장에서는 어떻게 집단적 의식 행사에서 작용하는 여러 요인이 공유된 정서적 상태와 본질적으로 종교적/비종교적인 그룹에 대한 헌신의 발전에 기여하는지에 특히 주의를 기울였다. 앞 절에서 설명한 것과 같은 향후 연구에서는 정서와 의식이 어떻게 사회생활에서 중요한 역할을 하는지에 훨씬 더 초점을 둘 것이다. 그리고 예컨대 의식의 동적 성격과 정적 성격이 어떻게 각성과 만족감, 그리고 집단정서와 그룹에 대한 유대감 형성에 영향을 미칠 수 있는지를 고려하여 여기에 제시된 이론을 더 발전시키는 데 주목할 것이다(이러한 통찰에 대해 나는 얀홍 우[Yanhong Wu]에게 감사한다). 이러한 노력은 집단정서의 사회적 기능에 관한 연구가 늘어나는 데 일조할 것이다.

Chapter 3

정치적 정서

존 프로테비[1]

이 글은 두 가지 목표를 가지고 있다. 현재 연구의 몇몇 중요한 영역을 검토하고, 정치적 정서 분야의 독창적 연구에 대한 개요를 제시하는 것이다. 검토 절들에서 나는 현재 연구의 두 가지 측면, 즉 주요 이론적 쟁점이 어떻게 다루어지고 있는지와 어떤 연구 분야를 다루고 있는지를 살펴본다. 나는 우선 세 가지 본질적인 개념적 쟁점에 관한 최근 연구를 검토한다. (1) 개인주의 대 창발주의(emergentism), (2) 정서의 대인성과 '확장성(scalability)' 문제, (3) 동조화. 그런 다음 나는 정치적 정서에 관한 세 가지 중요한 연구 영역의 자료를 검토한다. (1) 정치철학의 역사에서 정서와 정치의 연관성(이 주제에 관한 고전적 연구를 간략히 다루는 부분이 최근 연구에 대한 초점에서 벗어나는 유일한 부분이다), (2) 페미니즘, "유럽 대륙풍", 문화연구 접근법에 관한 현대적 연구, (3) 정치적 정서 및 그것과 (미국의) 선거 정치와의 관계에 대한 최근의 과학적 연구. 독창적 연구로서 나는 합법적 무력 사용의 독점권인 정치적 주권에 필수적인 폭력적 행동을 수행할 수 있는 군대에서 군인 정신을 길러내는 훈련에 대한 사례연구를 간략히 설명한다.

---

1 John Protevi, 루이지애나 주립대학교 프랑스학 교수.

중요한 개념적 쟁점

일종의 집단정서로서 정치적 정서를 다루기 전에, 우리는 이 주제에 대한 창발주의와 개인주의 관점에 대해 간략히 논의할 수 있다. 창발주의자는 집단정서의 근거가 되는 집단적 주체를 가정하지만, 개인주의자는 집단정서가 단순히 개인정서의 정렬이나 조정이라고 주장한다. 개인주의자에게 개인들의 집합은 그들의 정서적 상태의 공통 표적과 초점(나중에 정의될 용어들)을 가질 수 있지만, 강력한 존재론적 의미의 집단적 주체를 상정하려는 유혹에는 저항해야 한다. 윌슨(Wilson, 2003)은 자신의 "사회적 표출 명제(social manifestation thesis)"라는 글에서 존재론적 개인주의를 유지하는 동시에 인식론적 외재주의를 요청하는 중요한 뉘앙스를 제공한다. "사회적으로 표출된 심리적 특성들은 개인의 속성이지만, 그것들은 특정한 그룹 환경에서 발생하기 때문에 순전히 개인주의적 용어로 이해될 수 없다"(p.301).

또한 집단정서에 관한 저술가들이 다양한 철학적 관점에서 이 쟁점에 접근했다는 점을 주목할 수 있다. 예컨대 슈미트(Schmid, 2009)는 공유된 슬픔을 고찰하기 위해 현상학적 관점을 사용하는 반면, 휘브너(Huebner, 2011)는 계산주의적/표상주의적 관점에서 분산 인지 개념을 사용하여 '진정한 집단정서'의 가능성을 주장한다. 다소 '분석' 철학의 관점에서 톨레프슨(Tollefsen, 2006)은 집단 죄책감의 합리성에 대한 글을 썼다.

우리는 집단적인 정치적 정서를 정치적 맥락 내의 집단정서라고 정의할 것인데, 정치적 사건이나 쟁점이 이 정서의 표적이지만 반드시 초점이 되는 것은 아니다. 슈미트(Schmid, 2009)는 헬름(Helm, 2001)의 글에서 성문화된 표준 용어법을 검토하는데, 이에 따르면 정서의 표적은 그것을 유발하는 대상이고, 초점은 그것을 느끼는 사람이 관심을 지닌 대상이다. 그래서 달려드는 개가 내 공포의 대상일 수 있지만, 내 공포의 초점은 나 자신이 아니라 일단의 어린이들일 수 있다. 그래서 한 그룹의 사람들은 특정한 정부 정책으로 일어날 것이라 예상되는 인플레이션에 대해 분노할 수 있지만, 공포의 초점은 분노한 사람들의 개인적 은퇴계획일 수 있다.

특히 정치적 정서의 기저에 있는 주체에 대한 창발주의 대 개인주의 문제와 관련하여, 길버트(Gilbert, 2002), 톨레프슨(Tollefsen, 2006), 콘첼만 지브(Konzelmann Ziv, 2007)는 집단 죄책감을 연구했다. 길버트(Gilbert, 2006)는 집단 죄책감 개념을 정당화하는 "복수 주체(plural subject)"를 제안한다. 휘브너(Huebner, 2011)는 길버트의 주장이 진정한 창발주의적 입장이 아니라 조정적(coordinative) 입장만을 뒷받침한다고 해석한다. 콘첼만 지브(Konzelmann Ziv, 2007)는 집단 죄책감의 '우리-느낌(we-feeling)'을 느끼는 것은 개인들이기 때문에 길버트의 집단주의를 개인주의적 '회원 계정'으로 대체하되, 그럼에도 불구하고 집단 죄책감 현상을 보존할 것을 주장한다. 톨레프슨(Tollefsen, 2006)은 집단 죄책감을 집단 책임 및 속죄와 연결하려 한다. "진정한 정서가 없는 소위 '정치적 사과'와 '정치적 용서'는 그저 정치에 불과하다"(p.238; 원문 강조).

대인적 과정으로서 정서와 '확장성' 문제

집단적인 정치적 정서에 대한 논의에서 유망한 첫 번째 조치는 정서적 사건을 분석할 때 복수 (적어도 두 명의) 주체를 바라보는 대인적(interpersonal) 관점을 채택하는 것이다. 이러한 조치는 집단정서에 대한 개인주의적/조정적 개념을 요구하는 것처럼 보이는데, 하나의 창발적 주체로 융합되기보다 복수 주체들 사이에서 혹은 그들 가운데서 전개되는 정서적 사건임이 중요하기 때문이다. 그래서 개인주의적/창발주의적 쟁점과 직교하는 대인적 관점은 종종 정적 관점(한 주체에게 정서적 특성을 귀속시키는 필요충분조건은 무엇인가?)에서 과정적 관점(진행 중인 정서적 흐름의 변조에서 언제 우리는 새로운 정서가 통합되었다고 말할 수 있는가?)으로의 이동을 수반한다.

여기서 우리는 정서가 대인적 과정임에 동의하는 정동적 인지에 관한 상황적(situated) 접근법(Griffiths & Scarantino, 2009)과 능동적(enactive) 접근법(Colombetti & Thompson, 2007; De Jaegher & Di Paolo, 2007; De Jaegher, Di Paolo & Gallagher, 2010)을 취할 것이다. 정동적 인지가 뇌/신체/세계를 포괄하는 (대인 정서적 과정의 상대자를 포함하는) 상호작용적 과정에서 이루어진다는 능동적 관점을 채택할 경우, 능동주의자들은 정서적 과정의 상대자를 (화난 공격자, 위축된 피해자를) 상황 속에서 구성되는 것으로 볼 것이다. 그러나 이러한 구성은 결코 새로운 것이 아니라 항상 사회적 지위에 의해 구조화되기에, 예컨대 우월한 사람이나 동등한 사람이나 열등한 사람에게 화를 내는 것은 모두 서로 다른 정서적 가능성이다(Gross, 2006). 과정 양상과 관련하여, 화난 사람과 분노의 대상은 최초의 번쩍임, 악의적 노려봄, 조롱하는 반사 시선, 고조, 역공, 달래기, 눈 마주치기의 굴욕적 거부 등으로 진행되는 과정에서 연속적으로 변한다.[2]

대인적 과정 관점과 관련하여 가장 큰 의문은 그것이 한 쌍의 상대방에서 그룹 수준으로 확장될 수 있는가이다. 그룹 수준으로의 확장성을 받아들이는 경우(그 결과로 발생하는 정서가 창발적 주체의 속성으로 보이든 개인적 주체들 사이의 조정으로 보이든), 우리는 정치적 정서의 상황에서 세 연동하는 축들에 주목해야 한다. 서로에 대한 상대방의 '횡단적(transversal)' 구성(예컨대 시위자 그룹과 대치하는 경찰관 그룹)은 '경찰관'과 '시위자'라는 정체성 그룹을 형성하는 '수평적인(horizontal)' 정서적 유대와 함께 보아야 한다(이러한 수평적 유대는 횡단적 유대에 의해 계속 변조된다). 마지막으로 방관자에 대한 각 측의 '보조적(adjunctive)' 관계는 횡단적 과정과 수평적 과정 모두를 강화하거나 약화하는 역할을 할 수 있다(Collins, 2008; Gorringe, Stott & Rosie, 2012; Levine, Prosser, Evans & Reicher, 2005; Reicher 외, 2007).

마지막으로 집단적 혹은 적어도 대인적 정서에서 의식적 인식과 통제의 연속체가 존재하므로, 상대자들이 항상 동등한 위치에 있다고 가정할 수 없다는 점을 유의해야 한다. 유아기의 정서 전염에서 나타나는 자제력 부족으로부터 다양한 형태로 정서를 조작하는 일방적 통제에 이르기까지—흔들기, 쓰다듬기, 유아의 정서 반응을 재연하려는 보호자의 표정 짓기로부터(Stern, 1985) 공포 영화에서 공포와 희극적 안심 유발 요소의 배치에서 연출가와 관객의 복잡한 협상에 이르기까지(Hanich, 2010), 국가주의적 행사의 정교한 연출로부터(Berghaus, 1996) 가정 현장에서 질투/분노/죄책감 '전략'에 이르기까지(Solomon, 2008)—연속성을 생각해 보자.

---

2 콜린스(Collins, 2008)는 미시사회학적 관점에서 이러한 우여곡절에 대한 훌륭한 분석을 제공한다.

동조화

집단적인 정치적 정서에 대한 자연주의적 혹은 유물론적 모형, 즉 그룹이 동일한 '파장'을 타고 정서를 공유하는 동조화(entrainment) 과정을 통해 유발된다는 모형을 살펴보자. (다시 말하지만, 개인주의 대 창발주의 쟁점에 관한 입장에 따라 결과적인 정서는 개인적인 정서적 경험의 조정으로 간주될 수도 있고 창발적 그룹 주체의 속성으로 간주될 수도 있다). 상당히 엄밀하지만 인기 있는 두 권의 책은 그룹의 동조화된 움직임을 통해 생성되는 집단적 기쁨에 주목한다(McNeill, 1995; Ehrenreich, 2006). 맥닐(McNeill)도 에런라이크(Ehrenreich)도 그다지 과학적 근거를 제시하지 않지만, 시기와 장르를 고려하면 이해할 수 있는 부분이다. 동조화에 초점을 두면서 우리는 생물학적/사회적 존재의 시간적/상호작용적—즉 율동적—차원을 살펴볼 것이다(Fuchs & Jirsa, 2008; Kelso, 1995; 또한 이 책의 VI-1장 Collins의 글 참조). 동조화에 대한 철학적 문헌이 나타나고 있다. 최근 한 연구(Tollefsen & Dale, 2012)는 공동 주체성(joint-agency)에 대한 철학적 설명들이 얼마나 하향적이었는지를 보여준다. 그 설명들은 성인 인간 모형을 사용하여 복잡한 의도적 정렬을 보여주었다. 저자들은 몸자세 및 대화 리듬과 같은 저수준 행동의 정렬을 보여주는 연구에 주목하여, "저수준과 고수준 상태를 모두 통합하는 공동 행동에 대한 과정 기반의 역동적 설명"을 목표로 한다(Tollefsen & Dale, 2012, 385쪽; 그들은 저수준 정렬에 대한 여러 다른 흥미로운 연구 가운데 Shockley, Richardson & Dale, 2009를 참조한다).

여기서 중요한 관점은 우리의 동조화 능력의 진화적 기원이다. 음악과 생명문화적(bio-cultural) 진화에 대한 가장 흥미로운 연구자 중 한 사람인 존 비스팜(John Bispham, 2005)은 이렇게 적는다. "음악은 생물적으로 결정된 보편적 토대 위에 문화적으로 구성된 현상이다"(p.47). 우리 존재의 근본적으로 율동적이고 사회적 측면을 형성한 진화의 압력으로 인해, 크로스(Cross, 2003)는 "유아는 음악에 대한 준비가 되어 있는 것처럼 보인다"고 주장한다(p.15). 이 주장을 뒷받침하면서 그는 '초기 상호주관성', '정서 조절', '정서적 유대'에 결정적인 어머니-유아의 율동적 상호작용에 관한 중요 연구를 인용한다(Cross, 2003; citing Dissanayake, 2000; Trevarthen, 1999). 같은 맥락에서 비스팜(Bispham, 2006)은 디사나야케(Dissanayake, 2000)를 "어머니-유아 상호작용과 관련하여 인간 진화 과정에서 율동과 동조화의 적응력"을 찾는 것으로 분류한다(p.125).

인간의 고유한 율동 능력을 형성하려면 이러한 음악성의 초기 구성요소들이 모여야 한다. 인간의 음악과 새의 노래를 구별하는 것은 우리의 음악이 다른 사람들의 변화에 반응하여 변화를 수반하는 대화, 즉 그룹 활동이라는 점이다(Bispham, 2006, p.127). 그래서 탐구를 위한 핵심 능력은 동조화 혹은 동일한 맥박을 지닌 그룹 움직임이며, 이것은 비스팜의 분석에서 주된 역할을 한다. 동조화는 "외부 신호에 맞춰진 내부 진동 메커니즘"에 기반하여 "미래 사건의 타이밍에 대한 기대감을 형성하며 … 환경과 효율적으로 상호작용할 수 있게 해준다"(Bispham, 2006, p.128). 인간 행동과 인지의 다양한 영역에 내부 진동 메커니즘이 있기에, 비스팜(Bispham, 2006)은 "음악에의 동조화는 시간적 구조를 지닌 사건에 미래지향적으로 집중하는 일반적인 기능적 메커니즘의 진화적 적응"이라고 주장한다. 비스팜(Bispham, 2006)은 음악적이든 비음악적이든 "대인적 동조화는 인간 상호작용의 핵심적인 율동적 특징"(p.129)이라는 개념으로까지 분석을 확대한다.

음악적 박자와 관련하여 우리는 거의 모든 인류사에서 음악은 춤추기 쉬웠으며, 이 능력이 그룹 유대를 형성한다는 것을 기억해야 한다(Dissanayake, 2000; McNeill, 1995; Ehrenreich, 2006). 춤추게 하는 힘은 어떻게 생겨나는가? 비스팜(Bispham, 2006)은 우선 "운동 조정과 중첩되는 내부의 주기적 진동 메커니즘"(p.129)을 지적한다. 우리에게 중요한 것은 이것이 "생리적 각성 수준에 영향을 미치고 그것을 조절하는 메커니즘"을 제공한다는 그의 결론이다(Bispham, 2006, 129쪽). 달리 말해서, 음악은 그룹이 동일한 정서적 파장에 도달할 수 있게 해준다. "MRB[음악적인 율동적 행동]는 주로 그룹 활동과 의례적 의식에 시간적 틀, 집단정서성, 공유된 경험의 느낌, 응집력을 제공하는 데 뿌리를 두고 있다." 실제로 "음악적 박자는 행동 준비상태에 영향을 미침으로써 정서와 동기 상태를 조절하는 기능을 한다"(Bispham, 2006, p.131). 진화론적 관점에서 음악은 단순히 개별적으로 표현하는 것이 아니라 그룹 정동을 조절한다는 점을 강조하는 것이 중요하다. 음악은 "원초적 정서 표현 그 자체보다 정서를 조절하고 정서를 조절하는 전략을 전달하는 기능을 한다"(Bispham, 2006, p.131).

정치적 정서에 관한 현대 및 고전 연구에 대한 간략한 개관

정치철학 역사의 재탐색

정치철학의 임무는 악마의 종족조차도 그것의 구속에 동의할 수 있는 정의의 체계를 설계하는 것이라는 칸트의 격언에 반향하여(Kant, 1970, p.112), 주류 영미 정치철학은 오랫동안 이성적인 이기적 행위자에게 호소할 능력을 기획의 중심에 두어왔다. 그러나 정동적 전환은 정치철학에까지 영향을 미쳤고, 이제 우리는 통치자/피통치자의 정서를 다루는 방법에 대한 탐구가 정치철학의 주요 인물의 핵심에 있음을 알 수 있다(Kahn, Saccamano & Coli, 2006; Kingston & Ferry, 2008).

그 시작에서 출발하자면, 플라톤과 아리스토텔레스는 성품 발달의 정서적 핵심과 이런저런 정치체제에서 자란 사람들의 공유된 정서적 성향에 대해 모두 동의한다. 플라톤에게 윤리적 발달은 이성적 정당화에 선행하는 정서적 반응을 수반한다("아직 어릴 때는 당연히 싫어하고 증오하지만, 아직 그 이유를 이해할 수 없는 추한 것", Platon, 1961, p.646 [『국가』, 402a]). 아리스토텔레스에게 윤리적 덕은 올바른 정서적 성향에 의해 구성되고, 이러한 성향은 쾌락과 고통에 대한 어린이의 정서적 관계의 지속적 훈련을 통해 얻어진다(Aristotle, 1984, p.1744, 『니코마코스 윤리학』, 2.3.1104b10-13). 윤리적 덕의 습관적 발달을 위한 가장 넓은 맥락은 도시의 관습과 법률이고, 따라서 시민의 성품은 입법자의 가장 중요한 임무이다(Aristotle, 1984, p.1743, 『니코마코스 윤리학』, 2.1.1103b25, p.2121,『정치학』, 8.1.1337a10).

위대한 초기 근대 사상가 중 홉스(Hobbes, 2004)는 시민 국가를 형성하기 위한 합의를 끌어냄에 있어 자연 상태에서 공포의—그리고 시민 상태에 있다가 자연 상태로 돌아가는 것에 대한 공포의—역할을 강조한 것으로 유명하다. 우리가 자연 상태에서—그것에 대해—두려워해야 할 이유는 사람들이 서로를 죽일 수 있는 능력이 널리 퍼져 있기 때문이다. 잠들었을 때는 가장 강한 자도 가장 약한 자에게 죽임을 당할 수 있다(Foucault, 2003; Hobbes, 2004, 89쪽; Hull, 2009; Ryan, 1996; 홉스에게 이성과 열정 사이의 일반적 관계에 대해서는 Coli, 2006 참조). 우리가 다룰 또 한 사람의 위대한 초기 근대 사상가는 스피노자(Spinoza, 2002)이다. 비록 민주주의에 대한 애정 때문에 '별난 홉스주의자'로 보일지라도(Curley, 1996, 315쪽), 스피노자는 홉스를 따라 인간사에서 열정의 역할에 대해 우리가 알고 있는 바를 고려한다면 자연 상태에서 벗어나려는 것이 합리적 자기 이익이라고 주장한다(Curley, 1996, 316쪽). 그러나 스피노자의 정치적 정서는 홉스의 공포와 안전에 대한 강조보다 더 긍정적으로 읽힐 수 있다. 첫째, 우리의 상상과 모방 능력을 꿰뚫는 열정을 통해 사회성의 '정동적 기원'이 존재한다(Balibar, 1998). 둘째, 좋은 정치체제는 우리가 수동적 정동을 능동적 정동으로 변환하라는 스피노자의 학설을 따르도록 뒷받침해 준다. 이러한 변환은 적절한 관념, 즉 정동의 원인을 이해하는 것에서 비롯한다. 그러나 적절한 관념에 이르는 길은 공통의 개념, 즉 사물의 상호 일치를 발견하는 과정을 거치는데, 여기서 "이성의 인도에 따라 사는 사람보다 인간에게 더 유용한 개별적인 것은 우주에 존재하지 않는다"(Spinoza, 2002, p.337, 『윤리학』, IV, p35c1 . 왜냐면 사람들이 대체로 동의하는 것은 그들의 이성적 본성이기 때문이다(Balibar, 1998; Lloyd & Gatens, 1999; Sharp, 2011).

18세기 감성주의자 데이비드 흄(David Hume)과 애덤 스미스(Adam Smith)와 관련하여, 크라우스(Krause, 2008a, 2008b)는 흄을 숙의 민주주의를 뒷받침할 목적으로 "정동적으로 관여된 불편부당성"을 위한 자원을 제공한 인물로 본다(Krause, 2008a, p.6). 그러나 크라우스는 흄을 전적으로 수용하는 것을 옹호하지 않는다. "도덕 감정이 사회적으로 구성되는 한 … 그것은 지배적인 사회적 불평등을 반영하는 경향이 있다 … 흄의 설명에서 동감의 자연적 한계는 이러한 위험을 악화시킨다 … 흄의 설명은 보완되어야 한다"(Krause, 2008b, p.127). 동감에 관한 스미스의 연구를 정치철학과 관련된 것으로 복원하기 위해서는, 경제/정치 사상가들이 스미스를 (배타적으로) 합리적 자기 이익에 기반한다고 상정한 것을 극복해야 했다. 스미스에 대한 이러한 해석은 불편부당한 관찰자가 동감을 배제하지 않은 방식을 간과한다(Amadae, 2003, pp.193-219, 특히 p.216; Foucault, 2008). 그러나 킹스턴(Kingston, 2008)은 플라톤과 아리스토텔레스가 본 '공적 열정(public passion)', 즉 공동체 구성원들의 공유된 정서적 성향이나 윤리적 성품에 대한 고전적 개념을 은폐함에 있어 스미스가 어떤 역할을 했는지를 추적한다. 킹스턴이 보기에, '국지적 대면 만남'에 대한 스미스의 강조는 불편부당한 관찰자의 동감을 개별화한다. 그러므로 스미스의 저술에서 동감의 중요성에도 불구하고, 킹스턴은 스미스가 공적 열정을 은폐하고 사적 열정을 불법화하여 "공유된 합리적 규범이 정치 공동체의 생성과 형성을 이해하는 유일하게 가능한 근거가 되도록"(Kingston, 2008, p.124) 하려는 움직임의 일부로 간주한다.

지면 관계상 충분히 논할 수 없지만, 다음은 주목할 만하다. 로이드(Lloyd, 1993)는 서양 철학사에서 남성과 이성을 동일시하고 여성과 정서를 동일시하는 것에 대해 비판한다. 멘더스(Mendus, 2001)는 18~19세기 사상가들(칸트, 울스턴크래프트, 밀 등)에게서 페미니즘과 정서 개념을 살펴본다. 제임스(James, 2006)는 분노와 의분의 페미니즘적 재생산에 관한 스펠만(Spelman, 1989)의 견해와 정서를 판단으로 보는 누스바움(Nussbaum, 2003)의 인지주의적 해석에 특히 주목하면서 매우 유용한 개요를 제공한다. 버틀러(Butler, 2004, 2009)는 한 쌍의 강력한 저작에서 우리의 불안정한 물질적/사회적 자아에 수반되는 슬픔이 "근본적 의존성과 윤리적 책임을 이론화하는 데 영향을 주는 관계적 유대를 전면에 내세움으로써 … 복잡한 체계의 정치적 공동체에 대한 감각"을 제공하는 것으로 가정한다(Butler, 2004, p.20). 슬픔에 초점을 맞춤으로써 우리는 '애도/공포/불안/격분'이라는 9/11 테러 이후 미국의 대중적 정서를 외교 정책과 관련지어 보는 "체화된 삶의 근본적 사회성"을, 그리고 그것이 "신체적 취약성의 지정학적 분포"에 개입하고 구성하는 것을 보게 된다(Butler, 2004, pp.28-29). 마지막으로 우리는 윌리엄 코널리(William Connolly, 2008)가 "카우보이 자본주의, 복음주의 기독교, 역사의 섭리적 이미지의 현대적 결합"으로 나타나는 현대 미국인의 분노에 대한 자신의 비판에 어떻게 니체(Nietzsche)와 들뢰즈(Deleuze)를 끌어들이는지를 주목할 수 있다(Connolly, 2008, xiv쪽).

'정동 이론' (최근 Gregg & Seigworth, 2010에 수록된) 학파는 정치적 정서에 대한 주목할 만한 학제적 접근법이다. 이 학파는 세즈윅과 프랭크(Sedgwick & Frank, 1995)로부터 시작했는데, 그들은 신경생물학적으로 선천적이고 재조합된 9가지의 정동을 (그것들의 고강도 형태에서: 기쁨, 흥분, 놀람, 격분, 혐오, '불쾌함', 고뇌, 두려움, 굴욕) 구분하면서 정동에 대한 자연주의적 분류법을 제공한 미국의 심리학자 실반 톰킨스(Silvan Tomkins)에 대한 관심을 다시 불러일으켰다. 마스미(Massmi, 2002)는 정동 이론의 또 다른 기원이다. 그의 연구는 스피노자의 정동(affect)과 변용(affection) 이론의 들뢰즈적 전용에 기반하고 있다. 변용(affection)은 다른 신체와 만남에 의해 한 신체를 규정하는 물질적 관계(그것의 '빠름과 느림')의 변화이고, 정동은 변용으로 인해 영향을 받은 신체의 행동력 변화이다. 들뢰즈-스피노자주의자들에게 '행동력'이란 창발주의적 도식으로 다른 신체들과 연결되는 '배치

(assemblage)'를 형성할 신체의 잠재력으로 간주된다. 현대 영국에서 '정서의 문화 정치'에 관해서는 아메드(Ahmed, 2004)를, 9/11 테러 이후 더욱 주목받는 연구인 '일상적 공포의 정치'에 관해서는 마스미(Massmi, 1993)를, 그리고 미국 신자유주의의 지속적 위기 상태에 만연한 '잔인한 낙관주의'—대상이 바로 그 대상에 대한 동기부여적 애착을 차단하는 자가당착적 관계—에 대해서는 버랜트(Berlant, 2011) 참조한다.

정치적 정서와 (미국) 선거 정치의 관계에 대한 최근 과학적 연구

정치적 정서에 직접 초점을 맞춘 최근의 과학적 연구에 대해 논의하기 전에, 우리는 좁은 의미의 정치적 정서에 관한 연구를 준비하고 상황 설명에 도움이 되는 인접 분야 연구에 주목할 수 있다. 우선 권위주의적 성격이라는 개념에 관한 관심이 다시 높아졌다(Adorno, Frenkel-Brunswik, Levinson & Sanford, 1950; Altemeyer, 1988; Jost, Glaser, Kruglanski & Sullaway, 2003). 또한 도덕적 문제에 대한 정서적/이성적 접근의 근거에 관한 신경과학적 연구도 많이 이루어졌으며(Greene, 2003, 2008; Greene & Haidt, 2002), 옥시토신 호르몬이 사회성에 미치는 영향에 관한 연구도 있었다(Zak, 2011). 공감/도덕과 관련하여 친사회성 및 이타적 행동의 진화적 근거에 관한 연구는 흘디(Hrdy, 2009), 긴티스, 보울스, 보이드, 페흐르(Gintis, Bowles, Boyd & Fehr, 2005), 드 발(de Waal, 2006), 조이스(Joyce, 2006)한테서 찾을 수 있다. 아동 발달과 협력에 관한 연구는 공감에 대한 토마셀로(Tomasello, 2009)의 글에서 찾을 수 있다. 공감에 대한 새로운 철학적 관심에 대해서는 스튜버(Stueber, 2006)를 참조할 수 있다. 마지막으로 경제 분야에서의 집단정서에 관한 연구로는 케인즈의 "야성적 충동(animal spirit)" 개념과 금융 근로자들 사이에서 사용되는 "공포 지수(fear index)"라는 비유에 관해서는 베레진(Berezin, 2003, 2009)의 글을 참조할 수 있다.

정치적 정서에 관한 연구와 직접 관련된 노이만과 동료들의 연구(Neuman 외, 2007)는—정치학의 하위 분야인—'정치 심리학(political psychology)'과 신경과학을 포함한 심리학 자체의 교차점에 위치해 있다. 노이만, 마커스, 그링글러, 맥쿠엔(Neuman, Marcus, Gringler & Mackuen, 2007)이 편집한 책에 실린 논문들에서 다룬 중요한 기술적 물음 중 하나는 "이중 처리(dual processing)" 이론, 즉 다음과 같은 두 가지 채널에 관한 것이다. (1) 빠른, '상향식', 자동적 혹은 '반사적', 대체로 정서적 처리와 (2) 느린, '하향식', 실행적 혹은 '반성적', 대체로 인지적 과정. 엄격한 이중 처리 모형에서 벗어나 스페지오와 아돌프스(Spezio & Adolphs, 2007)는 흥미로운 "재발성 다단계 평가 모형(recurrent multilevel appraisal model)"을 제안하는데, 이 모형에서는 "평가적 처리 기능과 정서적 처리 기능이 시간이 지남에 따라 확장되는 양방향으로 결합된 반복적 고리를 형성한다"(p.83).

이제 우리는 정치적 정서를 주제로 삼은 일련의 인기 저서들을 살펴볼 것이다. 이 저서들을 여기에 포함한 이유는 접근성뿐만 아니라 그것들이 종합하는 1차 문헌의 범위 때문이다. 또한 이 저서들이 출판되었다는 사실 자체가 정동에 젖어 있는 미국 정치 현장에 대한 유권자들의 자기 인식을 나타낸다. 무니(Mooney, 2012)는 편향, 동기화된 추론, 선택적 노출, 인지 부조화 등에 관한 연구 조사에서 정서 자체보다 신념에 대한 독단주의에 주목한다. 그럼에도 불구하고 무니는 "경험에 대한 개방성"이라는 개념을 자신의 핵심 개념으로 삼고 있으며, 이것은 정서적 성향의 관점에서 볼 수 있다. 프랭크(Frank, 2004)는 어떻게 정서적 호소가 저소득층 유권자들한테 경제적 자기 이익보다 더 큰 영향을 미쳤는지를 분석한다. 레이코프(Lakoff, 2008)는 무의식과 정서, 의식과 인지의 연관성을 거부한다. 대신 그는 우리의 정치적 담론을 형성하는 '인지적 무의식'의 '틀'을 의식화하고자 한다. 반사적 무의식의 작용을 반성적으로 접근할 수 있게 만듦에서 그의 희망은 숙의 민주주의를 촉진하는 것이다. 그는 이러한 숙의에 초점을 두면서도, 진보주의자는 공감에 호소하지만 보수주의자는 공포와 권위에 호소한다는 말에서 정치적 정서를 언급한다. 그렇다면 레이코프가 보기에 진보주의자의 정치적 과제는 공감의 배양이다.[3]

선거 정치학 연구에는 이성이 열정의 노예라는 신흄주의(neo-Humean) 관점이 강하게 작용한다. 웨스턴(Westen, 2007)은 제한된 합리성은 충분하지 않다고 본다. 정치적 호소는 이해관계의 합리성보다 정서를 통해 이루어져야 한다. 하이트(Haidt, 2012)는 정치

---

3 공감의 거울 신경세포 토대의 발달을 적절히 육성된 대인관계에의 노출이라는 견지에서 해석하는 새로운 학파가 있다(Heyes, 2010). 또한 살라피츠와 페리의 인기 있는 연구(Szalavitz & Perry, 2010) 참조.

적 교착 상태와 비꼼으로 이어지는 서로 다른 도덕적 논리에 초점을 둔다. 하이트의 "사회적 직관주의" 모형에서 대다수 경우에 정서가 담긴 도덕적 직관이 도덕적 판단을 주도하고 도덕적 추론이 그 뒤를 따른다. 도덕적 이성은 선행하는 직관으로부터 동기를 부여받으므로, 그것은 마치 진리를 찾는 과학자보다는 소송에서 싸우는 변호사와 비슷하다. 정치적 문제는 복수의 도덕적 가치에서 나오는 서로 다른 직관을 가진 사람들로부터 비롯된다. 미국식 '진보주의자'의 정동이 담긴 직관은 배려와 공정성의 논리에서 비롯되지만, '보수주의자'도 자유/충성/권위/신성함의 도덕적 논리로부터 강한 직관을 얻는다.

사례연구: 군대 훈련에서 집단정서

막스 베버(Max Weber)는 정치적 주권이란 영토 내의 합법적 무력 사용에 대한 독점권이라는 표준적 정의를 제공한다(Weber, 1978). 그러나 어떻게 질서유지 세력, 즉 군대와 경찰의 살상 잠재력을 풀어주면서도 통제할 수 있느냐 하는 문제가 있다(Protevi, 2008, 2010). 이 문제는 특히 반혁명의 결정적 시점에서 심각해진다. 군대가 '국민'에게 발포할 것인가? 플라톤은 친구에게는 친절하나 적에게는 사나워야 하는 수호자의 성격을 분석하면서 이 문제를 명확히 인식했다(Plato, 1961, p.622, 『국가』, 375c). 흥미롭게도 문제는 '통제' 측면보다 '해방' 측면에 있는데, 살인은 살생 능력이 널리 퍼져 있다고 가정하는 홉스적 관점을 가진 사람들이 생각하는 것만큼 그리 쉽지 않기 때문이다. 연구자들은 "죽이거나 죽거나"의 논리가 치명적 상호작용의 비율을 높일 것이라고 예상할 수 있는 전투 상황에서 발휘되는 능력을 발견하기를 기대했지만, 전통적 군사훈련(과녁에 명중시키는 사격)으로는 기관총 사수를 제외하고 2차 대전 당시 미국 보병 부대의 명중률은 15~20퍼센트에 불과했다는 사실에 충격과 실망을 느꼈다(Grossman, 1996, pp.3-4, Marshall, 1978을 인용; 또한 Collins, 2008 참조). 극히 적은 비율의 군인은 '냉혹하게' (즉 완전한 의식 상태에서) 근거리 살상을 할 수도 있지만, 그로스만(Grossman, 1996)의 주장에 따르면, 98퍼센트의 군인에게는 일대일 대면의 냉혹한 살인에 대한 뿌리 깊은 억제가 있고, 이 수치는 낮은 정동을 지닌 혹은 '자극에 굶주린' 소시오패스로 간주되는 약 2퍼센트의 사람들과 일치한다. 근거리 살인의 문제는 공포라는 정서적 장벽이다(Collins, 2008; Grossman, 1996). 그래서 오늘날의 미국은 무서운 국가를 만들어 광범위한 살생 능력을 억제해야 한다는 홉스적 문제에 직면하기보다 실제로 군대가 공포를 극복하고 살인할 수 있도록 훈련시키는 문제에 직면하고 있다.

살인 행위는 거리, 팀워크, 명령, 습관화, 기계적 매개물의 배치로 촉발된다. 그것들은 함께 인간들 사이에 광범위하게 분포된 근거리의 냉혹한 살인에 대한 억제력을 무력화시키는데, 우리는 그것이 '원시적-공감 동일시'에 기반을 두고 있으며 정동, 신체 이미지, 신체적 온전성의 근본적 연결에 의존한다고 말할 수 있다. 군인들의 증언에 따르면, 많은 군인이 다른 사람의 피와 내장이 쏟아져 나오는 것을 보는 일을 강렬하게 느끼는 것은 분명하다(Kilner, 2000; Kirkland, 1995).[4]

훈련된 병사라도 대다수는 근거리에서 냉혹하게 살상할 수 없으므로, 예컨대 반사적 반응, 격분, 공황 상태와 같이 비주체화된 상태에서 죽이는 것이 검증된 진짜 기술이다. 바이킹의 '광전사 격분(berserk rage)'이 그 원형이다. 근대적 사례로는 셰이의 글(Shay, 1995) 참조.

그리피스(Griffiths, 1997)는 '정서'가 자연종임을 부정하고, 일부 주요 정서를 "정동 프로그램" 혹은 빠르게 작용하고 사전에 프로그램화된 자동 행동 틀로 이해한다. 나는 광전사 격분과 같은 극단적 경우에는 정동 프로그램을 인정한다(Protevi, 2009, 2010). 광전사 격분을 유발하기 위해 바이킹은 다양한 훈련 방법을 실험했다. 저명한 역사가 윌리엄 맥닐(William McNeill)은 '출전의 춤(war dance)'이 '고조된 흥분'을 야기하고 '바이킹 광전사'의 '무모한 공격'에 일조했다고 주장한다(McNeill, 1995, p.102; 또한 Speidel, 2002, p. 276 참조).

우리는 광전사 격분에만 초점을 두지는 않겠지만—실제로 현대의 군사훈련은 이러한 격분 상태를 피하려고 한다—맥닐의 주장을 따라 군사훈련에서 그룹 감정을 불러

---

4 쏟아진 내장이 유발하는 강력한 정도에 대해서는 칼레세, 키저스, 리촐라티(Gallese, Keysers & Rizzolatti, 2004) 참조. '내장 운동 중추'와 연결된 거울 신경세포에 대해서는, '고통에 대한 공감'이 내장을 매핑하는 신경 네트워크의 활동 증가와 관련되어 있음을 보여주는 Singer 외, 2004 참조.

일으킴에 있어 음악과 신체적 동조화의 더 넓은 쟁점을 탐구할 것이다. 앞서 논의한 비스팜은 그룹 음악을 통한 기능적 정동 조절에는 '군사적 각성'이 포함된다고 주장한다(Bispham, 2006, p.130). 그런데 우리는 군인들이 일련의 인종적 비방으로 적을 비인간화하기에 군사훈련의 의미론적 차원도 간과할 수 없다는 점을 분명히 해야 한다. 그러나 의미론적 차원은 달리기를 하면서 율동적 구호를 통해 생성될 때 강화된다는 점에 주목할 수 있다(Burke, 2004).

> 대다수 군인은 적을 '죽이지' 않고, 대신 적은 쓰러지고 쇠약해지고 더러워지고 제거되고 소탕된다. 적에게 호스를 꽂고 전기충격을 가하고 찔러보고 총을 쏜다. 적의 인간성은 부정되고, 독일놈, 일본놈, 남군 졸병, 양키, 베트콩, 동양놈이라고 불리는 이상한 짐승이 된다. (Grossman, 1996, 93쪽)

적을 비인간화하는 의미론적/인지적 행위가 신체적 동조화를 통한 정서적 **군인 정신**의 도움을 받아 살인 행동에 도움을 주지만, 사살률을 높이는 가장 큰 요인은 의식적 주체성을 배제하는 반사적 반응 훈련의 형태라는 사실을 간과해서는 안 된다(Collins, 2008; Grossman, 1996; Protevi, 2008). 그러나 여기서 다시 우리는 정치적 정서를 만나게 되는데, 정신적 외상을 일으키고 죄책감을 유발하는 살인의 광경과 함께 주체성이 되돌아오기 때문이다. 그럼에도 불구하고 웨스트포인트의 피트 킬너 중령이 필자에게 개인적으로 전한 일화적 증거에 따르면, 의미론적인 것이 다시 정치적 정서를 조절하는 역할을 하는 또 다른 전환점이 있다. 그 증거에 따르면, 살인의 후유증에 관해 이야기하고 생각해 본 장교들은 이러한 준비 없이 입대한 남녀보다 죄책감을 덜 가졌다.

맺음말

정치적 정서에 대한 몇 가지 주의의 말로 끝맺겠다. 우리는—대중 정치가 이성적 인간을 무의식적인 정서적 퇴행으로 '여성, 원시인, 어린이' 수준으로 끌어내렸다는—르 봉(Le Bon, 1896; Wilson, 2004)의 히스테리적 반응을 여기서 공유할 필요는 없다. 동조화된 집단행동의 기쁨은 결코 단순한 규범적 기준이 아니며, 파시스트적 기쁨이 있다. 뉘른베르크 집회를 통해 솟구친 정동은 훨씬 더 큰 느낌을 형성하고 자극한 기쁨이었다(Berghaus, 1996). 만약 집단적인 정치적 정서에 어떤 규범성이 있다면, 그것은 수동적 기쁨이 아니라 능동적 기쁨이어야 할 것이다. 우리가 본 것처럼, 스피노자에게는 능동적 기분은 적절한 관념, 즉 정동의 원인을 이해하는 것에서 비롯된다. 나는 이것을 실용주의적으로 비틀어 능동적 기쁨은 '능력 부여(empowerment)', 즉 새로운 상황에서 즐거운 만남을 재연할 수 있는 능력이거나, 혹은 반쯤 캘리포니아식으로 표현해서, 수평적으로 펼쳐지는 네트워크 혹은 들뢰즈와 가타리(Deleuze & Guattari, 1987)의 용어로 "리좀(rhizome)"에서 다른 사람들이 계속해서 능동적 기쁨의 집단행동을 실행할 자기 능력에 관심을 두도록 하는 능력이라고 말할 것이다. '수평적' 네트워크에서 다른 사람들에게 능력을 부여할 방법에 대한 이러한 능동적 이해는 바로 지도자의 '수직적' 명령에 수동적으로 복종할 기회만 찾던 뉘른베르크의 신비화된 대중에게서는 찾아볼 수 없던 것이다.

Chapter 4

정서, 사회학, 시위

제임스 재스퍼[1]

여러 세대에 걸쳐 시위와 사회 운동은 사실상 집단정서의 발로로 정의되었다. 군중(crowds)이 중심이었고, 군중은 정서적이었다. 지크문트 프로이트는 그들을 무의식적인 것에 의해 주도되는 최면 회귀(hypnotic regression)의 한 형태로 보았는데, 여기서 "모든 개인은 그룹 정신의 태도에 의해 지배된다"(Freud, 1959/1922, p.49). 군중은 강력한 지도자가 지휘하는 인류 진화 초기의 원시 부족의 부활이다. "원초적 아버지는 자아 이상(ego ideal)을 대신하여 자아를 지배하는 그룹 이상이다"(Freud, 1959/1922, p.59). 군중 속의 사람들은 더 이상 자기 자신이 아니었다.

이것이 바로 집단행동의 미스터리이다. 어디에서 개인이 끝나고 그룹이 시작되는가? 개인의 목표와 그룹의 목표는 어떻게 연관되는가? 참가자들은 그룹을 위해 희생하려고 이기적 이익을 제쳐두는가? 아니면 우리는 처음부터 그룹 소속에 의해 정의되는가? 인간 본성의 중심에는 이원론, 즉 개인적인 것과 사회적인 것이 동시에 존재하는가?

대다수 정서를 생성하는 대면 상호작용에 초점을 둔 정서 사회학은 이러한 미스터리의 일부를 푸는 데 도움을 준다. 정서 사회학을 통해 사회학자들이 다양한 그룹과 지위에 걸친 정서의 분포를 연구할 수 있었다. 그것은 또한 이러한 상호작용들을 권력과

---

1 James M. Jasper, 뉴욕시립대학교 대학원 사회학과 명예교수.

지위 계층, 문화적 규범과 기대, 고용주-직원 관계와 같은 더 광범위한 구조의 맥락에 놓는다. 그것은 사회운동 조직과 같은 집중된 그룹들이 구성원들에게 유리한 정서를 기르는 방법의 문제를 제기한다. 참가자들은 (그룹 외부의 사람들, 대상들, 생각들에 대한) 공유된 정서와 (서로에 대한) 호혜적 정서를 개발하여 집단 정체성 발달에 도움을 준다. 우리는 정서 표현이 참가자 자신을 포함한 다양한 청중을 설득하는 것을 목표로 삼는 수사학적 관점을 채택할 수 있다. 일단 우리가 정서를 상호작용의 한 측면으로 본다면, 개인정서와 집단정서 사이의 예리한 대비는 사라지기 시작한다. 오직 개인만이 느낌들을 갖지만, 그는 오직 그것들을 사회적/물리적/신체적 맥락에서 갖는다.

군중과 시위운동은 사람들이 돈을 받거나 강압에 의해서가 아니라 자발적으로 함께 일하기에, 이러한 물음들과 역학관계를 다루기에 완벽한 실험실이다. 나는 사회 운동의 환경에서 정서 사회학에 대해 우리가 배운 것을 검토할 것이다. 동일한 느낌들이 다른 유형의 상호작용에서 발견될 수 있지만, 다른 방식으로 편집된다. 특히—경찰, 입법자, 언론 등등—시위 그룹이 상호작용하는 다른 주체들 사이에서도 느낌들이 관찰될 수 있지만, 여기서는 이것들을 검토하지 않을 것이다.

이 장에서는 정서 사회학의 관련 연구 결과를 간략히 살펴본 다음, 시위 사회학(sociology of protest)에서 정서의 재발견에 대해 똑같이 간략하게 설명하고, 시위자들이 정서를 공유하는 몇 가지 방법과 시위자들이 서로에게 가지는 몇 가지 느낌을 논의한 다음, 결론을 내릴 것이다.

정서 사회학

에밀 뒤르켐은 "말하자면 우리의 삶에서 어떤 에너지의 흐름이 외부로부터 오지 않는 순간은 없다"라고 말하면서 세상에 대한 우리의 정서적 애착을 인정했다(Durkheim, 1965, p.242). 그는 의식을 통해 군중이 생성하는 '집단열광'을 묘사한 것으로 유명하다. "공동의 열정으로 움직이는 집회 가운데서 우리는 우리 자신의 힘으로 환원될 때는 할 수 없는 행위와 감정을 느끼게 되는데", 이는 신이 우리의 편이라는 자신감과 에너지에 대한 느낌이다(1965, p.240).

뒤르켐의 군중 이론은 개인적인 동시에 사회적인 인간 본성에 대한 이원론적 이미지에 기반을 두고 있다. 뒤르켐은 인간이 항상 자신을 근본적으로 다른 두 가지 실체, 육체와 영혼으로 이루어진 것으로 생각한다는 점을 관찰한다. 이것들은 서로 독립적이며 심지어 고통스럽게 서로 적대적인 관계에 있다. "육체는 감각적 경험을 통해 우리에게 알려지는 물질적 우주의 구성요소이다. 영혼의 거처는 다른 곳에 있고, 영혼은 끊임없이 그것으로 돌아가려는 경향이 있다. 그 거처는 신성한 것의 세계이다." 그가 말하기를, 영혼은 사회적인 것에 지나지 않으며, 외부에서 우리에게 부과되는 것이다(Durkheim, 1973, p.150). 개념과 지식은 사회적인 것과 함께 있기에, "우리는 부분적으로 사물들의 생명에 대한 느낌을 버리지 않고는 그것들을 이해할 수 없고, 그것에 대한 이해를 버리지 않고는 그 생명을 느낄 수 없다"(1973, p.153). 뒤르켐은 관념론을 포기하지만, 그는 관념들을 우리의 외부에, 즉 우리의 육체 밖에 있는 무언가로 본다. 오늘날 연구자들은 군중 이론의 모호한 이원론 없이도 정서의 중심성을 인정할 수 있다.

막스 셸러와 노베르트 엘리아스(Max Scheler & Norbert Elias, 1939/1978)와 같은 다른 초기 사회학자들과 마찬가지로, 뒤르켐(열정적으로)과 베버(냉담하게)도 정서에 관해 글을 썼지만, 사회학의 지배적인 이론적 틀은 대부분 그것을 무시했다. 앤서니 기든스(Anthony Giddens, 1971)가—대부분 자본주의에 관한 구조적 통찰력으로—마르크스, 베버, 뒤르켐을 이 분야의 창시자로 공표했을 때, 정서는 시위운동에 대한 그들의 통찰 대부분과 함께 철저히 배제되었다.

그러나 시카고 대학의 실용주의와 상징적 상호작용주의에서 비롯된 소수의 시각은 사회학에서 정서의 중심적 위치를 주장했다. 특히 찰스 호튼 쿨리(Charles Horton Cooley, 1902)는 수치심과 자부심에서 인간 상호작용의 기본 동기와 사회질서의 메커니즘을 발견하고 정서의 역할을 명시했다. 어빙 고프먼은 대면 충돌을 분류한 다양한 저서, 특히 수치심과 당혹감의 관리에 대한 설명을 통해 이러한 상호작용주의 전통을 이어가는 것에 일조했다(1956, 1959, 1963).

1970년대 후반에 등장하기 시작한 체계적 정서 사회학은 주로 시카고 전통에 기반을 두고 있다. 그러나 사회심리학자들이 주류의 구조적 이미지와 접촉하여 정서가 더 광범위한 사회적 구조와 과정의 원인이자 결과임을 보여준 것이 이 하위 분야의 도화선이 되었다.

정동 통제 이론(Affect control theory: ACT)에 따르면, 인간은 사건들이 자신의 기대와 일치하지 않을 때 정서를 느끼며, 그것은 다시 다양한 역할을 맡은 사람들이 다양한 상호작용에서 통상적으로 수행하는 행동에 대한 문화적 지식에 기반한다(Heise, 1979, 2007). 예컨대 우리는 어머니가 자녀를 양육할 것으로 기대한다. 어머니가 자녀를 굶기거나 무시하는 모습을 볼 때면 걱정한다. 우리는 어머니에 대한 우리의 기본적인 문화적 가정을 보호하려고 (즉 우리의 정동을 통제하려고) 노력한다. 이렇게 하는 주된 방법은 주체-행위-객체 삼자관계의 요소 중 하나를 변화시키는 것이다. 어쩌면 이 사람은 그 아이의 어머니가 아니다. 어쩌면 이 어머니는 실제로는 그 아이가 건강해지도록 간호하는 것이다. 어쩌면 이 아이는 굶주린 것이 아니라 아픈 것이다. 우리는 주변 사건에 대한 우리의 해석을 통해 근본적 감정을 확인하려고 노력하고, 예컨대 더 많은 정보를 모으거나 그 어머니에게 돈을 주는 식으로 어떤 식으로든 개입함으로써, 그렇게 하기 위한 행동을 취해야 할 때도 있다. 우리의 기대와 보거나 아는 것 사이의 격차(ACT 용어로 '편향[deflection]')가 커질수록, 정서는 더욱더 강해진다. ACT 연구자들은 설문조사를 통해 다양한 문화권에서 역할과 행동의 의미에 대한 목록를 구축했지만, 이러한 언어적 연구는 여전히 미국을 중심으로 이루어진다.

ACT 연구자들은 역할과 행동에 대한 우리의 기대를 **평가**(좋음/나쁨), **효력**(강함/약함), **활동 수준**(능동적/수동적)이라는 세 가지 차원으로 특징짓는다—합쳐서 EPA 공간이라고 한다(Osgood 외, 1957에서 발췌). 우리의 사례를 확장하여 어머니와 그녀의 굶주린 아이를 텔레비전에서 볼 경우, 우리는 이러한 참상을 어떻게 이해하는가? 보통 우리는 어머니를 매우 선하고 다소 강하고 다소 활동적인 존재로 본다. 그러나 이러한 경우에 우리는 어머니가 여전히 선한 의도를 가지고 있으면서도 굶주림으로 인해 약해졌거나 수동적으로 변했다는 결론을 내릴 수 있다. 그녀를 악당(나쁜 어머니)으로 보는 대신, 우리는 그녀를 (여전히 선하지만 약하고 수동적인) 피해자로 볼 수 있다. 우리는 대면할 때뿐만 아니라 지구 반대편에서 중계된 뉴스나 선전을 접할 때도 이러한 해석 작업을 수행한다. 이러한 역학관계는 많은 사회운동이 호소하는 동정심을 설명하는 데 도움이 된다.

ACT의 핵심은 특별한 종류의 상호작용, 즉 참여의 관찰이다. 관찰한 어머니와 아이는 낯선 사람일 수 있고, 우리는 그들과 아무런 관계를 맺지 않을 수도 있다(예컨대 우리 자신의 마음을 바꿈으로써 우리의 편향을 다루는 것). 설령 우리가 상호작용의 주체나 대상일지라도, 우리는 주로 관찰자로 참여하여 어떤 일이 펼쳐지는지를 기대했던 것과 비교한다. 어머니와 아이가 느끼는 것은 우리가 느끼는 것과 필연적 관련이 없다. **우리는 우리의 공유된 문화**, 즉 사람들이 어떻게 행동하는지에 대한 공유된 기대를 **통해서 다른 사람들과 연결된다.**

정체성 통제 이론(Identity control theory: ICT)은 ACT와 밀접하게 관련되어 있지만, 한 사람 자신의 정체성에 대한 감각에 초점을 둔다(Burke, 1991). 우리 자신에 대한 우리의 감각이 확인되지 않을 때, 즉 기대한 대로 대우받지 못할 때, 이 정체성을 재확인하기 위해 행동한다. 시간이 지나면서 충분한 충격을 받으면, 자신이 누구인지에 대한 감각을 수정해야 할 수도 있지만, 우리의 즉각적 반응은 보통 정체성을 유지하려고 노력하는 것이다. 예컨대 자신을 선하고 관대하다고 생각하나 명백히 그렇게 선하지도 않고 관대하지도 않은 행동을 하는 경우, 우리는 자아상을 보수하기 위해 이유를 제시하거나 한동안 관대한 행동에 참여하려고 노력할 수 있다. 비록 연구는 개인에게만 수행되었지만, 우리의 집단 정체성은 유사하게 작동할 수 있다. 예컨대 우리 국가의 명예가 모욕당했을 때 우리는 이것을 회복하기 위한 행동을 지지한다(Lebow, 2009). 이러한 정체성은 그룹 간 정서 이론과 같은 이론들의 기초이다(Smith & Mackie, 2008; 이 책의 V-1장 Ray, Mackie & Smith의 글).

이러한 방식으로 집단 정체성 이론은 ICT와 연결하여 집단적 자부심에 대한 충격에 대응하여 광범위한 집합적 정서를 예측한다. 쿨리의 이론에 의존하여 셰프(Scheff, 1994)는 이러한 가능성을 전쟁과 같은 집단행동을 설명하는 데 도움을 줄 수 있는 주요 정서로서 자부심과 수치심에 대한 이론으로 정교화했다. 정상적 자부심은 우리를 주변 사람들과 연결되어 있다고 느끼게 한다. 정상적 수치심은 우리의 반사회적 행동을 억제한다. 그것들은 사회생활의 접착제를 형성한다. 다른 한편으로 인정되지 않은 혹은 간과된 수치심은 공격성과 함께 악의 소용돌이를 생성한다. 공격성이 강해질수록, 그리고 수치심을 더 많이 느낄수록, 우리는 (인정되지 않은) 수치심을 더 많이 느끼고 다른 사람들을 향한 공격성이 더 강해진다. 우리의 사회적 유대는 단절된다. 한 그룹의 공유된 소속감과 이 그룹이 어떤 대우를 받아야 하는지에 대한 공유된 기대는 이 그룹 구성원들에게 유사한 정서를 생성할 수 있고, 자부심에 기반한 집단행동에 도움이 될 수 있다(Britt & Heise, 2000; Gould, 2009). 우리는 이 장의 뒷부분에서 낙인찍힌 그룹의 운동에 대한 수치심-자부심 역학관계의 중심성을 살펴볼 것이다.

ACT와 ICT는 정서가 정치적 행동에 일조할 방법을 제시한다. 그리고 마커스와 동료들(Marcus 외, 2000)에 따르면, '편향들'은 유권자들 사이에서 더 많은 감시와 정보 수집을 유발하는 불안들과 유사하다(이 책의 VI-3장 Protevi의 글 참조). 흔히 우리는 기존의 문화적 견해와 사회 구조를 확인하려고 노력한다. 그러나 정치적 선전의 요점은, 우리를 무감각하게 만드는 대신, 우리 주변의 세상을 변화시키기 위해 우리가 행동하게 (또는 정부의 조치를 지지하게) 만드는 방식으로 우리의 기대에 충격을 주는 것일 수 있다. 사건들은 우리의 배경적 기대에 따라 정서를 유발한다. 우리는 정부가 선하고 강하고 능동적이기를 기대하는데, 정부가 우리를 (예컨대 허리케인으로부터) 보호하지 못하거나 (예컨대 자국민을 살해하는 것과 같은) 나쁜 행동을 하면 충격을 받는다. 안타깝지만 현실적으로 모든 사람이 정부가 선할 것이라고 기대하지는 않으며, 냉소적인 사람들은 쉽게 충격을 받지 않는다.

상징적 상호작용주의와 덜 직접적으로 연관된 정서 사회학의 또 다른 가닥은 우리의 정서를 지위와 권력의 계층에서 우리 위아래에 있는 사람들과의 상호작용과 연관시킨다. 켐퍼(Kemper, 1978, 2001; Kemper & Collins, 1990)는 세 가지 유형의 정서를 설명하는 가능한 상호작용의 정교한 도식을 개발했다: 이 계층들에서 우리의 위치에 기반한 **구조적**(structural) 정서, 상호작용 중 우리의 권력과 지위의 변화에 기반한 **상황적**(situational) 정서, 우리가 기대하는 권력과 지위에 기반한 **예견적**(anticipatory) 정서. 자신감 및 안정감과 같은 긍정적 정서는 지위와 권력에서 (이것들의 증가에서) 나온다. 공포, 불안, 기타 부정적 정서는 낮은 권력과 지위 혹은 권력과 지위의 축소에서 나온다. 여기서 내가 자세히 설명할 수 없는 미묘한 차이들이 있지만, 다시 한번 말하자면 우리의 기대가 핵심 메커니즘이다.

계층구조에 대한 켐퍼의 강조는 같은 상호작용을 하는 서로 다른 당사자들이 어떻게 다른 정서를 느낄 수 있는지를 보여준다. 심지어 일상적 상호작용도 개인의 지위와 기대에 따라 구조화된다. 만약 우리가 계층구조에서 우리보다 위나 아래에 있는 누군가와 상호작용한다면, 우리는 서로 다르게 느낀다. 우리는 공유된 정서보다는 예측할 수 있는 정서의 분포를 보게 된다. 상호작용에서 자기 권력을 행사하거나 자기 지위를 표현하는 사람들은 긍정적 정서를 느끼고 좋은 기분에 남아있을 가능성이 더 높다. 그들은 미래에도 유사한 참여를 조직하려고 시도할 수 있다. 콜린스가 말하기를(Collins, 2004, p.131), 실제로 그들이 하나의 상호작용에서 생성하는 정서적 에너지가 미래에도 유사한 사건을 조직할 수 있게 해준다.

켐퍼의 모형에 따르면, ACT 및 ICT와 마찬가지로 비난의 귀속이 우리의 정서에 중심적이다. 만약 우리가 자기 행동으로 지위를 잃었다고 생각하면, 부끄러워하거나 당황하는 반면, 만약 **다른** 누군가의 탓으로 본다면, 우리는 분개하거나 화를 낸다. 전자는 정서를 위축시키고, 후자는 우리를 행동할 수 있게 한다. 내가 다른 곳에서 주장했던(Jasper, 1997, 5장; 2006, 2장) 비난의 정서적 역학관계는 전략적/정치적 행동을 설명하는 데 도움이 된다. 우리는 우리에게 가용한 문화적 재료로부터 악당/희생/영웅을 만들어낸다(Jasper 외, 2019). 이것은 필시 그룹들을 통합된 참가자들로 구체화하는 것을 수반하며, 아군과 적의 구성원들이 **마치** 각각 동일한 집단정서를 공유하는 것처럼 묘사한다.

사회학 내의 많은 사회심리학자는 ACT와 켐퍼의 구조적 모형과 같은 연구를 바탕으로 우리의 정서적 반응의 설명에서 기대의 중요성을 강조해왔다. 탐(Thamm, 1992)의 주장에 따르면, 모든 그룹은 개인이 어떻게 행동해야 하는지에 대한 기대와 그것에 부합하는지에 따른 보상과 제재를 생성한다. 한 사람은 자신과 다른 사람들이 얼마나 잘 기대에 부응하는지를 표현하면서 정서를 느낀다. 이러한 모든 모형에는 정치적 행동에 대한 동기와 기대에서 문화 간 차이의 여지가 있다. 기대는 한 그룹이나 국가 내에서 광범위하게 공유될 수 있지만 만장일치로 공유되는 경우는 거의 없다.

1983년 앨리 혹스차일드(Arlie Hochschild)는 정서 사회학의 다른 전통을 뛰어넘는 학술적 베스트셀러인 『관리된 마음(*The Managed Heart*)』을 출간했다. 그녀는 고프먼의 상호작용주의뿐만 아니라 라이트 밀스(C. Wright Mills)의 계급구조 이론, 특히 화이트칼라 노동자의 착취에 관한 이론 등 다양한 자료를 참고했다. 비행기 승무원에 대한 글을 쓰면서, 혹실드는 고용주가 일종의 영혼 착취를 위해 부과하는 규칙들을 비롯해 문화적으로 알려진 **감정 규칙**과 **표시 규칙**에 따른 정서 표현의 관리를 기술했다. 그녀가 말하기를, 우리가 단순히 표시 규칙에 따를 때, 우리는 **표면 연기**(surface acting)를 하는 것이고, 우리가 실제로 느껴야 하는 것에 대한 규칙을 따를 때, 우리는 **내면 연기**(deep acting)를 하는 것이다. 생각과 신체를 단련함으로써 우리는 계속 **정서 관리**를 하지만, 기업이 우리에게 이러한 작업을 너무 많이 강요하면, 우리는 자신의 감정으로부터 멀어지게 된다.

혹스차일드는 몇 가지 중요한 생각들을 소개했다. 첫째, 정서는 흔히 청중에게 영향을 미치기 위해 자의식적으로 표현되며, 이것은 고전 수사학에서 깊이 있게 분석된 점이다. 둘째, 표시될 정서에 대해 종종 격렬한 갈등이 있다. 기업과 직원은 극단적 사례지만, (부모와 자식을 생각해 보면) 딱히 특별하지는 않다. 시위 지도자들은 추종자들이 '올바른' 정서를 느끼고 표현하도록 설득하기 위해 열심히 노력한다. 셋째, 정서 표현을 구매하기 위해 돈이 사용될 수 있다. 그래서 전략적 수단의 다른 두 주요 종류인 설득과 강요도 사용될 수 있다.

정서 사회학의 또 다른 가닥은 집단적 의식에서 생성되는 정서적 에너지 혹은 뒤르켐의 '집단열광'에 대한 콜린스(Collins, 1975, 2001, 2004)의 논의이다(이 책의 Ⅵ-1장 Collins의 글; 이 책의 Ⅵ-2장 Knottnerus의 글 참조). 그의 '갈등 이론'의 일부로서, 콜린스는 관심과 긍정적 느낌을 사람들이 경쟁하는 가치로 본다. 대면 만남에서 (그것에 수반되는 관심의 상호 집중 및 조율된 움직임과 더불어) 생성되는 '정서적 에너지'는 사람들이 띠는 분위기가 되어, 그들에게 집단적인 정치적 행동에 대한 충분한 열의를 제공한다. 고프먼을 따라서 콜린스는 거의 모든 상호작용이 일종의 의식이며, 그것이 정교하고 공식적인 행사일 필요는 없다고 강조한다. 그는 또한 참가자들이 이러한 정서적 참여를 통해 유의미한 상징을 만들어낸다는 뒤르켐의 주장을 받아들여, 왜 사람들은 정서를 공유하고 호혜적 정서를 갖는지를 설명한다. 추가적 상호작용을 통해 주기적으로 재충전되어야 하지만, 그룹 충성이 그 결과로 발생한다.

정서 사회학의 주된 요점은 개인이나 그룹에서가 아니라 이 둘 사이, 즉 개인들 사이의 상호작용에서 정서들을 찾는 것이었다. 그러나 그것은 이러한 상호작용이 얼마나 철저하게 문화적 기대, 계층구조, 조직명령, 공식/비공식 의식에 의해 형성되는지를 보여주었다. 개인들은 단순히—프로이트 전통에서 이해했던 것과 같이—내면의 정신적 역학을 다루는 정서보다는 사회적으로 적절한 정서를 가지는 경향이 있다. 그래서 그룹의 대다수 구성원이 (모든 구성원이 같은 정서를 느끼는 경우는 거의 없지만) 동시에 동일한 정서를 느끼거나 표시할 때, 그 이유는 어떤 그룹 정신이나 (전염이 있기는 하지만) 자동 전염 때문이 아니다. 동일한 기대, 사회 구조, 상호작용 과정이 모든 구성원에게 영향을 미치기 때문이다.

시위 정서의 재발견

시위운동은 우리의 느낌과 표현을 형성하는 여러 과정을 관찰할 수 있는 일종의 실험실을 제공하지만, 그것은 연구자 자신의 편견과 선입견에 대한 로르샤흐(Rorschach) 검사의 장이기도 하다. 1960년대까지 관찰자들은 (고대의 지적 전통에 따라) 분명하게 감정적이라는 이유로 시위대를 비이성적이라고 일축했다. 1960년대부터 1990년대까지 분석가들은 시위대가 '이성적'이라는 것을 입증하기 위한 노력으로 모든 정서를 부정했다(Goodwin 외, 2000). 1990년대 후반 문화 이론들이 시위대가 자기 행동에 부여하는 의미를 탐구하면서 "억압받은 자의 귀환"으로 지적 추가 다시 흔들리기 시작했다(Jasper, 1997, 1998).

헬레나 플램(Helena Flam, 1990)의 "정서적 인간" 모형은 경제학의 자기 이익을 추구하는 합리적 모형(Olson, 1965)과 종종 그 반대 개념으로 제시된 이타주의의 도덕적 모형을 모두 보완했다. 페리(Ferree, 1992, p.32)도 "양가감정, 이타주의, 정서적 경험"을 "비가시적이고 무관한" 것으로 만든 것에 대해 합리적-선택 전통을 비판했다. 개인의 자율성에 대한 강력한 가정을 전제하는 합리적-선택 모형은 정서를 대인적 신호로 인정할 수 있었지만(Frank, 1988), 사람들 사이의 복잡하고 심지어 본질적인 의미를 규정하는 관계로는 인정할 수 없었다. 안타깝게도 합리적-선택 이론의 비판자들은 대화를 이어가기 위해 그들 표적의 개인주의적 언어를 상당 부분 수용해야 했다.

더 나아가 페미니스트들은 시장이 아니라 가족을 상호작용의 중심 사례로 삼아 본질적으로 서로 결속된 인간 모형을 개발했다. 그들은 정서를 항상 전면에 내세우지는 않았으며, 그들이 그렇게 할 때는 흔히 양면성이 있었다. (사랑과 같은) 정서는 인간들을 연결하는 데 도움을 주지만, (우울함이나 공포와 같은) 정서들은 또한 여성의 억압에 기여한다(Taylor, 1996). 재거(Jagger, 1989) 등은 여성을 비하하는 데 사용되는 수많은 이분법에 도전했다. 정신 대 육체, 생각 대 느낌, 공적 대 사적 등등(Calhoun, 2001). 혹스차일드(Hochschild, 1983, 163쪽)도 여성이 더 많은 정서 노동을 요구받음으로써 착취당한다고 주장했다. "다른 자원이 부족하기에 여성은" 부분적으로 젠더 사회화(gender socialization)를 통해 그들이 발달시킬 것이라 기대되는 정서 관리 기술 덕분에 "느낌으로부터 자원을 만들어낸다."

페미니스트들은 종종 여성은 정서적이고 남성은 비정서적일 것이라 기대된다고 주장했다. 대신 나는 남성과 여성에게 서로 다른 정서가 할당된다고 주장할 것이다. 남성은 자신의 권리와 지위를 주장하는 데 유용한 공격적 정서, 특히 분노를 표현하는 것이 허용된다(Aristotle, 1991, pp.142-146). 여성은 공포나 슬픔과 같은 기를 죽이고 자기 비하적인 정서를 느끼고 표현하도록 훈련받는다. ACT 용어로 여성은 적어도 그들이 연약할 것이라 기대되는 만큼 수동적일 것이라 기대된다.

문화 구성주의는 특히 정서가 인지와 도덕과 함께 문화의 일부라고 제안함으로써 정치의 정서를 이해하는 도구를 제공하기도 했다(Jasper, 1997). 정서적 메커니즘은 프레임 정렬(frame alignment) 및 집단 정체성과 같이 인지적인 것으로 간주되거나 정치적 기회 및 네트워크와 같이 구조적인 것으로 간주되는 과정을 주도하는 것으로 보일 수 있다(Jasper, 1998; 또한 이 책의 VI-3장 Protevi의 글 참조). 문화적 접근법은 감성과 정체성을 구성하고 참가자들을 끌어들이고 활력을 주는 도덕적 충격을 생성하기 위해 주최자들이 수행하는 수사적/수행적 작업을 강조하는 경향이 있다.

최근 몇 년 동안 사회운동의 출현과 지속적 역학관계와 영향의 정서적 차원을 추적하는 연구와 이론이 폭발적으로 증가했다(이에 대한 개요로는 Jasper, 2011 참조). 프로이트 모형(Goodwin, 1997; Hoggett, 1992), 구조적 모형(Barbalet, 1998; Kemper, 2001), 정동 통제 이론(Britt & Heise, 2000)을 적용하려는 시도도 있었지만, 대다수는 문화적 접근법을 채택했다

(Goodwin 외, 2001; Gould, 2009; Summers & Effler, 2010; Traïni, 2008). 집단행동은 흔히 참가자들이 정서를 공유하고 서로에게 긍정적으로 느끼는 것에 의존하기에, 이 연구 분야는 정서적 정렬을 일으키는 사회적 메커니즘에 대한 통찰을 생성했다.

정서와 사회 운동의 사회학은 수많은 유사한 통찰을 생성했다. 정서를 유발하는 것, 우리가 그것을 표시하는 방법, 심지어—그 사이에서—우리가 느끼는 것은 사회 구조와 위계, 문화적 사회화와 표현을 비롯한 사회적 맥락에서 규정된 기대들로 형성된다. 동일한 상황에 있는 개인들은 동일한 느낌을 많이 혹은 대부분 공유할 것이라 기대될 수 있다. 둘째, 정서는 부분적으로 사회적 상호작용에서 일어난다. 내가 당신의 정서에 미치는 영향은 의도적이거나 비의도적일 수 있다. 이 영향은 당신이 내가 느끼는 것과 같은 것을 느끼거나 무언가 다른 것을 느끼게 하는 것일 수 있다. 이 장의 나머지 부분에서 나는 개인들이 사회적 상호작용으로 자신의 정서를 정렬하는 두 가지 메커니즘, 즉 동일한 경험에 동일한 방식으로 반응하는 것과 더 넓은 집단과 동일시하는 것을 검토한다.

공유된 정서

같은 상황이나 대면 환경에 있는 수많은 사람이 동시에 동일한 정서를 느낄 수 있다. 그 이유는 일반적으로 동일한 메커니즘이 모든 사람에게 작용하기 때문이다. 이러한 정서가 그룹이 공유하는 집단정서처럼 보일 수도 있지만, 주어진 환경에서 모든 개인이 정확히 같은 정서를 느끼는 경우는 드물다. 일정한 정서 집합의 외부적 표현이 각 개인이 정확히 동일한 느낌을 느끼고 있음을 보장하지 않는다. 그럼에도 불구하고 같은 장소에 함께 모인 사람들이 같거나 유사한 정서를 느끼는 데에는 여러 가지 이유가 있다.

나는 우리가 공유할 수 있는 정서의 범주를 네 가지로 본다. 첫째, 다른 사람들의 행동에 대한 반응이다. 적수로부터 오는 공포, 우리가 싫어하는 결정에 대한 분노, 우리 지도자의 말에서 오는 자신감 등이다. 둘째, 우리 자신의 행동으로 인한 느낌이다. 자부심, 자신감, 희망, 그리고 (우리가 나쁜 행동을 했을 때) 수치심 혹은 죄책감. 셋째, 우리가 속한 그룹에 대한 자부심, 다른 그룹에 대한 불안이나 혐오와 같이 우리의 장기적인 정동적/도덕적 관여로 인한 느낌이다. 이러한 관여는 우리 자신을 세상으로 향하게 하는 상대적으로 안정적인 방법이다. 마지막으로 우리는 흥분이나 희망이나 체념과 같은 보통의 분위기를 공유할 수 있다.

도덕적 충격은 다른 사람들의 부당한 행동에 대한 일반적 반응이다. 이때 (마커스[Marcus, 2002]의 불안, ACT의 "편향"[Heise, 1979], 혹은 민속방법론[ethnomethodology]의 위반 실험[Garfinkel, 1967]과 아주 유사한) 정보나 사건은 사람들에게 세상이 그들이 생각했던 것과 같지 않다는 것을 나타낸다. 사람들의 본능적 불안감은 때때로 시정(是正)의 한 형태인 정치적 행동으로 이어진다. 저자들은 도덕적 충격을 동물권 운동(Jasper & Poulsen, 1995), 중앙아메리카 평화운동(Nepstad & Smith, 2001), 반인종차별주의 운동(Warren, 2010) 등에 대한 참가자 모집 과정에서 발견했다. 평화적 시위에 대한 폭력적 진압은 도덕적 충격의 흔한 원천인데, 당국과 시위대가 이 충격의 정서적 해석을 놓고 다투는 데 이용되는 기술들을 설명한 헤스와 마틴(Hess & Martin, 2006)은 이러한 도덕적 충격을 "역효과(backfire)"라고 불렀다.

굴드(Gould)에 따르면, 도덕적 충격은 종종 심지어 사회 운동에 참여할 준비가 되어 있는 사람들에게 그들을 급진화하거나 그들의 헌신을 강화하는 효과를 함께 가져온다. 1986년 바워스 대 하드윅(Bowers v. Hardwick) 판결은 미국 게이/레즈비언 운동에 이러한 효과를 미쳤다(Gould, 2009, 2장). 1973년 로 대 웨이드(Roe v. Wade) 판결은 주의를 기울이고 있던—이미 낙태를 반대하던—미국 대중의 일부에게 비슷한 영향을 미쳤다. 도덕적 충격은 사람들의 관심을 다른 곳으로 돌리거나 기존의 노력을 되살릴 수 있지만, 반드시 사람들의 근본적 가치나 이념을 바꾸지는 못한다. 로(Roe)는 낙태가 실제로 얼마나 흔한 일인지를 주의를 기울이고 있던 대중에게 알렸다. 하드윅(Hardwick)은 레즈비언/게이 공동체에 자국 정부가 그들의 억압을 뒷받침한다는 것을 말해 주었다. 자기 정부에 대한 분노는 배신감을 수반할 때 특히 더 강력할 수 있다.[2] 도덕적 충격은 참가자 모집보다는 전략적 선택에 더 자주 영향을 미치는 것으로 밝혀질 수 있다.

---

2 배신감과 같은 정서적 역학관계를 입증하지는 않았지만, 시위에서 실체적 수사가 아니라 절차적 수사를 사용한 사례에 대해서는 Gordon & Jasper, 1996 참조.

시위대는 또한 그들을 위협하려는 '질서유지 세력'의 노력에 대응한다. 분열의 원인 중 하나는 군중을 마비시키거나 공황 상태에 빠뜨릴 수 있는 공포이다—그것이 많은 군중 이론의 패러다임 정서이다. 운동 지도자들은 잠재적 마비 상태를 자기 행동에 대한 자신감의 분위기로 전환해야 한다. 제프 굿윈과 스티븐 파프(Goodwin & Pfaff, 2001)는 미국과 동독의 시민권 운동에서 조직자들이 공포를 완화하거나 관리하기 위해 사용한 '격려 메커니즘'을 밝혀냈다. 친밀한 사회적 유대와 지원, 정서적 대중 집회, 운동과의 동일시, 궁극적 승리에 대한 믿음, 수치심, 시민불복종에 대한 공식 훈련, 대중매체 보도 등. 그들은 미국 운동에서 두 가지 메커니즘을 추가로 발견했다. 총기 소지와 신의 보호에 대한 믿음(주님은 스스로 돕는 자를 돕는다)이다. 자신감은 여러 원천에서 나온다.

정서를 공유하는 또 하나의—아마도 가장 직접적인—메커니즘은 전염이다. 우리는 주변 사람들의 얼굴표정을 흉내 내려는 경향이 있고, 이 표정과 연관된 정서를 느끼는 경향이 있다. 이러한 경우에 우리는 자신감의 경우와 마찬가지로 우리 자신 측의 행동에 반응한다. 해트필드, 카시오포, 랩슨(Hatfield, Cacioppo & Rapson, 1994)은 정서 전염이 작동하는 메커니즘에 대해 자세히 설명했다(또한 이 책의 Ⅱ-4장 Hatfield, Carpenter & Rapson의 글 참조). 일례로 우리는 다른 사람의 경험, 애덤 스미스(Adam Smith, 1969)가 강조했던 일종의 동감을 의식적으로 상상할 수 있다. 또한 누군가가 화났을 때의 날카롭고 히스테리적인 톤의 음성을 들었을 때 우리가 느끼는 것과 같은 자동적 반응이 있을 수 있다. 마지막으로 두 단계로 일어나는 직접적 모방 메커니즘이 있다. "대화에서 사람들은 자동적이고 지속적으로 다른 사람의 표정, 발성, 자세, 움직임, 도구적 행동을 모방하고 그것들을 자신의 움직임과 동기화하려는 경향이 있다"(Hatfield 외, 1994, p.10; 또한 Bourgeois & Hess, 2008). 이러한 행동은 다시 우리의 정서에 영향을 미치고, 우리는 우리의 행동에 적합한 것을 느끼게 된다(이 책의 Ⅱ-3장 Hess, Houde & Fischer의 글; 이 책의 Ⅱ-4장 Hatfield 외의 글 참조).

셋째, 단기적 정서(놀라움, 충격, 분노, 공포, 혐오, 기쁨 등, Jasper, 2011에서 "반사적 정서[reflex emotion]"라고 부른 것)를 공유하는 이러한 모든 메커니즘은 사람들이 장기적인 배경적 정서를 공유하면 강화된다. 그룹이나 사상에 대한 (혹은 대항하는) 정서적 충성심, 그리고 자부심, 수치심, 정의의 원천에 대한 도덕적 관여 등이다.[3] 우리의 기대와 단기적 정서를 형성하는 배경적 관여는 상징(예컨대 그룹 상징), 주장, 집단 기억, 기타 인지적 도움을 통해 구성되고 강화될 수 있다. 선전은 참가자들이 사건에 대해 동일한 방식으로 반응할 적절한 준비를 갖추도록 설계된다.

넷째, 참가자들은 부분적으로는 전염을 통해, 부분적으로는 동일한 반사적 정서를 통해 긍정적 혹은 부정적 분위기를 공유하게 될 수 있다. 기쁨과 실망은 특히 얼굴표정을 통해, 그리고 성공적 상호작용 의식에서는 상승하고 실패한 의식에서는 하락하는 정서적 에너지를 통해 전염된다. 콜린스(Collins, 2004)는 상호작용 의식의 상대적 성공 혹은 실패에 대해 상당한 합의가 있다고 가정하지만, 이 주제에 대한 증거는 거의 없다. 분위기는 공유된 반사적 정서와 전염의 효과를 증폭시키는 것으로 보인다.

호혜적 정서

우리의 상호작용 배후에는 현재 상호작용하고 있는 사람들을 포함하여 다른 사람들을 향한 정동적 관여가 있다. 나는 후자를 호혜적 정서라고 불렀는데, 그룹에 속한 사람들은 어느 정도 그 '그룹'에 대해 특정한 방식으로 느낀다고 가정하는 것이다. 그러나 호혜적 정서는 서로 사랑에 빠진 두 참가자나 운동 전체보다 서로에게 주된 애정을 느끼는 소그룹과 같이 그룹의 특정한 구성원을 향한 느낌을 포함한다. (나는 이것을 밴드 오브 브라더스 딜레마라고 부른다. 운동 지도자들은 정동적 충성심을 장려하고 싶지만, 이러한 충성심이 조직이나 운동이 아니라 소규모 하위그룹에 쏠릴 위험을 감수해야 한다. Jasper, 2004, p.13 참조). 이 절에서 살펴볼 호혜적 정서는 시위 활동을 집중시킬 수 있는 신뢰와 매력의 패턴을 형성한다.

많은 학자는 사회 운동의 새로운 참가자의 모집에서 사상이 아니라 소셜 네트워크의 중요성을 지적했다(Jasper, 1999에 요약되어 있다). 이러한 유사 논쟁에서 사상은 다소 추

---

3 Jasper, 2011 및 다른 곳에서 나는 충동이나 반사적 정서와 같은 단기적 느낌들로부터 중기적 분위기를 거쳐 장기적인 정동적 관여와 도덕적 정서에 이르기까지 다양한 느낌들의 유형 분류체계를 제시한다.

상적인 아리스토텔레스적 "부동의 동자(unmoved mover)"라고 간주된 반면, 네트워크는 기계적 근접성으로 제시되었다. 이 대신에 네트워크의 효과를 이해하는 방법은 네트워크에서 구성원들이 서로에게 느끼는 정서를 통한 것일 수 있다.

지아드 먼슨(Ziad Munson, 2009)은 낙태 반대 운동가들에 대한 탐구에서 이 점을 제시한다. 표본에 있는 활동가들의 5분의 1은 조직화된 그룹에 가입하기 전부터 명확하게 낙태에 반대하는 신념을 가지고 있었다고 답했다. 대략 같은 수가—실제로는 약간 더 많은 수가—막연하게 낙태를 찬성하는 신념을 가지고 있었다. 먼슨이 인터뷰한 활동가들 대다수는 모호하고 뒤섞인 신념을 가지고 있었거나 이 문제에 대해 전혀 관심이 없었다. 대다수 쟁점에 대해 평균적 시민들은 여러 가지 막연한 이미지와 직관을 지니고 있었을 뿐이고, 서로 논리적으로 연결된 면밀한 체계를 가지고 있지는 않았다. 사람들은 기꺼이 어느 한 편을 들지만, "이러한 맥락에서 자신이 '낙태 반대자(pro-life)'라고 말하는 것은 낙태에 대한 개인의 신념이나 도덕적 이해의 반영이라기보다 사회문화적 정체성의 진술로 보인다"(Munson, 2008, p.43). 이것은 부르디외(Bourdieu, 1984)가 오래전에 사람들이 설문에 답할 때 그들이 하는 행동에 대해 지적한 바이다. 그들은 확실한 선호를 표현하는 것이 아니라 특정한 그룹에 자신을 맞추고 있다.

그렇다면 대다수 사람을 운동에 참여하게 하는 것은 헌신의 힘이 아니라 소셜 네트워크에 의해 형성된 우연한 만남에 더 가까운 무언가이다. 먼슨이 발견한 바로는(Munson, 2008, p.61), 일반적으로 "매우 다른 생각과 가치관을 지닌 사람들로 구성된 새로운 네트워크에 들어갈 가능성을 열어주는 동시에, 오래된 사회적 유대로부터 낡은 세계관을 유지해야 한다는 압박에서 벗어날 수 있게 해주는 것은"—영화, 개종, 자녀 출산, 새로운 직업, 이혼이나 결혼 같은—모종의 '전환점'이다. 먼슨은 외부 환경을 강조하는 경향이 있지만, 새로운 충성심과 관심을 생성하는 것은 누군가가 자신을 발견하는 장소와 그녀가 그 환경을 해석하는 방법 사이의 상호작용인 것으로 보인다. 한 사람은 운동의 사상을 통해서가 아니라 운동에 참여하는 개인들과의 정동적 유대와 매력을 통해 모집된다.

만약 다른 사람들과의 유대감이 참가자들에게 동기를 부여한다면, 이 유대감은 또한 참가자들을 거기에 머물게 한다. 소속감은 인간의 기본적 욕구이며, 사랑(Berezin,

1997), 자부심(Scheff, 1994), 정서적 흥분(Collins, 2004), 때로는 외부인에 대한 증오(Le Cour Grandmaison, 2002)와 같은 정서를 포함한다. 국가주의(예컨대 Calhoun, 1997)로부터 1960년대 이후 미국의 정체성 정치, 1990년대 이후 레즈비언/게이/양성애자/성전환자/퀴어(LGBTQ) 운동의 등장에 이르기까지 집단 정체성과 정치에 대한 도서들이 출간되었다. 한때는 주로 집단 기억이나 인지적 경계선을 긋는 것으로 여겨졌지만, 최근 연구는 집단 정체성과 관련된 정서를 고찰했다. 그룹 충성심은 개인의 목표를 확장하여 개인이 그룹 구성원으로서 받는 혜택을 넘어 그룹 자체를 위한 혜택을 포함한다. 이러한 목표는 자기 이익도 아니고 이타주의도 아니다(McDonald, 1999; Polletta & Jasper, 2001).[4]

롤러, 티에, 윤(이 책의 Ⅳ-2장 Lawler, Thye & Yoon의 글)은 어떻게 대면 상호작용이 광범위한 정동적 충성심에 일조할 수 있는지에 대한 이론을 개발했다. 그들은 반복적 개인간 상호작용이 정서라는 중개 변수를 통해서만 (다시 사회질서로 이어지는 세 가지 주요 메커니즘인) 규범, 신뢰, 집단 정체성으로 이어진다는 것을 발견한다. 그들은 자신들의 이론을 국가 충성도에도 적용한다. 가장 광범위한 정체성도 대면 상호작용과 우리가 그것을 해석하는 방식에 기반한다.

앞서 언급했듯이, 콜린스(이 책의 Ⅳ-1장 Collins의 글)는 사람들에게 그룹에 대한 의식과 집단 노력에 참여할 동기를 부여하는 대면 상황에서 생성되는 정서적 에너지에 대한 이론을 제공한다. 그의 의식 모형은 "운동 관여의 상대적 강도를 설명하며", "사회운동이 주기적으로 소규모 혹은 대규모 집단적 행사에 모여 이 운동을 시작시킨 열광을 재현하고, 때로는 표적이나 적과의 대결을 위한 가장 효과적인 방법 중 하나인 새로운 정서를 불러일으키는 방식"을 설명하는 데 도움을 줄 수도 있다(Collins, 2001, p.31).

뒤르켐 이론을 이용하여 콜린스는 군중의 기쁨을 생성하는 몇 가지 메커니즘을 제안한다(Ehrenreich, 2006; Lofland, 1985). 집단 운동과 음악은, 아마도 신경 체계의 여러 부분

4 '정체성'은 1950년대와 1960년대의 집단행동 전통에서 널리 사용되던 용어로, 보통은 심리적으로 손상된 개인을 위한 동기로서 개인 정체성과 의미 찾기를 강조했다(Hoffer, 1951; Klapp, 1969). 이것은 갬슨(Gamson, 1992, p.56)이 제안한 것처럼 오늘날 정체성을 바라보는 방식과 정반대이다. "제멋대로나 대용적 정체성에 대한 가정을 제거하면, 여전히 남아 있는 핵심적 통찰이 있다. 사회운동에 대한 참여는 흔히 참여를 위한 개인 정체성의 확대를 수반하며 자아의 성취와 실현을 제공한다."

이 한꺼번에 관여하기 때문에, 사람들이 만족감을 느끼면서 그룹에 녹아들게 하는 특이한 능력을 지니고 있다. 사회운동에 대한 음악의 기여는 흔히 사람의 마음을 끌고 기억에 남는 이념적 구호로 채워진 가사에 담긴 인지적 메시지에서 주로 기인하는 것처럼 분석되었다. 그러나 음악은 함께 노래하고 춤추고 움직이는 참가자들에게 정서적 영향을 미친다(McNeill, 1995). 크리스토프 트라이니(Christophe Traïni, 2008, p.60)는 음악이 시위에 일조하는 열두 가지 요소를 나열한다. 처음 두 가지는 명백히 정서적이지만(전향에 유리한 감정과 유익한 정서적 자세 만들기), 다른 두 가지(그룹 정체성의 강화와 적에 대한 악마화)도 정서적 기반을 가진다.

사회운동 관련 학자들은 운동의 원인과 확장에 관한 연구를 선호하지만, 호혜적 정서가 사라지면 운동은 쇠퇴한다. 가장 분명한 것은 자부심/자신감/열정의 정서가 사라지면 사람들은 참여하지 않는다는 것이다. 또한 운동에 대한 비통함의 역학, 비난과 맞비난, 그리고 종종 정치적 영역에서 벗어나 문화적 관심사를 향한 내적 방향 전환이 있다—이것들은 린 오언스(Lynn Owens, 2009)가 암스테르담 스쿼터 운동에 대해 기록한 과정이다. 다른 한편으로 정동적 네트워크는 장기간의 정치적 비활동 기간에도 운동을 지속시킬 수 있다(Taylor, 1989). 야누스의 딜레마에 직면하여 쇠퇴하는 운동들은 그들 자신의 "밴드 오브 브라더스"를 향해 내부로 돌아가려는 경향이 있다.

공유된 정서들이 호혜적 정서를 형성하는 것처럼, 그 역도 일어날 수 있다. 이것은 친숙한 과정이다. 우리는 우리의 그룹과 어울리고 싶어 하고, 그래서 사건과 정보에 어떻게 반응해야 하는지를 비롯해 그룹의 규범이라고 지각하는 것을 따른다. 우리는 다른 사람들의 행동과 말을 모니터링하고 그에 따라 반응한다. 전염은 우리가 정동적 충성심을 느끼는 사람들에 둘러싸여 있을 때 더 강해진다.

맺음말

집단정서에는 신비로운 것이 없다. 지도자들은 참가자들 사이에서 부분적으로 특정한 반응적 정서를 제안하거나 허용하는 상황을 구성한다. 특정한 상황은 특정한 감정을 요구한다. 그리고 문화적 의미의 공유에서 핵심적인 부분은 감정을 공유하는 것이다. 주최자들은 또한 순간의 반사적 정서를 형성하는 배경적 정서를 구축하기 위해 큰 노력을 기울여왔다. 이러한 배경적 정서 중에서 가장 중요한 것은 그룹 구성원들 사이의 호혜적 감정이다.

그룹과의 동일시는 우리 인생의 목표들을 형성하며, 정서는 우리의 다양한 목표와 관련하여 우리가 얼마나 잘하고 있는지에 대한 평가이다. 목표와 기대를 공유할 경우, 그룹의 개별 구성원들이 함께 얼굴을 맞대고 있든 그렇지 않든, 동일한 정보가 그들에게 동일한 정서를 제시할 가능성이 높다. 그들이 함께 있을 때, 많은 추가적 메커니즘이 그들의 공유된 감정을 강화한다. 또한 공유된 정서와 호혜적 정서가 서로를 강화한다는 사실을 인정할 때, 많은 사람이 동시에 동일한 정서를 느끼게 될 수 있는 메커니즘을 이해할 수 있는 풍부한 도구를 가지게 된다.

정서가 사회생활에서 광범위한 역할을 하고, 그것이 합리성의 반대가 아니라 합리성의 근본적인 부분이라는 인식은 학자들이 사회 운동과 시위에 대해 생각하는 방식을 바꾸고 있다. 또한 그것은 결국에는 우리가 행동과 상호작용에 대해 생각하는 방식, 그리고 인간이 자신이 하는 일에 부여하는 의미를 변화시킬 것이다. 이것은 사회과학을 위한 의미심장하고 새롭고 흥미로운 길이다.

Chapter 5

정서적 지식, 정서적 스타일, 종교

후베르트 크노브라우흐[1] | 레기너 헤르비르크[2]

사회학적 관점에서 정서, 특히 집단정서는 에밀 뒤르켐(Emile Durkheim, 1912/1995)에 의해 종교의 맥락에 놓여 있었다. 사회에 대한 그의 인식에서 집단정서는 근본적으로 필수적 요소를 구성한다. 왜냐면 종교의 출현은 사회적으로 만들어진 상상적 현실(이상화된 제2의 현실)과 (그가 '열광'이라고 부른) 사회적으로 만들어진 특정한 종류의 정서적 상호작용에 기초하기 때문이다. 이 정도로, 그리고 정서의 사회학이라는 관점에서, 오늘날에도 종교를 기념하고 종교성이 발휘되고 살아 있는 곳에서 집단정서를 더 면밀히 살펴보는 것이 타당하다. 이 장에서는 열광과 같은 사회적 집단 혹은 그룹과 관련된 정서에만 관심을 두는 것은 아니다. 대신 우리는 종교의 맥락에서 의미를 획득하는 정서의 전체 스펙트럼에 관심이 있다. 우리의 연구는 현대 종교 공동체에서 초월(transcendence)의 역할에 관한 초기 연구와 뉴에이지(New Age) 운동, 임사 체험, 종교적 환상, 마리아 출현 등에 관한 연구(Knoblauch, 1999, 2009; Knoblauch & Soeffner, 1999), 특히 종교의 '정서화(emotionalization)'에 관한 최근 민족지학적 연구 결과에 기반한다. 이 연구는 성령강림이나 복음주의 성향을 지닌 신생 기독교 집회와 독일 복음주의 교회 혹은 로마 가톨릭교회의 기독교 교구를 각각 정서적 문화의 측면에서 비교했다.

---

1 Hubert Knoblauch, 베를린공과대학교 사회학과 교수.

2 Regine Herbrik, 루파나 대학교 사회학, 문학연구 교수.

우리는 종교와 종교적 정서에 관한 몇 가지 언급으로 시작하여, 자료 수집과 분석의 구체적 방법을 간략히 설명한다. 분석의 배경이 될 종교적 정서의 세 가지 차원을 제시한 다음, 다양하고 광범위한 자료에서 선별된 몇 가지 결과, 즉 본질적인 경험적 사례에 초점을 맞출 것이다. '정서적 스타일(emotional style)'이란 (Reddy, 2008에서 제시된 정의와는 대조적으로) 관찰하고 분석할 수 있는 정서적인 것에 대한 의사소통 체계의 상황적 간결화를 의미한다. 또한 우리는 종교적 정서/상징/공동체 사이의 관계를 파악하기 위해 리스와 우드헤드(Riis & Woodhead, 2010)가 사용했던 '정서적 체제(emotional regimes)'라는 개념을 사용한다. 두 번째 부분에서는 오늘날 독일어권 기독교 집회에서 정서의 역할에 관한 실질적 물음을 다룬다. 정서를 통해 획득되는 지식과 정서에 대한 지식 각각의 종교 생활을 위한 역할을 설명할 것이다. '정서적 지식(emotional knowledge)'이라는 용어를 사용할 때, 이 두 가지 유형 모두를 의미한다. 이러한 물음들을 검토하면서 시각적 매체의 역할이 특히 두드러지는데, 2011년 교황 베네딕토의 베를린 방문에 대한 민족지학적 자료의 초기 분석을 통해 이 점을 입증할 것이다. 매체화라는 개념의 도움으로 매체 사용의 증가뿐만 아니라 매체가 종교적 사건의 경험에 영향을 미치고 있음을 보여줄 것이다. 그런 다음 우리는 사회에서 정서와 종교의 의미와 더 광범위하게 관련된 향후 연구에 대해 간략히 논할 것이다.

이러한 기독교 공동체에서 정서의 역할에 대한 물음으로 넘어가기 전에, 우리는 종교/정서/경험의 관계에 대한 몇몇 이론적인 사회학적 성찰을 제시하고자 한다.

종교, 정서, 경험

정서와 경험

많은 학자는 느낌/정서/종교를 밀접히 관련된 것으로 보았다. 예컨대 현대 신학의 창시자로 여겨지는 슐라이어마허(Schleiermacher)는 종교의 본질을 '생각도 행동도 아닌' '직관과 느낌'으로 파악했다(Schleiermacher, 1799/1996, p.22). 또한 종교 심리학의 창시자인 제임스(William James)는 신학적 '공식'이 아니라 느낌에 우선성을 두었고, 그래서 신학을 실증과학으로 보는 지성적 이해에 명백히 반대했다. 종교 현상학에 대한 고전적 저작을 남긴 오토(Rudolf Otto)는 '신(the Holy)'에서 도덕적/합리적 구성요소를 제거했고, 종교성의 핵심을 개념으로 파악할 수 없는 '신비로운' 것에서 찾았다. 그러나 그는 그것이 "이해되기 위해서는 자기 자신 안에서 직접 경험되어야 하는 … 느낌-반응"을(Otto, 1917/1958, p.10) **"두려운 신비**(mysterium tremendum)"를—통해 설명할 수 있다고 가정한다.

그러나 종교의 본질로서 느낌/정서에 대한 이러한 강조는 종교에 대한 성찰의 한 측면만을 나타낸다. 슐라이어마허의 저술, 종교 심리학, 종교 현상학은 종교가 특정한 경험과 연관되어 있다는 개념을 언급한다. 여기에 종교는 비범한 것에 대한—즉 명백히 전제되어야 하는 거룩한 혹은 성스러운 것에 대한—경험을 통해 수립된다는 실체론적 개념과 종교는 단지 (경험 대상보다 경험하는 사람에 더 기반하고 있는) 경험의 비범함을 통해 결정된다는 기능론적 개념 사이의 주된 차이가 있다. 그럼에도 불구하고 현대의 종교 탐구는 정서뿐만 아니라 종교적 경험이라는 개념에 기반하고 있다. 이러한 배경에 기대어, 종교/느낌/정서의 연결은 특히 현대적 특성을 나타낸다. 19세기의 과정에서 경험은 '경험적' 혹은 '실험적' 과학의 토대로 인정받았지만, 베버(Weber, 1992)를 언급하자면, 종교에서 경험으로부터 정서로의 이동은 종교의 비합리화로 특징지을 수 있는 전략에 해당한다. 현대의 세속화 이데올로기는 종교를 이성과 반대되는 것으로 보는 경향이 있을 뿐만 아니라, 종교적 경험의 실재를 인정하지 않고—콩트, 니체, 프로이트를 따라서—주관적 변모, 환각, 혹은 단순히 '비이성적' 정서로 변질시킨다.

정서, 의미, 의사소통 행위

놀랍게도 우리가 공유하지 않는 '비이성적인 정서적 종교'와 '합리적인 과학적 근대성' 사이의 매우 일반적인 세속주의적 대립은 바로 이러한 종류의 근대성과 그것의 각성을 주장한 저자들에 의해 파괴된다. 베버는 『경제와 사회(*Economy and Society*)』(1978)에서 행동의 도구적 합리화(그리고 그것의 경제화)가 근대성의 운명이라고 선언했고, 여전히 행동에 정서성을 부여하지 않았다. 대신에 그는 자신의 네 가지 이상적 유형의 행동 중 하나로 정동적 (정서 주도적) 행동을 받아들였다. 비록 약간만 이성적이지만, 정동적 혹은 정서적으로 주도적 행동은 인간 행동 일반을 특징짓는 것으로 나타난다. 그것은 유의미하다. 정서를 유의미한 행동의 한 측면으로 통합함으로써, 베버도 정서에 대한 사회학적 고찰의 토대를 마련했다. 자본주의 정신이 프로테스탄트 윤리에서 도출될 수 있는 것처럼, 정서의 의미도 사회의 영향을 받으며, 다시 사회적 상호작용에 영향을 미친다. 사회에 의해 매개된 이러한 의미를 '지식'의 한 형태로 지명할 경우, 우리는 정서적 지식에 대해서도 말할 수 있다. 앞으로 논할 것처럼, 특히 종교와 관련하여 정서적 지식 개념은 아주 유익한 것으로 밝혀진다. 이러한 개념은 정서에 **대한** 지식과 정서를 **통해** 획득되는 지식을 모두 의미한다.

여기서 중요한 것은 지식 일반처럼 정서적 지식도 의사소통을 통해 혹은 더 정확히 말해서—행동하고 경험하고 느끼는 주체를 지칭하는—'의사소통 행위'를 통해 매우 명백하고 감각적으로 매개된다는 점을 고려하는 것이다.[3] 이러한 이유로 우리는 특히 정서에 대한 지식과 정서를 통한 지식을 매개하는 의사소통 형식들에 초점을 둘 것이다. 정서성은 절대 단지 종교적 의사소통의 부작용이 아님은 분명하다. 오히려 매우 특별하고 어느 정도 혁신적 방식으로 종교적 의사소통은 특히 정서적 측면을 강조한다. 앞으로 보여줄 것처럼, 시각적 의사소통은 종교에서 정서적 지식의 차원에 큰 의미를 부여한다. 시각적 지식을 매개할 수 있게 해주고, 특히 정서성을 강조하는 것이 이러한 시각적 지식이다. 시각 외에도 (거의 다루지 않겠지만, 음악과 같은) 다른 양식들도 중요한 역할을 하므로, 현대 사회에서 종교에 대한 더 넓은 이해에 도달하려면 (다양한 양식의) 매체의 특별한 역할을 지적해야 한다. 더 일반적으로 말해서, 매체가 종교적 관행/정서/의사소통에 점점 더 침투하고 그것들의 구조를 변화시키므로, 이를 종교의 매체화라고 말할 수 있다(Hepp & Krönert, 2009; Hjarvard, 2009).

정서가 표현되는 방식은 아주 다양하지만, 우리는 다양한 정서적 스타일을 식별할 수 있다. 우리는 정서적 스타일을 우리가 관찰하고 분석할 수 있는 정서적인 것에 대한 의사소통 체계화의 상황적 집합들을 의미하는 용어로 언급한다. 그래서 사회가 정서를 다루는 방식뿐만 아니라 특히 정서의 수행적 단계도 살펴본다는 점에서, 우리는 이 용어를 일루즈(Illouz, 2007, pp.6-7)의 정의와는 구별되는 의미로 사용한다.

---

3 의사소통 행위에 대한 더 정교한 개념에 관해서는, Knoblauch, 2011 참조.

정서의 세 가지 사회학적 차원

의사소통 행위 혹은 줄여서 의사소통에 관해 이야기할 때, 행위자들이 독립적으로 수행하는 추상적 선택을 의미하지 않는다. 대신 우리는 행위자뿐만 아니라 관찰자도 지각하고 경험하고 해석할 수 있는 상징적 행동의 감각적/물리적 수행을 가리킨다. 행동을 실행하는 것 자체는 **수행**(performance)이라는 용어를 사용하여 언급한다. 이러한 이유로 (종교적 예배와 같은) 의례화된 의식의 틀 안에서 수행적으로 구현되는 정서 표현의 의사소통적—그래서 항상 다양한—형태들이 관찰 연구의 기본 원칙이다. 이러한 의사소통적 표현 형태들을 기록하기 위하여, 우리는 언어, 준언어(paralanguage), 제스처, 얼굴표정, 노래, 극화, 상황, 소통 등과 관련된 측면들의 상호작용을 고려한다. 이 첫 번째 차원에 대한 분석은 주로 민족지학적 관찰과 시청각 자료에 기반한다. 이러한 자료 중 일부는 저자가 녹음한 것이지만, 다른 자료는 예컨대 웹사이트에서 가져온 교회들의 자기 기술이다.[4]

우리의 탐구는 기존 기독교 공동체만이 아니라 새로 설립된 공동체, 특히 구성원 대다수가 같은 민족적 배경을 공유하는 공동체에도 초점을 둔다. 최근 수십 년 동안 새로운 교회의 설립을 통해, 독일 내 공동체의 확대된 스펙트럼은 흥미롭고 다양해져서, 개신교와 가톨릭교회의 주류 공동체뿐만 아니라 복음주의파, 성령강림파, 카리스마파 교회도 포함한다.

종교적 의사소통의 수행을 검토할 때, 우리는 오늘날의 기독교 공동체는 종교적 예배 중 실시간 시각화뿐만 아니라 자기 교회의 내외부를 보여주고 공동체 생활을 기록하기 위해 새로운 매체를 활용한다는 점을 고려해야 한다(Herbrik, 2012). 심지어 새로운 교회를 의도적으로 설립하는 이른바 **교회 개척**도 매체의 활용을 통해 촉진된다(Fanning, 2009). 여기서 교회의 웹사이트는 중요한 역할을 하는데, 이 웹사이트에는 영상과 사진이 집중적이고 광범위하게 사용된다. 따라서 영상과 사진 분석은 거의 자기-암시적 조

---

4 현장 진입, 인터뷰 대상자 선정 및 자료 수입을 위한 우리의 체계적 접근법은 지속적 비교의 원칙에 따르며(Glaser & Strauss, 1967), 자료 해석을 위한 방법은 영상 분석(Knoblauch, Schnettler & Raab, 2009)과 사회과학적 해석학(Social Scientific Hermeneutics; Soeffner, 2004)에 기반한다. 우리는 25개의 교회와 몇몇 주요 기독교 행사에서 자료를 수집했고, 평신도 및 목사와 20건의 심층 인터뷰를 수행했다.

사 방법이다.

분석의 두 번째 차원에서 우리는 의사소통 수행을 통해 매개되는 정서적 지식, 즉 행위자와 느낌 규칙에 대한 중요성보다는 그 의사소통 수행의 의미에 관심이 있다. (공동체 구성원들이 그 수행을 관찰하고 해석할 수 있는) 정서의 의사소통적 형태들과 여러 가지 목적을 위해 어떤 정서적 지식을 불러일으킬 수 있는지를 분석하려고, 우리는 교회의 적극적 구성원과 심층 인터뷰를 진행했다. 우리는 보도자료를 통해 모집한 인터뷰 대상자들에게 그들의 신앙 이력, 그들의 종교 생활과 연관된 중요한 사건, 그들의 일상적인 종교적 관행에 대해 질문했다. 그들 자신의 정서에 대한 각자의 설명과 함께, 우리는 그들 종교의 정서성에 대한 신자들의 성찰을 기록했다.

예컨대 다음 예시에서 'R씨'는 희망을 불러일으키고 키우는 능력의 관점에서 개별 종교를 평가했다.

> R: 음, 그래서 저는 사실 무언가를 정서의 개입 없이 객관적으로 다루려는 경향이 있는 사람입니다. 불교와 힌두교를 비롯해 다양한 종교를 살펴봤는데, 그것들은 모두 음 즐거움을 제공하지 않는 종교들입니다. 힌두교는 매우 슬픈 종교입니다—당신은 열반에 도달할 때까지 아주 여러 번 다시 태어납니다. 그것은 실제로 매우 슬픈 종교입니다. 불교도 슬픈 종교입니다 (…) 왜냐면 불교에서는 영혼이 없기 때문입니다. 즉 당신은 열반으로 녹아 사라지기 때문에, 영혼을 믿는 사람이 거의 없습니다.
>
> 인터뷰 진행자: 그렇군요.
>
> R: 저에게 기독교는 실제로 음 사후에도 계속되는 삶이 있다는, 다른 무언가가 있다는 희망을 주는 종교입니다.
>
> 인터뷰 진행자: 그렇군요.
>
> R: 그런 점이 저에게 (–) 아주 많이 매력적입니다 [흠].

분석의 세 번째 차원은 우리가 초점을 두고 있는 정서와 그것의 의사소통적 표현은 의식화된 행사, 행사의 사회적 조직, 매체화를 통해 전달되는 사회적 맥락과 연결되어 있다는 생각에 기반한다. 우리는 정서적 스타일과 종교적 그룹 구성원들이 모집되는 사회적 환경 사이에 연관성이 있다고 생각하며, 현재 기존 자료의 2차 분석에서 이러한 연관성을 참구하고 있다.

지식과 정서

정서에 대한 지식

정서적 지식에 대해 말할 때, 핵심 개념은 '느낌 규칙(feeling rules)'이라는 개념이다(Hochschild, 1979). 우리가 조사한 교회들에는 어떤 느낌 규칙들이 존재하는가? 이 물음에 답하면서, 우리는 기독교 교리에서 매우 분명하고 명시적인 느낌 규칙들을 발견한다. 가장 잘 알려진 사례는 신약성서의 두 계명으로 실제로 순수한 형태의 느낌 규칙들을 나타낸다. 구약성서의 십계명은 주로 구체적 행동을 언급한다. 그것들은 사람들에게 요구되는 행동과 금지된 행동을 규정한다. "살인하지 말라", "도둑질하지 말라"(출애굽기 20장 2~26절, 킹 제임스 판).

이와 대조적으로 신약성서의 두 계명에 제시된 지침은 정서적 영역을 지시한다는 점이 흥미롭다. "네 마음을 다하고 목숨을 다하고 뜻을 다하여 너의 주 하나님을 사랑하라(37). 이것이 첫 번째 큰 계명이다(38). 그리고 둘째도 그와 같으니, 네 이웃을 네 몸과 같이 사랑하라(39). 이 두 계명 위에 모든 율법과 선지자가 있으니(40)"(마태복음 22장 37~40절).

성경은 또한 신자들에게 분노와 같은 다양한 정서에 대한 평가 기준을 제공한다. 만약 이기주의로 인해 유발되거나 통제할 수 없다면, 그것은 죄가 될 수 있다. 그러나 부정의하고 무례한 행동을 향할 경우, 분노는 정당할 수도 있다. 이에 대한 가장 유명한 사례는 예수가 격분하여 환전상들을 성전에서 쫓아낸 일이다(마태복음 21장 12절 참조).

이것들은 유대-기독교 전통에 기반을 둔 가장 명백한 느낌 규칙의 몇 가지 사례일 뿐이다. 이러한 명시적이고 '공식적인' 느낌 규칙 외에도 소위 사회문화적 느낌 규칙이 있다. 우리의 자료가 보여주듯이, 신자들이 특수한 상황이나 그룹에 적용되는 특정한 느낌 규칙이나 정서적 스타일을 준수하도록 사회화되는 방식에는 여러 가지가 있다. 좀 더 능동적인 관점에서 이것은 신자들이 특정한 종교적 맥락에서 부적절하게 행동하지 않는 데 필요한 정서적 지식의 획득에 있어 다양한 선택지가 있음을 의미한다.

한 가지 예로 기독교 교회에서 반복되는 의식 절차 중 다수는 **정서적 시나리오**에 의해 특징지어진다. 이것은 바로 예컨대 전례용(또는 교회) 연도가 사순절과 대림절 동안에는 참회, 성목요일과 성토요일 사이에는 애도, 부활절과 크리스마스에는 기쁨으로 특징지어지는 주일과 명절의 연속을 결정하는 방식이다.

더 작은 규모에서는 유사한 정서적 시나리오가 종교적 예배의 전례에서 인식될 수 있다. 이것에는 죄책감을 느끼고 인정하는 부분과 하나님과 그의 아들에 대해 즐겁고—교회에 따라—다소 열정적으로 찬양하는 부분이 포함된다. 전례의 이 모든 절차와 구성요소는 정기적으로 반복되기 때문에, 신자들은 종교적 예배에 처음 방문할 때부터 그것들을 연습하기 시작하여 내재된 느낌 규칙과 각각의 정서적 스타일에 대한 사회화를 경험한다.

또한 우리는 신자들이 특정한 정서를 느끼거나 표현하도록 촉구하는 명시적 명령도 확인했다. 예컨대 찬송가 가사는 신자들이 기쁨의 고양감을 느끼도록 유도한다. 참가자 관찰의 과정에서 우리는 베를린의 한 자유교회 목사가 자신의 이전 교인들은 기쁨과 헌신을 더 명백한 형태로 보여주었다고 말하면서 교인들에게 더 열정적으로 찬양을 표현하도록 강력히 독려하는 모습을 보았다. 같은 찬양곡을 부를 때, 목사가 말하기를, 이전 교인들은 좌석 위에 서서 춤을 추고 손뼉을 쳤다고 말했다. 이후 그 베를린 교인들은 요구받은 정서를 비슷하게 표현하기 위해 큰 노력을 기울였다.

이 사례는 단지 특정한 그룹이나 사건 내에서 사회적으로 바람직하거나 바람직하지 않을 수 있는 동일한 정서를 표현함에 있어 광범위한 서로 다른 정서적 형태들을 설명하기 위한 것일 뿐이다. 이 때문에 개인이 어떤 정서가 적절한지를 배울 뿐만 아니라 특정한 정서 스타일을 내면화하는 것이 중요하다. 우리가 정서적 스타일에 대해 말하는 이유는 그룹은 일관된 정서에 의해서뿐만 아니라 정서적 시나리오에 맞춰진 구체적인 상황적 정서 선호를 통해 특징지어지기 때문이다.

[그림 24.1] 프리스톡 축제.

'적절한' 정서와 정서적 스타일에 대한 지식을 획득하거나 전달하기 위해 음성 언어를 사용할 필요가 없는 경우도 흔하다. 대신 매체와 시각화가 중요한 역할을 한다. 종교 그룹의 잘 관리된 웹사이트에서 당신은 수많은 그림과 영상 클립을 발견할 수 있다. 이러한 매체와 (청각적) 시각적 산물은 우선 어떤 그룹이나 집회 내에서 가능한 정서적 경험에 대해 조언하는 역할을 한다. 또한 그것들은 정서를 어떻게 표현할 수 있고 어떤 정서를 표현해야 하는지에 대한 패턴을 제공하는 일종의 표현 모형의 역할을 한다.

종교적 그룹에 대한 지식과 종교적 정서 자체는 개신교 영역에서도 문자 패턴을 점점 덜 따른다는 점을 유념해야 한다. 초보 신자와 기존 신도는 시청각적 모형에 따르기 때문에, 음악의 역할을 과소평가해서는 안 된다. 여기서 시각화는 정서적 의사소통의 모방적 '역할 모형'으로서 작용하고, 이것을 종교의 매체화 사례로 만든다(Hepp & Krönert, 2009). 매체는 내용을 전달할 뿐만 아니라 전달되는 것에 통합된다. 특히 중요한 것은 대중적 형태의 표현이 수행하는 역할이며, 그것은 '대중 종교'라고 부를 수 있다(Knoblauch, 2009). 특히 자유교회 신도들이 보여주는 일련의 사진들은 성단소에서 성직자들이 수행하는 전례 행사뿐만 아니라 예배 혹은 행사 참가자에게도 초점을 맞추고 있다. 이러한 경우의 사례로는 온라인으로 접근할 수 있는 '프리스톡(Freestock)' 축제의 언론 포트폴리오가 있다(그림 24.1).

정서를 통한 지식

종교적 의사소통이 정서에 대한 지식을 전달한다면, 종교적 정서는 지식의 원천으로 간주되기도 한다. 정서의 경험은 특정한 종교적 내용과 주제를 매개하거나 접근하기 쉽고 두드러지게 만드는 데 사용된다. 정서는 성경 구절과 같이 종교와 종교적 측면을 더 잘 혹은 정확하게 이해하기 위한 일종의 '합리적' 방법의 역할을 한다.

극화된 성경 탐구의 한 형태인 비블리오드라마(Bibliodrama; Radeck, 1998)와 성경 본문에 대한 독일식 대화형 그룹 해석인 비블리오로그(Bibliolog; Pohl-Patalong, 2010)는 이러한 아이디어를 구현하는 방법의 두 가지 사례이다. 두 기법은 모두 신자들이 선별된 성경 구절에 등장하는 특정한 성경 속 인물의 역할을 맡도록 유도한다. 그런 다음 진행자가 해당 구절을 그룹에게 큰 소리로 읽어준다. 참가자들은 성경 속 인물이 경험했거나 생각했거나 느꼈을 수 있는 정서와 분위기뿐만 아니라 생각도 이해하려고 노력해야 한다. 그들은 그것들을 비블리오드라마의 경우에는 연기로 묘사해야 하거나 비블리오로그의 경우에는 구두로 설명해야 한다.

목표는 특정한 성경 속 인물이 자신의 마음과 생각으로 어떤 일을 겪었을지를 상상하는 것이다. 신자들은 특정한 성경 구절과 관련이 있을 수 있는 정서와 생각에 직면하여, 그 인물이 어떤 갈등에 직면했을지 혹은 어떤 두려움이 그를 괴롭혔을지를 발견해야 한다. 이러한 재연에서 다른 사람들과의 의사소통 부분의 목표는 특히 정서의 시각화에 기초하는 특정한 형태의 성서 해석을 창출하는 것이다.

덜 구체적이지만 유사한 접근방식이 소위 도마 미사(Thomas Mass)의 경우에 관찰될 수 있다. 이 새로운 형식의 종교적 예배는 1988년 헬싱키에서 개발되었다(Haberer, 2002). 오늘날 그것은 여러 나라에서 거행되고 있다. 도마 미사는 성경에 나오는 인물인 의심하는 도마(Doubting Thomas)를 가리키는 행사 명칭에서 나타나듯이 특히 기독교 신앙에 대해 의구심을 가진 사람들을 대상으로 한다. 사도 도마는 그리스도의 부활에 대한 보고를 믿지 않았다. 그는 기적을 직접 눈으로 보거나 심지어 확실한 증거를 얻고 싶어 했다. 따라서 신체적/정서적 경험은 도마 미사에서 특히 큰 역할을 한다(그림 24.2).

미사의 구체적 요소는 각 지역 조직팀에 의해 선택될 수 있다. 미사는 개신교 교회에서 거행되지만, 각 참가자는 흔히 목사와 짧은 개인적 교류를 경험하고 기름 부음을 받을 기회를 얻는다. 흔히 사용되는 다른 요소로는 촛불을 켜거나 자기 생각과 느낌을 종이에 적어 그것을 상징적인 통곡의 벽에 붙이는 것이 포함된다. 종종 참가자들은 그림이나 성경 구절을 명상하거나 명상에서 자기 몸을 체험하기 위해 작은 그룹으로 나뉜다. 주최자들은 특히 특이한 음악 편곡을 선호하여 교회 오르간을 다른 악기들로 대체한다. 성찬식 예배를 하는 동안 신자들은 보통 성단소 주변에 큰 원을 그리고 서 있다(그림 24.3).

일반적으로 도마 미사는 그것의 다양한 요소들이 신자들의 **모든 감각**에 초점을 맞추도록 고안된 것이다(또한 Meyer, 2006 참조). 새롭고 재발견된 오랜 기독교 의식과 의사소통 형식이 참가자들에게 전통적인 종교적 예배에서는 거의 경험하지 못하는 감각적/정서적 경험을 제공하기 위해 사용된다.

[그림 24.2] 도마 미사(a).

시각화, 매체화, 정서성

지금까지 다양한 기독교 교회의 행사에서 우리가 직접 실행한 참가자 관찰과 개별 교회 웹사이트에서 모은 자료는 종교의 매체화가 점증하고 있다는 견해를 뒷받침한다. 이것은 여러 매체가 종교적 의사소통에 도입되고, 매체와 매체를 통해 전달되는 지식을 병합함으로써 이러한 종류의 의사소통을 확장하고 변형시킨다는 것을 의미한다. 동시에 의사소통 상황 자체는 즉각 기록되고 더 많은 사람에게 전달될 수 있게 된다.

예컨대 많은 교회는 예배 동안 다양한 종류의 정보를 투사하기 위해 스크린이나 모니터를 가지고 있다(그림 24.4).

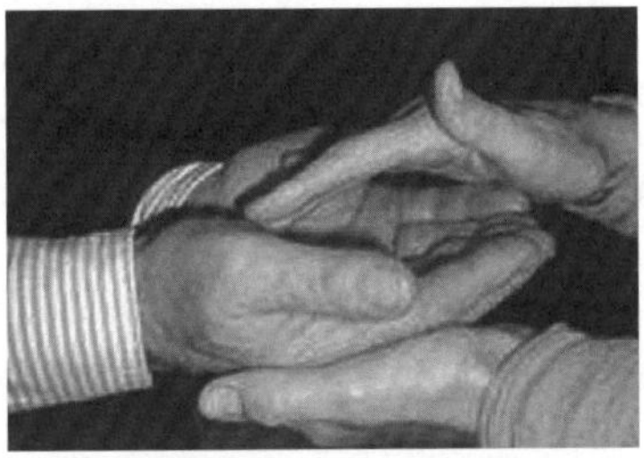

[그림 24.3] 도마 미사(b).

이러한 장비는 신생 자유교회 집회에서는 이미 표준이 된 것 같다. 오래된 교회에서는 아직 같은 정도는 아니지만, 특히 (록 음악 미사[rock masses]와 같은) 특별한 형태의 예배에서는 스크린이 흔히 성단소 안이나 근처에 배치된다. 불과 몇 년 전만 해도 낯설게만 느껴졌던 것이 많은 젊은 교회의 전례에 도입되어 더 이상 낯설거나 이질적인 것으로 인식되지 않는다. 설교의 근거가 되는 성경 구절이 오버헤드나 컴퓨터 프로젝터로 표시된다. 또한 목사의 설교에 대한 답창으로 전체 교인이 기도문을 암송하거나 찬송가 가사가 스크린에 나타난다. 어떤 경우에는 종교적 예배에서 말하거나 노래하는 모든 단어가 스크린에 투사되고 시각적 이미지로 보완되기도 한다.

[그림 24.4] 떼제(Taizé) 예배당.

특히 기도와 찬송 낱말의 시각화와 관련하여, 스크린 투사는 흔히 찬송가집이나 기도서를 대체한다. 이것은 찬송하고 기도할 때 교인들의 자세에 흥미로운 변화로 이어진다. 그들은 더 이상 고개를 숙여 책을 읽지 않으며, 허리를 굽히거나 머리를 숙이지 않는다. 그들의 손은 자유로워져 들어올릴 수 있고, 기도 자세와 제스처를 취하거나 옆 사람과 손을 잡을 수 있다.

투사 수단을 사용하는 것은 예배의 요소를 반복할 수 있을 뿐만 아니라 영상 클립을 예배 구조에 통합할 수도 있다. 우리는 주로 자유교회 집회에서 이러한 관행을 관찰했고, 그중 일부는 교회 실내장식에 평면 스크린을 설치하기도 했다. 이러한 식으로 영상 자료의 상연이 설교에 포함될 수 있다. 이것은—때로는 정서를 불러일으키는—동영상, 음성 해설, 문자, 배경 음악의 독특한 구성을 통해 가용한 현대적 매체 수단과 직접적 연설의 흥미로운 상호작용으로 이어진다.

또한 우리는 예배에 참석한 사람들에게 미치는 매체의 효과도 관찰했다. 이 효과는 종교적 행사에 대한 정서적 경험의 측면에서 중요한 역할을 한다. 베를린에서 열린 주요 떼제 집회에서는[5] 전통적으로 예배의 가장 감동적인 순간이었던 것이 실제로는 행

5 매년 연말이면 수천 명의 젊은 기독교인이 프랑스에 위치한 떼제 공동체가 주최하는 각 유럽 떼제 집회에 방문한다.

사 참가자 대다수가 그 순간을 기록하려는 시도로 인해 본래의 성격을 잃어버렸다. 촛불에서 촛불로, 행렬에서 행렬로, 참가자에서 참가자로 불꽃이 전달될 때, 많은 사람은 이 순간을 휴대전화나 카메라로 담으려고 했지만, 주최자들은 모든 사람에게 사진 촬영을 자제해달라고 분명하게 요청했다. 참가자들은 아마도 신문에서 "떼제 느낌"이라고 말한 것을 포착하려고 시도했지만, 두 가지 효과가 있었다. 한편으로 카메라 플래시의 돌풍은 많은 참가자가 예배의 이 부분을 특히 인상적이고 기억에 남길 만한 가치가 있는 것으로 생각했다는 증거이다. 그러나 다른 한편으로 행사를 기록하여 다른 사람들과 공유하기 위해 이러한 매체를 사용하는 것이 행사 자체에 크게 영향을 미쳐 행사의 성격을 바꾸었다.

정서적 체제

2011년 9월 베를린 올림픽 경기장에서 열린 교황 미사의 관찰에서 이 경우 정서의 수행을 직접적으로 고려한 구체적 행동 지침에 대한 통찰력을 얻을 수 있다. 특히 교황 베네딕토 16세가 어떻게 회중의 정서를 다루었는지는 주목할 만하다. 종교적 의사소통에서는 여전히 암시적인 정서적 스타일에 대한 설명적 개념과는 대조적으로, 여기서는 그것이 노골적인 '정서적 체제(emotional regime)'의 문제였다(Riis & Woodhead, 2010). 교황 미사가 시작될 때, 전 세계 텔레비전 시청자에게도 방송되는 안내 방송이 있었는데, 이 방송에서 청중은 환호하거나 박수를 치거나 배너를 들지 말아 달라는 요청을 받았다(그림 24.5).

교회가 다른 '행사들'에서도 일어날 수 있는 박수갈채나 여타 동의를 표현하는 수단들처럼 청중 의사소통의 몇몇 '대중적' 형태들에 대해서만 승인 불가를 표했다는 점은 놀라운 일이다. 그러나 가톨릭 미사에서 흔히 볼 수 있는 답창과 같이 '의례적' 형태의 청중 참여는 당연히 환영받았다. 이러한 형태의 참여는 '종교적인 것', '성스러운 것' 혹은—교황의 말을 빌리면—'신비'를 강조하는 역할을 할 것으로 상정되는데. 이 신비는 공동으로 거행되는 기독교적이고 특별히 가톨릭적인 의식에 대한 분명히 가톨릭적인 이해에, 다시 말해서, 특히 두드러진 형태의 종교적 의사소통 속에 존재한다.[6]

---

6 종교적 측면들의 이러한 표시의 역할과 대중 종교와의 연관성에 대해서는 Knoblauch, 2009 참조.

[그림 24.5] 베를린 올림픽 경기장에서 열린 교황 미사 중의 안내 방송.

이 신비는 결코 추상적 개념으로 이해되지 않는다. 오히려 그것은 공동 종교 예배에서 명확하게 경험하도록 의도된 것이다. 이러한 측면을 강화하기 위해 베네딕토회의 정서적 체제는 체계적으로 대중적 형태의 의사소통을 배제했다. 요한 바오로 2세가 단순히 청중이 감상하거나 (예컨대 1998년 빈 헬덴플라츠에서 열린 미사처럼) 참가자들이 박수를 통해 각 부분에 답할 수 있는 쇼처럼 미사를 진행했던 반면에, 베네딕토는 신성한 시간과 세속적 시간을 구분하려는 것처럼 사람들이 기도하는 종교적 영역과 베를린의 '세속적' 영역을 구분했다. 여기에는 박수나 환호, 혹은 '베네데토'라는 열광적이고 포퓰리즘적 외침을 위한 장소는 없었다. 대신 방문객들은 기도하고 화답하고 (성가대와 함께) 노래하고 일어나고 앉고, 심지어 무릎 꿇는 의자 없이도 무릎을 꿇고, 사제들에게 받은 영성체에 일제히 참여하거나 침묵을 지키는 가톨릭 신자로 대우받았다. 그러나 이러한 정서적 체제가 예외 없이 시행되는 것은 불가능했다. 전통적으로 가톨릭 미사에서는 일련의 사제들의 행동이 침묵 속에서 진행되었지만, 올림픽 경기장에서는 이러한 침묵 시간 대부분이 개신교 교회(주로는 주류 자유교회)에서도 들을 수 있는 대중적이고 다소 재즈적인 '새크로-팝(sacro-pop, 현대의 예배 음악)'을 연상시키는 가수의 음악으로 채워졌다.

행사의 의식적 주변부에서도 대중적 양상이 일어났다. 교황이 퇴장할 때는 엄숙한 폐막 성가('위대하신 하느님, 당신을 찬양합니다') 중간에 우레와 같은 박수가 터져 나왔지만,

[그림 24.6] 올림픽 경기장의 교황 베네딕토.

교황이 올림픽 경기장에 당당히 입장할 때는 유명인 숭배의 특징이 분명하게 드러났다. 환호, 깃발 흔들기 등 모든 형태의 행동이 이러한 패턴을 따랐고, 종교인들도 어느 정도 이에 동참했다.

교황 방문[7]을 기록한 동영상에 대한 심층 분석은 훨씬 더 유익하다. 여기서 우리는 성직자들조차도 베네딕토와의 만남을 축하하는 모습을 관찰할 수 있는데, 그것은 교황 성하에 대한 경의라기보다 다른 유명인한테도 그러는 것처럼 유명인에 대한 찬사의 표현이었다. 이것은 매체를 사용하는 의식에 훨씬 더 깊은 변화가 있었음을 보여준다. 행사를 기록한 영상 중 하나를 보면, 예컨대 우리는 올림픽 경기장의 타탄 트랙을 따라 맨 앞줄에 서서 교황의 도착을 기다리는 두 명의 수녀를 볼 수 있다.

한 수녀는 교황이 전용차를 타고 지나갈 때 카메라를 꺼내 든다(그림 24.6). 익숙한 종교적 제스처 대신, 두 수녀는 교황이 바로 눈앞을 지나가는데도 카메라 화면의 (아마도 좋은) 결과물을 열광적으로 바라본다. 의식의 이러한 변화는 매체화라는 용어로 특징지어질 수 있다. 여기서 이 용어에 대해 자세히 설명하지 않더라도(Knoblauch, 2013 참조), 이러한 매체화가 전통적으로 친숙한 형태의 경건함을 변화시키고, 많은 경우 비종교적 형

7 우리가 시청각 자료를 사용할 수 있게 해준 마틴 자바츠키와 로만 페르나크에게 깊은 감사를 표하고 싶다.

태에 맞추기도 한다는 점을 강조할 필요가 있다. 집단정서와 관련하여, 이 새로운 형태는 정서가 어떻게 표현되는지, 특히 매체 장비의 사용을 포함하고 매체 사용을 통해 새로운 영향을 받은 사회적 상호작용 과정에서 어떻게 정서가 사회적으로 구성되는지에 관한 물음에서 고려되어야 한다.

교황 요한 23세를 계속 둘러쌌던 교황 앞에서 무릎을 꿇는 경건한 관습과 체화된 카리스마는 교황 요한 바오로 2세를 사실상 팝스타로 만든 광적 환호로 이어졌다(Bergmann, Soeffner & Luckmann, 1993 참조). 우리가 베네딕토 16세의 사례에서 볼 수 있듯이, 숭배 자체가 매체화되면서 그 상황에서는 기록하는 행위가 기록되는 사건보다 더 중요한 의미를 지니게 되었다. 이것은 행사의 신비에도 적용되었다. 왜냐면 미사는 실제 물리적 존재감보다 더 큰 매체적 존재감을 가진 것으로 수행되었기 때문이다. 수천 대의 (때로는 기도하는 사람들이 가진) 카메라가 행사를 계속 녹화했을 뿐만 아니라, 교황 및 수반된 의식은 대다수 사람에게는 무대 반대편에 있는 대형 스크린에서 더 가까이 보였기 때문에 신도들은 흔히 제단에서 등을 돌리고 반대편에 있는 스크린을 바라보았다. 심지어 정서적 체제의 주요 요소인 정적조차 매체에 의해 깨졌다. 텔레비전 카메라들이 정적을 촬영하려고 할 때, 카메라가 나타날 때마다 매체를 의식한 청중의 반응으로 인해 그것은 변형되었다. 카메라는 예배 대신 미소 짓는 모습, 손을 흔드는 모습, 심지어 카메라가 멀리 이동하여 팔을 흔드는 모습에까지 초점을 맞췄다. 그래서 텔레비전 보도는 역설에 직면한다. 숭배나 기도의 한 형태로서 정적을 관찰하려고 시도할 때마다, 그것은 텔레비전에 대한 반응을 일으킨다. 우리가 알다시피, 카메라는 더 이상 상황을 녹화하고 기록하는 것만이 아니라, 상황을 변화시킨다(Keppler, 1986).

견해: 사회적 환경과 종교의 정서적 스타일

2011년 베를린에서 열린 교황 미사와 같은 기념비적 사건은 오늘날 종교에서 정서의 명시적 중요성에 주목하게 한다. 그것은 종교 그룹과 조직이 행사하는 정서적 체제를 나타낸다. 특히 교황 베네딕토 16세의 근본적으로 두드러진 형태의 종교적 의사소통은 오늘날의 기독교에서 서로 다른 정서적 스타일이 담당하는 역할을 가리킨다. 정서적 스타일은 '정서에 대한 지식'으로서 이러한 형태의 의사소통을 통해 습득된다. 그것은 정서적 지식과 연결되어 신자들이 외적으로 종교에 참여할 뿐만 아니라, 말하자면 종교에 정서적으로 통합되도록 인도한다.

이 주제에 관한 연구를 시작할 때 우리가 제안했던 가정과는 대조적으로, 정서적 스타일은 황홀경과 열광으로 나누어질 수 있는 예리하게 이분된 패턴을 따르지 않는다. 정서적 스타일은 특정한 교파나 종교 그룹에 귀속될 수 없다. 가장 단순한 종교 행사의 복잡한 편성이 보여주듯이, 정서적 스타일도 의사소통 형태와 느낌 규칙이라는 측면에서 매우 복잡하며, 그것은 베네딕토회 미사의 명확한 이분법보다 분명 훨씬 더 복잡하다. 이러한 복잡성을 파악하기 위해서는, 종교의 정서적 스타일을 별개로 바라보는 대신 사회 전체의 문화적/의사소통적 표현 형태들과 연관을 지어 바라보는 것이 유망해 보인다. 종교적 의사소통이 대중문화에서 크게 가져오거나 그렇지 않으면 대중문화와 분리되는 것처럼, 이렇게 정의된 종교적 네트워크/그룹/조직도 사회적 차별과 연합의 수단으로 사용되는 표현 형태들을 지닌 문화의 일부이다. 따라서 정서적 스타일의 복잡성으로 인해 표시된 사회적 차이를 단순히 다른 사회적 계층에 할당하는 것은 불가능하다. 대신 우리는 가설적으로 정서적 스타일이 사회적 환경들의 구조를 따른다고 가정한다.[8] 우리는 더 이상 이러한 환경들을 국가 사회의 관점에서 응집력 있는 것으로 상상할 필요는 없다. 그것들은 여전히 특정한 사회경제적 특성을 통해 구별되며, 서로 다른 가치 지향성에 의해 결정되기도 한다. 그러나 이 외에도 내부 의사소통과 지식의 형태들은 사회적 환경에 대해 결정적 역할을 한다. 바로 정서적 지식과 의사소통의 정서적 스타일이 종교에 매우 중요하기 때문에, 정서적 지식은 종교를 넘어 사회적 환경에도 매우 중요하다고 가정할 수 있다. 종교를 고찰할 때, 우리의 관찰은 종교는 변화할 수 있고 변화해 왔다는 종교사회학 이론을 뒷받침한다. 모든 세속화 과정과 수많은 파멸의 예언에도 불구하고, 종교는 오늘날 사회에서 사라지지 않고 있다. 대신 그것은 형태를

8 여기서 우리가 언급하는 사회적 환경이라는 개념은 슐츠(Schulze, 1992)와 부르디외(Bourdieu, 1984)의 제안에 기반하고 있다.

바꾸고 있다. 주요 교회의 교인 감소는 매체화, 시각화, 정서에 대한 분명한 강조를 통해 차별화되는 다수의 다면적 종교적/영적 공동체들이 구축되는 것과 대조적이다. 그러나 에르비외-레제르와 샴피옹(Hervieu-Léger & Champion, 1990) 등의 연구가 제안하는 것처럼, 정서성을 일차원적 정서화로 이해해서는 안 된다. 종교의 정서성은 결코 홀로 서 있지 않으며 주관적인 것도 아니다. 황홀한 유희 문화에서처럼, 그것은 정서를 위한 정서성이 아니다. 대신 그것은 (종교적 의사소통으로 생성되는) 지향성, 혹은 개인적으로 기독교 영역에서 신으로 이해되거나 (예컨대 비교[祕敎]의 영성에서) 초월로 이해될 수 있는 지시성(referentiality)을 가진다. 우리는 적어도 종교에 대한 정서의 중요성과 그 형태들의 윤곽을 보여주려고 시도했다. 하지만 여전히 이 대다수가 구체적으로 어떻게 구성되는지, 그것이 세계화된 사회들의 사회적 환경의 맥락으로 옮겨질 수 있는지, 어떻게 옮겨질 수 있는지는 밝혀져야 한다.

VII

온라인 사회시스템에서 집단정서

Chapter

1 소셜 웹에서 감정의 역할

마이크 털월[1] | 아비드 카파스[2]

정서는 인터넷(즉 온라인)을 사용하여 발생하는 활동을 포함하여 많은 인간 활동에 중요하다. 소셜 웹에서 원활한 상호작용과 공동체 구축 및 유지를 위해서는 주관적 경험과 평가적 판단의 표현이 중요하다. 예컨대 공감이나 지지를 표시하는 것은 소셜 네트워크 사이트에서 우정을 쌓거나 시간이 지나도 우정을 유지하는 데 도움이 될 수 있다. 수치심이나 후회의 표현은 관계적 결과와 관련하여 위반 행위를 바로 잡을 수 있다. 대조적으로 뉴스와 정치 토론에서 어느 정도의 부정적 표현은 상호작용을 유발하는 데 필수적인 것으로 보이며, 온라인에서 영화나 제품을 평할 때도 중요하다.

문자로 정서를 표현하는 것이 반드시 작성자가 글을 쓰는 순간에 느끼는 것을 반영하지는 않으며, 특정한 대화나 상호작용 맥락에서 특정한 목표를 가진 발화행위(speech act)로 해석될 수 있다. 예컨대 '삼가 고인의 명복을 빕니다'라고 진술하는 것은 글을 쓰는 시점에 발신자가 아무런 정서를 느끼지 않더라도 관례와 관계 유지라는 차원에서 적절한 반응일 수 있다. 달리 말해서 한편으로 문자에 담긴 정서와 다른 한편으로 발신자와 수신자 정서 사이의 관계는 복잡하며, 때로는 관찰자에게 분명하게 나타나지 않을 수도 있다. 그러나 문자의 정서와 발신자 혹은 수신자 정서 사이의 관계에 관한 물음

---

1 Mike Thelwall, 셰필드 대학교 데이터 사이언스 교수.

2 Arvid Kappas, 컨스트럭터 대학교 심리학과 교수.

과 무관하게, 문자의 정서 메시지에 대한 관찰자의 지각을 측정할 수는 있다. 발신자나 수신자의 정서와 메시지의 속성을 혼동하지 않기 위해, 여기서는 **감정**(sentiment)이라는 용어를 관례에 따라 '메시지에 표현된 정서'를 지시하는 용어로 사용할 것이다.

이 장에서는 온라인 상호작용에서 감정과 정서에 관한 연구를 소개하고, 정서를 표현하는 방법에 대해 논의한다. 그리고 소셜 웹 문자에서 정서를 자동으로 감지하는 방법에 대해 간략히 살펴보고, 이러한 감정 분석 방법이 어떻게 소셜 웹에 관한 대규모 연구에 적용될 수 있는지를 보여준다. 트위터, 유튜브, 소셜 네트워크 사이트의 감정 분석 사례 연구를 포함하며, 동종선호(homophily: 공통된 특성을 공유하는 다른 사람들과 연결하려는 경향)와 온라인 토론에서 감정의 역할을 탐구하고, 방법과 이론의 실제 적용에 대해 언급하며 마무리한다.

온라인 상호작용 동안의 정서

정서는 우리 삶의 중심적 측면이다. 정서는 그것이 유발되는 이유와 방법, 우리의 뇌와 신체 그리고 주관적으로 느끼는 감정에서 동시에 일어나는 변화의 유형, 다른 사람을 향한 정서 관련 반응을 표현하는 방법, 우리가 정서를 조절하는 방법과 다시 정서가 우리의 행동을 조절하는 방법을 형성해 온 오랜 진화의 역사를 가지고 있다(Kappas, 2011). 정서를 측정하는 것은 개인 내부의 과정뿐만 아니라 사람들 사이의 과정을 반드시 고려해야 한다. 사실 최근 몇 년간 과학적 정서 연구에서 가장 흥미로운 통찰들 가운데 하나는 사회적 정서가 어떠한 것인지를 이해하는 것과 관련된다. 정서는 일반적으로 사회적 맥락에서 유발될 뿐만 아니라, 정서를 표현하고 조절하는 것은 상호작용에 즉각적 영향을 주고 장기적으로 관계의 발전과 유지에도 영향을 미친다. 이 책은 집단정서를 고려할 때 정서의 사회적 본성의 복잡성을 진술한다.

비록 정서는 본질적으로 매우 개인적인 것으로 보이지만, 실험실에서 체계적으로 연구될 수 있다. 이러한 연구는 매우 개인적인 과정들뿐만 아니라 사람들 전체에 걸친 일관성이 있다는 것을 시사했다. 이것은 사회문화적 맥락에서 형성되는 생물학적 제약과 모든 개인의 학습 이력을 반영한다. 현재로서는 모든 정서적 과정이 단지 사회적 구성물이라는 극단적인 구성주의적 입장에 대한 지지는 거의 없다. 반면에 사회적 영향이 심지어 태어나기도 전에 정서의 모든 면을 형성한다는 것은 분명하다. 여전히 많은 온라인 소통이 문자로 이루어지는 상황에서, 언어와 언어 사용이 사회문화적 구성의 영향을 받기에, 이 점은 훨씬 더 중요하다. 그럼에도 불구하고 온라인 네트워크가 집단정서를 생성하고 조정하는 데서 발휘할 수 있는 기능과 관련하여 보편적인 부분이 있다. 이 점은 지구 전역의 사회적 갈등에서 점점 늘어난 소셜미디어의 역할에서 매우 분명해진다(예컨대 '아랍의 봄'의 맥락에서, Howard & Hussain, 2011 참조).

온라인 상호작용에서의 정서는 일상생활 정서의 특별한 경우이다(또한 Derks, Fischer & Bos, 2008 참조). 명백한 관련이 없는 개인적 메시지("나 지금 아침 먹어요")를 올리기 위해 트위터 같은 매체를 사용하는 것에 대해 많은 농담이 있지만, 개인적 메시지는 종종 사용자가 공유하고 싶은 정서를 유발하는 외부 사건과 연관된다(또한 "오프라인 사건에 대한 반응으로서 온라인 감정: 블로그와 트위터" 절 참조). 정서의 사회적 공유라는 개념은 특히 이러한 맥락에서 관련이 있고 최근 관심이 높아지고 있다(Rimé, 2009; 또한 이 책의 Ⅳ-3장 Páez & Rimé의 글 참조). 정서의 사회적 공유 메커니즘을 이해하는 것은 정서가 사용자들 사이의 온라인 소통에서 중요한 부분을 형성하는 이유를 이해하는 것과 높은 관련이 있다.

분명 온라인 소통의 정서 분석에 관한 관심은 특히 소셜 네트워크의 맥락에서 매개된 소통 급증의 논리적 결과지만, 그것은 사람과 사람 사이의 정보 확산이나 소셜 네트워크의 유지와 같이 매개된 의사소통인지 아닌지에 의존하지 않는 특정한 사회적 과정을 더 잘 이해할 가능성을 제공한다.

상호작용이 일어나는 매체의 일정한 특징(익명성 정도; 단순 문자 대 서식 있는 문자, 문자 대 이미지, 정적 대 동적 같은 양식들; 동시성 지연 및 결여)이 정서들과 그것들의 소통을 형성한다. 하지만 많은 과정은 본질적으로 일반적이며 다른 (오프라인) 맥락에서의 연구를 통해 많은 것을 배울 수 있다(Kappas & Krämer, 2011). 일반적으로 온라인 상호작용 중의 정서를 연구하는 것은, 사람마다 다른 경향을 보이는 측면에 주의하면서 많은 사람에 걸쳐 유사한 과정에 초점을 맞춰야 한다. 이것은 정서의 평가에 어려움을 준다. 질적 접근법은 개인 간 차이와 특이성을 잘 다룰 수 있지만, 특히 대량의 자료를 다루는 데서 단점이 있다. 정량적 접근법은 일반적으로 대규모 자료 분석을 용이하게 한다는 특징을 갖는다. 특정한 개인에 대한 정서 감지를 최적화할 수 있지만, 실제로는 다수 사용자들의 많은 수의 진술이 분석되어야 하며, 특이성은 일반적으로 고려되지 않는다. 그러나 사용자가 많더라도 특정한 유형의 사이트 (예컨대 노화나 데이트에 관한 포럼) 내에서 특정한 그룹과 체계적으로 연관될 수 있는 특징들 (예컨대 성별, 나이, 직업, 특별한 관심사) 혹은 (마이스페이스[MySpace]에서 '사랑'이라는 단어의 사용처럼) 공손함과 예의의 기준에 관한 규범이 발전하고 있는지를 고려할 수 있다(Thelwall, 2009 참조). 이와 유사하게 정서가 개념화되는 방식도 (예컨대 개별 정서들 대 차원적 접근법들, Kappas, 2010 참조) 이러한 맥락에서 중요하다. 온라인 세계와 오프라인 세계가 자주 연결되고 이야기/정보/감정이 매체와 매체를 넘나들 가능성이 높다는 점은 온라인에서의 정동적 의사소통을 고려할 때 중요하다. 사실 이것은 소셜 웹에서 정서를 연구할 때 가장 어려운 과제 중 하나이다. 왜냐면 우리는 보통 오프라인 의사소통 노드(예컨대 식탁에서의 대화)에는 접근하지 못하기 때문이다.

온라인에서 표현되는 감정에 관한 대부분의 최신 연구는 문자 소통과 관련된다. 소셜 웹에서의 의사소통은 점점 더 다양화되었기에, 정적/동적 이미지, 소리, 매개된 대면 의사소통이 사이버공간에서 정보와 정서의 확산에 어떻게 기여하는지에 대한 새로운 패러다임이 개발되어야 한다.

문자 온라인 의사소통에서의 감정 표현

문자 온라인 의사소통에서 감정을 전달하는 확실한 방법은 **행복**, **슬픔**, **분노**와 같이 일반적으로 정서 상태를 가리키는 단어를 사용하거나, **기쁘다**, **고맙다**, **싫다**와 같이 감정과 관련된 판단이나 평가를 표현하는 단어를 사용하여 감정을 기술하는 것이다. 예컨대 "방문 동안 나는 아주 행복했지만, 지나치게 친근하게 구는 당신의 개는 마음에 들지 않았다"라는 말은 여러 가지 메시지를 전달한다. 그러나 언어학적 관점에서 자주 사용되는 단어는 그 의미를 이해하기 위해 따로가 아니라 문맥에서 해석되어야 한다. 이것은 부분적으로, 긍정적이거나 (비교자로서) 중립적일 수 있는 'like'라는 단어의 경우처럼,

다의어 때문이다. 또한 이것은 더 미묘한 맥락상의 차이 때문이다. 예컨대 "나는 당신을 사랑합니다"에서 **사랑**이라는 단어는 "사랑해, 제니"와 같은 형식적 어미에서보다 더 강한 긍정성을 띤다. 직접적 표현 외에도, 감정은 아이러니와 풍자 같은 장치를 통해 간접적으로 표현되거나 수정될 수도 있다(Gonzalez-Ibanez, Muresan & Wacholder, 2011; Reyes & Rosso, 2011). 이러한 장치는 흔히 더 넓은 맥락에 대한 지식을 활용한다. 예컨대 "오바마는 훌륭한 대통령이다"라는 문장은 액면 그대로 받아들여지거나, 알려져 있다면 글쓴이의 정치적 의견에 따라 아이러니로 받아들여질 수 있다.

오프라인 개인 간 의사소통은 전형적으로 정보가 전달되는 여러 채널을 포함하며, 말한 단어의 의미를 넘어서 확장된다. 예컨대 화자는 제스처나 얼굴표정이나 다른 신체언어를 사용하거나 음성 억양을 통해 의도적으로든 비의도적으로든 자기 말의 의미를 수정하거나 그것에 맥락을 부여할 수 있다. 그러므로 온라인 문자 의사소통에서는 동반하는 비언어적 정보의 결여로 인해 메시지가 오해될 위험이 있는 것으로 보인다(Walther & Parks, 2002). 그러나 실제로 사용자들은 비언어적으로 전달될 정보를 문자 형태로 전달하기 위해 다양한 수단을 개발해 왔다. 이러한 정보의 많은 부분은 명시적으로 감정에 관한 것이다.

메시지에 맥락을 추가하기 위한 잘 알려진 문자 장치는 이모티콘이다. 많은 이모티콘은 행복을 전달하는 스마일상 :)과 같이 감정을 표현하지만, 다른 이모티콘 :|은 감정 없음을 전달하거나, ;)는 숨겨진 함의의 존재와 같은 또 다른 의미를 전달한다(Derks, Bos & von Grumbkow, 2008). 이모티콘은 주로 휴대전화를 통해 대규모 사용자층을 형성한 것으로 보이지만(Grinter & Eldridge, 2003; Thurlow, 2003), 소셜 네트워크 사이트를 비롯해(Thelwall, 2009) 온라인 의사소통에서 널리 사용되고 있다(Baron, 2003; Crystal, 2006).

표준 언어와 컴퓨터 매개 의사소통의 또 하나의 일반적 차이점은 후자는 시간을 절약하기 위해 영어의 you를 u로 대체하는 약어와 mate를 m8로 대체하는 단축키를 포함할 수 있고, 방언을 반영하거나 비공식적 혹은 유머러스한 맥락을 전달하기 위해 심지어 고의적 철자 오기를 포함할 수 있다는 것이다(Grinter & Eldridge, 2003; Thurlow, 2003). 이것들은 어떤 특정한 감정을 직접적으로 표현하지 않고도 메시지에 긍정적이거나 따뜻한 어조를 전달하는 데 도움을 줄 수 있다.

마지막으로 문자 메커니즘의 경우 한 단어에서 철자를 반복하는 방식으로 고의로 철자를 오기하는 것도 감정 단어에 강조를 더하거나 중립적 단어에 에너지를 더하여 감정을 표현하는 데 사용될 수 있다. 이것은 그 감정을 일반적으로 긍정적인 것으로 해석되게 한다. 예컨대 "I haaaaate your dog"라는 메시지는 음성 억양을 통해 구어에서 가능한 방식으로 hate라는 단어를 강조하는 것으로 해석될 수 있다. 이와 유사하게 "Stevieeee"는 온라인에서 누군가 '만남'에 대한 기쁨의 외침으로, 따라서 긍정적 감정을 표현하는 것으로 해석될 수 있다.

감정을 표현하는 이러한 문자 메커니즘 외에도 일부 시스템은 구성원들이 메시지에 그림을 삽입할 수 있게 해주며, 이것들도 감정을 표현하는 데 사용될 수 있다. 이것은 분명 소셜 네트워크 사이트인 마이스페이스에서 흔히 볼 수 있는 것이다. 또한 일부 환경에서는 구성원들이 미리 정의된 세트에서 아이콘을 선택하여 어떤 메시지나 자신의 현재 기분에 대한 정서를 명시적으로 설정할 수 있는데, 이것은 라이브저널(LiveJournal; Mishne, 2005)이나 최근 인스타그램의 경우이다.

요약하자면, 소셜 웹과 다른 곳에서 문자 작성자가 정서를 표현할 수 있는 다양한 방법이 있다. 일부 방법은 표준 문법 규칙을 따를 수도 있지만, 다른 방법은 소셜 웹에서는 표준으로 보이는 언어적 유연성을 활용하는 새로운 감정 표현 방법을 포함한다. 비록 이 절은 영어 문자에 초점을 두었지만, 일반적 결론은 소셜 웹에서 흔히 사용되는 모든 언어에 적용될 수 있을 것으로 보인다(Danet & Herring, 2007).

소셜 웹 문자에서 감정의 자동 감지

이 절에서는 온라인 문자에 존재하는 감정의 양을 측정하는 컴퓨터 기반 다양한 자동 방법에 대해 논한다. 여기서는 가용한 방법들을 상세하게 혹은 남김없이 살펴보기보다는 문자에서 자동으로 감정을 추출하는 것이 왜 가능한지를 직관적으로 설명하는 데 중점을 둔다(훌륭한 소개 글로는 Pang & Lee, 2008 참조). 여기서 논하는 방법들은 어떤 종류의 문자에든 적용할 수 있지만, 이 방법들의 일부 측면은 특별히 소셜 웹 문자를 위해 고안된 것이다.

문자로부터 감정을 자동으로 추출하는 것을 **감정 분석**(sentiment analysis) 혹은 **오피니언 마이닝**(opinion mining)이라고 하며, 이 연구 주제는 컴퓨터 과학과 컴퓨터 언어학에서 상당한 관심을 (워크숍과 소규모 컨퍼런스) 끌었다. '오피니언 마이닝'이라는 용어는 온라인 댓글과 후기로부터 제품에 대한 소비자의 의견을 추출하고 그 결과를 시장 조사와 고객 관계 관리 시스템에 적용하는 데 초점을 두었던 대다수 초기 (그리고 현재) 연구에서 나온 것이다. 그러나 이 장에서는 견해나 판단보다는 감정과 정서에 관심을 두기에, 연구자들이 이 분야에 대한 그 두 가지 용어를 구분하지 않는 경향이 있더라도, 감정 분석이라는 용어가 사용된다.

감정 분석에는 두 가지 광범위하고 일반적인 접근법이 있다. 머신러닝(machine learning) 접근법과 어휘(lexical) 접근법이다. 머신러닝 접근법은 여기서 많이 논의되지 않는다. 왜냐면 많은 경우에 매우 성공적이지만 그것은 본질적으로 수학적 블랙박스 접근법으로 특별한 지식이 없는 사람들에게는 문자에서 감정이 확인될 수 있는 근본적 이유를 거의 알려주지 않기 때문이다. 머신러닝을 적용하는 한 가지 방법은 인간 주석자가 감정에 대해 코딩한 1,000개 이상의 문자 모음으로 시작한 다음, 각 문자를 그것이 포함하는 1~3단어 문구의 정렬되지 않은 목록으로 변환하는 것이다. 그런 다음 머신러닝 알고리즘은 특정한 감정과 흔히 연관되는 문구를 식별하는 데 사용될 수 있고, 그런 다음 이러한 문구를 들어오는 새로운 문서의 감정을 예측하는 데 사용할 수 있다(Pang, Lee & Vaithyanathan, 2002; Turney, 2002). 예컨대 이 방법은 '행복하다', '엄마가 방문한다', '아이들은 밖에서 놀고 있다'라는 문구가 보통 긍정적 기록에서 사용된다는 것을 학습할 수 있고, 그래서 "엄마가 방문하고 아이들은 밖에서 놀고 있어서 나는 행복하다"라는 기록을 긍정적인 것으로 분류한다. 그러나 이 방법은 통계적이고, 특히 특이한 문구가 사용된 경우 실수가 발생할 가능성이 높다. 그러므로 "엄마의 방문이 나를 우울하게 만든다"와 "밖에서 노는 아이들이 내 집 유리창을 깨트렸다"라는 문장은 잘못 분류될 수 있다.

대조적으로 감정 분석에 대한 **어휘** 접근법은 문자에 주로 포함된 단어의 알려진 통상적 의미로부터 그 문자의 감정을 연역하려고 시도한다. 따라서 어떤 문장이 '사랑'이라는 단어를 포함할 경우, 어휘 알고리즘은 그 문장에 있는 다른 단어들이 다른 결과를 나타내지 않은 한 '사랑'이 긍정적이라는 지식을 활용하여 그 문장을 긍정적인 것으로 분류한다.

엄밀히 말하면 감정 분석 알고리즘은 아니지만, 심리학 기반의 문자 분석 프로그램인 LIWC(Linguistic Inquiry and Word Count)는 단순한 접근법으로서 널리 사용된다(Pennebaker, Mehl & Niederhoffer, 2003). 그것은 극성(예컨대 긍정 혹은 부정)이 알려진 단어와 어간(예컨대, excruciate)의 목록을 포함하고, 문자에 이와 일치하는 긍정적/부정적 단어가 몇 개나 나오는지를 보고한다. 단어와 어간의 목록은 일군의 인간 판정단이 작성했다.

감정 알고리즘은 LIWC보다 더 나아가 다음 중 한 가지의 특정한 평가 도식을 사용하여 문자의 전반적 감정을 예측한다.

- 긍정/부정/중립: 문자의 전반적 감정이 긍정적이거나 부정적이거나, 문자가 아무런 감정을 포함하지 않거나 (때로는 객관적이라고 기술되거나), 그것의 감정이 균형을 이루고 있는 경우이다. 때로는 문자들이 주관적이라고 가정되어 중립 범주가 허용되지 않는 경우도 있다(Pang 외, 2002).
- 부정에서 긍정 척도: 문자에 −5(매우 부정적)에서 +5(매우 긍정적) 범위의 정수와 같은 수리 점수가 부여된다(Taboada, Brooke, Tofiloski, Voll & Stede, 2011).
- 이중 긍정/부정 척도: 각 문자에 −1(부정 없음)에서 −5(강한 부정)까지의 부정과 +1(긍정 없음)에서 +5(강한 긍정)까지의 긍정에 대해 별개의 점수가 부여된다(Thelwall, Buckley & Paltoglou, 2012; Thelwall, Buckley, Paltoglou, Cai & Kappas, 2010). 이중 점수의 근거는 인간은 긍정적 정서와 부정적 정서를 동시에 느낄 수 있으며 인간의 뇌에는 긍정적 행동 유도성과 부정적 행동 유도성의 동시 발생적 처리와 관련된 분리 가능한 시스템이 있을 수 있다는 정서 심리학의 믿음에 있다(Norman 외, 2011). 긍정적 감정과 부정적 감정은 "보고 싶어(miss you)" 같은 짧은 문자에서도 동시에 표현될 수 있다.
- 세분화된 정서 척도: 각 문자는 단순히 긍정과 부정이 아닌 다양한 정서에 대해 점수가 매겨진다. 예컨대 문자는 분노, 혐오, 공포, 기쁨, 슬픔, 놀람에 대해 점수가 매겨질 수 있다(Strapparava & Mihalcea, 2008).

어휘 감정 분석 프로그램의 사례로는 센티스트렝스(Sentistrength; Thelwall, Buckley & Paltoglou, 2012; Thelwall 외, 2010)가 있다. 이것은 이중 긍정/부정 척도를 사용하며, 소셜 웹에서 발견되는 짧은 비공식적 문자를 위해 설계되었다. 센티스트렝스는 주로 2,310개의 긍정과 부정 단어 및 어간의 목록에 기반하고 있는데, 이것들 각각에 인간 프로그래머가 1~5점 범위에서 긍정 혹은 부정 점수를 부여한다. 센티스트렝스는 입력된 문장들을 분석하고 그것들 안에서 감정 목록의 단어들을 찾아서, 각 문장에 가장 큰 긍정 및 부정 점수를 할당한다. 예컨대 세 가지 감성 단어 목록의 용어는 화(angry; -4), 좋아한다(like; +3), 지루한(dull; -2)이다. 그러므로 "나는 네가 그 지루한 영화를 좋아해서 화가 난다"라는 문장은 -4(최대 -4와 -2)와 +3의 점수를 받는다.

센티스트렝스에는 어떤 문장의 감정을 수정하는 일반적 방식을 다루기 위한 다양한 규칙들이 있으며, 여기에는 다음과 같은 것들이 포함된다.

- 부정(negation): 감정 단어 앞에 오는 부정어(예컨대 not, don't)는 감정 단어의 극성을 반전시키거나 감정 단어를 중화시킨다.
- 증폭(booster) 단어: 증폭 단어는 (예컨대 매우, 약간) 단어의 감정 강도를 높이거나 낮춘다. 예컨대 "매우 화난다"는 –5점을 받을 것이다.

또한 센티스트렝스에는 문자에서 비표준적 방식으로 표현된 감정의 식별을 돕는 몇 가지 규칙들이 있으며, 여기에는 다음과 같은 것들이 포함된다.

- 이모티콘: 긍정 및 부정 이모티콘의 목록이 사용된다.
- 구두점: 문장 끝의 느낌표는 표현된 감정의 강도를 높인다. 중립적 문장(점수 -1, +1)은 대신 약간 긍정적 문장(-1, +2)으로 채점된다.
- 강조 철자: 감정 단어에 추가 철자를 삽입하는 것은 그것의 감정 강도를 높이거나(예컨대 "행복"이 +3점이므로 "해애애애앵복"은 +4점이다), 중립적 단어를 긍정적으로 만든다(예컨대 "마이이이크"는 +2점을 받을 것이다).

모든 감정 분석 소프트웨어가 그러하듯이, 센티스트렝스는 불완전하고 자주 실수한다. 그럼에도 불구하고 소셜 웹에서 감정 관련 패턴을 감지하기 위한 대규모 감정 분석에 적용될 수 있을 만큼 정확도가 높다. 이러한 목적으로 머신러닝 접근법보다는 어휘 접근법을 사용하는 것을 강력히 권한다. 머신러닝 접근법은 사람들(예컨대 오바마)이나 주제들(예컨대 이스라엘)을 주로 긍정적 혹은 부정적 감정과 연관시켜 거짓된 패턴을 식별할 수 있다. 그러므로 머신러닝 알고리즘이 발견한 '감정 패턴'은, 이러한 용어들이 머신러닝 알고리즘에 의해 제외되지 않는 한, 주제 패턴이나 사람 패턴이 될 수 있다(Thelwall, Buckley & Paltoglou, 2012). 이와 같은 방법들은 언어 사용의 일반적 분산에 초점을 두며, 개인 간 분산과 맥락적 분산은 일반적 경향보다 더 작은 오차들이라고 가정한다.

센티스트렝스의 성능은 인간 프로그래머와 거의 동일한 것으로 나타났다. 달리 말해서, 인간 프로그래머들이 서로 일치하는 만큼, 센티스트렝스는 인간 프로그래머와 일치하는 것으로 나타났다. 비록 센티스트렝스는 불완전하지만, 이것은 그것이 소셜 웹 문장의 대규모 분류에 사용하기에 적합하다는 것을 의미한다. 왜냐면 인간이 이 작업을 더 잘 수행하지도 못하고, 더 오래 걸리고, 아마도 더 큰 비용이 들기 때문이다. 센티스트렝스는 정치적 혹은 뉴스 관련 논쟁에 대해서 가장 낮은 성능을 보인다. 이것은 특히 아이러니와 풍자적 아이러니가 널리 사용되기 때문인데, 보통 센티스트렝스를 속인다(그리고 흔히 인간 프로그래머들도 속인다, Reyes & Rosso, 2011). 예컨대 "부시는 더 많은 민간인이 죽어서 기뻐할 것이다"라는 문장은 완전히 부정적 문장이지만, '기뻐하다(glad)' 때문에 긍정적 점수를 받을 것이다. 문자에 표현된 정서와 독자의 정서적 반응 사이의 관계는 복잡하지만(어떤 경우에는 적에 대한 긍정적 진술이 부정적일 수 있거나 역으로 부정적 진술이 긍정적 반응을 유발할 수 있다), 우리의 자체 연구에서 포럼 게시물에 대한 센티스트렝스 점수와 주관적 평가 사이에는 중간 정도의 긍정적 상관관계($r = 0.67$)가 있는 것으로 나타났다(Paltoglou, Theunis, Kappas & Thelwall, 2013). 그래서 정동적 원자가 측면에서 문자의 감정과 정서적 반응 사이에는 분명한 관계가 있다. 물론 이러한 연구 결과는 인터넷 콘텐츠에 반응하는 집단정서의 발생을 이해하는 데 특히 중요하다.

오프라인 사건에 대한 반응으로서 온라인 감정: 블로그와 트위터

감정 분석 애플리케이션의 발달과 공공 소셜 웹 문자의 확산은 연구자들이 관련 소셜 웹 문자의 감정을 측정하여 오프라인 사건에 대한 대중의 반응을 어느 정도 가늠할 수 있는 상황으로 이어졌다. 예컨대 2010년 총선을 위한 영국 지도자들의 토론회에서 뉴스 매체는 토론회 동안 이 지도자들의 이론을 언급하는 무작위 문자를 찾아 읽거나(즉 수작업 접근법), 감정 분석 소프트웨어를 사용하여 각 지도자를 언급하는 긍정/부정 트윗의 비율을 계속 관찰함으로써 각 지도자에 대한 대중의 반응을 측정할 수 있었다. 이 방법에는 심각한 한계가 있다. 왜냐면 대규모 사용자 기반이지만 트위터 사용자는 일반 대중을 대표하지 않고 정치적 기계가 대량 트윗을 조직하여 대응할 수 있었기 때문이다. 그럼에도 불구하고 사회과학자들은 이러한 방법들의 한계를 인정하면서 다양한 사회 현상을 조사하기 위해 유사한 접근법을 사용해 왔다.

대규모로 적용된 감정 분석의 유명한 사례 중 하나는 온라인 문자와 오프라인 문자를 모두 사용했다. 사전에 분류된 감정 관련 단어 목록("ANEW"; Bradley & Lang, 1999)의 도움을 받아, 이 연구에서는 팝송 가사, 대통령 연설, 블로그 게시물을 사용하여 몇 년 동안 감정 변화를 분석했다(Dodds & Danforth, 2010). 그들은 전반적 감정에서 시간적/지리적/연령별 추세를 발견했다. 또 다른 연구는 미국 트윗의 시간대별 감정을 조사하였고, 사용자들은 아침과 퇴근 후가 가장 행복하다는 것을 발견했다(Golder & Macy, 2011). 그러나 이러한 변동들이 '좋은 아침'의 변형들처럼 상투적인 언어에 의한 것인지는 분명하지 않다.

오프라인 사건과 트윗 사이의 관계에 대한 조사에서도 유사한 접근법을 취했다(Bollen, Pepe & Mao 외, 2011). 그 둘의 비교에 따르면, "사회적/정치적/문화적/경제적 영역의 사건은 … 대중의 분위기에 … 중요하고 즉각적이고 매우 구체적인 영향을 미친다"라는 사실이 밝혀졌고, 이것은 트위터에서 긴장/우울/분노/활기/피로/혼란 등의 측면으로 표현되었다. 예컨대 미국 대선 당일에 전반적 긴장감은 급격히 상승했다. 온라인-오프라인 관계는 일부 경우에는 미국 정치 및 소비자 신뢰도와 관련 트윗들 사이에도 존재한다(O'Connor, Balasubramanyan, Routledge & Smith, 2010).

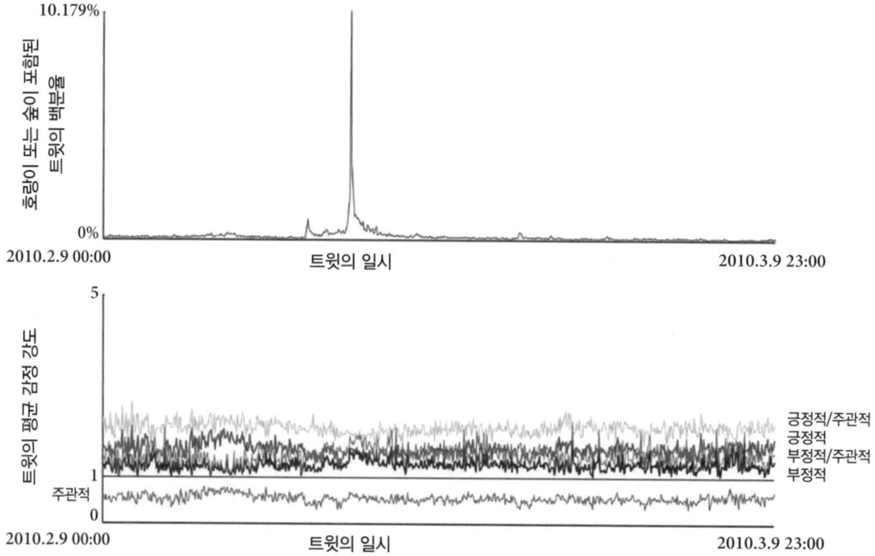

[그림 25.1] '호랑이(Tiger)'와 '숲(Woods)'이 포함된 트윗의 양(상단)과 트윗의 감정 강도(하단) 그래프. 아래쪽 그래프는 둘로 나뉜다. 아래쪽 부분(y축 0~1)은 일치하는 트윗 중 주관적(즉 긍정적 및/또는 부정적 감정어를 포함하는) 트윗의 비율을 나타낸다. 위쪽 부분(y축 1~5)은 평균적으로 긍정적이고 부정적인 감정 강도(굵은 검은색 선), 주관적 트윗에 대한 평균적인 부정적 감정 강도(가는 검은색 선), 평균적인 긍정적 감정 강도(굵은 회색 선), 주관적 트윗에 대한 평균적인 긍정적 감정 강도(가는 회색 선)를 나타낸다. 트윗이 최고조에 달했을 때, 모든 영어 트윗의 10.2퍼센트가 이러한 용어들을 포함했지만(위쪽), 이것은 평균적인 부정적 감정 강도에 소폭의 증가만을 일으켰다(아래쪽).

또 다른 연구에서는 트위터에서 보고된 특정한 매체 사건에 초점을 맞추고 그 사건과 관련된 트윗을 확인하여, 오프라인 감정이 트윗에 반영되는지와 트윗의 감정이 주요 매체 사건의 조기 감지에 도움이 될 수 있는지를 조사했다. 이 연구는 한 달 동안 가장 많이 트윗된 30개의 사건을 확인했고 센티스트렝스를 사용하여 최고조에 달했을 때 감정 변화 정도를 평가했다(Thelwall, Buckley & Paltoglou, 2011). 그 결과, (예컨대 오스카 시상식 같은) 긍정적 사건일지라도 주요 사건들은 일반적으로 부정적 감정의 소폭(6퍼센트) 증가와 관련이 있는 것으로 나타났다. 이것은 토론을 촉발하는 데 부정적 성향의 중요성을 시사하지만, 감정 변화의 적음은 놀라운 일이었다. 한 가지 가능한 이유는 트위터의 140자 제한과 속도에 대한 강조이다. 이로 인해 사용자들은 팔로워들이 뉴스 기사에 대한 자신의 정서적 반응을 자신의 트윗 내용과 트윗 사실로부터 유추하리라는 생각으로 최소한의 정보만 트윗하고 감정을 생략하도록 유도하기 때문일 수 있다. [그림 25.1]은 상위 30개 사건 중 하나에 대한 그래프로, 부정적 감정의 소폭 증가와 긍정적 감정의 변화 없음을 보여준다.

온라인 상호작용에서 집단정서의 역할

이 절에서는 온라인 공동체 혹은 온라인 상호작용에서 감정의 역할에 관한 연구를 검토한다. 대부분의 연구는 저자들도 참여하고 있는 유럽 7차 프레임워크 프로그램 기획인 『사이버이모션: 사이버 공간에서의 집단정서(*CyberEmotions: Collective Emotions in Cyberspace*)』에서 나온다. 이 기획은 온라인 의사소통, 특히 개인의 정서가 체계적이고 관찰할 수 있는 방식으로 다른 사람의 정서에 영향을 미치거나 다른 사람의 정서에 의해 영향을 받는 상황에서 감정의 역할을 조사했다.

정서는 개인 간 의사소통에 중요한 것으로 알려져 있지만, 다양한 형식의 소셜 웹 메시지의 거대한 모음의 존재는 의사소통에서 감정 패턴에 관한 대규모 연구를 가능하게 한다. 아마도 그다지 놀랍지 않은 발견 중 하나는 소셜 네트워크 사이트에서 의사소통 상대들 사이에 표현되는 감정에 동종 선호가 있다는 것이다. 예컨대 사람들은 적어도 마이스페이스의 경우에는 같은 소셜 네트워크 사이트의 무작위 다른 구성원들과 비교했을 때 자신의 소셜 네트워크 사이트 '친구들'이 표현하는 감정과 비슷한 수준의 정서를 표현하려는 경향이 있다(Thelwall, 2010). 이것은 트위터 사용자들의 일반적 행복감에서도 마찬가지다(Bollen, Gonçalves, Ruan & Mao, 2011). 정서적 행위자에 대한 온라인 시뮬레이션 결과는 행위자들이 단순한 법칙에 따르더라도 상호작용 동안 특정한 그룹 현상이 일어날 수 있다는 것을 보여주며(Czaplicka & Holyst, 2012; Schweitzer & Garcia, 2010), 이것은 온라인 상호작용 중에 정서 패턴이 자연적으로 발생할 수 있다는 생각을 뒷받침한다.

표현되는 감정의 전형적 유형은 사용된 환경에 따라 달라진다는 점을 유의하는 것이 중요하다. 예컨대 소셜 네트워킹 사이트들은 일반적으로 우호적 상호작용을 주최하기 때문에, 유튜브에서는 사람들이 부정적 댓글보다는 긍정적 댓글을 남기려는 동기를 더 많이 느끼기 때문에, 긍정적 감정이 일반적인 것처럼 보인다. 하지만 뉴스와 정치에 관한 토론 사이트에서는 부정적 감정이 더 흔한 것처럼 보인다(Thelwall, Buckley & Paltoglou, 2012). 그러므로 소셜 웹은 정서적으로 이질적인 공간이며, 서로 다른 사이트로 옮겨 다니는 사용자들은 이에 대응하여 자신의 감정 표현을 수정할 필요가 있을 것이다.

여러 다른 연구의 핵심 주제는 부정성이 상호작용을 유도한다는 것이다. 달리 말해서 소셜 웹 문자에서 부정적 내용의 존재는 평균보다 더 많은 댓글이나 토론을 생성하는 것으로 보인다. 예컨대 BBC 뉴스 토론 포럼 웹사이트에 표현된 감정을 모형화한 연구는 토론 시작에 나온 기고문들이 부정적일수록 토론이 더 오래 지속될 가능성이 높았다(Chmiel, Sienkiewicz, Paltoglou 외, 2011; Chmiel, Sienkiewicz, Thelwall 외, 2011). 부정적 감정, 아마도 근본적인 부정적 정서가 토론의 연료가 되고, 이 연료가 소진되었을 때 대화가 끝나는 것으로 나타났다. 이에 대한 가능한 설명은 논쟁이 가장 긴 토론을 만들어냈고, 논쟁이 해결되면 토론이 끝났다는 것이다. 또 다른 연구는 대규모 유튜브 동영상 표본에 대한 댓글의 감정을 조사했다. 비록 댓글의 4분의 1에서만 부정성이 감지되고 긍정성이 훨씬 더 일반적이었지만, 댓글의 평균적인 부정적 감정이 더 높은 동영상에는 더 많은 댓글이 달리는 경향이 있었다. 다시 부정적 감정은 더 긴 토론과 연관된 것으로 나타났다(Thelwall, Sud & Vis, 2012). 게다가 개별 댓글이 부정적 감정을 포함한 경우, 그것은 답글을 받을 가능성이 더 높았다. 이론적 관점에서 볼 때, 이러한 관찰은 정서에 대한 네트워크 기반 시뮬레이션을 통해 입증되었고, 부정적 정서가 상호작용할 준비가 된 사람들의 그룹이라는 의미의 공동체를 형성하는 데 특히 효과적임을 보여주었다(Mitrović & Tadić, 2011).

성공적 모형화에는 발신자의 정서 상태, 메시지의 감정, 수신자의 변조된 정서, 이러한 상태가 진행 중인 토론에 계속 기여하려는 그들의 경향에 어떻게 영향을 미치는지, 이후에 그들이 어떻게 토론에 기여하는지를 고려함으로써 거대 집단의 의사소통 과정을 구상하는 것이 포함된다. 예컨대 수학적 모형들에 따르면 발신자의 각성, 메시지의 감정, 혹은 수신자에게 유발된 각성은 복잡한 네트워크에서 사람에서 사람으로의 정서 확산에 영향을 미칠 수 있다(Schweitzer & Garcia, 2010; Berger, 2011). 게시물을 읽고 쓰는 개인의 정서 상태의 생리적/주관적 측면을 측정한 실험실 연구에서는 게시물의 감정이 유발된 상태와 연관되어 이러한 개념들을 뒷받침했다(Kappas, Küster, Theunis & Tsankova, 2010; Kappas, Tsankova, Theunis & Küster, 2011)

맺음말

이 장에서는 매개된 개인 간 의사소통에서 정서와 감정 표현의 중요성에 관해 논했다. 비공식적 상황에서 온라인으로 상호작용할 때, 참가자들은 표준 언어를 사용하거나 컴퓨터 매개 의사소통을 위해 개발된 새로운 방법으로 감정을 표현하는 경우가 잦은 듯하다. 이러한 감정은 감정 분석 소프트웨어를 사용하여 어떤 경우에는, 특히 풍자와 아이러니가 없는 경우에는, 거의 인간 수준의 정확도로 자동으로 감지되고 분석될 수 있다. 소셜 웹에서 온라인 감정의 패턴에 관한 연구는 감정 분석 소프트웨어를 활용하여 온라인에서의 감정의 역할에 대한 대규모 조사를 수행해 왔다. 이러한 조사는 소셜 네트워크 사이트 친구 관계에서 감정의 동종 선호, 주요 사건과 관련된 트위터의 감정 변화가 상대적으로 적은 점, 일부 온라인 상황에서 토론을 시작하고 유지하는 데 있어 부정적 감정이 중요하다는 점 등을 밝혔다. 이러한 결과는 사이버 공간에서 집단정서와 관련된 현상을 기술하고 설명하기 위한 중요한 첫걸음이다.

앞서 논의한 온라인 정서에 관한 이론적 연구에 이어, 일부 프로젝트는 제품 후기에서 소비자 피드백을 얻기 위한 오피니언 마이닝의 원래 용도를 넘어 온라인 상호작용의 일부로서 감정을 적극적으로 감지하고 이용하기 시작한다(Pang & Lee, 2008). 감정은 가상 및 체화된 채팅 시스템에서 중요한 역할을 할 수 있다. 예컨대 자동화된 채팅 시스템은 인간이 작성한 문자의 감정을 감지할 수 있고, 이러한 정보를 응답 방법 결정의 일부로 사용할 수 있다(Skowron, 2010). 정서적 수준에서 적절한 응답이 그렇지 않은 응답보다 더 잘 받아들여지리라는 것은 논리적인 것으로 보인다. 가상현실 시스템은 이

보다 더 나아가 아바타의 얼굴표정과 신체 언어를 실제/인공 행위자들이 나누는 문자의 감정에 맞게 조정하여 인간 참가자들에게 더 현실적인 경험을 제공한다(Gobron, Ahn, Paltoglou, Thelwall & Thalmann, 2010; Skowron 외, 2011). 미래에는 감정을 인식하는 컴퓨터 시스템이 점점 증가하고, 상호작용할 때 우리의 기분과 정서를 고려함으로써 우리의 삶과 일을 더 쉽고 더 즐겁게 만들어 줄 수 있는 시스템을 볼 것이라 기대할 수 있다. 이를 위한 결정적인 요구사항 중 하나는 사회생태학도 고려하는 더 큰 상호작용 이론에 감정 감지를 포함하는 것과 관련이 있다(Kappas, 2010).

감사의 말

이 연구는 '7차 프레임워크 프로그램, 주제 3: 사회적 지능 ICT를 위한 복잡계 과학에 대한 유럽연합 보조금'의 지원을 받았다. 이것은 사이버이모션 프로젝트(연구 231323)의 일부이다.

Chapter 2

온라인 사회시스템에서 집단정서의 모형화

데이비드 가르시아[1] | 안토니오스 가라즈[2] | 프랭크 슈바이처[3]

매일 수백만 명의 인터넷 사용자들이 공개적으로 접근할 수 있는 온라인 흔적을 남긴다. 포럼 댓글, 동영상 다운로드, 혹은 상품평에 대한 데이터는 인간의 온라인 행동에 대한 귀중한 통찰을 제공한다. 전례 없는 규모의 데이터 세트 검색은 예컨대 선호도, 사회적 영향력(Lorenz, 2009; Onnela & Reed-Tsochas, 2010), 신뢰도, 협력(Walter, Battiston, Yildirim & Schweitzer, 2011) 등 사회과학에서 개발된 가설 혹은 이론의 타당성을 검증할 수 있게 해준다. 이러한 최근의 과학적 발전은 다양한 기술 및 사회 분야의 방법과 도구를 결합하는 **계산사회과학**(computational social science)으로 이어졌다(Lazer 외, 2009). 또한 심리학은 제한된 규모의 값비싼 실험 환경을 설계하지 않고도 데이터에 접근함으로써 이러한 발전의 혜택을 누릴 수 있다. 예컨대 **트위터 메시지** 분석으로 일주일 주기가 인간의 기분에 미치는 영향을 연구할 수 있고(Golder & Macy, 2011), 대규모 데이터 세트의 감정 분석, 초기 이론에서 예측한 정서 표현의 패턴을 밝힌다(Garcia, Garas & Schweitzer, 2012).

온라인 공동체의 특징은 오프라인 상호작용에서 아주 쉽게 관찰할 수 있는 집단정서의 잦은 발생이다. 많은 다른 사용자들과 빠르고 흔히 익명으로 소통할 수 있기에, 자

1 David Garcia, 콘스탄츠 대학교 사회 및 행동 데이터과학 교수.

2 Antonios Garas, 취리히 연방 공과대학교 경영 · 기술 · 경제학부 물리학 박사, 복잡성 분야 박사 후 연구원.

3 Frank Schweitzer, 취리히 연방 공과대학교 시스템 디자인 교수.

발적으로 많은 사용자가 유사한 정서적 상태를 공유한다. 이러한 집단정서는 내생적 원인뿐만 아니라 외생적 원인에 의해서도 발생할 수 있다. 예컨대 자연재해와 같은 외부적 사건은 수백만 사용자의 온라인 정서 표현을 촉발할 수 있다. 그러나 집단정서는 포럼 토론과 같은 온라인 공동체에서도 만들어질 수 있다(Chmiel 외, 2011).

우리의 목표는 온라인 공동체에서 사용자의 문자 표현을 기반으로 그 역학관계와 전제조건을 연구할 수 있는 새로운 집단정서를 연구하는 것이다. 온라인 데이터를 통해 집단정서적 상태가 어떻게 언제 나타나는지를 정확히 측정할 수 있지만, 이러한 자발적 행동의 분석이 개별 사용자의 활동으로 단순히 환원될 수는 없다. 대신 이러한 집단적 상태는 수많은 개인의 상호작용으로 인해 발생하는 새로운 현상으로 이해되어야 한다. 우리의 접근법에서는 온라인 공동체에서 관찰되는 통계적 규칙성을 사용자들 사이의 상호작용과 연관하려고 한다. 개인 사용자의 미시적 수준과 집단행동을 관찰할 수 있는 거시적 수준 사이의 구분은 복잡계 이론의 구체적 특징 중 하나이다. 지난 40년 동안 컴퓨터 과학, 통계 물리학, 응용 수학의 방법 및 도구가 이러한 미시-거시 연관성을 다루고, 많은 시스템 요소 또는 행위자의 개별 상호작용으로부터 시스템의 집단적 역학을 예측하는 데 활용되었다. 행위자 기반 모형화는 관련 행위자의 규칙을 연구함으로써 집단 현상을 이해하는 데 유용한 접근법을 제공한다. 특히 사회심리학에서 일부 행위자 기반 모형(Kuppens, Oravecz & Tuerlinckx, 2010)은 인간 행동을 이해하는 데 이 모형을 적용해야 할 필요성을 뒷받침한다.

우리는 개인의 정서 표현들과 그것들의 상호작용에 기반하여 집단정서의 출현을 모형화하는 일반적 틀을 제시한다. 우리의 틀에서 개인은 브라운 행위자(Brownian agent)로 표현되며, 이를 통해 통계 물리학의 기존 방법을 사용하여 행위자의 집단 역학에 대한 정보를 도출할 수 있다. 한 행위자의 정서적 상태는 정서의 유쾌함 혹은 불쾌함을 판정하는 원자가와 예컨대 정서와 관련된 활동 수준인 각성으로 특징지어진다. 이러한 틀은 정서적 삶의 일시적이고 강렬한 특징들을 나타내는 핵심 정동에 대한 차원 이론(dimensional theory of core affect; Russell, 1980)을 따른다. 더 복잡한 모형과 추가적 차원이 고려될 수 있지만, 핵심 정동은 예컨대 온라인 의사소통의 경우에서 서면 문자(게시물)와 같은 정서 표현과 밀접하게 연관되어 있다. 이러한 게시물은 인터넷을 통해 다른 행위자들에게 전송되고, 그들은 그것을 읽고 정서적으로 반응할 수 있다. 정서적 메시지 교환을 통해 멀리 떨어진 사용자들 사이의 이러한 종류의 정서적 피드백을 모형화하는 것이 개발된 틀의 주요 목적 중 하나이다.

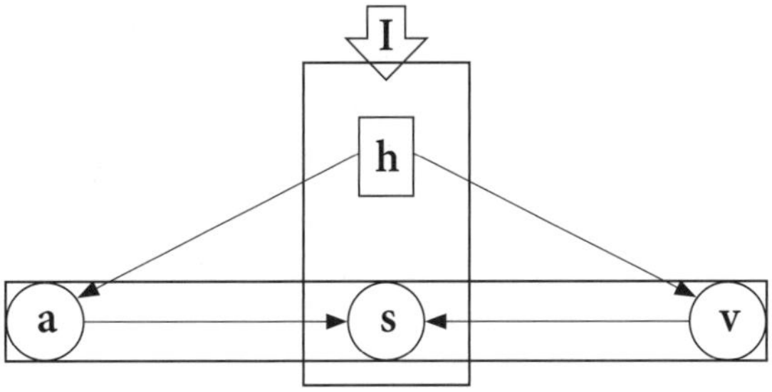

[그림 26.1] 일반 모형의 구성요소들 사이의 인과관계.

우리의 틀은 분석 결과를 통해 시뮬레이션 결과를 예측할 수 있을 만큼 충분히 구체적이지만(Schweitzer & Garcia, 2010), 광범위한 온라인 정서적 상호작용을 포괄할 수 있을 만큼 충분히 일반적이기도 하다. 이 틀의 주요 피드백 고리는 [그림 26.1]에 그려진 것처럼 두 개의 직교하는 층들로 구성된다. 행위자를 묘사하는 내부층(수평으로 표시)과 의사소통 과정을 묘사하는 외부층(수직으로 표시)이다. 내부층에서, 행위자의 각성 a와 원자가 v는 정서 표현 s를 결정하고, 이것은 의사소통 장(communication field) h에 기여함으로써 외부층에 도달한다. 후자는 독립적 역학을 가지며, 다른 행위자들의 기여와 더불어 외부 원천 I의 입력도 고려할 수 있다. 인과관계 고리는 행위자의 원자가와 각성이 모두 의사소통 장의 영향을 받는다는 점을 고려함으로써 닫힌다.

우리는 인터넷 공동체의 정서 역학을 모형화하는 데 관심이 있기에, 사용자 표현 제한, 사용자에 대한 외부 영향력, 혹은 방송이 아닌 네트워크에서의 의사소통 등과 같은 다양한 온라인 플랫폼의 특수성을 고려하도록 일반적 틀을 쉽게 조정할 수 있다. 이 장에서 다양한 온라인 공동체에 대응할 수 있도록 우리 모형화 틀을 지정하는 방법의 다양한 사례를 제공할 것이다.

브라운 행위자 개념

브라운 행위자는 k개의 서로 다른 상태 변수의 집합 $u_i^{(k)}$로 기술되며, 여기서 지수 $i = 1, ..., N$은 각 개별 행위자 i를 가리킨다. 이러한 각 변수는 실험 데이터에서 관찰할 수 있는 경우에는 **외부** 변수일 수 있고, 혹은 관찰할 수 있는 데이터에서 간접적으로만 결론을 내릴 수 있는 경우에는 **내부** 변수일 수 있다. 이러한 상태 변수 각각은 행위자 환경과의 상호작용으로 인해, 혹은 외부의 영향을 요구하지 않는 내적 역학관계로 인해, 시간 의존적일 수 있다. 일반적으로 우리는 각 상태 변수 u_i의 역학관계를 두 가지 서로 다른 성격 영향의 중첩으로 다음과 같이 공식화할 수 있다.

$$\frac{du_i^{(k)}}{dt} = f_i^{(k)} + F_i^{stoch} \qquad (1)$$

이 공식은 인과관계 원리를 기반으로 하는데, 변수 u의 변화는 방정식의 오른쪽에 나열된 몇 가지 원인에 의해 발생하기 때문이다. 브라운 행위자의 경우, 이 원인은 결정론적 영향과 확률론적 영향의 중첩으로 설명된다고 가정된다.

확률적 항 F_i^{stoch}는 가용한 데이터의 시간 및 길이 척도로 관찰할 수 없는 변수에 대한 모든 영향을 모형화한다. 이러한 확률적 영향은 행위자 상태의 역학을 특정한 방향으로 몰아가지 않으며, 일반적으로 백색 잡음(white noise)에 의해 모형화되지만, 반드시 그렇지는 않다. 더 나아가 확률적 영향의 강도는 슈바이처(Schweitzer, 2003)의 연구에서처럼 행위자의 국부 매개변수(local parameter)에 따라 행위자마다 다를 수도 있다.

결정론적 항 $f_i^{(k)}$는 해당 상태 변수 $u_i^{(k)}$를 변화시키는 모든 지정된 영향을 나타낸다. 예컨대 다른 행위자와의 비선형 상호작용은 행위자 i 자체도 포함할 수 있는 행위자들 집합의 상태 변수에 의존하는 함수로 모형화될 수 있다. $f_i^{(k)}$는 우리의 모형화 틀에도 해당하는 가용한 정보에 대한 행위자의 반응을 설명할 수도 있다. 그것은 온라인 공동체에서 대중매체의 영향과 같은 외부 조건에 의존할 수 있다. 덧붙여 $f_i^{(k)}$는 행위자 외부의 영향에 의해 일어나지 않은 변수 $u_i^{(k)}$의 변화인 행위자의 **고유 역학**(eigendynamics)

을 반영할 수 있다. 고유 역학의 예로는 인간 행동의 모형화에서 흔히 볼 수 있는 포화(saturation) 혹은 소진(exhaustion)이 있다(Lorenz, 2009). 다중 행위자 체계를 설계하려면, 우리는 행위자의 상태 변수 $u_i^{(k)}$와 그것의 변화의 역학인 $f_i^{(k)}$를 정의하여 행위자들 사이의 상호작용을 명기해야 한다. 이러한 역학은, 집단정서가 온라인 공동체에서 나타나는 것처럼 거시적 역학이 수많은 행위자의 상호작용에서 나타나는 방식으로, 집단 수준에서가 아니라 개별 행위자 수준에서 정의된다.

정서적 상태들과 그 내적 역학관계

핵심 정동의 이차원적 표현에 따라(Russell, 1980), 우리는 원자가 $v_i(t)$와 각성 $a_i(t)$의 변수들을 통해 행위자의 정서적 상태를 정량화한다. 서로 다른 정서 상태들은 이 이차원적 공간의 서로 다른 지점에 매핑될 수 있다. 예컨대 '행복한'은 높은 원자가와 각성을 가진 정서적 상태인 반면, '만족한'의 경우 원자가는 양수지만 각성은 음수이다. '우울한'과 같은 다른 상태들은 음의 원자가와 각성을 가지며, '화난'은 양의 각성과 음의 원자가를 가진다. 이 두 가지 변수는 정서적 경험에 대한 대부분의 정보를 포착하는 것으로 알려져서(Russell, 1980), 우리는 행위자의 상태를 $e_i(t) = \{v_i(t), a_i(t)\}$로 정의할 것이다. 원자가와 각성은 내부 변수들이라는 점에 유의해야 한다. 그것들은 예컨대 생리적 측정이나 개인 보고서를 통해 간접적으로만 관찰될 수 있다.

외부 자극이 없다면, 모든 정서적 상태는 평형 상태로 이완되어야 한다. 이 가정은 정서적 상태들이 어떻게 기하급수적으로 감소하는지를 확률적 방식으로 보여주는 경험적 연구로 뒷받침된다. 이러한 이완 $e_i(t) \rightarrow 0$ 은 $v_i(t) \rightarrow 0$, $a_i \rightarrow 0$ 을 의미한다. 그래서 방정식(1)에 따라 우리는 브라운 행위자의 역학을 다음과 같이 정의한다.

$$\begin{aligned} \dot{v}_i &= -\gamma_{vi} v_i(t) + F_v + A_{vi} \xi_v(t) \\ \dot{a}_i &= -\gamma_{ai} a_i(t) + F_a + A_{ai} \xi_a(t) \end{aligned} \quad (2)$$

방정식들의 오른쪽에 있는 첫 번째 항들은 평형 상태를 향한 원자가와 각성의 기하급수적 이완을 설명한다. 매개변수 γ_{vi}와 γ_{ai}는 원자가와 각성, 그리고 행위자에 따라 다를 수 있는 이러한 이완의 시간 척도를 정의한다. 두 번째 항은 아래 설명된 것처럼 결정론적 영향을 설명하고, 세 번째 항은 확률적 영향을 모형화한다. $\xi_v(t)$와 $\xi_a(t)$는 백색잡음의 일정한 분포에서 추출된 난수로서, 예컨대 그것들은 평균이 0이고 시간적 상관관계가 없다. 확률적 구성요소의 강도는 A_{vi}와 A_{ai}로 정량화되며, 이것들은 행위자마다 다를 수 있다.

행위자의 정서적 상태에 대한 결정론적 영향들은 함수 F_v와 F_a로 설명된다. 그것들은 온라인 집단정서에 적용할 수 있는 특정한 가정, 특히 행위자들의 상호작용, 정보 접근성, 또는 매체에 대한 반응에 의존한다. 또한 그것들은 다른 행위자들의 정서에 의존할 수 있는데, 예컨대 공감(Preston & de Waal, 2002)은 한 행위자의 정서적 상태를 다른 행위자한테서 지각된 정서적 상태로 유도할 것이다. 다음 절에서 우리는 행위자가 취할 수 있는 행동을 정의하고 이 함수들의 형태를 상술함으로써 행위자에 관한 설명을 확장한다.

정서 표현

결정론적 영향과 확률적 영향이 무시해도 좋을 정도가 되었을 때, 방정식(2)는 정상 상태 $e_i(t) \rightarrow 0$을 정의한다. 만약 그 영향들이 크다면, 예컨대 정서적 내용을 가진 정보가 행위자에게 가용해진다면, 흥분된 정서적 상태가 있어야 한다. 이러한 흥분된 상태는 행위자가 메시지를 작성하거나 토론에서 댓글을 게시하는 등의 의사소통을 하기로 하지 않는 한 외부에서 관찰될 수 없다. 결과적으로 정서 표현에 대한 가정은 행위자의 각성이 어떤 일정한 개별 임계치인 T_i를 초과하는 경우 외부에서 관찰할 수 있는 변수 $s_i(t)$를 통해 행위자는 그것의 원자가를 표현한다는 것이다.

$$s_i(t+\Delta t) = sign(v_i(t))\Theta[a_i(t) - T_i] \tag{3}$$

여기서 $\Theta[x]$은 x≥0일 $x \geq 0$일 때만 1이고 그렇지 않으면 0이 되는 헤비사이드(Heaviside) 함수이다. $\Theta[x]=1$이면, 우리는 행위자가 그것의 원자가 상태, 예컨대 $v_i(t)$의 정확한 값을 완벽하게 전달할 수 없다고 가정하고, 그것의 표현은 그것의 원자가 부호인 $r_i = sign(v_i(t))$로 단순화된다. 물론 이것은 하나의 가정일 뿐이며, 우리는 그것을 완벽한 원자가 전달이 가능하도록 쉽게 변경할 수 있다. 그래서 실제 데이터의 분석을 통해 그것의 타당성을 평가하는 것이 필수적이다. 이러한 식으로 소통 과정은 행위자의 원자가의 대략적 표현을 받아들이며, 이것은 가용한 데이터 분석 기술의 정확성에 맞춰질 수 있다.

또 다른 가정은 특정 시간 t에 각성이 임계치에 도달하더라도 행위자가 즉시 자신의 정서를 표현하지 못할 수도 있다는 것이다. 행위자가 의사소통 매체에 즉각 접근할 수 없기에, 이러한 표현은 일정한 시간 Δt 동안 지연될 수도 있다. 경험적 연구는 인간 의사소통의 이러한 종류의 대기 시간 분포를 조사했는데(Crane, Schweitzer & Sornette, 2010; Garas, Garcia, Skowron & Schweitzer, 2012; Rybski, Buldyrev, Havlin, Liljeros & Makse, 2009), $P(\Delta t) \propto \Delta t^{-\alpha}$로 가정하고 α는 경험적으로 결정되어야 한다.

온라인 공동체에서 정서의 소통

정서 상태와 정서 표현의 역학을 설명한 후, 우리는 이러한 정서 표현이 다른 행위자들에게 전달되는지를 구체적으로 설명할 필요가 있다. 이전의 사회적 상호작용 모형에 따라(Schweitzer & Holyst, 2000), 우리는 모든 긍정적/부정적 표현은 긍정적 소통을 위한 구성요소 $h_+(t)$와 부정적 소통을 위한 구성요소 $h_-(t)$가 있는 의사소통 장 $h_\pm(t)$에 저장된다고 가정한다. 이 변수는 본질적으로 어떤 주어진 시점에 특정한 정서적 내용을 가진 가용한 댓글의 '양'을 저장한다. 이 장의 역학에 대해 우리는 다음과 같은 방정식을 제안한다.

$$\dot{h}_\pm = -\gamma_\pm h_\pm(t) + c n_\pm(t) + I_\pm(t) \qquad (4)$$

여기서 각 행위자 기여도 $s_i(t)$는 표현이 발생한 정확한 시간에 고정량 c만큼 해당 장의 구성요소를 증가시킨다. 이 변수 c는 행위자가 생성한 정보가 정보 장에 미치는 영향을 나타내며 시간 척도를 정의한다.

변수 $n_\pm(t)$는 시간 t에 긍정적 혹은 부정적 정서 표현에 기여하는 행위자의 총계를 나타낸다. 이러한 표현들은 일반적으로 시간 의존적인데, 예컨대 그것들은 보통 공동체에서 새로운 정보의 생성으로 인해 오래될수록 중요성을 상실한다. 이것은 $\gamma_\pm$을 통해 매개변수로 표시되는 방정식(4)의 오른쪽에 있는 첫 번째 항에서 나타나는 기하급수적 감쇄로 표현된다. 또한 예컨대 뉴스가 온라인 공동체의 전반적인 정서적 상태에 큰 영향을 미칠 수 있는 것처럼, 외부에서 생성된 긍정적 혹은 부정적 정서 내용은 의사소통 장을 변화시킬 수 있다. 우리는 이 메커니즘을 행위자 독립적 항인 $I_\pm(t)$를 통해 모형화하는데, 이 메커니즘은 확률적 입력으로 모형화되거나 외부 자극에 대한 그 모형의 반응을 분석하는 데 사용될 수 있다.

우리의 틀에 대한 설명을 마무리하기 위해 우리는 가용한 정보가 개별 행위자의 상태에 어떻게 영향을 미치는지를 상세히 설명할 필요가 있고, 이것은 함수 F_v와 F_a에 의해 다루어진다.

정서 상태에 대한 의사소통의 피드백

우리 모형의 목표는 집단정서는 개별적 정서 상태들의 단순한 중첩으로 이해될 수 없다고 가정하면서 집단정서의 출현을 재현하는 것이다. 우리의 가정은 한 행위자의 정서 표현은 직접적으로든 간접으로든 수많은 다른 행위자의 정서 상태를 변화시킬 수 있다는 것이다. 이러한 영향에 대해서 우리는 다양한 가능한 시나리오를 조사하기 위해 가설을 세우고 컴퓨터 시뮬레이션을 통해 그것을 검증할 수밖에 없다. 또한 개별 사용자들이 실험에서 정서적 내용에 노출될 때, 이 가설들은 경험적으로 검증될 수 있다 (Kappas, Tsankova, Theunis & Kuester, 2011).

우리 모형의 의사소통 장에는 긍정적 정서 정보인 $h_+(t)$와 부정적 정서 정보인 $h_-(t)$

라는 두 가지 구성요소가 있다. 행위자의 상태에 따라, 그것은 이 서로 다른 종류의 정보에 의해 서로 다른 방식으로 영향을 받을 수 있다. 예컨대 음(양)의 원자가를 가진 행위자가 대체로 음(양)의 정서 정보에 반응한다고 가정하면, 우리는 다음과 같이 명기할 수 있다.

$$\mathrm{F}_v \propto \frac{r_i}{2}\left\{(1+r_i)f\left[h_+(t)\right]-(1-r_i)f\left[h_-(t)\right]\right\} \tag{5}$$

여기서 $r_i(t)=sign(v_i(t))$와 $f[h_+(t)]$는 h_+나 h_-에만 의존하는 함수들이다. 또 다른 시나리오는 행위자들이 정서적 내용의 원자가와 무관하게 긍정적 혹은 부정적인 정서적 내용의 확산에 주의를 기울이는 것이다. 이러한 경우에 우리는 다음과 같이 가정할 수 있다:

$$\mathrm{F}_v \propto g\left[h_+(t)-h_-(t)\right] \tag{6}$$

여기서 g는 정보 장의 두 구성요소 사이의 차이에 대한 함수이다. 다른 조합들도 검증될 수 있다.

방정식(5)의 일반적 가정은 행위자가 지각하는 각 정보에 따라 원자가가 증가한다는 것이다. 이러한 영향의 강도는 흔히 비선형적 방식으로 행위자의 정서적 상태에 의존할 것이다. 예컨대 행위자가 행복한(슬픈) 경우, 행복한(슬픈) 행위자나 사건에 대한 정보를 받으면 행위자는 더 행복해질(더 슬퍼질) 수 있다. 이러한 종류의 역학에 대한 일반적 공식은 다음과 같은 형식을 가진다:

$$F_v\left[h_\pm(t),v_i(t)\right]=h_\pm(t)\sum_{k=0}^{n}b_k v^k(t) \tag{7}$$

여기서 핵심 가정은 계수 b_k가 원자가의 모든 값에 대해 동일하다는 것이다.

각성의 역학

이미 설명했듯이, 각성은 정서가 활동을 장려하거나 좌절시키는 정도를 판정한다. 정서 표현의 전제조건으로 가정되는 T_i에 도달할 때, 그것은 중요해진다(Rime, 2009). 정서 표현은 각성에 어느 정도 영향을 미칠 수 있고, 우리는 메시지를 생산한 후에는 각성이 낮아지거나 가장 단순한 경우에는 기저 상태로 후퇴한다고 가정한다. 이것은 각성의 역학이 두 부분으로 나뉠 수 있음을 의미한다. 각성이 임계치에 도달하기 전에 적용되는 부분과 정확히 임계치에 도달하는 순간에 적용되는 부분이다. 그러므로 우리는 각성의 역학 $a_i(t)$를 다음과 같이 정의한다.

$$\dot{a_i} = \overline{\dot{a_i}}(t)\Theta[T_i - a_i(t)] - a_i(t)\Theta[a_i(t) - T_i] \tag{8}$$

$x = T_i - a_i(t) > 1$인 한에서 각성 역학은 방정식(2)에서와 같이 $\overline{\dot{a_i}}(t)$에 의해 정의된다. 일단 임계치에 도달하면, $x \leq 0, \Theta[x] = 0, \Theta[-x] = 1$이 되어, 결정론적으로 각성이 0으로 재설정된다.

각성의 역학을 마무리하기 위해 우리는 각성이 임계치보다 낮을 때 적용되는 함수 F_a를 지정해야 한다. 각성은 원자가에 직교하는 변수로, 정서의 활동 수준을 측정하도록 설계되었다. 행위자들은 원자가 차원과 관계없이 비선형적으로 자신들의 각성에 의존하는 방식으로 공동체에서 가용한 모든 정서적 내용, 예컨대 장의 두 구성요소의 합계에 반응한다고 가정하는 것이 합당하다. 원자가의 경우와 동일한 일반적 관점에 따라, 우리는 다음과 같은 비선형적 의존성을 제안한다.

$$F_a \propto [h_+(t) + h_-(t)] \sum_{k=0}^{n} d_k a^k(t) \tag{9}$$

또는 부정적 각성은 비활동 (피곤한, 졸린, 우울한, 지루한) 상태와 연관되어 있기에, 행위자는 각성이 긍정적인 경우에만 정보에 주의를 기울인다고 주장할 수 있다. 이러한 경우에 예컨대 정보의 영향은 활동 수준에 따라 선형적으로 증가한다고 가정하는 것이 합당하다.

$$F_a \propto \left[h_+(t) + h_-(t) \right] a(t) \Theta \left[a(t) \right] \tag{10}$$

이 설명은 온라인 공동체에서 집단정서의 행위자 기반 모형을 설계하기 위한 완전한 틀을 정의한다. 이 모형의 속성에 대한 시뮬레이션과 통계 분석은 많은 사용자의 온라인 상호작용에서 집단정서적 상태가 나타나는 이유를 설명할 수 있다. 다음 절에서 우리는 상품평 공동체와 채팅방 토론에서의 정서적 상호작용에 우리의 틀을 적용한 두 가지 사례를 제시한다.

정서적 상품평에 관한 모형

우리의 모형화 틀의 적용으로서, 우리는 상품평 공동체에서 일어나는 정서적 상호작용을 연구한다. 상품평 공동체는 다른 사용자들이 생성한 독립적 정보를 수집함으로써 전통적 매체와 마케팅에 일반적으로 존재하는 정보 장벽을 극복할 수단을 사용자들에게 제공한다.

이러한 정보교환 과정은 정서적 상호작용의 영향을 받으며, 의견이나 정서와 같은 주관적 요인에 따라 상품평의 영향력이 달라진다.

상품평에서 정서의 영향력은 선행 연구의 주제였지만(Dellarocas & Narayan, 2006), 상품평 분석은 개별적 방식으로 이루어졌다. 상품에 관한 집단정서는 상품 수용을 예측하고 최적화하기 위해 점점 중요성이 커지고 있는 상당히 새로운 관점이다. 사용자가 생성한 상품평 데이터 세트는 어떻게 인터넷을 통해 특정한 상품이 유명해지거나 '사랑'

을 받게 되는지를 연구하는 데 귀중한 자원을 제공한다. 이 절에서 우리는 상품평에서 정서의 두 가지 속성을 재현할 수 있는 행위자 기반 모형을 제시한다. 상품 출시에 대한 공동체의 시간적 반응과 상품평 문자를 통한 정서 표현의 일반적 분포이다. 우리는 감정 감지 도구를 통해 추출한 정서 정보와 아마존닷컴(Amazon.com)의 거대한 데이터 세트를 이용한 우리 모형의 시뮬레이션을 비교한다.

상품평을 통한 정서적 상호작용의 모형화

이 모형의 구조는 [그림 26.1]에서 설명한 것과 같으며, 여기서 행위자들의 정서적 상태는 원자가와 각성으로 구성되고 이러한 종류의 의사소통에 대한 특정한 가정들을 사용하는 집단 정보 장의 영향을 받는다(Garcia & Schweitzer, 2011). 우리 모형은 상품 수준에서의 논의에 초점을 두고, 상품들 사이의 관계는 무시한다. 이것은 행위자들 사이의 의사소통은 항상 검토된 상품에 적용된다는 것을 의미한다. 모든 사용자가 한 번만 상품평을 쓸 수 있다는 것이 상품의 특수한 속성이다. 우리는 이러한 제약을 각성 역학에 도입한다. 특히 행위자의 각성이 임계치 T_i에 도달한 후, 그 임계치는 ∞의 값으로 재설정되어 행위자가 동일한 상품에 대해 두 번째 상품평을 작성할 수 없게 된다. 우리는 이 임계치들의 초깃값은 평균 μ와 표준편차 σ의 정규 분포에서 표본 추출된 행위자들 사이에 이질적이라고 가정한다.

이러한 적용을 위해 우리는 각성 역학이 방정식(9)에서 공식화된 것처럼 장의 두 구성요소(h_+와 h_-)의 합에 따라 달라진다고 가정한다. 이러한 경우에 대해 방정식(9)의 다항식 함수는 차수 2까지 올라가며, 행위자 자신의 각성에 대한 2차 의존성을 모형화한다. 우리의 시뮬레이션 결과(Schweitzer & Garcia, 2010)는 이러한 형태의 각성 역학이 집단정서적 상태의 자발적 출현과 소멸을 일으킬 수 있음을 보여준다. 이러한 원자가 역학에 대해 우리는 행위자의 원자가 F_v에서 정보 장의 영향은 행위자의 이전 원자가 값에 따라 달라진다고 가정한다. 이것은 상품에 대한 이전의 부정적 경험은 다른 행위자들의 긍정적 표현에 주의를 덜 기울이는 경향으로 이어진다는 것을 의미한다. 다른 한편으로 긍정적 경험을 가진 행위자들은 부정적 정보보다는 긍정적 정서 정보에 더 많은 영향을 받는다. 우리는 이러한 행위자 지각의 비대칭성을 가르시아와 슈바이처(Garcia &

Schweitzer, 2011)가 설명한 것처럼 입방체 붕괴(cubic decay)를 갖는 지수 함수를 통해 공식화할 수 있다.

상품평 작성은 사용자의 선호 및 그것과 상품 속성의 관계로부터 크게 영향을 받는다. 우리의 모형에서 사용자 선호는 시간에 따라 변하지 않는 상수인 행위자 내부 변수 u_i로 포함된다. 이러한 선호에 대한 이질성은 [0, 1]간격의 균등 분포에서 u_i를 표본 추출함으로써 포착된다. 이러한 식으로 우리는 특정 값에 대한 어떤 종류의 일반적 선호도 가정하지 않는다. 왜냐면 선호는 단순히 주관적으로 선호되는 것을 결정할 뿐이지 더 좋고 나쁨을 결정하는 것이 아니기 때문이다. 상품 속성은 매개변수 $q \in [0, 1]$로 기술되는 것처럼 사용자 선호와 동일한 척도로 표시된다.

상품평 작성자는 이전에 검토된 상품을 구매했거나 경험한 적이 있다는 것이 상품평 공동체의 일반적 가정이다. 우리 모형에서 이러한 경험은 사용자의 선호 u_i와 상품 속성 q사이의 차이로서 원자가의 초깃값을 결정한다. 만약 상품이 사용자의 선호와 완벽하게 일치한다면, 즉 $|u_i - q| = 0$이라면(Walter, Battiston & Schweitzer, 2007), 행위자는 최대 초기 원자가($v_i(0) = 1$)로 시작한다. 만약 상품이 행위자의 기대와 완전히 반대라면, 양자 사이 차이값은 최대일 것이고 행위자의 원자가($v_i(0) = -1$)가 될 것이다.

우리의 틀에 따르면, 행위자의 표현 s_i의 값은 그것의 원자가 v_i에 의해 결정된다. 우리는 행위자의 표현들이 정서적일수록 장에 더 많은 영향을 미친다고 가정한다. 상품평은 다른 종류의 온라인 의사소통에 비해 상당히 긴 문자이므로, 감정 분석 기술은 다양한 정서성의 정도에 대한 값을 제공할 수 있다. 상품평은 사실적 정보만 포함할 수 있고 독자의 정서에 영향을 주지 못할 수도 있지만, 그것은 또한 온화한 혹은 극단적인 정서적 내용을 포함할 수 있다. 행위자의 표현 의 값의 범위는 상품평을 작성할 때 행위자 원자가의 값에 비례하여 -5에서 5에 이른다.

시뮬레이션과 상품평 데이터의 비교

상품평의 정서에 대한 우리 모형의 목표는 상품을 향한 정서 표현의 집단적 속성을 재현하는 것이다. 우리의 데이터 세트는 16,000개 이상의 상품에 대한 아마존닷컴에서 나온 170만 개 이상의 상품평을 포함한다. 각 상품평은 문자의 긍정적/부정적 정서의 값을 1에서 5까지의 척도로 표시하는 감정 분석 도구인 센티스트렝스(이 책의 Ⅶ-1장 Thelwall & Kappas의 글; Thelwall 외, 2010)로 처리되었다. 이 데이터 세트의 통계 분석(Garcia & Schweitzer, 2011)은 상품 출시에 대한 공동체의 반응에 두 가지 패턴이 있음을 보여주었다. 더 나아가 상품에 대한 정서적 표현은 우리의 모형이 재현할 수 있는 특징적 모양의 분포를 따랐다.

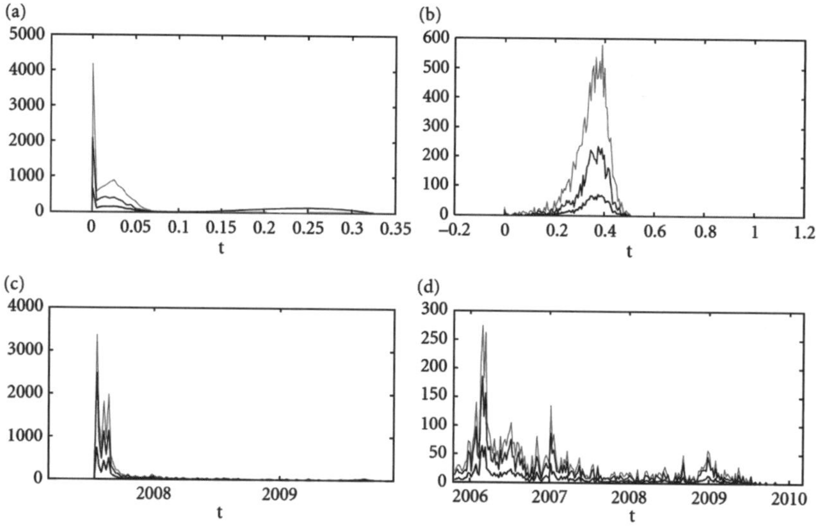

[그림 26.2] 시뮬레이션한 시간 동안의 평점 수(검은색), 총 긍정적 표현(밝은 회색), 총 부정적 표현(짙은 회색). 매체의 강한 충격에 대한 상품평과 정서의 비율 (a)와 공동체를 통해 정서가 확산된 경우 (b). 『해리 포터와 죽음의 성물』에 대한 주간 통계 (c)와 『말리와 나』에 대한 주간 통계 (d).

우리 모형의 매개변수들에 대한 특정한 값의 집합이 주어지면, 의사소통 장의 초깃값은 시뮬레이션의 집단 역학의 유형을 결정한다. 이러한 식으로 그 모형은 우리가 실제 데이터에서 발견한 다양한 시나리오를 재현할 수 있고, 이 데이터는 대중매체와 입소문의 영향에서 나온 상품평에 해당한다. [그림 26.2]의 첫 번째 행은 두 모형 시뮬레이션에서 정서 표현의 시계열(time series)을 보여준다. 두 번째 행은 아마존닷컴 데이터 세트의 두 상품에 대한 두 시계열 예시를 보여준다. 왼쪽 열은 시뮬레이션 초기에 장에 강한 입력이 있는 경우를 보여준다. 마케팅 캠페인을 시뮬레이션하는 이 초기 충격은 공동체의 역동성을 급격히 붕괴하는 단일 스파이크로 만든다. 실제 상품에서 이러한 종류의 시나리오의 사례로는 이미 성공한 시리즈 일부라는 사실로 인해 출시에 즈음하여 많은 매체의 주목을 받았던 『해리 포터와 죽음의 성물』을 들 수 있다.

[그림 26.2]의 오른쪽 열은 공동체에서 활동이 더 느리게 증가하는 다른 경우를 보여준다. 시뮬레이션된 시계열은 초기 정보가 없는 경우에는 그 모형이 내생적 상품평 캐스케이드(cascade)를 구축할 수 있음을 보여준다. 이러한 종류의 역학관계는 시뮬레이션의 초기 단계에서 활동을 주도하는 일부 행위자를 촉발할 수 있을 만큼 충분히 큰 임계치 분포의 변화를 요구한다. 우리 모형의 이러한 행동은 하단 오른쪽 패널에 표시된 것처럼 『말리와 나』라는 책의 실제 사례와 비교될 수 있다. 다른 책들에 비해 『말리와 나』는 중요한 마케팅 캠페인의 대상이 아니었고, 상품평 활동의 증가는 독자들 사이의 입소문 효과로 인한 것이었다. 이러한 느린 성장은 또한 [그림 26.2]의 왼쪽 열에 비해 더 느린 붕괴로 이어지고, 이것은 우리의 시뮬레이션에서도 나타난다. 이러한 결과는 질적 의미에서도 유사하지만, 그 모형의 역학에 대한 향후 분석에 대해서는 여전히 많은 물음이 남아 있다. 예컨대 그 모형은 상품평 행동의 성장과 쇠퇴의 다른 형태들을 재현할 수도 있으며, 이것들은 다시 『말리와 나』에서 보인 형태들과 더 유사할 수도 있다.

이 모형의 원자가 역학은 상품평에서 긍정적/부정적 정서 표현의 다양한 패턴을 재현하도록 설계되었다. [그림 26.3]의 짙은 회색 막대는 우리의 아마존닷컴 데이터 세트에서 정서 표현의 전형적 히스토그램을 보여준다. 일반적으로 부정적 정서의 분포는 보통 최대치를 향하는 큰 편향을 가진 긍정적 정서의 표현보다 더 균일하게 분포되어 있다. [그림 26.3]의 밝은 회색 막대는 우리의 시뮬레이션에서 얻은 정서 표현의 히스토그램을 보여준다. 두 히스토그램의 유사성은 특정한 매개변숫값이 주어졌을 때 상품평에서 정서 표현의 분포를 어떻게 재현할 수 있는지를 보여준다.

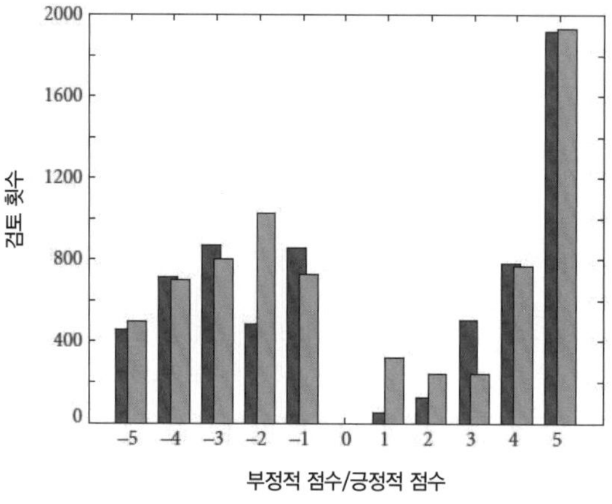

[그림 26.3] 『해리 포터』에 대한 상품평의 정서적 분포(짙은 회색)와 시뮬레이션 결과(밝은 회색)의 비교.

결론적으로 [그림 26.3]은 우리 모형의 결과가 상품평에 대한 실제 데이터와 유사한 거시적 속성을 가지고 있음을 보여준다. 우리 모형은 심리학적 원칙에 기반한 현상학적 설명을 제공하는데, 행위자들 사이의 미시적 상호작용을 우리가 아마존닷컴 데이터 세트에서 관찰한 거시적 행동과 연결한다. 특히 공동체의 다양한 시간 반응과 정서 분포는 모형 시뮬레이션과 실제 데이터에서 동일한 질적 속성을 가진다. 우리의 틀 안에서 모형과 데이터 사이의 관계에 대한 추가적 탐색이 가능하다. 예컨대 각 상품은 공동체 반응의 집단적 속성을 재현하는 일련의 매개변숫값에 매핑될 수 있다. 이것은 고객의 심리 측정 공간에서 상품 속성과 마케팅의 영향을 측정할 수 있다.

채팅방 정서에 대한 모형

우리 모형화 틀의 두 번째 적용은 예컨대 채팅방과 같은 실시간 온라인 토론에서 인간 의사소통의 본성에 대한 통찰을 제공하는 것을 목표로 한다. 채팅방에서 이와 같은 온라인 의사소통은 최근 과학 공동체의 많은 주목을 받았다(Garas 외, 2012; Ryski 외, 2009). 그 결과, 대기 시간 분포 $P(\tau)$의 거듭제곱법(power-law) 성격(여기서 τ는 동일한 사용자의 두 연속 행동 사이의 경과 시간이다)과 같이 의사소통 패턴의 많은 통계적 규칙성이 밝혀졌다. 이러한 규칙성은 우리의 모형 설계에서 고려되어야 하며 실제로 고려되어 있다. 예컨대 활동 수준은 각성 역학에 의해 결정되는 것이 아니라, 가라즈와 동료들이 보고한 것처럼(Garas 외, 2012), 실제 활동 간(inter-activity) 시간 분포 $P(\tau):\sim\tau^{-1.54}$에서 표본 추출된다.

우리의 틀을 사용하면, 원자가 역학은 방정식(2)를 따라야 하고, 확률적 영향과 결정론적 영향의 중첩으로 구성된다:

$$\dot{v}_i = -\gamma_v v_i + b(h_+ - h_-)v + A_v \xi_i \qquad (11)$$

원자가의 지수 붕괴는 γ_v에 의해 결정되며, 정보 장들의 영향은 $b(h_+ - h_-)v$를 통해 모형화된다. 매개변수 b는 정서적 내용에 관한 논의로 인한 시간 단위당 원자가 변화를 정량화하며, 이것은 장의 양(h_+)의 구성요소와 음(h_-)의 구성요소 사이의 균형에 따라 달라진다. 이것은 앞서 상품평 공동체의 모형화를 위해 사용된 방정식(5)의 가정과는 다르지만, 채팅방에서의 의사소통을 포착하는 데 더 적합하다. 채팅 토론은 언제든지 많은 양의 메시지에 접근할 수 있는 포럼과 달리 보통 사용자에게 제한된 양의 메시지만을 보여주는 매우 빠른 실시간 상호작용이다. 이 모형에서 우리는 사용자들이 단시간에 생성된 소량의 메시지만 읽을 수 있는 그럴듯한 채팅방 상호작용을 재현하는 것을 목표로 한다.

앞서 언급했듯이 행위자들은 경험적 사건 간 분포에서 표본 추출된 시간 간격으로 메시지를 생성한다. 메시지를 게시할 때, 행위자의 변수 s_i는 그것의 원자가 v_i에 따라 달라지는 값으로 설정된다. 채팅 메시지들은 보통 매우 짧으므로, 우리는 상품평의 경우처럼 아주 풍부한 정서적 내용이 존재한다고 가정할 수 없고, 단지 긍정적/부정적/중립적 메시지와 같은 어떤 정서적 지향성만 존재한다고 가정할 수 있다. 우리는 원자가 극성의 표현을 다음과 같이 공식화한다.

$$
s_i \begin{cases} -1 & \text{if} \quad v_i < V_- \\ +1 & \text{if} \quad v_i > V_+ \\ 0 & \text{otherwise} \end{cases} \tag{12}
$$

여기서 임계치 V_-와 V_+는 행위자의 표현의 정서적 내용을 결정하는 한계치를 나타낸다. 이러한 임계치는 0을 기준으로 대칭일 필요는 없다. 왜냐면 "정서 표현의 기준선 측정" 절에서 논의할 것처럼 인간이 표현은 체계적으로 긍정적으로 편향되어 있기 때문이다(Garcia 외, 2012). 만약 인간들이 긍정적 표현을 장려하는 사회적 규범이 있는 상황에서 소통한다면, 임계치는 $|V_+| < |V_-|$를 만족시켜야 한다.

우리 틀의 이러한 적용에서 의사소통 장은 정확히 방정식(4)와 같이 공식화된다. 예컨대 그것은 행위자가 그것의 정서를 표현할 때 일정량 c만큼 증가한다. 모형의 매개변수 공간을 분석함으로써 우리는 실제 인간 의사소통의 관찰할 수 있는 패턴을 재현하는 매개변숫값을 확인할 수 있다. 가라즈와 동료들(Garas 외, 2012)은 인간의 온라인 의사소통에는 놀라운 정서적 지속성이 있음을 보여주었다. 실제 데이터에서 얻은 것과 같은 형태지만 짧은 시간 범위 내에서 더 빠른 역학을 갖는 연속적 메시지들 사이의 시간 경과에 대한 사건 간 분포를 얻기 위해, 우리는 단지 행위자들의 상호활동 시간 τ가 거듭제곱법 분포를 따른다고 가정했다.

정서 표현의 기준선 측정

우리 모형화 틀의 가정들은 경험적으로 시험될 수 있도록 공식화되어 있다. 이 절에서 우리는 이전 절에서 논의한 바와 같이 우리의 채팅방 모형에서의 정서 표현의 비대칭 임계치 가정을 뒷받침하는 정서 단어들에 대한 경험적 분성의 결과를 제시한다. 이 모형화 가정은 긍정적 단어 사용에 대한 편향이 있다고 주장하는, 이전에 공식화된 폴리아나 가설(Pollyanna hypothesis; Boucher & Osgood, 1969)에 해당한다.

우리는 이 가설을 온라인 문자 의사소통의 경우에서 시험했다. 구체적으로 우리는 세 개의 기존 어휘집에 포함된 단어들의 온라인 사용 패턴을 분석했다. 이 어휘집들은 인터넷에서 가장 많이 사용되는 세 가지 언어, 즉 영어(Bradley & Lang, 1999), 독일어(Vo, Conrad, Kuchinke, Urton & Hofmann, 2009), 스페인어(Redondo, Fraga, Padron & Comesana, 2007)의 정서적 단어들의 원자가 함량에 대한 추정치를 포함한다. 우리는 인터넷 단어 사용에 대한 가용한 가장 거대한 데이터 세트 중 하나인 구글의 N-gram 데이터 세트를 사용하여 단어 빈도를 추정한다. 이 두 가지 데이터 세트를 결합하여, 우리는 온라인 문자 표현에 긍정적 편향의 존재를 검증할 수 있다.

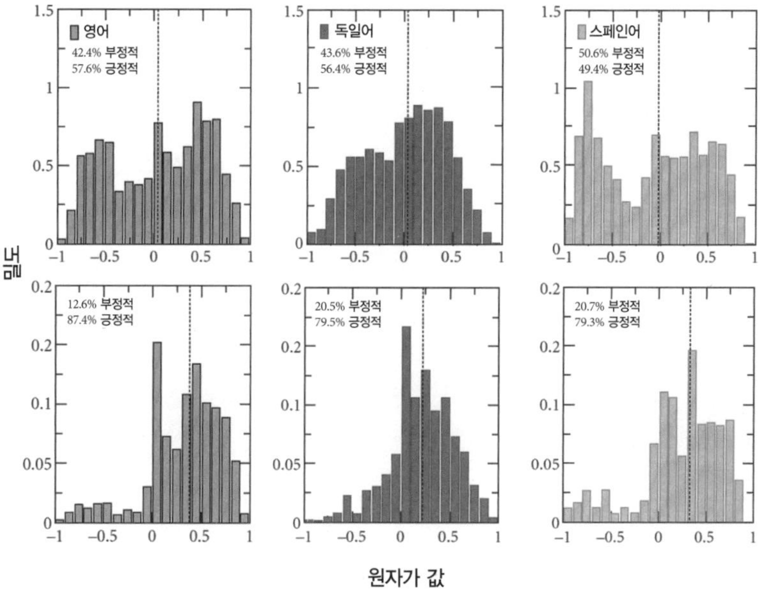

[그림 26.4] (상단 패널) 영어(왼쪽 패널), 독일어(가운데 패널), 스페인어(오른쪽 패널)의 단어들에 대한 보고된 원자가 값의 분포를 어휘집의 규모에 따라 표준화한 값. (하단 패널) 동일한 어휘집에서 얻은 단어 사용의 빈도에 따라 가중치를 준 보고된 원자가 값의 표준화된 분포. 평균 원자가 (중간값): 영어 0.314 (0.375), 독일어 0.200 (0.216), 스페인어 0.238 (0.325). 점선은 중간값을 나타낸다. 삽입된 숫자: 해당 분포에서 양수 영역과 음수 영역의 비율.

[그림 26.4]의 상단 패널에서 보이는 것처럼, 세 어휘집에 대해 원자가 분포는 평균

값이 0에 매우 가깝다. 이러한 분포가 인터넷에서 각 단어의 출현 빈도에 따라 재조정되면, 그림은 달라진다. 온라인 문자에서 무작위로 선택된 단어의 평균 원자가는 세 언어 모두에서 0보다 상당히 더 크다. 이것은 작성된 문자의 정서에 대한 정량적 분석에서 특히 중요하다. 왜냐면 '정서적 기준점(emotional reference point)'이 0이 아니라 상당히 더 높은 원자가 값(약 0.3)에 있기 때문이다.

이러한 정서적 표현의 편향성 존재는 개인들 사이의 의사소통 과정에 영향을 미친다. 예컨대 한 단어의 정보 함량은 그것의 사용 빈도와 밀접한 관련이 있다. 우리는 정보 함량을 완벽하게 추정할 수는 없지만 개별 단어들과 단어 열의 빈도는 우리가 타당한 경험적 추정치를 제공할 수 있게 해준다. 그래서 우리는 $I(w) = -\log P(w)$로 정의되는 자체 정보를 통해 정보 함량을 추정했다(Garcia 외, 2012). 단어 원자가와 정보 함량의 관계를 살펴보면서, 우리는 세 모든 언어에서 일치된 패턴을 발견했다. 한 단어의 정보 함량은 그것이 표현하는 원자가에 따라서 감소한다. [그림 26.5]는 정보 함량에서의 분명한 음의 경향을 보여주고, 이것은 상관관계 측정값(−0.3와 −0.4 사이의 상관계수)에 의해 뒷받침된다. 우리의 분석은 단어들의 동시 발생을 고려한 정보 측정치를 거리 4까지 확장하고, 유사한 결과를 발견한다.

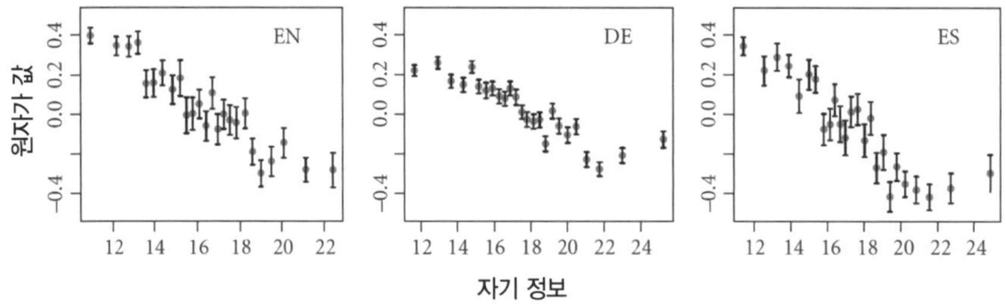

[그림 26.5] 자체 정보와 원자가 사이의 관계. 평균 원자가는 데이터의 5퍼센트를 포함하는 구간들에 표시되어 있고, 오차 막대는 표준 오차를 나타낸다. 세 언어 모두에서 원자가는 단어의 자체 정보에 따라 분명히 감소한다. 즉 긍정적 단어는 부정적 단어보다 더 적은 정보를 담고 있다.

이러한 결과는 긍정적 정서의 표현이 의사소통을 장려하고 사회적 유대를 강화한다는 것을 뒷받침하는 사회심리학의 이전 연구와 일치한다(Rimé, 2009). 이것은 의사소통이 긍정적 편향을 가지는 공동체에 진화적 이점을 제공한다. 왜냐면 그것이 친사회적 행동과 협업을 증가시키기 때문이다.

정서적 내용의 사회적 공유

우리의 모형화 틀에서 온라인 의사소통은 행위자들의 정서 표현으로 수정되는 정보 장 h의 영향을 받는다. 행위자가 생성한 메시지는 그 메시지의 정서적 내용과 관련 행위자들의 정서적 상태에 따라 다른 행위자의 새로운 메시지를 유발할 수도 있다. 우리는 사용자가 **트윗**이라고 하는 짧은 메시지를 작성하고 공유하는 온라인 마이크로블로그 사이트인 트위터의 데이터로, 예컨대 다른 사용자들이 이전에 생성했던 메시지를 재분배하는 **리트윗**(retweets)에 대한 데이터를 감정 분석과 결합함으로써, 이러한 종류의 피드백을 시험했다.

우리는 이전 절의 상품평과 유사한 방식으로 센티스트렝스로 처리된 3천만 개 이상의 트윗으로 구성된 거대한 데이터 세트를 분석했다(Pfitzner, Garas & Schweitzer, 2012). 트윗의 매우 짧다는 성격으로 인해, 우리는 두 가지 값을 생성하기 위해 감정 분류의 결과를 결합했다. 긍정적 내용과 부정적 내용의 비교를 통한 정서적 극성과 트윗을 통해 표현된 전반적 정서의 강도 혹은 정서 발산 d. 우리는 한 트윗의 발산을 $d=(p-n)/10$로 계산하며, 여기서 p와 n은 센티스트렝스에 의해 주어진 양과 음의 값이다.

우리의 통계 분석은 "정서 표현의 기준선 측정" 절에서 논한 긍정적 편향과 일치하게 정서적 트윗의 대다수는 긍정적임을 밝혀냈다. 또한 트윗과 리트윗의 경우 긍정적/부정적/중립적 내용의 비율은 매우 유사하다. 이러한 결과는 트위터의 경우 메시지를 통해 표현되는 원자가의 부호에 따라 사회적 공유에 뚜렷한 불균형이 존재하지 않음을 시사한다. 그러나 트윗과 리트윗 사이의 발산값을 살펴보면, 그 패턴이 다르다. 리트윗은 긍정이나 부정에 치우치지는 않으나 끊임없이 더 강한 정서적 내용을 포함한다. 특

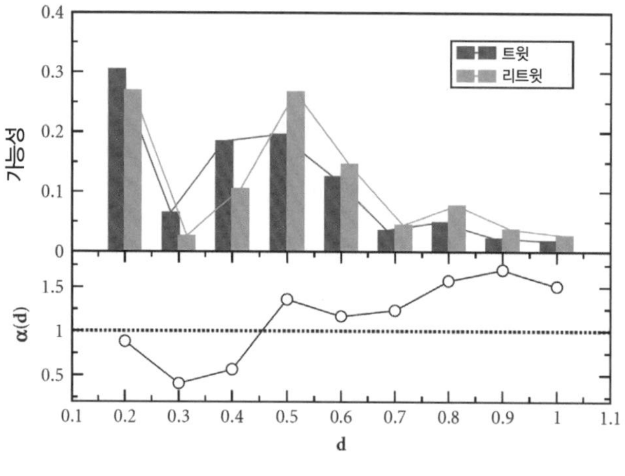

[그림 26.6] 트윗과 리트윗의 정서적 발산. (상단) 트윗과 리트윗이 정서적 발산(d)을 가질 가능성. (하단) 가능성 비율. 또한 플레이트 5를 보시오.

히 [그림 26.6]에서 보인 것처럼 정서적 방산이 0.5 이상일 때, 리트윗와 트윗 가능성들 사이의 비율 α가 상당히 증가한다. 도해의 사례에서처럼, 우리의 추정치는 d=0.9인 트윗은 공유될 확률이 14퍼센트인 반면, d=0.3인 트윗이 공유될 확률은 3퍼센트에 불과하다는 것을 보여준다.

이러한 결과의 해석은 정서가 사회적 공유를 유도한다는 개념과 일치하며(Rime, 2009), 인간은 더 강한 정서가 관련된 경험을 더 많이 공유하는 경향이 있음을 보여준다. 이러한 분석은, 트위터와 같은 공동체에서 강한 정서적 내용을 가진 메시지가 확산될 가능성이 실질적으로 더 높다는 점에서, 소셜 네트워킹 사이트에서 정서 확산의 향후 모형을 고려할 수 있는 유용한 통찰을 제공한다.

맺음말

요약하자면, 우리의 모형화 틀은 개별 행위자들 사이의 상호작용에 기반하여 집단정서적 상태의 출현을 이해하고 예측할 수단을 제공한다. 그것의 분석적 추적능력을 통해 우리는 이러한 상태들이 나타나고 사라지는 조건들을 발견하여 정서 역학의 시험 가능한 가설을 공식화할 수 있다. 우리는 온라인 기원의 데이터 세트에 기대어 이러한 가설 중 일부를 시험했고, 정서 표현에 비대칭성이 존재한다는 것을 뒷받침했다. 우리 모형의 사례들은 상품평 공동체와 채팅방에서의 집단행동의 재현으로 성공적으로 입증되었고, 우리의 틀은 소셜 네트워킹 사이트(Šuvakov, Garcia, Schweitzer & Tadić, 2012)와 3차원 아바타가 얼굴 정서 표현을 보여주는 가상 인간 플랫폼(Ahn, Gobron, Garcia, Silvestre & Thalmann, 2012)에서 정서적 행동에 대한 행위자 기반 모형을 정의하는 데 사용되었다. 향후의 적용은 우리의 틀을 포럼 토론, 오픈소스 공동체, 대화 시스템 같은 다른 유형의 온라인 의사소통에 적용하는 것을 목표로 한다(Rank, Skowron & Garcia, 2013).

감사의 말

이 장에서 논의된 결과를 도출한 연구는 보조금 약정 번호 231323(사이버이모션)에 따라 유럽연합의 7차 프레임워크 프로그램 FP7-ICT-2008-3으로부터 자금을 지원받았다.

Chapter 3

전자공동체의 집단정서와의 상호작용

마르친 스코브론[1] | 스테판 랑크[2]

인터넷을 통해 매개된 상호작용은 연결하고 소통하고 정보와 감정을 공유하는 사람들의 방식을 바꾸고 있다. 동시에 이것은 내용이 풍부하고 고도로 상호연결된 대규모 데이터를 획득하여 전례 없는 규모로 양적/질적 분석을 모두 가능하게 함으로써 지금까지 불가능했던 이러한 과정에 관한 연구를 가능하게 한다. 인터넷 서비스와 우리가 그것을 일상생활에서 사용하는 방식의 지속적 진화는 상호작용 패턴뿐만 아니라 정서적 반응을 비롯해 소통되는 내용에 대한 우리의 민감성에도 영향을 미친다.

우리의 온라인 존재는 '오프라인'과 개념적으로 구분되는 양식이 아니라 네트워크 내 동료들로부터 즉각적 피드백을 받으며 점점 더 상호작용적이고 실시간적인 것이 되어가고 있다. 확장된 온라인 상호작용과 사용자들의 삶의 다양한 측면에 대한 그것의 중요성과 영향력의 증가는 정서를 인식하고 표현하는 통로에도 영향을 미친다. 소셜 네트워크는 의견에 접근하고 의견을 걸러내고 공유하고 형성하는, 그리고 다양한 사건/존재/과정에 대한 정서적 반응이 생성되고 표현되는 방식에 영향을 미치는, 갈수록 더 중요한 기본 구조를 만들어낸다. 특히 그것은 관심 주제의 선택, 개별 동료들과 사용자 클러스터들 사이의 정서 전파에 영향을 미칠 수 있다.

---

1 Marcin Skowron, 오스트리아 인공지능, 언어 및 상호작용 기술 연구소(OFAI) 연구 과학자.

2 Stefan Rank, 드렉셀 대학교 디지털미디어학과 게임디자인 & 프로덕션 프로그램 교수.

이 장에서 우리는 일대일 시나리오로부터 더 복잡한 다중 행위자 의사소통 과정의 모형화를 수반하는 시나리오로 진행하면서 어떻게 대화형 정동적 시스템(interactive affective system: IAS)이 온라인 공동체에서 집단정서의 기원과 영향에 관한 연구에 사용될 수 있는지를 다룬다. 우리는 먼저 IAS의 본보기 적용 시나리오를 통해 동기를 부여하는 것으로 시작한다. 설명된 접근법은 온라인 소셜미디어에서 사용자 게시물에 대한 자동 감정 분류와 데이터 마이닝을 보완한다(이 책의 Ⅶ-1장 Thelwall & Kappas의 글 참조). 정동적 대화 시스템을 상호작용 도구로 도입하는 것은 예컨대 후속 대화에 사용자들을 참여시킴으로써 질적으로 분석 범위를 확장할 수 있게 해준다. 그리고 보통은 침묵하는 다수, 즉 비동기적 온라인 채널에서 일반적으로 자신의 의견을 내는 것을 삼가는 사용자들에게 도달함으로써 양적으로도 분석 범위를 확장할 수 있게 해준다. 또한 이 장은 집단정서에 대한 계산적 인식(computational awareness)을 구현하기 위한 구성요소들, 즉 정동적 대화 관리의 맥락에서 정동 감지와 사용자 모형화를 위한 유용한 도구들에 대한 개요를 제공한다. 더 나아가 우리는 우리의 대화형 정동적 시스템에 대한 관련 실험과 그에 따른 결과를 기술한다. 우리는 정보통신 기술로 매개된 의사소통 채널에서 집단정서의 역할을 모형화하기 위한 일반적 틀과 획득한 통찰 사이의 관계를 논의하면서 글을 마무리한다.

대화형 정동적 시스템(IAS)을 위한 적용 시나리오

대화형 정동적 시스템의 목표는 다자간 상호작용의 정동적 차원을 모형화하고, 그룹 역학의 잠재적 미래 변화를 시뮬레이션하고, 부분적으로 이 정보에 기반하여 내용과 정동 수준 모두에서 발언들에 적절히 반응하는 것이다. 전자공동체(e-communities)에서 협력을 뒷받침하기 위한 대화형 시스템의 이러한 적용은 협력 메커니즘들의 수용을 목표로 해야 한다. 직접적 호혜성, 간접적 호혜성, 그래프 선택(협력자 클러스터들이 잘 한다), 그룹 선택(협력자 그룹이 다른 그룹을 능가한다), 친족 선택(Nowak, 2006) 등이다. 그룹의 경우, IAS는 많은 사용자 간의 의사소통 내용과 정동적 차원을 모두 추적할 수 있다. 이러한 정보는 그룹에 정서의 사회적 측면과 영향에 대한 정보뿐만 아니라 다양한 사용자(노드)들의 역할, 그것들이 그룹에 미치는 영향, 그것들의 전형적 의사소통 패턴에 대한 정보를 제공하는 데 사용될 수 있다. IAS의 두 가지 대표적 적용 시나리오는 **정동적 상호작용 분석기**(affective interaction analyzer: AIA)와 **정서적 도우미와 콘텐츠 기여자**(affective supporter and content contributor: ASCC)이다.

AIA는 다중 사용자 환경의 잠재적 기본 설정인 상호작용 패턴에 대한 분석에 초점을 둔다. 그것은 교환된 문자 메시지의 정동적 내용과 그룹 수준의 특성을 추적하는 것과 관련이 있으며, 일시적 사용자들과의 상호작용 측면에서는 사용되지 않는다. 이 시스템은 예컨대 인터넷 중계 채팅 채널의 운영자와 같이 선택된 사용자들에게, 요청에 따라 혹은 그룹의 관찰된 정동 및 상호작용 상태에 대해 설정된 간격이나 임계치에 기반하여, 부정기적으로 제공되는 메시지에 국한된다.

ASCC는 토론된 주제와 관련된 새로운 콘텐츠(예컨대 관련 웹사이트 링크)나 정동적 그룹 역학에 대한 분석이나 실시간 시뮬레이션 결과를 제공함으로써 지속적 토론에 어느 정도 참여한다. 이 시스템은 정기적으로 전체 그룹과 소통하며, 다양한 토론 주제에 대한 그룹의 활동 및 정동적 상태와 시간 경과에 따른 그것들의 변화에 대한 분석에 기반하여 관련 콘텐츠를 식별한다. 다음에서 우리는 이러한 시나리오들을 겨냥하는 시스템 구축과 관련하여 전자공동체에서 집단정서와 그것의 역할에 관한 연구를 간략히 설명한다.

집단정서에 대한 시스템적 관점

인간은 인터넷이라는 기본적 시설을 통해 동료 인간과 상호작용한다. 동시에 사용자들을 위해 점점 더 복잡한 과제를 수행하는 인공 시스템과 지원 기술이 도입되고 그 역할이 커지면서, 인간과 인공 행위자 사이의 구분이 더욱 흐려진다. 인공 시스템은 정보에 접근하고 필터링하며, 상품이나 서비스를 검색하고 사용하며, 현실 세계와 가상 세계를 탐험하거나 레스토랑, 노래, 영화를 추천하는 데 도움을 준다. 마지막으로, 지능형 인공 행위자(Russell & Norvig, 2003)는 가상 세계, 대화형 환경, 온라인 게임에서 우리의 동맹, 적, 호스트, 혹은 단순히 대화형 이야기의 일부인 캐릭터로 등장한다(Ortony, 2003; Rank, 2005; Rank 외, 2012). 인간뿐만 아니라 인공 시스템 및 서비스와의 온라인 상호작용은 온라인 경험의 필수적인 부분이 되었으며, 특히 가상 영역을 넘어 개인과 더 큰 그룹의 일부로서 우리의 정서에도 영향을 미친다. 따라서 이 장에서 제안하는 집단정서를 연구하고 영향을 미치는 접근법의 핵심은 온라인 의사소통 네트워크에서 상호작용의 정서적 측면과 그 모형화에 초점을 두는 IAS이다(Skowron, 2010; Skowron & Rank, 2012).

사회심리학 분야에서 집단정서는 특정한 그룹에 속한 다수의 개인이 공유하는 정서로 정의되었다(Stephan & Stephan, 2000; 또한 예컨대 이 책의 Ⅱ-4장 Hatfield, Carpenter & Rapson의 글; 이 책의 Ⅳ-3장 Páez & Rimé의 글 참조). 사회적/집단적 경험에 대한 반응으로 개인들이 경험하는 이러한 정서는 수많은 서로 다른 이유로 그룹 구성원 사이에서 공유되며, 특정한 그룹에 소속되어 있기에 개인들이 느끼는 정서(그룹 기반 정서)에 국한되지 않는다(이 책의 Ⅴ-1장 Ray, Smith & Mackie의 글 참조).

대화형 시스템을 설계하기 위해 우리는 온라인 공동체(전자공동체)의 집단정서를 개별 사용자의 관점에서 다음과 같은 특징을 가진 정보통신 기술이 매개하는 정동적-인지적 의사소통 과정으로 정의한다. 물리적 위치와 상관없이 특정한 그룹에 속한 다수의 개인이 유사한 정서를 공유하고, 이러한 정서를 그 그룹과 공유한다는 인식을 동반한다. 인터넷은 (이전에는 신문과 TV 같은 전통적 매체가 제공하던) 공유의 잠재력을 더 큰 규모로 확장하여, 잠재적으로 전 세계의 선택된 사용자들에게 도달하고 영향을 미칠 수 있다.

집단 저서의 메커니즘은 관계들과 공동체들에서 정서적 유사성을 비롯해 유사성에 대한 사람들의 자연적 친화과 관련이 있다. 예컨대 태도와 지능의 유사성은 낯선 사람들 사이의 매력을 증진하고(Berscheid & Walster, 1983; Fehr, 1996), 관계 상대들의 유사성은 더 큰 응집력과 관계 안정성으로 이어진다(Acitelli, Kenny & Weiner, 2001; Burleson, 1992). 인터넷에서 집단정서의 메커니즘은 의사소통 강도(Chmiel, Sienkiewicz, Thelwall, 외, 2011; Pfitzner, Garas & Schweitzer, 2012), 전자공동체 구성원 사이의 유대(Mitrović & Tadić, 2009; Garas, Garcia, Skowron & Schweitzer, 2012; Gligorijevic, Skowron & Tadić, 2013), 긍정적/부정적 정서의 공유(Chmiel, Sienkiewicz, Paltoglou, et al., 2011; Mitrović & Tadić, 2011)에 영향을 미친다.

최근 몇 년 동안 인터넷에서의 집단정서는 다음을 위한 중요한 요소가 되었다. (1) 온라인/오프라인 공동체의 실제 혁명과 변화(Landsdall-Welfare 외, 2012; Marzouki 외, 2012), (2) 성공적 비즈니스 모형과 마케팅 캠페인, (3) 사용자와 다양한 온라인 전자공동체 사이의 연결성 증가(Chmiel, Sienkiewicz, Thelwall 외, 2011; Garas 외, 2012). 온라인 서비스와 인기 있는 컴퓨터 애플리케이션은 변함없이 집단정서의 형성과 진화에 영향을 미친다. 그러나 우리는 아직도 정서 공유라는 개념을 고려한 온라인 애플리케이션 개발의 초기 단계에 있다. 인간과 인공 행위자 모두의 행동 결과에 대한 인식을 포함하여, 이러한 메커니즘을 위해 필요한 이해는 여전히 미지의 연구 주제이다.

오프라인 공동체에서 정서와 집단정서 역할의 몇몇 측면들이, 예컨대 기회나 위협에 대응하기 위한 잠재력 증가(Kemper, 1991; Preston & Waal, 2002), 타인의 의도와 동기를 지각하는 데서 정서적 유사성의 이점(Hatfield, Cacioppo & Rapson, 1994; Levenson & Ruef, 1994), 자신의 느낌과 평가의 정당성 입증 (Locke & Horowitz, 1990; Rosenblatt & Greenberg, 1991) 등이 확인되었다.

온라인 상호작용에서 정서적 차원에 대한 인식의 구현은 인공 시스템 개발에 상당한 이점을 가져다준다. 인간 정서의 근본적 측면에 관한 이해, 세상의 특정한 상태에 관한 관심, 이에 관한 변화의 관련성에 대한 주관적 평가(Ellsworth & Scherer, 2003; Frijda, 2007; Petta, 2003)는 인공 시스템에서 타인의 복리에 관한 관심에 의존하는 협력, 공감, 공정성, 혹은 호혜성과 같은 유익한 인간 자질들의 성취로 나아가는 한 걸음이다(Marsella, Gratch & Petta, 2010). 더 나아가 인공 시스템의 사용은 집단정서가 일어나는 현장에서, 그리고 개인들과 직접 상호작용할 기회를 통해, 집단정서를 연구할 수 있는 새로운 대화형 접근법을 열어준다.

집단정서에 대한 대화형 접근법

온라인 의사소통에서 집단정서에 관한 연구는 이제 정책입안자, 비즈니스 전문가, 다학제 간 연구팀의 적극적 관심사이다. 최근 연구는 주로 문자 메시지에서 교환되는 원자가의 방향 및 강도와 전자공동체에서의 상호작용 패턴(Chmiel, Sienkiewicz, Thelwall 외, 2011; Garas 외, 2012; Hillmann & Trier, 2012; Mitrović & Tadić, 2011; Thelwall, Buckley & Paltoglou, 2012; 또한 이 책의 Ⅶ-1장 Thelwall & Kappas의 글 참조) 사이의 관계를 분석하고 모형화하는 데 초점을 맞춘다. 그뿐만 아니라 정서적으로 충전된 온라인 콘텐츠의 인식/생성과 관련된 생리적 반응(Kappas, Kuester, Theunis & Tsankova, 2010a; Kappas, Tsankova, Theunis & Kuester, 2010; Kuester & Kappas, 출간 중)에도 초점을 맞춘다.

여기서 제안하는 방법, 즉 전자공동체에 관한 상호작용적 연구는 인터넷 사용자와의 온라인 의사소통에서 몇몇 정동적/사회적 요인의 영향을 연구하기 위한 실험 설정을 제공하기 위해 대화형 정동적 시스템을 채택함으로써 이러한 노선의 연구를 보완한다. 그것은 정서/자아/사회성을 탐구하기 위해 네트워크 컴퓨터와 인터넷을 적용한다는 비전(Turkle, 1984)을 따르며, 앞서 설명한 적용 시나리오에 기반하여 신중하게 설계된 구체적 실험 설정을 제공함으로써 이러한 생각을 확장한다. 이 시나리오들은 다음과 같을 수 있다.

- 특히 온라인 가상 환경에서 인공 행위자 및 인간 행위자와의 상호작용이 어떻게 우리에게 영향을 미치는지에 대한 연구에 기여하고 뒷받침할 수 있다.
- 특정한 주제와 관련되고, 정해진 시간 동안 유발되고, 선택된 그룹에서 나온 보충 자료를 수집할 수 있다(따라서 사후 분석에서는 사용할 수 없는 정량적 분석을 통해 확인된 패턴들과 관련하여 참가자에 대한 관련 배경 정보를 획득할 수 있다).
- 가정한 효과를 온라인에서 실험적으로 재현함으로써 거대한 데이터 세트에 대한 정량적 분석에 기반한 이론적 모형을 평가하는 데 도움을 줄 수 있다.

집단정서를 연구하기 위한 대화형 접근법은 사용자들에게 직접 문의하여 정동적 인식에 영향을 미칠 수 있는 다양한 변수들을 발견할 수 있게 해준다(Skowron, Rank, Theunis & Sienkiewicz, 2011). 더 나아가 이 방법을 통해 우리는 특정 사용자들이 가진 태도의 동기에 대한 피드백을 획득함으로써(Skowron, Theunis, Rank & Borowiec, 2011), 그것도 다양한 시점에서 이러한 피드백을 획득함으로써, 분석 범위를 확장할 수 있고, 정서의 관련 시간적 역학관계에 대한 새로운 관점을 제공한다.

대화형 시스템에서 정서의 계산적 인식을 위한 구성요소

집단적 상태의 연구에 영향을 미치고 도움을 주는 IAS의 전제조건은 온라인/오프라인 과정에 미치는 집단정서의 영향을 평가할 수 있는 메커니즘의 존재이다. 이 절에서는 필수 구성요소에 대한 이론적 배경 및 관련 연구에 대한 개요와 함께, IAS에서 이러한 계산적 인식을 위한 최상위 요구사항을 살펴본다. IAS에서 집단정서의 계산적 인식에 대해 여기서 제안하는 실현은, 전자공동체에서 정서 교환의 역학관계를 모형화하고 정동적 반응의 생성을 비롯해 사용자들과 직접적으로 상호작용하기 위해, 정동적 차원을 이용해 정서적 표현을 자동으로 감지하고 분류하는 방법들에 기반하고 있다. 다음에서 우리는 IAS에 필요한 역량의 두 가지 (중첩되는) 층을 구분한다.

- 직접적 상호작용, 즉 일대일 및 다중 사용자 환경에서의 대화 분석. 여기서 분석은 대화의 정동적 차원에 대한 인식과 타이밍, 스타일, 참신성, 일관성과 같은 관련 측면의 확인에 초점을 둔다. 더 복잡한 적용 시나리오(즉 ASCC)에서는 시스템이 기여할 수 있는 관련 콘텐츠의 선택에서 상응하는 측면들이 고려될 필요가 있다.
- 사회적/네트워크 상호작용, 즉 온라인 그룹에서 상호작용적/정동적 역학에 대한 인식, 모형화, 시뮬레이션. 이것에는 네트워크 구조와 개별 사용자들의 역할, 그리고 ASCC 시나리오의 경우 상호작용할 동료를 선택하는 능력에 대한 설명이 포함된다.

제시된 IAS 시나리오와 이 장의 나머지 부분은 문자 기반 의사소통에 중점을 두지만, 이러한 시스템의 일반적 모형화 틀은, 효과적 정동-분류 도구가 제공된다면, 다른 방식으로 전달되는 정보도 설명할 수 있다. 다음에서 우리는 위에서 간략히 설명한 시나리오와 관련된 시스템 구성요소에 대한 개요를 두 가지 층의 역량에 따라 정리하여 제공한다.

직접적 상호작용

고려 중인 전자공동체에서 동료 간의 직접적 상호작용은 인간/인공 행위자들 사이 정서 전달의 매개체이다. 결과적으로 이러한 상호작용의 분석은 IAS의 인식적/상호작용적 능력의 기초를 형성한다. 직접적 상호작용의 범위는 메시지 수신에 대한 단순한 승인에서 콘텐츠에 대한 '좋아요'와 '리트윗'을 넘어 매우 정서적인 토론에 대한 적극적 참여에 이르기까지 다양하다. 후자의 경우 발언의 교환과 광범위한 게시물 및 관련 자료의 기여는 종종 활발한 반복을 특징으로 한다. 사용자들의 정서적 관계는 그들의 정동적 프로필, 논의된 콘텐츠에 할당될 주관적 중요성, 상호작용의 사회적 맥락에 대한 개인의 수용성, 즉 그룹에서의 지위, 다른 동료들과의 관계, 혹은 알려진 동료들의 존재에 따라 달라진다. 정서적으로 충전된 온라인 콘텐츠를 인식하고 생성하는 동안, 그리고 이와 관련된 양자 상호작용을 하는 동안 사용자들의 생리적 반응에 대한 연구(Kappas & Kuester 외, 2010; Kappas & Tsankova 외, 2010; Kuester & Kappas, 2013)는, 나중에 이 장에서 제시될 것처럼, IAS의 개념화와 실행에 도움이 되는 귀중한 통찰들과 주요 구성요소를 제공한다.

대화 상대의 모형화

IAS의 의사결정 구조의 중요한 부분은 대화 상대의 모형화이다. 시스템의 이 구성요소는 표준 인간-컴퓨터 상호작용(HCI)에서 적응형 사용자 모형화(adaptive user modeling)와 유사하다. 시스템은 애초에 상호작용 대상에 대한 기본 모형을 가지고 있고, 시간에 지남에 따라 그것을 조정하고, 상호작용 사건에서 파생된 정보에 기반하여 빠진 정보를 보완한다. 다중 사용자 환경에서는 여러 사용자가 모형화되는데, 구체적 개인들을 사용자 유형들로 추상화할 수 있다. 최종 목적은 상호작용 선택, 즉 특정 사용자에 대해 어떤 콘텐츠를 게시할지 혹은 어떤 발언을 선택할지를 결정하는 것이지만, 그것은 또한 나중에 자세히 설명할 것처럼 사용자의 유형에 맞는 타이밍과 발언의 수정뿐만 아니라 다중 사용자 환경에서 상호작용 상대의 선택에 관한 정보도 제공한다.

일대일 상호작용에서 자아의 모형화

ASCC와 같은 다양한 적용 시나리오에서 상호작용 시스템의 성공적 적용을 위한 요인은 다양한 실체들 혹은 동료 사용자들을 향한 개인들의 (감지된) 선호에 따라 의사소통 행동을 조정할 수 있는 능력이다. 이상적으로 시스템이 기존의 혹은 진화하는 사회적 규범이나 의사소통 관행이나 그룹의 의사소통 유형을 따르거나 의도적으로 위반하는 자기 행동 결과를 예측할 수 있어야 한다. 일대일과 다중 사용자 상호작용에서 제공된 콘텐츠의 정동적 수용을 비롯한 자아의 모형화는 잠재적 행동의 이익과 비용을 계산하는 데 사용되는 임계치의 조정으로 이어진다.

정동 감지

표현의 정동적 콘텐츠를 감지하는 능력은 정동적 온라인 상호작용을 모형화하기 위한 전제조건이다. 이미지/오디오/비디오처럼 문자가 아닌 콘텐츠나 전자공동체 외부의 콘텐츠를 가리키는 표현의 경우, 정동적 분석이 적용될 수 있다. 이러한 정보를 정동적 모형화 틀에 통합하는 것은 여전히 진행 중인 연구 주제이며, 다음에서 우리는 문자 표현의 분석에 기반한 정동 감지에 사용되는 방법/도구/자원에 중점을 둔다. 칼보와 드멜로(Calvo & D'Mello, 2010)는 다양한 양식들을 가로지르는 정동 감지 방법들에 대한 광범위한 검토를 제공한다.

LIWC(Linguistic Inquiry and Word Count)는 64개의 언어적/인지적/정동적 범주에 따라 단어 분류를 제공하는 어휘 데이터베이스이다(Pennebaker, Francis & Booth, 2001). 이 데이터베이스는 심리적 과정(예컨대 긍정적/부정적 정서와 같은 정동적 과정; 혹은 통찰/인과관계와 같은 인지적 과정)을 위한 범주들뿐만 아니라 문자 단위와 개인적 의사소통 유형의 표현에 유용한 기타 단어 범주들(예컨대 부사, 부정, 욕설 같은 언어적 범주들; 집, 일, 여가와 같은 개인 관심사 범주들; 혹은 필러[fillers] 및 동의와 같은 유사 언어적 요소들)을 제공한다. 최근 LIWC는 언어 유형에 대한 탐구 및 언어 사용과 화자 성격 사이의 관계를 포함하는 다양한 심리학적/심리언어학적 연구에 성공적으로 적용/평가되고 있다(Chung & Pennebaker, 2008).

어휘 기반 감정 분류기(Lexicon-Based Sentiment Classifier)는 단어들의 감정 등급(부정적/중립적/긍정적)에 대한 정보를 제공한다(Paltoglou, Gobron, Skowron, Thelwall & Thalmann,

2010). 더 나아가 그것은 사용자와 시스템의 발언에 긍정적 감정의 값과 부정적 감정의 값을 할당한다. 입력 단어에 대한 초기 점수는 정서적 단어에 대한 두 가지 다른 자료, 즉 (앞서 논한) LIWC와 제너럴 인콰이어러(General Inquirer) 사전(Stone, 1997)에서 도출되며, 전자는 텔월과 동료들(Thelwall 외, 2010)에 의해 보강되었다. 덧붙여 적용된 알고리즘은 부정어, 대문자, 강의어(intensifier), 감소어(diminisher) 같은 언어적 특징을 감시하여 점수를 조정한다.

ANEW(Affective Norms for English Words) 사전은 브래들리와 랭(Bradley & Lang, 1999)의 정서에 대한 차원적 정의에 기반한다. 그것은 동사/명사/형용사를 비롯해 흔히 사용되는 1,034개의 단어를 포함한다. 단어는 1(매우 불쾌, 낮은 각성, 낮은 지배/통제)에서 9(매우 유쾌, 높은 각성, 높은 지배/통제)까지의 척도로 원자가/각성/지배라는 세 가지 정동적 차원으로 주석이 달려 있다.

정동 생성과 정동적 대화 관리

ASCC와 같은 일부 시나리오에서, IAS는 자연어를 사용하여 능동적으로 의사소통하므로, 아주 조금만 언급하자면 자연어 이해와 생성, 대화와 담론 모형화, 정동적 대화 관리 등의 몇몇 과제를 수반한다. 이러한 분야에서 사용된 방법들에 대한 광범위한 논의는 이 장의 범위를 벗어난다(개요로는 André, Dybkjær, Minker, and Heisterkampet, 2004). 그러나 우리는 여기서 일관성 있고 현실적인 대화를 생성하는 시스템의 능력에 초점을 맞춘 기존 IAS를 이용한 실험들과 정동 생성 및 정동적 대화 관리를 위한 구성요소들의 평가에 대해 보고한다.

한 실험에서 IAS는 가상 현실 환경에서 참가자들과 상호작용했다(Gobron 외, 2011). 즐겁고 사실적인 대화를 유도하고 사용자와의 정서적 관계를 형성하는 시스템의 능력은 동일한 설정을 사용하지만 인간 실험자가 시스템 역할을 맡는 오즈의 마법사(Wizard-of-Oz) 환경과 비교되었다(Skowron & Pirker 외, 2011). 이 실험들은 오즈의 마법사 조건의 결과와 일치하는 시스템의 능력을 입증했다. 추가 실험들은 대화형 시스템에서 다양한 성격 프로필의 성공적 사용(Skowron & Rank 외, 2011; Skowron & Theunis 외, 2011), 특정한 의사소통 시나리오의 설득력 있는 구현, 그리고 이 시나리오들이 사용자들의 의사소통 유형뿐만 아니라 표현된 콘텐츠와 정동에 미치는 영향을 입증했다. 이러한 결과는 특정한 시나리오에 따라 사용자들은 더 개방적이고 긍정적이고 공유를 지향하는 태도를 보였음을 시사한다(Skowron & Theunis 외, 2011). 이것은 개인 간 상보성(interpersonal complementarity) 이론과 일치하는 것으로(Kiesler, 1983), 이 이론에 따르면 양자 상호작용에서 사람들은 언어적/비언어적 신호를 통해 그들의 관계를 교섭하는데, 여기서 지배적 우호감은 복종적 우호감을 초래하고 지배적 적의는 복종적 적의를 초래하며, 그 반대의 경우도 마찬가지다.

장기적 상호작용과 그 사회적 측면

현재 IAS의 구현은 장기적인 사회적 상호작용의 효과를 고려하지 않지만, 정동적 HCI와 심리학 연구는 이미 양자 관계들 안에서 친숙함의 중요한 역할에 대한 통찰을 제공한다. 낯선 사람들과 친구들 사이의 의사소통 차이는 대화 전환의 조정에 영향을 미치고, 반복적 상호작용을 하는 양자 관계들 안에서 표면적 긍정성을 감소시킨다(Cassell, Gill & Tepper, 2007; Lee, 2005). 이것은 특정한 온라인 그룹과의 친밀감 증가와 관련된 IAS의 의사소통 유형과 그 역학관계를 모형화하는 데 힌트를 제공한다. 예컨대 야고브제데와 콥(Yaghoubzadeh & Kopp, 2011)은 의사소통 상대들의 의사소통 행동의 모형화, 의사소통 효율성, 사회적 수용성을 겨냥하는 그들의 일반적 지식과 능력에 대한 개념을 제안한다(또한 Yaghoubzadeh, 2011 참조).

IAS는 이상적으로 전자공동체의 정보를 평가하고 이러한 공동체의 행동을 유도하기 위한 사회적 관계 모형을 통합하는 사회적으로 내재된 시스템들이다(Payr & Wallis, 2011). 이 분야의 선행 연구에는 사회적 상호작용 상황과 관련하여 정서와 성격의 모형화에 대한 통찰을 제공하는 사회적으로 내재된 시스템 개발(Heylen 외, 2011; Prendinger & Ishizuka, 2003)이나, 신뢰와 협업 의지, 의사소통 유형 선택, 사용자 요청 수용 사이의 관계(Martínez-Miranda, Jung, Payr & Petta, 2008) 등이 포함된다. 이러한 노선의 연구는 사회적 행위자가 본질적으로 정서적, 즉 관계적 존재라는 개념을 탐구하기 때문에 IAS에 특히 도움이 된다.

사회적 상호작용과 소셜 네트워크 상호작용

사회심리학 연구는 다자간 상호작용에서 사회적 맥락의 중요성을 강조한다. 다른 사람들의 존재는 정서 표시(Ekman, 1972; Fridlund, 1991)와 표현(Keltner, Young, Heerey, Oemig & Monarch, 1998)에 영향을 미치고, 친밀한 관계는 정서적 반응을 모양을 결정한다(Anderson, Keltner & John, 2003; Tiedens, 2001). 다중 사용자 환경에서, IAS는 이러한 사회적 맥락과 동료 및 공동체 네트워크의 의사소통 구조에 영향을 미치는 사건들의 정동적 역학관계를 지각하고 모형화해야 한다. 특히 시스템들은 온라인 다중 사용자 대화형 환경에서 일반적인 사건들을 지각하고 그것들에 반응할 필요가 있다. 그 사건들은 다음과 같은 변화들이다. (1) 그룹의 구성, 예컨대 사용자의 그룹 가입과 탈퇴, (2) 그룹의 정동적 상태, 예컨대 사용자들 사이에 교환된 게시물에서 평균 원자가의 갑작스러운 감소나 감정 극성의 증가, 그룹의 전반적 활동 수준.

한 사례 시나리오에서 활동 감소의 감지는 시뮬레이션 모형에 의해 선택된 영향력 있는 단일 사용자에게 메시지를 보내거나 새로운 링크나 댓글을 게시하는 행동을 유발할 수도 있다. 이러한 종류의 행동을 위한 전제조건은 ("직접적 상호작용" 절에서 기술한 대로) 개별 사용자들의 모형화와 더불어 (이 절에서 자세히 설명한 대로) 사용자 그룹의 인식과 모형화이다. 개인 수준에서 모형화할 수 있는 관련 측면은 전자공동체에서 사용자들의 역할로, 예컨대 사용자들과 그들의 게시물을 향해 표현된 감정에 기반하여 측정된 사용자 기여의 유용성, 잡음 수준, 주관성 혹은 객관성 등을 추정하는 것이다. 네트워크 수준에서는 친구나 적과 같은 사용자 사이의 연결 및 관계의 모니터링과 공개적인 호혜적 교환의 발생이 포함된다.

다음에서 우리는 이러한 종류의 역량을 목표로 하는 행위자 기반 모형화 및 시뮬레이션 노력에 대한 개요를 제공한다. 정동적 그룹 역학의 시뮬레이션과 관련하여, 이것은 시뮬레이션 결과뿐만 아니라 런타임 특성(runtime characteristics) 및 상호작용 중에 수집된 데이터에 기반한 시뮬레이션의 적응성과 관련된 요구사항을 수반한다. 행위자 기반 모형화라는 구성요소는 행위자 상호작용의 정동적 차원에 대한 분석을 통해 특정한 전자공동체를 지원하고, 그룹에서 관찰되는 반동적인 부정적 경향, 예컨대 구성원

간의 협력 감소나 적대감 증가에 대응할 방법에 대한 제안을 제공할 수도 있다.

IAS에서 집단정서에 대한 모형화와 분석

네트워크에서의 집단정서적 현상에 대한 수학적/일반적 모형화 접근법은 IAS에서 소셜 레이어(social layer)에 대한 의사결정을 위해 잠재적으로 유용한 방법들을 제공한다. 슈바이처와 가르시아(Schweitzer & Garcia, 2010)는 브라운 행위자 개념을 기반으로 IAS에서 집단정서의 출현을 모형화하기 위한 일반적 틀을 제안한다. 유망한 시도는 전자공동체에서 정서적 궤적에 관한 연구이다. 인터넷 중계 채팅 데이터의 분석(Garcia 외, 2012)을 기반으로 IAS에 포함하기에 적합한 방법들이 확인되었다. 예컨대 시간에 따른 행동의 정동적 측면의 변동과 관련된 전체 그룹의 특성을 통해 지배적 상호작용 패턴을 지닌 '동기화' 및 '비동기화'라는 개념을 IAS의 결정 요인으로 사용할 수 있다. 장기적으로 이러한 행동을 분류하기 위한 탈경향 변동 분석(detrended fluctuation analysis)의 적용(Kantelhardt, Koscielny-Bunde, Rego, Havlin & Bunde, 2001)과 허스트 지수(Hurst exponent)의 사용은 그룹 행동과 시스템 행동 간의 동기화를 위한 기반을 제공하여, 잠재적으로 전체 그룹 상태에 특정한 방향으로 영향을 미칠 수 있다.

흐미엘, 시엔키에비치, 털월과 동료들(Chmiel, Sienkiewicz, Thelwall et. al., 2001)이 입증한 것처럼, 동일한 정서적 원자가를 지닌 메시지를 연속으로 접할 확률은 이미 삽입된 메시지의 수에 따른 거듭제곱 법칙에 따라 증가한다. IAS의 의사결정을 위해, 이것은 이러한 관찰을 따르거나 위반하려고 시도함으로써 시스템의 발화를 수정하는 것으로 직접 해석될 수 있다(Skowron & Rank 외, 2011). 분석을 위한 네트워크 매핑 접근법(Gligorijevic 외, 2013)은 주어진 온라인 상호작용 환경에서 중요하거나 영향력 있는 것으로 확인된 사용자들을 비롯한 다양한 유형의 사용자들에게 특징적인 활동 패턴과 기본 네트워크 토폴로지(network topology)의 속성들을 설명한다.

개인과 그룹의 모형화

어떤 그룹(예컨대 채팅방이나 토론 채널)과의 이전 혹은 최근 현재 상호작용에 대한 데이터를 기반으로, IAS는 모집단과 현재 채널의 이력으로 매개변수로 표시되는 온라인 시뮬레이션 모형을 사용하여 그것이 상호작용하는 개인들뿐만 아니라 전체 그룹에 대한 특정한 모형을 도출할 수 있다. 이러한 시뮬레이션의 결과는 상호작용에 적합한 후보에 관한 매우 단기적 예측으로 어쩔 수 없이 정확성은 별로 높지 않다. 이러한 종류 모형의 중요한 양상 중 하나는 역할 모델, 즉 특정한 그룹에서 영향력 있는 사용자를 식별하는 것이다.

그룹 수준에서 상호작용의 또 다른 양상은 여러 주제를 다루는 토론의 역동성이다. 모형들은 주제의 변화를 특정한 주제에 대한 개인들의 인지된 관심을 비롯해 그룹의 정동적 상태의 변화와 연결시킬 수 있어야 한다. 실험 결과는 주제 토론에 대한 사용자의 참여 경향을 예측하기 위한 모형화 작업이 가능하며(Wu, Bu, Chen, Wang & Qiu 외, 2010), 그것이 IAS 모형화 틀에 통합될 수 있다는 것을 입증한다.

온라인 소셜 네트워크에서 자아의 모형화

일대일 상호작용에서 자아의 모형화와 유사하게, ASCC와 같은 활용 시나리오는 사회적 수준의 요인들에 따라 의사소통 행동이나 정동적 입장을 조정할 수 있는 능력을 요구한다. 이것은 그룹에서 감지된 전반적 분위기, 다양한 실체나 동료 사용자를 향한 그룹의 선호도, 확립된 혹은 진화하는 사회적 규범, 혹은 사용자들 사이의 상호작용 패턴에서 역동적 변화 등을 포함한다. 더 나아가 그룹 구성원들 사이의 관계 모형과 병행하여, 시스템 자체와 그것의 과거 행동에 관한 사용자의 입장에 대한 인식이 필요하다.

다중 사용자 환경에서 상호작용의 영향

다중 사용자 환경에서의 상호작용을 분석하는 연구와 특히 다자간 대화에서 대화 행위자들이 인간 의사소통에 미치는 영향에 관한 연구에 따르면, 동료 행위자의 존재는 사용자 만족도를 높이고 사용자 활동의 증가로 이어진다. 다자간 상호작용 시나리오에서 행위자들이 전달하는 공감적 표현의 도입에서도 유사한 효과가 관찰되었으며, 이것은 공동체 협력자들로서 이러한 행위자들의 유용을 나타낸다(Dohsaka, Asai, Higashinaka, Minami & Maeda, 2009). 다중 사용자 환경에서 IAS의 수용은, 관심 수준이나 연령 및 성별과 같은 일정한 사회인구학적 특성을 비롯하여, 성격(Mohammadi, Mortillaro & Vinciarelli,

2010) 및 정동적 상태(Schuller 외, 2009)와 같은 사용자별 특성을 인식하고 이에 반응하는 능력과 관련이 있다.

맺음말

전자공동체가 제공하는 상호활동의 증가는 인공 행위자를 이용하여 인터넷상의 집단 정서와 그것이 온라인/오프라인 사건에 미치는 영향을 연구할 수 있는 새로운 유망한 길을 제공한다. 이러한 IAS의 개발은 정동 감지, 모형화, 생성으로부터 시간에 따른 개인과 그룹의 의사소통 및 정서적 차원의 모형화에 이르기까지 다양한 과학적 과제와 관련되어 있다. 동시에 채용된 정서 모형들은 HCI 측면들뿐만 아니라 기본 소셜 네트워크의 역학과 복잡성을 설명해야 한다.

이 장에서 우리는 IAS를 이용한 집단정서의 대화형 연구에 대한 논변을 제시했다. (1) 온라인 의사소통과 정동적 HCI에서 정서의 역할을 검토하고, (2) 그룹 역학에 대한 온라인 분석과 예측으로 전자공동체를 지원하기 위한 것이다. 이론적 결과와 실험적 증거에 따르면, 이러한 인공 시스템은 개인과 그룹의 정서적 상태를 분석하고 모형화하고 영향을 미칠 수 있다. 이러한 시스템은 소셜 네트워크 구조의 확장된 표현을 갖추고 정서적 상태의 표현을 감지하고 정동적으로 상호작용할 역량과 결합되어, 전자공동체에서 협력, 진실성, 정보의 효과적 교환을 뒷받침하고 향상시킬 수 있는 대화형 시나리오에 대한 높은 잠재력을 가지고 있다.

Chapter 4

젠더와 대규모 사회적 인식 스트림에서 정서의 사회적 공유

펀다 키브란-스웨니[1] | 모르 나먼[2]

트위터와 페이스북 같은 소셜 네트워크 사이트(SNS)는 최근 몇 년 동안 점점 더 인기를 얻고 있다. 점점 더 많은 사람이 온라인 소셜 네트워크의 회원과 활발하게 소통하기 위해 이러한 플랫폼에 의지한다. 사실 최근 설문조사 결과에 따르면, 미국 성인 3명 중 2명이 SNS 회원인 것으로 나타났다(Smith & Rainie, 2010).

오늘날 인기 있는 SNS의 핵심 기능은 "사회적 인식 스트림(social awareness streams, SAS)", 즉 일정한 사용자의 교신자가 게시하는 주로 짧은 문자 콘텐츠의 스트림이다. 예컨대 페이스북 사용자들은 시스템에 로그인하자마자 그들의 교신자 목록에서 시간순으로 정렬된 짧은 업데이트로 구성된 '뉴스 피드'를 보게 된다. 마찬가지로 트위터에서 사용자들에게 표시되는 주요 콘텐츠는 사용자들의 교신자가 게시하는 트위터 업데이트, 즉 '트윗'의 목록이다. 페이스북과 트위터처럼 널리 사용되는 SNS의 주요 사용 동인 중 하나는 사실 SAS이다. 예컨대 미국 페이스북 사용자 중 15퍼센트는 평균적으로 하루에 한 번 이상 페이스북 상태 업데이트를 게시한다(Smith, 2011).

SAS는 SNS 소셜 네트워크 구성원들의 삶에서 일어나는 사건들의 추이를 따라갈 수단뿐만 아니라, 그들이 보는 게시물을 중심으로 사용자들에게 상호작용에 참여할 방

---

1 Funda Kivran-Swaine, 메타(페이스북) 연구소장.

2 Mor Naaman, 코넬 대학교 정보과학부 교수.

법을 제공한다. 예컨대 최대 140자까지 메시지를 게시할 수 있는 인기 SNS인 트위터에서는 사용자들이 게시물에 '답장'을 하고, 한 명 혹은 여러 명의 다른 사용자와의 상호작용에 참여할 수 있다. 페이스북에서 사용자들은 뉴스 피드에서 그들이 보는 상태 업데이트에 '댓글'을 달아 원래 게시물의 주제에 관한 토론에 참여할 수 있다. 사실상 SAS 게시물을 둘러싼 상호작용은 SNS 사용자에게 매우 흔한 일이다. 미국 페이스북 사용자의 4분의 1은 매일 지인이 작성한 게시물에 댓글을 작성한다(Smith & Rainie, 2010).

SNS는 개인 간 의사소통 패턴을 연구할 수 있는 독특한 기회를 제공한다. SNS 일반과 특히 SAS가 제공하는 데이터를 통해, 개인 간 의사소통 패턴은 대규모로, 더 나아가 자연스러운 환경에서 조사될 수 있다. 달리 말해 SNS에서 일어나는 상호작용들은 오직 연구 목적으로 통제된 환경이 아니라 그것들의 의도된 사회적 환경에서 이루어진다. 트위터와 페이스북 같은 SNS는 다른 환경에서는 쉽게 얻을 수 없는 사용자들과 그들의 관계에 대한 추가적 맥락(예컨대 개인적 데이터나 연락망 매트릭스)을 제공한다. 예컨대 SNS 활동 분석을 통해 의사소통 패턴을 연구하면서, 우리는 사용자들과 사용자 쌍들의 구조적 네트워크 속성을 평가할 수 있고, 이것은 사용자들의 관계 강도를 추론하는 데 도움을 준다.

정서적 의사소통은 컴퓨터 매개 의사소통(CMC) 안에서 일어나는 것으로 알려진 중요한 사회적 현상이다(Kivran-Swaine & Naaman, 2011; Nardi, Schiano, Gumbrecht & Swartz, 2004). 점점 더 많은 사람이 (예컨대 자녀의 출산, 사랑하는 사람의 사망과 같은) 인생을 바꿀 만한 사건을 둘러싼 뉴스나 심지어 더 흔한 일상적인 정서적 경험의 공유와 같이 다소 친밀한 문제에 대한 개인 간 소통을 위해 SNS를 사용한다. 실제로 정서적 카타르시스는 사람들이 블로그 게시물을 작성하는 주요 동기 중 하나인 것으로 밝혀졌다(Nardi 외, 2004). 최근 연구에 따르면, 사용자가 만든 콘텐츠에서 정서가 담긴 언어의 사용을 분석하여 측정한 정서 표현들은 트위터에서 흔히 발견되고, 사용자들이 유지하는 소셜 네트워크의 속성들과 밀접한 관련이 있는 것으로 나타난다(Kivran-Swaine & Naaman, 2011).

또한 SAS는 이러한 플랫폼들 안에서 일어나는 상호작용의 반쯤 공개적인 성질로 인해 의사소통 행위 일반과 특히 정서적 의사소통을 연구하는 데 탁월한 환경을 조성한다. SAS에서 일어나는 교환은 유도된 교환 참가자들의 온라인 교신자를 통해 쉽게 확인될 수 있다. 그러므로 대화의 패턴과 유형은 CMC나 전통적 비매개 환경과 다를 수 있다. 예컨대 사용자들이 유지하는 온라인 소셜 네트워크의 성질은 그들이 의사소통의 내용과 유형을 조절하는 방식에 영향을 미칠 수 있다. 자기 메시지의 수신자가 직장과 같은 공식적 환경에서 아는 사람들보다 더 친밀하고 가까운 관계로 구성된 경우, 사람들은 정서적 언어를 사용하거나 정서적 경험을 밝히는 것을 다소 편안하게 느낄 수 있다.

의사소통 패턴과 젠더 사이의 관계는 오프라인과 CMC 환경 모두에서 오랫동안 연구 주제였다. 많은 연구에서 젠더는 의사소통 내용과 유형에 영향을 미치는 개별 요인 중 하나로 다루어졌다(Brownlow, Rosamon & Parker, 2003; Lakoff, 1975; Mulac, Wiemann, Wiedemann & Gibbons, 1988, Pennebaker, Mehl & Niederhoffer, 2002). 의사소통 패턴에 영향을 미치는 것으로 보이는 또 하나의 요인은 소통 당사자들 사이의 친밀성과 관계 강도이다(Bergs, 2006; Mulac 외, 1998).

소셜미디어에서 정서적 의사소통이 어떻게 일어나는지, 그것이 젠더와 같은 기본적인 개인적 속성과 어떻게 연관되는지를 이해하는 것은, 개인들 사이의 귀중한 심리사회학적 정보가 교환되는 방식과 개인들 사이의 정서적 의사소통이, 관계의 본질과 어떻게 연관되어 있는지를 밝히는 데 있어 중요한 단계이다. 그래서 이 장에서 우리는 젠더와 연관된 정서 표현에 관한 기존 연구를 검토하는 것에서 시작한다. 그런 다음 젠더와 의사소통 유형, 주로 정서적 의사소통 사이의 관계가 이전에 CMC 환경에서는 어떻게 관찰되었는가에 관해 간략히 설명한다. 비매개/매개 환경에서 젠더와 정서에 관한 과거 연구를 검토한 후, 독특한 의사소통 채널인 SNS가 연구자뿐만 아니라 종사자들이 젠더와 의사소통 사이의 관계에 대한 통찰을 얻을 수 있는 환경으로서 어떻게 중요한 역할을 하는지에 대한 우리의 이해를 제시한다. 덧붙여 젠더와 정서 표현 사이의 복잡한 연관성을 검토할 때 이론적/방법론적 관점에서 고려해야 할 요인들을 설명한다. 더 나아가 트위터에서 일어나는 대화에서 상호작용하는 사용자 쌍들의 젠더 구성이 정서적 언어 사용에 어떻게 관련되는지를 바라본 사례 연구를 보고함으로써 검토된 이론적 경향들을 경험적 연구 결과들과 연결한다.

정서적 의사소통: 이론적 배경

물리적 세계와 온라인에서 사람들이 정서를 공유하는 것은 자연스러운 일이다. 언어를 통해 정서적 경험을 생각하고 표현하는 것은 사람들에게 그들이 겪고 있는 정서적 사건에 대한 통찰을 제공한다. 정서적 경험의 강도가 일정한 임계치를 넘어설 때, 다른 사람들과 정서적 경험을 공유하는 정서의 사회적 공유가 일어난다. 정서적 경험의 공유는 흔히 경험 직후에 일어나며, 보통은 경험 당사자의 친밀한 지인과 이루어진다(Rimé, 2009).

정서의 사회적 공유는 자기 경험을 공개하는 사람들의 긍정적 건강 결과와 오랫동안 연관되었다. 선행 연구에 따르면, (긍정적이든 부정적이든) 다양한 정서의 표현을 지지하는 것은 유방암 환자의 긍정적 건강 결과와 관련이 있으며, 마찬가지로 분노를 더 많이 표현하는 것이 낮은 우울증 수준과 더 높은 지각된 생활의 질과 상관관계가 있는 것으로 나타났다(Frisina, Borod & Lepore, 2004). 정서적 표현은 사람들이 자기 경험을 더 잘 이해하고 그 근거를 마련하는 데 도움을 줄 수 있다. 페네베이커(Pennebaker, 1997)는 정서적 표현이 자기 정서를 드러내는 사람들을 치료할 수 있는 잠재력을 보여주었다. 게다가 긍정적이든 부정적이든 정서적 표현은 개인들이 형성하고 유지하는 관계에 긍정적 결과를 가져온다는 것이 이전에 입증되었다. 예컨대 정서적 표현은 사람들 사이의 친밀감 형성에 도움을 주며, 다른 사람들의 경험에 반응하고 관계할 수 있는 능력의 표시이다(Keltner & Kring, 1998). 다른 한편으로 정서를 조절하는 방식으로 정서를 억누르는 것은 개인들뿐만 아니라 그들이 관계를 유지하는 사람들에게도 해로운 결과를 초래할 수 있다(Kashdan, Volkmann, Breen & Han, 2007).

정서의 사회적 공유는 사회적 지지를 끌어내어 공유하는 사람들이나 공개자들의 직접적 소셜 서클에 있는 사람들에게 이득을 줄 뿐만 아니라, 공개자들의 소셜 네트워크 구성원들에게도 가치를 가진다. 정서 전파자 이론(Emotional Broadcaster Theory: EBT, Harber & Cohen, 2005)에 따르면, 사람들이 공유하는 정서적 경험에는 그들의 소셜 네트워크 구성원들에게 중요한 심리사회적 정보—대인적 문제에 대한 주의 사항—가 포함되어 있다고 한다. 공유된 정서적 경험은 귀중한 심리사회적 정보를 담고 있기에, 그것은 소셜 네트워크 안에서 빠르게 전달된다.

얼굴표정과 같은 비언어적 의사소통 신호의 결여는 개인 간 의사소통의 질을 떨어뜨리거나 흐리게 만들 수 있다고 주장했던 이 분야의 초기 논란에도 불구하고, CMC 채널은 대면 환경만큼 정서 표현을 위한 전도력 있는 매체로 밝혀졌다. CMC에서의 정서 표현에 대한 최근 문헌에 따르면, CMC가 대면 의사소통보다 덜 정서적이라는 결정적인 경험적 증거는 없다고 한다(Derks, Fischer & Bos, 2008). 실제로 정서의 공유는 블로깅의 주요 동인 중 하나로 밝혀졌고(Nardi 외, 2004), 풍부한 정서를 담은 메시지는 마이스페이스(Thelwall, Wilkinson & Uppal, 2010)와 트위터(Kivran-Swaine & Naaman, 2011) 같은 소셜 웹 플랫폼에서 자주 관찰되었다.

초개인적 의사소통 이론(hyperpersonal communication theory; Walther, 1996)은 CMC가 풍부한 정서를 전달할 잠재력을 설명할 수 있다. 이 이론에 따르면, 사람들은 그들의 메시지를 강화하거나 그들의 관계를 촉진하기 위해 의사소통 매체의 기술적 측면을 활용한다. 대면 환경보다 더 자기 공개를 수월하게 하는 CMC의 경향과 더불어(Joinson, 2001) 메시지를 꼼꼼하게 조각하는 능력은 상대적으로 강요하지 않고 정서 표현을 쉽게 할 수 있는 환경을 조성할 수 있다.

젠더와 정서

거의 모든 사회에서 사회적으로 구성된 젠더에 따른 역할들이 존재하며, 이에 따라 남성과 여성은 그들의 사회적 환경 내에서 정서의 공유를 비롯해 서로 다른 사회적 행동 유형을 보인다. 사회적 역할 이론에 따르면, 사회적 행동에서 젠더 차이는 남성과 여성이 어떻게 행동해야 하는지에 대한 사회적으로 구성된 규칙들과 기대되는 젠더 역할에 순응하여 행동하려는 사람들의 성향에서 기인한다(Eagly & Wood, 1991). 특히 미국과 기타 서구 국가들에서, 전형적으로 여성은 직무 내용에 상당한 돌봄 책임을 포함하는 직업(즉 학교 교사, 의료계 종사자)에 종사한다. 경제적으로 독립적이더라도, 여성은 가정 내에서 여전히 어린이나 가족 중 노인을 돌보는 역할을 담당하는 경우가 많다. 그들의 역할은 특징적으로 그들이 돌보는 사람들과의 밀접한 사회적 유대를 형성하고 유지하는 것을 요구하며, 흔히 이러한 유대를 구축하기 위해 빈번한 정서 표현이 필요하다(Alexander & Wood, 2000).

이러한 전제에 따르는 사회심리학의 선행 연구에 따르면, 남성보다 여성이 다른 사람들을 향한 긍정적 정서를 더 많이 경험할 가능성이 높으며, 일반적으로 여성은 자신보다 다른 사람들에 대해 정서를 표현할 가능성이 높다고 한다. 실제로 특정한 자극에 노출되었을 때, 여성은 남성보다 더 자주 더 강하게 행복을 느낀다고 보고한다. 덧붙여 행복의 강도는 그것의 경험과 표현 모두에서 남성과 여성 사이에 상당한 차이가 있다 (Stoppard & Gunn Gruchy, 1993).

여성과 남성은 그들의 소셜 네트워크 안에서 정서적 경험을 공유하는 방식에서도 다르다. 비정서적 주제에 관해 이야기할 때, 여성과 남성은 자기 지인에게 똑같이 공개한다. 그러나 대면 상호작용에서 정서적 주제를 다룰 때, 여성은 자신의 소셜 네트워크에 훨씬 더 많이 공개한다(Snell, Miller, Belk, Garcia-Falconi & Hernandez-Sanchez, 1998). 또한 여성은 남성보다 더 다양한 사람들에게 자신의 정서에 대해 말할 가능성이 높다. 일반적으로 선행 연구에 따르면, 여성은 성인기에 걸쳐 남성보다 자신의 관계들에서 더 표현이 풍부한 것으로 나타난다. 그들은 친구들과 더 자주 더 친밀하게 소통한다. 자신의 소셜 네트워크 안에서 소통하면서, 여성은 개인적 경험, 정서, 느낌에 대해 더 많이 이야기하는 반면, 남성은 정치와 스포츠 같은 주제에 대해 말하는 것을 선호한다. 전반적으로 다른 사람들과의 관계에서 여성은 더 표현이 풍부한 것으로 해석되며, 그들의 삶에서는 정서적 경험을 공유하는 것이 개인 간 유대 형성에 근본적이다. 또한 남성에게 정서적 경험은 사회적 공유가 필요 없는 자율적 사건이다.

많은 선행 연구는 정서 표현과 수준을 포착하고 측정하기 위해 언어 사용의 계산적 분석을 사용했고, 기쁨이나 슬픔과 같은 정서의 표현에서 자주 보이는 단어의 사용을 조사했다(Kivran-Swaine & Naaman, 2011; Pennebaker 외 2002; Thelwall 외, 2010 Kapidzic & Herring, 2011). 이 연구 중 일부에서는 정서 표현에서 상당한 젠더 차이가 나타났다. 여성은 남성보다 정서적으로 더 표현이 풍부하고(Mulac, Bradac & Gibbons, 2001; Pennebaker 외, 2002; Thelwall 외, 2010), 전반적으로 공적 담론에서 남성보다 더 긍정적인 어조를 취하는 것으로 밝혀졌다(Kapidzic & Herring, 2011; Thelwall 외, 2011).

높은 정서적 원자가를 가진 단어와 문구 외에도 이모티콘, 즉 '정서적 아이콘'은 컴퓨터 매개 환경에 고유한 정서 표현의 방법으로 볼 수 있다. 이모티콘은 미소 짓기, 찡

그리기, 윙크와 같은 비언어적 신호를 전달한다(Wolf, 2000). 이모티콘은 그것이 상징하는 비언어적 신호의 적절한 표상이기에 그것을 동반하는 메시지의 해석에 영향을 미친다(Derks, Bos & Grumbkow, 2008). 전자 토론방, 채팅방, 블로그 등의 다양한 CMC 채널에서 이모티콘 사용을 살펴본 선행 연구는 이모티콘 사용의 경향에서 상당한 젠더 차이를 발견했다. 여성은 남성보다 더 자주 이모티콘을 사용하는 것으로 밝혀졌다(Witmer & Katzman, 1997; Wolf, 2000). 더 나아가 젠더가 섞인 그룹에서 상호작용이 일어날 때, 남성의 이모티콘 사용 수준은 여성의 수준까지 상승하는 것으로 관찰되었다(Wolf, 2000). 그러나 앞서 언급한 연구 결과와 반대로, 십대들이 작성한 블로그에 관한 연구에서는 소년들이 소녀들보다 블로그 게시물에서 이모티콘을 상당히 더 많이 사용하는 것으로 관찰되었다(Huffaker & Calvert, 2005).

요약하자면, 선행 연구는 온라인 환경이 상당한 양의 정서적 의사소통이 이루어지는 곳임을 보여준다. 그러나 전통적 환경에서 관찰된 젠더 차이가 이 새로운 플랫폼에서도 유지되는지는 아직 확실하지 않다. 예컨대 허페이커와 칼버트(Huffaker & Calvert, 2005)의 연구에 따르면 의사소통 유형에서 알려진 젠더 차이는 사라지거나 덜 분명해질 수 있지만, 소셜미디어 플랫폼에 대한 털월과 동료들(Thelwall 외, 2011)의 연구와 채팅방에 대한 카피지치와 헤링(Kapidzic & Herring, 2011)의 연구는 대체로 비매개 환경에서의 연구와 일치하는 젠더 차이를 관찰한다. 여성은 정서적 표현을 더 풍부하게 사용하는 경향이 있다.

소셜미디어에서의 정서와 젠더에 관한 연구

개인 간 의사소통의 영역에서 소셜미디어의 커지는 보급과 그것을 통해 가용해진 엄청난 양의 데이터로 인해, 소셜미디어는 이전에는 불가능했던 규모로 인간 의사소통 행동을 관찰하고 연구할 전례 없는 기회를 제공한다. 게다가 소셜미디어 채널에서 검색된 데이터는 개인과 사회의 특성을 드러내어, 연구자들이 의사소통 행동이 의사소통하는 개인들의 속성(예컨대 나이, 젠더), 의사소통이 일어나는 온라인 소셜 네트워크의 속성(예컨대 친구, 가족, 직장동료, 낯선 사람의 그룹), 혹은 개인들이 상호작용하는 더 큰 사회적 혹은 문화적 맥락과 어떻게 관련되는지를 조사할 수 있는 전망을 창출한다.

SNS에서 정서적 의사소통을 연구하는 것의 주요 강점 중 하나는 SNS에서 모은 정보의 흔적을 통해 사회적 맥락, 개인의 특성, 정서의 표현 사이의 복잡한 관계를 이제 풀어낼 수 있다는 사실이다. 예컨대 선행 연구는 개인들이 서로 친밀감을 느끼는 정도가 SNS 데이터를 통해 정량적으로 추정될 수 있다는 것을 보여주었다(Gilbert & Karahalios, 2009). 의사소통하는 당사자들 사이의 친밀함과 관계 강도는 의사소통 유형에 영향을 미치는 것으로 나타났다(Bergs, 2006). 선행 연구에서 우리는 트위터에서 정서적 표현의 경향이 네트워크 규모와 밀도 같은 소셜 네트워크 특성과 밀접한 관계가 있음을 입증했다. 자신의 SNS를 통해 더 자주 정서를 표현하는 개인들은 더 크고 밀도가 낮은 온라인 소셜 네트워크를 이용하는 경향이 있다(Kivran-Swaine & Naaman, 2011).

SNS 분석을 통해 정서의 표현을 연구함으로써 얻는 또 다른 장점은 대부분 소셜 미디어 환경은 연구 목적으로 통제되지 않는다는 점이다. 그러므로 이러한 플랫폼을 통해 의도된 자연스러운 환경에서 보관된 개인 간 상호작용들을 검색할 수 있다. 우리는 실험실 환경보다는 SNS에서 더 자연스러운 행동을 포착할 수 있을 것이라 보이지만, SNS는 사람들이 청중에 따라 언어를 바꾸고 행동할 가능성이 높은 매우 연출적 환경(performative environment)이라는 점에 유의해야 한다. SNS 사용은 주로 상호작용 기반 메커니즘인 SAS의 사용으로 주도되기 때문에, 사람들은 자기 메시지의 (인지된 혹은 실제) 수신자들에 따라 그들의 자기 표상을 극적으로 형성하는 체면 관리(facework)에 참여할 수 있다(Goffman, 1959). 예컨대 매우 정서적인 메시지는 독자에게 더 매력적일 수 있기에, 사람들은 온라인 소셜 네트워크에서 상호작용을 하기 위해 정서적으로 풍부한 표현을 선택할 수 있다. 대조적으로 사람들이 더 금욕적이거나 전문적인 모습을 유지할 것이라 기대되는 경우(예컨대 온라인 소셜 네트워크 구성원들이 직업적 혹은 공식적 환경에서 온 경우), 사람들은 정서적 경험을 공유하거나 심지어 정서적 언어를 사용하는 것에 거리낌을 느낄 수 있다. 개인과 소셜 네트워크 구성원 사이 관계의 본성과 같은 사회적 요소를 고려할 때, 개인들의 젠더는 그들이 정서를 표현하는 방식에서 어떤 역할을 하는가? 의사소통에서의 젠더 차이가 실제로 온라인 소셜 네트워크에서 유지되는 관계의 유형과 강도에 의해 설명될 수 있는가?

SNS 사용 분석을 통해 얻은 사람들과 그들의 의사소통 패턴에 대한 정보를 활용해 정서적 표현과 젠더 현상을 연구할 방법을 보여주기 위해, 우리는 독창적 사례 연구를 제시한다. 이 연구는 관계 강도와 상호작용 대상의 규모를 고려하면서 의사소통 당사자의 젠더와 관련된 정서적 의사소통의 표지들을 조사했다. 이 연구는 트위터상의 통제된 상호작용 데이터 세트를 이용한다.

사례 연구: 트위터의 양자 간 상호작용에서 젠더와 정서

상호작용이 일어나는 환경의 사회적 특성이 상호작용의 정서적 내용과 어떻게 연관되는지를 밝히기 위해, 우리는 트위터 사용자 사이의 1,753개의 독특한 양자 간 관계와 이러한 관계의 사용자 사이의 78,000건의 통제된 반공개 메시지를 사용한다. 우리는 상호작용하는 쌍들의 젠더 구성이 온라인 대회에서 정서적 언어의 사용과 어떻게 관련되는지에 관한 물음을 다룬다.

트위터에서의 사회적 상호작용

트위터는 사용자가 최대 140자의 ('트윗'이라는) 상태 업데이트를 게시할 수 있는 인기 있는 SNS이다. 정치인들은 정치적 캠페인 메시지를 전파하기 위해 트위터를 사용할 수 있고, 기업들은 고객층과 관련된 정보를 발표하기 위해 그것을 사용할 수 있지만(Smith & Rainie, 2010), 많은 사람은 친구와의 개인 간 상호작용의 목적으로 트위터를 사용한다. 더 나아가 개인적 목적으로 이 플랫폼을 사용하는 사람들이 게시한 콘텐츠 대부분은 특정 시점에 사람들이 무엇을 하는지에 대한 정보를 담고 있다(Naaman 외, 2010). 이전에는 "미포머(meformers)"라고 불렸던 특정한 트위터 사용자 그룹은 자기 일상 활동에 대한 업데이트 형식으로 자기 일상생활의 단면들을 청중에게 보여주기 위해 이 플랫폼을 이용한다.

트위터 안에서의 사용자 활동은 주로 콘텐츠의 '스트림' 주변으로 집중된다. 트위터 사용자들은 비대칭적인 '팔로우' 관계를 통해 다른 사람들과 연결된다. 만약 루시가 트위터에서 에이미를 팔로우한다면, 그것은 에이미가 루시를 팔로우한다는 의미는 아니다. 루시가 에이미를 팔로우하면, 루시는 트위터에 로그인할 때 루시가 팔로우하는 다른 모든 사용자의 트윗과 더불어 에이미의 트윗을 볼 것이다. 이러한 트윗들은 시간 역순의 ('타임라인'이라고 알려진) 스트림으로 표시될 것이다. 기본적으로 트위터 메시지는 공개적으로 볼 수 있다. 우리는 오직 이 연구에서 공개적으로 가용한 데이터만 고려한다.

트위터에서 멘션, 답글, 리트윗이라는 의사소통 규칙은 사용자들 사이의 서로 다른 방식의 상호작용을 허용한다. 이 사례 연구에서는 정서의 표현을 살펴보면서 우리는 답글 메커니즘에만 초점을 둔다. 트위터 사용자는 '@' 바로 뒤에 상대방의 사용자 아이디를 붙여 메시지를 시작하면 다른 사용자에게 답글을 보낼 수 있다. 더 단순하게 말해, 답글은 대부분의 트위터 애플리케이션에서 다른 사용자의 게시물 아래에 표시되는 '답글' 버튼을 누름으로써 생성된다. 또한 대다수 트위터 애플리케이션은 답글과 같이 표적 사용자에게 보내진 콘텐츠가 있을 때 알림이나 표시를 제공하고, 사용자가 로그인할 때 전용 창에 보내진 콘텐츠를 보여준다. 기본적으로 이러한 답글 메시지는 트위터상의 발신자 프로필 페이지에도 공개적으로 표시된다. 게다가 답글은 발신자와 답글의 대상을 모두 팔로우하는 모든 사용자의 타임라인에도 나타날 것이다. 달리 말해서, 만약 레너드가 제리와 에이미를 팔로우한다면, 제리가 에이미에게 (혹은 그 반대로) 보낸 답글은 레너드의 업데이트 스트림에 표시될 것이다. 트위터상의 답글 교환의 예로, [그림 28.1] 참조.

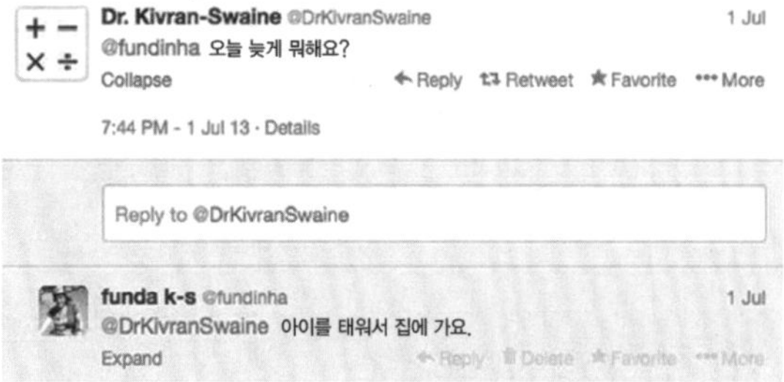

[그림 28.1] 트위터 답글 상호작용의 예(여기서 보여주는 상호작용은 보고된 연구를 위한 데이터 세트의 일부가 아니다).

데이터

이 사례 연구를 위해 우리는 트위터 쌍들 사이의 답글, 참여 사용자의 젠더, 각 쌍의 사용자 주변의 트위터 교신자 네트워크(팔로워와 팔로우 대상)로 구성된 트위터 상호작용의 데이터 세트를 추출했다.

우리는 먼저 선행 연구(Naaman 외, 2010)에서 얻은 데이터에서 715명의 트위터 사용자를 식별하여 데이터 세트를 생성했다. 이 세트 *S*에는 2009년 4월에 무작위로 선택되고, 상업적 단체나 유명인이 아닌 활동적인 개인 트위터 사용자로 확인되고, 1년 후인 2010년 4월 기준으로 5,000명 미만의 사용자와 팔로우하거나 팔로우를 받은 초기 사용자(seed users)가 포함된다. 각 사용자 $s \in S$에 대해, 우리는 2009년 5월과 8월 사이에, *s*가 다른 사용자에게 보낸 답글과 다른 사용자가 *s*에게 보낸 답글을 포함하여, *s*가 게시한 트윗의 수를 구했다. 이러한 메시지를 이용하여, 우리는 다음과 같은 모든 쌍 (s, f)을 확인했다. (1) *s*가 적어도 두 번 이상 *f*에게 답글을 달았고, (2) *f*가 적어도 한 번 이상 s에게 답글을 달았다. 이러한 방식으로 사용자를 선택하는 것은 (1) 초기 사용자가 팔로워와 적잖이 연락을 주고받고, (2) 양측이 모두 교환에 참여하고 다소 유의미한 상호작용을 한다는 것을 보장한다.

우리의 데이터 세트에 포함된 사용자의 젠더 라벨을 획득하기 위해, 우리는 크라우드소싱(crowd-sourcing) 플랫폼인 아마존 메커니컬 터크(Amazon Mechanical Turk: AMT)를 사용하여 사용자들의 젠더를 남성, 여성, 성별 미정, 사람 아님으로 부호화했다. AMT 도우미는 각 사용자의 트위터 페이지, 일반적으로 언어와 사진으로 된 자기 설명을 포함하는 트위터상의 개인 홈페이지를 참조하여 사용자가 스스로 공개한 성별을 식별했다. 이 부호화는 평가자와 작성자 자신의 표본 평가에 걸쳐 높은 수준의 정확성을 보여주었다(Scott's Pi=0.83). 분석을 위해 우리는 신뢰할 만한 성별 라벨을 가진 쌍들만 유지했다. 상호작용하는 쌍들의 결과 데이터에는 1,753쌍의 트위터 사용자가 포함되었고, 여기서 각 쌍(x, y)에 대해 우리는 사용자들 사이에 교환된 답글의 집합 $I_{x,y}$를 결정했다(우리는 이 쌍의 답글들에서 *x*로부터 *y*로 보내진 부분집합을 $I_{x \gg y} \subseteq I_{x,y}$라고 한다). 콘텐츠 데이터 세트는 총 77,989건의 답글, 즉 쌍당 평균 44.5건의 상호작용에서 나왔다. 일부 초기 사용자는 더 많은 양자 간 대화에 참여했기에 데이터에서 다른 초기 사용자보다 더 많이 나타났다. 분석을 위해 우리는 대화 수준과 개별 트윗 수준을 모두 살펴봄으로써 우리 표본의 왜곡된 분포를 어느 정도 통제한다. 양자 간 상호작용을 넘어서, 우리는 각 쌍을 둘러싼 네트워크 연결을 추출했다. 2009년 7월부터 트위터 소셜 네트워크 스냅숏을 사용하여, 우리는 그 쌍의 사용자 중 한 명을 팔로우하거나 한 명에게 팔로우를 받은 모든 사용자 z를 검색했다. 이 네트워크를 사용하여 '공통 이웃(common neighbors)' 변수를 계산했다(뒷부분 참조).

사용자 사이에 주고받은 메시지의 광범위한 표본을 생성하기 위해, 첫 번째 표본은 개별 트윗 수준에서 변수들을 포착했다. 이 **트윗 표본**은 트윗 수준에서 다양한 언어적 유형 표지, 예컨대 트윗에서 대명사의 존재를 조사하는 데 사용되었다. 이 표본에서 각 트윗은 4단계 범주의 젠더 구성 변수를 사용하여 설명되는데, 각 트윗은 남성에서 남성(약어: M»M), 남성에서 여성(M»F), 여성에서 남성(F»M), 혹은 여성에서 여성(F»F)으로 보내진 것일 수 있다. 트윗 표본을 생성하고 한 개인이나 쌍의 편향을 최소화하기 위해, 우리는 한 쌍의 각 개인으로부터 최대 10개의 메시지를 포함시켰다. 양자 간 교환의 한쪽이 10개 이상의 메시지를 포함할 경우($|I_{x\gg y}|$>10), 우리는 임의로 10개를 선택했다. 이 데이터 세트는 1,753쌍의 25,641개의 개별 트윗을 포함했다(4,248건의 F»F, 5,261건의 F»M, 5,482건의 M»F, and 10,650건의 M»M 트윗). 쌍당 평균 트윗 수는 14.6개(혹은 각 쌍의 각 사용자당 7.3개)였다.

두 개인 사이의 더 실질적 교환을 포착하기 위해, 우리는 '대화' 표본, 혹은 두 개인 사용자 사이의 실질적 답글 교환을 준비했다. 이 **대화 표본**은 양자 관계의 수준에서 다양한 변수의 크기, 즉 대화에 포함된 긍정적 정서 단어의 비율을 살펴보는 데 사용되었다. 각 대화는 3단계 범주의 젠더 구성 변수를 사용하여 설명되고, 각 대화는 남성-남성(MM), 남성-여성 혼합(MF), 혹은 여성-여성(FF)으로 특징지어진다. 각 쌍의 사용자 사이에 상당량의 상호작용을 확보하기 위해, 우리는 각 쌍의 사용자 사이 최소 10개의 메시지로 구성된 대화들의 부분집합만을 포함시켰다($|I_{x,y}|\geq 10$). 그 결과 1,343개의 쌍(FF 222개, MF 565개, MM 556개)이 평균 56.2개의 메시지를 주고받는 것으로 나타났다.

변수

우리의 분석은 주로 LIWC 사전(Pennebaker, Chung, Ireland, Gonzales & Booth, 2007)을 사용하여 도출한 트윗 및 대화 수준의 변수들에 기반한다. 또한 우리는 우리의 데이터 세트에 있는 각 쌍에 대한 설명적 네트워크 변수를 도출했다. 각 언어적 특징에 대해 LIWC를 사용하여 트윗 표본에 있는 각 트윗에 관해 트윗 수준의 변수와 대화 표본에 있는 각 대화에 관해 대화 수준의 변수를 생성했다. 트윗 표본의 경우, 트윗들은 특징적이고 유의미한 단어의 수나 비율을 생성하기에는 너무 짧아서, 우리는 LIWC를 사용하여 각 트윗을 1(언어 범위에 적어도 하나 이상의 단어를 포함) 또는 0(없음)으로 부호화했다. 대화 표본의 경우, 각 언어 범주에 대해 우리는 $ratio_c$, 즉 (LIWC로 식별된) 각 대화의 범주 단어의 수 C와 대화의 단어 총수의 비를 계산했다.

트위터에서의 정서적 표현에 관한 선행 연구에 따르면, LIWC 범주인 '포세모(posemo)'와 '네세모(nesemo)'는 인간의 기쁨과 슬픔의 부호화와 높은 상관관계가 있는 것으로 나타났다(Kivran-Swaine & Naaman, 2011). 그러므로 트위터 답글에서 긍정적/부정적 정서를 표현하는 단어의 사용을 포착하기 위해 우리는 이 두 가지 범주를 선택했다. 우리는 다른 젠더 구성의 쌍들 사이의 대화에 관심이 있지만, 다른 변수들이 대화의 내용과 유형에 대한 대안적 설명을 제공할 수 있다. 가장 눈에 띄는 것은 한 쌍의 개인들 사이의 유대 유형과 강도가 중요한 역할을 할 수 있다는 점이다. 사람들의 사이의 유대 강도는 대화에서 사용되는 언어 유형뿐만 아니라 그들 사이의 정서적 소통에도 영향을 미치는 것으로 알려져 있다(Bergs, 2006; Gilbert & Karahalios, 2009). 이러한 영향을 설명하기 위해, 우리는 공통 이웃을 가진 쌍의 수, 즉 쌍의 구성원이 공유하는 트위터 연결의 수를 계산했는데, 이전에 이것은 소셜미디어에서 유대 강도와 관련이 있는 것으로 밝혀졌다(Gilbert & Karahalios, 2009; Kivran-Swaine 외, 2011). 공식으로 표현하면, 노드 z의 이웃이 $N_z = \{w | w \rightarrow z \text{ or } w \leftarrow z\}$로 정의되는 경우, 한 쌍(x, y)의 공통 이웃의 수는 $|N_x \cap N_y|$가 된다.

분석

우리는 두 가지 유형의 정서 수준 혹은 존재 표현을 살펴보았다. LIWC 범주인 '포세모'와 '네세모'로 결정되는 기쁨과 슬픔이다. 이러한 각 범주에 대해 두 가지 종속변수를 시험하는데, 하나는 **트윗 표본**에서 계산된 것이고 하나는 대화 표본에서 계산된 것이다. 트윗 표본에서 분석 단위는 트윗이고, 종속변수는 트윗에 있는 범주 단어의 존재(0-1)이다. 우리의 변수들 사이의 연관성을 조사하기 위해 이원 로지스틱 회귀 모형(binary logistic regression models)을 사용했다. 각 모형은 두 가지 독립변수(IV)를 사용하는데, 그것은 쌍의 젠더 구성과 쌍의 구성원이 공유하는 공통 이웃의 수이다. 젠더 구성은 쌍의 가능한 젠더 구성을 표현하는 4단계 범주의 변수이다(M»M, M»F, F»M, F»F). 공통 이웃은 숫자로 표시된 (로그 정규화된[log-normalized]) 변수이다. 그래서 우리는 답글에 있는 범주 단어의 존재가 쌍이 공유하는 공통 이웃의 수의 영향을 넘어 쌍의 젠더 구성으로 설명될 수 있는지를 시험한다.

대화 표본에서 분석 단위는 어떤 쌍의 대화이고, 종속변수는 대화에 있는 언어 범주에 속하는 단어들의 비율을 포착하는 $ratio_c$에 기반한다. 트윗 표본의 분석과 비슷하게, 우리는 대화에서 범주 단어의 사용을 설명하기 위해 각 범주에 대해 다항 로지스틱 회귀 모형(multinomial logistic regression model)을 계산했다. 각 모형은 두 가지 독립변수를 사용하는데, 쌍의 젠더 구성과 쌍의 구성원이 공유하는 공통 이웃의 수이다. 여기서 젠더 구성은 쌍의 가능한 젠더 구성을 나타내는 3단계 범주의 변수이고(MM, MF, FF), 공통 이웃은 트윗 표본에서 사용된 것과 같은 변수이다.

회귀 분석에서 우리는 정서적 의사소통을 조작할 수 있게 하는 방법으로, 그리고 젠더 차이를 조사하기 위해 '포세모' 단어의 사용 수준을 살펴보았다. 그러나 정서 표현의 차이는 사용 수준의 변화를 통해서만이 아니라 높은 정서적 원자가를 가진 단어들이 어떻게 다르게 사용되는지를 통해서도 나타날 수 있다. 그러므로 우리는 각 젠더 구성을 가장 잘 예측할 수 있는 긍정적 정서를 표현하는 단어들을 찾기 위해 단어 수준에서 2차 분석을 수행했다. 사전 기반 방법을 사용하기에, 우리는 긍정적 정서 단어의 그룹에 속하는 개별 단어의 사용이 서로 다른 젠더 구성을 가진 쌍들 사이에서 어떻게 다른지를 측정할 수 있다. 이러한 목적으로, 트위 표본을 사용하여 긍정적 정서를 위한 단어 사용을 분석했다.

토큰(token) 수준의 분석을 위해, 우리는 메시지의 성별 구성과 관련하여 LIWC에서 제공하는 긍정적 정서 단어의 목록에서 각 단어의 '예측성(predictiveness)' 정도를 살

펴보았다. 구체적으로 사전 정의된 임계치(우리의 분석에서는 100) 이상으로 많은 사용자가 사용한 어휘의 각 단어는 다음 함수에 따라 각 젠더 구성에 대해 점수가 매겨졌다. $pred(t, c)=f(t|c)/f(t)$, 여기서 $f(t|c)$는 젠더 구성 c를 가진 트윗 중 토큰 t를 포함하는 트윗의 비율이고, $f(t)$는 우리의 데이터 세트 전체에서 토큰 t를 포함하는 트윗의 비율이다. 이것을 통해 각 젠더 구성에 대해 높은 점수를 받은 토큰, 즉 다른 성별 구성에 비해 특정한 성별 구성에서 일어날 가능성이 훨씬 더 높은 단어를 조사할 수 있다.

결과

앞서 논한 이론들에 의해 예측된 것처럼, 사용자들은 자신과 가깝다고 느끼는 사람들과 상호작용할 때 정서적 경험을 공유하거나 정서적 언어를 더 쉽게 사용할 것으로 예상된다. 그러므로 상호작용에서 정서적 언어의 사용은 젠더가 아니라 대화하는 당사자들 사이 관계의 긴밀함에 의해 경험적으로 설명될 수 있다. 그래서 쌍들의 젠더 구성과 정서적 표현의 경향 사이의 관계를 살펴보기 전에, 우리는 먼저 (유대 강도의 대리변수로서) 대화하는 쌍의 구성원들이 공유하는 공통 이웃의 수와 대화하는 쌍의 젠더 구성 사이의 관계를 조사했다. 분산 분석(analysis fo variance: ANOVA) 결과에 따르면, 예상한 것처럼, 공통 이웃의 수와 관련하여 젠더 그룹들 사이에 상당한 차이가 있다고 나타났다(트윗 표본의 경우, $F(3, 23818)=87.66$, $p<0.001$). 두 경우 모두에서 사후 분석에 따르면, MM 쌍은 FF 쌍보다 상당히 더 많은 공통 이웃을 가지고, FF 쌍은 혼합 젠더 쌍보다 상당히 더 많은 공통 이웃을 가지는 것으로 나타났다. 관계 강도에서 이러한 젠더-동종선호(gender-homophily) 경향은 같은 젠더의 개인들 사이에 더 강한 유대가 존재한다는 것을 암시하며, 공통 이웃의 수를 통제할 필요성을 입증한다. 우리의 사례 연구는 트위터 상호작용에서 긍정적 정서 단어의 사용은 쌍이 공유하는 공통 이웃의 수를 통제한 후에도 쌍의 젠더 구성을 통해 상당한 영향을 받음을 보여주며, 그래서 우리의 두 가지 가설 모두를 부분적으로 뒷받침한다.

회귀 모형에 따르면, 공통 이웃의 수는 트윗이나 대화 표본에서 긍정적 정서 단어의 사용을 설명하는 데 일조하지 못했으나 젠더 구성은 상당한 영향을 미쳤다. 여기서 우리는 회귀 모형으로부터 오즈비(odds ratio: OR)를 보고한다. 트윗 표본의 경우, OR은 각 젠더 구성에 따른 긍정적 정서 단어의 사용 확률의 증가를 나타낸다. 예컨대 M»M의 OR이 0.65라는 것은 남성 사용자가 다른 남성 사용자에게 보낸 트윗일 경우 그 트윗에 긍정적 정서 단어가 나타날 확률은 35퍼센트 감소한다는 것을 시사한다. 트윗 샘플의 경우, F»M (OR=0.88, p 〈0.01), M»F (OR=0.76, p 〈0.001), M»M (OR=0.65, p 〈0.001) 구성은 긍정적 정서 단어의 존재 가능성을 낮추었다. 유사하게 대화 표본 회귀 모형에서도 MM (OR=0.31, p 〈0.05) 성별 구성이 높은 수준의 긍정적 정서 단어의 사용 가능성을 낮추는 것으로 나타났다.

F»F	F»M	M»F	M»M
love (1.82)	lol (1.23)	haha (1.20)	
thank (1.66)	good (1.55)	lol (1.15)	
hope (1.50)		cool (1.14)	
haha (1.35)			
lol (1.29)			

[표 28.1] 각 젠더 범주에 대해 가장 많이 예측되는 긍정적 단어, *pred(t,c)* 값

트윗 표본에 대한 카이제곱(chi-square) 검정에 따르면, 여성 일반은 트위터에서 다른 사용자와의 상호작용에서 긍정적 정서 단어를 사용할 가능성 더 높은 것으로 나타났다. 트윗 표본에서 F»F 쌍(53.9퍼센트)과 F»M 쌍(50.5퍼센트)의 답글 중 적어도 하나의 긍정적 정서 단어를 포함하는 비율은 M»F 쌍보다 상당히 더 높았고, M»M 쌍의 답글 중 적어도 하나의 긍정적 정서 단어를 포함하는 비율은 M»F 쌍보다 상당히 더 낮았다. 대화 수준에서도 우리는 비슷한 경향을 보았다. 여성은 더 높은 수준의 긍정적 정서 단어를 사용했다. 게다가 긍정적 정서 단어는 혼합 젠더 쌍보다 여성만 있는 경우에 더 많이 사용되었다. 예컨대 대화에서 높은 수준의 긍정적 정서 단어를 사용하는 비율은 MF 쌍(15.6퍼센트)보다 FF 쌍(26.6퍼센트)이 상당히 더 높고 MM 쌍(8.6퍼센트)이 상당히 더 낮은 것으로 나타났다. 젠더 구성들 사이의 그룹 차이는 트윗 표본 $\chi2$ (3, N=25641)=156.91, p <0.001과 대화 표본 $\chi2$ (4, N=1343)=55.08, p<0.001 모두에서 아주 컸다.

우리의 데이터에서 부정적 정서의 사용 빈도는 훨씬 낮았고, 트위터와 대화 표본에 대한 회귀 모형은 서로 다른 젠더 구성에 따른 차이라는 면에서 유의미한 결과를 나타내지 않았다. 토큰 수준 분석도 서로 다른 젠더 구성 그룹에 대해 예측 가능한 부정적 정서 단어를 나타내지 않았다.

전반적으로 회귀 분석의 결과는, 쌍의 구성원들 사이의 유대 강도를 통제한 후에도, 상호작용하는 쌍의 젠더 구성과 정서적 표현의 경향(기쁨의 경우) 사이의 유의미한 연관성을 보여준다. 우리의 연구 결과에 따르면, 정서 표현에서 젠더 차이에 대한 이전 문헌과 일치하게, 긍정적 정서는 여성의 그리고 여성 사이의 상호작용에서 더 쉽게 표현되는 것으로 나타났다.

토큰 수준 분석 결과는 상호작용하는 쌍의 서로 다른 젠더 구성들 사이에서 단어 선택의 차이를 강조한다. 긍정적 정서를 표현하는 단어, 즉 각 젠더 구성에 대한 예측력에서 두드러지는 용어는 표 28.1에서 나열되어 있다. 이 결과에 따르면, 두 여성 사용자 사이의 상호작용을 가장 잘 예측하는 용어는 친밀함과 감사를 나타내는 단어(예컨대 'love', 'thank', 'hope')이다. 다른 한편으로 혼합 젠더 상호작용을 가장 잘 예측하는 용어들은 공유된 유머와 상호작용에 대한 즐거움을 나타내며(예컨대 'lol', 'haha'), 비언어적 행동의 상징들이다. 이러한 몇 가지 예비 연구 결과를 통해, 우리는 남성과 여성이 어쩌면 서로 다른 수준의 정서적 의사소통에 참여할 뿐만 아니라, 서로 다른 맥락에서 극적으로 다른 방식으로 참여한다는 것도 알 수 있다.

맺음말

소셜미디어 서비스, 특히 소셜 네트워크 사이트는 언어 사용의 분석을 통해 인간 의사소통의 연구를 위한 흥미로운 실험실 역할을 할 수 있다. 그래서 소셜미디어는 의사소통 및 사회심리학 연구를 위한 중요한 기회를 제공하여, 여러 사회적/문화적 그룹에서 대인 의사소통의 이해를 확장/발전시키고, 자기 공개의 패턴을 관계 형성, 지위, 정서적 웰빙 등과 같은 다른 형태의 사회적 과정과 연관시킬 수 있다.

언어 사용의 분석을 통해 트위터 답글 교환에서 정서적 의사소통의 사례를 살펴봄으로써, 대화하는 사용자들 사이의 유대 강도의 잠재적 효과 외에도 대화하는 사용자들의 젠더 구성이 상호작용에 존재하는 정서적 콘텐츠, 특히 기쁨이라는 긍정적 정서와 유의미한 연관성이 있다는 것을 보여주었다. 소셜미디어의 반공개 공간에서 양방향 의사소통에 대한 젠더의 영향을 이러한 규모로 밝혀내는 것은 사람들의 소셜미디어 사용 방식이 어떻게 다른지, 그리고 소셜미디어 사용이 사람들의 자연스러운 경향과 어떻게 관련되는지를 더 잘 이해하는 데 중요하다.

이러한 사례에서 우리는 트위터에서의 공개 의사소통이 알려진 정서적 표현의 경향을 변화시키는 것이 아니라 확인해 주는 것임을 보여준다. 트위터에서 보내진 반응을 통한 정서적 의사소통에서 젠더 사이의 차이는 다른 (오프라인과 컴퓨터 매개) 환경에서 나타난 것과 대체로 비슷하다. 우리의 분석에 따르면, 여성 사용자 일반은 남성 사용자보다 긍정적 정서를 더 많이 표현하며, 그들의 정서적 표현 수준은 다른 여성과의 상호작용 중에 더 높아진다. 그러나 우리의 분석에서 한 걸음에서 더 나아가, 공개적 상호작용에서 여성과 남성의 단어 선택을 살펴보면, 우리는 그들의 정서적 의사소통의 특징뿐만 아니라 맥락의 차이에 대한 힌트를 보게 된다.

우리의 사례 연구 결과는 온라인에서의 인종에 관한 나카무라의 연구 결과 (Nakamura, 2002), 특히 우리의 비디지털 삶에 영향을 미치는 구조화된 문제가 우리의 디지털 삶에도 영향을 미친다는 결과를 연상시킨다. 그러나 이 연구에서 제시된 증거만 보아서는, 우리는 정서적 표현 패턴과 젠더 사이의 관계를 매개하는 데 작용할 수 있는 다양한 요인들에 대해 자신 있게 단언할 수 없다. 우리는 우리의 사례 연구 결과를 "여성이 남성보다 자신의 정서를 더 많이 표현하거나 공유한다"라는 단순한 결론으로 환원하지 않으려고 주의한다. 트위터에서 젠더 규범을 따르는 사용자들이 다수를 차지하면서 다른 사용자들을 압도하고 있는 것일 수도 있다. 따라서 특히 머신러닝, 분류기, 빅데이터의 시대에 우리는 향후 연구가 젠더 수행성의 더욱 미묘한 차이들을 감지하는 방법에 초점을 맞춰야 한다고 생각한다. 예컨대 사회적 역할에 따른 기쁨의 표현에는 얼마만큼의 차이가 있는가? 젠더 차별화된 사회적 역할은 소셜미디어의 반공개 환경에서 작용할 수 있고 심지어 더 큰 영향력을 발휘할 수도 있다. 우리는 소셜 네트워크 구성원들로 구성된 활동적 청중이 있을 때 우리에게 기대되는 젠더 역할에 부합하는 행동을 하려는 경향이 더 강하다. 다른 한편으로 의사소통의 반공개적 성격은 수행성과 정체성 구축이라는 요소를 더하는데, 이것은 젠더 구성의 효과를 넘어 언어 사용에 영향을 미칠 수 있다.

옮긴이 후기

감정 문제는 고대로부터 철학자들에게 상당한 골칫거리였다. 그들은 이성을 인간이 품은 신적(神的)인 부분이나 인간 존엄성의 원천이라며 한껏 추켜세웠지만, 결코 아무 감정 없는 메마른 인간을 바람직하다고 생각하지도 않았다. 이성은 차갑고 감정은 뜨겁다는 진부한 비유를 빌자면, 바람직한 인간이란 냉정과 열정 사이의 어딘가에 존재해야 했다. 다만 그 어딘가가 정확히 어디인지는 말하기가 어려웠다.

철학의 역사는 종종 이성의 역사라고도 하는 만큼, 철학자들은 대체로 인간의 생각/말/행동을 이끄는 힘이 열정보다는 냉정으로, 즉 감정보다는 이성으로 기울어지기를 바랐다. 사실 우리의 일상에서도 감수성 풍부한 사람이나 따뜻한 심성을 지닌 사람을 칭찬하는 목소리보다는 비합리적으로 생각하고 말하고 행동하는 사람을 질책하는 목소리가 더 높은 듯하다. 그런데 오랜 세월 이성에 대한 철학자들의 각별한 애착은 어쩌면 우리의 정신적 삶을 실질적으로 지배하는 힘이 냉정보다는 열정으로, 즉 이성보다는 감정으로 심히 기울어져 있음을 의식한 결과가 아닐까.

꽤 오래전부터 이러한 흐름이 바뀌기 시작한 듯하다. 사람들은 점점 철학자들이 저마다 열창해 온 사변적 인간상에 대한 흥미를 잃어갔다. 사람들은 닿을 수 없는 존재의 웅장하고 근엄한 초상화보다 자신들의 모습을 있는 그대로 비춰주는 거울과 사진에 마음이 더 끌렸다. 마찬가지로 20세기 전후로 등장한 새로운 학문 분야는 인간의 적나라한 모습과 인간 세상에서 실지로 일어나는 사태들로 눈길을 돌렸다. 그리하여 인간과 인간 세상을 움직이는 더 강력한 힘은 어쩌면 이성이 아니라 감정에서 나오는 것이 아닌가 하는 의혹을 진지하게 검토하기 시작했다.

이른바 '감정으로의 전환(emotional turn)'은 지적 탐구의 새로운 광맥을 열어주었다. 이 광맥에는 예전 철학자나 신학자라면 하찮고 불경하다고 손사래를 쳤을 오만 가지 세속적 호기심이 묻혀 있었다. 실증적 근거를 토대로 우리 마음과 사회 현상을 이해하고자 하는 욕구가 비등하면서 수많은 분과학문이 자생했고 최신 과학기술이 동원되었다. 이 새로운 분과학문과 과학기술을 통한 연구 성과는 인문/사회/자연과학의 모범적 통섭 모델과 감정 문제에 접근하는 다채로운 시각과 통로를 선보였다.

세속적 호기심에서 비약적 발전의 실마리를 얻었지만, 오늘날의 감정 연구는 세분화와 전문화로 인해 일반 대중한테서 다소 멀어진 듯한 인상을 주기도 한다. 그러나 그것은 인간 정신세계의 구조와 인간 행태의 배후에서 작동하는 메커니즘에 대한 실용적 통찰을 꾸준히 제공해 왔고, 이러한 통찰은 알게 모르게 여러 사회제도를 통해 우리의 현실적 삶에 영향을 미치고 있다. 그것은 현재 진행형 프로젝트로서 개인 수준의 감정과 행동을 설명하려는 노력에서 사회/집단/조직과 같은 집합체에서 발생하는 더 현란(眩亂)하고 특수한 현상을 설명하려는 노력으로 나아갔다.

특정 분야 전문가의 관점에서든 일반 독자의 관점에서든 여러 학문 분야에서의 이러한 노력의 진화 과정과 현주소를 종합적으로 살펴볼 기회는 그리 흔하지 않을 수 있다. 그런데 이 책 『집단정서의 재발견』은 바로 그러한 기회를 제공해 줄 수 있는 자료인 듯하다. 이 책은 에밀 뒤르켐(Émile Durkheim: 1858~1917)의 사회학적 통찰에 대한 분석으로부터 오늘날 신경과학의 성과 및 SNS 빅데이터를 활용한 연구에 이르기까지 감정 문제를 다루는 다각적 관점과 연구 동향에 대한 정보를 담고 있다. 특정 분야 관련 전문가의 입장에서는 다른 분야의 접근방식과 동향을 간략히나마 둘러볼 수 있다는 점에서,

일반 독자의 입장에서는 감정 문제와 관련한 여러 분야의 전문적 지식을 일괄할 수 있다는 점에서, 그리고 각 분야의 의욕적 연구자들의 글을 한데 모았다는 점에서, 이 책에 담긴 정보는 상당한 신뢰성과 유용성을 지닌 듯하다.

이 정보를 우리말로 독자에게 전달하는 작업에서 가장 큰 걸림돌이 된 것은 서로 다른 번역어들의 혼재였다. 사실 번역어 혼재의 문제는 이 책에 실린 거의 모든 전문용어에서 드러난다. 당장 이 책의 제목에서 'emotion'을 우리말로 어떻게 번역할까부터 엄청난 고민거리였다. 각종 사전을 참조하면, 예컨대 영어 낱말 emotion, sentiment, feeling, affection을 모두 우리말 '감정'으로 번역할 수 있다. 그런데 이 책의 본문 곳곳에서 이들 가운데 둘 혹은 셋이 한 문장에 때로는 한 문단에 동시에 나타나기도 한다. 또한 동일 분야의 학술논문들에서 우열을 가리기 어려운 비율로 'emotion'을 '감정'이라 번역하기도 하고 '정서'라 번역하기도 한다. 다른 낱말들도 사정은 별반 다르지 않다.

이 문제를 돌파하기 위해 내가 내린 결단은 위의 네 낱말들에 각각 서로 다른 우리말 낱말을 거의 일관적으로 대입하는 것이었다. 그리하여 'emotion'의 경우 몇몇 심리학 전문 학자의 조언을 받아들여 '정서'로 번역하기로 했다. 의학용어를 비롯해 다른 전문용어에 대해서도 크게 고민하지 않고 검색을 통해 가장 빈번하게 발견되는 번역어를 일관적으로 적용했다. 향후로도 번역어 문제에 대해서는 전문 학자들의 의견을 경청하면서 개선해 나갈 예정이다. 말하자면 이 책의 번역 작업도 감정 연구처럼 현재 진행형이다.

사람들 사이의 갈등은 어제오늘의 일이 아니다. 인간 사회가 복잡해질수록 그 갈등은 더 광범위해지고 난해해진다. 우리는 우리가 관여하는 관계들의 수만큼 많은 갈등을 품고 살아가는데, 집단정서는 이러한 갈등의 한 주요 원천인 듯하다. 그런데 우리의 사회적 삶에 막대한 영향을 미치는 집단정서는 아직 모든 면에서 의문투성이다. 그것이 정확히 무엇인지, 어떻게 형성되는지, 우리의 개인 정서와 행동에 어떻게 영향을 미치는지, 우리의 삶에 긍정적인지 부정적인지, 그리고 현재 그것에 관한 우리의 탐구는 어디쯤 와있는지는 여전히 불분명하다. 어쩌면 이 책을 끝까지 읽더라도 이러한 물음들에 관한 선명한 해답은 얻을 수 없을지 모른다. 그럼에도 이 책은 이러한 물음들에 관한 탐구가 왜 우리에게 중요한지를 생각해 보게 해준다.

철학자로서 이 책의 번역 작업은 내가 알고 믿던 것 전부를 되돌아보는 소중한 계기가 되었다. 특히 다른 학문 분야에 대한 무지와 선입견을 절실히 깨닫게 해주었다. 그렇기에 이 책의 번역 작업을 제안하고 지원해 준 경희대학교 부설 비폭력연구소에 깊은 감사를 드린다.

회기동 연구실에서

강준호

- 참고문헌 -

서론

Ahmed, S., (2004), *The Cultural Politics of Emotion, Edinburgh*: The Edinburgh University Press.

Branscombe, N. R. & Doosje, B. (Eds.), (2004), *Collective Guilt: International Perspectives*, New York, NY: Cambridge University Press.

Durkheim, E., (1995), *The Elementary Forms of the Religious Life*, New York, NY: Free Press. (초판 1912년)

Canetti, E., (1960), *Masse und Macht*, Hamburg: Claassen.

Clark, A. & Chalmers, D., (1998), The extended mind, *Analysis*, 58(1), 7-18.

Gamson, W., (1992), *Talking Politics*, Cambridge: Cambridge University Press.

Gallagher, S. & Crisafi, A., (2009), Mental institutions, *Topoi*, 28(1), 45-51.

Gilbert, M., (2002), Collective guilt and collective guilt feelings, *The Journal of Ethics*, 6(2), 115-143.

Goodwin, J., Jasper, J. M., & Polletta, F., (Eds.), (2001), *Passionate Politics, Emotions and Social Movements*, Chicago, IL: The University of Chicago Press.

Gould, D., (2009), *Moving Politics: Emotion and ACT UP's Fight against AIDS*, Chicago, IL: University of Chicago Press.

Le Bon, G., (1895), *The Crowd. A Study of the Popular Mind*, London: Benn.

McClelland, J. S., (1989), *The Crowd and the Mob*, London: Unwin Hyman.

McDougall, W., (1920), *The Group Mind*, New York, NY: Putnam.

McPhail, C., (1991), *The Myth of the Madding Crowd*, New York, NY: Gruyter.

Parkinson, B., Fischer, A., & Manstead, T., (2005), *Emotions in Social Relations*, New York, NY: Psychology Press.

Petersen, R. D., (2003), *Understanding Ethnic Violence*, New York, NY: Cambridge University Press.

Reicher, S., (2001), The psychology of crowd dynamics, In M. A. Hogg and R. S. Tindale (Eds.), *The Blackwell Handbook of Social Psychology*: Group Processes, Oxford: Blackwell, (pp. 182-208).

Scheff, T. & Retzinger, S., (1991), *Emotions and Violence: Shame and Rage in Destructive Conflicts, Lexington*, MA: Lexington Books.

Scheler, M., (2004), *Das Ressentiment im Aufbau der Moralen*, Frankfurt am Main: Klostermann. (1912년 초판)

Searle, J., (1995), *The Construction of Social Reality*, New York, NY: The Free Press.

Tarde, G., (1890), *Les lois de l'imitation. Étude sociologique*, Paris: Felix Alcan.

Tiedens, L. & Leach, C. W. (Eds.), (2004), *The Social Life of Emotions*, Cambridge: Cambridge University Press.

Tuomela, R., (2007), *The Philosophy of Sociality*, New York, NY: Oxford University Press.

Ⅰ 개념적 관점

1. 그룹에 속한 느낌: 기업정서와 집단의식

Arico, A., (2010), Folk psychology, consciousness, and context effects, *Review of Philosophy and Psychology*, 1(3), 371-93.

Arico, A., Fiala, B., Goldberg, R., & Nichols, S., (2011), The Folk Psychology of Consciousness, *Mind & Language*, 26(3), 327-352.

Dennett, D. C., Cognitive Wheels: The Frame Problem in AI. In C. Hookway (Ed.), (1984), *Minds, Machines, and Evolution: Philosophical Studies*, Cambridge: Cambridge University Press, (pp. 129-152).

Dennett, D. C., (2005), What Do You Believe Is True Even Though You Cannot Yet Prove It?, In J. Brockman (Ed.), *Edge, The World Question Center*.

Flam, H., (2002), Corporate Emotions and Emotions in Corporations, In J. Barbalet (Ed.), *Emotions and Sociology*, Oxford: Blackwell Publishing, (pp. 90-112).

Frankfurt, H., (2005), *On Bullshit*, Princeton: Princeton University Press.

Gilbert, M., (1998), *On Social Facts*, London: Routledge, 1998.

Gilbert, M., (1997), Group Wrongs and Guilt Feelings, *The Journal of Ethics*, 1, 65-84.

Gilbert, M., (2002), Collective Guilt and Collective Guilt Feelings, *The Journal of Ethics,* 6, 115-143.

Goldie, P., (2012), *The Mess Inside. Narrative, Emotion, and the Mind*, Oxford: Oxford University Press.

Huebner, B., Bruno, M., & Sarkissian, H., (2010), What Does the Nation of China Think About Phenomenal States?, *Review of Philosophy and Psychology*, 1(2), 225-243.

Kahnemann, D., (2011), *Thinking Fast and Slow, New York*, Farrar, Straus & Giroux, 2011.

Knobe, J. & Prinz, J., (2008), Intuitions about consciousness: experimental studies, *Phenomenology and the Cognitive Sciences*, 7, 67-83.

Konzelmann Ziv, A., (2007), Collective Guilt Feeling Revisited, *Dialectica*, 61(3), 2007, 467-493.

Konzelmann Ziv, A., (2009), The Semantics of Shared Emotion, *Universitas Philosophica*, 26(52), 81-106.

Krebs, A., (2010), Vater und Mutter stehen an der Leiche des geliebten Kindes, *Allgemeine Zeitschrift für Philosophie*, 35(1), 9-43.

Kriegel, U., (2009), *Subjective Consciousness. A Self-Representational Theory*, Oxford: Oxford University Press.

List, C. & Pettit, P., (2011), *Group Agents. The Possibility, Design and Status of Group Agents*, Oxford: Oxford University Press.

Pettit, P., Groups with Minds of Their Own, In F. Schmitt (Ed.), (2004), *Socializing Metaphysics*, New York: Rowman and Littlefield, (pp. 167-193).

Rovane, C., (1998), *The Bounds of Agency*, Princeton: Princeton University Press.

Rovane, C., (2004), What Is an Agent?, *Synthese*, 140, 181-198.

Salmela, M., Shared emotions, (2012), *Philosophical Explorations: An International Journal for the Philosophy of Mind and Action*, 15(1), 33-46.

Sanchez Guerrero, A., Gemeinsamkeitsgefühle und Mitsorge, In J. Slaby, A. Stefan, H. Walter & S. Walter (Eds.), (2011), *Affektive Intentionalität. Beiträge zur welterschließenden Funktion der menschlichen Gefühle,*

Paderborn: Mentis, (pp. 252-282).

Sanchez Guerrero, A., (2016), *Feeling Together and Caring with One Another, Springer.*

Scheler, M., (1954), *The Nature of Sympathy*, New York: Routledge and Kegan. (1912년 초판)

Scheler, M., (1973), *Formalism in Ethics and Non-Formal Ethics of Values: A New Attempt toward the Foundation of an Ethical Personalism*, Evanston, IL: Northwestern University Press. (1912-1916년 초판)

Schmid, H. B., (2009), *Plural Action. Essays in Philosophy and Social Science*, Hamburg: Springer.

Schmid, H. B., (2013), *Plural Self-Awareness. Phenomenology and the Cognitive Sciences*, Advance online publication. [doi: 10.1007/s11097-013-9317-z]

Slaby, J., Matthew Ratcliffes phänomenologische Theorie existenzieller Gefühle, In A. Schnabel & R. Schützeichel (Eds.), (2012), *Emotionen, Sozialstruktur und Moderne*, Wiesbaden: Springer, (pp. 75-91).

Solomon, R., (1973), Emotions and Choice, *The Review of Metaphysics*, 27(1), 20-41.

Sosa, D., (2009), What is it Like to Be a Group?, *Social Philosophy and Policy*, 26, 212-226.

Stocker, M., The Irreducibility of Affectivity. In R. Solomon (Ed.), (2003), *What Is an Emotion? Classic and Contemporary Readings*, New York: Oxford University Press, (pp. 258-264).

Zahavi, D., (2005), *Subjectivity and Selfhood. Investigating the First Person Pe-rspective*, Cambridge Mass.: MIT Press.

2. 우리는 어떻게 느끼는가: 일상적 집단정서 귀속

Dewey, J., (1895), The theory of emotion, (2) The significance of emotions, *Psychological Review*, 2, 1895, 13-32.

Gilbert, M., (1987), Modelling collective belief, *Synthese*, 73, 185-204.

Gilbert, M., (1989), *On Social Facts*, London: Routledge and Kegan Paul.

Gilbert, M., (1996), *Living Together*, Lanham, MD: Rowman and Littlefield.

Gilbert, M., (1997), Group wrongs and guilt feelings, *Journal of Ethics*, 1, 65-84.

Gilbert, M., (2000), *Sociality and Responsibility*, Lanham, MD: Rowman and Littlefield.

Gilbert, M., (2006), *A Theory of Political Obligation*, Oxford: Oxford University Press.

Gilbert, M., (2012), Giving claim-rights their due, In B. Bix & H. Spector (Eds.), *Rights: Concepts and Contexts*, Farnham: Ashgate, 301-324.

Gilbert, M., (2013a), Commitment. In H. LaFollette (Ed.), *International Encyclopedia of Ethics*, Oxford: Wiley-Blackwell, 2013a, (pp. 899-905).

Gilbert, M., (2013b), *Joint Commitment*, New York, NY: Oxford University Press, 2013b.

Gilbert, M., (2014), The nature of agreements: a solution to some puzzles about claim-rights and joint intention, In M. Vargas & G Yaffe (Eds.), *Rational and Social Agency*, New York, NY: Oxford University Press.

Gilbert, M. & Pilchman, D., (2014), Individual versus collective epistemology, In J. Lackey (Ed.), *Essays in Collective Epistemology*, New York, NY: Oxford University Press.

Jaspers, K., (1947), *The Question of German Guilt*, New York: NY: Capricorn Books.

Kutz, C., 2001, *Complicity*, Cambridge: Cambridge University Press.

Nussbaum, M., 2001, *Upheavals of Thought*, Cambridge: Cambridge University Press.

Quinton, A., Social objects, 1975, *Proceedings of the Aristotelian Society*, 76, 1-27.

Salmela, M., Shared emotions, 2012, *Philosophical Explorations*, 15, 33-46.
Shaffer, J., An assessment of emotion, (1983), *American Philosophical Quarterly*, 20, 161-172.
Weber, M., (1964), *The Theory of Social and Economic Organization*, New York, NY: Free Press.

3. 정서와 확장된 마음

Adams, F. & Aizawa, K., (2001), The bounds of cognition, *Philosophical Psychology*, 14, 43-64.
Anderson, B., (2009), Affective atmospheres, *Emotions, Space and Society*, 2, 77-81.
Barrett, L. F. & Bar, M., (2009), See it with feeling: Affective predictions during object perception, *Philosophical Transactions of the Royal Society B*, 364, 1325-1334.
Clark, A., (2002), Minds, brains, and tools. In H. Caplan (Ed.), *Philosophy of Mental Representations, Oxford*: Oxford University Press, (pp. 66-90).
Clark, A., (2008), *Supersizing the Mind*, Oxford: Oxford University Press.
Clark, A., (2009), Spreading the joy. Why the machinery of consciousness is (probably) still in the head. Mind, 118(472), 963-993.
Clark, A. & Chalmers, D., (1998), The extended mind, *Analysis*, 58, 7-19.
Columbetti, G. & Thompson, E., (2008), The feeling body: Toward an enactive approach to emotion. In W. F. Overton, U. Mueller & J. L. Newman (Eds.), *Developmental Perspectives on Embodiment and Consciousness*, New York, NY: Lawrence Erlbaum, (pp. 45-68).
Damasio, A. R., (1999), *The Feeling of What Happens: Body and Emotion in the Making of Consciousness*, New York, NY: Harcourt.
Davidson, R. J., (2000), Cognitive neuroscience needs affective neuroscience (and vice versa), *Brain & Cognition*, 42, 89-92.
De Jaegher, H. & Di Paolo, E., (2007), Participatory sense-making: An enactive approach to social cognition. *Phenomenology and the Cognitive Sciences*, 6(4), 485-507.
de Rivera, J., (1992), Emotional climate: Social structure and emotional dynamics. In K. T. Strongman (Ed.), *International Review of Studies on Emotion*, Vol. 2, New York, NY: John Wiley, (pp. 199-218).
Dennett, D. D., (2000), Making tools for thinking, In D. Sperber (Ed.), *Metarepresentations: A Multidisciplinary Perspective*, Oxford: Oxford University Press, (pp. 17-29).
Di Paolo, E., (2009), Extended life, *Topoi*, 28(1), 9-21.
Dretsk. F., (1988), *Explaining Behavior: Reasons in a World of Causes*, Cambridge, MA: MIT Press.
Froese, T. & Fuchs. T., (2012), The extended body: A case study in the phenomenology of social interaction, *Phenomenology and the Cognitive Sciences*, 11, 205-235.
Gallagher, S., Phenomenology and experimental design, *Journal of Consciousness Studies*, 10(9-10), 2003, 85-99.
Gallagher, S., *How the Body Shapes the Mind*, Oxford: Oxford University Press, 2005.
Gallagher, S. & Crisafi, A., Mental institutions, *Topoi*, 28(1), 2009, 45-51.
Goldie, P., *The Emotions. A Philosophical Exploration*, Oxford: Clarendon Press, 2000.
Griffiths, P. & Scarantino, A., (2009), Emotions in the wild. In P. Robbins & M. Aydede (Eds.), *The Cambridge Handbook of Situated Cognition*, Cambridge: Cambridge University Press, (pp. 437-453).

Haugeland, J., (1998), *Having Thought: Essays in the Metaphysics of Mind*, Cambridge, MA: Harvard University Press.

Helm, B. W., (2001), *Emotional Reason, Deliberation, Motivation, and the Nature of Value*, Cambridge: Cambride University Press.

Hurley, S., (2010), The varieties of externalism. In R. Menary(Ed.), *The Extended Mind*, Cambridge, MA: MIT Press, (pp. 101-153).

Illouz, E., (2007), *Cold Intimacies: The Making of Emotional Capitalism*, London: Polity Press.

Krueger, J., (2009), Empathy and the extended mind, *Zygon*, 44(3), 675-698.

Krueger, J., (2011), Extended cognition and the space of social interaction, *Consciousness and Cognition*, 20(3), 643-657.

Levinson, J., (2009), The aesthetic appreciation of music, *British Journal of Aesthetics*, 49(4), 415-425.

Massumi, B., (1995), The autonomy of affect, *Cultural Critique*, 31, 83-109.

Menary, R., (2006), Attacking the bounds of cognition, *Philosophical Psychology*, 19, 329-344.

Menary, R., (2010), *The Extended Mind*, Cambridge, MA: MIT Press.

Merleau-Ponty, M., (1962), *Phenomenology of Perception*, London: Routledge & Kegan. (1945년 초판)

Musil, R., (1978), *Der Mann Ohne Eigenschaften*, Reinbek bei Hamburg: Rowohlt.

Prinz, J., (2004), *Gut Reactions: 11 Perceptual Theory of Emotio*n, Oxford: Oxford University Press.

Ratcliffe, M., (2008), *Feelings of Being. Phenomenology*, Psychiatry, and the Sense of Reality, Oxford: Oxford University Press.

Rupert, R., (2004), Challenges to the hypothesis of extended cognition, *Journal of Philosophy*, 101, 389-428.

Scarantino, A., (2003), Affordances explained, *Philosophy of Science*, 70, 949-961.

Schmitz, H., Müllan, R. 0., & Slaby, J., (2011), Emotions outside the box: new phenomenology of feelings and corporeality, *Phenomenology and the Cognitive Sciences*, 10, 241-259.

Slaby, J., (2008a), *Gefühl und Weltbezug. Die menschliche Affektivität im Kontext einer neo-existentialistischen Konzeption von Personalität*, Paderborn: Mentis.

Slaby, J., (2008b), fective intentionality and the feeling body, *Phenomenology and the Cognitive Sciences*, 7(4), 429-444.

Slaby, J., Katz, G., Kühnberger, (2006), K.-U. & Stephan, A., Embodied targets, or the origin of mind tools. *Philosophical Psychology*, 19, 103-118.

Slaby, J., Paskaleva, A., & Stephan A., (2013), Enactive emotion and impaired agency in depression, *Journal of Consciousness Studies*, 20(7-8), 33-55.

Slaby, J. & Stephan, A., (2008), Affective intentionality and self-consciousness, *Consciousness and Cognition*, 17, 506-513.

Solomon, R. C., (1976), *The Passions: Emotions and the Meaning of Life*, New York, NY: Doubleday.

Thompson, E., (2007), *Mind in Life: Biology, Phenomenology, and the Sciences of the Mind*, Cambridge, MA: Harvard University Press.

Thompson, E. & Stapleton, M., (2009), Making sense of sense-making: Reflections on enactive and extended mind theories, *Topoi*, 28(1), 23-30.

Wilutzky, W., Stephan, A., & Walter, S., (2011), Situierte Affektivität. In J. Slaby, A. Stephan, H. Walter & S. Walter (Eds.), *Affektive Intentionalität: Beiträge zur welterschließenden Funktion der Emotionen*, Paderborn:

Mentis, (pp. 283-320).

4. 존중의 정서적 공동체

Bennett, J., Accountability (ii). In M. Mckenna & P. Russell (Eds.), (2008), *Free Will and Reactive Attitudes: Perspectives on P. F. Strawson's "Freedom and Resentment"*, Burlington, VT: Ashgate, (pp. 47-68).

Darwall, S. L., (2006), *The Second-Person Standpoint: Morality, Respect, and Accountability*, Cambridge, MA: Harvard University Press.

Gibbard, A., (1990), *Wise Choices, Apt Feelings: A Theory of Normative Judgment*, Cambridge, MA: Harvard University Press.

Gilbert, M., (2000), *Sociality and Responsibility: New Essays in Plural Subject Theory*, Lanham, MD: Rowman and Littlefield.

Helm, B. W., (2001), *Emotional Reason: Deliberation, Motivation, and the Nature of Value*, Cambridge: Cambridge University Press.

Helm, B. W., (2008), Plural Agent, *Noûs*, 42(1), 17-49.

Helm, B. W., (2010), *Love, Friendship, and the Self: Intimacy, Identification, and the Social Nature of Persons*, Oxford: Oxford University Press.

Helm, B. W., (2011), Responsibility and dignity: Strawsonian themes. In C. Bagnoli (Ed.), *Morality and the Emotions*, Oxford: Oxford University Press, (pp. 217-234).

Helm, B. W., (2012), Accountability and some social dimensions of human agency, *Philosophical Issues*, 22, 217-232.

Holton, R., (1994), Deciding to trust, coming to believe, *Australasian Journal of Philosophy*, 72(1), 63-76.

Jones, K., (1996), Trust as an affective attitude, *Ethics*, 107(1), 1996, 4-25.

McGeer, V., (2008), Trust, hope and empowerment, *Australasian Journal of Philosophy*, 86(2), 2008, 237-254.

Strawson, P. F., (1962), Freedom and resentment, *Proceedings of the British Academy*, 48, 1962, 187-211.

Tuomela, R., (2007), *The Philosophy of Sociality: The Shared Point of View*, Oxford: Oxford University Press,.

Twain, M., (1885), *The Adventures of Huckleberry Finn (Tom Sawyer's Comrade)*, New York, NY: Charles L. Webster and Company.

Wallace, R. J., (1994), *Responsibility and the Moral Sentiments*, Cambridge, MA: Harvard University Press.

II 대면 상호작용에서 집단정서

1. 집단정서에 대한 공감의 사회신경과학적 통찰

Bargh, J. A., The four horsemen of automaticity: Awareness, efficiency, intention, and control in social cognition. In R. S. Wyer & T. K. Srull (Eds.), (1994), *Handbook of Social Cognition* (2nd ed., pp. 1-40), Hillsdale, NJ: Erlbaum.

Bastiaansen, J. A., Thioux, M., & Keyers, C., (2009), Evidence for mirror systems in emotions, *Philosophical Transactions of the Royal Society B: Biological Science*, 364, 2391-2404.

Batson, C. D., (1991), *The Altruism Question: Toward a Social Psychological Answer*, Hillsdale, NJ: Erlbaum.

Batson, C. D., (2008), These things called empathy. In J. Decety & W. Ickes (Eds.), *The Social Neuroscience of Empathy*, Cambridge, MA: The MIT Press, (pp. 3-16).

Ben-Ami Bartal, I., Decety, J., & Mason, P., (2011), Empathy and pro-social behavior in rats. *Science*, 334, 1427-1430.

Bird, G., Silani, G., Brindley, R., White, S., Frith, U., & Singer, T., (2010), Empathic brain responses in insula are modulated by levels of alexithymia but not autism, *Brain*, 133, 1515-1525.

Blakemore, S. J., Bristow, D., Bird, G., Frith, C., & Ward, J., (2005), Somatosensory activations during the observation of touch and a case of vision-touch synaesthesia, *Brain*, 128, 1571-1583.

Brass, M., Ruby, P., & Spengler, S., (2009), Inhibition of imitative behaviour and social cognition, *Philosophical Transactions of the Royal Society B: Biological Science*, 364, 2359-2367.

Chartrand, T. L. & Bargh, J. A., (1999), The chameleon effect: The perception-behavior link and social interaction, *Journal of Personality and Social Psychology*, 76, 893-910.

Ciompi, L. & Endert, E., (2011), *Gefühle machen Geschichte. Die Wirkung kollektiver Emotionen von Hitler bis Obama*, Göttingen: Vandenhoeck & Ruprecht.

Corradi-Dell'Acqua, C., Hofstetter, C., & Vuilleumier, P., (2011), Felt and seen pain evoke the same local patterns of cortical activity in insular and cingulate cortex, *The Journal of Neuroscience*, 31, 17996-18006.

Craig, A. D., (2002), How do you feel? Interoception: The sense of the physiological condition of the body, *Nature Reviews Neuroscience*, 3, 655-666.

Craig, A. D., (2003), Interoception: The sense of the physiological condition of the body, *Current Opinion in Neurobiology*, 13, 500-505.

Craig, A. D., (2009), How do you feel-now? The anterior insula and human awareness, *Nature Reviews Neuroscience*, 10, 59-70.

Critchley, H. D., (2005), Neural mechanisms of autonomic, affective, and cognitive integration, *The Journal of Comparative Neurology*, 493, 154-166.

Critchley, H. D., Wiens, S., Rotshtein, P., Ohman, A., & Dolan, R. J., (2004), Neural systems supporting interoceptive awareness, *Nature Neuroscience*, 7, 189-195.

Damasio, A. R., (1994), Descartes' error and the future of human life, *Scientific American*, 271, 144.

de Vignemont, F. & Singer, T., (2006), The empathic brain: How, when and why?, *Trends in Cognitive Science*, 10, 435-441.

de Waal, F. B., (2008), Putting the altruism back into altruism: The evolution of empathy, *Annual Review of Psychology*, 59, 279-300.

Decety, J., (2005), Perspective taking as the royal avenue to empathy, In B. F. Malle & S. D. Hodges (Eds.), *Other Minds: How Humans Bridge the Divide Between Self and Other*, New York, NY: Guilford Publications, (pp. 135-149).

Decety, J. & Keenan, J. P., (2006), *Social Neuroscience*: a new journal, Social Neuroscience, 1, 1-4.

Decety, J. & Lamm, C., (2006), Human empathy through the lens of social neuroscience, *The Scientific World Journal*, 6, 1146-1163.

Dimberg, U. & Oehman, A., (1996), Behold the wrath: Psychophysiological responses to facial stimuli, *Motivation and Emotion*, 20, 149-182.

Eisenberg, N., (2000), Emotion, regulation, and moral development, *Annual Review of Psychology*, 51, 665-697.

Eisenberg, N., Fabes, R. A., Miller, P. A., (1989), Fultz, J., Shell, R., Mathy, R. M., & Reno, R. R., Relation of sympathy and personal distress to prosocial behavior: a multimethod study, *Journal of Personality and Social Psychology*, 57, 55-66.

Fan, Y., Duncan, N. W., De Greck, M., & Northoff, G., (2011), Is there a core neural network in empathy? An fMRI based quantitative meta-analysis, *Neuroscience & Biobehavioral Reviews*, 35, 903-911.

Gallese, V., (2003), The roots of empathy: the shared manifold hypothesis and the neural basis of intersubjectivity, *Psychopathology*, 36, 171-180.

Gu, X. & Han, S., (2007), Attention and reality constraints on the neural processes of empathy for pain, *NeuroImage*, 36, 256-267.

Hatfield, E., Rapson, R. L., & Le, Y. L., (2008), Emotional contagion and empathy, In J. Decety & W. Ickes (Eds.), *The Social Neuroscience of Empathy*, Boston, MA: MIT Press, (pp. 19-30).

Hein, G., Lamm, C., Brodbeck, C., & Singer, T., (2011), Skin conductance response to the pain of others predicts later costly helping, *PLoS ONE*, 6, e22759.

Hein, G., Silani, G., Preuschoff, K., Batson, C. D., & Singer, T., (2010), Neural responses to ingroup and outgroup members' suffering predict individual differences in costly helping, *Neuron*, 68, 149-160.

Hein, G. & Singer, T., (2008), I feel how you feel but not always: The empathic brain and its modulation, *Current Opinion in Neurobiology*, 18(2), 153-158.

Heyes, C., (2013), What can imitation do for cooperation? In B. Calcott, R. Joyce & K. Stereiny (Eds.), *Signalling, Commitment and Emotion*, Cambridge, MA: MIT Press.

Hoffman, M. L., (2000), *Empathy and Moral Development*, Cambridge: Cambridge University Press.

Jabbi, M., Bastiaansen, J., & Keyers, C., (2008), A common anterior insula representation of disgust observation, experience and imagination shows divergent functional connectivity pathways, *PLoS One*, 3, e2939.

Jabbi, M., Swart, M., & Keyers, C., (2007), Empathy for positive and negative emotions in the gustatory cortex, *NeuroImage*, 34, 1744-1753.

Keysers, C., Wicker, B., Gazzola, V., Anton, J. L., Fogassi, L., & Gallese, V., (2004), A touching sight: SII/PV activation during the observation and experience of touch, *Neuron*, 42, 335-346.

Lamm, C., Decety, J., & Singer, T., (2011), Meta-analytic evidence for common and distinct neural networks associated with directly experienced pain and empathy for pain, *NeuroImage*, 54, 2492-2502.

Lamm, C. & Singer, T., (2010), The role of anterior insular cortex in social emotions, *Brain Structure and Function*, 214, 579-591.

Lamm, C., Meltzoff, A. N., & Decety, J., (2007), The neural substrate of human empathy: effects of perspective-taking and cognitive appraisal, *Journal of Cognitive Neuroscience*, 19, 42-58.

Lamm, C., Meltzoff, A. N., & Decety, J., (2010), How do we empathize with someone who is not like us? A functional magnetic resonance imaging study, *Journal of Cognitive Neuroscience*, 22, 362-376.

Lamm, C., Nusbaum, H. C., Meltzoff, A. N., & Decety, J., (2007), What are you feeling? Using functional magnetic resonance imaging to assess the modulation of sensory and affective responses during empathy for pain, *PLoS ONE*, 12, e1292.

Lamm, C., Porges, E. C., Cacioppo, J. T., & Decety, J., (2008), Perspective taking is associated with specific facial responses during empathy for pain, *Brain Research*, 1227, 153-161.

Lanzetta, J. T. & Englis, B. S., (1989), Expectations of cooperation and competition and their effects on observers' vicarious emotional responses, *Journal of Personality and Social Psychology*, 56, 543-554.

Lieberman, M. D., (2007), Social cognitive neuroscience: A review of core processes, *Annual Review of Psychology*, 58, 259-289.

Preston, S. D. & De Waal, F. B.M., (2002), Empathy: Its ultimate and proximate bases, *Behavioral and Brain Sciences*, 25, 1-72.

Prinz, W., (2005), Experimental approaches to action, In J. Roessler & N. Eilan (Eds.), *Agency and Self-Awareness*, New York, NY: Oxford University Press, (pp. 165-187).

Rameson, L. T., Morelli, S. A., & Lieberman, M. D., (2012), The neural correlates of empathy: Experience, automaticity, and prosocial behavior, *Journal of Cognitive Neuroscience*, 24, 235-245.

Rizzolatti, G. & Craighero, L., (2004), The mirror-neuron system, *Annual Review of Neuroscience*, 27, 169-192.

Rolls, E., (2007), *Emotion Explained*, Oxford: Oxford University Press.

Rolls, E. T., (2004), The functions of the orbitofrontal cortex, *Brain and Cognition*, 55, 11-29.

Silani, G., Bird, G., Brindley, R., Singer, T., Frith, C., & Frith, U., (2008), Levels of emotional awareness and autism: An fMRI study, *Social Neuroscience*, 3, 97-112.

Silani, G., Lamm, C., Ruff, C.C., & Singer, T., (2013), Right supramarginal gyrusis crucial to overcome emotional egocentricity bias in social judgments, *Journal of Neuroscience*, 33(39), 15466-15476.

Singer, T., (2006), The neuronal basis and ontogeny of empathy and mind reading: Review of literature and implications for future research, *Neuroscience & Biobehavioral Reviews*, 30, 855-863.

Singer, T., Critchley, H. D., & Preuschoff, K., (2009), A common role of insula in feelings, empathy and uncertainty, *Trends in Cognitive Science*, 13, 334-340.

Singer, T. & Lamm, C., (2009), The social neuroscience of empathy, *Annals of the New York Academy of Sciences*, 1156, 81-96.

Singer, T., Seymour, B., O'Doherty, J., Kaube, H., Dolan, R. J., & Frith, C. D., (2004), Empathy for pain involves the affective but not the sensory components of pain, *Science*, 303, 1157-1161.

Sonnby-Borgstrom, M., (2002), Automatic mimicry reactions as related to differences in emotional empathy, *Scandinavian Journal of Psychology*, 43, 433-443.

Valentini, E. & Koch, K., (2012), Fine-grained analysis of shared neural circuits between perceived and observed pain: Implications for the study of empathy for pain, *Journal of Neurophysiology*, 108(7), 1805-1807.

van Baaren, R. B., Horgan, T. G., Chartrand, T. L., & Dijkmans, M., (2004), The forest, the trees, and the chameleon: Context dependence and mimicry, *Journal of Personality and Social Psychology*, 86, 453-509.

Van Overwalle, F., (2011), A dissociation between social mentalizing and general reasoning, *NeuroImage*, 54, 1589-1599.

Waytz, A., Zaki, J., & Mitchell, J. P., (2012), Response of dorsomedial prefrontal cortex predicts altruistic behavior, *The Journal of Neuroscience*, 32, 7646-7650.

Wicker, B., Keyers, C., Plailly, J., Royet, J. P., Gallese, V., & Rizzolatti, G., (2003), Both of us disgusted in my insula: The common neural basis of seeing and feeling disgust, *Neuron*, 40, 655-664.

Yamada, M., Lamm, C., & Decety, J., (2011), Pleasing frowns, disappointing smiles: an ERP investigation of

counterempathy, *Emotion*, 11, 1336-1345.
Zaki, J. & Ochsner, K., (2012), The neuroscience of empathy: progress, pitfalls and promise, *Nature Neuroscience*, 15, 675-680.

2. 사회적 상호작용에서 주의 우선순위결정의 신경인지 메커니즘

Adolphs, R., Gosselin, F., Buchanan, T. W., (2005), Tranel, D., Schyns, P., & Damasio, A. R., A mechanism for impaired fear recognition after amygdala damage, *Nature*, 433, 68-72.

Amaral, D. G., Behniea, H., & Kelly, J. L., (2003), Topographic organization of projection-s from the amygdala to the visual cortex in the macaque monkey, *Neuroscience*, 118, 1099-1120.

Baron-Cohen, S., Campbell, R., Karmiloff-Smith, R., Grant, J., & Walker, J., (1995), Are children with autism blind to the mentalistic significance of the eyes?, *British Journal of Developmental Psychology*, 13, 379-398.

Bayliss, A. P., Frischen, A., Fenske, M. J., & Tipper, S. P., (2007), Affective evaluations of objects are influenced by observed gaze direction and emotional expression, *Cognition*, 104, 644-653.

Bayliss, A. P. & Tipper, S. P., (2006), Predictive gaze cues and personality judgments: Should eye trust you?, *Psychological Science*, 17, 514-520.

Bertels, J., Kolinsky, R., & Morais, J., (2010), Emotional valence of spoken words influences the spatial orienting of attention, *Acta Psychologica*, 134, 264-278.

Brewer, M. B., (1988), A dual process model of impression formation, In T. Srull & R. Wyer (Eds.), *Advances in Social Cognition*, Hillsdale, NJ: Erlbaum, Vol. 1, (pp. 1-36).

Brooks, R. & Meltzoff, A. N., (2005), The development of gaze following and its relation to language, *Developmental Science*, 8, 535-543.

Brosch, T., Grandjean, D., Sander, D., & Scherer, K. R., (2009), Cross-modal emotional attention: Emotional voices modulate early stages of visual processing, *Journal of Cognitive Neuroscience*, 21, 1670-1679.

Brosch, T., Pourtois, G., & Sander, D., (2010), The perception and categorization of emotional stimuli: A review, *Cognition and Emotion*, 24, 377-400.

Brosch, T., Pourtois, G., Sander, D., & Vuilleumier, P., (2011), Additive effects of emotional, endogenous, and exogenous attention: behavioral and electrophysiological evidence, *Neuropsychologia*, 49, 1779-1787.

Brosch, T., Sander, D., Pourtois, G., & Scherer, K. R., (2008), Beyond fear: Rapid spatial orienting towards positive emotional stimuli, *Psychological Science*, 19, 362-370.

Brosch, T., Sander, D., & Scherer, K. R., (2007), That baby caught my eye…Attention capture by infant faces, *Emotion*, 7, 685-689.

Brosch, T. & Van Bavel, J. J., (2012), The flexibility of emotional attention: Accessible social identities guide rapid attentional orienting, *Cognition*, 125, 309-316.

Calder, A. J., Beaver, J. D., Winston, J. S., Dolan, R. J., Jenkins, R., Eger, E., Henson, N. A., (2007), Separate coding of different gaze directions in the superior temporal sulcus and inferior parietal lobule, Current Biology, 17, 20-25.

Calder, A. J., Rhodes, G., Johnson, M., & Haxby, J. V., (2011), *Oxford Handbook of Face Perception*, Oxford: Ox-

ford University Press.
Corbetta, M. & Shulman, G. L., (2002), Control of goal-directed and stimulus-driven attention in the brain, *Nature Reviews Neuroscience*, 3, 201-215.
Cunningham, W. A. & Brosch, T., (2012), Motivational salience: Amygdala tuning from traits, needs, values, and goals, *Current Directions in Psychological Science*, 21, 54-59.
Desimone, R. & Duncan, J., (1995), Neural mechanisms of selective visual attention, *Annual Review of Neuroscience*, 18, 193-222.
Driver, J., (2001), A selective review of selective attention research from the past century, *British Journal of Psychology*, 92, 53-78.
Egeth, H. E. & Yantis, S., (1997), Visual attention: Control, representation, and time course, *Annual Review of Psychology*, 48, 269-297.
Emery, N. J., (2000), The eyes have it: The neuroethology, function and evolution of social gaze,
Neuroscience and Biobehavioral Reviews, 24, 581-604.
Fazio, R. H., (1986), How do attitudes guide behavior? In R. M. Sorrentino & E. T. Higgins (Eds.), *Handbook of Motivation and Cognition: Foundations of Social Behavior*, New York, NY: Guilford Press, (pp. 204-243).
Fox, E., Russo, R., & Georgiou, G. A., (2005), Anxiety modulates the degree of attentive resources required to process emotional faces, *Cognitive, Affective & Behavioral Neuroscience*, 5, 396-404.
Friesen, C. K. & Kingstone, A., (1998), The eyes have it! Reflexive orienting is triggered by nonpredictive gaze, *Psychonomic Bulletin & Review*, 5, 490-495.
Frischen, A., Bayliss, A. P., & Tipper, S. P., (2007), Gaze cueing of attention: Visual attention, social cognition, and individual differences, *Psychological Bulletin*, 133, 694-724.
Frischen, A., Eastwood, J. D., & Smilek, D., (2008), Visual search for faces with emotional expressions, *Psychological Bulletin*, 134, 662-676.
Graham, R. & Labar, K. S., (2012), Neurocognitive mechanisms of gaze-expression interactions in face processing and social attention, *Neuropsychologia*, 50, 553-566.
Holmes, A., Mogg, K., Garcia, L. M., & Bradley, B. P., (2010), Neural activity associated with attention orienting triggered by gaze cues: A study of lateralized ERPs, *Social Neuroscience*, 5, 285-295.
Hood, B. M., Willen, J. D., & Driver, J., (1998), Adult's eyes trigger shifts of visual attention in human infants, *Psychological Science*, 9, 131-134.
Ishai, A., (2008), Let's face it: It's a cortical network, *Neuroimage*, 40, 415-419.
Jones, B. C., DeBruine, L. M., Little, A. C., Burriss, R. P., & Feinberg, D. R., (2007), Social transmission of face preferences among humans, *Proceedings of the Royal Society B: Biological Sciences*, 274, 899-903.
Kobayashi, H. & Kohshima, S., (1997), Unique morphology of the human eye, *Nature*, 387, 767-768.
MacLeod, C., Mathews, A., & Tata, P., (1986), Attentional bias in emotional disorders, *Journal of Abnormal Psychology*, 95, 15-20.
Mansfield, E. M., Farroni, T., & Johnson, M. H., (2003), Does gaze perception facilitate overt orienting?, *Visual Cognition*, 10, 7-14.
Marois, R. & Ivanoff, J., (2005), Capacity limits of information processing in the brain, *Trends in Cognitive Sciences*, 9, 296-305.

Mogg, K. & Bradley, B. P., (1999), Orienting of attention to threatening facial expressions presented under conditions of restricted awareness, *Cognition and Emotion*, 13, 713-740.

Nummenmaa, L. & Calder, A. J., (2009), Neural mechanisms of social attention, *Trends in Cognitive Sciences*, 13, 135-143.

Öhman, A. & Mineka, S., (2001), Fears, phobias, and preparedness: Toward an evolved module of fear and fear learning, *Psychological Review*, 108, 483-522.

Olofsson, J. K., Nordin, S., Sequeira, H., & Polich, J., (2008), Affective picture processing: An

integrative review of ERP findings, *Biological Psychology*, 77, 247-265.

Posner, M. I., (1980), Orienting of attention, *Quarterly Journal of Experimental Psychology*, 32, 3-25.

Posner, M. I., Snyder, C. R., & Davidson, B. J., (1980), Attention and the detection of signals, *Journal of Experimental Psychology*, 109, 160-174.

Pourtois, G., Grandjean, D., Sander, D., & Vuilleumier, P., (2004), Electrophysiological correlates of rapid spatial orienting towards fearful faces, *Cerebral Cortex*, 14, 619-633.

Pourtois, G., Schettino, A., & Vuilleumier, P., (2013), Brain mechanisms for emotional influences on perception and attention: What is magic and what is not, *Biological Psychology*, 92(3), 492-512.

Pourtois, G., Schwartz, S., Seghier, M. L., Lazeyras, F., & Vuilleumier, P., (2006), Neural systems for orienting attention to the location of threat signals: An event-related fMRI study, *Neuroimage*, 31, 920-933.

Pourtois, G., Thut, G., Grave de Peralta, R., Michel, C., & Vuilleumier, P., (2005), Two electrophysiological stages of spatial orienting towards fearful faces: Early temporo-parietal activation preceding gain control in extrastriate visual cortex, *Neuroimage*, 26, 149-163.

Putman, P., Hermans, E., & Van Honk, J., (2006), Anxiety meets fear in perception of dynamic expressive gaze, *Emotion*, 6, 94-102.

Raymond, J. E., Shapiro, K. L., & Arnell, K. M., (1992), Temporary suppression of visual processing in an RSVP task: An attentional blink?, *Journal of Experimental Psychology: Human Perception and Performance*, 18, 849-860.

Rotshtein, P., Henson, R. N., Treves, A., (2005), Driver, J. & Dolan, R. J., Morphing Marilyn into Maggie dissociates physical and identity face representations in the brain, *Nature Neuroscience*, 8, 107-113.

Sander, D., Grafman, J., & Zalla, T., (2003), The human amygdala: An evolved system for relevance detection, *Reviews in the Neurosciences*, 14, 303-316.

Scaife, M. & Bruner, J. S., (1975), The capacity for joint visual attention in the infant, *Nature* 253, 265-266.

Schuller, A. M. & Rossion, B., (2001), Spatial attention triggered by eye gaze increases and speeds up early visual activity, *Neuroreport*, 12, 2381-2386.

Tipples, J., (2006), Fear and fearfulness potentiate automatic orienting to eye gaze, *Cognition & Emotion*, 20, 309-320.

Trawalter, S., Todd, A. R., Baird, A. A., & Richeson, J. A., (2008), Attending to threat: Race-based patterns of selective attention, *Journal of Experimental Social Psychology*, 44, 1322-1327.

Treisman, A. & Gelade, G., (1980), A feature-integration theory of attention, *Cognitive Psychology*, 12, 97-136.

Van Overwalle, F., (2009), Social cognition and the brain: A meta-analysis, *Human Brain Mapping*, 30, 829-858.

Vuilleumier, P., (2005), How brains beware: Neural mechanisms of emotional attention, *Trends inCognitive Sciences*, 9, 585-594.

Vuilleumier, P. & Brosch, T., (2009), Interactions of emotion and attention, In M. S. Gazzaniga (Ed.), *The Cognitive Neurosciences* IV, Cambridge, MA: MIT Press, (pp. 925-934).

Wilkowski, B. M., Robinson, M. D., & Friesen, C. K., (2009), Gaze-triggered orienting as a tool of the belongingness self-regulation system, *Psychological Science*, 20, 495-501.

Yantis, S., (1992), Multielement visual tracking: Attention and perceptual organization, *Cognitive Psychology*, 24, 295-340.

Yantis, S. & Jonides, J., (1990), Abrupt visual onsets and selective attention: Voluntary versus automatic allocation, *Journal of Experimental Psychology: Human Perception and Performance*, 16, 121-134.

Young, A. W., Aggleton, J. P., Hellawell, D. J., Johnson, M., Broks, P., & Hanley, J. R., (1995), Face processing impairments after amygdalotomy, *Brain*, 118, 15-24.

Zimmermann, M., (1989), The nervous system in the context of information theory, In R. F. Schmidt & G. Thews (Eds.), *Human Physiology*, Berlin: Spinger, (pp. 166-173).

3. 우리는 우리가 보는 것을 모방하는가, 아니면 우리가 아는 것을 모방하는가?

Bavelas, J. B., Black, A., Lemery, C. R., & Mullett, J., (1986), "I show how you feel": Motor mimicry as a communicative act, *Journal of Personality and Social Psychology*, 50, 322-329.

Bernieri, F. J. & Rosenthal, R., Interpersonal coordination: Behavior matching and interactional synchrony, In R. S. Feldman & B. Rimé (Eds.), (1991), *Fundamentals of Nonverbal Behavior*, Cambridge: Cambridge University Press, (pp. 401-432).

Blairy, S., Herrera, P., & Hess, U., (1999), Mimicry and the judgment of emotional facial expressions, *Journal of Nonverbal Behavior*, 23, 5-41.

Bogart, K. R. & Matsumoto, D., (2010), Facial mimicry is not necessary to recognize emotion: Facial expression recognition by people with Moebius syndrome, *Social Neuroscience*, 5, 241-251.

Bourgeois, P. & Hess, U., (2008), The impact of social context on mimicry, *Biological Psychology*, 77, 343-352.

Cannon, P., Hayes, A., & Tipper, S., (2009), An electromyographic investigation of the impact of task relevance on facial mimicry, *Cognition & Emotion*, 23, 918-929.

Chartrand, T. L. & Bargh, J. A., (1999), The chameleon effect: The perception-behavior link and social interaction, *Journal of Personality and Social Psychology*, 76, 893-910.

Coplan, A., (2004), Empathic engagement with narrative fictions, *The Journal of Aesthetics and Art Criticism*, 62(2), 141-152.

Decety, J. & Jackson, P. L., (2004), The functional architecture of human empathy, *Behavioral and Cognitive Neuroscience Reviews*, 3(2), 71-100.

de Gelder, B., (2009), Why bodies? Twelve reasons for including bodily expressions in affective neuroscience, *Philosophical Transactions of the Royal Society London B: Biological Sciences*, 364, 3475-3484.

de Waal, F. B. M., (2008), Putting the altruism back into altruism: The evolution of empathy, *Annual Review of Psychology*, 59, 279-300.

Dimberg, U., (1982), Facial reactions to facial expressions, *Psychophysiology*, 19(6), 643-647.

Dimberg, U., (1990), Facial electromyography and emotional reactions, *Psychophysiology*, 27, 481-494.

Dimberg, U., Thunberg, M., & Grunedal, S., (2002), Facial reactions to emotional stimuli: Automatically controlled emotional responses, *Cognition and Emotion*, 16, 449-472.

Fridlund, A. J. & Cacioppo, J. T., (1986), Guidelines for human electromyographic research, *Psychophysiology*, 23, 567-589.

Gallese, V. & Goldman, A., (1998), Mirror neurons and the simulation theory of mind-reading, *Trends in Cognitive Sciences*, 2, 493-501.

Goldman, A. & Sripada, C. S., (2005), Simulationist models of face-based emotion recognition, *Cognition*, 94, 193-213.

Hatfield, E., Cacioppo, J. T., & Rapson, R. L., (1992), Primitive emotional contagion, In M. S. Clark (Ed.), *Emotion and Social Behavior*, Thousand Oaks, CA: Sage Publications, Inc, (pp. 151-177).

Hawk, S. T., Fischer, A. H., & van Kleef, G. A., (2011), Taking your place or matching your face: Two routes to empathic embarrassment, *Emotion*, 11, 502-513.

Hawk, S. T., Fischer, A. H., & Van Kleef, G. A., (2012), Face the noise: Embodied responses to nonverbal vocalizations of discrete emotions, *Journal of Personality and Social Psychology*, 102, 2012, 796-814.

Hess, U. & Blairy, S., (2001), Facial mimicry and emotional contagion to dynamic emotional facial expressions and their influence on decoding accuracy, *International Journal of Psychophysiology*, 40, 2001, 129-141.

Hess, U., Blairy, S., & Kleck, R. E., (2000), The influence of expression intensity, gender, and ethnicity on judgments of dominance and affiliation, *Journal of Nonverbal Behavior*, 24, 265-283.

Hess, U. & Bourgeois, P., (2010), You smile—I smile: Emotion expression in social interaction, *Biological Psychology*, 84, 514-520.

Hess, U. & Fischer, A., (2013), Emotional mimicry as social regulation, *Personality and Social Psychology Review*, 17(2), 142-157.

Hess, U., Kappas, A., & Banse, R., (1995), The intensity of facial expressions is determined by underlying affective state and social situation, *Journal of Personality and Social Psychology*, 69, 1995, 280-288.

Hess, U., Philippot, P., & Blairy, S., (1999), Mimicry: Facts and fi ction, In P. Philippot & R. S. Feldman (Eds.), *The Social Context of Nonverbal Behavior, Studies in Emotion and Social Interaction*, Cambridge: Cambridge University Press, (pp. 213-241).

Hinsz, V. B. & Tomhave, J. A., (1991), Smile and (half) the world smiles with you, frown and you frown alone, *Personality and Social Psychology Bullet*in, 17, 586-592.

Hoffman, M. L., (1984), Interaction of affect and cognition on empathy, In C. E. Izard, J. Kagan & R. B. Zajonc (Eds.), *Emotion, Cognition, and Behavior*, Cambridge : Cambridge University Press, (pp. 103-131).

Hutchings, P. B. & Haddock, G., (2008), Look black in anger: The role of implicit prejudice in the categorization and perceived emotional intensity of racially ambiguous faces, *Journal of Experimental Social Psychology*, 44, 1418-1420.

Ickes, W., (1997), *Empathic Accuracy*, New York, NY: Guilford.

Kamachi, M., Bruce, V., Mukaida, S., Gyoba, J., Yoshikawa, S., & Akamatsu, S., (2001), *Dynamic properties influence the perception of facial expressions. Perception*, 30(7), 875-887.

Kirouac, G. & Hess, U., (1999), Group membership and the decoding of nonverbal behavior, In P. Philippot, R. Feldman & E. Coats (Eds.), *The Social Context of Nonverbal Behavior*, Cambridge: Cambridge University Press, (pp. 182-210).

Klinnert, M. D., Campos, J. J., Sorce, J. F., Emde, R. N., & Svejda, M., (1983), Emotions as behavior regulators: Social referencing in infancy, In R. Plutchik & H. Kellerman (Eds.), *Emotions in Early Development*, New York, NY: Academic Press, (pp. 57-86).

Knutson, B., (1996), Facial expressions of emotion influence interpersonal trait inferences, *Journal of Nonverbal Behavior*, 20, 165-182.

Lakin, J. L. & Chartrand, T. L., (2003), Using nonconscious behavioral mimicry to create affiliation and rapport, *Psychological Science*, 14, 2003, 334-339.

Lakin, J. L., Jefferis, V. E., Cheng, C. M., & Chartrand, T. L., (2003), The chameleon effect as social glue: Evidence for the evolutionary significance of nonconscious mimicry, *Journal of Nonverbal Behavior*, 27, 145-162.

Lanzetta, J. T. & Englis, B. G., (1989), Expectations of cooperation and competition and their effects on observers' vicarious emotional responses, *Journal of Personality and Social Psychology*, 56, 543-554.

LeBon, G., (1995), *The Crowd*, Piscataway, NJ: Transaction Publishers. (1896 초판)

Likowski, K. U., Mühlberger, A., Seibt, B., Pauli, P., & Weyers, P., (2008), Modulation of facial mimicry by attitudes, *Journal of Experimental Social Psychology*, 44, 2008, 1065-1072.

Lipps, T., (1907), Das Wissen von fremden Ichen, In T. Lipps (Ed.), *Psychologische Untersuchungen*, Vol. 1, Leipzig: Engelmann, (pp. 694-722).

Lundqvist, L. O., (1995), Facial EMG reactions to facial expressions: A case of facial emotional contagion?, *Scandinavian Journal of Psychology*, 36(2), 130-141.

Maringer, M., Krumhuber, E. G., Fischer, A. H., & Niedenthal, P. M., (2011), Beyond smile dynamics: Mimicry and beliefs in judgments of smiles, *Emotion*, 11(1), 181-187.

Meltzoff, A. N. & Moore, M. K., (1977), Imitation of facial and manual gestures by human neonates, *Science*, 198, 74-78.

Niedenthal, P. M., (2007), Embodying emotion, *Science*, 316, 1002-1005.

Niedenthal, P. M., Brauer, M., Halberstadt, J., & Innes-Ker, A. H., (2001), When did her smile drop? Facial mimicry and the influences of emotional state on the detection of change in emotional expression, *Cognition and Emotion*, 15, 853-864.

Niedenthal, P. M., Mermillod, M., Maringer, M., & Hess, U., (2010), The Simulation of Smiles (SIMS) Model: Embodied simulation and the meaning of facial expression, Behavioral and Brain Sciences, 33, 417-433.

Preston, S. D. & de Waal, F. B. M., (2003), Empathy: Its ultimate and proximate bases, *Behavioral and Brain Sciences*, 25, 1-20.

Scherer, K. R., (1987), Towards a dynamic theory of emotion: The component process model of affective states, *Geneva Studies in Emotion and Communication*, 1, 1987, 1-98. [Retrieved from: http://www.unige.ch/fapse/emotion/publications/pdf/tdte_1987.pdf]

Spengler, S., Brass, M., Kühn, S., & Schütz-Bosbach, S., (2010), Minimizing motor mimicry by myself: Self-focus enhances online action-control mechanisms during motor contagion, *Consciousness and Cognition*, 19, 98-106.

Stel, M., Blascovich, J., McCall, C., Mastop, J., van Baaren, R. B., & Vonk, R., (2010), Mimicking disliked others:Eff ects of a priori liking on the mimicry-liking link, *European Journal of Social Psychology*, 40(5), 867-880.

Stel, M. & van Knippenberg, A., (2008), The role of facial mimicry in the recognition of affect, *Psychological Science*, 19, 984-985.

Terwot, M. M., Kremer, H. H., & Stegge, H., (1991), Effects of children's emotional state on their reactions to emotional expressions: A search for congruency effects, *Cognition & Emotion*, 5, 109-121.

van der Schalk, J., Fischer, A. H., Doosje, B. J., Wigboldus, D., Hawk, S. T., Hess, U., & Rotteveel, M., (2011), Congruent and incongruent responses to emotional displays of ingroup and outgroup, *Emotion*, 11, 2011, 286-298.

Velten, E., (1968), A laboratory task for the induction of mood states, *Behavior Research and Therapy*, 6, 1968, 473-482.

Verona, E., Patrick, C. J., Curtin, J. J., Bradley, M. M., & Lang, P. J., (2004), Psychopathy and physiological response to emotionally evocative sounds, *Journal of Abnormal Psychology*, 113, 2004, 99-108.

Weyers, P., Mühlberger, A., Kund, A., Hess, U., & Pauli, P., (2009), Modulation of facial reactions to avatar emotional faces by nonconscious competition priming, *Psychophysiology*, 46, 328-335.

Yabar, Y. & Hess, U., (2007), Display of empathy and perception of out-group members, *New Zealand Journal of Psychology*, 36, 42-50.

4. 집단정서의 전조로서의 정서 전염

Adelmann, P. K. & Zajonc, R. B., (1989), Facial efference and the experience of emotion, *Annual Review of Psychology*, 40, 249-280.

Bernieri, F. J., Davis, J. M., Knee, C. R., & Rosenthal, R., (1991), *Interactional synchrony and the social affordance of rapport: A validation study*, Unpublished manuscript, Oregon State University, Corvallis,

Bernstein, I., (1990), *The New York City draft riots*, New York, NY: Oxford University Press,

Blakemore, S. J. & Frith, C. D., (2005), The role of motor cognition in the prediction of action, *Neuropschologia*, 43(2), 260-267.

Cacioppo, J. T., Fowler, J. H., & Christakis, N. A., (2009), Alone in the crowd: The structure and spread of loneliness in a large social network, *Journal of Personality and Social Psychology*, 97, 977-991.

Cappella, J. N. & Planalp, S., (1981), Talk and silence sequences in informal conversations: III, Interspeaker influence, *Human Communication Research*, 7, 117-132.

Chapple, E. D., (1982), Movement and sound: The musical language of body rhythms in interaction, In M. Davis (Ed.), *Interaction Rhythms: Periodicity in Communicative Behavior*, New York, NY: Human Sciences Press, (pp. 31-52).

Chew, P. K., Phoo, W. H., & Mae-Lim, H. A., (1976), Epidemic hysteria among some factory workers in Singapore, *Singapore Medical Journal*, 17, 10-15.

Christakis, N. A. & Fowler, J. H., (2011), *Connected: The Surprising Power of Our Social Networks and How They Shape Our Lives — How Your Friends' Friends' Friends Affect Everything You Feel, Think, and Do*, Boston, MA: Back Bay Books,

Church, W. F., (Eds.), (1964), *The Influence of the Enlightenment on the French Revolution: Creative, Disastrous or Non-Existent?*, Lexington, MA: D. C. Heath.

Condon, W. S. & Ogston, W. D., (1966), Sound film analysis of normal and pathological behavior patterns, *Journal of Nervous and Mental Disease*, 143, 338-347.

Cook, A., (1974), *The Armies of the Streets: The New York City Draft Riots of 1863*, Lexington, KY: University of Kentucky Press.

Coyne, J. C., (1976), Depression and the response of others, *Journal of Abnormal Psychology*, 85, 186-193.

Czaplicka, M. A., (1914), *Aboriginal Siberia: A Study in Social Anthropology*, Oxford, England: Clarendon Press.

Darwin, C., (2005), *The Expression of the Emotions in Man and Animals*, Whitefish, MT: Kessinger Publishing. (1872 초판)

Davis, M. R., (1985), Perceptual and affective reverberation components, In A. B. Goldstein & G. Y. Michaels (Eds.), *Empathy: Development, Training, and Consequences*, Hillsdale, NJ: Erlbaum, (pp. 62-108).

Doherty, R. W., (1997), The Emotional Contagion scale: A measure of individual differences, *Journal of Nonverbal Behavior*, 21, 131-154.

Dominus, S., (2012. 03. 07.), What happened to the girls in Le Roy, *The New York Times*. [Retrieved from: http://www.nytimes.com/2012/03/11/magazine/teenage-girls-twitching-le-roy.html?_r=1&hp=&pagewanted=print]

Duclos, S. E., Laird, J. D., Schneider, E., Sexter, M., Stern, L., & Van Lighten, O., (1989), Emotion-specific effects of facial expressions and postures on emotional experience, *Journal of Personality and Social Psychology*, 57, 100-108.

Ekman, P., Levenson, R. W., & Friesen, W. V., (1983), Autonomic nervous system activity distinguishes among emotions, *Science*, 221, 1208-1210.

Ehrenreich, B., (2006), *Dancing in the Streets: A History of Collective Joy*, New York, NY: Metropolitan Books.

Glenberg, A. M., (2011), Introduction to the mirror neuron forum, *Perspectives on Psychological Science*, 6, 363-368.

Hatfield, E., Cacioppo, J., & Rapson, R. L., (1994), *Emotional contagion*, New York, NY: Cambridge University Press.

Hatfield, E., Hsee, C. K., Costello, J., Weisman, M. S., & Denney, C., (1995), The impact of vocal feedback on emotional experience and expression, *Journal of Social Behavior and Personality*, 10, 293-312.

Hatfield, E. & Rapson, R. L., (2004), Emotional contagion: Religious and ethnic hatreds and global terrorism, In L. Z. Tiedens & C. W. Leach (Eds.), *The Social Life of Emotions*, Cambridge: Cambridge University Press, (pp. 129-143).

Hatfield, E., Rapson, R. L., & Le, Y. L., (2009), Emotional contagion and empathy, In J. Decety & W. Ickes (Eds.), *The Social Neuroscience of Empathy*, Boston, MA: MIT Press, (pp. 19-30).

Hatfield, E., Walster, G. W., & Berscheid, E., (1978), *Equity: Theory and Research*, Boston, MA: Allyn and Bacon.

Headley, J. T., (1971), *The Great Riots of New York 1712 to 1873*, New York, NY: Dover.

Hecker, J. F., (1970), *The Dancing Mania of the Middle Ages* (B. G. Babington, Trans.), New York, NY: Burt Franklin. (1837 초판)

Hess, U. & Blair, S., (2001), Facial mimicry and emotional contagion to dynamic emotional facial expressions and their influence on decoding accuracy, *International Journal of Psychophysiology*, 40, 129-141.

Hess, U. & Bourgeois, P., (2006. 01. 27.), The social costs of mimicking-why we should not both look angry, Paper presented at the *Society for Personality and Social Psychology*, Palm Springs, FL.

Hill, A. L., Rand, D. G., Nowak, M A., & Christakis, N. A., (2010), Happiness and depression as infectious diseases in a large social network: The SISa model, *Proceedings of the Royal Society. B: Biological Sciences*, 277, 3827-3835.

Howes, M. J., Hokanson, J. E., & Lowenstein, D. A., (1985), Induction of depressive affect after prolonged exposure to a mildly depressed individual, *Journal of Personality and Social Psychology*, 49, 1110-1113.

Hurley, S. & Chater, N., (2005), *Perspectives on Imitation: From Neuroscience to Social Science. Volume 2: Imitation, Human Development, and Culture*, Cambridge, MA: MIT Press.

Iacoboni, M., (2005), Understanding others: Imitation, language, and empathy, In S. Hurley & N. Chater (Eds.), *Perspectives on Imitation: From Neuroscience to Social Science. Volume 1: Mechanisms of Imitation and Imitation in Animals*, Cambridge, MA: MIT Press, (pp. 77-101).

Kerckhoff, A. C., and Back, R. W., (1968), *The June Bug: A Study of Hysterical Contagion*, New York, NY: Appleton-Century-Crofts,

Klawans, H. L., (1990), *Newton's Madness: Further Tales of Clinical Neurology*, London: Headline Book Publishers,

Kolata, G., (August 9, 2011), Catching obesity from friends may not be so easy. Health, T*he New York Times*, D. 5.

Le Bon, G., (1896), *The Crowd: A Study of the Popular Mind*, London: Ernest Benn,

Lundqvist, L. O., (1995), Facial EMG reactions to facial expressions: A case of facial emotional contagion?, *Scandinavian Journal of Psychology*, 36, 130-141.

Mackay, C., (1841), *Extraordinary Popular Delusions and the Madness of Crowds*, New York, NY: Harmony,

Manstead, A. S. R., (1988), The role of facial movement in emotion, In H. L. Wagner (Eds.), *Social Psychophysiology and Emotion: Theory and Clinical Applications*, New York, NY: Wiley, (pp. 105-130).

Matsumoto, D., (1987), The role of facial response in the experience of emotion: More methodological problems and a meta-analysis, *Journal of Personality and Social Psychology*, 52, 769-774.

McCague, J., (1968), The Second Rebellion: *The Story of the New York City Draft Riots of 1863*, New York, NY: Dial Press.

Meltzoff, A. M. & Prinz, W. (Eds.), (2002), *The Imitative Mind: Development, Evaluation, and Brain Bases*, (Cambridge Studies in Cognitive and Perceptual Development) Cambridge: Cambridge University Press.

Moore, S., (1984), *The Stanislavski System*, New York, NY: Viking Press,

Neal, D. T. & Chartrand, T. L., (2011), Embodied emotion perception: Amplifying and dampening facial feedback modulates emotion perception accuracy, *Social Psychological and Personality Science*, 2, 673-678.

Ramachandran, V. S., (2011), *The Tell-Tale Brain: A Neuroscientist's Quest for What Makes Us Human*, New York, NY: W. W. Norton,

Rizzolatti, G., (2005), The mirror neuron system and imitation, In S. Hurley & N. Chater, *Perspectives on Imitation: From Neuroscience to Social Science. Volume 1: Mechanisms of Imitation and Imitation in Animals*, Cambridge, MA: MIT Press, (pp. 55-76).

Rizzolatti, G. & Craighero, L., (2004), The mirror-neuron system, *Annual Review of Neuroscience*, 27, 169-192.

Rude, G. F. E., (2005), *The Crowd in History: A Study of Popular Disturbances in France and England, 1730-1848*, London: Serif,

Russell, J. A., Bachorowski, J.-A., & Fernández-Dols, J.-M., (2003), Facial and vocal expressions of emotion, *Annual Review of Psychology*, 54, 329-349.

Sato, W., Fujimura, T., & Suzuki, N., (2008), Enhanced facial EMG activity in response to dynamic facial expressions, *International Journal of Psychophysiology*, 70, 70-74.

Smith, A., (1976), *The Theory of Moral Sentiments*, Oxford: Clarendon Press. (Original work published 1759)

Tseng, W-S. & Hsu, J., (1980), Minor psychological disturbances of everyday life, In H. C. Triandis & J. D. Draguns (Eds.), *Handbook of Cross-Cultural Psychology: Vol. 6. Psychopathology*, Boston, MA: Allyn & Bacon, (pp. 61-97).

Watson, L., (1976), *Gifts of Unknown Things*, New York, NY: Simon & Schuster.

Wild, B., Erb, M., & Bartels, M., (2001), Are emotions contagious? Evoked emotions while viewing emotionally expressive faces: Quality, quantity, time course and gender differences, *Psychiatry Research*, 102, 109-124.

Wild, B., Erb, M., Eyb, M., Bartels, M., & Grodd, W., (2003), Why are smiles contagious? An fMRI study of the interaction between perception of facial affect and facial movements, *Psychiatry Research: Neuroimaging*, 123, 17-36.

Ⅲ 집단정서의 사회관계적 차원

1. 관계적 정서와 소셜 네트워크

Adamic, L. A. & Glance, N., (2005), The political blogosphere and the 2004 US election: Divided they blog, *Proceedings of the 3rd international workshop on Link discovery*, New York, NY: ACM, (pp. 36-43).

Averill, J. R., (1992), The structural bases of emotional behavior: A metatheoretical analysis, In M. S. Clark (Ed.), *Review of Personality and Social Psychology 13: Emotion*, Newbury Park, CA: Sage, (pp. 1-24).

Borgatti, S. P., Mehra, A., Brass, D. J., & Labianca, G., (2009), Network analysis in the social sciences, *Science*, 323(5916), 892-895.

Breiger, R. L., (1974), The duality of persons and groups, *Social Forces*, 53(2), 181-190.

Burk, W. J., Steglich, C. E. G., & Snijders, T. A. B., (2007), Beyond dyadic interdependence: Actor-oriented models for co-evolving social networks and individual behaviors, *International Journal of Behavioral Development*, 31(4), 397-404.

Burt, R. S., (1992), Structural Holes: *The Social Structure of Competition*, Cambridge, MA : Harvard University Press.

Buss, D. M., Larsen, R. J., Westen, D., & Semmelroth, J., (1992), Sex differences in jealousy: Evolution, physiology, and psychology, *Psychological Science*, 3(4), 251-255.

Clore, G. L., Schwarz, N., & Conway, M., (1994), Affective causes and consequences of social information processing, In R. S. Wyer & T. K. Srull (Eds.), *Handbook of Social Cognition*, Hillsdale, NJ: Lawrence Erlbaum Associates, (pp. 323-417).

Clore, G. L. & Storbeck, J., (2006), Affect as information about liking, efficacy, and importance, In J. P. Forgas (Ed.), *Hearts and Minds: Affective Influences on Social Cognition and Behavior*, New York, NY: Psychology Press, (pp. 123-142).

Darwin, C., (2005), *The Expression of Emotion in Man and Animals*, New York, NY: Appleton. (Original work published 1872)

de Rivera, J., (1977), A structural theory of the emotions, *Psychological Issues*, 10, 1-178.

de Rivera, J & Grinkis, C., (1986), Emotions as social relationships, *Motivation and Emotion*, 10(4), 351-369.

Deaux, K., Martin, D., & Deaux, K. A.Y., (2003), Interpersonal networks and social categories: Specifying levels of context in identity processes, *Social Psychology Quarterly*, 66(2), 101-117.

Doosje, B., Branscombe, N. R., Spears, R., & Manstead, A. S. R., (1998), Guilty by association: When one's group has a negative history, *Journal of Personality and Social Psychology*, 75(4), 872-886.

Dumont, M., Yzerbyt, V., Wigboldus, D., & Gordijn, E. H., (2003), Social categorization and fear reactions to the September 11th terrorist attacks, *Personality & Social Psychology Bulletin*, 29(12), 1509-1520.

Durkheim, É., (1915), *The Elementary Forms of the Religious Life*, J. W. Swain, Trans., New York, NY: The Free Press. (Original work published 1912).

Fischer, A. H. & Roseman, I. J., (2007), Beat them or ban them: The characteristics and social functions of anger and contempt, *Journal of Personality and Social Psychology*, 93(1), 103-115.

Fleming, J. H., (1994), Multiple audience problems, tactical communication, and social interaction: A relational-regulation perspective, *Advances in Experimental Social Psychology*, New York, NY: Academic Press, Vol. 26, (pp. 215-292).

Fowler, J. H. & Christakis, N.a., (2008), Dynamic spread of happiness in a large social network: Longitudinal analysis over 20 years in the Framingham Heart Study, *British Medical Journal*, 337(768), a2338,

Frank, R. H., (1988), *Passions Within Reason: The Strategic Role of the Emotions*, New York, NY: Norton.

Garton, L., Haythornthwaite, C., & Wellman, B., (1997), Studying online social networks, *Journal of Computer-Mediated Communication*, 3(1).

Granovetter, M. S., (1985), Economic action and social structure: *The problem of embeddedness, The American Journal of Sociology*, 91(3), 481-510.

Hareli, S. & Hess, U., (2010), What emotional reactions can tell us about the nature of others: An appraisal perspective on person perception, *Cognition & Emotion*, 24(1), 128-140.

Heider, F., (1958), *The Psychology of Interpersonal Relations*, New York, NY: John Wiley & Sons,

Hill, A. L., Rand, D. G., Nowak, M. A., & Christakis, N. A., (2010), Emotions as infectious diseases in a large social network: The SISa model, *Proceedings of the Royal Society B: Biological Sciences*, 277(1701), 3827-3835.

Holland, P. W. & Leinhardt, S., (1976), Local structure in social networks, *Sociological Methodology*, 7(1976), 1-45.

Iyer, A. & Leach, C. W., (2008), Emotion in inter-group relations, *European Review of Social Psychology*, 19(1), 86-125.

Keltner, D. & Haidt, J., (1999), Social functions of emotions at four levels of analysis, *Cognition & Emotion*, 13(5), 505-521.

Keltner, D & Kring, A. M., (1998), Emotion, social function, and psychopathology, *Review of General Psychology*, 2(3), 320-342.

Kreibig, S. D., (2010), Autonomic nervous system activity in emotion: A review, *Biological Psychology*, 84(3), 14-

41.

Latapy, M., Magnien, C., & Vecchio, N. D., (2008), Basic notions for the analysis of large two-mode networks, *Social Networks*, 30(1), 31-48.

Lawler, E. J., (2001), An affect theory of social exchange, *American Journal of Sociology*, 107(2), 321-352.

Levenson, R. W., (1999), The intrapersonal functions of emotion, *Cognition & Emotion*, 13(5), 481-504.

Livingstone, A. G., Spears, R., Manstead, A. S. R., Bruder, M., & Shepherd, L., (2011), We feel, therefore we are: Emotion as a basis for self-categorization and social action, *Emotion*, 11(4), 754-767.

Manstead, A. S. R. & Fischer, A. H., (2001), Social appraisal: The social world as object of and influence on appraisal processes, In K. R. Scherer & A. Schorr (Eds.), *Appraisal Processes in Emotion: Theory, Research, Application*, New York, NY: Oxford University Press, (pp. 221-232).

Marin, A. & Wellman, B., (2011), Social network analysis:An introduction, In P. J. Carrington & J. Scott (Eds.), *Handbook of Social Network Analysis*, London: SAGE Publications, (pp. 11-26).

Parkinson, B., (1996), Emotions are social, *British Journal of Psychology*, 87, 663-683.

Parkinson, B., (2001), Anger on and off the road, *British Journal of Psychology*, 92, 507-526.

Parkinson, B., (2009), What holds emotions together? Meaning and response coordination, *Cognitive Systems Research*, 10(1), 31-47.

Parkinson, B., Fischer, A. H., & Manstead, A. S. R., (2005), *Emotion in Social Relations: Cultural, Group, and Interpersonal Processes*, New York, NY: Psychology Press,

Peters, K. & Kashima, Y., (2007), From social talk to social action: Shaping the social triad with emotion sharing, *Journal of Personality and Social Psychology*, 93(5), 780-797.

Porter, M. A., Onnela, J. -P., & Mucha, P. J., (2009), Communities in networks, *Notices of the American Mathematical Society*, 56(9), 1082-1097.

R Development Core Team., (2012), *R: A Language and Environment for Statistical Computing, Vienna*, Austria: R Foundation for Statistical Computing. [Retrieved from: http://www.r-project.org]

Repacholi, B. M. & Meltzoff, A. N., (2007), Emotional eavesdropping: infants selectively respond to indirect emotional signals, *Child Development*, 78(2), 503-521.

Rimé, B., (2009), Emotion elicits the social sharing of emotion: Theory and empirical review, *Emotion Review*, 1(1), 60-85.

Rimé, B., Mesquita, B., Boca, S., & Philippot, P., (1991), Beyond the emotional event: Six studies on the social sharing of emotion, *Cognition & Emotion*, 5(5), 435-465.

Ripley, R. M., Snijders, T. A. B., & Preciado, P., (2012), *Manual for SIENA version 4.0.*, Oxford: University of Oxford, Department of Statistics; Nuffield College. [Retrieved from: http://www.stats.ox.ac.uk/siena/]

Roseman, I. J., Wiest, C., & Swartz, T. S., (1994), Phenomenology, behaviors, and goals differentiate discrete emotions, *Journal of Personality and Social Psychology*, 67(2), 206-221.

Russell, J. A., (2003), Core affect and the psychological construction of emotion, *Psychological Review*, 110(1), 145-172.

Schaefer, D. R., Kornienko, O., & Fox, A. M., (2011), Misery does not love company: Network selection mechanisms and depression homophily, *American Sociological Review*, 76(5), 764-785.

Selfhout, M., Burk, W., Branje, S., Denissen, J., van Aken, M., & Meeus, W., (2010), Emerging late adolescent friendship networks and Big Five personality traits: A social network approach, *Journal of Personality*,

78(2), 509-38.

Sidanius, J., Van Laar, C., Levin, S., & Sinclair, S., (2004), Ethnic enclaves and the dynamics of social identity on the college campus: The good, the bad, and the ugly, *Journal of Personality and Social Psychology*, 87(1), 96-110.

Snijders, T., (2005), Models for longitudinal network data. In P. Carrington, J. Scott & S. Wasserman (Eds.), *Models and Methods in Social Network Analysis*, New York, NY: Cambridge University Press, (pp. 215-247).

Sorce, J. F., Emde, R. N., Campos, J. J., & Klinnert, M. D., (1985), Maternal emotional signaling: Its effect on the visual cliff behavior of 1-year-olds, *Developmental Psychology*, 21(1), 195-200.

Strogatz, S. H., (2001), Exploring complex networks, *Nature*, 410(6825), 268-276.

Susskind, J. M., Lee, D. H., Cusi, A., Feiman, R., Grabski, W., & Anderson, A. K., (2008), Expressing fear enhances sensory acquisition, *Nature Neuroscience*, 11(7), 843-850.

Tajfel, H. & Turner, J. C., (1979), An integrative theory of intergroup conflict, In W. G. Austin & S. Worchel (Eds.), *The Social Psychology of Intergroup Relations*, Monterey, CA: Brooks/Cole, (pp. 33-47).

Turner, J. C., Hogg, M., Oakes, P. J., Reicher, S. D., & Wetherell, M. S., (1987), *Rediscovering the Social Group: A self-categorization Theory*, New York, NY: Blackwell Publishing.

Wasserman, S. & Faust, K., (1994), *Social Network Analysis: Methods and Applications*, New York, NY: Cambridge University Press.

Yzerbyt, V., Dumont, M., Gordijn, E. H., & Wigboldus, D. H. J., (2002), Inter-group emotions and self-categorization: The impact of perspective-taking on reactions to victims of harmful behaviors, In D. M. Mackie & E. R. Smith (Eds.), *From Prejudice to Intergroup Emotions: Differentiated Reactions to Social Groups*, Philadelphia, PA: Psychology Press, (pp. 67-88).

van Kleef, G. A., De Dreu, C. K. W., & Manstead, A. S. R., (2004), The interpersonal effects of anger and happiness in negotiations, *Journal of Personality and Social Psychology*, 86(1), 57-76.

Wellman, B., (1988), Structural analysis: From method and metaphor to theory and substance, In B. Wellman & S. D. Berkowitz (Eds.), *Social Structures: A Network Approach*, Cambridge: Cambridge University Press, (pp. 19-61).

2. 집단정서의 원인으로서의 사회적 평가

Abele, A. E., Uchronski, M., Suitner, C., & Wojciszke, B., (2008), Towards and operationalization of fundamental dimensions of agency and communion: Trait content ratings in five countries considering valence and frequency of word occurrence, *European Journal of Social Psychology*, 38, 1202-1217.

Anderson, C., Keltner, D., & John, O. P., (2003), Emotional convergence between people over time, *Journal of Personality and Social Psychology*, 84, 1054-1068.

Andrade, E. B. & Ho, T. H., (2009), Gaming emotions in social interactions, *Journal of Consumer Research*, 36, 539-552.

Bailey, P. E. & Henry, J. D., (2009), Subconscious facial expression mimicry is preserved in older adulthood, *Psychology and Aging*, 24, 995-1000.

Bayliss, A. P., Frischen, A., Fenske, M. J., & Tipper, S. P., (2007), Affective evaluations of objects are influenced by observed gaze direction and emotional expression, *Cognition*, 104, 644-653.

Barsade, S. G., (2002), The ripple effect: Emotional contagion and its influence on group behavior, *Administrative Science Quarterly*, 47, 644-675.

BBC News (February 28, 2006a), *Probe into "panicking stewardess,"* [Retrieved from: http://news.bbc.co.uk/1/hi/uk/4759300.stm]

BBC News (April 11, 2006b), *"No evidence" stewardess panicked.* [Retrieved from: http://news.bbc.co.uk/2/hi/uk_news/4900660.stm]

Blairy, S., Herrera, P., & Hess, U., (1999), Mimicry and the judgment of emotional facial expressions, *Journal of Nonverbal Behavior*, 23, 5-41.

Bourgeois, P. & Hess, U., (2008), The impact of social context on mimicry, *Biological Psychology*, 77, 343-352.

Bruder, M., Dosmukhambetova, D., Nerb, J., & Manstead, A. S. R., (2012a), Emotional signals in nonverbal interaction: Dyadic facilitation and convergence in expressions, appraisals, and feelings, *Cognition & Emotion*, 26, 480-502.

Bruder, M., Dosmukhambetova, D., Nerb, J., & Manstead, A. S. R., (2012b), *The social appraisal of others' disgust and amusement*, Unpublished manuscript, University of Konstanz, Germany,

Buck, R., (1994), Social and emotional functions in facial expression and communication: The readout hypothesis, *Biological Psychology*, 38, 95-115.

Chartrand, T. L. & Bargh, J. A., (1999), The chameleon effect: The perception-behavior link and social interaction, *Journal of Personality and Social Psychology*, 76, 893-910.

Clore, G. L. & Ortony, A., (2008), Appraisal theories: How cognition shapes affect into emotion, In M. Lewis, J. M. Haviland-Jones & L. Feldman Barrett (Eds.), *Handbook of Emotions*, New York, NY: Guilford, 3rd ed., (pp. 628-642).

Conway, M., Di Fazio, R., & Mayman, S., (1999), Judging others' emotions as a function of the others' status, *Social Psychology Quarterly*, 62, 291-305.

Cuddy, A. J. C., Fiske, S. T., & Glick, P., (2008), Warmth and competence as universal dimensions of social perception: The stereotype content model and the BIAS map, *Advances in Experimental Social Psychology*, 40, 61-149.

Dimberg, U., Thunberg, M., & Elmehed, K., (2000), Unconscious facial reactions to emotional facial expressions, *Psychological Science*, 11, 86-89.

Dimberg, U., Thunberg, M., & Grunedal, S., (2002), Facial reactions to emotional stimuli: Automatically controlled emotional responses, *Cognition and Emotion*, 16, 449-472.

Elfenbein, H. A. & Ambady, N., (2002), On the universality and cultural specificity of emotion recognition: Ameta-analysis, *Psychological Bulletin*, 128, 203-235.

Ellsworth, P. C. & Scherer, K. R., (2003), Appraisal processes in emotion, In R. J. Davidson, K. R. Scherer & H. H. Goldsmith (Eds.), *Handbook of Affective Sciences*, Oxford: Oxford University Press, (pp. 572-595).

Evers, C., Fischer, A. H., Rodriguez Mosquera, P. M., & Manstead, A. S. R., (2005), Anger and social appraisal: A "spicy" sex difference?, *Emotion*, 5, 258-266.

Festinger, L., (1954), A theory of social comparison processes, *Human Relations*, 7, 117-140.

Fischer, A. H. & Manstead, A. S. R., (2008), Social functions of emotion, In M. Lewis, J. M. Haviland-Jones & L. Feldman Barrett (Eds.), *Handbook of Emotions*, New York, NY: Guilford, 3rd ed., (pp. 456-468).

Fiske, S. T., Cuddy, A. J. C., & Glick, P., (2007), Universal dimensions of social cognition: Warmth and competence, *Trends in Cognitive Sciences*, 11, 77-83.

Fogel, A., (1993), *Developing through relationships: Origins of communication, self, and culture*, Chicago, IL: University of Chicago Press.

Gump, B. B. & Kulik, J. A., (1997), Stress, affiliation, and emotional contagion, *Journal of Personality and Social Psychology*, 72, 305-319.

Hatfield, E., Cacioppo, J. T., & Rapson, R. L., (1992), Primitive emotional contagion, In M. S. Clark (Ed.), *Emotion and Social Behavior*, Thousand Oaks, CA: Sage, (pp. 151-177).

Hatfield, E., Cacioppo, J. T., & Rapson, R. L., (1994), *Emotional Contagion*, Cambridge: Cambridge University Press.

Hess, U. & Blairy, S., (2001), Facial mimicry and emotional contagion to dynamic emotional facial expressions and their influence on decoding accuracy, *International Journal of Psychophysiology*, 40, 129-141.

Hess, U. & Fischer, A. H., (2012), Emotional mimicry as social regulation, *Personality and Social Psychology Review*, XX (X), 1-16.

Jones, B. C., Debruine, L. M., Little, A. C., Burriss, R. P., & Feinberg, D. R., (2007), Social transmission of face preferences among humans, *Proceedings of the Royal Society B: Biological Sciences*, 274, 899-903.

Kaiser, S. & Wehrle, T., (2001), Facial expressions as indicators of appraisal processes, In K. R. Scherer, A. Schorr & T. Johnstone (Eds.), *Appraisal Processes in Emotion: Theory, Methods, Research*, New York, NY: Oxford University Press, (pp. 285-300).

Keltner, D. & Haidt, J., (1999), Social functions of emotions at four levels of analysis, *Cognition and Emotion*, 13, 505-521.

King, D., Rowe, A., & Leonards, U., (2011), I trust you; hence I like the things you look at: Gaze cueing and sender trustworthiness influence object evaluation, *Social Cognition*, 29, 476-485.

Kitayama, S. & Masuda, T., (1995), Reappraising cognitive appraisal from a cultural perspective, *Psychological Inquiry*, 6, 217-223.

Klinnert, M. D., Campos, J. J., Sorce, J. F., Emde, R. N., & Svejda, M., (1983), Emotions as behaviour regulators:Social referencing in infancy, In R. Plutchik & H. Kellerman (Eds.), *Emotion: Theory, Research, and Experience*, New York, NY: Academic Press, (pp. 57-86).

Klinnert, M. D., Emde, R. N., Butterfield, P., & Campos, J. J., (1986), Social referencing:The infant's use of emotional signals from a friendly adult with mother present, *Developmental Psychology*, 22, 427-432.

Kulik, J. A., Mahler, H. I. M., & Earnest, A., (1994), Social comparison and affiliation under threat: Going beyond the affiliate-choice paradigm, *Journal of Personality and Social Psychology*, 66, 301-309.

Kulik, J. A., Mahler, H. I. M., & Moore, P. J., (1996), Social comparison and affiliation under threat: Effects on recovery from major surgery, *Journal of Personality and Social Psychology*, 71, 967-979.

Lewis, M. D., (1996), Self-organising cognitive appraisals, *Cognition & Emotion*, 10, 1-25.

Likowski, K. U., Mühlberger, A., Seibt, B., Pauli, P., & Weyers, P., (2008), Modulation of facial mimicry by attitudes, *Journal of Experimental Social Psychology*, 44, 1065-1072.

Lishner, D. A., Cooter, A. B., & Zald, D. H., (2008), Rapid emotional contagion and expressive congruence under strong test conditions, *Journal of Nonverbal Behavior*, 32, 225-239.

Livingstone, A. G., Spears, R., Manstead, A. S. R., Bruder, M., & Shepherd, L., (2011), We feel, therefore we are:

Emotion as a basis for self-categorization and social action, *Emotion*, 11, 754-767.

Lundqvist, L. O. & Dimberg, U., (1995), Facial expressions are contagious, *Journal of Psychophysiology*, 9, 203-211.

Manstead, A. S. R., (1988), The role of facial movement in emotion, In H. L. Wagner (Ed.), *Social Psychophysiology and Emotion: Theory and Clinical Applications*, New York, NY: Wiley, (pp. 105-129).

Manstead, A. S. R. & Fischer, A. H., (2001), Social appraisal: The social world as object of and influence on appraisal processes, In K. R. Scherer, A. Schorr & T. Johnstone (Eds.), *Appraisal Processes in Emotion: Theory, Methods, Research*, New York, NY: Oxford University Press, (pp. 221-232).

Matsumoto, D, (1987), The role of facial response in the experience of emotion: More methodological problems and a meta-analysis, *Journal of Personality and Social Psychology*, 52, 769-774.

Mondillon, L., Niedenthal, P. M., Gil, S., & Drolt-Volet, S., (2007), Imitation of in-group versus out-group members' facial expressions of anger: A test with a time perception task, *Social Neuroscience*, 2, 223-237.

Morimoto, Y. & Fujita, K., (2012), Capuchin monkeys (Cebus apella) use conspecifics' emotional expressions to evaluate emotional valence of objects, *Animal Cognition*, 15, 341-347.

Neumann, R. & Strack, F., (2000), "Mood contagion": The automatic transfer of mood between persons, *Journal of Personality and Social Psychology*, 79, 211-223.

Niedenthal, P. M., Barsalou, L. W., Winkielman, P., Krauth-Gruber, S., & Ric, F., (2005), Embodiment in attitudes, social perception, and emotion, *Personality and Social Psychology Review*, 9, 184-211.

Niedenthal, P. M., Halberstadt, J. B., Margolin, J., & Innes-Ker, A. H., (2000), Emotional state and the detection of change in facial expression of emotion, *European Journal of Social Psychology*, 30, 211-222.

Niedenthal, P. M., Mermillod, M., Maringer, M., & Hess, U., (2010), The Simulation of Smiles (SIMS) model: Embodied simulation and the meaning of facial expression, *Behavioral and Brain Sciences*, 33, 417-433.

Parkinson, B., (2011), Interpersonal emotion transfer: Contagion and social appraisal, *Social and Personality Psychology Compass*, 5, 428-439.

Parkinson, B., Fischer, A. H., & Manstead, A. S. R., (2005), *Emotion in Social Relations: Cultural, Group, and Interpersonal Processes*, New York, NY: Psychology Press,

Parkinson, B., Phiri, N., & Simons, G., (2012), Bursting with anxiety: Adult social referencing in an interpersonal Balloon Analogue Risk Task (BART), *Emotion*, 12, 817-826.

Pornpitakpan, C., (2004), The persuasiveness of source credibility: A critical review of five decades' evidence, *Journal of Applied Social Psychology*, 34, 243-281.

Rashotte, L. S., (2002), What does that smile mean? The meaning of nonverbal behaviors in social interaction, *Social Psychology Quarterly*, 65, 92-102.

Rohr, M., Degner, J., & Wentura, D., (2011), Masked emotional priming beyond global valence activations, *Cognition & Emotion*, 26, 224-244.

Rotteveel, M., De Groot, P., Geutskens, A., & Phaf, R. H., (2001), Stronger suboptimal than optimal affective priming?, *Emotion*, 1, 348-364.

Schachter, S., (1959), T*he Psychology of Affiliation: Experimental Studies of the Sources of Gregariousness*, Stanford, CA: Stanford University Press.

Scherer, K. R., (2005), What are emotions? And how can they be measured?, *Social Science Information*, 44, 695-729.

Scherer, K. R. & Grandjean, D., (2008), Facial expressions allow inference of both emotions and their components, *Cognition & Emotion*, 22, 789-801.

Schmid, P. C. & Mast, M. S., (2010), Mood effects on emotion recognition, *Motivation and Emotion*, 34, 288-292.

Sorce, J. F., Emde, R. N., Campos, J. J., & Klinnert, M. D., (1985), Maternal emotional signaling: Its effect on the visual cliff behavior of 1-year-olds, *Developmental Psychology*, 21, 195-200.

Spoor, J. R. & Kelly, J. R., (2004), The evolutionary significance of affect in groups: Communication and group bonding, *Group Processes and Intergroup Relations*, 7, 398-412.

Spoor, J. R. & Kelly, J. R., (2009), Mood convergence in dyads: Effects of valence and leadership, *Social Influence*, 4, 282-297.

Strack, F., Martin, L. L., & Stepper, S., (1988), Inhibiting and facilitating conditions of the human smile: A nonobtrusive test of the facial feedback hypothesis, *Journal of Personality and Social Psychology*, 54, 768-777.

Sy, T., Côté, S., & Saavedra, R., (2005), The contagious leader: Impact of the leader's mood on the mood of group members, group affective tone, and group processes, *Journal of Applied Psychology*, 90, 295-305.

Tiedens, L. Z., Ellsworth, P. C., & Mesquita, B., (2000), Stereotypes about sentiments and status: Emotional expectations for high- and low-status group members, *Personality and Social Psychology Bulletin*, 26, 560-574.

Tooby, J. & Cosmides, L., (1990), The past explains the present: Emotional adaptations and the structure of ancestral environments, *Ethology and Sociobiology*, 11, 375-424.

Totterdell, P., (2000), Catching moods and hitting runs: Mood linkage and subjective performance in professional sport teams, *Journal of Applied Psychology*, 85, 848-859.

Totterdell, P., Kellett, S., Teuchmann, K., & Briner, R. B., (1998), Evidence of mood linkage in work groups, *Journal of Personality and Social Psychology*, 74, 1504-1515.

Trapnell, P. D. & Paulhus, D. L., (2012), Agentic and communal values: Their scope and measurement, *Journal of Personality Assessment*, 94, 39-52.

Turner, J. C., Hogg, M. A., Oakes, P. J., Reicher, S. D., & Wetherell, M. S., (1987), *Rediscovering the social group: A self-categorization theory*, Cambridge, MA: Basil Blackwell,

Van der Schalk, J., Fischer, A., Doosje, B., Wigboldus, D., Hawk, S., Rotteveel, M., & Hess, U., (2011), Convergent and divergent responses to emotional displays of ingroup and outgroup, *Emotion*, 11, 286-298.

Van Doorn, E. A., Heerdink, M. W., & Van Kleef, G. A., (2012), Emotion and the construal of social situations: Inferences of cooperation versus competition from expressions of anger, happiness, and disappointment, *Cognition & Emotion*, 26, 442-461.

Van Kleef, G. A., De Dreu, C. K. W., & Manstead, A. S. R., (2004), The interpersonal effects of emotions in negotiations: A motivated information processing approach, *Journal of Personality and Social Psychology*, 87, 510-528.

Van Kleef, G. A., De Dreu, C. K. W., & Manstead, A. S. R., (2010), An interpersonal approach to emotion in social decision making: The emotions as social information model, *Advances in Experimental Social Psychology*, 42, 45-96.

Webster, D. M. & Kruglanski, A. W., (1994), Individual differences in need for cognitive closure, *Journal of Per-*

sonality and Social Psychology*, 67, 1049-1062.
Weisbuch, M. & Ambady, N., (2008), Affective divergence: Automatic responses to others' emotions depend on group membership, *Journal of Personality and Social Psychology*, 95, 1063-1079.
Wojciszke, B., Bazinska, R., & Jaworski, M., (1998), On the dominance of moral categories in impression formation, *Personality and Social Psychology Bulletin*, 24, 1251-1263.
Yang, Z. & Tong, E. M. W., (2010), The effects of subliminal anger and sadness primes on agency appraisals, *Emotion*, 10, 915-922.
Zarbatany, L. & Lamb, M. E., (1985), Social referencing as a function of information source: Mothers versus strangers, *Infant Behavior and Development*, 8, 25-33.

3. 정서와 사회적 틈새

Arnold, M., (1970), *Feelings and Emotions*, San Diego, CA: Academic Press,
Averill, J. R., (1985), The social construction of emotion: With special reference to love, In K. J. Gergen & K. E. Davis (Eds.), *The Social Construction of the Person*, New York, NY: Springer Verlag, (pp. 89-109).
Beebe, B. & Gerstman, L., (1984), A method of defining "packages" of maternal stimulation and their functional significance for the infant with mother and stranger, *International Journal of Behavioral Development*, 7(4), 423-440.
Boiger, M. & Mesquita, B., (2012), The construction of emotion in interactions, relationships, and cultures, *Emotion Review*, 4(3), 221-229.
Chovil, N., (1991), Social determinants of facial displays, *Journal of Nonverbal Behavior*, 15(3), 141-154.
Clark, A., (2008), *Supersizing the Mind: Embodiment, Action, and Cognitive Extension*, Oxford: Oxford University Press.
Clark, A., (2005), Word, niche and super-niche: How language makes minds matter more, *Theoria*, 20(3), 255-268.
Clark, A. & Chalmers, D., (1998), The extended mind, *Analysis*, 58(1), 7-19.
Crossley, N., (1995), Merleau-Ponty, the elusive body and carnal sociology, *Body & Society*, 1(1), 43-63.
Damasio, A., (1999), *The Feeling of What Happens: Body and Emotion in the Making of Consciousness*, New York, NY: Harcourt Brace,
Damasio, A. R., Everitt, B. J., & Bishop, D., (1996), The somatic marker hypothesis and the possible functions of the prefrontal cortex [and discussion], *Philosophical Transactions of the Royal Society of London B: Biological Sciences*, 351(1346), 1413-1420.
Dennett, D., (1996), *Kinds of Minds*, New York, NY: Basic Books.
DeNora, T., (2000), *Music in Everyday Life*, Cambridge: Cambridge University Press.
Dewey, J., (1895), The theory of emotion II: The significance of emotions, *Psychological Review*, 2(1), 13-32.
Downing, G., (2000), Emotion theory reconsidered, In M. Wrathall & J. Malpas (Eds.), *Heidegger, Coping, and Cognitive Science: Essays in Honor of Hubert L. Dreyfus*, Volume 2, Cambridge, MA: MIT Press, (pp. 245-270).
Feldman, R., (2007), On the origins of background emotions: From affect synchrony to symbolic expression,

Emotion, 7(3), 601-611.

Fernández-Dols, J.-M., & Ruiz-Belda, M.-A., (1995), Are smiles a sign of happiness? Gold medal winners at the Olympic games, *Journal of Personality and Social Psychology*, 69(6), 1113-1119.

Fernández-Dols, J.-M. & Ruiz-Belda, M.-A., (1997), Spontaneous facial behavior during intense emotional episodes: Artistic truth and optical truth, In J. A. Russell & J.-M. Fernández-Dols (Eds.), *The Psychology of Facial Expression*, Cambridge: Cambridge University Press, (pp. 255-294).

Fogel, A. & Garvey, A., (2007), Alive communication, *Infant Behavior and Development*, 30(2), 251-257.

Fridlund, A. J., (1991), Sociality of solitary smiling: Potentiation by an implicit audience, *Journal of Personality and Social Psychology*, 60(2), 229-240.

Gopnik, A., (2009), *The Philosophical Baby: What Children's Minds Tell Us About Truth, Love, and the Meaning of Life*, New York, NY: Farrar, Straus, and Giroux.

Gopnik, A., (2008), Why babies are more conscious than we are, *Behavioral and Brain Sciences*, 30(5-6), 503-504.

Gopnik, A. & Meltzoff, A. N., (1997), *Words, Thoughts, and Theories*, Cambridge, MA: MIT Press,

Gregory, R., (1981), *Mind in Science*, Cambridge, MA: Cambridge University Press.

Griffiths, P. & Scarantino, A., (2009), Emotions in the wild: The situated perspective on emotion, In P. Robbins & M. Aydede (Eds.), *The Cambridge Handbook of Situated Cognition*, New York, NY: Cambridge University Press, (pp. 437-453).

Haviland, J. M. & Lelwica, M., (1987), The induced affect response: 10-week-old infants' responses to three emotion expressions, *Developmental Psychology*, 23(1), 97-104.

Hinde, R. A., (1985), Was "The expression of the emotions" a misleading phrase?, *Animal Behaviour*, 33(3), 985-992.

Hobson, P., (2002), *The Cradle of Thought: Exploring the Origins of Thinking*, London: MacMillan.

Hobson, R. P., (2012), Emotion as personal relatedness, *Emotion Review*, 4(2), 169-175.

Hutchins, E., (1995), *Cognition in the Wild*, Cambridge, MA: MIT Press,

Hutchins, E., (2010), Cognitive ecology, *Topics in Cognitive Science*, 2(4), 705-715.

Izard, C. E., (1974), Emotions, human, *Encyclopedia Britannica*, 18, 248-256.

Kraut, R. E. & Johnston, R. E., (1979), Social and emotional messages of smiling: An ethological approach, *Journal of Personality and Social Psychology*, 37(9), 1539-1553.

Krueger, J., (2013), Empathy, enaction, and shared musical experience, In T. Cochrane, B. Fantini & K. Scherer (Eds.), *The Emotional Power of Music: Multidisciplinary Perspectives on Musical Expression, Arousal, and Social Control*, Oxford: Oxford University Press.

Krueger, J., (2011), Extended cognition and the space of social interaction, *Consciousness and Cognition*, 20(3), 643-657.

Kugiumutzakis, G., (1999), Genesis and development of early infant mimesis to facial and vocal models, In J. Nadel & G. Butterworth (Eds.), *Imitation in Infancy*, Cambridge: Cambridge University Press, (pp. 36-59).

Kugiumutzakis, G., Kokkinaki, T., Makrodimitraki, M., & Vitalaki, E., (2005), Emotions in early mimesis, In J. Nadel & D. Muir (Eds.), *Emotional Development: Recent Research Advances*, Oxford: Oxford University Press, (pp. 161-182).

Laird, J. D., (2007), *Feelings: The Perception of Self*, Oxford: Oxford University Press.

Laland, K. N., Odling-Smee, J., & Feldman, M. W., (2000), Niche construction, biological evolution, and cultural change, *Behavioral and Brain Sciences*, 23(1), 131-146.

LeDoux, J. E., (1996), *The Emotional Brain*, New York, NY: Simon and Shuster.

Lewis, M. D., (2005), Bridging emotion theory and neurobiology through dynamic systems modeling, *Behavioral and Brain Sciences*, 28(2), 169-193.

Lieberman, P., (1967), *Intonation, Perception, and Language*, Cambridge, MA: MIT Press,

Maclaren, K., (2011), Emotional clichés and authentic passions: A phenomenological revision of a cognitive theory of emotion, *Phenomenology and the Cognitive Sciences*, 10(1), 45-65.

Mahler, M., Pine, F., & Bergman, A., (1975), *The Psychological Birth of the Human Infant*, New York, NY: Basic Books.

Malloch, S. & Trevarthen, C., (2009), *Communicative Musicality: Exploring the Basis of Human Companionship*, Oxford: Oxford University Press,

Markus, H. R. & Kitayama, S., (1994), The cultural construction of self and emotion: Implications for social behavior, In S. Kitayama & H. R. Markus (Eds.), *Emotion and Culture: Empirical Studies of Mutual Influence*, Washington, DC: American Psychological Association, (pp. 89-130).

Marlier, L., Schaal, B., & Soussignan, R., (1998), Neonatal responsiveness to the odor of amniotic and lacteal fluids: A test of perinatal chemosensory continuity, *Child Development*, 69(3), 611-623.

Meltzoff, A. N. & Moore, M. K., (1977), Imitation of facial and manual gestures by human neonates, *Science*, 198, 75-78.

Menary, R., (2010), *The Extended Mind*, Cambridge, MA: MIT Press.

Merleau-Ponty, M., (2002), *Phenomenology of Perception*, New York, NY: Routledge,

Merleau-Ponty, M., (1968), *The Visible and the Invisible*, Evanston, IL: Northwestern University Press.

Miller, R. S. & Leary, M. R., (1992), Social sources and interactive functions of emotion, The case of embarrassment, In M. S. Clark (Ed.), *Emotion and Social Behavior*, Newbury Park, CA: Sage, (pp. 202-221).

Murray, L. & Trevarthen, C., (1985), Emotional regulation of interactions between two month-olds and their mothers, In T. M. Field & N. Fox (Eds.), *Social Perception in Infants*, Norwood, NJ: Ablex, (pp. 101-125).

Nussbaum, M., (2001), *Upheavals of Thought: The Intelligence of Emotions*, Cambridge: Cambridge University Press.

Panksepp, J., (1992), *Affective Neurology*, New York, NY: Oxford University Press.

Panksepp, J., (2004), *Affective Neuroscience: The Foundations of Human and Animal Emotions*, New York, NY: Oxford University Press.

Papousek, M., (1992), Early ontogeny of vocal communication in parent-infant interactions, In H. Papousek, H. Jurgens & M. Papousek (Eds.), *Nonverbal Vocal Communication: Comparative and Developmental Approaches*, Cambridge: Cambridge University Press, (pp. 230-261).

Parkinson, B., (1996), Emotions are social, *British Journal of Psychology*, 87, 663-683.

Parkinson, B., Fischer, A. H., & Manstead, A. S. R., (2005), *Emotions in Social Relations*, New York, NY: Psychology Press.

Piaget, J., (1954), *The Construction of Reality in the Child*, New York, NY: Basic Books.

Posner, M. & Rothbart, M. K., (1998), Attention, self-regulation, and consciousness, *Philosophical Transactions of the Royal Society B: Biological Sciences*, 353, 1915-1927.

Prinz, J. J., (2004), *Gut Reactions: A Perceptual Theory of Emotions*, Oxford: Oxford University Press.

Ray, E. & Heyes, C., (2011), Imitation in infancy: The wealth of the stimulus, *Developmental Science*, 14(1), 92-105.

Robinson, J., (2005), *Deeper than Reason: Emotion and its Role in Literature, Music, and Art*, Oxford: Oxford University Press.

Rochat, P., Querido, J. G., & Striano, T., (1999), Emerging sensitivity to the timing and structure of protoconversation in early infancy, *Developmental Psychology*, 35(4), 950-957.

Rosenthal, M., (1982), Vocal dialogues in the neonatal period, *Developmental Psychology*, 18(1), 17-21.

Rowlands, M., (2010), *The New Science of the Mind: From Extended Mind to Embodied Phenomenology*, Cambridge, MA: MIT Press.

Russell, J. A., (2009), Emotion, core affect, and psychological construction, *Cognition & Emotion*, 23(7), 1259-1283.

Scherer, K. R., (1999), Appraisal theory, In T. Dalgeish & M. J. Power (Eds.), *Handbook of Cognition and Emotion*, Chichester: Wiley, (pp. 637-663).

Scherer, K. R., (2001), Appraisal considered as a process of multilevel sequential checking, In K. R. Scherer, A. Schorr & T. Johnstone (Eds.), *Appraisal Processes in Emotion: Theory, Methods, Research*, New York, NY: Oxford University Press, (pp. 92-120).

Schwarz, N. & Clore, G. L., (1988), How do I feel about it? Informative functions of affective states, In K. Fiedler & J. P. Forgas (Eds.), *Affect, cognition, and social behavior*, Toronto: Hogrefe, (pp. 44-62).

Solomon, R., (2006), Emotions in phenomenology and existentialism, In H. Dreyfus & M. Wrathall (Eds.), *A Companion to Phenomenology and Existentialism*, Oxford: Blackwell Publishing, (pp. 291-309).

Solomon, R. C., (1976), The Passions: Emotions and the Meaning of Life, New York, NY: Anchor Press.

Spurrett, D. & Cowley, S., (2010), The extended infant: Utterance-activity and distributed cognition, In R. Menary (Ed.), *The Extended Mind*, Cambridge, MA: MIT Press, (pp. 295-323).

Stern, D., (1995), Self/other differentiation in the domain of intimate socio-affective interaction: Some considerations, In P. Rochat (Ed.), *The Self In Infancy: Theory and Research*, Amsterdam: Elsevier, (pp. 419-429).

Stern, D., (1999), Vitality contours: The temporal contour of feelings as a basic unit for constructing the infant's social experience, In P. Rochat (Ed.), *Early Social Cognition: Understanding Others in the First Months of Life*, Mahwah, NJ: Earlbaum, (pp. 67-80).

Stern, D., (2010), *Forms of Vitality: Exploring Dynamic Experience in Psychology, the Arts, Psychotherapy, and Development*, Oxford: Oxford University Press.

Trehub, S. E. & Trainor, L. J., (1998), Singing to infants: Lullabies and play songs, *Advances in Infancy Research*, 12, 43-77.

Trevarthen, C., (1979), Communication and cooperation in early infancy: a description of primary intersubjectivity, In M. Bullowa (Ed.), *Before Speech: The Beginning of Interpersonal Communication*, Cambridge: Cambridge University Press, (pp. 321-347).

Triantafyllou, M. S. & Triantafyllou, G. S., (1995), An efficient swimming machine, *Scientific American*, 272(3), 64-70.

Tronick, E. Z., Als, H., Adamson, L., Wise, S., & Brazelton, T. B., (1978), The infant's response to entrapment between contradictory messages in face-to-face interaction, *Journal of the American Academy of Child*

Psychiatry, 17(1), 1-13.

Tronick, E. Z., (2005), Why is connection with others so critical? The formation of dyadic states of consciousness and the expansion of individuals' states of consciousness: coherence governed selection and the co-creation of meaning out of messy meaning making, In J. Nadel & D. Muir (Eds.), *Emotional Development: Recent Research Advances*, Oxford: Oxford University Press, (pp. 293-316).

Wilson, R. A. & Clark, A., (2009), How to situate cognition: Letting nature take its course, In P. Robbins & M. Aydede (Eds.), *The Cambridge Handbook of Situated Cognition*, Cambridge, MA: Cambridge University Press, (pp. 55-77).

Ⅳ 집단정서의 사회적 결과

1. 그룹에서 공유된 정서의 기능

Ashforth, B. E. & Humphrey, R. H., (1995), Emotions in the workplace: A reappraisal, *Human Relations*, 48(2), 97-125.

Barsade, S. G., (2002), The ripple effect: Emotional contagion and its influence on group behavior, *Administrative Science Quarterly*, 47(4), 644-675.

Barsade, S. G. & Gibson, D. E., (1998), Group emotion: A view from top and bottom, In D. H. Gruenfeld, B. Mannix & M. Neale (Eds.), *Research on Managing Groups and Teams*, Stamford, CT: JAI Press, (pp. 81-102).

Barsade, S. G., Ward, A. J., Turner, J. D. F., & Sonnenfeld, J. A., (2000), To your heart's content: A model of affective diversity in top management teams, *Administrative Science Quarterly*, 45, 802-836.

Bartel, C. & Saavedra, R., (2000), The collective construction of work group moods, *Administrative Science Quarterly*, 45, 802-836.

Bartholomew, R. E., (2001), *Little Green Men, Meowing Nuns, and Head-Hunting Panics: A Study of Mass Psychogenic Illness and Social Delusion*, Jefferson, NC: McFarland,

Bartholomew, R. E. & Victor, J. S., (2005), A social-psychological theory of collective anxiety attacks: The "Mad Gasser" reexamined, *The Sociological Quarterly*, 45, 229-248.

Bastiaansen, J. A., Thioux, M., & Keysers, C., (2009), Evidence for mirror systems in emotions, *Philosophical Transactions of the Royal Society B: Biological Science*, 364, 2391-2404.

Bernieri, F. J., Reznick, J. S., & Rosenthal, R., (1988), Synchrony, pseudosynchrony, and dissynchrony: Measuring the entrainment process in mother-infant dyads, *Journal of Personality and Social Psychology*, 54, 243-253.

Chartrand, T. L. & Bargh, J. A., (1999), The chameleon effect: The perception-behavior link and social interaction, *Journal of Personality and Social Psychology*, 76, 893-910.

Chartrand, T. L. & van Baaren, R. B., (2009), Human mimicry, *Advances in Experimental Social Psychology*, 41, 219-274.

Chertkoff, J. M., Kushigian, R. H., & McCool, M. A., (1996), Inter-dependent exiting: The effects of group size, time limit, and gender of the coordination of exiting, *Journal of Environmental Psychology*, 16, 109-121.

Chi, N.-W., Chung, Y. -Y., & Tsai, W. -C., (2011), How do happy leaders enhance team success? The mediating roles of transformational leadership, group affective tone, and team processes, *Journal of Applied Social Psychology*, 41, 1421-1451.

Clore, G. L., Gasper, K., & Garvin, E., (2001), Affect as information, In J. P. Forgas, (Ed.), *Handbook of Affect and Social Cognition*, Mahwah, NJ: Erlbaum, (pp. 121-144).

Costarelli, S. & Calla, R. M., (2004), Self-directed negative affect: The distinct roles of ingroup identification and outgroup derogation, *Current Research in Social Psychology*, 10, 13-27.

David, A. S. & Wesseley, S. C., (1995), The legend of Camelford: Medical consequences of a later pollution accident, *Journal of Psychosomatic Research*, 39, 1-9.

Doherty, R. W., (1997), The emotional contagion scale: A measure of individual differences, *Journal of Nonverbal Behavior*, 21, 131-154.

Doherty, R. W., Orimoto, L., Singelis, T. M., Hatfield, E., & Hebb, J., (1995), Emotional contagion: Gender and occupational differences, *Psychology of Women Quarterly*, 19, 355-371.

Fernandez-Dols, J-M., Carrera, P., De Mendoza, A. H., & Oceja, L., (2007), Emotional climate as emotion accessibility: How countries prime emotions, *Journal of Social Issues*, 63, 339-352.

Festinger, L., Schachter, S., & Back, K. W., (1950), *Social Pressures in Informal Groups: A Study of Human Factors in Housing*, New York, NY: Harper,

Forgas, J. P., (1992), Affect in social judgments and decisions: A multiprocess model, *Advances in Experimental Social Psychology*, 25, 227-275.

Forsyth, D. R., (2006), *Group Dynamics*, Belmont, CA: Thomson Higher Education.

Friedman, H. S. & Riggio, R., (1981), The effect of individual differences in nonverbal expressiveness on transmission of emotion, *Journal of Nonverbal Behavior*, 6, 96-104.

Frijda, N. H., (1994), Varieties of affect: Emotions and episodes, moods, and sentiments, In P. Ekman & R. J. Davidson (Eds.), *The Nature Emotion: Fundamental Questions*, Oxford: Oxford University Press, (pp. 59-67).

Frijda, N. H. & Mesquita, B., (1994), The social roles and functions of emotions, In S. Kitayama & H. R. Markus (Eds.), *Emotion and Culture: Empirical Studies of Mutual Influence*, Washington, DC: American Psychological Association, (pp. 51-87).

Galinsky, A. D., Gruenfeld, D. H., & Magee, J. C., (2003), From power to action, *Journal of Personality and Social Psychology*, 85(3), 453-466.

George, J. M., (2002), Affect regulation in groups and teams, In R. G. Lord, R. J. Klimoski & R. Kanfer (Eds.), *Emotions in the Workplace: Understanding the Structure and Role of Emotions in Organizational Behavior*, San Francisco, CA: Jossey-Bass, (pp. 183-217).

George, J. M. & King, E. B., (2007), Potential pitfalls of affect convergence in teams: Functions and dysfunctions of group affective tone, In E. A. Mannix, M. A. Neal & C. P. Anderson (Eds.), *Research on Managing Groups and Teams*, Oxford: Elsevier Science Press, Vol. 10, (pp. 97-124).

Goldsmith, H. H. & Campos, J. J., (1986), Fundamental issues in the study of early temperament: The Denver twin temperament study, In M. Lamb, A. Brown & B. Rogoff(Eds.), *Advances in infant behavior and development*, Hillsdale, NJ: Erlbaum.

Grawitch, M. J., Munz, D. C., & Kramer, T. J., (2003), Effects of member mood states on creative performance in temporary workgroups, *Group Dynamics: Theory, Research, and Practice*, 7, 41-54.

Gump, B. B. & Kulik, J. A., (1997), Stress, affiliation, and emotional contagion, *Journal of Personality and Social Psychology*, 72, 305-319.

Gross, J. J., (1998), The emerging field of emotion regulation: An integrative review, *Review of General Psychology*, 2, 271-299.

Hall, J. A., (1984), *Nonverbal Sex Differences: Communication Accuracy and Expressive Style*, Baltimore, MD: Johns Hopkins University Press.

Hatfield, E., Cacioppo, J., & Rapson, R. L., (1994), *Emotional contagion*, New York, NY: Cambridge University Press.

Heise, D. R. & O'Brien, J., (1993), Emotion expression in groups, In M. Lewis & J. M. Haviland (Eds.), *The Handbook of Emotions*, New York, NY: Guilford, (pp. 489-498).

Hess, U., Blairy, S., & Kleck, R. E., (2000), The influence of facial emotion displays, gender, and ethnicity on judgments of dominance and affiliation, *Journal of Nonverbal Behavior*, 24, 265-283.

Hochschild, A. R., (1983), *The Managed Heart: Commercialization of Human Feelings*, Berkeley, CA: University of California Press.

Hogg, M. A., (1987), Social identity and group cohesiveness, In J. C. Turner, M. A. Hogg, P. J. Oakes, S. D. Reicher & M. S. Wetherell (Eds.), *Rediscovering the Social Group*, Oxford: Blackwell, (pp. 89-116).

Humphrey, R. H., (2002), The many faces of emotional leadership, *The Leadership Quarterly*, 13, 493-504.

Johnson, N. R., (1987), Panic and the breakdown of social order: Popular myth, social theory, empirical evidence, *Sociological Focus*, 20, 171-183.

Joiner, T. E., (1994), Contagious depression:Existence, specifi city to depressed symptoms, and the role of reassurance seeking, *Journal of Personality and Social Psychology*, 67, 287-296.

Kelly, J. R., (2001), Mood and emotion in groups, In M. A. Hogg & R. S. Tindale (Eds.), *The Blackwell Handbook of Social Psychology*, Oxford: Blackwell, Vol. 3, (pp. 164-181).

Kelly, J. R. & Barsade, S. G., (2001), Mood and emotions in small groups and work teams, *Organizational Behavior & Human Decision Processes*, 86, 99-130.

Kelly, J. R. & Spoor, J. R., (2007), Naïve theories of the effects of mood in groups: A preliminary investigation, *Group Processes and Intergroup Relations*, 10, 203-222.

Kelly, J. R. & Spoor, J. R., (2012), Affective processes in small groups, In J. Levine (Ed.), *Frontiers of Social Psychology: Group Processes*, New York, NY: Psychology Press.

Keltner, D. & Haidt, J., (1999), The social functions of emotions at four levels of analysis, *Cognition and Emotion*, 13, 505-522.

Klep, A. H. M., Wisse, B. M., & van der Flier, H., (2011), Interactive affective sharing versus non-interactive affective sharing in work groups: Comparative effects of group affect on work group performance and dynamics, *European Journal of Social Psychology*, 41, 312-323.

Lovaglia, M. J. & Houser, J. A., (1996), Emotional reactions and status in groups, *American Sociological Review*, 61, 867-883.

Mackie, D. M., Devos, T., & Smith, E. R., (2000), Intergroup emotions: Explaining offensive action tendencies in an intergroup context, *Journal of Personality and Social Psychology*, 79, 602-616.

Markus, H. & Kitayama, S., (1991), Culture and the self: Implications for cognition, emotion, and motivation, *Psychological Review*, 98, 224-253.

Mason, C. M. & Griffin, M. A., (2003), Group absenteeism and positive affective tone: A longitudinal study, *Journal of Organizational Behavior*, 24, 667-687.

McGrath, J. E. & Kelly, J. R., (1986), *Time and Human Interaction: Toward a Social Psychology of Time*, New York, NY: Guilford Press,

Mullen, B. & Copper, C., (1994), The relation between group cohesiveness and performance: An integration, *Psychological Bulletin*, 115, 210-227.

O'Reilly, C. A., III & Caldwell, D. F., (1985), The impact of normative social influence and cohesiveness on task perceptions and attitudes: A social information processing approach, *Journal of Occupational Psychology*, 58, 193-206.

Parkinson, R., (1996), Emotions are social, *British Journal of Psychology*, 87, 663-683.

Pennebaker, J. W., (1981), Social and perceptual factors affecting symptom reporting and mass psychogenic illness, In M. J. Colligan, J. W. Pennebaker & L. R. Murphy (Eds.), *Mass Psychogenic Illness: A Social Psychological Analysis*, Hillsdale, NJ: Lawrence Erlbaum Associates, Publishers, (pp. 139-154).

Provine, R. R., (1996), Laughter, *American Scientist*, 84, 38-45.

Rafaeli, A. & Sutton, R. I., (1989), The expression of emotion in organizational life, In L. L. Cummings & B. M. Staw (Eds.), *Research in Organizational Behavior*, Greenwich, CT: JAI Press, (pp. 1-42).

Ramanathan, S. & McGill, A. L., (2007), Consuming with others: Social influences on moment-to-moment and retrospective evaluations of an experience, *Journal of Consumer Research*, 34, 506-524.

Reed, L. I., Zeglen, K. N., & Schmidt, K. L., (2012), Facial expressions as honest signals of cooperative intent in a one-shot anonymous Prisoner's Dilemma game, *Evolution and Human Behavior*, 33, 200-209.

Richards, J. M. & Gross, J. J., (2000), Emotion regulation and memory: The cognitive costs of keeping one's cool, *Journal of Personality and Social Psychology*, 79, 410-424.

Richardson, M. J., Marsh, K. L., & Schmidt, R. C., (2005), Effects of visual and verbal interaction on unintentional interpersonal coordination, *Journal of Experimental Psychology: Human Perception and Performance*, 31, 62-79.

Rime, B., (2007), The social sharing of emotion as an interface between individual and collective processes in the construction of emotional climates, *The Journal of Social Issues*, 63, 307-321.

Rizzolatti, G. & Craighero, L., (2004), The mirror-neuron system, *Annual Review of Neuroscience*, 27, 169-192.

Singer, J. E., Baum, C. S., Baum, A., & Thew, B. D., (1981), Mass psychogenic illness:The case for social comparison, In M. J. Colligan, J. W. Pennebaker, and L. R. Murphy (Eds.), *Mass Psychogenic Illness: A Social Psychological Analysis*, Hillsdale, NJ: Lawrence Erlbaum Associates, Publishers, (pp. 155-170).

Spoor, J. R. & Kelly, J. R., (2004), The evolutionary significance of affect in groups: Communication and group bonding, *Group Processes and Intergroup Relations*, 7, 398-416.

Spoor, J. R. & Kelly, J. R., (2009), Mood convergence in dyads: Effects of valence and leadership, *Social Influence*, 4(4), 282-297.

Strack, F., Martin, L. L., & Stepper, S., (1988), Inhibiting and facilitating conditions of the human smile: A non-obtrusive test of the facial feedback hypothesis, *Journal of Personality and Social Psychology*, 54, 768-

777.
Sullins, E. S., (1991), Emotional contagion revisited: Effects of social comparison and expressive style on mood convergence, *Personality and Social Psychology Bulletin*, 17, 166-174.
Sy, T., Côté, S., & Saavedra, R., (2005), The contagious leader: Impact of the leader's mood on the group of group members, group affective tone, and group processes, *Journal of Applied Psychology*, 90, 295-305.
Tanghe, J., Wisse, B., & van der Flier, H., (2010), The formation of group affect and team effectiveness: The moderating role of identification, *British Journal of Managemen*t, 21, 340-358.
Tellegen, A., (1985), Structure of mood and personality and their relevance to assessing anxiety, with an emphasis on self-report, In A. H. Tuma & J. D. Maser (Eds.), *Anxiety and the Anxiety Disorders*, Hillsdale, NJ: Erlbaum, (pp. 681-706).
Tickle-Degnan, L. & Rosenthal, R., (1987), Group rapport and nonverbal behavior, In C. Hendrick (Ed.), *Group Processes and Intergroup Relations*, Thousand Oaks, CA: Sage Publications, Vol. 9, (pp. 113-136).
Tiedens, L. Z., (2001), Anger and advancement versus sadness and subjugation: The effect of negative emotion expressions on social status conferral, *Journal of Personality and Social Psychology*, 80(1), 86-94.
Tiedens, L. Z., Sutton, R. I., & Fong, C. T., (2004), Emotional variation within work groups: Causes and performance consequences, In L. Z. Tiedens & C. W. Leach (Eds.), *The Social Life of Emotions*, Cambridge: Cambridge University Press, (pp. 164-186).
Totterdell, P., Kellett, S., Teuchman, K., & Briner. R. B., (1998), Evidence of mood linkage in work groups, *Journal of Personality and Social Psychology*, 74, 1504-1515.
Van Kleef, G. A., Homan, A. C., Beersma, B., Van Knippenberg, D., Van Knippenberg, B., & Damen, F., (2009), Seering sentiment or cold calculation? The effects of leader emotional displays on team performance depend on follower epistemic motivation, *Academy of Management Journal*, 52(3), 562-580.
Van Kleef, G. A., Van Doorn, E. A., Heerdink, M. W., & Koning, L. F., (2011), Emotion is for influence, *European Review of Social Psychology*, 22, 114-163.
Van Kleef, G. A., De Dreu, C. K. W., & Manstead, A. S. R., (2004), The interpersonal effects of anger and happiness in negotiations, *Journal of Personality and Social Psychology*, 86, 57-76.
Wessely, S., (1987), Mass hysteria: Two syndromes, *Psychological Medicine*, 17, 109-120.
Wubben, M. J. J., De Cremer, D., & Van Dijk, E., (2011), The communication of anger and disappointment helps to establish cooperation through indirect reciprocity, *Journal of Economic Psychology*, 32, 489-501.
Zaccaro, S. J. & McCoy, M. C., (1988), The effects of task and interpersonal cohesiveness on performance of a disjunctive group task, *Journal of Applied Social Psychology*, 18, 837-851.

2. 사회적 교환에서 집단정서의 출현

Bar-Tal, D., Halperin, E., & De Rivera, J., (2007), Collective emotions in conflict situations: Societal implications, *Journal of Social Issues*, 63, 441-460.
Berger, P. L. & Luckmann, T., (1966), *The Social Construction of Reality: A Treatise in the Sociology of Knowledge*, Garden City, NY: Anchor.
Blau, P., (1964), *Exchange and Power in Social Life*, New York, NY: Wiley,

Clore, G. L., Ortony, A., & Foss, M. A., (1987), The psychological foundations of the affective lexicon, *Journal of Personality and Social Psychology*, 53, 751-766.

Collins, R., (2004), *Interaction Ritual Chains. Princeton*, NJ: Princeton University Press,

Cook, K. S., Emerson, R. M., Gillmore, M. R., & Yamagishi, T., (1983), The distribution of power in exchange networks: Theory and experimental results, *American Journal of Sociology*, 89, 275-305.

Damasio, A. R., (1999), *The Feeling of What Happens: Body and Emotion in the Making of Consciousness*, New York, NY: Harcourt Brace.

Durkheim, E., (1915), *The Elementary Forms of Religious Life: A Study in Religious Sociology*, J. W.Swain, Trans., New York, NY: Macmillan,

Ekeh, P. P., (1974), *Social Exchange Theory: Two Traditions*, Cambridge, MA: Harvard University Press.

Emerson, R. M., (1972), Exchange theory part II: Exchange relations and networks, In J. Berger, M. Zelditch, Jr., & B. Anderson (Eds.), *Sociological Theories in Progress*, Boston, MA: Houghton-Mifflin, Vol. II, (pp. 58-87).

Emirbayer, M. & Goldberg, C. A., (2005), Pragmatism, Bourdieu, and collective emotions in contentious politics, *Theory and Society*, 34, 469-518.

Hogg, M. A., (2004), Social categorization, depersonalization, and group behavior, In M. B. Brewer & M. Hewstone (Eds.), *Self and Social Identity*, Malden, MA: Backwell, (pp. 202-231).

Izard, C. E., (1991), *The Psychology of Emotions*, New York, NY: Plenum Press.

Kanyangara, P., Rimé, B., Philipport, P., & Yzerbyt, V., (2007), Collective rituals, emotional climate and intergroup perception: Participation in "Gacaca" tribunals and assimilation of the Rwandan genocide, *Journal of Social Issues*, 63, 387-403.

Kelley, H. H., (1967), Attribution theory in social psychology, In D. Levine & D. E. Berlyne (Eds.), *Nebraska Symposium on Motivation*, Lincoln, NE: University of Nebraska Press, (pp. 220-266).

Kollock, T. D., (1994), The emergence of exchange structures: An experimental study of uncertainty, commitment, and trust, *American Journal of Sociology*, 100, 313-345.

Lawler, E. J., (1992), Power processes in bargaining, *Sociological Quarterly*, 33, 17-34.

Lawler, E. J., (2001), An affect theory of social exchange, *American Journal of Sociology*, 107, 321-352.

Lawler, E. J. & Thye, S. R., (1999), Bringing emotions into social exchange theory, *Annual Review of Sociology*, 25, 217-244.

Lawler, E. J. & Thye, S. R., (2006), Social exchange theory of emotions, In J. E. Stets & J. H. Turner (Eds.), *Handbook of the Sociology of Emotions*, New York, NY: Springer, (pp. 295-320).

Lawler, E. J., Thye, S. R., & Yoon, J., (2000), Emotion and group cohesion in productive exchange, *American Journal of Sociology*, 106, 616-657.

Lawler, E. J., Thye, S. R., & Yoon, J., (2006), Commitment in structurally enabled and induced exchange relations, *Social Psychology Quarterly*, 69, 183-200.

Lawler, E. J., Thye, S. R., & Yoon, J., (2008), Social exchange and micro social order, *American Sociological Review*, 73, 519-542.

Lawler, E. J., Thye, S. R., & Yoon, J., (2009), *Social Commitments in a Depersonalized World*, New York, NY: Russell Sage Foundation.

Lawler, E. J. & Yoon, J., (1996), Commitment in exchange relations: Test of a theory of relational cohesion,

American Sociological Review, 61, 89-108.

Lawler, E. J. & Yoon, J., (1998), Network structure and emotion in exchange relations, *American Sociological Review*, 63, 871-894.

Molm, L. D., Collett, J. L., & Schaefer, D. R., (2007), Building solidarity through generalized exchange: A theory of reciprocity, *American Journal of Sociology*, 113, 205-242.

Parsons, T., (1951), *The Social System*, New York, NY: Free Press.

Tajfel, H. & Turner, J., (1986), The social identity theory of intergroup relations, In S. Worchel & W. G. Austin (Eds.), *Psychology of Intergroup Relations*, Chicago, IL: Nelson-Hall, (pp. 7-24).

Thibaut, J. W. & Kelley, H. H., (1959), *The Social Psychology of Groups*, New York, NY: Wiley,

Thye, S. R., Lawler, E. J., & Yoon, J., (2011), The emergence of embedded relations and group formation in networks of competition, *Social Psychology Quarterly*, 74, 387-413.

Thye, S. R., Yoon, J., & Lawler, E. J., (2002), The theory of relational cohesion: Review of a research program, In S. R. Thye & E. J. Lawler (Eds.), *Advances in Group Process*, Oxford: Elsevier, (pp. 89-102).

Weiner, B., (1986), *An Attributional Theory of Motivation and Emotion*, New York, NY: Springer,

Willer, D., (1999), *Network Exchange Theory*, Westport, CT: Praeger.

Yzerbyt, V. Y., Muller, D., & Judd, C. M., (2004), Adjusting researchers' approach to adjustment: On the use of covariates when testing interactions, *Journal of Experimental Social Psychology*, 40, 423-431.

3. 집단정서적 모임: 정체성 융합, 공유된 믿음, 사회적 통합에 미치는 영향

Bar-Tal, D., Halperin, E., & de Rivera, J., (2007), Collective emotions in conflict: Societal implications, *Journal of Social Issues*, 63, 441-460.

Collins, R., (2004), *Interaction Ritual Chains*, Princeton, NJ: Princeton University Press.

Cloninger, R. C., (1999), *Personality and Psychopathology*, Washington, DC: American Psychiatric Association.

Csikszentmihalyi, M., (1990), *Fluir: Una psicología de la felicidad*, Madrid: Circulo de Lectores.

Csikszentmihalyi, M., (1993), *El yo Evolutivo*, Barcelona: Kairós.

Delle Fave, A., (2009), Optimal experience and meaning: Which relationship?, *Psychological Topics*, 2, 285-302.

De Rivera, J. H. & Páez, D., (2007), Emotional climates, human security, and cultures of peace, *Journal of Social Issues*, 63, 233-253.

Drury, J. & Reicher, S., (2000), Collective action and psychological change: The emergence of new social identities, *British Journal of Social Psychology*, 39, 579-604.

Durkheim, E., (1912), *Les formes élémentaires de la vie religieuse*, Paris: Alcan,

Emmons, L., (2006), Spirituality: Recent progress, In M. Csikszentmihalyi & I. Selega (Eds.), *A Life Worth Living*, Oxford: Oxford University Press, (pp. 62-83).

Gomez, A., Vázquez, A., Brooks, M. L., Buhrmester, M. D., Jetten, J., & Swan, W. B., (2011), On the nature of identity fusion: Insights into the construct and a new measure, *Journal of Personality and Social Psychology*, 100(5), 918-933.

Helgelson, V., Reynolds, K. A., & Tomich, P. L., (2006), A meta-analytic review of benefit finding and growth, *Journal of Consulting and Clinical Psychology*, 74, 797-806.

Jackson, S. A. & Csikszentmihalyi, M., (2010), *Fluir en el Deporte*, Badalona: Paidotribo,

Jackson, S. A., Kimiecik, J. C., Ford, S., & Marsh, H. W., (1998), Psychological correlates of flow in sport, *Journal of Sport and Exercise Psychology*, 20, 358-378.

Janoff-Bulman, R., (1989), Assumptive worlds and the stress of traumatic events: Applications of the schema construct, *Social Cognition*, 7, 113-136.

Konvalinka, I., Vuust, P., Roepstorff, A., & Frith, C. D., (2010), Follow you, follow me: Continuous mutual prediction and adaptation in joint tapping, *The Quarterly Journal of Experimental Psychology*, 63, 2220-2230.

Lakens, D. & Stel, M., (2011), If they move in sync, they must feel in sync: movement synchrony leads to attributed feelings of rapport, *Social Cognition*, 29, 1-14.

Luhtanen, R. & Crocker, J., (1992), A collective self-esteem scale: Self-evaluation of one's social identity, *Personality and Social Psychology Bulletin*, 18(3), 302-318.

Martin Beristain, C., Páez, D., Rimé, B., & Kanyangara, P., (2010), Psychosocial effects of participation in rituals of transitional justice, *Revista de Psicologia Social*, 25(1), 47-60.

Moscovici, S., (1988), *La machine à faire des dieux*, Paris: Fayard.

Nakamura, J. & Csiksentmihalyi, N., (2005), Flow theory and research, In C. R. Snyder & S. J. Lopez (Eds.), *Oxford Handbook of Positive Psychology*, Oxford: Oxford University Press, 2nd ed., (pp. 195-206).

Newman-Norlund, R. D., Noordzij, M. L., Meulenbroek, R. G., & Bekkering, H., (2007), Exploring the brain basis of joint action: Coordination of actions, goals and intentions, *Social Neuroscience*, 2, 48-65.

Nitz, M. J. & Spickard, J. V., (1990), Steps toward a sociology of religion: the theories of M. Csikszentmihalyi and A. Schutz, *Sociological Analysis*, 51, 15-33.

Páez, D., Basabe, N., Ubillos, S., & Gonzalez, J. L., (2007), Social sharing, participation in demonstration, emotional climate, and coping with collective violence after the March 11th Madrid bombings, *Journal of Social Issues*, 63, 323-338.

Páez, D., Javaloy, F., Wlodarczyk, A., Espelt, E., & Rimé, B., (2012), El Movimiento 15M: sus acciones como rituales, compartir social, creencias, valores y emociones, *Revista de Psicología Social*, 28, 29-34.

Páez, D., Rimé, B., & Basabe, N., (2005), Un modelo socio-cultural de los rituales, *Revista de Psicología Social*, 20(3), 369-386.

Páez, D., Rimé, B., Basabe, N., Wlodarczyk, A., & Zumeta, L., (2013), *Collective emotional gatherings, Six studies of identity fusion, shared beliefs and social integration*, Manuscript in preparation.

Páez, D., Ruiz, J. I., Gailly, O., Kornblit, A. L., & Wiesenfeld, E., (1997), Clima emocional:su concepto y medición mediante una investigación transcultural, *Revista de Psicología Social*, 12, 79-98.

Reicher, S., (2001), The psychology of crowd dynamics, In M. A. Hogg & R. S. Tindale (Eds.), *Blackwell Handbook of Social Psychology: Group Processes*, Oxford: Blackwell, (pp. 182-208).

Richer, S. F. & Vallerand, R. J., (1998), Construction et validation de l'Échelle du sentiment d'appartenance sociale, *Revue européenne de psychologie appliquée*, 48, 129-137.

Rimé, B., Kanyangara, P., Yzerbyt, V., & Páez, D., (2011), The impact of Gacaca tribunals in Rwanda: Psychosocial effects of participation in a Truth and Reconciliation process after a genocide, *European Journal of Social Psychology*, 41, 695-706.

Rimé, B., Páez, D., Basabe, N., & Martinez, F., (2010), Social sharing of emotion, post-traumatic growth, and

emotional climate: Follow-up of Spanish citizen's response to the collective trauma of March 11th terrorist attacks in Madrid, *European Journal of Social Psychology*, 40, 1029-1045.
Sebanz, N., Bekkering, H., & Knoblich, G., (2006), Joint action: Bodies and minds moving together, *Trends in Cognitive Sciences*, 10, 70-76.
Sosis, R., (2003), Why aren't we all Hutterites? Costly signaling theory and religious behavior, *Human nature*, 14, 91-127.
Spielberger, C. D., Gorsuch, R. L., & Lushene, R. E., (1970), *Manual for the State-Trait Anxiety Inventory (STAI)*, Palo Alto, CA: Consulting Psychologists Press,
van Baaren, R. B., Holland, R. W., Kawakami, K., & van Knippenberg, A., (2004), Mimicry and prosocial behavior, *Psychological Science*, 15, 71-74.
van Baaren, R. B., Holland, R. W., Steenaert, B., & van Knippenberg, A., (2003), Mimicry for money: Behavioral consequences of imitation, *Journal of Experimental Social Psychology*, 39, 393-398.
Vázquez, C. & Páez, D., (2011), Posttraumatic growth in Spain, In T. Weiss & R. Berger (Eds.), *Posttraumatic Growth and Culturally Competent Practice*, New York, NY: Wiley & Sons, (pp. 97-112).
Walker, C. K., (2010), Experiencing flow: Is doing it together better than doing it alone?, *The Journal of Positive Psychology*, 5(1), 3-11.
Wiltermuth, S. S. & Heath, C., (2009), Synchrony and cooperation, *Psychological Science*, 20, 1-5.

4. 정서와 사회적 정체성의 형성

Anderson, B., (1991), *Imagined Communities*, London: Verso.
Angyal, A., (1941), *Foundations for a Science of Personality*, Cambridge, MA: Harvard University Press,
Bar-Tal, D., (1997), The monopolization of patriotism, In D. Bar-Tal & E. Staub (Eds.), *Patriotism: In the Lives of Individuals and Nations*, Chicago, IL: Nelson-Hall, (pp. 246-270).
Becker, E., (1968), *The Structure of Evil*, New York, NY: The Free Press.
Benne, K. D., (1988), *Teach Me to Sing of Winter; Selected Poems*, Washington, DC: Privately Printed.
Brewer, M. B., (2001), Ingroup identification and intergroup conflict, In R. D. Ashmore, L. Jussim & D. Wilder (Eds.), *Social Identity, Intergroup Conflict, and Conflict Reduction*, Oxford: Oxford University Press, (pp. 17-41).
Connor, W., (1994). A nation is a nation, is a state, is an ethnic group, is a … In J. Hutchinson & A. D. Smith (Eds.), *Nationalism*, New York, NY: Oxford University Press, (pp. 36-46). (1978 초판)
de Rivera, J. H., (1977), *A Structural Theory of the Emotions*, New York, NY: International Universities Press, Inc.
de Rivera, J. H., (1989), Love, fear, and justice: Transforming selves for the new world, *Social Justice Research*, 3, 387-426.
de Rivera, J. H., (1992), Emotional climate: Social struct ure and emotional dynamics, In K. T. Strongman (Ed.), *International Review of Studies on Emotion*, New York, NY: Wiley, (pp. 197-218).
de Rivera, J. H., (2009), *Handbook on Building Cultures of Peace*, New York, NY: Springer.
de Rivera, J. H. & Sarbin, T. R., (1998), *Believed-in Imaginings: The Narrative Construction of Reality*, Washing-

ton, DC: American Psychological Associations Press.

de Rivera, J. H. & Páez, D., (2007), Emotional climate, human security, and cultures of peace, *Journal of Social Issues*, 63(2), 233-253.

Deci, E. L. & Ryan, R. M., (1985), *Intrinsic Motivation and Self-Determination in Human Behavior*, New York, NY: Plenum Press,

Denison, J. H., (1928), *Emotion as the Basis of Civilization*, New York, NY: Charles Scribner's Sons.

Durkheim, E., (1951), *Suicide*, New York, NY: The Free Press. (1897 초판)

Durkheim, E., (1947), *The Elementary Forms of Religious Life*, New York, NY: The Free Press. (Original work published 1915)

Eriksen, T. H., (2001), Ethnic identity, national identity, and intergroup conflict, In R. D. Ashmore, L. Jussim & D. Wilder (Eds.), *Social Identity, Intergroup Conflict, and Conflict Reduction*, Oxford: Oxford University Press, (pp. 42-68).

Fishman, J. A., (1968), Nationality-nationalism and nation-nationism, In J. A. Fishman, C. A. Ferguson & J. Das Gupta (Eds.), *Language Problems in Developing Nations*, New York, NY: Wiley, (pp. 39-51).

Fiske, A. P., (1991), *Structures of Social Life*, New York, NY: The Free Press.

Fromm, E., (1941), *Escape from Freedom*, New York, NY: Rinehart & Company.

Gamson, W. A., (1991), Commitment and agency in social movements, *Sociological Forum*, 6(1), 27-50.

Gellner, E., (1983), *Nations and Nationalism*, Ithaca, NY: Cornell University Press.

Hearn, F., (1997), *Moral Order and Social Disorder: The American Search for a Civil Society*, New York, NY: Aldine de Gruyter.

Hoffer, E., (1951), *The True Believer*, New York, NY: Harper and Row.

Howard, M., (2000), *The Invention of Peace*, New Haven, CT: Yale University Press.

Hsu, F. L. K., (1971), Psychosocial homeostasis and Jen: Conceptual tools for advancing psychological anthropology, *American Anthropology*, 73, 23-44.

James, W., (1950), *The Principles of Psychology*, NY: Dover Publications, Inc. (1890 초판)

Kákar, S., (2000), The time of Kali: Violence between religious groups in India, *Social Research*, 67(3), 877-899.

Kelman, H. C., (1997), Nationalism, patriotism, and national identity: Social psychological dimensions, In D. Bar-Tal & E. Staub (Eds.), *Patriotism: In the Lives of Individuals and Nations*, Chicago, IL: Nelson-Hall, (pp. 165-189).

Kohn, H., (1982), *Nationalism: Its Me aning and History*, Malabar, FL: Robert E. Krieger Publishing Company. (1965 초판)

Macmurray, J., (1961), *Persons in Relation*, Atlantic Highlands, NJ: Humanities Press.

Roccas, S., Sagiv, L., Schwartz, S., Halevy, N., & Eidelson, R., (2008), Toward a unifying model of identification with groups: Integrating theoretical perspectives, P*ersonality and Social Psychology Review*, 12, 280-306.

Roland, A., (1988), *In Search of Self in India and Japan*, Princeton, NJ: Princeton University Press.

Smith, A. D., (1994), The origins of nations, In J. Hutchinson & A. D. Smith (Eds.), *Nationalism*, New York, NY: Oxford University Press, (pp. 147-154).

Turner, J. C., (1985), Social categorization and the self-concept, *Advances in Group Processes*, 2, 77-121.

V 그룹 기반 정서와 그룹 간 정서

1. 그룹 간 정서: 자기 범주화, 정서, 그리고 그룹 간 갈등의 규제

Bruner, J. S., (1957), On perceptual readiness, *Psychological Review*, 64, 123-152.

Coats, S., Smith, E. R., Claypool, H. M., & Banner, M. J., (2000), Overlapping mental representations of self and in-group: Reaction time evidence and its relationship with explicit measures of group identification, *Journal of Experimental Social Psychology*, 36, 304-315.

Cottrell, C. A. & Neuberg, S. L., (2005), Different emotional reactions to different groups: A sociofunctional threat-based approach to "prejudice," *Journal of Personality and Social Psychology,* 88, 770-789.

Doosje, B., Branscombe, N. R., Spears, R., & Manstead, A. S. R., (1998), Guilty by association: When one's group has a negative history, *Journal of Personality and Social Psychology*, 75, 872-886.

Glick, P. & Fiske, S. T., (2001), An ambivalent alliance: Hostile and benevolent sexism as complementary justifications for gender inequality, *American Psychologist*, 56, 109-118.

Hogg, M. A. & Turner, J. C., (1987), Intergroup behaviour, self-stereotyping and the salience of social categories, *British Journal of Social Psychology*, 26, 325-340.

Iyer, A., Schmader, T., & Lickel, B., (2007), Why individuals protest the perceived transgressions of their country: The role of anger, shame, and guilt, *Personality and Social Psychology Bulletin*, 33, 572-587.

Kuppens, T. & Yzerbyt, V., (2009), Group-based emotions: The social heart in the individual head, In S. Otten, K. Sassenberg & T. Kessler (Eds.), *Intergroup Relations: The Role of Motivation and Emotion*, New York, NY: Psychology Press, (pp. 143-161).

Leach, C. W., Iyer, A., & Pedersen, A., (2006), Anger and guilt about ingroup advantage explain the willingness for political action, *Personality and Social Psychology Bulletin*, 32, 1232-1245.

Leach, C. W., van Zomeren, M., Zebel, S., Vliek, M., Pennekamp, S. F., Doosje, B., et al., (2008), Group-level self-definition and self-investment: A hierarchical (multi-component) model of in-group identification, *Journal of Personality and Social Psychology*, 95, 144-165.

Leonard, D. J., Moons, W. G., Mackie, D. M., & Smith, E. R., (2011), We're mad as hell and we're not going to take it anymore: Anger self-stereotyping and collective action, *Group Processes and Intergroup Relations*, 14, 99-111.

Lerner, J. S. & Keltner, D., (2001), Fear, anger, and risk, *Journal of Personality and Social Psychology*, 81, 146-159.

Mackie, D. M., Devos, T., & Smith, E. R., (2000), Intergroup emotions:Explaining off ensive action tendencies in an intergroup context, *Journal of Personality and Social Psychology*, 79, 602-616.

Maitner, A. T., Mackie, D. M., & Smith, E. R., (2006), Evidence for the regulatory function of intergroup emotion: Implementing and impeding intergroup behavioral intentions, *Journal of Experimental Social Psychology*, 42, 720-728.

Moons, W. G., Leonard, D. J., Mackie, D. M., & Smith, E. R., (2009), I feel our pain: Antecedents and consequences of emotional self-stereotyping, *Journal of Experimental Social Psychology*, 45, 760-769.

Niedenthal, P. M. & Brauer, M., (2012), Social functionality of human emotion, *Annual Review of Psychology*, 63, 259-285.

Ortony, A., Clore, G. L., & Collins, A., (1988), *The Cognitive Structure of Emotions*, New York, NY: Cambridge University Press.

Peters, K. & Kashima, Y., (2007), From social talk to social action: Shaping the social triad with emotion sharing, *Journal of Personality and Social Psychology*, 93, 780-797.

Pettigrew, T. F., (1979), The ultimate attribution error: Extending Allport's cognitive analysis of prejudice, *Personality and Social Psychology Bulletin*, 5, 461-476.

Ray, D. G., (2009), *How does Self-Categorization affect Outgroup Directed Emotion? Doctoral dissertation*, University of California, Santa Barbara,

Ray, D. G., Mackie, D. M., Rydell, R. J., & Smith, E. R., (2008), Changing categorization of self can change emotions about outgroups, *Journal of Experimental Social Psychology*, 44, 1210-1213.

Ray, D. G., Mackie, D. M., & Smith, E. R., (2012), Discrete emotions elucidate the effects of crossed-categorization on prejudice, *Journal of Experimental Social Psychology*, 48,55-69.

Rosch, E., (1978), *Cognition and Categorization*, Hillsdale, NJ: Erlbaum,

Roseman, I. J., Spindel, M. S., & Jose, P. E., (1990), Appraisals of emotion eliciting events: Testing a theory of discreet emotions, *Journal of Personality and Social Psychology*, 59, 899-915.

Rydell, R. J., Mackie, D. M., Maitner, A. T., Claypool, H. M., Ryan, M. J., & Smith, E. R., (2008), Arousal, processing, and risk taking: Consequences of intergroup anger, *Personality and Social Psychology Bulletin*, 34, 1141-1152.

Sani, F., (2005), When subgroups secede: Extending and refining the social psychological model of schism in groups, *Personality and Social Psychology Bulletin*, 31, 1074-1086.

Schachter, S. & Singer, J., (1962), Cognitive, social, and physiological determinants of emotional state, *Psychological Review*, 69, 379-399.

Seger, C. R., Smith, E. R., & Mackie, D. M., (2009), Subtle activation of a social categorization triggers group-level emotions, *Journal of Experimental Social Psychology*, 45, 460-467.

Smith, E. R., (1993), Social identity and social emotions: Toward new conceptualizations of prejudice, In D. M. Mackie & D. L. Hamilton (Eds.), *Affect, Cognition, and Stereotyping: Interactive Processes in Group Perception*, San Diego, CA: Academic Press, (pp. 297-315).

Smith, E. R. & Henry, S. M., (1996), An in-group becomes part of the self: Response time evidence, *Personality and Social Psychology Bulletin*, 22, 635-642.

Smith, E. R., Seger, C. R., & Mackie, D. M., (2007), Can emotions be truly group level? Evidence for four conceptual criteria, *Journal of Personality and Social Psychology*, 93, 431-446.

Stenstrom, D. M., Lickel, B., Denson, T. F., & Miller, N., (2008), The roles of in-group identification and out-group entitativity in inter-group retribution, *Personality and Social Psychology Bulletin*, 34, 1570-1582.

Tajfel, H. & Wilkes, A. L., (1963), Classification and quantitative judgement, *British Journal of Psychology*, 54, 101-114.

Thomas, E. F., McGarty, C., & Mavor, K. I., (2009), Transforming "apathy into movement": The role of prosocial emotions in motivating action for social change, *Personality and Social Psychology Review*, 13, 310-333.

Turner, J. C., Hogg, M. A., Oakes, P. J., Reicher, S. D., & Wetherell, M. S., (1987), *Rediscovering the Social Group: A Self-Categorization Theory*, Oxford: Blackwell.

Watson, D. & Clark, L. A., (1992), On traits and temperament: General and specific factors of emotional experience and their relation to the five-factor model, *Journal of Personality*, 60, 441-476.

van Zomeren, M., Postmes, T., & Spears, R., (2008), Toward an integrative social identity model of collective action: A quantitative research synthesis of three socio-psychological perspectives, *Psychological Bulletin*, 34, 504-535.

van Zomeren, M., Spears, R., Fischer, A., & Leach, C. W., (2004), Put your money where your mouth is! Explaining collective action tendencies through group-based anger and group efficacy, *Journal of Personality and Social Psychology*, 87, 649-664.

2. 집단 죄책감의 사회심리학

Augoustinos, M. & LeCouteur, A., (2004), On whether to apologize to indigenous Australians: The denial of white guilt, In N. R. Branscombe & B. Doosje (Eds.), *Collective Guilt: International Perspectives*, New York, NY: Cambridge University Press, (pp. 236-261).

Bahns, A. J. & Branscombe, N. R., (2011), Effects of legitimizing discrimination against homosexuals on gay bashing, *European Journal of Social Psychology*, 41, 388-396.

Blodorn, A. & O'Brien, L. T., (2011), Perceptions of racism in Hurricane Katrina-related events: Implications for collective guilt and mental health among White Americans, *Analyses of Social Issues and Public Policy*, 11, 127-140.

Branscombe, N. R., (2004), A social psychological process perspective on collective guilt, In N. R. Branscombe & B. Doosje (Eds.), *Collective Guilt: International Perspectives*, New York, NY: Cambridge University Press, (pp. 320-334).

Branscombe, N. R. & Doosje, B., (Eds.), (2004), *Collective Guilt: International Perspectives*, New York, NY: Cambridge University Press.

Brown, R. & Cehajic, S., (2008), Dealing with the past and facing the future: Mediators of the effects of collective guilt and shame in Bosnia and Herzegovina, *European Journal of Social Psychology*, 38, 669-684.

Brown, R., Gonzalez, R., Zagefka, H., Manzi, J., & Cehajic, S., (2008), Nuestra culpa: Collective guilt and shame as predictors of reparation for historical wrongdoing, *Journal of Personality and Social Psychology*, 94, 75-90.

Caouette, J., Wohl, M. J. A., & Peetz, J., (2012), The future weighs heavier than the past: Collective guilt, perceived control and the influence of time, *European Journal of Social Psychology*, 42, 363-371.

Castano, E. & Giner-Sorolla, R., (2006), Not quite human: Infrahumanization in response to collective responsibility for intergroup killing, *Journal of Personality and Social Psychology*, 90, 804-818.

Cehajic-Clancy, S., Effron, D. A., Halperin, E., Liberman, V., & Ross, L. D., (2011), Affirmation, acknowledgment of in-group responsibility, group-based guilt, and support for reparative measures, *Journal of Personality and Social Psychology*, 101, 256-270.

Dixon, J. & Levine, M., (Eds.), (2012), *Beyond Prejudice: Extending the Social Psychology of Conflict, Inequality and Social Change*, New York, NY: Cambridge University Press.

Doosje, B., Branscombe, N. R., Spears, R., & Manstead, A. S., (1998), Guilty by association: When one's group has a negative history, *Journal of Personality and Social Psychology*, 75, 872-886.

Doosje, B., Branscombe, N. R., Spears, R., & Manstead, A. S. R., (2006), Antecedents and consequences of group-based guilt: The effects of ingroup identification, *Group Processes and Intergroup Relations*, 9, 325-338.

Ferguson, M. A. & Branscombe, N. R., (2010), Collective guilt mediates the effect of beliefs about global warming on willingness to engage in mitigation behavior, *Journal of Environmental Psychology*, 30, 135-142.

Ferguson, M. A. & Branscombe, N. R., (2014a), *Collective guilt mediates the effect of inclusive temporal categorization on willingness to act on behalf of future group members*, Manuscript in preparation,

Ferguson, M. A. & Branscombe, N. R., (2014b), *What do we feel guilty about? The unique effects of carbon feedback on personal and collective guilt*, Manuscript in preparation.

Ferguson, M. A. & Branscombe, N. R., (2014c), *Guilty about the group's past or anxious about the group's future? Correlational evidence concerning two possible motivations to mitigate climate change*, Manuscript in preparation.

Giner-Sorolla, R., Castano, E., Espinosa, P., & Brown, R., (2008), Shame expressions reduce the recipient's insult from outgroup reparations, *Journal of Experimental Social Psychology*, 44, 519-526.

Goto, N. & Karasawa, M., (2011), Identification with a wrongful subgroup and the feeling of collective guilt, *Asian Journal of Social Psychology*, 14, 225-235.

Gunn, G. R. & Wilson, A. E., (2011), Acknowledging the skeletons in our closet: The effect of group affirmation on collective guilt, collective shame, and reparatory attitudes, *Personality and Social Psychology Bulletin*, 37, 1474-1487.

Harth, N. S., Kessler, T., & Leach, C. W., (2008), Advantaged group's emotional reactions to intergroup inequality: The dynamics of pride, guilt, and sympathy, *Personality and Social Psychology Bulletin*, 34, 115-129.

Iyer, A., Leach, C. W., & Crosby, F. J., (2003), White guilt and racial compensation: The benefits and limits of self-focus, *Personality and Social Psychology Bulletin*, 29, 117-129.

Jetten, J. & Wohl, M. J. A., (2012), The past as a determinant of the present: Historical continuity, collective angst, and opposition to immigration, *European Journal of Social Psychology*, 42, 442-450.

Klandermans, B., Werner, M., & van Doorn, M., (2008), Redeeming apartheid's legacy: Collective guilt, political ideology, and compensation, *Political Psychology*, 29, 331-349.

Klein, O., Spears, R., & Reicher, S., (2007), Social identity performance: Extending the strategic side of SIDE, *Personality and Social Psychology Review*, 11, 1-18.

Leach, C. W., Iyer, A., & Pedersen, A., (2006), Anger and guilt about ingroup advantage explain the willingness for political action, *Personality and Social Psychology Bulletin*, 32, 1232-1245.

Mackie, D. M., Maitner, A. T., & Smith, E. R., (2009), Intergroup emotions theory, In T. D. Nelson (Ed.), *Handbook of Prejudice, Stereotyping, and Discrimination*, New York, NY: Psychology Press, (pp. 285-307).

Mallett, R. K., Huntsinger, J. R., Sinclair, S., & Swim, J. K., (2008), Seeing through their eyes: When majority group members take collective action on behalf of an outgroup, *Group Processes and Intergroup Relations*, 11, 451-470.

Manzi, J. & Gonzalez, R., (2007), Forgiveness and reparation in Chile: The role of cognitive and emotional intergroup antecedents, Peace and Conflict: *Journal of Peace Psychology*, 13, 71-91.

McGarty, C., Pedersen, A., Leach, C. W., Mansell, T., Waller, J., & Bliuc, A., (2005), Group-based guilt as a predictor of commitment to apology, *British Journal of Social Psychology*, 44, 659-680.

Miron, A. M., Branscombe, N. R., & Biernat, M., (2010), Motivated shifting of justice standards, *Personality and Social Psychology Bulletin*, 36, 768-779.

Myers, E., Hewstone, M., & Cairns, E., (2009), Impact of conflict on mental health in Northern Ireland: The mediating role of intergroup forgiveness and collective guilt, *Political Psychology*, 30, 269-290.

Pedersen, A., Beven, J., Walker, I., & Griffiths, B., (2004), Attitudes toward Indigenous Australians: The role of empathy and guilt, *Journal of Community and Applied Social Psychology*, 14, 233-249.

Peetz, J., Gunn, G. R., & Wilson, A. E., (2010), Crimes of the past: Defensive temporal distancing in the face of past in-group wrongdoing, *Personality and Social Psychology Bulletin*, 36, 598-611.

Powell, A. A., Branscombe, N. R., & Schmitt, M. T., (2005), Inequality as ingroup privilege or outgroup disadvantage: The impact of group focus on collective guilt and interracial attitudes, *Personality and Social Psychology Bulletin*, 31, 508-521.

Roccas, S., Klar, Y., & Liviatan, I., (2006), The paradox of group-based guilt: Modes of national identification, conflict vehemence, and reactions to the in-group's moral violations, *Journal of Personality and Social Psychology*, 91, 698-711.

Sani, F., (2008), Schism in groups: A social psychological account, *Social and Personality Psychology Compass*, 2, 718-732.

Sani, F., Bowe, M., & Herrera, M., (2008), Perceived collective continuity and social well-being: Exploring the connections, *European Journal of Social Psychology*, 38, 365-374.

Schmader, T. & Lickel, B., (2006), Stigma and shame: Emotional responses to the stereotypic actions of one's ethnic ingroup, In S. Levin & C. van Laar (Eds.), *Stigma and Group Inequality: Social Psychological Perspectives*, Mahwah, NJ: Erlbaum, (pp. 261-285).

Schmitt, M. T., Miller, D. A., Branscombe, N. R., & Brehm, J. W., (2008), The difficulty of making reparations affects the intensity of collective guilt, *Group Processes and Intergroup Relations*, 11, 267-279.

Schoemann, A. M. & Branscombe, N. R., (2013), *Self-conscious group emotions toward harm-doing and reparative actions: Ameta-analysis*, Manuscript in preparation.

Sibley, C. G., Robertson, A., & Kirkwood, S., (2005), Pakeha attitudes toward the symbolic and resource-specific aspects of bicultural policy in New Zealand: The legitimizing role of collective guilt for historical injustices, *New Zealand Journal of Psychology*, 34, 171-180.

Stewart, T. L., Latu, I. M., Branscombe, N. R., & Denney, H. T., (2010), Yes we can! Prejudice reduction through seeing (inequality) and believing (in social change), *Psychological Science*, 21, 1557-1562.

Subasic, E., Reynolds, K. J., & Turner, J. C., (2008), The political solidarity model of social change: Dynamics of self-categorization in intergroup power relations, *Personality and Social Psychology Review*, 12, 330-352.

Subasic, E., Schmitt, M. T., & Reynolds, K. J., (2011), Are we all in this together? Co-victimization, inclusive social identity and collective action in solidarity with the disadvantaged, *British Journal of Social Psychology*, 50, 707-725.

Sullivan, D., Landau, M. J., Branscombe, N. R., & Rothschild, Z. K., (2012), Competitive victimhood as a response to accusations of ingroup harm doing, *Journal of Personality and Social Psychology*, 102, 778-795.

Sullivan, D., Landau, M. J., Branscombe, N. R., Rothschild, Z. K., & Cronin, T. J., (2013), Self-harm focus leads to greater collective guilt: The case of the U.S.-Iraq conflict, *Political Psychology*, 34, 573-587.

Tangney, J. P., Stuewig, J., & Mashek, D. J., (2007), Moral emotions and moral behavior, *Annual Review of Psychology*, 58, 345-372.

Wohl, M. J. A. & Branscombe, N. R., (2005), Forgiveness and collective guilt assignment to historical perpetrator groups depend on level of social category inclusiveness, *Journal of Personality and Social Psychology*, 88, 288-303.

Wohl, M. J. A. & Branscombe, N. R., (2008), Remembering historical victimization: Collective guilt for current ingroup transgressions, *Journal of Personality and Social Psychology*, 94, 988-1006.

Wohl, M. J. A., Branscombe, N., & Klar, Y., (2006), Collective guilt: Emotional reactions when one's group has done wrong or been wronged, *European Review of Social Psychology*, 17, 1-37.

Wohl, M. J. A., Matheson, K., Branscombe, N. R., & Anisman, H., (2013), Victim and perpetrator groups' responses to the Canadian Government's apology for the Head Tax on Chinese Immigrants and the moderating influence of collective guilt, *Political Psychology*, 34, 713-729.

Zagefka, H., Pehrson, S., Mole, R. C. M., & Chan, E., (2010), The effect of essentialism in settings of historic intergroup atrocities, *European Journal of Social Psychology*, 40, 718-732.

Zebel, S., Pennekamp, S. F., van Zomeren, M., Doosje, B., van Kleef, G. A., Vliek, M. L. W., & van der Schalk, J., (2007), Vessels with gold or guilt: Emotional reactions to family involvement associated with glorious or gloomy aspects of the colonial past, *Group Processes and Intergroup Relations*, 10, 71-86.

Zebel, S., Zimmermann, A., Viki, G. T., & Doosje, B., (2008), Dehumanization and guilt as distinct but related predictors of support for reparation policies, *Political Psychology*, 29, 193-219.

3. 집단 자부심, 행복, 축하 정서: 집계, 네트워크, 문화 모형

Bar-Tal, D., (2007), Sociopsychological foundations of intractable conflicts, *American Behavioral Scientist*, 50, 1430-1453.

BBC, (2012), *Post Olympic spirits high but may fizzle out—survey*. [Retrieved from: http://www.bbc.co.uk/news/uk-19246044]

Billig, M., (1995), *Banal Nationalism*, London: Sage,

Clark, A., (2009), Spreading the Joy? Why the machinery of consciousness is (probably) still in the head, *Mind*, 118, 963-993.

Collins, R., (2004), *Interaction Ritual Chains*, Princeton, NJ: Princeton University Press,

Collins, R., (2012), Time-bubbles of nationalism: Dynamics of solidarity ritual in lived time, *Nations and Nationalism*, 18, 383-397.

Fominaya, C. F., (2010), Collective identity in social movements: Central concepts and debates, *Sociology Compass*, 4, 393-404.

Fowler, J. H. & Christakis, N. A., (2008), Dynamic spread of happiness in a large social network: Longitudinal analysis over 20 years in the Framingham Heart Study, *British Medical Journal*, 337, 1-9.

Golec de Zavala, A., Cichocka, A. K., Eidelson, R., & Jayawickreme, N., (2009), Collective narcissism and its social consequences, *Journal of Personality and Social Psychology*, 97, 1074-1096.

Hallmann, K., Breuer, C., & Kühnreich, B., (2013), Happiness, pride and elite sporting success: What population segments gain most from national athletic achievements? *Sport Management Review*, 16, 226-235.

Huebner, B., (2011), Genuinely collective emotions, *European Journal for the Philosophy of Science*, 1, 89-118.

Kersting, N., (2007), Sport and national identity: A Comparison of the 2006 and 2010 FIFA World Cups™, *Politikon*, 34, 277-293.

Luhtanen, R. & Crocker, J., (1992), A Collective Self-Esteem Scale: Self-evaluation of one's social identity, *Personality and Social Psychology Bulletin*, 18, 302-318.

Miller-Idriss, C., (2006), Everyday understandings of citizenship in Germany, *Citizenship Studies*, 10, 541-70,

Pettigrove, G. & Parsons, N., (2012), Shame: A case study of collective emotion, *Social Theory and Practice*, 38, 1-27.

Reysen, S. & Branscombe, N. R., (2008), Belief in collective emotions as conforming to the group, *Social Influence*, 3, 171-188.

Rimé, B., (2007), The social sharing of emotion as an interface between individual and collective processes in the construction of emotional climates, *Journal of Social Issues*, 63, 307-322.

Salmela, M., (2014), Collective emotions as "the glue" of group solidarity, In A. Laitinen & A.-B. Pessi (Eds.), *Solidarity: Theory and Praxis*, New York: Lexington Books,

Salmela, M., (2012), Shared emotions, *Philosophical Explorations: An International Journal for the Philosophy of Mind and Action*, 15, 33-46.

Scheff, T. J., (1994), *Bloody Revenge: Emotions, Nationalism and War*, Boulder, CO: Westview Press,

Scheff, T. J., (2007), A concept of social integration, *Philosophical Psychology*, 20, 579-593.

Skey, M., (2006), Carnivals of surplus emotion? Towards an understanding of the significance of ecstatic nationalism in a globalising world, *Studies in Ethnicity and Nationalism*, 6, 143-161.

Skitka, L., (2005), Patriotism or nationalism? Understanding post-September 11, 2001, flag-display behaviour, *Journal of Applied Social Psychology*, 35, 1995-2011.

Smith, E. R., Seger, C. R., & Mackie, D. M., (2007), Can emotions be truly group level? Evidence regarding four conceptual criteria, *Journal of Personality and Social Psychology*, 43, 431-446.

Sullivan, G. B., (2009), Germany during the 2006 World Cup: The role of television in creating a national narrative of pride and "party patriotism," In E. Castelló, A. Dhoest & H. O'Donnell (Eds.), *The Nation on Screen, Discourses of the National in Global Television*, Cambridge: Cambridge Scholars Press, (pp. 235-252).

The Guardian, (2012a), *Japan's Olympic medallists cheered by half a million in Tokyo—video*. [Retrieved from: http://www.guardian.co.uk/world/video/2012/aug/20/japan-olympic-medallists-tokyo-video]

The Guardian, (2012b), *Atlético fans clash with police in Madrid after winning Europa League title—video*, [Retrieved from: http://www.guardian.co.uk/football/video /2012/may/10/atletico-madrid-europa-league-video]

Tracy, J. L. & Robins, R. W., (2007), The psychological structure of pride: A tale of two facets, *Journal of Personality and Social Psychology*, 92, 506-525.

van Hilvoorde, I., Elling, A., & Stokvis, R., (2010), How to influence national pride? The Olympic medal index as a unifying narrative, *International Review for the Sociology of Sport*, 45, 87-102.

4. 집단정서와 고질적 갈등에서 정서 조절

Arnold, M. B., (1960), *Emotion and Personality*, New York, NY: Columbia University Press, Vol. 1 and 2.

Azar, E. E., (1990), *The Management of Protracted Social Conflict*, Hampshire: Dartmouth Publishing.

Barlett, C. P. & Anderson, C. A., (2011), Reappraising the situation and its impact on aggressive behavior, *Personality and Social Psychology Bulletin*, 37, 1564-1573.

Bar-Tal, D., (2001), Why does fear override hope in societies engulfed by intractable conflict, as it does in the Israeli society?, *Political Psychology*, 22, 601-627.

Bar-Tal, D., (2007), Sociopsychological foundations of intractable conflicts, *American Behavioral Scientist*, 50, 1430-1453.

Bar-Tal, D. & Halperin, E., (2013), The psychology of intractable conflicts: Eruption, escalation and peacemaking, In L. Huddy, D. O. Sears & J. S. Levy (Eds.), *Oxford Handbook of Political Psychology*, New York, NY: Oxford University Press, (pp. 923-955).

Bar-Tal, D., Halperin, E., & de Rivera, J., (2007), Collective emotions in conflict: Societal implications, *Journal of Social Issues*, 63, 441-460.

Bar-Tal, D. & Rosen, Y., (2009). Peace education in societies involved in intractable conflicts: Direct and indirect models, *Review of Educational Research*, 79, 557-575.

Branscombe, N. R. & Doosje, B., (Eds.). (2004), *Collective Guilt: International Perspectives*, New York, NY: Cambridge University Press.

Brewer, M. B., (2011), Identity and conflict, In D. Bar-Tal (Ed.), *Intergroup Conflicts and their Resolution: Social Psychological Perspectives*, New York, NY: Psychology Press, (pp. 125-143).

Brown, R. & Čehajić, S., (2008), Dealing with the past and facing the future: Mediators of collective guilt and shame in Bosnia and Herzegovina, *European Journal of Social Psychology*, 38, 669-684.

Čehajić-Clancy, S., Effron, D., Halperin, E., Liberman, V., & Ross, L., (2011), Affirmation, acknowledgment of ingroup responsibility, group-based guilt, and support for reparative measures, *Journal of Personality and Social Psychology*, 101(2), 256-270.

Cohen-Chen, S., Halperin, E., Crisp, R. J., & Gross, J. J., (2013), Hope in the Middle East: Malleability beliefs, hope, and the willingness to compromise for peace, *Social Psychological and Personality Science*, Advance online publication. [doi: 10.1177/1948550613484499]

de Rivera, J., (1992), Emotional climate: Social structure and emotional dynamics, In K. T. Strongman (Ed.), *International Review of Studies on Emotion*, New York, NY: John Wiley, Vol. 2, (pp. 199-218).

Dweck, C. S. & Leggett, E. L., (1988), A social-cognitive approach to motivation and personality, *Psychological Review*, 95, 256-273.

Feldman, S. & Stenner, K., (1997), Perceived threat and authoritarianism, *Political Psychology*, 18, 741-770.

Fiske, A., Kitayama, S., Markus, H. R., & Nisbett, R. E., (1998), The cultural matrix of social psychology, In D. Gilbert, S. Fiske & G. Lindzey (Eds.), *The Handbook of Social Psychology*, San Francisco, CA: McGraw-Hill, 4th ed., (pp. 915-981).

Frijda, N. H., (1986), *The Emotions*, Cambridge: Cambridge University Press.

Greenberg, J., Pyszczynski, T., & Solomon, S., (1997), Terror management theory of self-esteem and social behavior: Empirical assessments and conceptual refinements, In M. P. Zanna (Ed.), *Advances in Experi-*

mental Social Psychology, New York, NY: Academic Press, Vol. 29, (pp. 61-139).

Gross, J. J., (1998), The emerging field of emotion regulation: An integrative review, *Review of General Psychology*, 2, 271-299.

Gross, J. J., Richards, J. M., & John, O. P., (2006), Emotion regulation in everyday life, In D. K. Snyder, J. A. Simpson & J. N. Hughes (Eds.), *Emotion Regulation in Families: Pathways to Dysfunction and Health*, Washington DC: American Psychological Association.

Halperin, E., (2008), Group-based hatred in intractable conflict in Israel, *Journal of Conflict Resolution*, 52, 713-736.

Halperin, E., (2011), Emotional barriers to peace: Negative emotions and public opinion about the peace process in the Middle East, *Peace and Conflict-Journal of Peace Psychology*, 17, 22-45.

Halperin, E., Crisp, R., Husnu, S., Dweck, C., & Gross, J., (2012), Promoting intergroup contact by changing beliefs: Group malleability, intergroup anxiety and contact motivation, *Emotion*, 12, 1192-1195.

Halperin, E. & Gross, J., (2011), Intergroup anger in intractable conflict: Long-term sentiments predict anger responses during the Gaza war, *Group Processes and Intergroup Relations*, 14, 477-488.

Halperin, E., Porat, R., Tamir, M., & Gross, J. J., (2013), Can emotion regulation change political attitudes in intractable conflict? From the laboratory to the field, *Psychological Science*, 24, 106-111.

Halperin, E., Porat, R., & Wohl, M., (2013), Extinction threat and reciprocal threat reduction: Collective angst predicts willingness to compromise in intractable intergroup conflicts, *Group Processes and Intergroup Relations*, Advance online publication. [doi: 10.1177/1368430213485994]

Halperin, E., Russel, A. G., Dweck, C. S., & Gross, J. J., (2011), Anger, hatred, and the quest for peace: Anger can be constructive in the absence of hatred, *Journal of Conflict Resolution*, 55, 274-291.

Halperin, E., Russell, G. A., Trzesniewski, H. K., Gross, J. J., & Dweck, S. C., (2011), Promoting the peace process by changing beliefs about group malleability, *Science*, 333, 1767-1769.

Halperin, E., Sharvit, K., & Gross, J. J., (2011), Emotions and emotion regulation in conflicts, In D. Bar-Tal (Ed.), *Intergroup Conflicts and Their Resolution: A Social Psychological Perspective* (pp. 83-103), New York, NY: Psychology Press.

Hirschberger, G. & Pyszczynski, T., (2010), An existential perspective on ethnopolitical violence, In P. R. Shaver & M. Mikulincer (Eds.), *Understanding and Reducing Aggression*, Violence, and their Consequences (pp. 297-314), Washington, DC: American Psychological Association.

Hobfoll, S. E., Canetti-Nisim, D., & Johnson, R. J., (2006), Exposure to terrorism, stress-related mental health symptoms, and defensive coping among Jews and Arabs in Israel, *Journal of Consulting and Clinical Psychology*, 74, 207-218.

Iyer, A., Leach, C. W., & Crosby, F. J., (2003), White guilt and racial compensation: The benefits and limits of self-focus, *Personality and Social Psychology Bulletin*, 29, 117-129.

Janoff-Bulman, R., (1992), *Shattered Assumptions: Towards a New Psychology of Trauma*, New York, NY: The Free Press.

Jarymowicz, M. & Bar-Tal, D., (2006), The dominance of fear over hope in the life of individuals and collectives, *European Journal of Social Psychology*, 36, 367-392.

Lerner, J. S. & Keltner, D., (2001), Fear, anger and risk, *Journal of Personality and Social Psychology*, 81, 1146-1159.

Lewin, K., (1951), *Field Theory in Social Science*, New York, NY: Harper & Row,

Mackie, D. M., Devos, T., & Smith, E. R., (2000), Intergroup emotions: Explaining offensive actions in an intergroup context, *Journal of Personality and Social Psychology*, 79, 602-616.

Maoz, I., (2011), Contact in protracted asymmetrical conflict: Twenty years of planned encounters between Israeli Jews and Palestinians, *Journal of Peace Research*, 48, 115-125.

Mauss, I. B., Bunge, S. A., & Gross, J. J., (2007), Automatic emotion regulation, *Social and Personality Psychology Compass*, 1, 146-167.

Moeschberger, S. L., Dixon, D. N., Niens, U., & Cairns, E., (2005), Forgiveness in Northern Ireland: A model for peace in the midst of the "Troubles," *Peace and Conflict—Journal of Peace Psychology*, 11, 199-214.

Paluck, E. L., (2009), Reducing intergroup prejudice and conflict using the media: A field experiment in Rwanda, *Journal of Personality and Social Psychology*, 96, 574-587.

Petersen, R. G., (2002), *Understanding Ethnic Violence: Fear, Hatred, and Resentment in Twentieth-Century Eastern Europe*, Cambridge: Cambridge University Press.

Pettigrew, T. F. & Tropp, L. R., (2006), A meta-analytic test of intergroup contact theory, *Interpersonal Relations and Group Processes*, 90, 751-783.

Ray, R. D., Wilhelm, F. H., & Gross, J. J., (2008), All in the mind's eye? Anger rumination and reappraisal, *Journal of Personality and Social Psychology*, 94, 133-145.

Reifen-Tagar, M., Halperin, E., & Frederico, C., (2011), The positive effect of negative emotions in protracted conflict: The case of anger, *Journal of Experimental Social Psychology*, 47, 157-163.

Reykowski, J., (1982), Social motivation, *Annual Review of Psychology*, 33, 123-154.

Roseman, I. J., (1984), Cognitive determinants of emotions: Astructural theory, In P. Shaver (Ed.), *Review of Personality and Social Psychology*, Beverly Hills, CA: Sage Publications, Vol. 5, (pp. 11-36).

Rosler, N., Halperin, E., Gross, J. J., (n. d.), *Hope and empathy as peace catalysts*, Unpublished manuscript,

Rydell, R. J., Hugenberg, K., Ray, D., & Mackie, D. M., (2007), Implicit theories about groups and stereotyping: The role of group entitativity, *Personality and Social Psychology Bulletin*, 33, 549-558.

Sabucedo, J. M., Durán, M., Alzate, M., & Rodríguez, M.-S., (2011), Emotional responses and attitudes to the peace talks with ETA, *Revista Latinoamericana de Psicología*, 43, 289-296.

Sherman, D. K. & Cohen, G. L., (2006), The psychology of self-defense: Self-affirmation theory, *Advances in Experimental Social Psychology*, 38, 183-242.

Snyder, C. R., (1994), *The Psychology of Hope*, New York, NY: Free Press.

Staats, S. R. & Stassen, M. A., (1985), Hope: An affective cognition, *Social Indicators Research*, 17, 235-242.

Staub, E., (2003), *The Psychology of Good and Evil: The Roots of Benefiting and Harming Other*, New York, NY: Cambridge University Press.

Staub, E., (2005), The origins and evolution of hate, with notes on prevention, In R. J. Sternberg (Ed.), *The Psychology of Hate*, Washington, DC: American Psychological Association, (pp. 51-66).

Stephan, W. G., Renfro, C. L., & Davis, M. D., (2008), The role of threat in intergroup relations, In U. Wagner, L. R. Tropp, G. Finchilescu & C. Tredoux (Eds.), *Improving Intergroup Relations*, Oxford: Blackwell, (pp. 55-72).

Sternberg, R. J., (2003), A duplex theory of hate: Development and application to terrorism, massacres and genocide, 7, 299-328, *Review of General Psychology*.

Wohl, M. J. A., Giguère, B., Branscombe, N. R., & McVicar, D. N., (2011), One day we might be no more: Collective angst and protective action from potential distinctiveness loss, *European Journal of Social Psychology*, 41, 289-300.

Wohl, M. J. A., Branscombe, N. R., & Klar, Y., (2006), Collective guilt: An emotional response to perceived ingroup misdeeds, *European Review of Social Psychology*, 17, 1-36.

Yzerbyt, V., Dumont, M., Wigboldus, D., & Gordin, E., (2003), I feel for us: The impact of categorization and identification on emotions and action tendencies, *British Journal of Social Psychology*, 42, 533-549.

VI 의식, 운동, 사회 조직

1. 상호작용 의식 연쇄와 집단열광

Archer, M. S., (2003), *Structure, Agency and the Internal Conversation*, Cambridge: Cambridge University Press,

Baker, J., (2010), Social sources of the spirit: Connecting rational choice and interactive ritual theories in the study of religion, *Sociology of Religion*, 71(4), 432-456.

Barone, C., (2007), A neo-Durkheimian analysis of a new religious movement: The case of the Soka Gakkai in Italy, *Theory and Society*, 36(2), 117-140.

Baumeister, R., Bratslavsky, E., Finkehauser, C., & Vohs, K., (2001), Bad is stronger than good, *Review of General Psychology*, 5, 323-370.

Collins, R., (2004), *Interaction Ritual Chains*, Princeton, NJ: Princeton University Press,

Collins, R., (2008), *Violence: A Micro-Sociological Theory*, Princeton, NJ: Princeton University Press.

Collins, R., (2010), The micro-sociology of religion: Religious practices, collective and individual, *Association of Religion Data Archives Guiding Papers.*

Damasio, A. R., (1994), *Descartes' Error: Emotion, Reason, and the Human Brain*, New York, NY: Putnam.

Durkheim, E., (1964), *The Elementary Forms of Religious Life*, New York, NY: Free Press. (Original work published 1912)

Haslett, T., (2007), Between deference and distinction: Interaction ritual through symbolic power in an educational institution, *Social Psychology Quarterly*, 70, 148-171.

Heider, A. & Warner, R. S., (2009), Bodies in sync: Interaction ritual theory applied to sacred harp singing, *Sociology of Religion*, 71, 76-97.

King, A., (2006), The word of command: communication and cohesion in the military, *Armed Forces and Society*, 32, 493-512.

Klusemann, S., (2010), *After State Breakdown: Dynamics of Multi-party Conflict, Violence, and Paramilitary Mobilization in Russia 1904-1920*, Germany 1918-1934, and Japan 1853-1877 (PhD, Dissertation), University of Pennsylvania: UMI Dissertation Publishing.

Klusemann, S., (2012), Massacres as process, A micro-sociological theory of internal processes of mass atrocities, *European Journal of Criminology*, 9, 468-480.

Ling, R., (2008), *New Tech, New Ties, How Mobile Communication is Reshaping Social Cohesion*, Cambridge,

MA: MIT Press.

Mann, M., (2013), *The Sources of Social Power, Volume 3: Global Empires and Revolutions, 1890-1945*, Cambridge: Cambridge University Press.

Maruna, S., (2011), Re-entry as a rite of passage, *Punishment and Society*, 13, 3-28.

Milne, C. & Otieno, T., (2007), Understanding engagement: Science demonstrations and emotional energy, *Science Education*, 91, 523-553.

Nassauer, A., (2012), *Violence in Demonstrations, A Comparative Analysis of Situational Interaction Dynamics at Social Movement Protests* (PhD, Dissertation), Berlin Graduate School of Social Sciences.

Olitsky, S., (2006), Promoting student engagement in science: Interaction rituals and the pursuit of a community of practice, *Journal of Research in Science Teaching*, 44, 33-56.

Parker, J. N. & Hackett, E. J., (2012), Hot spots and hot moments in scientific collaborations and social movements, *American Sociological Review*, 77, 21-44.

Rossner, M., (2011), Emotions and interaction ritual: An analysis of restorative justice, *British Journal of Criminology*, 51, 95-119.

Rossner, M., (2013), Just Emotions:Rituals of Restorative Justice, Oxford: Oxford University Press,

Rozin, P. & Royzman, E. B., (2001), Negativity bias, negativity dominance and contagion, *Personality and Social Psychology Review*, 5, 296-320.

Selznick, P., (1952), *The Organizational Weapon, A Study of Bolshevik Strategy and Tactics*, New York, NY: Mc-Graw-Hill,

Smardon, R., (2004), Streetwise science: Towards a theory of the code of the classroom, *Journal of Mind, Culture and Activity*, 11, 201-223,

Stromberg, P. G., (2009), Caught in Play, *How Entertainment Works on You*, Stanford, CA: Stanford University Press.

Summers-Effler, E., (2002), The micro potential for social change, Emotion, consciousness and social movement formation, *Sociological Theory*, 20, 21-40.

Summers-Effler, E., (2010), *Laughing Saints and Righteous Heroes: Emotional Rhythms in Social Movement Groups*, Chicago, IL: University of Chicago Press.

Vertesi, J., (2012), Seeing like a Rover: Visualization, embodiment, and interaction on the Mars Exploration Rover Mission, *Social Studies of Science*, 43, 393-414.

von Scheve, C., (2012), The social calibration of emotional expression: An affective basis of micro-social order, *Sociological Theory*, 30, 1-14.

Walder, A. G., (2009), *Fractured Rebellion, The Beijing Red Guard Movement*, Cambridge, MA: Harvard University Press.

Wiley, N., (1994), *The Semiotic Self, Chicago*, IL: University of Chicago Press.

2. 종교, 의식, 집단정서

Allan, K., (1998), *The Meaning of Culture: Moving the Postmodern Critique Forward*, Westport, CT: Praeger.

Berger, P. L. & Luckmann, T., (1966), *The Social Construction of Reality*, Garden City, NY: Doubleday.

Bhandari, R. B., Okada, N., and Knottnerus, J. D., (2011), Urban ritual events and coping with disaster risk: A case study of Lalitpur, Nepal, *Journal of Applied Social Science*, 5, 13-32.

Burden, H. T., (1967), *The Nuremberg Party Rallies: 1923-39*, New York, NY: Frederick A. Praeger,

Collins, R., (2004), *Interaction Ritual Chains, Princeton*, NJ: Princeton University Press.

Condon, W. S. & Sander, L. W., (1974), Neonate movement is synchronized with adult speech: interactional participation and language acquisition, *Science* (New Series), 183, 99-101.

Delano, D. & Knottnerus, J. D., (2013), *The Khmer Rouge: Ritual, Control, and Genocide*, Unpublished manuscript,

Dornbusch, S. & Scott, W. R., (1975), *Evaluation and the Exercise of Authority*, San Francisco, CA: Jossey-Bass,

Douglas, M., (1970), *Natural Symbols*, New York, NY: Vintage,

Durkheim, E., (1965), *The Elementary Forms of the Religious Life*, New York, NY: Free Press. (1915 초판)

Edwards, J. & Knottnerus, J. D., (2007), The orange order: Strategic ritualization and its organizational antecedents, *International Journal of Contemporary Sociology*, 44, 179-199.

Edwards, J. & Knottnerus, J. D., (2010), The orange order: Parades, other rituals, and their outcomes, *Sociological Focus*, 43, 1-23.

Edwards, J. & Knottnerus, J. D., (2011), Exchange, conflict and coercion: the ritual dynamics of the Notting Hill carnival past and present, *Ethnic Studies Review*, 34.

Ekman, P. & Friesen, W. V., (1975), *Unmasking the Face: A Guide to Recognizing Emotions from Facial Clues*, Oxford: Prentice-Hall.

Etzioni, A., (2000), Toward a theory of public ritual, *Sociological Theory*, 18, 44-59.

Fagan, G. G., (2011), *The Lure of the Arena: Social Psychology and the Crowd at the Roman Games*, Cambridge: Cambridge University Press.

Giddens, A., (1984), *The Constitution of Society: Outline of the Theory of Structuration*, Berkeley, CA: University of California Press.

Goffman, E., (1967), *Interaction Ritual: Essays on Face-To-Face Behavior*, Garden City, NY: Anchor Books.

Guan, J. & Knottnerus, J. D., (1999), A structural ritualization analysis of the process of acculturation and marginalization of Chinese Americans, *Humboldt Journal of Social Relations*, 25, 43-95.

Guan, J. & Knottnerus, J. D., (2006), Chinatown under siege: Community protest and structural ritualization theory, *Humboldt Journal of Social Relations*, 30, 5-52.

Irwin, K., Tucker M., & Simpson, B., (2008), Sympathy and social order, *Social Psychology Quarterly*, 71, 379-397.

Johansson, A. C. & Sell, J., (2004), Sources of legitimation and their effects on group routines: Atheoretical analysis, In C. Johnson (Ed.), *Research in the Sociology of Organizations, Volume 22, Legitimacy Processes in Organizations*, Amsterdam: Elsevier, (pp. 89-116).

Kemper, T. D., (1987), How many emotions are there? Wedding the social and autonomic components, *American Journal of Sociology*, 93, 263-289.

Knottnerus, J. D., (1997), The theory of structural ritualization, In B. Markovsky, M. J. Lovaglia & L.Troyer (Eds.), *Advances in Group Processes*, Volume 14 (pp. 257-279), Greenwich, CT: JAI Press.

Knottnerus, J. D., (1999), Status structures and ritualized relations in the slave plantation system, In T. J. Durant, Jr. & J. D. Knottnerus (Eds.), *Plantation Society and Race Relations: The Origins of Inequality*, Westport,

CT: Praeger, (pp. 137-147).

Knottnerus, J. D., (2002), Agency, structure and deritualization: a comparative investigation of extreme disruptions of social order, In S. C. Chew & J. D. Knottnerus (Eds.), *Structure, Culture and History: Recent Issues in Social Theory*, Lanham, MD: Rowman & Littlefield, (pp. 85-106).

Knottnerus, J. D., (2005), The need for theory and the value of cooperation: Disruption and deritualization, *Sociological Spectrum*, 25, 5-19.

Knottnerus, J. D., (2010), Collective events, rituals, and emotions, In S. R. Thye & E. J. Lawler (Eds.), *Advances in Group Processes*, Volume 27 (pp. 39-61), Bingley: Emerald Group Publishing Limited,

Knottnerus, J. D., (2011), *Ritual as a Missing Link: Sociology, Structural Ritualization Theory and Research*, Boulder, CO: Paradigm Publishers.

Knottnerus, J. D., (2013), *Persecution, ritual and moral (im)purity*, Unpublished manuscript.

Knottnerus, J. D. & P. E. Berry, (2002), Spartan society: Structural ritualization in an ancient social system, *Humboldt Journal of Social Relations*, 27, 1-42.

Knottnerus, J. D., Johnson, K., and Mason, J., (2013), *Stress and isolation in polar expeditions: ritualization and group dynamics*, Unpublished manuscript.

Knottnerus, J. D. & LoConto, D. G., (2003), Strategic ritualization and ethnicity: A typology and analysis of ritual enactments in an Italian American community, *Sociological Spectrum*, 23, 425-461.

Knottnerus, J. D., Ulsperger, J. S., Cummins, S., & Osteen, E., (2006), Exposing Enron: Media representations of ritualized deviance in corporate culture, *Crime, Media, Culture*, 2, 177-195.

Knottnerus, J. D. & Van de Poel-Knottnerus, F., (1999), *The Social Worlds of Male and Female Children in the Nineteenth Century French Educational System: Youth, Rituals and Elites*, Lewiston, NY: Edwin Mellen Press.

Lane, C., (1981), *The Rites of Rulers: Ritual in Industrial Society—The Soviet Case,* Cambridge: Cambridge University Press.

Lawler, E. J., Thye, S. R., & Yoon, J., (2008), Social exchange and micro social order, *American Sociological Review*, 73, 519-542.

Lawler, E. J., Thye, S. R., & Yoon, J., (2009), *Social Commitments in a Depersonalized World,* New York, NY: Russell Sage Foundation.

Lin, X., Guan, J., & Knottnerus, J. D., (2011), Organizational and leadership practice of micro ethnic entrepreneurship in multicultural context: A structural reproduction analysis, *International Journal of Business Anthropology*, 2, 48-65.

Minton, C. & Knottnerus, J. D., (2008), Ritualized duties:Th e social construction of gender inequality in Malawi, *International Review of Modern Sociology*, 34, 181-210.

Mitra, A. & Knottnerus, J. D., (2004), Royal women in ancient India: The ritualization of inequality in a patriarchal social order, *International Journal of Contemporary Sociology*, 41, 215-231.

Mitra, A. & Knottnerus, J. D., (2008), Sacrificing women: A study of ritualized practices among women volunteers in India, *Voluntas: International Journal of Voluntary and Nonprofit Organizations*, 19, 242-267.

Russell, J. A., (1980), A circumplex model of affect, *Journal of personality and Social Psychology*, 39, 1161-1178.

Sarabia, D. & Knottnerus, J. D., (2009), Ecological stress and deritualization in east Asia: ritual practices during dark age phases, *International Journal of Sociology and Anthropology*, 1(1), 12-25.

Sell, J., Knottnerus, J. D., & Adcock-Azbill, C., (2013), Disruptions in task groups, *Social Science Quarterly*, 94, 715-731.

Sell, J., Knottnerus, J. D., Ellison, C., & Mundt, H., (2000), Reproducing social structure in task groups: the role of structural ritualization, *Social Forces*, 79, 453-475.

Sen, B. & Knottnerus, J. D., (2012), *A model of ethnic identity formation and ritual dynamics among Asian Indian Americans*, Presented at the annual meeting of the American Sociological Association, Denver.

Shils, E. & Young, M., (1953), The meaning of the coronation, *The Sociological Review*, 1, 63-81.

Takahashi, M. & Olaveson, T., (2003), Music, dance and raving bodies: Raving as spirituality in the central Canadian rave scene, *Journal of Ritual Studies*, 17, 72-96.

Thibaut, J. W. & Kelley, H. H., (1959), *The Social Psychology of Groups*, New York, NY: John Wiley & Sons.

Thornburg, P. A., Knottnerus, J. D., & Webb, G. R., (2008), Ritual and disruption: insights from early disaster research, *International Journal of Sociological Research*, 1, 91-109.

Turner, J., (2002), *Face-to-Face: Towards a Sociological Theory of Interpersonal Behavior*, Stanford, CA: Stanford University Press.

Turner, V., (1967), *The Forest of Symbols: Aspects of Ndembu Ritual*, Ithaca, NY: Cornell University Press.

Ulsperger, J. S. & Knottnerus, J. D., (2007), Long-term care workers and bureaucracy: The occupational ritualization of maltreatment in nursing homes and recommended policies, *Journal of Applied Social Science*, 1, 52-70.

Ulsperger, J. S. & Knottnerus, J. D., (2008), The social dynamics of elder care: Rituals of bureaucracy and physical neglect in nursing homes, *Sociological Spectrum*, 28, 357-388.

Ulsperger, J. S. & Knottnerus, J. D., (2009), Illusions of affection: Bureaucracy and emotional neglect in nursing homes, *Humanity and Society*, 33, 238-259.

Ulsperger, J. S. & Knottnerus, J. D., (2011), *Elder Care Catastrophe: Rituals of Abuse in Nursing Homes—and What You Can Do About It*, Boulder, CO: Paradigm Publishers.

Varner, M. K. & Knottnerus, J. D., (2010), *American Golf and the Development of Civility: Rituals of Etiquette in the World of Golf*, Koln: LAP Lambert Academic Publishing.

Walker, H. A., George, M. T., & Zelditch, Jr., M., (1986), Legitimation, endorsement and stability, *Social Forces*, 64, 620-643.

Warner, W. L., (1959), *The Living and the Dead: A Study of the Symbolic Life of Americans (Yankee City Series)*, New Haven, CT: Yale University Press.

Wiltermuth, S. S. & Heath, C., (2009), Synchrony and cooperation, *Psychological Science*, 20, 1-5.

Wu, Y. & Knottnerus, J. D., (2007), The origins of ritualized daily practices: From Lei Feng's diary to educated youth's diaries, *Shehui (Society, Chinese academic journal)*, 1, 98-119.

3. 정치적 정서

Adorno, T., Frenkel-Brunswik, E., Levinson, D., & Sanford, R. N., (1950), *The Authoritarian Personality*, New York, NY: Harper.

Ahmed, S., (2004), *The Cultural Politics of Emotion*, New York, NY: Routledge.

Altemeyer, B., (1988), *Enemies of Freedom*, London: Jossey-Bass.

Amadae, S. M., (2003), *Rationalizing Capitalist Democracy*, Chicago, IL: University of Chicago Press.

Aristotle, (1984), *The Complete Works of Aristotle*, (J. Barnes, Ed.) Princeton, NJ: Princeton University Press.

Balibar, E., (1998), *Spinoza and Politics*, London: Verso.

Berezin, M., (2003), Emotions and the economy, *Cornell University Center for the Study of Economy and Society Working Paper 12.*

Berezin, M., (2009), Exploring emotions and the economy: New contributions from sociological theory, *Theory & Society*, 38, 335-346.

Berghaus, G., (1996), The ritual core of fascist theatre, In G. Berghaus (Ed.), *Fascism and Theatre*, Providence, RI: Berghahn, (pp. 39-71).

Berlant, L., (2011), *Cruel Optimism, Durham*, NC: Duke University Press.

Bispham, J., (2005), Bridging the gaps-music as biocultural phenomenon, *European Meetings in Ethnomusicology*, 11, 47-49.

Bispham, J., (2006), Rhythm in music: What is it? Who has it? And why?, *Music Perception*, 24(2), 125-134.

Burke, C., (2004), *Camp All-American, Hanoi Jane, and the High-and-Tight: Gender, Folklore, and Changing Military Culture*, Boston, MA: Beacon Press.

Butler, J., (2004), *Precarious Life*, London: Verso.

Butler, J., (2009), *Frames of War*, London: Verso.

Coli, D., (2006), Hobbes's revolution, In V. Kahn, N. Saccamano & D. Coli (Eds.), *Politics and the Passions, 1500-1850*, Princeton, NJ: Princeton University Press.

Collins, R., (2008), *Violence: A Micro-sociological Theory*, Princeton, NJ: Princeton University Press.

Colombetti, G. & Thompson, E., (2007), The feeling body: Toward an enactive approach to emotion, In W. F. Overton, U. Mueller & J. Newman (Eds.), *Developmental Aspects of Embodiment and Consciousness*, Hillsdale, NJ: Lawrence Erlbaum, (pp. 45-68).

Connolly, W., (2008), Capitalism and Christianity, *American Style*, Durham, NC: Duke University Press.

Cross, I., (2003), Music and biocultural evolution, In M. Clayton, T. Hebert & R. Middleton (Eds.), *The Cultural Study of Music: A Critical Introduction*, London: Routledge, (pp. 10-19).

Curley, E., (1996), Kissinger, Spinoza, and Genghis Khan, In D. Garrett (Ed.), *The Cambridge Companion to Spinoza*, Cambridge: Cambridge University Press.

De Jaegher, H. & Di Paolo, E., (2007), Participatory sense-making: An enactive approach to social cognition, *Phenomenology and the Cognitive Sciences*, 6(4), 485-507.

De Jaegher, H., Di Paolo, E., & Gallagher, S., (2010), Does social interaction constitute social cognition?, *Trends in Cognitive Sciences*, 14(10) 441-447.

de Waal, F., (2006), *Primates and Philosophers*, Princeton, NJ: Princeton University Press.

Deleuze, G. & Guattari, F., (1987), *A Thousand Plateaus*, Minneapolis, MN: University of Minnesota Press.

Dissanayake, E., (2000), Antecedents of the temporal arts in early mother-infant interactions, In N. Wallin. B. Merker & S. Brown (Eds.), *The Origins of Music*, Cambridge, MA: MIT Press, (pp. 389-407).

Ehrenreich, B., (2006), *Dancing in the Streets*, New York, NY: Metropolitan Books.

Foucault, M., (2003), *"Society Must Be Defended,"* New York, NY: Picador.

Foucault, M., (2008), *The Birth of Biopolitics*, New York, NY: Palgrave Macmillan.

Frank, T., (2004), *What's The Matter with Kansas?*, New York, NY: Henry Holt.

Fuchs, A. & Jirsa, V., (2008), J. A. Scott Kelso's contributions to our understanding of coordination, In A. Fuchs & V. Jirsa (Eds.), *Coordination: Neural, Behavioral and Social Dynamics*, Berlin: Springer, (pp. 327-346).

Gallese, V., Keysers, C., & Rizzolatti, G., (2004), A unifying view of the basis of social cognition, *Trends in Cognitive Sciences*, 8(9), 396-403.

Gilbert, M., (2002), Collective guilt and collective guilt feelings, *Journal of Ethics: An International Philosophical Review*, 6(2), 115-143.

Gintis, H., Bowles, S., Boyd, R., & Fehr, E., (2005), *Moral Sentiments and Material Interests*, Cambridge, MA: MIT Press.

Gorringe, H., Stott, C., & Rosie, M., (2012), Dialogue police, decision making, and the management of public order during protest crowd events, *Journal of Investigative Psychology and Offender Profiling*, 9, 111-125.

Gregg, M. & Seigworth, G. J., (2010), *The Affect Theory Reader*, Durham, NC: Duke University Press,

Greene, J., (2003), From neural "is" to moral "ought": what are the moral implications of neuroscientific moral psychology, *Nature Reviews Neuroscience*, 4, 847-850.

Greene, J., (2008), The secret joke of Kant's soul, In W. Sinnott-Armstrong (Ed.), *Moral Psychology 3: The Neuroscience of Morality*, Cambridge, MA: MIT Press, (pp. 35-80).

Greene, J. & Haidt, J., (2002), How (and where) does moral judgment work?, *Trends in Cognitive Sciences*, 6(12), 517-523.

Griffiths, P., (1997), *What Emotions Really Are*, Chicago, IL: University of Chicago Press.

Griffiths, P. & Scarantino, A., (2009), Emotions in the wild: The situated perspective on emotion, In P. Robbins & M. Ayede (Eds.), *The Cambridge Handbook of Situated Cognition*, Cambridge: Cambridge University Press, (pp. 437-453).

Gross, D., (2006), *The Secret History of Emotion*, Chicago, IL: University of Chicago Press.

Grossman, D., (1996), *On Killing*, Boston, MA: Back Bay Books.

Haidt, J., (2012), *The Righteous Mind*, New York, NY: Pantheon.

Hanich, J., (2010), *Cinematic Emotion in Horror Movies and Thrillers*, New York, NY: Routledge.

Helm, B., (2001), *Emotional Reason*, Cambridge: Cambridge University Press.

Heyes, C., (2010), Where do mirror neurons come from?, *Neuroscience and Biobehavioral Reviews*, 34, 575-583.

Hobbes, T., (2004), *Leviathan*, New York, NY: Barnes & Noble.

Hrdy, S., (2009), *Mothers and Others: The Evolutionary Origins of Mutual Understanding*, Cambridge, MA: Harvard University Press.

Huebner, B., (2011), Genuinely collective emotions, *European Journal for Philosophy of Science*, 1(1), 89-118.

Hull, G., (2009), *Hobbes and the Making of Modern Political Thought*, New York, NY: Continuum.

James, S., (2006), The politics of emotion: Liberalism and cognitivism, *Royal Institute of Philosophy Supplement*, 81(58), 231-244.

Jost, J., Glaser, J., Kruglanski, A., & Sullaway, F., (2003), Political conservatism as motivated social cognition, *Psychological Bulletin*, 129(3), 339-375.

Joyce, R., (2006), *The Evolution of Morality*, Cambridge, MA: MIT Press.

Kahn, V., Saccamano, N., & Coli, D., (2006), *Politics and the Passions, 1500-1850*, Princeton, NJ: Princeton University Press.

Kant, I., (1970), Perpetual peace, In H. Reiss (Ed.), *Kant: Political Writings*, Cambridge: Cambridge University Press, (pp. 93-130).

Kelso, J. A. S., (1995), *Dynamic Patterns: The Self-Organization of Brain and Behavior*, Cambridge, MA: MIT Press.

Kilner, P., (2000), *Military Leaders' Obligation to Justify Killing in War*, Presentation to the Joint Services Conference on Professional Ethics, Washington DC, January 27-28.

Kingston, R., (2008), The political relevance of the emotions from Descartes to Smith, In R. Kingston & L. Ferry (Eds.), *Bringing the Passions Back In: The Emotions in Political Philosophy*, Vancouver: University of British Columbia Press, (pp. 108-125).

Kingston, R. & Ferry, L., (2008), *Bringing the Passions Back In: The Emotions in Political Philosophy*, Vancouver: University of British Columbia Press.

Kirkland, F., (1995), Postcombat reentry, In R. Zajtchuk (Ed.), *War Psychiatry, Textbook of Military Medicine, Part I*, Washington, DC: Office of the Surgeon General, (pp. 291-317).

Konzelmann, Z. A., (2007), Collective guilt revisited, *Dialectica* 61(3), 467-493.

Krause, S., (2008a), *Civil Passions: Moral Sentiment and Democratic Deliberation*, Princeton, NJ: Princeton University Press.

Krause, S., (2008b), Passion, power, and impartiality in Hume, In R. Kingston & L. Ferry (Eds.), *Bringing the Passions Back In: The Emotions in Political Philosophy*, Vancouver: University of British Columbia Press, (pp. 126-145).

Lakoff, G., (2008), *The Political Mind*, New York, NY: Viking

Le Bon, G., (1896), *The Crowd: A Study of the Popular Mind*, New York, NY: Macmillan.

Levine, M., Prosser, A., Evans, D., & Reicher, S., (2005), Identity and emergency intervention: How social group membership and inclusiveness of group boundaries shape helping behavior, *Personality and Social Psychology Bulletin*, 31(4), 443-453.

Lloyd, G., (1993), *The Man of Reason: "Male" and "Female" in Western Philosophy*, Minneapolis, MN: University of Minnesota Press.

Lloyd, G. & Gatens, M., (1999), *Collective Imaginings: Spinoza, Past and Present*, New York, NY: Routledge.

Marshall, S. L. A., (1978), *Men Against Fire: The Problem of Battle Command*, Norman, OK: Oklahoma University Press.

Massumi, B., (1993), *The Politics of Everyday Fear*, Minneapolis, MN: University of Minnesota Press.

Massumi, B., (2002), *Parables for the Virtual*, Durham, NC: Duke University Press.

McNeill, W., (1995), *Keeping Together in Time: Dance and Drill in Human History*, Cambridge, MA: Harvard University Press.

Mendus, S., (2001), *Feminism and Emotion: Readings in Moral and Political Philosophy*, New York, NY: Palgrave Macmillan.

Mooney, C., (2012), *The Republican Brain: The Science of Why They Deny Science-and Reality*, Hoboken, NJ: Wiley.

Neuman, W. R., Marcus, G., Gringler, A., & Mackuen, M., (Eds.), (2007), *The Affect Effect: Dynamics of Emotion in Political Thinking and Behavior*, Chicago, IL: University of Chicago Press.

Niehoff, D., (1999), *The Biology of Violence*, New York, NY: Free Press.

Nussbaum, M., (2003), *Upheavals of Thought: The Intelligence of Emotions*, Cambridge :Cambridge University Press.

Plato, (1961), *The Collected Dialogues of Plato* (E. Hamilton and H. Cairns, Eds.), Princeton, NJ: Princeton University Press.

Pierson, D., (1999), Natural killers-turning the tide of battle, *Military Review*, (May-June), 60-65.

Protevi, J., (2008), Affect, agency, and responsibility: The act of killing in contemporary warfare, *Phenomenology and the Cognitive Sciences*, 7(3), 405-413.

Protevi, J., (2009), *Political Affect, Minneapolis*, MN: University of Minnesota Press.

Protevi, J., (2010), Rhythm and cadence, frenzy and march: Music and the geo-bio-techno-affective assemblages of ancient warfare, *Theory & Event*, 13(3) [Retrieved from: http://muse.jhu.edu/login?auth=0&type=-summary&url=/journals/theory_and_event/v013/13.3.protevi.html]

Reicher, S., Stott, C., Drury, J., Adang, O., Cronin, P., & Livingstone, A., (2007), Knowledge-based public order policing: Principles and practice, *Policing*, 1, 403-415.

Ryan, A., (1996), Hobbes's political philosophy, In T. Sorrell (Ed.), *The Cambridge Companion to Hobbes* (pp. 62-85), Cambridge: Cambridge University Press.

Schmid, H. B., (2009), Shared feelings: Towards a phenomenology of collective affective intentionality. In H. B. Schmid (Ed.), *Plural Action: Essays in Philosophy and Social Science*, Berlin: Springer, (pp. 59-83).

Sedgwick, E. K. & Frank, A., (1995), *Shame and its Sisters: A Silvan Tomkins Reader*, Durham, NC: Duke University Press.

Sharp, H., (2011), *Spinoza and the Politics of Renaturalization*, Chicago, IL: University of Chicago Press,

Shay, J., (1995), *Achilles in Vietnam*, New York, NY: Scribner,

Shockley, K., Richardson, D. C., & Dale, R., (2009), Conversation and coordinative structures, *Topics in Cognitive Science*, 1, 305-319.

Singer, T., Seymour, B., O'Doherty, J., Kaube, H., Dolan, R., & Frith, C., (2004), Empathy for pain involves the affective but not sensory components of pain, *Science*, 303, 1157-1162.

Speidel, M., (2002), Berserks: A history of Indo-European "mad warriors," *Journal of World History*, 13(2), 253-290.

Spezio, M. & Adolphs, R., (2007), Emotional processing and political judgment: Toward integrating political psychology and decision neuroscience, In R. Neuman, G. E. Marcus, A. N. Crigler & M. Mackuen (Eds.), *The Affect Effect: Dynamics of Emotion in Political Thinking and Behavior*, Chicago, IL: University of Chicago Press, (pp. 71-95).

Spinoza, B., (2002), *Spinoza: Complete Works*, M. Morgan (Ed.) Indianapolis, IN: Hackett.

Solomon, R., (2008), The politics of emotion, In R. Kingston & L. Ferry (Eds.), *Bringing the Passions Back In: The Emotions in Political Philosophy*, Vancouver: University of British Columbia Press, (pp. 189-208).

Spelman, E., (1989), Anger and insubordination, In A. Garry & M. Pearsall (Eds.), *Women, Knowledge and Reality: Explorations in Feminist Philosophy*, London: Unwin Hyman, (pp. 263-273).

Stern, D., (1985), *The Interpersonal World of the Infant*, New York, NY: Basic Books.

Stueber, K., (2006), *Rediscovering Empathy*, Cambridge MA: MIT Press.

Svalavitz, M. & Perry, B., (2010), *Born for Love: Why Empathy is Essential and Endangered*, New York, NY:

Harper Collins.
Tollefsen, D., (2006), The rationality of collective guilt, *Midwest Studies in Philosophy*, 30, 222-239.
Tollefsen, D. & Dale, R., (2012), Naturalizing joint action: A process-based approach, *Philosophical Psychology*, 25(3), 385-407.
Tomasello, M., (2009), *Why We Cooperate*, Cambridge, MA: MIT Press,
Trevarthen, C., (1999), Musicality and the intrinsic motive pulse: Evidence from human psychobiology and infant communication, *Musicae Scientiae*, Special Issue, 155-215.
Weber, M., (1978), Politics as a vocation, In W. G. Runciman (Ed.), *Selections in Translation*, Cambridge: Cambridge University Press, (pp. 212-22)5.
Westen, D., (2007), *The Political Brain*, New York, NY: Public Affairs.
Wilson, R., (2004), *Boundaries of the Mind*, Cambridge: Cambridge University Press.
Zak, P., (2011), The physiology of moral sentiments, *Journal of Economic Behavioral & Organization*, 77(1), 53-65.

4. 정서, 사회학, 시위

Aristotle, (1991), *The Art of Rhetoric*, London: Penguin,
Barbalet, J., (1998), *Emotion, Social Theory, and Social Structure*, Cambridge: Cambridge University Press,
Berezin, M., (1997), *Making the Fascist Self*, Ithaca, NY: Cornell University Press.
Bourdieu, P., (1984), L'opinion publique n'existe pas, In P. Bourdieu (Ed.), *Questions de Sociologie*, Paris: Editions de Minuit, (pp. 222-235).
Bourgeois, P. & Hess, U., (2008), The impact of social context on mimicry, *Biological Psychology*, 77, 343-352.
Britt, L. & Heise, D. R., (2000), From shame to pride in identity politics, In S. Stryker, T. J. Owens & R. W. White (Eds.), *Self, Identity, and Social Movements*, Minneapolis, MN: University of Minnesota Press, (pp. 252-268).
Burke, P. J., (1991), Identity processes and social stress, *American Sociological Review*, 56, 836-849.
Calhoun, C., (1997), *Nationalism*, Minneapolis, MN: University of Minnesota Press.
Calhoun, C., (2001), Putting emotions in their place, In J. Goodwin, J. M. Jasper & F. Polletta (Eds.), *Passionate Politics*, Chicago, IL: University of Chicago Press, (pp. 45-57).
Collins, R., (1975), *Conflict Sociology*, New York, NY: Academic Press.
Collins, R., (2001), Social movements and the focus of emotional attention, In J. Goodwin, J. M. Jasper & F. Polletta (Eds.), *Passionate Politics*, Chicago, IL: University of Chicago Press, (pp. 27-44).
Collins, R., (2004), *Interaction Ritual Chains*, Princeton, NJ: Princeton University Press,
Cooley, C. H., (1902), *Human Nature and the Social Order*, New York, NY: Charles Scribner's Sons,
Durkheim, E., (1965), *The Elementary Forms of the Religious Life*, New York, NY: Free Press,
Durkheim, E., (1973), *Emile Durkheim: On Morality and Society* (Edited and with an Introduction by R. N. Bellah), Chicago, IL: University of Chicago Press.
Ehrenreich, B., (2006), *Dancing in the Streets: A History of Collective Joy*, New York, NY: Henry Holt,
Elias, N., (1978), *The Civilizing Process*, Oxford: Basil Blackwell. (1939 초판)

Ferree, M. M., (1992), The political context of rationality: Rational choice theory and resource mobilization, In A. D. Morris & C. M. Mueller (Eds.), *Frontiers in Social Movement Theory*, New Haven, CT: Yale University Press, (pp. 29-52).

Flam, H., (1990), Emotional "man," *International Sociology*, 5, 39-56(Part 1); 225-234(Part 2),

Frank, R. H., (1988), *Passions within Reason*, New York, NY: W. W. Norton.

Freud, S., (1959), *Group Psychology and the Analysis of the Ego*, New York, NY: W. W. Norton. (1922 초판)

Gamson, J., (1995), Must identity movements self-destruct? A queer dilemma, Social Problems, 42, 390-407.

Gamson, W. A., (1992), The social psychology of collective action, In A. D. Morris & C. M. Mueller (Eds.), *Frontiers in Social Movement Theory*, New Haven, CT: Yale University Press, (pp. 53-76).

Garfinkel, H., (1967), *Studies in Ethnomethodology*, Englewood Cliffs, NJ: Prentice-Hall.

Giddens, A., (1971), *Capitalism and Modern Social Theory*, Cambridge: Cambridge University Press,

Gitlin, T., (1995), *The Twilight of Common Dreams*, New York, NY: Holt.

Goffman, E., (1956), Embarrassment and social organization, *American Journal of Sociology*, 62, 264-271.

Goffman, E., (1959), *The Presentation of Self in Everyday Life*, Garden City, NY: Doubleday Anchor,

Goffman, E., (1963), *Stigma*, Englewood Cliffs, NJ: Prentice-Hall.

Goodwin, J., (1997), The libidinal constitution of a high-risk social movement, *American Sociological Review*, 62, 53-69.

Goodwin, J., Jasper, J. M., & Polletta, F., (2000), The return of the repressed: The fall and rise of emotions in social movement theory, *Mobilization*, 5, 65-84.

Goodwin, J. & Pfaff, S., (2001), Emotion work in high-risk social movements, In J. Goodwin, J. M. Jasper & F. Polletta (Eds.), *Passionate Politics*, Chicago, IL: University of Chicago Press, (pp. 282-302).

Gordon, C. & Jasper, J. M., (1996), Overcoming the "NIMBY" label: Rhetorical and organizational links for local protestors, *Research in Social Movements, Conflicts and Change*, 19, 153-175.

Gould, D., (2009), *Moving Politics*, Chicago, IL: University of Chicago Press.

Hatfield, E., Cacioppo, J. T., & Rapson, R. L., (1994), *Emotional Contagion*, Cambridge: Cambridge University Press.

Heise, D. R., (1979), *Understanding Events*, New York, NY: Cambridge University Press.

Heise, D. R., (2007), *Expressive Order: Confirming Sentiments in Social Actions*, New York, NY: Springer.

Hess, D. & Martin, B., (2006), Repression, backfire, and the theory of transformative events, *Mobilization*, 11, 249-267.

Hochschild, A. R., (1983), *The Managed Heart: Commercialization of Human Feeling*, Berkeley, CA: University of California Press.

Hoffer, E., (1951), *The True Believer: Thoughts on the Nature of Mass Movements*, New York, NY: Harper and Row.

Hoggett, P., (1992), *Partisans in an Uncertain World: The Psychoanalysis of Engagement*, London: Free Association Books.

Jaggar, A. M., (1989), Love and knowledge: Emotion in feminist epistemology, In A. M. Jaggar & S. R. Bordo (Eds.), *Gender/Body/Knowledge*, New Brunswick, NJ: Rutgers University Press, (pp. 145-171).

Jasper, J. M., (1997), *The Art of Moral Protest: Culture, Biography, and Creativity in Social Movements, Chicago*, IL: University of Chicago Press.

Jasper, J. M., (1998), The emotions of protest: Affective and reactive emotions in and around social movements, *Sociological Forum*, 13, 397-424.

Jasper, J. M., (1999), Recruiting intimates, recruiting strangers: Building the contemporary animal rights movement, In J. Freeman & V. Johnson (Eds.), *Waves of Protest: Social Movements Since the Sixties*, Lanham, MD: Rowman & Littlefield, (pp. 65-82).

Jasper, J. M., (2004), A strategic approach to collective action: Looking for agency in social movement choices, *Mobilization*, 9, 1-16.

Jasper, J. M., (2006), *Getting Your Way*, Chicago, IL: University of Chicago Press.

Jasper, J. M., (2011), Emotions and social movements: Twenty years of theory and research, *Annual Review of Sociology*, 37, 285-304.

Jasper, J. M., Doerr, N., Young, M., & Zuern, E., (2019), *Public Characters,* Oxford University Press.

Jasper, J. M. & Poulsen, J., (1995), Recruiting strangers and friends: Moral shocks and social networks in animal rights and antinuclear protest, *Social Problems*, 42, 493-512.

Kemper, T. D., (1978), *A Social Interactional Theory of Emotions*, New York, NY: Wiley,

Kemper, T. D., (2001), A structural approach to social movement emotions, In J. Goodwin, J. M. Jasper & F. Polletta (Eds.), *Passionate Politics*, Chicago, IL: University of Chicago Press, (pp. 58-73).

Kemper, T. D. & Collins, R., (1990), Dimensions of Microinteraction, *American Journal of Sociology*, 96, 32-68.

Klapp, O., (1969), *Collective Search for Identity*, New York, NY: Holt, Rinehart,

Lawler, E. J., Thye, S. R., & Yoon, J., (2009), *Social Commitments in a Depersonalized World*, New York, NY: Russell Sage Foundation,

Lebow, R. N., (2009), *A Cultural Theory of International Relations*, Cambridge: Cambridge University Press,

Le Cour Grandmaison, O., (2002), *Haine(s): Philosophie et Politique*, Paris: Presses Universitaires de France,

Lofland, J., (1985), Crowd Joys, In J. Lofland, *Protest*, New Brunswick, NJ: Transaction,

Marcus, G. E., (2002), *The Sentimental Citizen*, University Park, PA: Pennsylvania State University Press, (pp. 71-88).

Marcus, G. E., Neuman, W. R., & MacKuen, M., (2000), *Affective Intelligence and Political Judgment*, Chicago, IL: University of Chicago Press.

McDonald, K., (1999), *Struggles for Subjectivity*, Cambridge: Cambridge University Press.

McNeill, W. H., (1995), *Keeping Together in Time: Dance and Drill in Human History*, Cambridge, MA: Harvard University Press.

Munson, Z. W., (2009), *The Making of Pro-Life Activists*, Chicago, IL: University of Chicago Press.

Nepstad, S. E. & Smith, C., (2001), The social structure of moral outrage in recruitment to the U.S. Central America peace movement, In J. Goodwin, J. M. Jasper & F. Polletta (Eds.), *Passionate Politics*, Chicago, IL: University of Chicago Press, (pp. 158-174).

Olson, M., (1965), *The Logic of Collective Action*, Cambridge, MA: Harvard University Press.

Osgood, C. E., Suci, G. J., & Tannenbaum, P. H., (1957), *The Measurement of Meaning*, Urbana, IL: University of Illinois Press.

Owens, L., (2009), *Cracking under Pressure: Narrating the Decline of the Amsterdam Squatters' Movement*, Amsterdam: Amsterdam University Press.

Polletta, F. & Jasper, J. M., (2001), Collective identity and social movements, *Annual Review of Sociology*, 27,

283-305.
Scheff, T. J., (1994), *Bloody Revenge: Emotions, Nationalism, and War, Boulder*, CO: Westview Press.
Smith, A., (1969), *The Theory of Moral Sentiments*, New Rochelle, NY: Arlington House.
Smith, E. R. & Mackie, D. M., (2008), Intergroup emotions, In M. Lewis, J. Haviland-Jones & L. Feldman Barrett (Eds), *Handbook of Emotions*, New York, NY: Guilford Press, 3rd ed., (pp. 428-439).
Summers Effler, E., (2010), *Laughing Saints and Righteous Heroes*, Chicago, IL: University of Chicago Press,
Taylor, V., (1989), Social movement continuity: The women's movement in abeyance, *American Sociological Review*, 54, 761-775.
Taylor, V., (1996), *Rock-a-by Baby: Feminism, Self-Help, and Postpartum Depression*, New York, NY: Routledge,
Thamm, R., (1992), Social structure and emotion, *Sociological Perspectives*, 35, 649-671.
Traïni, C., (2008), *La Musique en Colère*, Paris: Presses de Sciences Po.
Warren, M., (2010), *Fire in the Heart: How White Activists Embrace Racial Justice*, New York, NY: Oxford University Press

5. 정서적 지식, 정서적 스타일, 종교

Bergmann, J., Soeffner, H.-G., & Luckmann, T., (1993), Erscheinungsformen von Charisma-Zwei Päpste, In W. Gebhardt, A. Zingerle & M. N. Ebertz (Eds.), *Charisma-Theorie, Religion, Politik*, Berlin: de Gruyter, (pp. 121-155).
Bourdieu, P., (1984), *Distinction. A Social Critique of the Judgement of Taste*, Harvard, MA: Harvard University Press.
Durkheim, E., (1995), *The Elementary Forms of Religious Life*, New York, NY: Free Press. (Original work published 1912)
Fanning, D., (2009), *Church planting movements, Trends and Issues in Missions*, Paper 6. [Retrieved from: http://digitalcommons.liberty.edu/cgm_missions/6z]
Haberer, T., (2002), *Die Thomasmesse. Ein Gottesdienst für Ungläubige, Zweifler und andere gute Christen*, München: Claudius-Verlag.
Hepp, A. & Krönert, V., (2009), *Medien-Event-Religion, Die Mediatisierung des Religiösen*, Wiesbaden: VS.
Herbrik, R., (2012), Analyzing emotional styles in the field of christian religion and the relevance of new types of visualization, *Qualitative Sociology Review*, 8(2), 112-128.
Hervieu-Léger, D. & Champion, F., (1990), *De l'émotion en religion, Renouveau et traditions*, Paris: Bayard.
Hjarvard, S., (2009), The mediatization of religion, *Northern Lights*, 6(1), 9-26.
Hochschild, A., (1979), Emotion work, feeling rules, and social structure, *The American Journal of Sociology*, 85(3), 551-575.
Illouz, E., (2007), *Cold Intimacies: The Making of Emotional Capitalism*, Cambridge: Polity Press.
Keppler, A., (1986), Die massenmediale Konstruktion der Wirklichkeit, *Medium*, 15(8), 17-22.
Knoblauch, H., (1999), *Religionssoziologie*, Berlin: de Gruyter.
Knoblauch, H., (2009), *Populäre Religion. Auf dem Weg in eine spirituelle Gesellschaft*, Frankfurt a.M.: Campus.
Knoblauch, H., (2011), Relativism, meaning and the new sociology of knowledge In R. Schantz & M. Seidel

(Eds.), *The Problem of Relativism in the Sociology of (Scientific) Knowledge*, Frankfurt a.M.: Ontos, (pp. 131-156).

Knoblauch, H., (2013), Benedict in Berlin, The mediatization of religion, In F. Krotz & A. Hepp (Eds.), *Mediatized Worlds*, London: Palgrave,

Knoblauch, H. & Soeffner, H.-G., (1999), *Todesnähe:Wissenschaft liche Zugänge zu einem außergewöhnlichen Phänomen*, Konstanz: UVK.

Knoblauch, H. Schnettler, B., & Raab, J., (2009), Video-analysis. Methodological aspects of interpretive audiovisual analysis in social research. In H. Knoblauch, B. Schnettler, J. Raab & H.-G. Soeffner (Eds.), *Video Analysis: Methodology and Methods. Qualitative Audiovisual Data Analysis in Sociology*, Frankfurt a.M.: PeterLang, (pp. 9-26).

Meyer, B., (2006), *Religious Sensations: Why Media, Aesthetics and Power Matter in the Study of Contemporary Religion*, Amsterdam: Vrije Universiteit Amsterdam.

Otto, R., (1958), *The Idea of the Holy: An Inquiry into the Non-Rational Factor in the Idea of the Divine 1926*, Oxford: Oxford University Press. (Original work published 1917)

Pohl-Patalong, U., (2010), *Bibliolog—Impulse für Gottesdienst, Gemeinde und Schule*, Bd. 1: Grundformen, Stuttgart: Kohlhammer.

Radeck, H., (1998), Bibliodrama, religiöse Subjektivität und kirchliche Praxis, In K. Fechtner & M. Haspel (Eds.), *Religion in der Lebenswelt der Moderne*, Stuttgart: Kohlhammer, (pp. 123-139).

Reddy, W. M., (2008), Emotional styles and modern forms of life, In N. C. Karafyllis & G. Ulshöfer (Eds.), *Sexualized Brains. Scientific Modeling of Emotional Intelligence from a Cultural Perspective*, Cambridge, MA: MIT Press, (pp. 81-100).

Riis, O. & Woodhead, L., (2010), *A Sociology of Religious Emotion*, Oxford: Oxford University Press.

Schleiermacher, F., (1996), *On Religion: Speeches to its Cultured Despisers*, Cambridge: Cambridge University Press. (Original work published 1799)

Schulze, G., (1992), *Die Erlebnisgesellschaft*, Frankfurt a.M.: Campus.

Soeffner, H.-G., (2004), Social scientific hermeneutics, In U. Flick, E. von Kardorff & I. Steinke (Eds.), *A Companion to Qualitative Research*, London: Sage, (pp. 95-100).

Weber, M., (1978), *Economy and Society: An Outline of Interpretive Sociology*, Berkeley, CA: University of California Press.

Weber, M., (1992), *Gesamtausgabe, Bd. 17 Wissenschaft als Beruf*, (W. J. Mommsen Ed.), Tübigen: Mohr Siebeck.

Ⅶ 온라인 사회시스템에서 집단정서

1. 소셜 웹에서 감정의 역할

Baron, N. S., (2003), Language of the Internet, In A. Farghali (Ed.), *The Stanford Handbook for Language Engineers*, Stanford, CA: CSLI Publications, (pp. 59-127).

Berger, J., (2011), Arousal increases social transmission of information, *Psychological Science*, 22(7), 891-893.

Bollen, J., Gonçalves, B., Ruan, G., & Mao, H., (2011), Happiness is assortative in online social networks, *Artificial Life*, 17(2), 237-251.

Bollen, J., Pepe, A., & Mao, H., (2011), *Modeling public mood and emotion: Twitter sentiment and socioeconomic phenomena*, ICWSM11, Barcelona, Spain. [Retrieved from: http://arxiv.org/ abs/0911.1583]

Bradley, M. M. & Lang, P. J., (1999), *Affective norms for English words (ANEW): Instruction manual and affective ratings, Technical Report C-1*, The Center for Research in Psychophysiology, University of Florida. [Retrieved from: http://dionysus.psych. wisc.edu/methods/Stim/ANEW/ANEW.pdf]

Chmiel, A., Sienkiewicz, J., Paltoglou, G., Buckley, K., Thelwall, M., & Holyst, J. A., (2011), Negative emotions boost user activity at BBC forum, *Physica A*, 390(16), 2936-2944.

Chmiel, A., Sienkiewicz, J., Th elwall, M., Paltoglou, G., Buckley, K., Kappas, A., et al., (2011), Collective emotions online and their influence on community life, *PLoS ONE*, 6(7), e22207.

Crystal, D., (2006), *Language and the Internet* (2nd ed.), Cambridge: Cambridge University Press.

Czaplicka, A. & Holyst, J. A., (2012), Modeling of internet influence on group emotion, *International Journal of Modern Physics C*, 23(3), 1250020-1-1250020-16.

Danet, B. & Herring, S. C., (2007), *The Multilingual Internet: Language, Culture, and Communication Online*, Oxford: Oxford University Press.

Derks, D., Bos, A. E. R., & von Grumbkow, J., (2008), Emoticons and online message interpretation, *Social Science Computer Review*, 26(3), 379-388.

Derks, D., Fischer, A. H., & Bos, A. E. R., (2008), The role of emotion in computer-mediated communication:Areview, *Computers in Human Behavior*, 24(3), 766-785.

Dodds, P. S. & Danforth, C. M., (2010), Measuring the happiness of large-scale written expression: Songs, blogs, and presidents, *Journal of Happiness Studies*, 11(4), 441-456.

Gobron, S., Ahn, J., Paltoglou, G., Thelwall, M., & Thalmann, D., (2010), From sentence to emotion: A real-time three-dimensional graphics metaphor of emotions extracted from text, *The Visual Computer: International Journal of Computer Graphics*, 6(6-8), 505-519.

Golder, S. A. & Macy, M. W., (2011), Diurnal and seasonal mood vary with work, sleep, and daylength across diverse cultures, *Science*, 333(6051), 1878-1881.

Gonzalez-Ibanez, R., Muresan, S., & Wacholder, N., (2011), Identifying sarcasm in Twitter: A closer look, In *Proceedings of the 49th Annual Meeting of the Association for Computational Linguistics*, Portland, OR: Association for Computational Linguistics, (pp. 581-586).

Grinter, R. E. & Eldridge, M., (2003), Wan2tlk?: everyday text messaging, *CHI 2003*, 441-448.

Howard, P. N. & Hussain, M. M., (2011), The role of digital media, *Journal of Democracy, The Upheavals in Egypt and Tunisia*, 22(3), 35-48.

Kappas, A., (2010), Smile when you read this, whether you like it or not: Conceptual challenges to affect detection, *IEEE Transactions on Affective Computing*, 1(1), 38-41.

Kappas, A., (2011), Emotion and regulation are one!, *Emotion Review*, 3(1), 17-25.

Kappas, A. & Krämer, N. C., (2011), Introduction: Electronically mediated face-to-face communication: Issues, questions, and challenges, In A. Kappas & N. C. Krämer (Eds.), *Face-to-Face Communication over the Internet: Emotions in a Web of Culture, Language and Technology*, Cambridge: Cambridge University

Press, (pp. 1-13).

Kappas, A., Küster, D., Theunis, M., & Tsankova, E., (2010), Cyberemotions: Subjective and physiological responses to reading online discussion forums, *Psychophysiology*, 47, S101.

Kappas, A., Tsankova, E., Theunis, M., & Küster, D., (2011), Cyberemotions: Subjective and physiological responses elicited by contributing to online discussion forums, *Psychophysiology*, 48, S27.

Mishne, G., (2005), *Experiments with mood classification in Blog posts. Style-the 1st Workshop on Stylistic Analysis Of Text For Information Access*, at SIGIR 2005, [Retrieved from: http://staff.science.uva.nl/~gilad/pubs/style2005-blogmoods.pdf]

Mitrović, M. & Tadić, B., (2011), *Patterns of Emotional Blogging and Emergence of Communities: Agent-Based Model on Bipartite Networks*, Arxiv.org. [Retrieved from: http://arxiv. org/abs/1110.5057]

Norman, G. J., Norris, C. J., Gollan, J., Ito, T. A., Hawkley, L. C., Larsen, J. T., et al., (2011), The neurobiology of evaluative bivalence, *Emotion Review*, 3(3), 349-359.

O'Connor, B., Balasubramanyan, R., Routledge, B. R., & Smith, N. A., (2010), From tweets to polls: Linking text sentiment to public opinion time series, In *Proceedings of the Fourth International AAAI Conference on Weblogs and Social Media*, Menlo Park, CA: The AAAI Press, (pp. 122-129).

Paltoglou, G., Theunis, M., Kappas, A., & Thelwall, M., (2013), Predicting emotional responses to long informal text, *IEEE Transactions on Affective Computing*, 4 (1), 106-115.

Pang, B. & Lee, L., (2008), Opinion mining and sentiment analysis, *Foundations and Trends in Information Retrieval*, 1(1-2), 1-135.

Pang, B., Lee, L., & Vaithyanathan, S., (2002), Thumbs up? Sentiment classification using machine learning techniques, In *Proceedings of the Conference on Empirical Methods in Natural Language Processing*, Morristown, NJ: Association for Computational Linguistics, (pp. 79-86).

Pennebaker, J., Mehl, M., & Niederhoffer, K., (2003), Psychological aspects of natural language use: Our words, our selves, *Annual Review of Psychology*, 54, 547-577.

Reyes, A. & Rosso, P., (2011), Mining subjective knowledge from customer reviews: A specific case of irony detection, In *Proceedings of the 2nd Workshop on Computational Approaches to Subjectivity and Sentiment Analysis*, Portland, OR: Association for Computational Linguistics, (pp. 118-124).

Rimé, B., (2009), Emotion elicits the social sharing of emotion: Theory and empirical review, *Emotion Review*, 1(1), 60-85.

Salimkhan, G., Manago, A., & Greenfield, P., (2010), The construction of the virtual self on MySpace, *Cyberpsychology: Journal of Psychosocial Research on Cyberspace*, 4(1). [Retrieved from: http://cyberpsychology.eu/view.php?cisloclanku=2010050203&article=2010050201]

Schweitzer, F. & Garcia, D., (2010), An agent-based model of collective emotions in online communities, *European Physical Journal B*, 77(4), 533-545.

Skowron, M., (2010), Affect listeners, Acquisition of affective states by means of conversational systems, *Lecture Notes in Computer Science*, 5967, 169-181.

Skowron, M., Pirker, H., Rank, S., Paltoglou, G., Ahn, J., & Gobron, S., (2011), No peanuts! Affective cues for the virtual bartender, In R. C. Murray & P. M. McCarthy (Eds.), *Proceedings of the Florida Artificial Intelligence Research Society Conference (FLAIRS-24)*, Menlo Park, CA: AAAI, (pp. 117-122).

Strapparava, C. & Mihalcea, R., (2008), Learning to identify emotions in text, In *Proceedings of the 2008 ACM symposium on Applied computing*, New York, NY: ACM, (pp. 1556-1560).

Taboada, M., Brooke, J., Tofiloski, M., Voll, K., & Stede, M., (2011), Lexicon-based methods for sentiment analysis, *Computational Linguistics*, 37(2), 267-307.

Thelwall, M., (2009), MySpace comments, *Online Information Review*, 33(1), 58-76.

Thelwall, M., (2010), Emotion homop379379hily in social network site messages, *First Monday*, 10(4). [Retrieved from: http://fi rstmonday.org/htbin/cgiwrap/bin/ojs/index.php/fm/article/view/2897/2483]

Thelwall, M., Buckley, K., & Paltoglou, G., (2011), Sentiment in Twitter events, *Journal of the American Society for Information Science and Technology*, 62(2), 406-418.

Thelwall, M., Buckley, K., & Paltoglou, G., (2012), Sentiment strength detection for the social Web, *Journal of the American Society for Information Science and Technology*, 63(1), 163-173.

Thelwall, M., Buckley, K., Paltoglou, G., Cai, D., & Kappas, A., (2010), Sentiment strength detection in short informal text, *Journal of the American Society for Information Science and Technology*, 61(12), 2544-2558.

Thelwall, M., Sud, P., & Vis, F., (2012), Commenting on YouTube videos: From Guatemalan rock to El Big Bang, *Journal of the American Society for Information Science and Technology*, 63(3), 616-629.

Thurlow, C., (2003), Generation Txt? The sociolinguistics of young people's text-messaging, *Discourse Analysis Online*, 1 (1). [Retrieved from: http://extra.shu.ac.uk/daol/articles/v2001/n2001/a2003/thurlow2002003-paper.html]

Turney, P. D., (2002), Thumbs up or thumbs down? Semantic orientation applied to unsupervised classification of reviews, In *Proceedings of the 40th annual meeting of the Association for Computational Linguistics (ACL)*, Philadelphia, PA July 6-12, 2002, (pp. 417-424).

Walther, J. & Parks, M., (2002), Cues filtered out, cues filtered in: computer-mediated communication and relationships, In M. Knapp, J. Daly & G. Miller (Eds.), *The Handbook of Interpersonal Communication*, Thousand Oaks, CA: Sage, 3rd ed., (pp. 529-563).

2. 온라인 사회시스템에서 집단정서의 모형화

Ahn, J., Gobron, S., Garcia, D., Silvestre, Q., Th almann, D., & Bulic, R., (2012), An NVC emotional model for conversational virtual humans in a 3D chatting environment, In *Proceedings of the Articulated Motion and Deformable Objects, 7th International Conference, AMDO 2012*, Port d'Andratx, Mallorca, Spain, July 11-13, 2012, (pp. 47-57).

Boucher, J. & Osgood, C. E., (1969), The Pollyanna hypothesis, *Journal of Verbal Learning and Verbal Behavior*, 8(1), 1-8.

Bradley, M. M. & Lang, P. J., (1999), *Affective Norms for English Words (ANEW): Stimuli, Instruction Manual and Affective Ratings, Technical Report C-1*, Gainesville, FL: The Center for Research in Psychophysiology.

Brants, T. & Franz, A., (2009), *Web 1T 5-gram, 10 European Languages Version 1.*, Philadelphia, PA: Linguistic Data Consortium.

Chmiel, A., Sienkiewicz, J., Thelwall, M., Paltoglou, G., Buckley, K., Kappas, A., & Hołyst, J., (2011), Collective emotions online and their influence on community life, *PLoS ONE* 6 (7): e22207,

Crane, R., Schweitzer, F., & Sornette, D., (2010), Power law signature of media exposure in human response waiting time distributions, *Physical Review E*, 81(5), 1-6.

Dellarocas, C. & Narayan, R., (2006), A statistical measure of a population's propensity to engage in post-purchase online word-of-mouth, *Statistical Science*, 21(2), 277-285.

Garas, A., Garcia, D., Skowron, M., & Schweitzer, F., (2012), Emotional persistence in online chatting communities, *Scientific Reports*, 2(402),

Garcia, D., Garas, A., & Schweitzer, F., (2012), Positive words carry less information than negative words, *EPJ Data Science*, 1(1), 3,

Garcia, D. & Schweitzer, F., (2011), Emotions in product reviews—empirics and models, *Proceedings of SocialCom 2011*, 483-488.

Golder, S. A. & Macy, M. W., (2011). Diurnal and seasonal mood vary with work, sleep, and daylength across diverse cultures, *Science*, 333(6051), 1878-1881.

Kappas, A., Tsankova, E., Theunis, M., & Kuester, D., (2011), *CyberEmotions: Subjective and Physiological Responses Elicited by Contributing to Online Discussion Forums*, Poster presented at the 51st Annual Meeting of the Society for Psychophysiological Research, September, Boston, Massachusetts.

Kuppens, P., Oravecz, Z., & Tuerlinckx, F., (2010), Feelings change: Accounting for individual differences in the temporal dynamics of affect, *Journal of Personality and Social Psychology*, 99(6), 1042-1060.

Lazer, D., Pentland, A., Adamic, L. A., Aral, S., Barabasi, A.-L., Brewer, D., et al., (2009), Computational social science, *Science*, 323, 721-723.

Lorenz, J., (2009), Universality in movie rating distributions, *The European Physical Journal B*, 71(2), 251-258.

Onnela, J.-P. & Reed-Tsochas, F., (2010), Spontaneous emergence of social influence in online systems, *Proceedings of the National Academy of Sciences of the United States of America*, 107(43), 18375-18380.

Pfitzner, R., Garas, A., & Schweitzer, F., (2012), *Emotional Divergence Influences Information Spreading in Twitter*. [Retrieved from: http://dblp.uni-trier.de/db/conf/icwsm/icwsm2012.html#PfitznerGS12]

Preston, S. D. & de Waal, F. B. M., (2002), Empathy: Its ultimate and proximate bases, *The Behavioral and Brain Sciences*, 25(1), 1-20.

Rank, S., Skowron, M., & Garcia, D., (2013), Dyads to groups: Modeling interactions with affective dialog systems, *International Journal of Computational Linguistics Research*, 4(1), 22-37.

Redondo, J., Fraga, I., Padron, I., & Comesana, M., (2007), The Spanish adaptation of ANEW (affective norms for English words), *Behavior Research Methods*, 39(3), 600-605.

Rime, B., (2009), Emotion elicits the social sharing of emotion: Theory and empirical review, *Emotion Review*, 1(1), 60-85.

Russell, J. A., (1980), A circumplex model of affect, *Journal of Personality and Social Psychology*, 39(6), 1161-1178.

Rybski, D., Buldyrev, S. V., Havlin, S., Liljeros, F., & Makse, H. A., (2009), Scaling laws of human interaction activity, *Proceedings of the National Academy of Sciences of the United States of America*, 106(31), 12640-12645.

Schweitzer, F., (2003), *Brownian Agents and Active Particles, Collective Dynamics in the Natural and Social Sciences*, Berlin: Springer.

Schweitzer, F. & Garcia, D., (2010), An agent-based model of collective emotions in online communities, *The*

European Physical Journal B, 77(4), 533-545.

Schweitzer, F. & Hołyst, J. A., (2000), Modelling collective opinion formation by means of active Brownian particles, *The European Physical Journal B*, 15(4), 723-732.

Šuvakov, M., Garcia, D., Schweitzer, F., & Tadić, B., (2012), Agent-Based Simulations of Emotion Spreading in Online Social Networks. [Retrieved from: http://arxiv.org/abs/1205.6278]

Thelwall, M., Buckley, K., Paltoglou, G., Cai, D., & Kappas, A., (2010), Sentiment strength detection in short informal text, *Journal of the American Society for Information Science and Technology*, 61(12), 2544-2558.

Vo, M. L.-H., Conrad, M., Kuchinke, L., Urton, K., Hofmann, M. J., & Jacobs, A. M., (2009), The Berlin Affective Word List Reloaded (BAWL-R), *Behavior Research Methods*, 41(2), 534-538.

Walter, F. E., Battiston, S., & Schweitzer, F., (2007), Emergence and evolution of coalitions in buyer-seller networks, In A. Namatame, S. Kurihara & H. Nakashima (Eds.), *Emergent Intelligence of Networked Agents*, Berlin: Springer, (pp. 245-258).

Walter, F. E., Battiston, S., Yildirim, M., & Schweitzer, F., (2011), Moving recommender systems from on-line commerce to retail stores, *Information Systems and e-Business Management*, 10(3), 367-393.

3. 전자공동체의 집단정서와의 상호작용

Acitelli, L., Kenny, D., & Weiner, D., (2001), The importance of similarity and understanding of partners' maritial ideals to relationship satisfaction, *Personal Relationships*, 8, 167-185.

Anderson, C., Keltner, D., & John, O., (2003), Emotional convergence between people over time, *Journal of Personality and Social Psychology*, 84, 1054-1068.

André, E., Dybkjær, L., Minker, W., & Heisterkamp, P., (Eds.) (2004), *Affective Dialogue Systems, Tutorial and Research Workshop*, Heidelberg: Springer,

Berscheid, E. & Walster, E., (1983), *Interpersonal attraction*, Reading, MA: Addison Wesley,

Bradley, M, M. & Lang, P. J., (1999), *Affective Norms for English Words (ANEW): Stimuli, Instruction Manual and Affective Ratings (Technical Report C-1)*, The Center for Research in Psychophysiology, University of Florida.

Burleson, B. & Denton, W., (1992), A new look at similarity and attraction in marriage: Similarities in social-cognitive and communication skills as predictors of attraction and satisfaction, *Communication Monographs*, 59, 268-287.

Calvo, A. & D'Mello, S., (2010), Affect detection: An interdisciplinary review of models, methods, and their applications, *IEEE Transactions on Affective Computing*, 1(1), 18-37.

Cassell, J., Gill, A. J., & Tepper, P. A., (2007), Coordination in conversation and rapport, In *Proceedings of the Workshop on Embodied Language Processing* (EmbodiedNLP '07, pp. 41-50), Stroudsburg, PA: Association for Computational Linguistics.

Chmiel, A., Sienkiewicz, J., Paltoglou, G., Buckley, K., Thelwall, M., & Holyst, J. A., (2011), Negative emotions boost user activity at BBC forum, *Physica A*, 16(390), 2936-2944.

Chmiel, A., Sienkiewicz, J., Th elwall, M., Paltoglou, G., Buckley, K., Kappas, A., & Holyst, J. A., (2011), Collective emotions online and their influence on community life, *PLoS ONE*, 6(7), e22207.

Chung, C. K. & Pennebaker, J. W., (2008), Revealing dimensions of thinking in open-ended self-descriptions: An automated meaning extraction method for natural language, *Journal of Research in Personality*, 42, 96-132.

Dohsaka, K., Asai, R., Higashinaka, R., Minami, Y., & Maeda, E., (2009), Effects of conversational agents on human communication in thought-evoking multi-party dialogues, In *Proceedings of the SIGDIAL 2009 Conference*, (pp. 217-224).

Ekman, P., (1972), Universals and cultural differences in facial expressions of emotion, In J. Cole (Ed.), *Nebraska Symposium on Motivation*, 1971, Lincoln, NE: University of Nebraska Press, (pp. 207-283).

Ellsworth, P. C. & Scherer, K. R., (2003), Appraisal processes in emotion, In R. J. Davidson, K. R. Scherer & H. H. Goldsmith (Eds.), *Handbook Of Affective Sciences*, New York, NY:Oxford University Press, (pp. 572-595).

Fehr, B., (1996), *Friendship Processes*, Thousand Oaks, CA: Sage.

Fridlund, A., (1991), Sociality of solitary smiling: Potentiation by an implicit audience, *Journal of Personality and Social Psychology*, 60, 229-240.

Frijda, N. H., (2007), *The Laws of Emotion*, Mahwah, NJ: Erlbaum.

Garas, A., Garcia, D., Skowron, M., & Schweitzer, F., (2012), Emotional persistence in online chatting communities, *Scientific Reports*, 2(402), 1-8.

Gligorijevic, V., Skowron, M., & Tadić, B., (2013), Structure and stability of online chat networks built on emotion-carrying links, *Physica A: Statistical Mechanics and its Applications*, 392 (3), 538-543.

Gobron, S., Ahn, J., Silvestre, Q., Th almann, D., Rank, S., Skowron, M., Paltoglou, G., Thelwall, M.,(2011), An interdisciplinary VR-architecture for 3D chatting with non-verbal communication, In *Proceedings of the Joint Virtual Reality Conference of EuroVR, EGVE 2011*, (pp. 87-94).

Hatfield, M., Cacioppo, J., & Rapson, R., (1994), *Emotional Contagion*, New York, NY: Cambridge University Press.

Heylen, D., op den Akker, R., ter Maat, M., Petta, P., Rank, S., Reidsma, D., & Zwiers, J., (2011), On the nature of engineering social artificial companions, *Applied Artificial Intelligence*, 25(6), 549-574,

Hillmann, R. & Trier, M., (2012), Sentiment polarization and balance among users in online social networks, *AMCIS 2012 Proceedings*, 10.

Hurst, H., (1951), Long-term storage capacity of reservoirs, *Transactions of the American Society of Civil Engineers*, 116, 770-799,

Kantelhardt, J., Koscielny-Bunde, E., Rego, H., Havlin, S., & Bunde, A., (2001), Detecting long-range correlations with detrended fluctuation analysis, *Physica A*, 295, 441-454,

Kappas, A., Kuester, D., Theunis, M., & Tsankova, E., (2010), *Cyberemotions: Subjective and physiological responses to reading online discussion forums*, Poster presented at the 50th Annual Meeting of the Society for Psychophysiological Research, September-October, Portland, OR.

Kappas, A., Tsankova, E., Theunis, M., & Kuester, D., (2010), *Cyberemotions: Subjective and Physiological Responses Elicited by Contributing to Online Discussion Forums: Do Males and Females Recover Asymmetrically?*, Poster presented at the 51th Annual Meeting of the Society for Psychophysiological Research, September, Boston, MA.

Keltner, D., Young, R., Heerey, E., Oemig, C., & Monarch, N., (1998), Teasing in hierarchical and intimate relations, *Journal of Personality and Social Psychology*, 75, 1231-1247.

Kemper, T., (1991), Predicting emotions from social relations, *Journal of Personality and Social Psychology*, 54, 330-342

Kiesler, D., (1983), The 1982 interpersonal circle: A taxonomy for complementarity in human transactions, *Psychological Review*, 90, 185-214.

Kuester, D. & Kappas, A. (2013), Measuring emotions in individuals and internet communities, In T. Benski & E. Fisher (Eds.), *Internet and Emotions*, New York: Routledge.

Landsdall-Welfare, T., Lampos, V., & Cristianini, N., (2012), Effects of the recession on publicmood in the UK, In *Proceedings of the 21st international conference companion on World WideWeb*, ACM, (pp. 1221-1226).

Lee, A., (2005), The effect of familiarity on knowledge synchronisation, In P*roceedings of the Joint Symposium on Virtual Social Agents*, Hatfield: University of Hertfordshire, (pp. 185-190).

Levenson, R. & Ruef, A., (1994), Empathy:Apsychological substrate, *Journal of Personality and Social Psychology*, 63, 234-246.

Locke, K. & Horowitz, L., (1990), Satisfaction and interpersonal interactions as a function of similarity in level of dysphoria, *Journal of Personality and Social Psychology*, 58, 823-831.

Marsella, S., Gratch, J., & Petta, P., (2010), Computational models of emotion, In K. R. Scherer, T. Baenziger & E. Roesch (Eds.), *A Blueprint for Affective Computing—A sourcebook and manual*, Oxford: Oxford University Press, (pp. 21-46).

Martínez-Miranda, J., Jung, B., Payr, S., & Petta, P., (2008), The intermediary agent's brain: Supporting learning to collaborate at the inter-personal level, In *Proceedings of the 7th international joint conference on Autonomous agents and multiagent systems, AAMAS 2008*, Estoril: IFAAMAS, (pp. 1277-1280).

Marzouki, Y., Skandrani-Marzouki, I., Bejaoui, M., Hammoudi, H., & Bellaj, T., (2012), The contribution of Facebook to the 2011 Tunisian revolution: A cyberpsychological insight, *Cyberpsychology, Behavior, and Social Networking*, 15(5), 237-244.

Mitrović, M. & Tadić, B., (2009), Bloggers behavior and emergent communities in blog space, *The European Physical Journal B—Condensed Matter and Complex Systems*, 73(2), 293-301.

Mitrović, M. & Tadić, B., (2011), Patterns of emotional blogging and emergence of communities: Agent-based model on bipartite networks. [Retrieved from: http://arxiv.org/abs/1110.5057]

Mohammadi, G., Mortillaro, M., & Vinciarelli, A., (2010), The voice of personality: Mapping nonverbal vocal behavior into trait attributions, In *Proceedings of ACM Multimedia Workshop on Social Signal Processing*, Firenze: ACM, (pp. 17-20).

Nowak, M., (2006), Five rules for the evolution of cooperation, *Science*, 314(5805), 1560-1563.

Ortony, A., (2003), On making believable emotional agents believable, In R. Trappl, P. Petta & S. Payr (Eds.), *Emotions in Humans and Artifacts*, Cambridge, MA: MIT Press, (pp. 189-212).

Paltoglou, G., Gobron, S., Skowron, M., Thelwall, M., & Thalmann, D., (2010), Sentiment analysis of informal textual communication in cyberspace, In *Proceedings of ENGAGE 2010, Lecture Notes in Computer Science, State-of-the-Art Survey*, Heidelberg: Springer, (pp. 13-25).

Payr, S. & Wallis, P., (2011), Socially situated affective systems, In P. Petta, C. Pelachaud & R. Cowie (Eds.), *Emotion-Oriented Systems: The Humaine Handbook*, Heidelberg: Springer, (pp. 497-516).

Pennebaker, J. W., Francis, M. E., & Booth, R. K., (2001), *Linguistic Inquiry and Word Count: LIWC 2001*, Mahwah, NJ: Erlbaum.

Petta, P., (2003), The role of emotions in a tractable architecture for situated cognisers, In R. Trappl, P. Petta & S. Payr (Eds.), *Emotions In Humans And Artifacts*, Cambridge, MA: MIT Press, (pp. 251-288).

Pfitzner, R., Garas, A., & Schweitzer, F., (2012), Emotional divergence influences information spreading in twitter, In *Proceedings of the 6th International AAAI Conference on Weblogs and Social Media*, Dublin: AAAI, (pp. 543-546).

Prendinger, H. & Ishizuka, M., (2003), Designing and evaluating animated agents as social actors, *IEICE Transactions on Information and Systems*, 8, 1378-1385.

Preston, S. D. & de Waal, F. B.M., (2002), Empathy: Its ultimate and proximal bases, *Brain and Behavioral Sciences*, 25, 1-72.

Rank, S., (2005), Toward reusable roleplayers using an appraisal-based architecture, *Applied Artificial Intelligence*, 19(3-4), 313-340.

Rank, S., Hoffmann, S., Struck, H. G., Spierling, U., Mayr, S., & Petta, P., (2012), Authoring vs. configuring affective agents for interactive storytelling, *Applied Artificial Intelligence*.

Rosenblatt, A. & Greenberg, J., (1991), Examining the world of the depressed: Do depressed people prefer others who are depressed?, *Journal of Personality and Social Psychology*, 60, 620-629.

Russell, S. J. & Norvig, P., (2003), *Artificial Intelligence: A Modern Approach* (2nd ed.), Englewood Cliffs, NJ: Prentice Hall.

Schuller, B., Müller, R., Eyben, F., Gast, J., Hörnler, B., Wöllmer, M., et al., (2009), Being bored? Recognising natural interest by extensive audiovisual integration for real-life application, *Image and Vision Computing*, 27(12), 1760-1774.

Schweitzer, F. & Garcia, D., (2010), An agent-based model of collective emotions in online communities, *European Physical Journal B*, 77(4), 533-545.

Skowron, M., (2010), Affect listeners, acquisition of affective states by means of conversational systems, In A. Esposito, N. Campbell, C. Vogel, A. Hussain & A. Nijholt (Eds.), *Development of Multimodal Interfaces: Active Listening and Synchrony*, Heidelberg: Springer, (pp. 169-181).

Skowron, M., Pirker, H., Rank, S., Paltoglou, G., Ahn, J., & Gobron, S., (2011), No peanuts! Affective cues for the virtual bartender, In R. C. Murray & P. M. McCarthy (Eds.), *Proceedings of the 24th International FLAIRS Conference*, Palm Beach, FL: AAAI Press, (pp. 117-122).

Skowron, M. & Rank, S., (2012), Affect listener—from dyads to group interactions with affective dialog systems, In *Proceedings of AISB/IACAP World Congress 2012, LaCATODA 2012*, Birmingham, UK, (pp. 55-60).

Skowron, M., Rank, S., Theunis, M., & Sienkiewicz, J., (2011), The good, the bad and the neutral: affective profile in dialog system-user communication, In S. D'Mello, A. Graesser, B. Schuller & J.-C. Martin (Eds.), *Affective Computing and Intelligent Interaction Lecture Notes in Computer Science*, Heidelberg: Springer, Vol. 6974, (pp. 337-346).

Skowron, M., Theunis, M., Rank, S., & Borowiec, A., (2011), Effect of affective profile on communication patterns and affective expressions in interactions with a dialog system, In S. D'Mello, A. Graesser, B. Schuller & J.-C. Martin (Eds.), *Affective Computing and Intelligent Interaction Lecture Notes in Computer Science*, Heidelberg: Springer, Vol. 6974, (pp. 347-356).

Stephan, W. G. & Stephan, C. W., (2000), An integrated threat theory of prejudice, In S. Oskamp (Ed.), *Reducing Prejudice and Discrimination*, Mahwah, NJ: Erlbaum.

Stone, P. J., (1997), Thematic text analysis: New agendas for analyzing text content, In C. W. Roberts (Ed.), *Text Analysis for the Social Sciences: Methods for Drawing Statistical Inferences from Texts and Transcripts*, Mahwah, NJ: Erlbaum, (pp. 35-54).

Thelwall, M., Buckley, K., & Paltoglou, G., (2012), Sentiment in twitter events, *Journal of the American Society for Information Science and Technology*, 1(63), 163-173.

Thelwall, M., Buckley, K., Paltoglou, G., Cai, D., & Kappas, A., (2010), Sentiment strength detection in short informal text, *Journal of the American Society for Information Science and Technology*, 61(12), 2544-2558.

Tiedens, L., (2001), Anger and advancement versus sadness and subjugation: The effect of negative emotion expressions on social status conferral, *Journal of Personality and Social Psychology*, 80, 86-94,

Turkle, S., (1984), *The Second Self: Computers and the Human Spirit*, New York, NY: Simon & Schuster,

Wu, H., Bu, J., Chen, C., Wang, C., Qiu, G., Zhang, L., & Shen, J., (2010), Modeling dynamic multi-topic discussions in online forums, In M. Fox & D. Poole (Eds.), *Proceedings of the 24th AAAI Conference on Artificial Intelligence*, Atlanta, GA: AAAI Press, (pp. 1455-1460).

Yaghoubzadeh, R., (2011), FamCHAI: An adaptive calendar dialogue system, In J. Konstan, R. Conejo, J. L. Marzo & N. Oliver (Eds.), P*roceedings of the 19th International Conference on User Modeling, Adaption, and Personalization*, Berlin: Springer, Vol. 6787, (pp. 458-461).

Yaghoubzadeh, R. & Kopp, S., (2011), Creating familiarity through adaptive behavior generation in human-agent interaction, In H. Vilhjálmsson, S. Kopp, S. Marsella & K. Thórisson (Eds.), *Proceedings of the 11th International Conference on Intelligent Virtual Agents*, Berlin: Springer, Vol. 6895, (pp. 195-201).

4. 젠더와 대규모 사회적 인식 스트림에서 정서의 사회적 공유

Alexander, M. G. & Wood, W., (2000), Women, men and positive emotions: A social role interpretation, In A. Fischer (Ed.), *Gender and Emotion: Social Psychological Perspectives*, Cambridge: Cambridge University Press, (pp. 189-210).

Bergs, A., (2006), Analyzing online communication from a social network point of view: Questions, problems, perspectives, *Language@Internet*, 3, art. 3.

Brownlow, S., Rosamon, J. A., & Parker, J. A., (2003), Gender-linked linguistic behavior in television interviews, *Sex Roles*, 49(3/4), 121-132.

Derks, D., Bos, A. E. R., & Grumbkow, J. V., (2008), Emoticons and online message interpretation, *Social Science Computer Review*, 26, 379-388.

Derks, D., Fischer, A., & Bos, A. E. R., (2008), The role of emotion in computer-mediated communication: Areview, *Computers in Human Behavior*, 24, 766-785.

Eagly, A. H. & Wood, W., (1991), Explaining sex differences in social behavior: A meta-analytic perspective, *Personality and Social Psychological Bulletin*, 17, 306-315.

Frisina, P. G., Borod, J. C., & Lepore, S. J., (2004), A meta-analysis of the effects of written emotional disclosure on the health outcomes of clinical populations, *The Journal of Nervous and Mental Disease*, 192(9), 629-634.

Gilbert, E. & Karahalios, K., (2009), Predicting tie strength with social media, *Proceedings of the 2009 Conference on Human Factors in Computing Systems*, New York, NY: ACM, (pp. 211-220).

Goffman, E., (1959), *The Presentation of Self in Everyday Life*, New York, NY: Doubleday.

Gross, J. J. & John, O. P., (2003), Individual differences in two emotion regulation processes: Implications for affect, relationships, and well-being, *Journal of Personality and Social Psychology*, 85, 348-362.

Harber, K. D. & Cohen, D. J., (2005), The emotional broadcaster theory of social sharing, *Journal of Language and Social Psychology*, 24(4), 382-400.

Huffaker, D. A. & Calvert, S. L., (2005), Gender, identity, and language use in teenage blogs, *Journal of Computer-Mediated-Communication*, 10(2). [Retrieved from: http://jcmc.indiana.edu/vol10/issue2/huffaker.html]

Joinson, A., (2001), Self-disclosure in computer-mediated communication: The role of self-awareness and visual anonymity, *European Journal of Social Psychology*, 31, 177-192.

Kapidzic, S. & Herring, S. C., (2011), Gender, communication, and self-presentation in teen chatrooms revisited: Have patterns changed?, *Journal of Computer-Mediated Communication*, 17, 39-59.

Kashdan, T. B., Volkmann, J. R., Breen, W. E., & Han, S., (2007), Social anxiety and romantic relationships: The costs and benefits of negative emotion expression are context-dependent, *Journal of Anxiety Disorders*, 21(4), 475-492.

Keltner, D. & Kring, A. M., (1998), Emotion, social function, and psychopathology, *Review of General Psychology*, 2, 320-342.

Kivran-Swaine, F., Govindan, P., & Naaman, M., (2011), The impact of network structure on breaking ties in online social networks: Unfollowing on Twitter, *Proceedings of the 2011 Conference on Human Factors in Computing Systems*, New York, NY: ACM, (pp. 1101-1104).

Kivran-Swaine, F. & Naaman, M., (2011), Network properties and social sharing of emotions in social awareness streams, *Proceedings of the ACM 2011 Conference on Computer Supported Cooperative Work*, New York, NY: ACM, (pp. 139-142).

Kwak, H., Lee, C., Park, H., & Moon, S., (2010), What is Twitter, a social network or a news media?, *Proceedings of the 2010 Conference on World Wide Web (WWW)*, New York, NY: ACM, (pp. 591-600).

Lakoff, R. T., (1975), *Language and Women's Place*, New York, NY: Harper Row,

Mulac, A., Bradac, J. J., & Gibbons, P., (2001), Empirical support for the gender-as-culture hypothesis: An intercultural analysis of male/female language differences, *Human Communication Research*, 27, 121-152.

Mulac, A., Wiemann, J. M., Widenmann, S. J., & Gibbons, T. W., (1998), Male/female language differences and effects in same-sex and mixed-sex dyads: The gender-linked language effect, *Communication Monographs*, 55, 315-335.

Naaman, M., Boase, J., & Lai, C.-H., (2010), Is it really about me? Message content in social awareness streams, *Proceedings of the 2010 ACM Conference on Computer Supported Cooperative Work*, New York, NY: ACM, (pp. 181-192).

Nakamura, L., (2002), *Cybertypes: Race, Ethnicity, and Identity on the Internet*, New York, NY: Routledge.

Nardi, B. A., Schiano, D. J., Gumbrecht, M., & Swartz, L., (2004), Why we blog, *Communications of ACM*,

47(12), 41-46.

Pennebaker, J. W., (1997), *Opening Up: The Healing Power of Expressing Emotion*, New York, NY: Guilford Press.

Pennebaker, J. W., Chung, C. K., Ireland, M., Gonzales, A., & Booth, R. J., (2007), *The Development and Psychological Properties of LIWC2007*. [Retrieved from: http://www.liwc.net]

Pennebaker, J. W., Mehl, M. R., & Niederhoffer, K. G., (2002), Psychological aspects of natural language use: Our words, our selves, *Annual Review of Psychology*, 54, 547-577.

Rimé, B., (2009), Emotion elicits the social sharing of emotion, *Emotion Review*, 1 (1), 60-85.

Smith, A. & Rainie, L., (2010), *8% of online Americans use Twitter.* [Retrieved from: http://pewinternet.org/Reports/2010/Twitter-update-2010.aspx]

Snell, W. E., Miller, R. S., Belk, S. S., Garcia-Falconi, R., & Hernandez-Sanchez, J. E., (1998), Men's and women's emotional disclosures: The impact of disclosure recipient, culture, and the masculine role, *Sex Roles*, 21, 467-486.

Stoppard, J. M. & Gunn Gruchy, C. D., (1993), Gender, context, and expression of positive emotion, *Personality and Social Psychology Bulletin*, 19, 143-150.

Thelwall, M., Wilkinson, D., & Uppal, S., (2010), Data mining emotion in social network communication: Gender diff erences in MySpace, *Journal of the American Society for Information Science and Technology*, 61(1), 190-199.

Walther, J., (1996), Computer-mediated communication: Impersonal, interpersonal, and hyperpersonal interaction, *Communication Research*, 23, 3-43.

Witmer, D. F. & Katzman, S. L., (1997), On-line smiles: Does gender make a difference in the use of graphic accents?, *Journal of Computer-Mediated-Communication*, 2(4).

Wolf, A., (2000), Emotional expression online: gender differences in emoticon use, *CyberPsychology & Behavior*, 3, 827-833.

- 그림 출처 -

그림 번호	출처
5.1	왼쪽부터 오른쪽으로: ⓒ image Source/SuperStock, ⓒ Istockphoto.com, ⓒ PhotoAlto/Alamy, ⓒ ispstock/Fotolia, ⓒ LOOK Die Bildagentur der Fotograten GmbH/Alamy.
5.2	저자의 허락을 받아 Decety & Lamm, 2006으로부터 재인쇄함. Copyright ⓒ 2006 Decety, J. & Lamm, C.
13.1	American Sociological Association의 허가를 받아 다음에서 재인쇄. Lawler, E. J. & Yoon, J., Commitment in exchange relations: Test of a theory of relational cohesion, *American Sociological Review*, 61, pp. 89-108, 1996.
24.1	http://freakstock.de
24.2	http://www.kirchenkreis-siegen.de/images_news/thomasmesse_1.jpg
24.3	http://www.thomasmesse-koeln-bonn.de/images/salbung. jpg
24.4	http://www.citykirchberlin.de
24.5	2011년 교황 베네딕토 16세의 베를린 방문에 대한 텔레비전 방송.
24.6	마틴 자바츠키(Martin Zawadzki)와 로만 페르나크(Roman Pernack)가 찍은 영상에서 가져온 스틸 사진.
26.1	An agent-based model of collective emotions in online communities. Schweitzer가 Springer Science and Businees Media 허락을 받아 다음에서 발췌. *The European Physical Journal B*-Condensed Matter and Complex Systems, 77(4), 2010, 533-45.
26.2	© 2011 IEEE. Garcia, D. & Schweitzer, F., Emotions in Product Reviews—Empirics and Models, *IEEE Proceedings*, pp. 483-488에서 허가를 받아 재인쇄함. 또한 플레이트 1 참조.
26.3	© 2011 IEEE. Garcia, D. & Schweitzer, F., Emotions in Product Reviews—Empirics and Models, *IEEE Proceedings*, pp. 483-488에서 허가를 받아 재인쇄함. 또한 플레이트 2 참조.
26.4	David Garcia, Positive words carry less information than negative words, *EPJ Data Science*, 1(1), 2012, p. 3에서 Springer Science and Business Media의 허락을 받아 발췌. 또한 플레이트 3 참조.
26.5	David Garcia, Positive words carry less information than negative words, *EPJ Data Science*, 1(1), 2012, p. 3에서 Springer Science and Business Media의 허락을 받아 발췌. 또한 플레이트 4 참조.
26.6	Pfitzner, R., Garas, A., & Schweitzer, F., Emotional Divergence Influences Information Spreading in Twitter, Proceedings of *the Sixth International AAAI Conference on Weblogs and Social Media*, p. 545, 그림 2에서 발췌. © 2012, Association for the Advancement of Artificial Intelligence(www.aaai.org)의 허락을 받아 사용.

집단정서의 재발견

사회과학, 철학, 심리학, 신경과학까지 사회적 감정의 메타연구

초판 1쇄 인쇄 2024년 6월 25일
초판 1쇄 발행 2024년 7월 10일

엮은이 크리스티안 폰 셰브, 미코 살멜라
옮긴이 강준호
펴낸이 김진상
책임 편집 윤민혜
디자인 이수정

펴낸곳 경희대학교 출판문화원
주소 서울시 동대문구 경희대로 26
전화 02-961-0106~8
팩스 02-961-0291
설립 1960년 9월 16일 제5-8호
등록 1977년 11월 8일 제6-5호
홈페이지 www.khupress.com
전자우편 press@khu.ac.kr

ISBN 978-89-8222-776-9 93180